熱狂と動員

一九二〇年代中国の労働運動

衛藤安奈
Anna Eto

慶應義塾大学出版会

目次

序章

第一章 熱狂する社会――本書の視点

第五章　党による上海労働者の動員

第六章　武漢の動員装置

第七章　党による武漢労働者の動員

終　章

熱狂と動員

——一九二〇年代中国の労働運動

凡例

・引用文の旧仮名遣いは現代仮名遣いに改め、適宜句読点とルビを補った。
・神戸大学附属図書館デジタルアーカイブ「新聞記事文庫」（News Clippings Collection）は神戸ＮＣＣと略記した。
・アジア歴史資料センターの資料はJACARと略記し、レファレンスコードはRef. ××と表記した。

序章

1　社会現象としての中国労働運動

一九二五年七月上旬、上海の租界の電車会社に勤める運転手や車掌は、警察に保護されながら働いていた。租界で仕事を続ける人々は、ストライキ計画者から「スト破り」として拉致され、拷問まがいの脅迫を受ける可能性があったからである。元車掌のストライキ指導者が逮捕され、その裁判がおこなわれた際、「スト破り」として受けた仕打ちに関して証言をしたのは、足を鉄鎖で縛られたまま深夜三時に屋根伝いに脱出してきた者などであった。

一九二六年五月、香港付近の海面で艀を操る一八歳の貧しい水上生活者の少女が、「スト破り」を監視する糾察隊（ピケット隊）の男に罪人として逮捕された。理由は、少女が帝国主義者との戦いであるストライキに協力せず、香港と広州を往来する蒸気船から貨物や人を岸まで運ぶ仕事を（糾察隊にいわせれば「スト破り」を）、いつものようにやろうとしたからであった。「スト破り」を収容する檻には、すでに同じように捕らえられた貧民たちが多く投獄されており、彼ら・彼女らは、一九二五年から二六年の冬を、掛け布団を購入することもできず、獄中で震えながら寒さに耐えなければならなかった。

一九二六年一一月、湖北省漢口に店を構える川本という日本人商人の店に米を運んだ中国人労働者は、身柄の引き渡しを糾察隊に要求された。この中国人労働者の行為が「スト破り」に相当したからであった。川本が糾察隊の要求を拒むと、二〇〜三〇人の糾察隊員が店内に乱入し、川本は路上に引きずり出され、殴打された。川本を殴る糾察隊員の周囲には黒山の人だかりができあがり、隊員や群衆は熱狂し、殴れ、殺せと絶叫した。日本総領事館の警官にも川本を救出することはできず、当時武漢に駐在していた国民革命軍（国民党の軍）の者が駆けつけたことで、川本はようやく九死に一生をえた。

以上の光景は、広東、上海、武漢の三地域において、中国共産党と中国国民党によっておこなわれた一九二〇年代の中国労働運動を、本書において触れる事例に基づきつつ、「スト破り」とされた人々の視点から推測を交え再構成したものである。本書の目的は、このような暴力的強制や社会的混乱などを示した労働者動員の実態を解明し、中国の政治と社会をめぐる最大の難問の一つである「暴力をともなう熱狂」という社会現象の発生メカニズムと、その政治的意味を考察することにある。

一九二〇年代の中国労働運動に関する歴史書は、中国共産党（以下、中共）の手になるものであれ、または中国国民党の手になるものであれ、この時期の中国労働運動を、党の輝かしい革命事業のひとつとして位置づけてきた（以下、党という言葉は国共両党を指すものとする）。党の革命史の筋書きでは、一九二〇年代にかくも労働運動が盛んとなったのは、人々が帝国主義者や資本家などの圧迫によってなんらかの近代的意識に覚醒し、一致団結して立ち上がったからであるとされた。しかし実際には、これらの労働運動は党の動員組織と活動家によって人為的に引き起こされた側面をもち、その熱狂的な拡大過程はさまざまな暴力的強制をともなうものであった。またこの種の運動は、いわゆる帝国主義者や資本家を苦しめただけでなく、もっとも貧しい者に対しても負担を強いるものであった。

暴力をともなう熱狂という社会現象は、一九二〇年代の中国にのみ発生したものではなく、時代が下るにつれ、むしろその規模は拡大し、深刻さは深まっていったようにみえる。そのもっとも悲劇的な事例が、大躍進運動と文化大革命（以下、文革）である。一九五〇年代後半に発生した大躍進運動については、その全貌はいまだ完全にあきらかにされたとはいい難いが、研究者は最大で四〇〇〇万人以上が餓死したと見積もっている。(1) 一九六〇年代に発生し「内乱」状態に達したといわれる文革に関しては、多くの緻密で詳細な研究が刊行されているが、いずれの研究からも、運動の極端さ、私的暴力の蔓延を看取できる。(2)

中共は文革の経験に学び、現在ではこの種の運動を意図的に引き起こそうとする振る舞いを避けるようになっている。しかしそれでもなお、近年の反日デモに関する報道が示すように、この問題は二〇一〇年代の今日においても中国社会に根深く潜在している。アメリカの中国現状分析の第一人者B・ディクソン(Bruce Dickson)の言葉を借りれば、「混乱と不安定への恐れは、伝統的な中国の政治文化における本能的な部分」であり、「今日も懸念の種として残り続けている」(3)。したがって本書が問題とするところの社会現象は、一九二〇年代の中国に限られる特殊な事例としてではなく、隣国中国に今なお潜在する社会現象として、現在進行形で語られるべき問題なのである。

2 中国労働運動史をめぐる研究史

1、中国(一九三〇年代~現在)

一九二〇年代の中国労働運動史は、まず革命史という形で中国人革命家によって形成された。革命史としての中国労働運動史には、中共によるものと国民党によるものの二種類がある。中共側の中国労働運動史の基本となったテキストは、鄧中夏の『中国職工運動簡史』(一九三〇年)であり、(4) 一方中共の言説に対抗する形で生み出された国民党側の中国労働運動史のテキストが、馬超俊の『中国労工運動史』全五冊(一九五九年)である。(5)『中国労工運動史』は国民党を中国労働運動の指導者として位置づけるための歴史書であり、また国民党側の歴史叙述においては馬超俊こそが中国労働運動の父とされている。(6) 馬超俊は広東人機械工であり、古参の国民党員でもあり、のちに積極的に反共活動を展開し、中共からは国民党右派の首領として批判を浴びた人物である。

革命党のテキストという点においては、鄧中夏の『中国職工運動簡史』も馬超俊の『中国労工運動史』も同じカテゴリーに属し、打倒すべき敵の設定が異なるだけだともいえる。しかし国民党はコミンテルンからブルジョワ政党という政治的レッテルを貼られてきたため、少なくとも一九六〇年代までは、国民党員の残した中国労働運動史のテキストは、海外の研究者から軽視される傾向があった。

以上のような労働運動史（=革命史）とは別に目を配っておかなければならないものとして、当時の労働運動をめぐって書かれた社会学的文献がある。(7)客観的なデータの提示を目指す社会学的文献と、みずからの政治的正統性を主張する革命史的文献とは、知的領域においては一種の緊張関係にあった。そのため一九六六年に中国で文革が発生し、中国の社会学全体が政治的攻撃にさらされるようになると、そのような文献を執筆してきた社会学者たちもまた、改良主義者、ブルジョア社会学者として批判された。(8)

改革開放の時代の訪れとともに、中国における労働運動史研究は、少なくとも情報面においては飛躍的に発展した。(9)このことを象徴するものが、一九九四年から刊行が予定された『中国工会運動史料全集』全六六巻(10)や、劉明逵ほか編『中国工人運動史』全五巻（広州：広東人民出版社、一九九八年）、劉明逵ほか主編『中国近代工人階級和工人運動』全一四冊（北京：中共中央党校出版社、二〇〇二年）などの刊行である。(11)さらに中国労働運動史は、一九八〇年代に盛んになった都市史研究との境界線を曖昧にしながら、相互に情報を融通し合い、労働者の賃金、出身地、生活状態、紛争などについて、より細かいデータを示すようになっている。

だが、どれほど議論が活発で自由にみえても、中国大陸の研究には一定の政治的制限がかかる。たとえば上海労働者の生活史としてもっとも新しい著作のひとつである、宋鑽友ほか著『上海工人生活研究（一八四三－一九四九）』（上海：上海辞書出版社、二〇一一年）は、E・ペリーやE・ホーニッグなどの海外の研究者の著作（後述）を重要な参考文献として挙げているものの、その学術的意義は、あくまで、従来は注目されてこなかった労働者集団、ないしは労働者内部の多様性（たとえば出身地域別、所属する組織別の行動パターンの相違）を描き出したことにあるとしている[12]。その多様性がなぜペリーらに重視されたか、それらの意味するものとは何か、といった領域にまでは議論が踏み込んでいない。

あえて単純なくくり方をするならば、中国大陸の中国労働運動史研究（あるいは労働者に関する歴史研究）は、研究対象の発掘や物事を細かくみていく実証方法という点において海外の手法を取り入れつつも、そのような手法を積極的に労働運動史に取り入れてきた海外の研究者たちの、もっとも根源的な部分にあった動機に対しては触れないようにしている。すなわち、通説と異なる実態を掘り起こすことによって、通説を打破し、現状批判へとつなげ、新しい社会の形を提示しようとする動機である。換言するならば、それは政治の回避である。このような政治の回避は、無意識に生じている場合もあれば戦略的におこなわれていることもあると思われる。おそらく今後も、中国大陸では、より細かい事実を追求した大量の論文が生み出され、興味深い事実がいくつも提示されることになるだろう。その一方、そうした事実を総合したときにみえてくる政治的意味について踏み込んだ見解を示す研究が現れることは、今後も難しいと推測される。

2、日本（一九二五年～一九九〇年代）

第二次世界大戦以前に日本人によって書かれた中国の労働運動関連の書籍は、一九二五年の五・三〇運動以降に集中的に出版されている[13]。

一九二五年以降の中国労働運動に関する日本語文献の傾向は、大まかには、運動に反発や不安を抱いたナショナリスト的なものと、期待や共感を寄せた革命史的なものの二種類に分けられる。前者としては、たとえば長野朗『世界の脅威―支那労働者及労働運動』（一九二五年）、『支那労働運動の現状』（一九二六年）、『支那の労働運動』（一九二八年）、あるいは宇高寧『支那労働問題』（一九二五年）、末光高義『支那の労働運動』（一九三〇年）などがある。後者としては、鈴江言一『中国解放闘争史』（原題『中国無産階級運動史』一九二九年）ならびに『中国革命の階級対立』（原題『支那革命の階級対立』一九三〇年）がある[14]。このほか、やや中立的なものに、宮脇賢之介『現代支那社会労働運動研究』（一九三二年）などが挙げられる。だが、日本が本格的な戦争へと突入し、言論統制の厳しくなった一九三〇年代後半から四〇年代前半にかけて、中国労働運動研究をタイトルに掲げた日本語文献は減少した（ただし調査報告書などを除く）。

その後、戦後日本において中国労働運動史の研究に従事した人々の多くは、中国労働運動に体現されていると考えられていた民主主義の理想に好意を寄せ、日本にもその応用を期待することを、中国労働運動史研究の動機としてもつものであった[15]。したがって戦後から一九六〇年代までは、日本の中国労働運動史研究は中共の革命史を無批判に受容する傾向があった[16]。

一九七〇年代に入るとこの状況に変化が起きる。まず国内的要因としては、日本労働運動史研究の視点が、抽象的、普遍的、マクロ的なものからより具体的、特殊的、ミクロ的なものへ移行する傾向が強くなり、そのような研究動向から中国労働運動史研究も刺激を受けたことが挙げられる。背景には、Ｅ・ヴォーゲル『ジャパン・アズ・ナンバーワン』（一九七九年）の刊行に象徴されるような、日本の目覚ましい経済成長の一因を、日本的労使関係などの日本の特殊性に求めようとする発想があったとみられる[17]。他方、国外的要因としては、一九六六年から展開されていた文革の惨状が徐々に日本にも伝えられるようになり、理想と現実のあいだに存在する大きなギャップが意識されるようになったことが重要である。この時期、いかにして中共の言説から距離を取るかが、日本における中国研究全体にとってのひとつの課題として浮上し、中国労働運動史研究においても、中共の言説から自由な中国労働運動史の構築が目指されるようになる[18]。

以上の問題意識に基づき開始された作業が、労働者の経済状態を緻密に分析し、あるいは国民党の残したテキストや新聞資料を丹念に突き合わせ、中共の革命史が意図的に説明を避けていた組織や運動の実態を掘り起こすことであった。この点においてもっとも多くの成果を残したのが中国労働運動史研究会である。同会は季刊『中国労働運動史研究』（創刊号－一六号）を一九七七年から一九八七年まで刊行し、「これまで軽視されるか敵視されてきたアナーキスト系の運動や国民党と結ぶ黄色工会の再評価」（小野信爾の表現）において大きな役割を果たした[19]。

しかし一九八九年に中国で改革開放が始まり、一九九一年にソ連が崩壊すると、中国労働運動史の研究意義を成り立たせていた根幹の物語自体が崩れてしまうことになった。すなわち、資本主義に立ち向かい、善なる政治を求める労働者の戦いの物語という枠組みである。それゆえ一九八〇年代後半から一九九〇年代にかけて、中国労働運動史研究は消滅へと向かい、それまで中国労働運動史研究に携わっていた研究者の活動や、中国労働運動史研究として蓄積された知見は、社会史、経済史の中に受け継がれていくことになった[20]。

3、フランス、アメリカ（一九六〇年代～一九九〇年代）

英語圏における中国労働運動史研究の古典は、一九六二年にフランス語の原書が刊行され、一九六八年に英語版が刊行されたJ・シェノー（Jean Chesneaux）の *The Chinese Labor Movement 1919-1927* である[21]。シェノーの弟子であるA・ルー（Alain Roux）は、この著作を、「事実と、具体的な社会運動に従事した現実の男たちによる現実の行動の研究」であり、「初期の中国語文献によるイデオロギー的声明」に取って代わるものと評価した[22]。とはいえシェノー自身は「強い確信をもつ共産主義者（a deeply convinced Communist）」（フランス数学者L・シュワルツの表現）であったといわれる[23]。そのためか、幅広い史料を駆使し、中共の正統革命史と少なからず不協和音を奏でるエピソードを多数提供することに成功しつつも、シェノーの著作には中共のオフィシャルヒストリーに巻き込まれやすい傾向が残存した。結局シェノーは、運動の全体像をまとめる枠組みを、鄧中夏以来の中共的解釈に負った。『中国革命の起源』の著者であるフランスの研究者L・ビアンコ（Lucien Bianco）は、一九六七年当時の状況を回顧して、「中国革命研究はまだ萌芽的な段階であった」と述べている[24]。その後フランス国内には、ルーの著作[25]などを除き、中国労働運動史研究の後継者は育たなかった。

かくして中国労働運動史研究の中心地はアメリカへと移った。当時のアメリカでは、ニュー・レイバー・ヒストリー（New Labor History）と呼ばれる新しい労働運動史研究が台頭していた。この潮流を汲んだ研究者が、新たな中国労働運動史研究を生み出していったのである。

ニュー・レイバー・ヒストリーとは、アメリカの伝統的な労働運動史研究を担ってきたウィスコンシン学派[26]に対する批判から生まれた一連のアメリカ労働運動史研究である。ニュー・レイバー・ヒストリーの「ニュー」とは、ウィスコンシン学派をオールド・レイバー・ヒストリー（Old Labor History）とみなしたうえでみずからの新しさを自負するための呼称である。ニュー・レイバー・ヒストリー学派は、ウィスコンシン学派の労働運動史が白人男性中心の労働運動史であり、移民、黒人、女性といった大多数の人々の歴史が無視されていると批判したのである[27]。

ニュー・レイバー・ヒストリー学派を台頭させた時代的背景は、大きく分けて二つ存在する。ひとつめは、一九六〇年代にヨーロッパで起きた社会史研究としての労働運動史研究の登場であり、二つめは、反ベトナム戦争と公民権運動に共鳴したアメリカの世代が研究者として成長し始めたことである。

第一の背景として重要な事件は、イギリスのニューレフト運動の中から、E・P・トムスン（E. P. Thompson）の『イングランド労働者階級の形成』（一九六三年）[28]が刊行されたことである。『イングランド労働者階級の形成』は、すでに有効性を喪失したとみなされていたマルクス主義を、時代のニーズに合わせて再構築する突破口を開いた[29]。と同時にトムスンのこの著作はある種のパラダイム転換をもたらした。古典的なマルクス・レーニン主義においては、労働者は古いもの（封建制）から解放されることで立ち上がるとされ、マルクス・レーニン主義の申し子の一人である中共の歴史叙述もまた、この筋書きに沿って中国労働運動史を構築している。これに対しトムスンは、労働者の集合行為は古いもの（伝統、文化）があってこそ生じるとした。トムスンはこのように主張することで、マルクス主義からソ連的なもの（レーニン主義やスターリン主義）を切除し、労働者に主体性を回復させ、労働運動史の刷新を図ったのである（傍注のトムスン略歴参照）。

第二の背景については、篠田徹が次のように整理している。反ベトナム戦争と公民権運動に共鳴したアメリカの若い世代は、既存のアメリカ労働運動史の解釈が保守的であるとして不満を感じていた。その彼らの不満にひとつの指針を与えたのが『イングランド労働者階級の形成』であった。同書は、「労働運動の歴史とは、必ずしも労働組合の歴史を意味しない」というメッセージを彼らに与え、保守的な労働組合の歴史とは別の、新しい労働運動史――それは社会史的な叙述によって労働組合外部の人々の動向を掘り起こすことを主な戦略とした――を構築しようという強い動機を呼び起こすことになった。そのようにして始まったアメリカ労働運動史の書き直し作業が、ニュー・レイバー・ヒストリーであった。ニュー・レイバー・ヒストリーの代表的著作は、自身も運動家であったH・ガットマン（Herbert G. Gutman）の *Work, Culture, and Society in Industrializing America: Essays in American Working-class and Social History*（1976）である。篠田によれば、ニュー・レイバー・ヒストリーの特徴のひとつは、「勝ち残った労働運動よりも消え去ったそれに惹かれ」る点にある。そしてニュー・レイバー・ヒストリーの成果は、一九七〇年代～一九八〇年代に大量に刊行されることになった(30)。

また第二の動きと関連して、ベトナム戦争に反対する「憂慮するアジア研究委員会（the Committee of Concerned

＊E・P・トムスン：イギリスの元共産党員。社会主義運動の実践者にして「戦後よく知られた共産党歴史家グループの古くからのメンバー」であったが、「スターリン主義の実態」に衝撃を受け、イギリス共産党がこの問題と向き合おうとしないことへの異議申し立てを行うべく、雑誌『リーズナー』（『ニュー・レフト・レビュー』の前身のひとつ）を立ち上げ、党活動停止処分を受ける。一九五六年に離党したのち、スターリン主義を批判する左翼知識人の会議に共鳴し、『リーズナー』を改題した『ニュー・リーズナー』誌において、「スターリン主義を批判し、マルクス主義を再構築」することを試みた。イギリス共産党からは「修正主義」という批判を受けつつも、トムスンの活動はニューレフトと呼ばれる新しい左翼運動の形成に大きく貢献した。リン・チュン（渡辺雅男訳）『イギリスのニューレフト――カルチュラル・スタディーズの源流』彩流社、一九九九年、四二－四五頁。

Asian Scholars）が結成されたことは、とりわけアメリカのアジア研究者に大きな影響を与えた[31]。自国アメリカの政策に対する否定的感情の裏返しとして、アジアの革命に対する肯定的イメージがアメリカのアジア研究者を魅了したのである。

以上の背景から、ニュー・レイバー・ヒストリー学派の流れを汲む中国労働運動史研究が、アメリカで続々と誕生することになった。その結果、中共の正統革命史からはこぼれ落ちる傾向のあった労働運動、具体的には中共に必ずしも協力的ではなく、あるいは中共系の工会（労働組合）の中心的参加者ではなかった人々の動向が、にわかに脚光を浴びることになった。

かつて中共の正統革命史において重要な役割を与えられてきたのは、多くの場合、もっとも工業化が進んだ都市上海における工場労働者であった。また労働者たちの主要な舞台として設定されてきたのは、中共の登場すなわち一九二一年から、中共の都市からの退場すなわち一九二七年までであった。この大前提に対して、まず、香港出身の陳明銶（Chan Ming kau）が、スタンフォード大学に提出した博士論文において異議申し立てをおこなった。彼は中共の指導によって労働運動が勃興したという理解（その起源は多くの場合一九一九年の五四運動に求められる）を覆すべく、研究の対象となる時期を一八九五年から一九二七年までとし、また対象地域を上海ではなく広州に設定し、中共創設以前の労働運動を掘り起こそうとした[32]。次に、E・ハモンド（Edward Roy Hammond III）の上海労働者に関する研究は、時期設定をむしろ中共が都市から退場した一九二七年から一九三七年とし、上海労働者の動向を工会の歴史と区別して捉えるべきだという立場を取った。そのうえでハモンドは、工会の外部でおこなわれた運動は、労働者の経済的地位の改善に有効であったと主張した[33]。さらに、アメリカではまったく軽視されていた湖南労働運動に関し、L・シャッファー（Lynda Shaffer）が専門的著作を刊行した[34]。湖南の労働運動は、一九二〇年から二三年にかけて隆盛し、軍閥の弾圧であえなく瓦解した、「消え去った労働運動」のひとつである。またG・ハーシャッター（Gail Hershatter）は天津の労働者に関する書籍を出し[35]、ジェンダー史的な観点を取り込んだE・ホーニッグ（Emily Honig）

は、上海の紡績工場の女工たちの実態を描いた[36]。D・ストランド（David Strand）は北京の人力車夫を素材として取り上げ、従来は産業労働者ではないとして軽視されてきたこのような集団に市民意識や公共意識の芽生えを見出そうとした[37]。

E・ペリー（Elizabeth J. Perry）の*Shanghai on Strike*[38]は、このようなニュー・レイバー・ヒストリー学派の成果に、改めてウィスコンシン学派の問題意識を取り込んだものであった。同書序文において、ペリーは、ニュー・レイバー・ヒストリーやJ・スコット（James C. Scott）のアプローチ（「モラル・エコノミー」を重視することで知られる）に共感を示しつつも、「私は公の抵抗（open protest）に関する研究も重視する」と述べ、工会組織の問題はなお軽視できないという立場を取った[39]。それゆえ同書を出版した出版社は、*Shanghai on Strike*が、ニュー・レイバー・ヒストリーの提示した労働者の文化と労働条件（shopfloor conditions）という問題意識と、ストライキ、労働組合、政党といった伝統的テーマを結合させた作品であると称揚した。ペリーはこの著作によって、アメリカ歴史学会（American Historical Association）からジョン・K・フェアバンク賞を受賞した[40]。

とはいえ非主流の労働運動を発掘しようとするニュー・レイバー・ヒストリーの試みは、新たな革命史の生産という危険性を内包していた。それは、ありえたかもしれない別の革命に賛辞を捧げる労働運動史である。中共の正統革命史を成り立たせていた信念が、工場労働者がやがてマルクス主義革命を遂行するというものであったとすれば、筆者のみるところでは、ニュー・レイバー・ヒストリーを成り立たせていた信念は、非主流とされた労働者たちもまた、さまざまな形で社会的公正の実現と政治的発展に貢献してきたのであり、今後もそうであり続けるだろう、というものであった。一九八九年の天安門事件の興奮――やがて中共の政治体制が崩壊し、民主化が始まるに違いないという「中国崩壊論」に代表される期待――は、その強化に与って力があったのであろう。

4、残された課題（一九九〇年代～二〇一〇年代）

一九八〇年代までの日本の中国労働運動史研究会の試みや、一九九〇年代までのニュー・レイバー・ヒストリー学派の成果は、中共の正統革命史が軽視してきたさまざまなアクターや運動の実態に関して多くの事実を発掘し、中国労働運動史を中共の言説から解き放つことに大きく貢献してきた。しかしその一方で取りこぼされてきたものが、運動の水面下で進行していた各種混乱や暴力の問題であった。

党史研究や、中国労働運動史研究の隣接領域である農民運動、商民運動に関する研究は、当時の運動がいかに混乱し、暴力と紛争に満ちていたかを示している。たとえば広東労働運動については、台湾の劉明憲[41]が、省港ストライキの実態について重要な指摘をおこなっている。劉明憲によれば、ストライキの初期段階では爆弾テロがおこなわれており、またこのストライキによって死者八八七名が出ていた。他方、M・チン（Michael Tsang-woon Tsin）[42]は、省港ストライキにおける労働者間の紛争増加と党の動員戦略との相関関係を指摘している。チンによれば、党が計画した秩序再編とそのための動員戦略は、広東労働者の社会的亀裂を深め、紛争を深刻化させるほうに作用したのであった。

広東労働運動の隣接領域である広東農民運動の分野においては、蒲豊彦[43]や阿南友亮[44]が、武装農民や傭兵、匪賊の跋扈する暴力的社会と、党が推進した広東農村革命の相互関係を浮き彫りにしている。広東はもともと「械闘」と呼ばれる民間武力紛争が頻繁に生じる地域として有名であり、しかもこの時代、広東一帯は絶え間なく戦火にさらされていた。このような環境における党の動員工作もまた、暴力化を余儀なくされていた。そのうえ党と農民の関係は単なる動員‐被動員の関係ではなく、農民の側もまたみずからの勢力争いに党を利用していた。ゆえに党が人々を動員しようとして社会の中に入り込めば入り込むほど、党は地域の暴力的な利害対立に巻き込まれていかざるをえなかったのである。

武漢地域の労働運動は、とくに一九二六年末から二七年までの武漢国民政府の時期、その混乱は深刻な域に達していた。この混乱にわざわざ「左傾」という政治的名称が与えられたほどである。「左傾」とは、政治的に左に傾き過ぎたという意味である。劉継増らが「左傾」現象の特徴としてまとめているものは、企業や商店に対し、あまりにも非現実的な要求を労働者が次々と突きつけること、無制限にデモ、集会、ストライキを繰り返し、地域の経済に打撃を与えること、などである[45]。

武漢の「左傾」問題をもっとも早くに客観的に分析したものとして、日本では久保亨[46]の店員運動の研究などがある。同研究からは、運動の経済的破綻、要求の非合理性などを読み取ることができる。他方、坂野良吉[47]、北村稔[48]、楊奎松[49]などの党史研究も、当時の政治指導者が直面していた深刻な環境要因として、やはり運動の混乱を指摘している。これらの党史研究が示すところでは、当時、湖北省やその隣接地域である湖南省では、さまざまな人々や団体が、みずからが「工賊」や「反革命」と決めつけた相手に対し、財産没収、恣意的な処刑、兵糧攻め、市内引き回しなどをおこなっていた。こうした人々の振る舞いを、党もコントロールすることができなかったのである。

上海の労働運動に関しては、深刻な混乱の存在を指摘する先行研究は多くはないが、党史研究からは重要な指摘がおこなわれている。王奇生[50]によれば、一九二五年の五・三〇運動後、上海社会では「五・三〇悪習」と蔑まれる風潮が発生していた。上海の党員たちは、上海労働者を上海ストライキ（五・三〇運動を構成した運動のひとつ）に動員するため、一九二五年には請負業者や労働者の頭目たちを意識的に利用していた。そのためこうした人々の側も党を利用対象とみなすようになり、工頭が運動を利用して各種搾取をおこなおうとする動きが、五・三〇運動後に強化されていた。しかし、そうであるならば、「五・三〇悪習」を生み出した五・三〇運動においては何が生じていたのか。上海の運動についても、やはり多くの問題が論じられないまま取り残されている。

問題の形態は多様であるものの、暴力的強制や私的利益の追求が社会的混乱を引き起こしていたという点において、これら三地域で生じた労働運動には共通性がある。近年はペリーもこの問題を意識するようになり、労働運動内部に蔓延していた暴力や混乱を看過してきたことを反省しつつ、暴力の問題を視野に入れたうえで中国労働運動史を再構築する試みに着手している。ペリーによれば、「ありえたかもしれない異なる歴史の可能性」(alternative historical possibilities）の模索が課題であるという[51]。

この試み自体は、現状批判の力を歴史に求めるという点において、政治学的、政治史的に重要な意義をもつ。ただしペリーは、労働者の暴力を、彼らの日常に潜む抑えがたいものではなく、党の動員などの外部因子によって引き起こされたものとして捉えているようにみえる。これに対して筆者は、「ありえたかもしれない異なる歴史の可能性」の模索は、労働者内部と社会の側にひそむ暴力の源泉への認識をもう少し深め、研究者が扱う素材の性質を念入りに確かめてからおこなうべきであると考える。そうでなければ、「ありえたかもしれない異なる歴史の可能性」を構築する作業は、「敵」の設定を変更しただけの新たなる革命史の生産に横すべりしてしまう危険性があるからである。

3　広東・上海・武漢における労働運動の特徴

以上の先行研究の状況に基づき、本書ではまず、社会運動と権力闘争としての政治動員を異なるものとみなし、暴力と熱狂の発生は前者ではなく後者において出現すると考える。そして本書の研究対象を政治動員としての労働者動員に限り、社会運動としての労働運動は取り扱わないものとする。

ここで筆者の定義する社会運動としての労働運動とは、労働者が自主性をもち、資本家や雇用主と理性的話し合いに基づいて待遇改善を求める行為のことである。筆者のみるところでは、こうした運動は、対立相手との交渉やコミュニケーションが可能であることを最低限の要件とするため、奪権や戦争を目的とする動員においてはむしろ圧殺される。

いわゆる中国労働運動史においては、このような意味における運動と動員の（多分に意図的な?）混同がみられる[52]。とりわけ中華人民共和国の建国初期に中共が「××運動」と名づけたものの大半は、動員の性格が濃厚にみられる。

むろん現実には、社会運動から政治動員へ、あるいは政治動員から社会運動への相互転移はしばしば容易に生じ、両者の境界線をはっきり分けることは難しかったであろう。それでも両者は理論上、明確に区別されるべきである。そうでなければ、政治動員を社会運動の装いをもって語ろうとする権力の言説に、研究者が容易に巻き込まれてしまうからである。

このような動員のための言説に排斥された労働運動としては、労働者の伝統的ギルド組織が起こした、手段も参加者も明確な、待遇改善を主目的とした抗議活動、あるいは福祉改善を目的とした、ＹＭＣＡやフランス帰りの労働者たちが指導した労働運動などがある。仮にここで定義した意味での中国労働運動史を語ろうとするならば、国共両党が動員者として深く関与することのなかったこうした動きこそが中心に据えられるべきであろう。社会運動としての中国労働運動がまったく存在しなかったと誤読されることを避けるため、ここではこの種のテーマを取り扱った研究として、小島淑男と久保亨の論考を挙げておく(53)。また、政治動員の力学と社会運動の力学のせめぎ合いや、いかなる条件下でどちらが優勢になるのかといった問題は、本書ではほぼ取り扱うことのできなかったテーマであることを、ここに確認しておきたい。

本書では労働者動員とそれにともなう混乱や暴力の局面を分析対象とするため、まず対象地域を広東、上海、武漢（湖北省省都）に限る。この三地域は、第一次国共合作後に国共両党が大きく勢力を伸ばした地域であり、少なくとも記録に残された限りでは、「労働運動」が大きな混乱に陥ったことが確認できる地域でもある。

この三地域において生じた「ストライキ」や「労働運動」は、いずれも中核となる組織をもち、この組織によって維持・拡大されたものであった。その限りにおいて、本書もまたペリーに倣い、党組織や工会を重要な要因として扱う。ただし本書においては、これらの組織は、暴力や恐怖によって人々を強制的に動員することも辞さない動員装置であったと捉える。また党による動員工作を重視するため、本書の対象時期は、中共組織が本格的に活動を始めた一九二一年から、中共が国民党によって都市を逐われた一九二七年までとする。

4　一次史料と二次史料の扱いについて

本書で使用した一次史料は、当時の地方新聞、民間団体や政府の発行した各種雑誌、公文書史料、党の機関紙や報告書史料集、満鉄の調査報告書、日本の商工会議所の各種報告などである。これらの史料は、日本においては、国会図書館、国立公文書館、東洋文庫、各地の主要大学ならびに東京商工会議所経済資料センターや横浜県立歴史博物館など、海外においては、台湾の中国国民党文化伝播委員会党史館、香港大学、香港中文大学、北京社会科学院近代史研究所、スタンフォード大学フーバー研究所などに所蔵されている。またオンラインで閲覧可能なものとして、アジア歴史資料センター、近代デジタルライブラリー（二〇一六年五月末から国立国会図書館デジタルコレクションに統合予定）、神戸大学附属図書館デジタルアーカイブス新聞記事文庫、香港大学図書館のオンライン蔵書検索DRAGONで一部公開されている電子図書などを利用した。

中国の各地域の地方志辦公室（地方志（誌）を編纂する機関）のサイトに公開された地方志（誌）、各地域の档案館（公文書管理機関）のサイトに公開された電子図書、地域の行政機関（たとえば湖北省総工会ホームページなど）のサイトに公開された関連史料なども、やむをえない場合には使用している。このような史料について、現物確認がかなわなかった場合には、閲覧したサイト名とその階層表示をおこなった。

近年閲覧が厳しく制限されるようになった档案館での史料調査に関していえば、筆者は規制が比較的緩やかであった胡錦濤政権時代に、南京第二歴史档案館、湖北省档案館、武漢市档案館、広東省档案館などを訪れた。しかしそれでもなお、档案館での史料調査は、あまりよい成果をもたらさなかった。本書における優先事項は国共両党による労働者動員の全体的状況をつかむことであったが、档案館に所蔵される史料を一点ずつ当たる作業は、この点において必ずしも有用とは限らなかったからである。そこで筆者は、個別の事件をより確かな一次史料によって検討する作業は今後の課題とし、まずは各種地方志、人物伝などの二次史料を補完的に使用することにした。

もとより、これらの二次史料は依拠したところの原史料の情報を恣意的に省略する傾向があり、政治性が強い。中央の重要な会議などについては、公刊資料集に収録された一次史料すら改竄される[54]。だが視点を地方の人物・事件に限った場合、歴史叙述における中共の「改竄」は、記述する事件の選別とその解釈の次元でおこなわれているように思われる。もっとも基礎的な事実――起きた事件、関わった人物の名やその時期――に関する露骨な改竄は、むしろ少数なのではないだろうか。したがって読み手は、中共が編纂・執筆した二次史料からも、当時の経済的背景などと併せて検討するならば、かなり興味深い記述を拾い出すことができる。

むろんそれでも原史料を目にできない以上、そこに付した保留を外すことはできない。そこで地方志、人物伝などの使用にあたっては、なるべく政治的立場を異にする資料によってクロスチェックをおこなうよう心がけ、また当時の経済的環境、とくに貨幣の価値下落や物価騰貴、産業構造の転換を原因とする解雇と失業、ならびに個人や集団間の利害対立の構図を掘り起こし、史料の観点を相対化するよう心がけた。

5　本書の構成

本書は第一章において、暴力的強制や社会的混乱の生じやすい社会構造を理解するための手がかりとして、大衆社会論における「孤立した集団」をめぐる議論を参照しつつ、本書における視点と仮説を提示する。

「孤立した集団」をめぐる議論において、筆者がとくに注目すべきだと考えるものは、小集団が相互に孤立し、個人の全人格がひとつの集団に絡め取られて外部との交渉が不可能な状態に陥っている場合には、外部社会に対する集団単位での精神的閉鎖性が生じ、人々が熱狂と無関心を往復する社会的土壌が用意されるという発想である。

第二章から第七章にかけては、広東、上海、武漢の三地域の事例検証をおこなう。各地域に二章ずつあてがい、前半の章を、動員を計画・実行した国共両党の組織や人材などの動員装置に関する分析にあてる。後半の章においては、そのような動員装置によって三地域で展開された労働者動員の実態を解明していく。そして終章において、「孤立した集団」をめぐる議論に立ち戻りつつ、本書全体を通じた結論をまとめ、考察を加える。

（1）ディケーターは四五〇〇万人が餓死したと見積もっている。ディケーター、フランク（中川治子訳）『毛沢東の大飢饉―史上最も悲惨で破壊的な人災 一九五八－一九六二』草思社、二〇一一年。

（2）文革に関しては膨大な文献が存在するため、ここではひとまず、文革を大衆動員という側面から分析した金野純の研究を挙げるにとどめる。金野純『中国社会と大衆動員―毛沢東時代の政治権力と民衆』御茶の水書房、二〇〇八年。

（3）Dickson, Bruce J., "No 'Jasmine' for China," *Current History*, Vol.110, Issue 737, September 2011, p.213.

（4）『中国職工運動簡史』は一九三〇年にソ連の中央出版局から刊行され、一九四三年に延安の中共の解放社によって再版され、さらに一九四九年に人民出版社から再版された。鄧中夏『中国職工運動簡史―一九一九－一九二六』北京：人民出版社、一九五三年第二版（一九五七年四次印刷）の「出版社関於本書的説明」を参照。本書では、『中国職工運動簡史―一九一九－一九二六』の引用にあたっては、鄧中夏著（編者不詳）『鄧中夏文集』北京：人民出版社、一九八三年所収のものの頁数のみを示した。ただし「出版社関於本書的説明」は『鄧中夏文集』には収録されていない。

（5）馬超俊は中共の言説に対抗するため、『中国労工問題』（一九二七年）や『中国労工運動史』（一九四二年）などのテキストを出版した。国民党とともに台湾へ渡ってからは、中国の労働運動は国民党が指導したと印象づけるための『中国労工運動史』全五冊（一九五九年）の編集作業を新たにおこなった。馬超俊が序文を寄せた李伯元ほか『広東機器工人奮闘史』（一九五五年）も国民党系労働運動史である。

（6）たとえば、朱慧夫『中国工運之父―馬超俊伝』台北：近代中国出版社、一九八八年。

（7）このような社会学的文献のうち、もっとも注目すべきは、ＹＭＣＡ（Young Men's Christian Association, 中国名：基督教青年会）の Industrial Secretary（中国名：工業委員会）として中国労働者の調査に当たった駱伝華（Lowe Chuan-hua）の著書、およびアメリカで社会学の訓練を受け、実証研究を重視した陳達による研究である。陳達は当時高い評価を受けた社会学者の一人である。彼の論文 "Population in Modern China" は、*The American Journal of Sociology* の一九四六年七月号に掲載されるとともに単行本として刊行され、人口学の分野において国際的に高く評価された。現在では中国における人口学のパイオニアとされる。韓明謨（星明訳）『中国社会学史』行路社、二〇〇五年、一六〇－一六三頁。このほか、唐海『中国労工問題』（初版一九二六年）、何徳明編著『中国労工問題』（初版一九三七年）などもある。

（8） たとえば朱学範による陳達批判を参照。朱学範「陳達研究中国労工問題的立場、観点和方法」中華全国総工会中国工人運動史研究室編『中国工運史料』第一至八期（上）、北京：工人出版社、一九八四年、三七－五〇頁。

（9） 一九四九年から一九九九年までの中国における労働運動史研究の状況については、中共中央党校党史研教室主任を務めた劉晶芳の整理を参照。劉晶芳「工人運動史」曾業英主編『五十年来的中国近代史研究』上海：上海書店出版社、二〇〇〇年、三四六－三八一頁。

（10） ただし予定通り刊行されたかは不明であり、現在では入手も困難である。筆者が確認できたものとして、中国工会運動史料全総編輯委員会編『中国工会運動史料全集　民航巻』（北京：中国民航出版社、一九九八年）などがある。

（11） 都市史については巫仁恕の整理を参照。巫仁恕『従城市看中国的現代性』台北：中央研究院近代史研究所、二〇一〇年。

（12） 宋鑽友ほか著『上海工人生活研究（一八四三－一九四九）』上海：上海辞書出版社、二〇一一年、二〇－二一頁。

（13） 例外は小山清次『支那労働者研究』（一九一九年）である。小山は一九一三年に慶應義塾の理財科を卒業後、中国へ渡り、一九一三年から一八年まで北京・天津を中心としつつ現地調査をおこない、これに各種報告書・統計を加えて本書を執筆した。小山はまた、一九一三年八月から一四年四月までの九カ月間、数十名の中国人労働者を率い、みずから「一種の幇〔この場合はとくに請負業者としての労働者組織を指す〕を統率し、一個の苦力頭〔肉体労働者の労働者組織の頭目かつ請負業者を指す〕として」天津の老車駅構内に起居し、雇用者や他の労働者組織の頭目との交渉に当たったという。三田史学会の創設者田中萃一郎は、小山について、「殊に苦力生活に於ては何人の追随をも許さざる活知識を有することは、世間自ら定評あり」、「殊に労働者の団体苦力幇の組織機能等の説明に至りては本書を措きて他に容易に之を求む可からず」と評価している。小山清次『支那労働者研究』東亜実進社、一九一九年の田中萃一郎による序文「『支那労働者研究』批判」一頁ならびに小山清次自身による「序」三－四頁。

（14） 鈴江言一は蘇兆徴ら当時の労働運動の指導者であった中共幹部と深い親交をもち、王子言の中国名で中国社会に溶け込み、自身も革命家として活躍した。そのため中共の公式宣言など、当時の外国人には入手しにくかった貴重な一次資料を収集可能な立場にあったと考えられる。鈴江の書籍は、中共側からみた一九二〇年代の中国労働運動の全体像を、初めて日本語でまとめあげた意義をもつ。

(15) 戦後直後の労働運動史研究者にとって、中国労働運動史の研究とは、日本における労働運動実践のための手本を探るという意義を有していた。たとえば、細井昌治「最近の中国革命史研究について」『歴史学研究』第一四四号、一九五〇年三月、五四-五七頁。高市恵之助「中国労働運動研究のすすめ」『中国研究月報』第三七四号、一九七九年四月、四〇頁。

(16) 中共の革命史を受容している文献として、たとえば、島一郎「一九一八~二五年における中国労働運動の発展(一)」『経済学論叢』第一四巻第五号、一九六五年、三二四-三四七頁と「一九一八~二五年における中国労働運動の発展(二)」『経済学論叢』第一五巻第三・四号、一九六五年、二四四-三〇二頁、向山寛夫『中国労働運動の歴史的考察』向山寛夫(個人出版)、一九六五年、中村三登志『中国労働運動の歴史』亜紀書房、一九七八年、手島寛『中国労働運動の通史』東陽書房、一九八五年など。

(17) 日本労働運動史研究者の二村一夫が一九六〇年代に提起した問題意識は、労働争議研究には「活動家や一般組合員、あるいは組合にも参加しない労働者の意識、思想」を分析する必要性があるというものであった。二村一夫「文献研究・日本労働運動史(戦前期)」労働問題文献研究会編『文献研究・日本の労働問題《増補版》』総合労働研究所、一九七一年。三宅明正の整理によれば、「一九七〇年代、とくに第一次石油危機後、日本経済の『良好なパフォーマンス』が注目される中で、人々の関心はそれをもたらした『労使関係』の研究へ大きく傾斜した」。三宅明正「戦後期日本の労働史研究」『大原社会問題研究所雑誌』第五一〇号、二〇〇一年五月、一八頁。

(18) 久保亨は、一九七〇年代から日本の中国研究が革命中心史観からの脱却を目指し、一九八〇年代に飛躍的に発展したとする。礪波護ほか編『中国歴史研究入門』名古屋大学出版会、二〇〇六年、二六四-二六六、二七二-二七三頁。また一九七〇年代の研究史整理としては次のものが参照可能。古厩忠夫「省憲法体制下湖南の労働運動と統一戦線」野澤豊編『中国国民革命史の研究』青木書店、一九七四年、一七八-二二六頁。古厩忠夫「労働運動の諸潮流」野澤豊・田中正俊編『講座中国近現代史 四 五・四運動』東京大学出版会、一九七八年。一四九-一八〇頁。古山隆志・菊池敏夫「補論 中国労働運動史の研究動向」野澤豊・田中正俊編『講座中国近現代史 五 中国革命の展開』東京大学出版会、一九七八年、二一四-二二五頁。

(19) 小野信爾「近代二(一九一九-一九四九)」島田虔次ほか編『アジア歴史研究入門』第二巻、同朋舎、一九八三年、九二頁。

(20) 江田憲治は、「民衆運動史」に関して、「むしろ後退の道を歩んだかの観がある」とする。礪波護ほか編『中国歴史研究入門』

二六四－二六六、二七二－二七三頁。

(21) Chesneaux, Jean, translated from the French by H. M. Wright, *The Chinese Labor Movement 1919-1927*, Stanford: Stanford University Press, 1968.

(22) Roux, Alain, "Shanghai on Strike: The Politics of Chinese Labor. by Elizabeth J. Perry," *The Australian Journal of Chinese Affairs*, No. 32, July, 1994, p.226.

(23) Schwartz, Laurent; translated from the French by Leila Schneps, *A Mathematician Grappling with His Century*, Basel; Boston: Birkhäuser, c2000, p.393.

(24) ビアンコ、ルシアン（坂野正高訳、坪井善明補訳）『中国革命の起源—一九一五－一九四九』東京大学出版会、一九八九年の「日本語版への序文」。

(25) ルーは一九七〇年に、シェノーを指導教授とした「一九二三年〜三〇年の上海における労働運動」(Le mouvement ouvrier à Shanghai entre 1928 et 1930) を第三期課程論文として提出し、一九九一年に国家博士論文「国民党時代（一九二七〜一九四九年）の上海の男性労働者、女性労働者」(Ouvriers et ouvrières de Shanghai à l'époque du Guomindang 1927－1949) を提出した。魯林（Roux, Alain の中国名）「法国対二〇世紀中国史的研究」戴仁（Drege, Jean-Pierre の中国名）編『法国当代中国学』北京：社会科学出版社、一九九八年、一六一頁。フランス社会科学院高等研究院近現代中国研究サイト「Le Centre d'études sur la Chine moderne et contemporaine」(URL：http://cecmc.ehess.fr/) >Membres associés>Roux Alain.

(26) 小林英夫によれば、ウィスコンシン学派の代表的著作はJ・R・コモンズ (J. R. Commons) 編集の *History of Labour in the United States* (1918~35)（邦訳：『合衆国労働史』）とS・パールマン (Selig Perlman) の *A Theory of the Labor Movement* (1928)（邦訳：『労働運動の理論』）である。ただし小林自身は、ウィスコンシン解釈とは「ひとつの完成された体系ではなく、コモンズとパールマンの著作に埋もれた諸理論の集合体にすぎない」（『現代アメリカ労働史論』ii頁）とし、「ウィスコンシン解釈」という慎重な表現を用いている。とはいえ、ここではウィスコンシン解釈もニュー・レイバー・ヒストリーも、便宜上「学派」と呼んでおく。小林英夫『アメリカ労働史論—ウィスコンシン学派の研究』関西大学出版部、一九八八年。小林英夫『現代アメリカ労働史論』啓文社、一九八七年。

(27) ニュー・レイバー・ヒストリー学派の研究動向を概観した日本語文献として、次のものが参照可能。野村達朗「アメリカにおける『新労働史学』の誕生の背景『ニューレフト史学』とその変容を中心に」『人間文化』第一九号、二〇〇四年九月、三五

（三六四）－五六（三四三）頁。

(28) Thompson, E. P., *The Making of the English Working Class*, London: Gollanc, 1963.（邦訳：エドワード・P・トムスン著（市橋秀夫ほか訳）『イングランド労働者階級の形成』青弓社、二〇〇三年)。

(29) ニューレフト史学家の一人、ケンブリッジ大学のG・S・ジョーンズは、トムスンの著作を、「一九六〇年代の〔ヨーロッパの〕急進的な歴史家たちにとってとりわけ刺激的」な作品のひとつであったとする。イギリスのニューレフトとトムスンの著作の関係についてはリン・チュンの研究を参照。ジョーンズ、G・ステッドマン（長谷川貴彦訳）『階級という言語―イングランド労働者階級の政治社会史　１８３２－１９８２』刀水書房、二〇一〇年、iv頁、リン・チュン（渡辺雅男訳）『イギリスのニューレフト―カルチュラル・スタディーズの源流』彩流社、一九九九年、一二九頁。

(30) 野村達朗「アメリカにおける『新労働史学』の誕生の背景―『ニューレフト史学』とその変容を中心に」三五（三六四）－五六（三四三）頁。篠田徹「よみがえれ　労働運動」山口定ほか編『２０２５年　日本の構想』岩波書店、二〇〇〇年、二四五－二四六頁。篠田徹「労働運動について考える」『労働調査』二〇〇九年一月、五二－五三頁。Gutman, Herbert, *Work, Culture, and Society in Industrializing America: Essays in American Working-class and Social History*, New York: Knopf: distributed by Random House, 1976, introduction.

(31) みずからに対するCommittee of Concerned Asian Scholars（CCAS）の影響を率直に認めたものとして、ペリーの次の文章を参照。Perry, Elizabeth J., “Reclaiming the Chinese Revolution,” *The Journal of Asian Studies*, Vol. 67, No.4, November, 2008, pp. 1147－1164. またCCASの動向については、小島朋之「最近のアメリカの現代中国研究の動向―ＣＣＡＳについて」『アジア研究』第一九巻第三号、一九七二年一〇月、七一－八五頁。

(32) Chan Ming K., “Labor and Empire: The Chinese Labor Movement in the Canton Delta, 1895-1927,” unpublished Ph.D. dissertation, Stanford University, 1975. 陳明銶はこのほか、中国労働運動史関連の史料目録を作成している。Chan, Ming K., *Historiography of the Chinese Labor Movements, 1895-1949: A Critical Survey and Bibliography of Selected Chinese Source Materials at the Hoover Institution*, Stanford: Hoover Institution Press, 1981.

(33) Hammond, Edward Roy, III, “Organized labor in Shanghai, 1927－1937,” unpublished Ph.D. dissertation, California University, 1978.

(34) Shaffer, Lynda, *Mao and the Workers: the Hunan Labor Movement, 1920－1923*, Armonk, New York: M.E. Sharpe, c1982.

(35) Hershatter, Gail, *The Workers of Tianjin: 1900－1949*, Stanford: Stanford University Press, 1986.
(36) Honig, Emily, *Sisters and Strangers: Women in the Shanghai Cotton Mills, 1919－1949*, Stanford: Stanford University Press, 1986.
(37) Strand, David, *Rickshaw Beijing: City People and Politics in the 1920s*, Stanford: University of California Press, c1989.
(38) Perry, Elizabeth J., *Shanghai on Strike: The Politics of Chinese Labor*, Stanford: Stanford University Press, 1993.
(39) Perry, *Shanghai on Strike*, p.7.
(40) ハーバード大学サイト「Harvard University」（URL：http://www.harvard.edu/）の学内新聞 *Harvard Gazette* の次の文章を参照。Simon, Emily T.,“Elizabeth J. Perry named director of Harvard-Yenching Institute,” October 11, 2007.
(41) 劉明憲「省港大罷工、封鎖及抵制英貨運動之研究」台北：中国文化大学史学研究所修士論文、一九九四年六月。
(42) Tsin, Michael Tsang-woon, *Nation Governance and Modernity: Canton 1900－1927*, Stanford: Stanford University Press, 1999.
(43) 蒲豊彦「一九二〇年代広東の民団と農民自衛軍」『京都橘女子大学研究紀要』第一九号、一九九二年一二月、一〇六－一五八頁。
(44) 阿南友亮『中国革命と軍隊―近代広東における党・軍・社会の関係』（以下『中国革命と軍隊』）慶應義塾大学出版会、二〇一二年。
(45) 劉継増ほか「武漢政府時期工人運動中的左傾錯誤」『江漢論壇』一九八一年四期、二九－三四頁。陳芳国「武漢労資糾紛及工運『左』傾問題再論」『江漢論壇』一九九一年四期、七一－七五頁。
(46) 久保亨「国民革命期（一九二五年～二七年）の武漢労働運動に関する覚書―店員・職人層の運動と中小ブルジョアジー」（以下「国民革命期の武漢労働運動に関する覚書」）『季刊中国労働運動史研究』第六・七合併号、一九七九年、三九－四二頁。
(47) 坂野良吉『中国国民革命政治過程の研究』校倉書房、二〇〇四年。
(48) 北村稔『第一次国共合作の研究―現代中国を形成した二大勢力の出現』（以下『第一次国共合作の研究』）岩波書店、一九九八年。
(49) 楊奎松『国民党的〝連共〟与〝反共〟』北京：社会科学文献出版社、二〇〇八年。
(50) 王奇生『革命与反革命―社会文化視野下的民国政治』（以下『革命与反革命』）北京：社会科学文献出版社、二〇一〇年。
(51) Perry, “Reclaiming the Chinese Revolution.”

(52) 建国初期に繰り返された動員に関する分析として、泉谷陽子『中国建国初期の政治と経済—大衆運動と社会主義体制』御茶の水書房、二〇〇七年。

(53) 小島淑男「辛亥革命期における工党と農党」『歴史評論』第二五六号、一九七一年、六九‐八二頁。久保亨「一九二〇年代末中国の『黄色工会』—『上海郵務工会』の事例分析」『中国労働運動史研究』一九七八年一月、一‐一七頁。

(54) 石川禎浩「第五章 政治史」岡本隆司・吉澤誠一郎編『近代中国研究入門』東京大学出版会、二〇一二年。

第一章　熱狂する社会——本書の視点

1　熱狂する社会について——大衆社会論の問題意識

過去の研究は、中国の各種運動から生ずる「熱狂」をどのように評価するかという点において大きく見解を異にしてきた。序章で触れたように、アメリカのニュー・レイバー・ヒストリー学派は、一九二〇年代の「中国労働運動」に現れた熱狂を肯定的に評価し、内部にひそむ各種混乱や暴力の問題を看過ないしは過小評価する傾向があった。このことは、ニュー・レイバー・ヒストリー学派が大衆社会論的アプローチと対立する社会運動論（social movement theory）の系譜を引いているという、学問的出自と関係があるだろう。

一般的傾向として、社会運動論的アプローチを支持する論者の目には、大衆社会論的アプローチは民衆を信用しないエリート主義と映る。このアプローチは、理性的な運動が一般民衆から生じてくる可能性を重視するからである。一方、大衆社会論的アプローチを支持する論者の目には、社会運動論的アプローチは大衆のエゴイズムが公正な政治を歪める事態に対して、あまりにも無知であり軽率であるようにみえる。こちらのアプローチでは、非合理な熱狂が一般民衆から生じてくることを最大の懸念事項とするからである[1]。

世界的な潮流に目を向ければ、戦後の社会運動論の主な担い手は、ヨーロッパやアメリカを中心とする公民権運動や反ベトナム戦争運動の雰囲気の中で青春時代をすごした人々であった。社会運動論は、国家の言説や社会の主流の言説に対抗する多くの知見を提出し、抑圧された周縁的な人々に理論上の武器と発言権を与えることに貢献した。しかし社会運動論の論者には、とりわけ第一次世界大戦終了直後の大衆社会論の論者が抱いていた、社会の「熱狂」をめぐる問題意識に対し、偏見に囚われた時代遅れの見解というレッテルを貼りつける傾向があったように思われる。(2)

一方の大衆社会論は、本来は、産業革命後のヨーロッパ世界において没落しかけた中間層を分析するために生まれた理論である。(3) 都市下層社会の人々から生ずる「熱狂」に関しては、人々の自発性と水平的連帯を想定してかかる社会運動論よりも、彼らのいわば病理に注目する大衆社会論の視角が有用であると筆者は考える。

ただし本書が扱うのは、多くは農村から出てきた元農民たちであり、産業革命とは縁遠い人々である。戦前の中国語学者後藤朝太郎の言葉を借りれば、「郊外の百軒長屋のようなところ」か「田舎の寒村の貧民窟」からやってくる都会の肉体労働者であり、まったくの家なし、家族なし、宿なしの港湾労働者などであり（このような労働者は日本では考えられない、と後藤は書き添えている）、「大道路に近い横町の路地の塀とか壁とかの下」や「寺院祠廟の廃址またはその界隈」などに、いつでもどこでも「ゴロ寝」をしていた人々である。(4) この点において、本書の研究対象に大衆社会論を応用するのはふさわしくないという反論もあるだろう。

しかし筆者は、古典的大衆社会論が対象としたヨーロッパ社会と、本書が対象とする一九二〇年代の中国社会には、産業革命の有無や農村と都市といった相違点よりも、社会の流動性の高さ、安心して身をまかせられる社会空間の不足という点において共通性があると考える。そしてこのような社会から生じてくる人間心理のあり方は、似通った様相をみせると考えるのである。

2　孤立した集団

1、熱狂と無関心との往復

大衆社会論の論者の関心は、攻撃的な運動（大衆運動）に熱狂する人々の動向に向けられたものと、内的世界に引きこもり、政治的問題に無関心となる人々の動向に向けられたものとの二つに分けられる[5]。しかしアメリカの政治社会学者W・コーンハウザー（William Kornhauser）は、一九五〇年代に、熱狂と無関心は同じ社会的土壌から生じてくるのであり、人々がこの二つの極を往復する現象がみられる点こそ、「原子化した社会（atomized society）」の特徴だと主張した[6]。

熱狂と無関心の往復が同じ社会的土壌で繰り返し生じるという発想は、冷戦時代の中国政治研究が指摘してきた、中国政治は「穏歩」と「急進」を繰り返す傾向をもつという議論を想起させる[7]。同様のことを、丸田孝志は天安門事件を念頭に置きつつ、「突然正義を求める大きなうねりを巻き起こし、弾圧の途端何もなかったような静けさと白けた雰囲気に戻」る、と表現している[8]。

他方「原子化」という議論は、中国人は「バラバラの砂」のようであるとした孫文の嘆きに代表される、中国社会がきわめて「散漫」だという見解を思い起こさせる。この点に関する日本の学術論争としては、中国の華北農村の村落共同体の性質をめぐって戦わされた「平野・戒能論争」が有名である。この議論において、戒能通孝は、中国の村落は「組仲間的」な意識を欠いた「著しくばらばらな個人の集合体、力がものをいう支配団体」だと評価した[9]。また、中共が一九三〇年代につくりあげた党組織については、高橋伸夫が「散漫さ」を指摘している[10]。

とはいえ、無関心・消極的側面と、熱狂・行動的側面とは、通常は別々に捉えられる傾向がある。たとえば現代中国の労働組合・労働運動を研究した石井知章は、二〇一〇年に出版した書籍の中で、『血湧き肉躍る』とでもいった正真正銘の労働運動」が現代中国においてまったく消滅しており、みずからの研究テーマが一九四九年以前と比較して無味乾燥であると嘆いている[11]。一方で、あるエッセイは、中国では二〇一〇年に一八万件の民衆の抗議活動が起き、この数値は二〇〇五年の八万七〇〇〇件から大幅に増加しているとしている[12]。この双方が同じ社会的土壌から生じている可能性について分析した論考は、多くはない。

2、「孤立した集団」をめぐる議論

本書では、前述の熱狂と無関心の往復現象を総合的に捉える鍵が、コーンハウザーのいう小集団レベルでの相互孤立にあると考える。ここで注意せねばならないのは、集団の増加という現象は、個人が孤立するという事態とは一見すると正反対であり、むしろ個人が社会と結びつけられているようにみえる点である。通常「原子化した社会」という場合に想定されるような、産業革命の進展のために伝統社会が崩壊していき、その結果として社会の「原子化」が進む、というイメージのみに囚われれば、小集団の発生はむしろ「原子化した社会」が再び有機的に結びつけられ、修復されていく過程のようにみえる。

それゆえ従来の社会科学においては、小集団の多さは、国家権力に対抗し、全体主義やファシズムの出現を防止する社会の力量を示すものと想定され、そのまま民主主義のレベルを測る指標として理解されがちであった。その一例を、丸山真男の議論に見出すことができる[13]。

しかしコーンハウザーは、全体主義やファシズムを防ぐものとしての中間団体（辻村明訳では「中間集団」）と、そうではない集団とを明確に区別していた。彼は次のように書いている。

……われわれは次のように強調する。すなわち、大衆社会を特徴づけるのは家族やその他の第一次集団の孤立化であると。

社会的孤立はここで用いられる意味では、より大きな社会への社会的関係の欠如を指すものであるから、個人はたとえ家族の絆をもっていても、その家族集団がより大きな社会にしっかりと結びついていない以上、孤立化したものとされる。……したがって、ある小さな集団の孤立化がその成員相互の孤立化をもたらしはしなくとも、このような集団の成員は「大社会」の共同生活からは孤立することになる（コーンハウザー『大衆社会の政治』一一〇頁、傍線引用者）。

すなわち家族的な小集団の増加は中間団体の増加とはみなせないという。ではコーンハウザーの考える中間団体とは何か。

より大きな社会のなかに意味のある効果的な参加をなすためには、家族と国家とを媒介する中間集団の機構が必要であり、そのような機構が弱いと大衆運動に乗ぜられる隙を与える、というのが本書の中心的命題の一つである。家族のように小さな孤立した集団に参加しても、中間集団に参加することの代用にはならない。否むしろ大衆運動への参加に好都合になるだけの場合もあろう。なぜならば、個人は身近な仲間の支持がえられるとき、なおさら新しい冒険にとび込みやすいものであるし、たとえ小集団ではあっても、その成員は完全に孤立した人間よりも、大衆煽動の好個の標的となるからである（同書一一〇－一一一頁、傍線引用者）。

つまり中間団体とは「家族と国家とを媒介」できる集団のことであるという。そして外部世界とのつながりを欠く家族的集団それのみでは、民主主義的社会の基盤となるどころか、むしろ全体主義的世界との親和性が高い「大衆運動」に、集団単位で動員されやすくなるというのである。また別の箇所で、コーンハウザーは民主主義に望ましい集団のあり方についてこうも書いている。

広くいろいろの分子が入り混じった連帯性は、高度の自由と合意とを確保するのに適している。つまりこのような連帯性は、社会の一系列が支配的となることを妨げる役をし、組織をしてその会員のもっている他のいろいろな集団への加入を尊重させ、会員がそうした他の集団との関係から疎外されないように仕向ける（同書九五頁、傍線引用者）。

われわれの使う多元主義の概念には、多様な集団加入ということが含まれている。……これは大変重要な事柄である。なぜならば、私的な集団の権威も国家と同様に、抑圧的になりうるからである（同書九六頁、傍線引用者）。

以上の記述から、コーンハウザーが全体主義的社会の出現を防止する存在として考える「中間団体」の要件を二点に要約すると、それは第一に、他の集団やより上位の社会から孤立していないこと、第二に、集団内部に多様性（現在でいうダイバーシティ）が存在すること、となる。さらに第二の要件の本質を突き詰めると、成員の精神が集団の圧力に歪められることのない団体、成員が精神的閉鎖性に陥らない団体ということになるだろう。

となれば、いくら無数の小集団が存在していても、所属する個人がその集団にすべてを支配され、特定の指導者や思想に忠誠心を捧げることを要求されている場合には、コーンハウザーからみれば、それは全体主義の温床に転じかねないものである。それゆえ彼は、個人は複数の集団に所属すべきだと説いた。そして労働者の場合を例に取り、「たとえ労働者相互が孤立していない場合でも、かれらの組織そのものが社会全体から分離しているかぎり」、このような労働者は「大衆運動」に動員されやすいであろうと考えたのである[14]。

にもかかわらずコーンハウザーの議論は、性急な読者からは、集団や組織がありさえすれば社会は民主主義的になると議論したかのように誤解されがちであった。コーンハウザーの論敵がW・ホワイト（William H. Whyte）であるとみなされたことは、この誤解を端的に表すものである。ホワイトは、アメリカ現代社会の病理は、共同体が解体されて人々が原子化したところにあるのではなく、むしろ人々が組織に隷従し、みずから思考しなくなる「オーガニゼーション・マン」（組織人間）になってしまうところにあると主張したのである。しかしこの議論は、コーンハウザーの議論を部分的に強化するものであって、矛盾点は存在しない(15)。

コーンハウザーが小集団の相互孤立という問題に向き合う際に手がかりとした研究のひとつが、大衆社会論から派生した一九五〇年代の産業紛争社会学（the sociology of industrial conflict）の論者、C・カー（Clark Kerr）とA・シーゲル（Abraham Siegel）の研究である。カーとシーゲルは、「孤立した集団（the isolated group）」は「集団をもたない孤立した個人（the isolated groupless individual）」以上に民主主義にとって脅威であるという見解を主張し、話題を呼んだ(16)。

「孤立した集団」とはどのような社会領域に現れ、どのように振る舞うのか。カーとシーゲルは、この問題を労働者集団のおこなうストライキの性質を手がかりに、次のように考えた。まずストライキには二つのタイプがある。労使交渉としての意義をもつストライキと、社会から孤立した人々の、社会秩序全般に対する敵意に満ちた反乱としてのストライキである。「孤立した集団」の起こすストライキは、公平な扱いを求めて雇用主に抗議し、理性的な交渉のテーブルに相手をつかせるために圧力をかけるというものではなく、政府を動かしうるだけの力をえたあとでさえ満足することがなく、「権力を求めるその過程はいつまでも終わらない（the process of striving for power never comes to an end）」という特徴を見出せる(17)。

また、「孤立した集団」は「強烈なグループ意識（a strong sense of group）」をもち、みずからを取り巻く社会に対しては不満を抱くばかりで、「共同体（community）に対する責任感」が欠落しているという。ここで彼らが共同体と呼んでいるものは、みずからの所属する集団（group）のことではなく、地域社会や国家などの、より大きな存在を指すとみられる。「強烈なグループ意識」の行き着くところは、異質なものの存在を認めず、みずからのグループにすべてを吸収してしまおうとする衝動である。ゆえにカーとシーゲルは、「孤立した集団」は「集団をもたない孤立した個人」以上に民主主義にとって脅威であり、グループ間の対立克服などの対策が必要だと結論した(18)。ひとことでいえば、交渉や取引ができず、適度なところで踏みとどまることもできず、自己の主観と欲望のままに肥大していく膨張主義的集団が、ここに描かれているのである。

むろん、カーとシーゲルの議論からは、労働者の前衛を自称する勢力から独裁国家が生まれていくさまを目撃した西側知識人の、冷戦期的な警戒心をみて取ることができる。しかしこうした観察を、当時の時代的背景に囚われた思考として軽視することは必ずしも妥当ではない。「権力を求めるその過程はいつまでも終わらない」という現象とよく似た状況は、一九二〇年代の紡績工場労働者の指導者についても報告されているからである。たとえば、日華紡績工場の「役付（小頭）」の態度に関し、一九二三年の『大阪毎日新聞』に掲載された論考は、「一度対手方《あいて》が折れたら最後何時までもそれに乗ずる即ち弱者に対しては強くなるという悪癖」があると観察している。[19] いうまでもなく、これは取り扱いの難しい記述ではある。被雇用者に対する雇用主側の差別意識や優越感は、こうした文献のさまざまな言葉使いのうちに垣間見える。しかしそうした点も承知のうえで、本書ではこの種の報告を、もう少し慎重に取り扱っていきたい。

カーとシーゲルは、さきに述べたストライキの異なる二つの類型という理解に基づき、いわば紛争志向の強度を計測する指標として、欧米圏の一一の国の労働者集団に関し、そのストライキ志向を比較した。その結果、ストライキ志向の強さは、炭坑労働者、海運業関係の労働者、港湾労働者の三つが、五段階評価のうちでもっとも「強（high）」であった。他方、サービス業労働者は下から二番目の「中弱（medium low）」であった。[20] この見解によれば、熱狂的運動に引きつけられやすい「孤立した集団」は、炭坑労働者、海運業関係の労働者、港湾労働者に多く見出されると予想され、他方サービス業労働者にはそれが見出しにくく、彼らは熱狂的運動にも熱心ではないことが予測される。

3 「孤立した集団」をめぐる議論への視点の追加——イデオロギーとジェンダー

以上の「孤立した集団」をめぐる議論に、本書ではさらに二つの視点をつけ加えたい。ひとつはイデオロギーの役割であり、もうひとつはジェンダーの役割である。

「孤立した集団」は集団の利益を求めて互いを排斥する。とはいえ、人々は私的利益を目指す際にも、なんらかの「正義」の装いや社会的承認を必要とするのではないだろうか。「孤立した集団」に属する人々を、経済学における合理的人間像でのみ捉えれば誤りを犯すことになるだろう。

ここでイデオロギーが重要な役割を果たす。イデオロギーは新たな「正義」の言説をもたらし、このことは「正義」と私的利益の新たな結合を可能にするのである。通常、物質的利益の追求と社会的承認の追求は相容れないもののようにイメージされる。しかしこの二つは、実際には「正義」の言説の方向性次第で結合させることができる。「敵」の設定とはすなわち、政治的には「引きずり落としてよい相手」、経済的には「収奪してよい相手」、心理的には「貶めてよい相手」の設定を意味する。したがって、社会全体の「正義」のために「敵」を直接攻撃してよいとする言説は、そのメッセージを受け取った者に対し、次のような振る舞いを許可するのである。「敵」として設定された相手から富を吸収すること、主観的には「よいこと」をしているという意識によってみずからの社会的価値を実感すること、「敵」を貶めてみずからの優位性を確認すること、である。とくに「孤立した集団」に対し、彼らの利益に沿う形で「敵」を設定する「正義」の言説を与えてやると、爆発的に私的暴力が蔓延すると考えられる[21]。イデオロギーを与えるのは、通常知識人の役割である。

もうひとつ考えておくべき要素は、ジェンダーの問題である。肉体労働者の世界が男性の世界であったことは疑いがなく、肉体労働者などを動員しておこなわれた各種闘争は男性的世界観に基づき展開されている。そのような闘争の場においていくらか女性の活躍がみられるとしても、それは男性の闘争を援助し、戦いに疲れた男性を慰める存在としてであろう。一方で、男性に非協力的な女性はむろん排斥されるだろう。こうした点が、コーンハウザーなどの議論からは抜け落ちているのである。

4　本書の仮説

本書では次のような仮説を立てる。人口の流動性が高く、それを秩序づける制度化のレベルも低く、社会的不確実性が高いとき、相手が信頼できる（＝裏切らない）人間であることを保証する制度としての人間関係、すなわち「親分－子分関係」が必要となる[22]。しかしこのような人間関係が発達していけば、成員たちの思考様式は、仲間の評判と親分の意向にのみ関心を向けた、きわめて内向きの心理状態によって特徴づけられることになる[23]。そして内向きの「親分－子分関係」に基礎づけられた小集団が、経済資源の不足している領域に置かれれば、彼らは相互に資源を奪い合うだけのゼロサムゲームの関係に陥るであろう。

通常、民主制においては、中間団体の利益表出が一種の対話となることがイメージされる。この対話を通じて、より公正な富の再配分に向けて政治が動かされていくことが期待されるのである。しかし、「親分－子分関係」によって基礎づけられた小集団が利益を表出するとき、団体間に対話を成り立たせるのは至難の業である。そのような社会に公共圏の生まれる余地は少なく、そこには基本的に私的利益しか存在できない。そうである以上、「孤立した集団」の利益表出は、権力と富の完全なる私有化を目指す剝き出しの権力闘争に陥る傾向を示すことになるだろう。市民社会論における公共圏の議論と関連づけるならば、外部に開かれた交渉可能な公的なるものの概念をもつことが、「孤立した集団」の成員にとっては困難なのである。

しかし、経済的資源が決定的に不足しているという条件を真剣に考えるならば、「孤立した集団」の成員にとって、集団の「外部」とは資源がまったく存在しない世界を指し、それは最悪の場合には死を意味する。それゆえ、彼らにとっての「外部」とは、公共圏をめぐる一般的な議論が想定するものよりもはるかに過酷で恐ろしい領域なのだと考えられる。

このような人々に、「敵‐味方」思考に基づく「正義」の言説を与えれば、交渉や対話を一切拒絶する態度が強化されると考えられる。そして、もしこの新しい「正義」が、みずからの生存を確保するという動機を壮大に正当化するものであれば、大きな熱狂をともなうであろう。ヒトラーがドイツの人々を煽動するとき、ドイツ民族の生き残りという大義名分を掲げていた点を思い出しておきたい。この熱狂は、長期的にみて、社会が民主主義に向かう可能性を破壊していくだろう。

だがこの熱狂の主役は、主に若年・壮年の男性であるだろう。女性が主体となる動きは、本書においてはあまり確認することはできないであろう。

（1）「非合理な熱狂」に関する大衆社会論の理論的蓄積が大幅に厚みを増したのは、二度にわたる世界大戦によって荒廃したヨーロッパ社会と、そこから独裁体制が生み出されていくさまを目撃した知識人たちが、みずから経験・目撃した政治的・社会的諸現象を考察し、言語化した、一九三〇年代から四〇年代にかけてであると考えられる。この時期の著作として、オルテガ・イ・ガセット『大衆の反逆』（初版一九三〇年）、K・マンハイム『変革期における人間と社会』（初版一九三五年）、E・フロム『自由からの逃走』（初版一九四一年）などがある。これらの知見がまとまった形で整理・統合されたのが、一九五〇年代から六〇年代にかけてのことであり、冷戦の緊張と全体主義的国家への強い警戒をみなぎらせたアメリカが、こうした知識人たちの活躍しうる学術的舞台を提供することになった。その成果が、たとえばW・コーンハウザー『大衆社会の政治』（初版一九五九年）であり、H・アレント『革命について』（初版一九六三年）もまた、大衆社会論的発想の流れを汲むものといえる。

（2）論者によっては大衆社会論的議論をも社会運動論のルーツに含めるが、ここではS・タローによる理論的整理を参照した。タローによれば、集合行為をめぐり、「原子化した社会の中で自らの根本を探し求める『狂信的な支持者』」をイメージする大衆社会論の考え方は、「公民権運動やベトナム反戦運動に決起した若い活動家にそぐわないものであった」。タロー、シドニー（大畑裕嗣監訳）『社会運動の力―集合行為の比較社会学』彩流社、二〇〇五年、四〇頁。

社会運動論におけるこうした態度の源流のひとつに、マルクス主義の影響が考えられる。マルクス主義そのものについては、たとえば日本共産党の上田耕一郎は、一九五〇年代後半に、大衆社会論の提示する社会心理学的要素を考察する態度が（とくに日本の）マルクス主義には欠けているという反省をおこなっている。上田耕一郎「『大衆社会』理論とマルクス主義」『上田耕一郎著作集』第一巻、新日本出版社、二〇一二年。

（3）アメリカの社会学者D・ベルは、大衆社会論が、一九世紀ヨーロッパの社会学の最大の関心事である、近代社会における共同体の衰退という問題意識を受け継ぎ発展したと要約する。久保田正雄「大衆社会論の前提概念―コントとマンハイムをめぐって」『政経論叢』三七巻五・六号、一九六九年、一六三頁。

（4）後藤朝太郎『支那游記』春陽堂、一九二七年、七一五頁。

（5）熱狂の側面については、たとえば、S・ノイマンが一九四二年に刊行した書籍において展開した、ドイツの「大衆」に関する考察を参照。ノイマン、シグマンド（岩永健吉郎ほか訳）『大衆国家と独裁―恒久の革命』みすず書房、一九六〇年版の第四章。一方政治的無関心に着目した研究としては、たとえばD・リースマンの『孤独な群衆』（一九五〇年）などがある。

（6）コーンハウザー、W（辻村明訳）『大衆社会の政治』東京創元社、一九六一年。

（7）たとえば、衞藤瀋吉・岡部達味「中国革命における穏歩と急進」『中央公論』第八二巻第八・九合併号（通巻九五八号）、一九六七年七月号、五二－五四頁。

（8）丸田孝志『革命の儀礼―中国共産党根拠地の政治動員と民俗』（以下『革命の儀礼』）汲古書院、二〇一三年、三三三頁。

（9）旗田巍『中国村落と共同体理論』岩波書店、一九七三年（一九九五年三刷）の第三章。

（10）高橋伸夫『党と農民―中国農民革命の再検討』研文出版、二〇〇六年。

（11）石井知章『現代中国政治と労働社会―労働者集団と民主化のゆくえ』御茶の水書房、二〇一〇年の「あとがき」。

（12）Dickson, Bruce J., "No 'Jasmine' for China." *Current History*, Vol. 110, Issue 737, September 2011, p. 213.

（13）丸山真男は大衆社会論に日本のファシズム経験を織り込み、次のように再整理した。まず、なんらかの意味において伝統的社会が解体され、人々が個人として放り出される過程として、「個人析出（individuation）」の段階がある。そして遠心的―求心的、結社形成的―非結社形成的という二つの軸によって、その析出パターンには四通りの違いが生じる。すなわち、求心的・結社形成的＝民主化（democratization）、遠心的・結社形成的＝自立化（individualization）、求心的・非結社形成的＝原子化（atomization）、遠心的・非結社形成的＝私化（privatization）である。そして、これら四つの要素の比重によって社会・政治制度の変動の方向性が決まる。「原子化した個人」は、従来いわれてきたように「過政治化と完全な無関心の間を往復する」傾向があり、「ふつう公共の問題に対して無関心であるが、往々ほかならぬこの無関心が突如としてファナティックな政治参加に転化することがある」。そして「結社形成的」である度合いの低さによって、人々は極端な運動に共鳴しやすくなり、権威主義的・カリスマ的政治指導者に感染しやすくなる。労働者の暴動は、「絶望的に原子化された労働者のけいれん的な発作」である、と。丸山真男「個人析出のさまざまなパターン―近代日本をケースとして」（執筆時期一九六二～六八年）『丸山真男集』第九巻、岩波書店、一九九六年、三七七‐四二四頁。

丸山にとって重要であったのは国家に動員される個人という問題であり、人は個別の社会集団によっても動員されるという発想が希薄であったと考えられる。したがってここで使用されている「求心」という言葉は、あくまで国家に対する「求心」であり、所属集団に対する「求心」ではない。二村一夫が、「ストライキはもちろん暴動といえども、それ自体は集団的な行動であって、『絶望的に原子化された労働者』の行動形態とは思えない……暴動の事実は、彼らが〈結社形成的〉であったことを示しはしても、〈非結社形成的〉であった証拠にはならないのではないか？」と疑問を提起したのは、丸山のこの盲点を突く指摘であった。なお、近代国家と自治の問題を考察するにあたり、所属集団と個人のあいだに成立する支配関係を看過する傾向は、内藤湖南の「郷団自治」論にも見出せる。内藤湖南については岸本美緒の整理を参照。二村一夫『足尾暴動の史的分析―鉱山労働者の社会史』東京大学出版会、一九八八年、一九頁。岸本美緒「『市民社会』論と中国」『歴史評論』五二七号、一九九四年三月（岸本美緒『地域社会論再考　明清史論集2』研文出版、二〇一二年、一一二頁）。

（14）コーンハウザー『大衆社会の政治』九二、一五二頁。

（15）ホワイト、W（岡部慶三ほか訳）『組織のなかの人間　オーガニゼーション・マン』上下、東京創元社、一九五九年。

（16）Kerr, Clark and Abraham Siegel, “The Interindustry Propensity to Strike: An International Comparison,” Konrnhauser, Arthur et al. *Industrial Conflict*, New York: Mcgraw-Hill Book Company, Inc., 1954, pp.189-212. カーとシーゲルの研究を産業紛争社会学の古典とする位置づけについては、P・エドワーズによる整理を参照。Edwards, P. K., “A Critique of the Kerr-Siegel Hypothesis of Strikes and the Isolated Mass: A Study of the Falsification of Sociological Knowledge,” *The Sociological Review*, Vol.25, Issue 3. August 1977, p.551.

（17）Kerr and Siegel, *op. cit.*, pp.202-203.

（18）Kerr and Siegel, *op. cit.*, p.203.

（19）堅田生「支那紡績労働の現状（中）」『大阪毎日新聞』（朝刊）一九二三年八月二一日。

（20）Kerr and Siegel, *op. cit.*, pp.189-191. 対象となった一一の国とは、オーストラリア、チェコスロバキア、ドイツ、イタリア、オランダ、ニュージーランド、ノルウェー、スウェーデン、スイス、イギリス、アメリカである。

(21) 岸本美緒によれば、「無垢であり、正義であり、道徳的であるという自意識」が「敵対勢力との対話を阻害し、結果として無規範状態と秩序の崩壊を招く」事態は、「明末にはしばしば見られた事態」であったという。そうであるなら、政治秩序が動揺するたび、「孤立した集団」ごとに発生する暴力が、彼ら自身の「敵-味方」思考と合致する「正義」の言説によって強化されてしまい、無秩序を招くことは、中国社会では繰り返し生じる社会現象であった可能性がある。岸本美緒「中国における暴力と秩序」『歴史評論』六八九号、二〇〇七年九月(『地域社会論再考 明清史論集2』一四一-一四二頁)。

(22) 社会心理学者の山岸俊男は、社会的不確実性の高い環境に置かれた人間が「やくざ型コミットメント」とでも呼ぶべき人間関係を発達させていくことを指摘している。山岸俊男『信頼の構造―こころと社会の進化ゲーム』東京大学出版会、一九九八年、七五-七六頁。経済学者柏祐資の「包」をめぐる議論は、中国における同様の現象を経済的側面から述べたものと理解できる。柏は、「包」と呼ばれる仲介業者が何重にも重なり形成される中国の経済秩序について、「人と人との間の取引的営みの不確定性」を仲介業者を通じて「確定化」しようとしたものと説明する。柏祐賢『柏祐賢著作集』第四巻、京都産業大学出版会、一九八六年、一五四頁。

(23) 仁井田陞は北京の商工業ギルドを「多数の閉鎖的集団の総合態」と評価し、その道徳観念について、「この種の集団に属する人々は、その集団内部、つまり自己を対等等質と思う相手に対してだけは、親愛信義の徳目を守るが、その外部つまり不対等不等質と思う相手に対しては、かかる徳目を通用させず、対内道徳 Binnenmoral と対外道徳 Aussenmoral との使い分けが見られる。……仲間の外は場合によってはかたきでさえある」としている。仁井田陞『中国の社会とギルド』岩波書店、一九五一年、一五頁。

第二章　広東の動員装置

1　広東労働者をめぐる諸環境

1、広東労働者の形成

本章および次章で扱う広東省は、中国南部の沿岸に位置し、長い海岸線をもつ省である。東部には韓江によって形成された汕頭デルタがあり、中央部には珠江水系によって形成された珠江デルタが広がる。珠江はその主要な源流として、北江、西江、東江の三つの支流をもつ。珠江の河口附近には、この地域の政治的、経済的、文化的中心地である港湾都市、すなわち広州と香港がある。(1) 英語でCantonというとき、それは広東省全体のことではなく、その中心たる広州を意味するが、本章で用いる広東労働運動という言葉は、広州と香港の双方の運動を含むものとする。

(1)　広東人海員

広東においてまず特異であった労働者集団は、広東人海員の集団である。海員とはseamanの意訳であり、汽船における船長以外の船乗りを意味する。通常その身分は、海技免状の有無によって「普通海員」（現代日本語では船舶部員）と「高等海員」（現代日本語では船舶職員）に区別される。前者は後者との対比においてブルーカラーとみなすこ

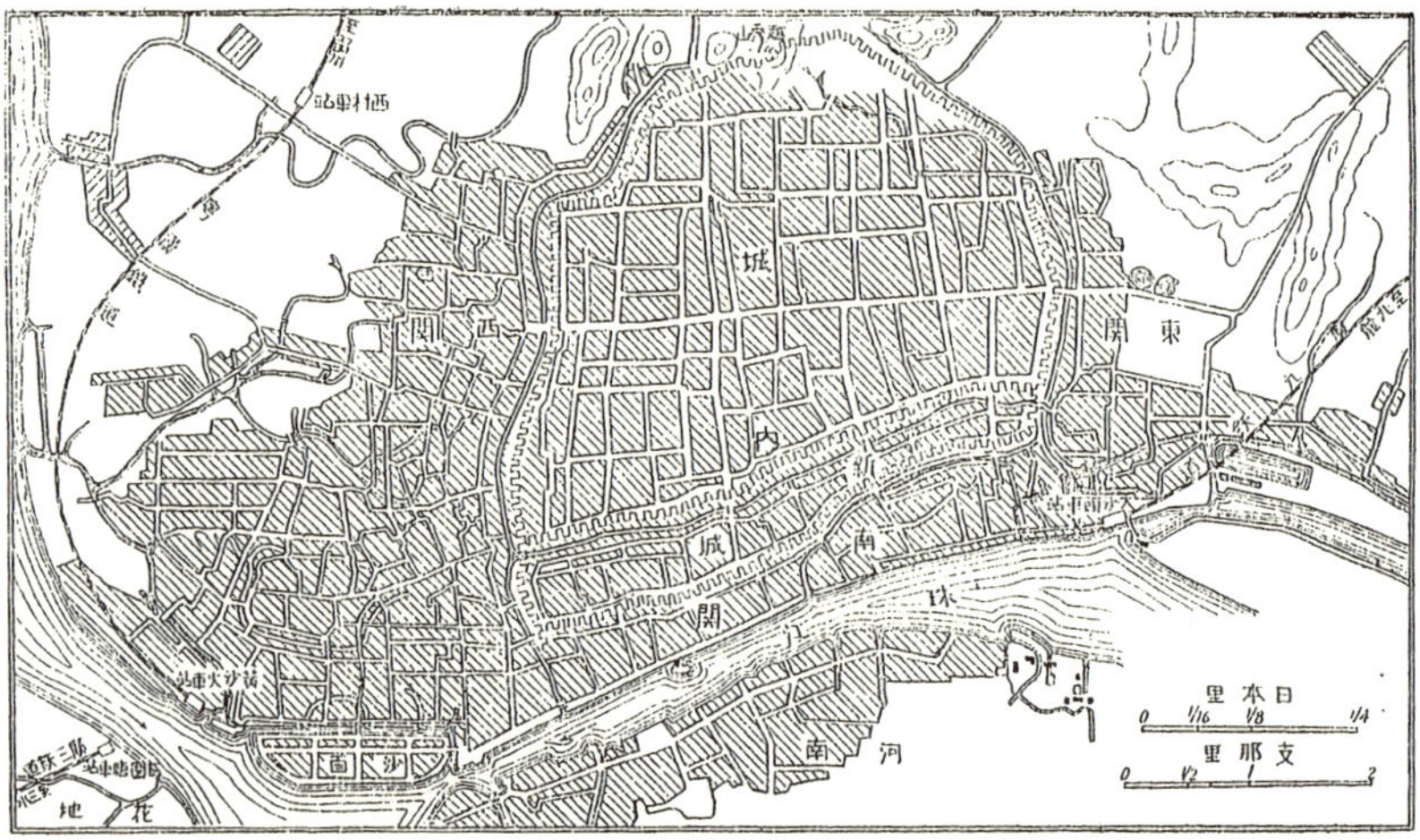

広州市街地図　出典：西田与四郎『中華民国地誌』古今書院、1928年。

とのできる人々である（表1）[2]。

一八四二年に南京条約が締結されると、英中の貿易関係が密接になり、主に広東人を主体としたと思われる中国人が、イギリス汽船の海員として雇用され、英中間を頻繁に往来するようになった。たとえばD・ジョーンズは、イギリス東インド会社による広東貿易独占体制の終焉（一八三三年）と南京条約締結（一八四二年）による条約港開港後、中国人海員に対する需要が高まったことを指摘している。一八六五年には、リヴァプールに拠点を置く汽船会社アルフレッド&フィリップ・ホルト（Alfred and Philip Holt）がヨーロッパと中国を直接つなぐ航路を開設し、中国人海員や中国人沖仲仕の姿がリヴァプールにおいて確認されるようになった。在英中国人コミュニティに関する諸研究もまた、イギリスへ渡った最初の中国人が海員であったとする。このような人々は、イギリス汽船会社に安価な労働力として雇われ、当時イギリスの港湾都市として栄えていたリヴァプール、カーディフ、ロンドンなどのドック周辺に、規模の小さなチャイナタウンを形成した（ジョーンズの紹介する一九一一年のイギリスの国勢調査によれば、リヴァプールの中国人は五〇二人、ロンドンの中国人は六六八人）。初期在英コミュニティの中核となった中国人海員仲介業者は、会社と契約を交わして労働力を確保する請負業者（Chinese crew contractor, 中国語では工頭）であると同時に、

表1　海員の基本的職層序列

船舶職員〔高等海員、上級海員〕officer	
船長 captain	
甲板部 the deck department	甲板部トップ：一等航海士 chief officer、二等航海士 second officer、三等航海士 third officer
機関部 the engine room department	機関部トップ：機関長 chief engineer、一等機関士 first engineer、二等機関士 second engineer、三等機関士 third engineer
事務部 the catering department	事務部トップ：事務長 chief clerk、事務員 clerk
無線通信部	一等船舶通信士 chief wireless operator、二等船舶通信士 second wireless operator、三等船舶通信士 third wireless operator
船舶部員〔普通海員、下級海員〕crew	
甲板部	甲板部部員トップ：甲板長〔水夫長〕boatswain、船匠〔大工〕carpenter、操舵手〔舵夫〕quartermaster、甲板庫手〔甲板部倉庫番〕deck store keeper、甲板員〔水夫〕sailor
機関部	機関部部員トップ：操機長〔火夫長〕number one oiler、操機手〔油差し〕number two oiler、機関庫手〔機関部倉庫番〕）engine store keeper、操罐手 donkey man、機関員〔火夫〕fireman
事務部	司厨部トップ：司厨長〔賄長〕chief steward、司厨手〔料理人〕steward、司厨庫手〔司厨部倉庫番〕steward store keeper、司厨員、ボーイなど〔炊夫、給仕〕cook, boy

出典：運輸通信省海運総局編『海員』運輸通信省海運総局、1944年、90－106、154－159頁；佐藤利行ほか編著『英日中海事貿易基本用語辞典』白帝社、1988年などを参照し作成。
注1：〔　〕内は日本で海員の呼称改変がおこなわれる前の一般的な呼ばれ方。岡得太郎『海員労働事情一斑』協調会、1922年、6－7頁；「海上労働争議顚末　日本船主協会（一）」『神戸新聞』（朝刊）1928年6月16日を参照して作成。
注2：甲板部は操船、貨物の取扱、船体補修などの業務を司る。機関部はエンジン関連の統括と管理の業務を司る。事務部は字義通りの書類処理系の事務のほか、賄いなどの業務を司る。

チャイナタウンの小商店の店主でもあり、海員向けの賭博場やアヘン吸引施設を建設していた(3)。

しかし中国人労働者とイギリス人労働者は、限られた働き口をめぐって競合関係にあり、両者の関係はきわめて険悪であったと考えられる。たとえばロンドンでは、一九〇八年に、イースト・インディア・ドックの the Board of Trade offices に登録しようとした中国人海員を、イギリス人海員の集団が幾度も妨害する事件が生じた。また一九一一年に、イギリスの水夫・火夫らが全国水火夫組合（the National Seamen's and Firemen's Union of Great Britain and Ireland）を結成し、大規模なストライキをおこなった際、中国人海員の「スト破り」が原因で、カーディフでは「ヨーロッパ人」海員による中国人商店の破壊と放火が生じた(4)。ストライキの具体的手法や、糾察隊でスト破りを制裁する方法など、中国人海員がこの時期にイギリスで学び取ったものは少なくなかったと推察される。

日本においてもBoarding-Houseの転じたボーレンという呼称が用いられたように、中国の海員仲介業者は、館口、包工館、行船館など、海員宿舎を指す言葉がそのまま転じた形で呼ばれる傾向があった。方正林の記述を参照する限りでは、館口とは海員仲介業者の総称であり、包工館とはそれらのうちでも汽船会社と大口の契約をおこなう能力と規模を備えた元請け業者を指したようである。また海員仲介業者を指す言葉には、このほかに工頭という表現があり、当時の実際の用法においては、労働現場を離れた仲介業者を意味する場合もあれば、労働現場における各部署のまとめ役（水夫長、火夫長、賄長など）を指す場合もあった。中共の歴史叙述においては、工頭とは単に資本家の手先を意味し、前者のような仲介業者をイメージしていると思われる場合が多いが、現実には、元労働者がのちに仲介業者となるケースもしばしばあり、両者の境は曖昧であった。また海員仲介業者は地縁的紐帯によって人員を集めたために、海員仲介業者のもとに形成される海員集団は同郷集団の性格をも帯びた。(5)

海員工頭に対する一般の海員の態度については、「上級者に従順」（協調会の調査資料）と観察されている。後藤朝太郎は、蒸気船で働く中国人「下級船員」の結束ぶりについて、「若《も》しその船のボーイのグループにして他の船とか官憲とかから或る不利益な交渉でもあるとか、又生命に危険を及ぼす憂いのある交渉事でもあるとすると、そのボーイ団は一切口を緘して云わぬ。逮捕事件でも始まるとするも断じて打明けぬのである。……こうした対外関係のこととなると殊に堅いのである」とし、その具体例として、日頃中国人ボーイと交流のあった日清汽船の嘉村という人物が、湯子譲という土匪から守られたことを挙げている。後藤はこれを「一種の武士道」、「任侠」と表現する。このような集団から個人を切り離して会社に雇用することは「ほとんど不可能」であり、団体ごと雇用するしか方法はなかった（『時事新報』）。その結束力は、周恩来がフランス籍郵船の火夫について述べた、「数人の頭目の指揮」に基づく「部落［ここでは村社会といったニュアンス］の生活」に由来するところが大きかったであろう。周恩来によれば、このような集団がかくも根強く存在し続ける理由のひとつは言葉の壁であった。出身地を異にする海員は、方言の違い

表2・1　広東人海員の賃金

	月給
第一次世界大戦前	13～15元
第一次世界大戦中	22～25元

出典：中国海員工会全国委員会『中国海員工人運動大事年譜』出版地不明：中国海員工会全国委員会、1984年、9頁。

が大きすぎるために意思疎通が困難であった[6]。

中国人海員がブルーカラーとして採用されたということは、しかし必ずしも給料が低いことを意味しなかった。第一次世界大戦の時期に遠洋航行船に乗り組む海員には、危険手当として通常よりも高い賃金が支払われていたからである。日本の場合、危険航路手当が五〇割、戦時割増が四割、遠洋航路手当が一一～一八割であった[7]。表2・1の広東人海員の賃金も、やはり第一次世界大戦中に増給されている。

また遠洋航行船以外の蒸気船、すなわち沿岸航路を往来する船舶や、長江などの河川を往来する内陸航行用船舶（内河船）に乗り組む海員の給料も、最低水準とは見なされていなかった。第一次世界大戦終了直後に出版された小山清次『支那労働者研究』によれば、外国籍、中国籍を問わず、これらの船舶に乗り組む「火夫或《あるい》は雑役に従事する苦力」の賃金は陸上の肉体労働者（苦力）に比べ五割ほど高く、日給四〇仙～一元であった。それゆえ一度海員となった者は終生そのままでいることが多く、小山は海員（水夫）を「苦力中の特別階級」と表現した[8]。陳偉群（Chan Wai Kwan）もまた、海員の給料は十分とはいえないものであったが、肉体労働者の平均的日給と比較した場合には最低水準ではなかったとする[9]。

(2)　広東人機械工

一方、アヘン戦争を転換点として産業構造の大きな変化を経験した広東社会には、広東人機械工の一群が出現していた。

広州経済史に関する先行研究によれば、長らく中国の対外貿易の中心的地位にあった広州は、南京条約以後、とりわけ一八五三年ごろを境に、上海にその経済的地位を奪われた。しかし一八六〇年代半ば以降、広州の経済的地位は再び上昇する[10]。

その理由のひとつが重工業を中心とした産業の発達であった。まずアヘン戦争後に形成されたイギリス領香港*と沙面租界*が、広東における外国人たちの経済活動に足場を与え、西洋式の銀行業や汽船業が珠江デルタにもたらされる契機となった。また一九一四年から始まった第一次世界大戦は、軍需産業としての造船業を世界規模で大きく発展させた。広東の汽船業もまた、香港の造船業を皮切りにこの世界経済の動きに牽引されて発展した。広東造船業の発達は周辺産業（造船業や船舶修理業など）をも活気づかせた[11]。

これに加え、列強に対する清朝の敗北に危機意識を高めた清朝の官僚（いわゆる「洋務派」）による兵器工場などの設置も、雇用創出の場となった。交通網の整備もおこなわれ、広州を起点とする三本の鉄道、すなわち広州と武昌をつなぐ粤漢鉄道（一九〇一年着工）、広州と深圳をつなぐ広九鉄道（一九〇七年着工）、広州と三水をつなぐ広三鉄道（一九〇一年着工）が整備された。これにより、鉄道労働者の一群が生み出されることになった[12]。

二〇世紀に入るころには、造船所、兵器工場、鉄道の三大設備は広東人機械工にとって重要な労働市場となり、このいずれかの産業のあるところには、しばしば広東人機械工の姿が確認できる状態となった。広東人機械工の団体について、広田寛治は『華字日報』に基づき、「徒弟層」は指導者の指示に従って闘争に赴く、それ自体として「主体性に欠け」る存在であったと指摘している[13]。つまりその行動様式は軍隊的であり、下位者は上位者に絶対服従の態度を取っていた。

＊イギリス領香港：アヘン戦争（一八四〇年勃発）とアロー戦争（一八五六年勃発）に清朝が敗北したことにより、香港島（一八四二年）と九龍半島の南部（一八六〇年）がイギリスに割譲され、また九龍半島の北部（一八九八年）が九九年の期限つきでイギリスに租借された。本書ではこれらの割譲地、租借地をイギリス領香港と総称する。

＊沙面租界：広州の中心地域を流れる珠江の沙面島に、一八六一年にイギリス租界とフランス租界が設置され、広州租界、沙面租界などと呼ばれるようになった。本書では沙面租界に呼称を統一する。

表２・２　中国の主要都市における機械工の賃金（北京政府調べ）　単位：弗

		日給最高額	日給最低額
兵器工場			
武漢	漢陽兵工廠	2.00	0.13
	漢陽鋼鉄廠	2.20	0.13
広東	広東兵工廠	1.57	0.14
	広東兵工廠黒薬分廠	0.66	0.23
	広東兵工廠無煙薬分廠	1.46	0.21
造船所			
上海	江南造船所	2.92	0.17
福建	福州船政局	2.50	0.15
鉄道工場			
北京	長辛店機器廠	2.00	0.40
	長辛店工務修理廠	1.00	0.25
武漢	漢口江岸機器廠	2.00	0.40
	漢口江岸工務修理廠	1.00	0.20
広東	広九鉄路機器廠	0.95	0.60
	広三鉄路機器廠	1.20	0.40
	広三鉄路木工廠	0.80	0.40

出典：小山清次『支那労働者研究』東亜実進社、1919年、65－68頁。

彼らにどのような政治的評価を与えるにせよ、先行研究は、広東人機械工の一群が初期労働運動における重要な牽引役を果たしたという点で意見を一致させている[14]。彼らが他の労働者集団に比べて活発であった理由は、相対的には、経済的余裕があったからである。表２・２は機械工の賃金データである。肉体労働者（coolie）の平均的な日給は四〇セントであるという陳偉群の香港社会史研究の記述と比較するならば[15]、ひとまず全体の趨勢として、広東人機械工が、公式賃金の最高額においては平均以上の賃金を与えられていたことは確認できる。広東人機械工は、一般的には社会保障などが比較的完備された社会集団と認識されており、「工人貴族」（労働者貴族）と表現されていた[16]。

(3)　中小商工業者と肉体労働者

だが、このような重工業分野で働く人々は広東社会全体からみれば少数派であり、広東の労働者と呼ばれた人々の圧倒的多数は中小商工業者であった。台湾総督官房調査課の井出季和太は、広東で「工人」と呼ばれた人々について、「名は工人と称するも、多くは家庭工業の雇人・徒弟及雇主の一部又は小商人」であるとし、このほかにも「海陸作業に従事する苦力等に至る迄《まで》」、「工人」という言葉はきわめて多様な人々を指すとした[17]。

一九二四年の社会主義青年団（以下、社青団）の調査では、香港労働者における海員や機械工の比率はかなり高く報告されており、「新式工業工人」（近代的産業に従事する労働者）はおよそ一〇万人あまりとされた。とはいえ大工（木匠）や左官（泥水）などの「旧式手工業工人」（伝統的な手工業に従事する労働者）も数は多いとされている。ついで港湾労働者（起落貨苦力）が多く、さらにこれに次ぐものが店員、紡績女工（織造女工）であったという[18]。

社青団の報告は、革命の動力源と目された「産業労働者」の数を高めに報告する傾向があったとも考えられる。より信頼に足るデータとして陳偉群の研究を参照しておこう。陳によると、香港労働者の供給源は、アヘン戦争と太平天国の乱以降、大きな経済的打撃を受けた広東近郊の農村であり、貧しさから逃れようと香港へ移動した人々であった。一八五三年の時点で、香港労働者は店主、小売商人、サービス業労働者、船民（boat-people）、苦力を主体とすると報告されたが、数十年後にも同様の構造が保たれていた。さらに陳の分析によれば、香港の五大職業（店員、苦力、サービス業労働者、大工、行商人）のほとんどが、国内消費や貿易・商業にともなう補助的サービス業であり、「完成品を生産する、ないしは完成品の生産に貢献するという意味において、はっきりと『生産的』である」といえるものは大工のみという状態であった。この五大職業は、一八七一年、一八七六年、一八八一年、一八九一年の各段階において確認されるものであった[19]。ここからみて取れるのは、香港経済が外部世界と深く結びついた流通機構の上に成長していたことである。そしてこのことは、香港の流通機構がなんらかの理由によりひとたび停止すれば、広範囲の人々の生活が打撃を受けることを意味した。

2、広東の人口動態と下層社会の人間関係

(1) 人口動態

まず広東省の総人口を確認しておく。『広東省志・人口志』によれば、アヘン戦争前夜の時点で総人口は

二二八六万四〇〇〇人に達していたとされるものの、アヘン戦争後の政治的動乱やグローバル化による経済変動などのため、その人口増加率には陰りが現れ始めた。アヘン戦争以前の七〇年間と以後の七一年間（辛亥革命まで）で比較すると、前者の増加率が一・八一％（年平均二三万四〇〇〇人）であったのに対し、後者は〇・二一％（年平均五万八〇〇〇人）であった。辛亥革命から一九三五年までの二〇年間の増加率も〇・二七％（年平均八万一〇〇〇人）と横ばいであった。とはいえ総人口の絶対数そのものは、一九一一年に二九六四万五七八〇人、一九三五年に三一六〇万八人を記録している[20]。広東省全体の人口稠密度をみると、一九三四年の時点で、珠江デルタとその近郊ならびに広東東部の沿海地域（潮汕地域）に人口が集中していた。中共が県レベルでの労働者動員に力を入れた地域のひとつ、順徳県の人口密度は、一平方キロメートルあたり九八九人とされた[21]。広州市のみの総人口は、一九二四年末に実施された調査では八六万六五二一人とされ[22]、また別のデータでは、一九二五年の時点で七六万人、一九三〇年の時点で八五万人とされた[23]。

香港の労働者数は、陳偉群の整理によれば、ヴィクトリア市（現在の中環のあたり）のみを対象とした一八七一年と一八七六年の統計において、それぞれ六万九〇四七人、八万四四二五人であった。さらに近郊農村も含めた一八八一年と一八九一年の統計では、それぞれ一一万三四六二人、一六万九三九一人とされた[24]。また、広州市全体の労働者数については、広州工人代表大会が一九二六年五月の段階で次のように報告している。「産業労働者」が約一万七〇〇〇人で広州労働者の八・五％を占め、手工業労働者のうち工場で働く者が約二万五〇〇〇人で一一・五％、手工業労働者のうち工場労働者ではない者が一一万人で六〇％、港湾労働者が約一万三〇〇〇人で六・五％、「水上労働者」（船舶で働く人々）が同じく一万三〇〇〇人で六・五％、店員が約一万二〇〇〇人で六％である、と[25]。また井出季和太は一九二七年春の状況として、「広東の労働者」を約三〇万人と記し、このうち「工業其他《そのた》純工人」と認められるものが約一八万人、工会加入者が約一五万人（双方を足すと三三万人だが原文通りとする）とみた[26]。

男女比率はどうであったか。男尊女卑の伝統的観念のため、農村における男女比率はつねに男性が女性を上回っていた。『広東省志・人口志』の示す一九三六年からの一三年間のデータでは、つねに女性より男性のほうが多く、「余分な」男性たちが職を求めて都市部に流れ込むため、都市部ではさらに男女比率が崩れ、半失業状態の独身男性が増える現象が進行した。余啓中編『広州工人家庭之研究』(一九三四年刊行)[27]は、一九二八年の各省人口調査と立法院統計処の各大都市の「労働者家庭」調査の双方において、男性が女性を上回っているとし、その原因として、「むろん我が国の男尊女卑社会の現れであるが、農村経済が破産し、農村男性の多数が都市に集中して生計を立てているので、それもまた大都市の男性が女性を超過している一因である」とした。さきの『広東日報』の広州市人口のデータでも、八六万六五二一人のうち、男性五三万二〇二〇人、女性三三万四五〇一人であり、『広東省志・人口志』の紹介する、広州市の四三万八〇一九人の有職者を対象におこなわれた調査(一九三二年)でも、男性三七万三六四四人、女性六万四三三五人であった[28]。

広東の人口動態にもっとも特徴的であったのは、海外への華僑の流出であった。この移動人口にも独身男性が多かった。『広東省志・人口志』のデータでは、一九一一年から一九一四年にかけて、海南島からシンガポールへ移動した華僑が八万九〇〇〇人、一九一二年に汕頭からタイへ移動した華僑が一四万三〇〇〇人であり、毎年南洋へ移動する数十万人の人口のうち三分の一が広東人であった。こうした海外へ移動する人口の大半は「失業した破産農民、手工業者、運輸業労働者、小売商であり、強壮な成人男性を主とした」という[29]。

さらにこうした人々のほか、生活の安定しない半失業者が相当数いたと考えられる。国民党が中国統一をなしとげると、広東行政の課題として失業者対策が浮上してくる。たとえば一九二八年、広州市公安局は工会連合会という組織を通じて各工会に市内の失業労働者の調査を進めるよう催促しており[30]、一九三〇年五月には、省内の各県・各市の長に対し、有効な失業者対策を講じよとの省政府訓令も出されている[31]。しかしこれ以前の時期には、広東の軍事政権は各種戦争に明け暮れており、まともな社会調査をおこなうどころではなかったと推測される。それゆえ、国共両党が盛んに労働者動員をおこなっていた一九二七年までの失業者の全体像を体系的に把握できるような統計データは、管見のところみつかっていない。

以上を要約すれば、広東の人口動態においては、全体的趨勢として、農村の経済秩序から弾き出された「強壮な成人男性」を主体とする余剰人口が、絶えず流動的に移動している点が特徴的である。この余剰人口は職を求め、あるいは珠江デルタ一帯の経済力に引き寄せられ、または海外に向けて流れ出した。都市部に流れ込んだ流動人口は、その圧倒的多数が小規模の商工業や肉体労働で生計を立てていたと考えられる。

(2) 洪門系組織

前述した広東の流動人口層に生じた「親分‐子分関係」が、天地会、三合会、洪門会などのいわゆる秘密結社の温床になったと考えられる(32)。これらの秘密結社はきわめて多様な形を取り、起源も名称も一様ではないが、本書では便宜的に、国内外の下層社会の広東人を結びつけ支配した人間関係を指す総称として洪門系組織という言葉を用いる(33)。この場合、「組織」という言葉は組織としての体をなさず単なるネットワークである場合をも含む。ネットワークとして機能する洪門と、ネットワークであることを超えて動員組織としての側面を強めた洪門との境界線を見分けるには、また別に詳細な検討が必要となるからである。

広州一帯の洪門系組織に関しては、中共の登場以前から、広東の革命家がこうした組織を利用して革命を起こそうとしていたことがよく知られている。なかでも有名であるのが孫文と洪門三合会の関わりである(34)。国内のみならず、海外に展開した出稼ぎ労働者ないしは移民労働者（すなわち華僑労働者）においてもこうした洪門系組織は盛んに組織されており、たとえばイギリス資本の汽船に職をえ、ロンドンに展開した広東人海員たちは、洪門系組織によって結びつけられていた(35)。

香港の手工業者たちは統一的な組織をもたなかったものの、香港工団総会系、香港華工総会系、無所属派の三系統の立ち位置が存在し、もっとも有力なものは香港工団総会であったらしい。会長を務めた豚肉屋の黄金源は、魚屋、鶏肉屋、飲食業関係者などからなる持平工会の会長であり、その子孫が主張するところによれば、洪門三合会の一員でもあり、孫文の革命に参加した経験をもつという。ただし革命への参加といった逸話は、中共から否定的な政治的評価を与えられた先祖の汚名を晴らし、自己弁護をおこなうための主張のようにも思われる（黄金源と中共の関係については後述）[36]。それはさておき、中共党員楊殷もまた、一九二五年の省港ストライキの際には、三合会を通じて機械工に対する動員工作を試みたという[37]。こうした記述から、香港、広州の労働者においても洪門系組織の影響が強く、革命家はこうした組織に対する動員を試みていたことが了解される。

こうした組織をいかに理解したらよいであろうか。先行研究においては、これらの組織が相互扶助の必要から生まれたものであるという点においてほぼ意見の一致がみられる。しかしその政治的評価は、辛亥革命前後までと民国期以降で大きく逆転した。辛亥革命までは、これらの組織は悪しき清朝に対抗する勇敢な革命家の秘密結社として称揚されたが、民国期に入ってからは、反動組織、ヤクザ組織などとして否定される傾向が強くなった[38]。

筆者は、蒲豊彦による次の指摘を、このような洪門系組織を理解する際の基本的姿勢としたい。蒲によれば、たとえ相互扶助としての起源をもっていたとしても、社会と政治がひとたび動乱すれば、こうした組織は実態として「革命を標榜する強盗集団」との境界が曖昧になりがちであった。しかもこれらの組織が「暴力性」を備えた場合、「秘密結社から身を守るために地域住民がかえってそこに加入せねばならないという、逆転現象」も発生しえた[39]。私的暴力を取り締まる地域社会の治安維持能力――その担い手が共同体であれ地元の政府組織であれ――が低下すればするほど、これらの組織はヤクザ化しやすくなり、みずからの勢力拡大を目的として、より多くの成員を獲得しようと猛威を振るった。

より重要なことは、このような労働者を束ねる「親分」、すなわち工頭のもとに、各労働者集団から吸い上げられた富が集中し、そのようにして経済的余裕をえた工頭によって運動が牽引されたことである。工頭とは本来、労働者、請負業者、企業の末端の労務管理者、そのいずれの領域をも行き来する存在であり、雇用主の側に立って労働運動を弾圧することもあれば、労働者の指導者として運動の最前線に立つこともあった。つまり労働運動のアクターとしては両面性を備えていた[40]。小山清次は、肉体労働者の集団規模が二〇~三〇人ほどであれば、その頭目もまた労働者であることが多く、数百人規模の集団であれば、頭目は労働現場を離れて指揮にのみ専念する請負業者に転じる傾向があったと指摘している[41]。海員の供給をおこなう請負業者「館口」の規模については、最小で二〇〇~三〇〇人、最大で一〇〇〇人あまりであったともいわれる[42]。

工頭の中間搾取率は、これを二割とする記述なども見出せるものの[43]、一般的には六~九割のあいだを推移していたと考えられる。たとえば一八八二年の上海会徳豊公司に雇用されていた海員の事例では六割弱~九割[44]、主に上海の事例をもとにしているとみられる南満州鉄道株式会社（以下、満鉄）の説明では、港湾労働者は八割[45]、黎霞の紹介する一九二六年ごろの武漢港湾労働者の事例では九割であった[46]。そこで仮に、第一次世界大戦前の広東人海員の最高月給額である一五元のうち、六~九割が工頭にもって行かれるものと想定すると、当人の手元に残る手取りは月給一・五~六元となる。一方工頭のもとには、「子分」である労働者一人あたりから毎月九~一三・五元が転がり込み、二人以上の「子分」がいれば、それですでに平均的日給を上回る収入をうることができる。

3、広東社会の不安定要因――軍事政権の相継ぐ交代

広東社会の不安定要因としては、まずグローバルレベルでの経済変動を指摘できる。一九一九年に第一次世界大戦が終了し、世界的に造船業の不況が生じた際、まっさきにこの不況に巻き込まれたのが、広東の造船業であった。古山隆志によれば、一九二〇年当時の公式発表で、香港で雇用される機械工は約一万人であった。香港の造船業機械工の団体である華人機器会（一九〇九年三月二四日に正式に発足）は、好景気から不景気への転落という状況において一九二〇年にストライキをおこない、成功を収めた。このストライキは、いわゆる「労働運動」として捉えることのできるものである。これ以降、香港・広州の広東人機械工の本格的な組織化が進む[47]。

しかし、それ以上に広東地域特有の不安定要因であったと思われるものが、広東の軍事政権の相継ぐ交代と、それにともなう内戦である。辛亥革命から一九二七年までを一区切りとした場合、先行研究において、広東を支配した軍事政権の変遷はたとえば次のように整理されている。[48] 一九一一年一一月から一九一三年六月までの胡漢民時代、一九一三年七月から一九一五年一二月までの龍済光時代、一九一六年一月から一九二〇年一〇月までの陸栄廷時代、一九二〇年一一月から一九二二年一二月までの陳炯明時代、一九二三年から一九二五年までの孫文と陳炯明の並立時代、そして一九二五年の国民政府樹立である。

一九二三年以前、孫文が活動空間をうることができたのは、陸栄廷と陳炯明の軍事政権においてであった。孫文は陸栄廷時代には第一次広東軍政府、陳炯明時代には第二次広東軍政府の一員として迎えられるが、いずれもほどなくして軍事政権の指導者との意向に齟齬が生じ、逃亡を余儀なくされる。陳炯明の軍事政権を追い出されたあと、孫文は広州の東西の軍閥と結び、一九二三年初頭に陳炯明を広州東部の東江地域に退却させて広州に帰還し、第三次広東軍政府を樹立する。しかし国民党の軍事力不足から政権は容易には安定しなかった。一九二三年から一九二五年までの孫文と陳炯明の並立時代とは、つまるところ両者が戦争状態にある時期であった。一九二五年三月に孫文は死去し、同年七月に至り、国民党は国民政府を樹立する。本書では、一九二三年から一九二五年までの孫文の政府を広東革命政府とし、一九二五年以降の国民政府を広東国民政府とする。

このように広東では軍事政権が不安定であり、社会全体が絶えず戦争状態にあったため、上は政府から下は民間団体に至るまで、兵士に対する高いニーズがつねに存在した。それゆえ、阿南友亮の指摘する広大な傭兵市場が長期間にわたって維持され、広東社会に絶えず傭兵や匪賊が跋扈することになったのである。[49]

2　広東における国共両党の党組織――一九二〇～二七年

1、中　共

中共設立から一九二七年の国民党による中共の駆逐（四・一二クーデター、清党）まで、中共の中央組織は紆余曲折を経ながらも基本的には上海に置かれていることが多かった（二一四－二一五頁参照）。一九二一年一一月、上海の中共中央局は、陳独秀の名において「通告」を発し、それ以前に各地域にすでに設立されていた中共組織を、上海の中共中央の地方支部として位置づけ直させた。こうして、広東、上海、武漢の三地域の中共組織は、「通告」後、それぞれ中共広東区委、中共上海区委、中共武漢区委となった（正式名称は時期によって異なるが、ここでは表記を統一する）。

先行研究は、中共広東区委の基盤となる広東の初期中共組織が、陳独秀、陳公博らを指導者として、一九二一年二、

＊譚平山：一八八六年生～一九五六年没。広東高明の人。一九〇九年に中国同盟会に加入。一九一二年に広東省臨時議会代議士。「陳独秀主宰のもと、広州共産主義小組の設立に関与した」とされる。中共広東区委の書記を務める。二三年六月の中共三大において中共中央局委員および中共中央駐粤委員に、二四年一月の国民党一大において国民党第一期中央執行委員会常務員兼中央組織部長に任じられる。同年一〇月の商団事件において商団軍鎮圧に関与。しかし「陳独秀の右傾化した妥協政策のため」、国民党中央組織部長を辞任。中共代表としてモスクワのコミンテルン第七回拡大会議に出席。国民党中央常務委員、政治委員会主席団に加わり、国民政府農政部長となる。二七年七月一三日、蘇兆徴等とともに辞表を提出して国民政府を退出。その後は中共の武装蜂起に関与。陳弘君「譚平山」広東省地方史志編纂委員会（侯国隆ほか主編）『広東省志・人物志』上冊、広州：広東人民出版社、二〇〇二年、五八八－五九〇頁。

表3　中共広東区委の指導者層（1921～1927年）

正式名称	役職	姓名	備考
中共広東支部（1921年8月～1922年6月）	書記	譚平山	
	組織	陳公博	
中共広東区執行委員会（1922年6月～1924年初頭）	書記	譚平山	譚平山は陳炯明の反乱（1922年6月16日）時に孫文を支持せず、中共中央から批判される
中共広州地方執行委員会（1924年初頭～10月）	責任者	馮菊坡	委員会は中共中央直属と位置づけられた
中共広東区委執行委員会（1924年10月～1927年4月）	委員長兼宣伝部	周恩来	
中共中央広東区臨時委員会（1925年5月8日）	委員	譚平山	
	委員	周恩来	
	委員	羅亦農	
	委員	陳延年	
	委員	鮑羅廷（ボロディン）	
広東特別委員会（1927年5月）	責任者	穆青	

出典：曾慶榴『広州国民政府』広州：広東人民出版社、1996年、177－178頁；広東省地方史志編纂委員会編（労文浩主編）『広東省志・中共組織志』広州：広東人民出版社、2001年、62－64頁；中央組織部ほか編『中国共産党組織史資料─党的創建和大革命時期（1921.7－1927.7）』第1巻、北京：中共党史出版社、2000年、581－586頁に基づき作成。

三月ごろにはすでに存在していたとする。(50)しかし中共の通史は、同年八月の中国共産党第一次全国代表大会（以下、中共一大）開催後、譚平山を書記として広東に中共組織が設立されたとする。というのは、陳独秀、陳公博に対する中共中央の公式の評価がいまだに否定的だからである（陳独秀は右翼日和見主義者、陳公博は漢奸とされている）。

いずれにせよ、広東で人々を革命に動員しようとする中共地方支部すなわち中共広東区委*は、一九二一年には公式に体裁を整え（表3）、また中共広東区委とは別に、労働者の動員に特化した中国労働組合書記部（一九二一年八月に上海で設立）の広東地方支部として、中国労働組合書記部広東分部*も広州に設立された。

＊中共広東区委：ここでは便宜上、一九二一年から二七年七月までの中共の広東支部を、中共広東区委と総称することにする。中共広東区委の管轄地域は、広東のほか、広西、閩南、雲南、香港、澳門、南洋なども含むとされた。陳弘君「大革命時期中共広東区委対武装闘争的認識及其実践」『広東党史資料』第一二輯、広州：広東人民出版社、一九八八年の注釈②（一五一頁）を参照。

このような中共組織の基盤が固まるまでは、学生、労働者の双方に対する中共の重要な動員組織として機能していたのは社青団であった（一九二五年一月に中国共産主義青年団に改称。以下、共青団）。この組織は、石川禎浩によれば一九二〇年八月に組織されたものであり、一九二二年五月五日に広州で第一次全国大会を開いた際には、全国に一七の地方団をもち、五〇〇〇名の団員を擁すると主張していた(51)。広東の社青団は、初期の段階では、アナーキズムを標榜する国民党員謝英伯*の互助総社と中共の共同作業によって設立され、両者は広州社会主義青年団大会を一九二〇年一一月に開催し、また翌年一月一五日にはR・ルクセンブルクとK・リープクネヒトを記念する大会を共同開催するなどした。しかしやがて両者は袂を分かち、広東の中共は中共一大後、上海にある社青団総部の広東支部として、広東社会主義青年団を設立した（一九二二年三月一四日に成立大会開催(52)）。

以上の経緯で設立された中共の広東支部の顔ぶれは、一九二二年六月一六日に陳炯明の「反乱」が起き（この場合

＊中国労働組合書記部広東分部：当初の名称は南方分部であったが、のち広東分部と改称し、一九二五年五月まで活動した。主任は当初譚平山であったが、二二年六月の陳炯明の「反乱」後、馮菊坡が書記に任じられた。「中国労働組合書記部広東分部」中国工運史辞典写組編（常凱主編）『中国工運史辞典』北京：労働人事出版社、一九九〇年、二七一–二七二頁。胡提春主編「中国共産党広州地方組織志」広州市地方志編纂委員会編『広州市志・政党群団』第一一巻、広州：広州出版社、一九九九年、二二一–二二三頁。

＊謝英伯：一八八二年生〜一九三九年没。広東嘉応州（現在の梅県）の人。一九〇七年に香港で中国同盟会に加入。一一年には「支那暗殺団」や中国同盟会澳門分会の設立に関与。一三年、東京で中華革命党に加入。一八年に広州で国会参議院議員となるが、電灯会社ならびに水道工場（自来水廠）労働者のストライキに関与したため、当時広東の政権を掌握していた広西軍閥政権の暗殺対象となり、香港へ逃亡。二〇年に陳炯明軍が広東を奪取すると、謝英伯も広州へ戻り、再び労働運動に従事。同年広州に参加資格を国民党員にのみ限定した労働者組織「互助総社」を設立。二四年一月の国民党一大では連ソ容共に反対。孫文死後に結成された西山会議派の「中央監察委員」となる。二七年、南京国民政府と武漢国民政府が合流すると、海員工会の清党委員に任じられる。趙立人「謝英伯」広東省地方史志編纂委員会（侯国隆ほか主編）『広東省志・人物志』上冊、四三七頁。広東省地方史志編纂委員会（孔祥鴻ほか主編）『広東省志・工会志』広州：広東人民出版社、二〇〇七年、七九頁。

の「反乱」とは、国民党側からみた表現となる）、孫文が上海へ逃亡した際に入れ替わった。このとき上海の中共中央は、中共広東区委に対し、陳烱明との関係を切り孫文の側につくよう指示を出した。ところが中共広東区委の雰囲気は、総じて陳烱明を擁護するものだったようである。中共広東区委の指導者的地位にあった陳公博、譚平山は中共中央から名指しの批判を受けた(53)。とくに中共広東区委の機関紙『広東群報』に孫文批判の言論を掲載した陳公博には、党籍削除がいい渡された。また譚平山は急遽北京の「警監学校」の工作に赴かされた。事実上の左遷処分であろう。代わって新たに中共広東区委書記に任じられたのは馮菊坡*であった(54)。そして陳烱明の「反乱」から孫文の広州帰還（一九二三年一月一五日に陳烱明を広州から退却させる）まで(55)、中共広東区委の活動は馮菊坡のもとにおこなわれた。

陳烱明の「反乱」後、孫文はソ連・コミンテルンから援助を受けるため、中共党員を国民党に加入させる連ソ容共を真剣に検討し始め、中共の側でもこれに応じる動きが現れる。一九二三年六月広州で開催された中国共産党第三次全国代表大会（中共三大）においては、中共の手で国民党を改組することを決定した「関於国民運動及国民党問題的決議」が通過した(56)。そして一九二四年一月に第一次国共合作が成立すると、中共広東区委の党員は国民党に加入し、広東革命政府の支配地域において、国民党組織に便乗する形で各種動員工作をおこなうことが可能となった。

2、国民党

深町英夫の整理によれば、中華革命党に替わる革命党として組織された国民党の正式な成立は、上海滞在中の孫文

*馮菊坡：一八九九年生～一九五四年没。広東順徳の人。一九二一年八月に中共に入党。同年秋、ソ連へ派遣。陳烱明の反乱時、中共中央と中共広東区委の間に意見の相違が生じたため、しばらく中共広東区委の責任者となる。二三年に共青団外郭組織の新学生社を通じ、広州の学生動員に従事。二五年、楊希閔、劉震寰との戦いに工団軍三〇〇人を率いて参加。国民党中央党部工人部秘書を務める。巫峡「馮菊坡」広東省地方史志編纂委員会（侯国隆ほか主編）『広東省志・人物志』上冊、五七五－五七八頁。

表4　国民党広東省党部執行委員会（1925年10月）

役職	姓名
組織部長	楊匏安
宣伝部長	甘乃光
農民部長	彭湃
工人部長	劉爾崧
商民部長	範其務
青年部長	陳孚木
婦女部長	何香凝
書記長	譚桂萼

出典：曾慶榴『広州国民政府』広州：広東人民出版社、1996年、174頁に基づき作成。

によって宣言され、当初その本部は上海に置くとされた。しかしその後の国民党の支持者は、広東革命政府の支配地域において大きく発展した。設立当初の国民党は、まだ中国国内にほとんど支持基盤をもたなかったが、当時広東において勃興しつつあった造船業などの広東人機械工、ならびにこの部門によって雇用を創出された肉体労働者すなわち海員などが、国民党と結びつくことを選択していった[57]。

一九二〇年に陳炯明が粤軍を率いて広西派軍閥を広東から追い出すと、翌一九二一年一月末、陳炯明を支部長とする国民党広東支部が発足し、二月一二日に業務を開始した。その後、一九二二年の「陳炯明」の反乱を経て、翌年陳炯明から広州を奪還した国民党は、広東支部と各県分部を回復させた。また一九二四年一月の国民党第一次全国代表大会（以下、国民党一大）後、中共党員譚平山を執行委員会に含んだ国民党中央党部が広州に設置された（一月三一日）。この国民党中央党部には、労働者の動員を司る工人部が設けられ、部長には国民党員廖仲愷（廖仲愷暗殺後には胡漢民）、秘書には中共広東区委の馮菊坡が任じられた[58]。

その後、広東の各レベルの国民党組織は次のように発展した。まず、一九二四年には、農民や労働者を主要な党員とすることを構想した中共党員に指導される形で、順徳を皮切りに広東の各県・各市に党部が続々と設立された。また翌一九二五年一〇月には、「先に組織化の開始されていた県・市の党組織を基盤として」広東省党部（表4）が設立された[59]。省党部組織部長でもあった楊匏安は、一九二六年一二月の報告の中で、省党部設立以前、広東の各県・各市に正式に設けられた国民党党部はわずか一三カ所であり（このほか三三カ所が準備中）、党員数は一万五〇〇〇人あまりであったとしている。しかし省党部設立後、各県・各市の党員数は急激に増加した。一九二六年一〇月の統計では党員数は一五万六九一五人とされ、楊匏安のこの報告時点でも（これは省港ストライキ以後ということを意味する）、党員数は増加中とされた(60)。

次に、上述の党組織設立の動きとは異なる文脈で捉えねばならないのが、広州特別市党部（以下、広州市党部）の設立である。この党組織の設立のみが、国民党一大前の一九二三年一〇月におこなわれている。深町によれば、もともと広州と上海の党部は、「試験場」として一足早く設立されることが決定されていた（一九二三年一〇月二八日の臨時中央執行委員会第一回会議(61)）。台湾の李達嘉は、国民党内部の派閥構成からみた場合、この広州市党部が、「太子派」、「資本派」あるいは「国民党の右派」などと呼ばれた人々を中心とする反共勢力の活動の場となっていたことを指摘している(62)。

その構成員をみると、執行委員には広東人機械工（馬超俊、陳興漢*）と広州市公安局（呉鉄城、潘歌雅）の指導者層が含まれる（表5）。李達嘉によれば、国民党中央が商人問題を管轄する専門機関としての商民部を設けることに消極的であったため、広州市党部は商民部の代替組織として実業部を設立した（一九二四年五月通過の「広州特別市執行委員会章程」に基づく）。さらに広州市党部は、一九二四年夏、中共主導の沙面ストライキが発展していく状況に対抗するかのように、中共の労働者動員戦術によく似た商人動員戦術を取りさえした。すなわち商人に接近し、商人を党に取り込むための機関として、商人補習学校を設立したのである。と同時に、広州市党部は労働者と商人の衝突を調

＊陳興漢：一八七六年生～一九七〇年没。広東香山南蓢（現在の中山市）の人。一九〇五年に同盟会加入。一二年に孫文が中華民国臨時大総統となった際、大総統府秘書に任じられる。鉄道関係では、二三年に粤漢鉄路臨時総理、二四年に広三鉄路管理局局長、広九鉄路局局長などを歴任する。「陳興漢」中山市人民政府地方志辦公室編（馮栄球主編）『中山市人物志』広州：広東人民出版社、二〇一二年のネット版。中山市人民政府地方志辦公室サイト「中山市地情網」（URL：http://www.gd-info.gov.cn/shtml/zs//index.shtml）>中山志書>中山市人物志>一、人物伝>陳興漢。

表5　広州特別市党部の主要成員

役職	姓名
執行委員	孫科（A：組織部部長、B：広州市長） 呉鉄城（A：宣伝部部長、B：広州市公安局長兼広東省警務処長、C：工人部部長） 潘歌雅（B：公安局秘書） 馬超俊（A：工人部部長、B：広東兵工廠廠長） 陳其瑗（A：青年部部長、常務委員、B：広州市財政局長） 黄季陸（A：常務委員、B：省署秘書） 羅邁（B：湘軍秘書） 陳興漢（A：実業部部長、B：粤漢鉄路総理） 方瑞麟（A：常務委員、B：南洋群島宣慰大使）
執行委員候補	趙錦雯、阮嘯仙、伍智梅（A：婦女部部長）、曾西盛、鄺達生
監察委員	黄隆生、劉葦隠、陳樹人
監察委員候補	張民達、林雲陔、鄧演達
秘書兼組織部	陳延年
農運委員	阮嘯仙
工運委員	馮菊坡、劉爾崧

出典：段雲章主編「中国国民党広州地方組織志」広州市地方志編纂委員会編『広州市志』第11巻、広州：広州出版社、2000年、579頁；深町英夫『近代中国における政党・社会・国家—中国国民党の形成過程』中央大学出版部、1999年、236－237頁；李達嘉「左右之間—容共改組後的国民党与広東商人、1924－1925」『中央研究院近代史研究所集刊』第71期、2011年3月、26頁に基づき作成。
（　）内のAは、『広州市志』が1924年6月3日の第1次執行委員会で決まったとする党内の役職、Bは深町英夫と李達嘉の研究を参照して筆者が追加した役職、Cは『広州市志』が1925年12月の広州特別市党部第47次会議で調整されたとする役職。

停しようと試み、中共から「反革命」だと批判を浴びた。(63) ただし広州市党部候補執行委員には、中共党員の阮嘯仙、またこの時点では中共と関わりの深かった油業工会の曾西盛（一九二七年の四・一五クーデター時に中共との関係を清算し、弾圧の側に回る）が含まれている。(64) 内部が一枚岩であったかどうかは不明である。

3、広東機器工会派の形成

すでに述べたように、広州の広東人機械工のあいだには一九一〇年代から組織化の動きがあった。この動きが、さらに一九二〇年の香港機械工のストライキの勝利に刺激され、成立したものが、馬超俊、黄煥庭*らを中心とする広東機器工会*であった。広東機器工会の成員には、辛亥革命のころから国民党の革命に協力してきた古参の国民党員が多く含まれており、黄煥庭を発起人として成立した広東総工会（後述）の有力ギルド団体とともに、中共の労働者動員工作と正面から衝突した。

ただし広州の著名なアナーキストであった劉師

復の実弟劉石心は、広東機器工会と広東総工会を厳密に区別し、広東機器工会は一九二四年前後には「中立」を保ち、資本家集団である「国民党右派」の広東総工会に吸収されまいと抵抗したとする。広東機器工会が広東総工会と合流するのは、李徳軒*と朱敬が指導権を握ってからだという(65)。広東機器工会の内部にもなお多くの意見対立が存在したようであるが、ひとまず本書では、馬超俊、黄煥庭を中心とし、最終的には広東機器工会や広東総工会を核として結集し、中共系の労働者動員組織と武力紛争をおこなうに至った人々を、広東機器工会派と総称しておく。

M・チンは、独立性を維持しようとする広東機器工会と、彼らをみずからの指導下に再編し「鍛え」ようとする中共の対立は、一九二四年半ばまでには尖鋭化していたとする(66)。しかし両者の関係は、一九二一年七月にはすでに十分

---

*黄煥庭：一八六六年生～一九三一年没。広東開平の人。香港で技術を習得した広東人機械工であり、清末に中国同盟会に加入。広州の柏州機械工場の経営者となる。『広東機器工人奮闘史』は、黄煥庭が革命遂行のための労働運動に一生を捧げる決意をしたと主張する。一九二五年、中共から「工賊」指定を受ける。二六年一〇月四日、全国機器工会の主席に選出。また同年以降、広州花埭孤児院の院長や広州市貧民救養院の院長なども務める。『中国近代工人階級和工人運動』の編者説明によれば、華僑工業連合会の指導者でもあった。李伯元ほか『広東機器工人奮闘史』台北：中国労工福利出版社、一九五五年、四〇、一二二頁。劉明逵ほか主編『中国近代工人階級和工人運動』第三冊、北京：中共中央党校出版社、二〇〇二年、四八九頁。広田寛治「広東労働運動の諸潮流（上）―広東総工会の成立過程をめぐって」『中国労働運動史研究』第四号（一九七八年第三号）、一四頁。

*広東機器工会：設立までの経緯を、国民党の立場に立つ李少陵は次のように説明する。まず馬超俊、黄煥庭、劉師復が一九一二年に広東機器研究公会を組織し、その後広東省機器総会、広東機器工人維持会と名を変え、二〇年に広東機器工会と改称した。これに対し中共の文献は、広東機器研究公会の指導権は中共と関わりの深い鉄道労働者団体（粤漢鉄道、広三鉄道、広九鉄道）にあったと印象づける叙述をおこない、二一年一〇月四日に広東機器工人維持会が成立したとする。李少陵『駢廬雑憶』台北：黄玉琪（個人出版）、一九六三年、一三五頁。広東省地方史志編纂委員会（孔祥鴻ほか主編）『広東省志・工会志』広州：広東人民出版社、二〇〇七年、六四頁。

*李徳軒：協同和機器廠の代表。中国労工運動史続編編纂委員会（馬超俊主任）『中国労工運動史（一）民国七三年増訂版』台北：中国文化大学労工研究所理事会、一九八四年、第二編一三八頁。

険悪であったように思われる。たとえば広東機器工会は、労働者の自律性を称えるアナーキストとの良好な関係の中で、みずからの組織を発展させてきたが、中共からすればアナーキストは打倒対象であった。ちょうど広東の中共党員は、アナーキストに論戦をもちかけ、『広東群報』からアナーキスト系の論者を追い出したばかりであり、鼻息も荒いころであった（アナ・ボル論争）[67]。

しかしいまひとつの要因として、ギルド制を通じた社会的紐帯によって結びつけられていた広東人機械工を、中共が労資間に階級闘争を起こすという発想から分離させようとしたことが、広東機器工会の感情を逆撫でし、かつ危機感を煽ったとみられる。一九二一年六月三日付『広東群報』は、譚平山の署名で広州の機械工に宛て、「広州のいわゆる機器総工会は完全に少数の資本家に操られている」と批判する文章を掲載した[68]。この時期すでに中共は広東機器工会を改造しようとする意志をもって活動していたのである。このことを事前には知らなかったのか、広東機器工会は、一度は中共党員を労働者補習学校の教師として迎え入れる。七月二二日付『広東群報』に掲載された「広州機器工人補習学校章程」には、発起人として汪精衛、陳独秀、馬超俊、陳公博、黄煥庭が名を連ねた[69]。台湾で出版された李少陵（元湖南労工会会員、国民党員）の回顧録は、国民党が連ソ容共政策を決めてから、譚平山、馮菊坡が廖仲愷の紹介を通じて夜間学校の教員として広東機器工会に送り込まれたとする。しかし『広東群報』の記載に照らすならば、おそらく連ソ容共よりもはるか前、一九二一年の時点で譚平山、馮菊坡が送り込まれたと考えられる。李少陵は、譚平山、馮菊坡らが夜間学校を通じて労働者や学生を煽り、「風潮」を起こそうとしたので、広東機器工会は両名を教員の職から解いたとする[70]。この教員職解雇事件の正確な日時はわからないが、譚平山が『広東群報』上で広東機器工会のギルド制批判をおこなった七月二八日ごろではないかと思われる。譚平山は、広東機器工会のギルド制は資本家や工頭が労働者を搾取する制度であり、このような階級制度は消滅させなくてはならない、労資協調は問題を解決しないと主張した[71]。

以上の経緯で中共広東区委との対立を深めた広東機器工会派は、陳炯明の「反乱」によって孫文が中共との協力を

表6　第二次全国労働大会（1925年5月）の決議案において工賊とされた人々

姓名	活動地域	背景	情報源
王光輝	湖南→上海	湖南労工会の指導者の一人。染織労働者。広東機器工会派に合流	（※1）607頁
李彤	湖南	湖南労工会の指導者の一人。紡紗労働者	（※1）607頁
賓歩程	湖南	粤漢鉄道（長沙－株州）の工程司、湖南水口山鉱山長	（※2）14頁 （※3）8頁
諶小岑	湖南→上海	湖南労工会の指導者の一人。上海労働会長	（※2）14頁
張徳恵	北京→上海	京漢鉄道の北京地域の指導者。京漢鉄路長辛店工会党団代表、京漢鉄路総工会駐滬辦事処	（※2）14頁 （※4）202頁
楊徳甫	武漢→上海	湖北全省工団連合会委員長。京漢鉄道労働者の指導者の一人。広東機器工会派に合流	本書356－357頁
郭聘伯	武漢	湖北全省工団連合会機関紙『真報』の社長	本書358－359、361頁
郭寄生	武漢←→上海	湖北全省工団連合会機関紙『真報』の総編輯、京漢鉄路総工会駐滬辦事処職員、郭聘伯の甥	本書358、361頁 （※2）14頁
張纛	武漢	湖北全省工団連合会副委員長、「武漢輪駁工会」の指導者	本書358－359頁
劉伯勛	武漢	湖北全省工団連合会の秘書	本書363－364、380－381頁
余友文	武漢	粤漢鉄路労働者、徐家棚粤漢鉄路工人倶楽部の元主任	本書348、350頁
張恩栄	武漢	粤漢鉄路局の職員	本書371頁の注84
苗鳳鳴	武漢	粤漢鉄路局の職員	本書371頁の注84
徐錫麟	上海	上海工団連合会関係者。上海紡織工会の指導者	本書278頁
童理璋	上海	上海工団連合会関係者。上海工商友誼会の指導者	本書236頁
黄煥庭	広東	広東機器工会派の指導者の一人	本書60頁
馮自由	広東→上海	いわゆる国民党右派。国共合作に一貫して反対。1924年、上海で「護党救国公函」を発し、反共活動を公に展開。国民党同志倶楽部の設立者の一人。1926年に国民党中央から除籍され、1935年に復党	（※5）207頁 （※6）609頁
馬超俊	広東←→上海	広東機器工会派の指導者の一人	本書3－4頁
何東	香港	香港の著名な富商。罪状は、香港海員ストライキ期間中の給料の支払い問題で、復業をめぐる談判がこじれた際、その解決を約束してストライキ収束に一役買ったにもかかわらず、約束を果たさなかったこととされた	（※7）55－56頁

（※1）：「湖南労工会発起会紀事」長沙版『大公報』1920年10月25日（劉明逵ほか主編『中国近代工人階級和工人運動』第3冊、北京：中共中央党校出版社、2002年）。

（※2）：木村郁二郎「馬超俊略年譜稿」『中国労働運動史研究』第8号（1980年第1号）、1980年。

（※3）：許康・姜明「継往開来的工程教育創新者―紀年賓歩程校長逝世六十周年」『湖南大学学報（社会科学版）』第17巻第6期、2003年11月。

（※4）：羅章龍『亢齋文存・羅章龍回憶録』（テキサス）：渓流出版社、2005年。

（※5）：伊藤泉美「馮自由」山田辰雄編『近代中国人名辞典』霞山会、1995年。

（※6）：丁和平「馮自由」広東省地方史志編纂委員会（侯国隆ほか主編）『広東省志・人物志』広州：広東人民出版社、2002年。

（※7）：周奕『香港工運史』香港：利訊出版社、2009年。


考え始めると、中共を国民党から排除するため、あらゆる手段を取るようになる。中共が第二次全国労働大会（一九二五年五月）の決議案において工賊と呼び、否定しようとしたのは、主に広東機器工会派と関係をもつ党組織および労働者組織であった（表6）。広東機器工会派は、西山会議派、孫文主義学会などの、いわゆる国民党右派の組織を積極的に支援し、広東のみならず、上海や武漢でも反共活動を展開したのである（西山会議派、孫文主義学会については二一八－二一九頁参照）。

4、国民党中央党部工人部と広州市党部工人部の対立

中共広東区委と広東機器工会派の対立は、国民党組織においては、国民党中央党部工人部と広州市党部工人部の対立という形で現れた。

馬超俊が主張するところでは、一九二一年半ば以降（すなわち陳炯明の「反乱」の時期）、孫文が連ソ容共の方針を固めつつあることを知った「上海労働界の指導的人物たち」（のちの上海工団連合会の指導者層、二二六頁参照）は、上海労働者が反共であることを主張し、孫文を諌めたという(72)。しかし中共広東区委と馬超俊がもっとも激しく対立したのは、一九二三年夏ごろの広州の石井兵工廠*の労働者動員をめぐる争いのときであったと考えられる。馬超俊の立場を代弁する『中国労工運動史』によれば、一九二三年四月、広東革命政府は広州西北で沈鴻英が

＊石井兵工廠：清朝の官僚張之洞が一八八六年に広州大北門外石井に建設した、西洋式の銃器や弾丸を製造するための兵器工場。広東省地方史志編纂委員会編（奚志偉主編）『広東省志・軍事工業志』広州：広東人民出版社、一九九五年、五六－五七頁。

起こした反乱を鎮圧し、沈鴻英が占拠していた石井兵工廠を手中に収め、朱和中を工場長に、馬超俊を副工場長に任じた。しかし六月に石井兵工廠に対する陳炯明の攻撃がおこなわれると、朱和中は逃亡し、逃亡した工場長の代理として馬超俊は同工場の労働者六〇〇〇人を率いて戦ったとされる。のち、馬超俊の功績が認められ、馬超俊は工場長に昇格したという(73)。広東革命政府の『大本営公報』所載の人事命令によれば、一九二三年一一月二六日に、馬超俊に対する石井兵工廠総務処長、工務処長への就任命令が出されている(74)。

中共広東区委の動きとしては、ソ連から帰国した楊殷*を中心に、劉爾崧*、周文雍*、楊匏安*らが、一九二三年夏に石井兵工廠の労働者を動員し、「工人十人団」や「兵工廠工人倶楽部」を組織させていた。『中共党史人物伝』の楊殷伝に

*楊殷：一八九三年生～一九二九年没。広東香山の人。一九二二年冬に中共に入党し、ソ連へ派遣される。二三年夏に石井兵工廠で動員活動を開始。同年一一月に「国民党改組の工作」に従事、国民党広州市第四区分部執行委員兼秘書となる。二四年春に粤漢鉄道、広三鉄道、広九鉄道の鉄道労働者を動員して糾察隊を結成。中共広東区委においては、監察委員、区委委員を歴任。「楊殷」広州市地方志編纂委員会編『広州市志』第一九巻、広州：広州出版社、一九九六年、一〇六頁。

*劉爾崧：一八九九年生～一九二七年没。広東紫金の人。五四運動以降、学生連合会の執行委員として広東の学生運動に従事。一九二一年三月に中共に入党。二五年五月に中国社会主義青年団両区委員会の執行委員。九月には中国労働組合書記部広東分部の一員として、順徳の労働者動員に従事。馮鑑川「劉爾崧」中共党史人物研究会編（胡華主編）『中共党史人物伝』第八巻、西安：陝西人民出版社、一九八三年、一七七頁。

*周文雍：一九〇五年生～一九二八年没。広東開平の人。一九二三年五月に社青団に参加。広州学生連合会の各種活動に関わるなど、広州の学生動員を積極的におこなう一方、沙面ストライキ、省港ストライキの労働者動員工作にも携わる。二八年に逮捕・処刑された。「周文雍」『広州市志』第一九巻、一三九－一四〇頁。

*楊匏安：一八九六年生～一九三一年没。広東香山北山郷（現在の珠海市）の人。一九二一年夏に中共に加入。二四年一月の国民党一大後、国民党中央党部組織部秘書。省港ストライキ時に国民党中央の身分で積極的に活動。三一年春に国民党に逮捕され獄中死。李堅ほか「楊匏安」中共党史人物研究会編（胡華主編）『中共党史人物伝』第四巻、西安：陝西人民出版社、一九八二年、一九六－二一二頁。「楊匏安」『広州市志』第一九巻、一一七－一一八頁。

よれば、中共広東区委は「兵工廠工人倶楽部」を通じて労働者を動員し、空《から》の鉄鍋を工場内の電信柱や木に掛けて、馬超俊のせいで工場労働者は飢えていると主張させた。あわせて楊殷らは、『嚮導周報』に一〇カ条の馬超俊批判を掲載させ、馬超俊は労働争議が生じれば資本家に味方する「反革命」であり、「右派」であり、「帝国主義と資本家の走狗」であると批判した(75)。

このように中共広東区委とは対立を深めていたところへ、一九二四年に第一次国共合作が成立してしまったために、馬超俊の立場はきわめて微妙なものとなった。国民党中央党部工人部では中共勢力が強くなったからである。馬超俊は国民党広州市党部の工人部長という、重要ではあるが中央党部からは外された形の役職で活動することを余儀なくされた(76)。この時期、孫文が革命計画において重視していたのは、国民党中央の中共党員と国民党左派の戦略であった。中共の楊匏安伝によると、商団事件に対処するべく新たに革命委員会を組織し、全権委員を派遣した際、孫文は広州市党部の者ではなく、国民党中央党部の者（廖仲愷、譚平山など）を選んだ(77)。広州市党部の者たちは、やはりこの状況を快くは思わなかったようである。馬超俊の回顧録は、廖仲愷との当時のやり取りを、悪意を含んで次のように描いている。馬超俊が職務上の必要から廖仲愷と顔を合わせるたび、両者は「激しい論争」を繰り返したといい、廖仲愷は馬超俊との議論で言葉に詰まると、顔を耳まで赤くして、「よそのやつはいいが、我々はだめ、か！　我々は遅れている、遅れている、遅れている！」と挑発的に叫び出したという(78)。廖仲愷陣営に属する労働者集団を、馬超俊は自分たち機械工よりも水準の低い遅れた人々とみなしていたのであろうし、またそのような侮蔑的態度を、廖仲愷に隠しもしなかったのだろうと考えられる。

同年一〇月に発生した商団事件（広州商人の自衛組織と広東革命政府の武力衝突事件）は、おそらく馬超俊の立場をさらに危ういものにしたと考えられる。北村稔は、商団と国民党との関係について、とくに廖仲愷らが、自己の傘下に下ろうとしない商団に悪感情を抱いていたとする(79)。他方、広州市党部は、実業部を設立し広東商人と政府の結びつきを詰めようとした動きからも窺えるように、広東商人と敵対することには消極的であった。また蒲豊彦によれば、広東革命政府は、広東の民間自衛組織である民団が沈鴻英討伐に際して協力的であったことから、民団、商団などと呼ばれるこうした自衛組織を、みずからの軍事力として育成しようとする構想を懐いていた。馬超俊はこの構想の支持者であり、民団に対する政府の兵器工場からの武器供与を積極的に推進していた。[80] しかし商団事件発生後、馬超俊のこのような経歴は政治的には不利に働いたのだろう。中共の文献はむろん馬超俊のこの経歴を「民団（地主武装）、土匪」に銃器や弾薬を売りつけたとして非難しているが[81]、馬超俊を擁護する『中国労工運動史』の記述もまた、こうした事情には触れず、それどころか広東機器工会派（「広東省機器工会」、「広州市茶居工会」）は工農軍に参加して商団鎮圧に貢献したと主張しているのである。[82]

中共の文献は、一九二四年後半、馬超俊はついにその悪行のために孫文によって石井兵工廠工場長を解雇されたとする。一方『中国労工運動史』は、孫文が北伐にあたって馬超俊を先に派遣させ露払いをおこなわせることにしたので、馬超俊は工場長を辞職し、上海の労働者と接触して孫文を迎える準備をしたとする。[83] 実際の異動命令は、一九二四年一〇月二〇日付で出されている。[84] 馬超俊の上海における活動は、今度は中共上海区委との対立を引き起こすが、ここから先の馬超俊と中共上海区委の動きは上海の章で検討する。

馬超俊の石井兵工廠工場長辞職に関する中共と国民党の文献のそれぞれの説明は、どちらも政治色が強く信憑性を欠く。しかし少なくとも、商団事件後、馬超俊に対する廖仲愷や中共党員の批判が強くなり、第一次国共合作時下で中共と国民党左派の戦略を重視していた孫文の意向によって、馬超俊が石井兵工廠工場長を辞職せざるをえなくなったということは考えられる。

3　広東における国共両党の労働者組織――一九二二〜二六年

1、広東人海員組織

(1)　連義社

広東人海員は、国民党にとってもっとも動員が容易な人々であった。さきに述べたように広東人海員は洪門系組織によって結びつけられており、海員宿舎を単位とする集団行動を取ることができた。また広東人海員はイギリス汽船会社に「普通海員」として雇用されていることが多かったが、このような船舶の「高等海員」職はつねに白人海員によって占められていた。すなわち広東人海員からみれば、船内の階層序列がそのまま人種差別と感じられる構造になっていたのである。それゆえ広東人海員は、外国人に対して敵意をもちやすい心理状態にあったと考えられる。

鄧中夏が、「広東の海員は、国民党〔ここでは国民党の前身組織〕に加入するのが普通のことであった」と述べていることからみて[85]、海外に展開した広東人海員の集団は、国民党系組織を支える人材供給源のひとつとして機能したと考えられる。たとえば、Ngによれば、一九二四年ごろ、ロンドンでもっとも古い中国人組織にして海員関係の組織である Chung Sam Workers' Club（創始者の一人は海員）と Oi T'ung Kung Sheung Wui（海員慈善施設に寄付をおこなっていた）に、国民党からの積極的な働きかけがあったという。実は Chung Sam Worker's Club の創始者数人は国民党員であった[86]。

日本の広東人海員と孫文との関わりについても、横浜華僑の家に生まれた馮自由が次のように書いている。横浜中華街には清末のころから、広東人海員宿舎（行船仔館口）によく似た「船舶業労働者が行き交うクラブ」（航行業工人来往之倶楽部）があり、その名を中和堂といった。中和堂は孫文派の労働者と商人によって結成された組織であり、発起人の二人（温炳臣、陳和）は興中会メンバー陳少白を顧問に迎え入れ、中和堂と革命党のあいだに関係を構築した、と。[87]

国民党員としての広東人海員がつくりあげた革命組織が、連義社である（正確には聯義社と書き、また同音の異なる漢字表記も存在するが、連義社に統一する）。連義社の設立者の一人、趙植芝という人物は、カナディアン・パシフィック社（Canadian Pacific Railway Company,中国名：昌興公司）*の豪華客船エンプレス・オブ・ジャパン号（Empress of Japan,中国名：日本皇后）の元工頭であった。[88]連義社は分社を香港に置いており、その責任者は、のちに中華海員工業連合会の初代会長となった海員陳炳生であった。陳炳生は東京で国民党の前身組織（中華革命党）に入党し、[89]その革命を援助するべく、連義社の一員として活動したという。[90]

しかし連義社は、革命組織の一種ではありながら、同時に広東人海員の互助組織とも重なり、海員を動員するにあたって待遇改善などを掲げている。その限りにおいては、この組織は労働組合的装いをもあわせもつものであった。

(2) 中華海員工業連合会——広東人海員の工頭連合組織

連義社が広東人海員を糾合してつくりあげた広東人海員の工頭連合組織が、中華海員工業連合（総）会である。[91]同会は一九二二年の香港海員ストライキの中心組織であったために、国共両党の歴史叙述は、どちらも中華海員工業連合会はみずからの組織であると主張してきた。

中華海員工業連合会の設立日について、国民党の文献は一九二〇年一二月、中共の文献は一九二一年三月六日とする。国民党が一九二〇年一二月を強調するのは、この時期であれば同会を純粋に国民党の組織であったと主張できるからではないかと推察される。同会の設立を目指した七人の常務籌備員（初代会長陳炳生を含む）が、イギリス香港

＊カナディアン・パシフィック社：鉄道会社として始まったが海運市場にも参入。一八八七年に、横浜を経由するバンクーバー・香港航路を開設。横浜開港資料館『横浜&バンクーバー——太平洋を越えて』横浜開港資料館、二〇〇五年、九頁など。

政庁から正式な認可をえ、孫文から中華海員工業連合会の名を授けられたのはこのときであったとされ、かつこの時期ならば、のちに中共党員となる海員蘇兆徴の存在感はまだ薄い(92)。

他方、中共の歴史叙述が一九二一年三月を強調するのは、鄧中夏の一九二九年の文章「蘇兆徴同志伝」を起源とすると考えられる。そこにおいては、蘇兆徴の指導する「中華海員工人連合会」なる組織が一九二一年三月に成立したとある(93)。また同じく鄧中夏の『中国職工運動簡史』においては、一九二一年三月六日は中華海員工業連合会という名称が定まった日として姿を現す(94)。鄧中夏の文章は、第一次国共合作崩壊後、すなわち中共が国民党との厳しい緊張関係に置かれた時期に書かれたものであるから、その執筆動機は、蘇兆徴の活躍を強調することを通じ、香港海員ストライキの指導者が中共であったことを印象づけることにあったはずである。そのための手段として蘇兆徴の功績を称揚することが選ばれたのは、彼が一九二五年以降、省港罷工委員会委員長として、中共を代表する海員出身の重要な党員と認知されていたからである。

外部の人間の記述では、大まかにみて、一九二一年一月から二月にかけて中華海員工業連合会の組織としての体裁はほぼ整ったものと考えられる。当時横浜正金銀行香港支店に勤務していた高田逸喜が一九二二年に脱稿した報告では、中華海員工業連合会の成立は一九二一年一月とされている。また孫文に対して批判的な姿勢を取っていたことで知られる日刊新聞『華字日報』は、一九二一年二月二七日に正式な成立大会が開かれたとする(95)。

設立日に関してもこのような状況であるので、当然、中華海員工業連合会の指導者に関しては政治色の強い論争が繰り広げられてきた(96)。長いあいだ、国民党の歴史叙述においては同会の指導者は陳炳生*とされ、中共のそれにおいては蘇兆徴*とされてきた。

---

*陳炳生：広東宝安の南頭鎮陳屋村の人。中華海員工業連合会の初代会長。盧子正「香港海員罷工領導人陳炳生二三事」（一九九八年）広東省政協学習和文史資料委員会編『広東文史資料存稿選編』第三巻、広州：広東人民出版社、二〇〇五年、五四四頁。

香港海員ストライキの指導者を蘇兆徴とするレトリックは、基本的には今なお保守的な中共系の文献において踏襲され続けているが（盧権ほか『省港大罷工史』）、台湾との関係改善の機運が高まり、国民党に「第三次国共合作」を呼びかける政治状況が生まれた一九八〇年代には、香港海員ストライキが国民党によって指導されたとする見解が個別の研究者によって提出されている（劉麗）。現在では、香港や広東の専門家のあいだでは、少なくとも香港海員ストライキの主要な指導者は中共党員ではなかったことを認める形で合意が形成されているようである（莫世祥、周奕、陳劉潔貞ほか）[97]。

2、広東総工会と広東工会連合会の対立——一九二二〜二三年

(1) 広州における争い

① 広東総工会の設立

広東の全労働者を代表すると称した最初の組織は、広東機器工会派によって設立された「広東省総工会」（以下、広東総工会）である（一九二二年一〇月二三日に正式に設立）[98]。広田寛治によれば、実際の成立時期は一九二一年初頭から一九二二年一〇月までの期間であるといい、発起人は黄煥庭であった。四〇あまりの構成団体は大部分が手工業者のギルド団体であったが、当時広東にはサンディカリズム（工団主義）の思想が流行しており、広東総工会は旧来のギルド団体と新式の労働組合（工会）の連合体となるべきことが謳われた[99]。広東総工会の成員数については、たとえ

＊蘇兆徴：一八八五年生〜一九二九年没。広東香山の人。一九〇八年に中華同盟会に加入。一九一一年に連義社と群益社に加入。一九二二年一月一二日に中華海員工業連合総会の罷工総辦事処総務部主任に選出。二五年に中共に加入し、同年五月の第二次全国労働大会で中華全国総工会執行委員に選出、六月から鄧中夏とともに省港ストライキを指導し、省港罷工委員会委員長に任じられ、さらに全国海員総工会委員長となる。武漢国民政府時期には国民政府労工部部長となる。「蘇兆徴」『中国工運史辞典』七三六－七三七頁。

ば一九二六年ごろの状況として、広東総工会に約三万人、広東機器工会に約一万人が所属しているなどといわれた[100]。広東総工会が成立したとき、広東の軍事指導者は陳炯明であった。陳炯明の統治は、他の軍事指導者と比べた場合には比較的開明的かつ民主的な傾向をもち、広田によれば、広東総工会の目的は、陳炯明が推進した民主化政策に呼応し、広州市の政治の場に代表者を送ることであった。具体的には、広東総工会は華僑工業連合会*と協力し、広州市の立法府（市参事会）に設けられるはずの三名の労働界代表（広州市工界参事員）の枠に、代議士を送ろうとしたのである。

広東総工会のそもそもの設立経緯は以上のようなものであったけれども、中共の歴史叙述は、広東総工会を店主の組織（老板工会）だと主張する。その根拠は、広東総工会の中核団体が茶居工会であり、同会は店主のギルド組織であったからであろう[101]。茶居工会とは広東の伝統的茶館ギルド全般を指す言葉でもあるが、広東総工会の中核団体となった茶居工会とは、『広東省志・工会志』において広州茶居連合工会と表記される団体のことである。同会は、一九一八年に孫文の命を受けた黎瑞が、陳森、区迪らとともに四三のギルド、一〇〇〇人あまりの成員を集め、既存のギルド組織を工会組織に改組し、「広東警察庁」の許可をえて正式に設立したといわれる。さらに陳志文は、省港ストライキ前夜の状況として、広東総工会が呉鉄城（警衛軍司令、公安局長を歴任）と関わりをもち、広州茶居工会の陳森と黎瑞が公安局の「督察」（監視係）を務めていたとする[102]。要約すると、広東総工会の中核団体であった茶居工会は、省港ストライキの前後から広州市公安局と結びつきを強め、中共からは公安局のスパイと認識されるようになったことになる。

＊華僑工業連合会：一九一七年成立。国民党系の国会議員周三品、陳鶴儔らが中心となり、議員、官僚らが、工、商、政、学の各界有志を集めて組織。広田寛治「広東労働運動の諸潮流（上）――広東総工会の成立過程をめぐって」『中国労働運動史研究』第四号（一九七八年第三号）一四頁。

② 油業工会――失業の危機に直面した搾油労働者団体

このようにして成立した広東総工会に対し、中共は広州の搾油労働者（油業工人）を中心とする労働者集団を動員し、広東総工会の指導権を奪い取ろうと試みた。

一九二二年一〇月二〇日の時点で、劉爾崧を含む中共広東区委の数名が連名で他の中共党員に宛てた手紙には、現在接触中の「広東総工会内の重要な構成団体（重要分子）」として、搾油労働者団体である油業工会を挙げていた。油業工会の設立年は、M・チンの引用する「広州市統計彙刊」（一九二六年）において一九二一年とされている(103)。

搾油労働者の動員の功労者とされる劉爾崧の人物伝に基づくと、中共は広州搾油労働者の既存の組織に接触し、その指導者層と手を結ぶ形で勢力を伸張したようである。人物伝によれば、劉爾崧は一九二三年に順徳県から広州へ帰還し、当時八〇〇〇人の会員を擁していた広東油業工会の動員工作に着手した。劉爾崧はまず「油坊」（搾油作業場）や宿舎を訪れ、中共の党支部を設立させ、また「元工会理事」の胡超、侯桂平らを動員して「十人団」を組織させ、この「十人団」を基盤として広東油業工会を改組したという。同年冬には、劉爾崧は同会の執行委員兼秘書となり、かつ中共広東油業工会支部書記となった(104)。

劉爾崧とは対照的に、のちに中共を裏切ったとして政治的貢献を無視されている人物に、曾西盛がいる。いくつかの劉爾崧伝は、劉爾崧が曾西盛と縁戚関係にあったことに触れている。曾西盛と劉爾崧の妻は姉妹であった。曾西盛はそもそも搾油労働者を束ねる工頭だったと推測される。というのも曾西盛は、工会を通じて中間搾取をおこなっており、かつ油業工会の指導権を容易に把握しているからである。また搾油作業は五人一班でのチームワークが必要とされる仕事であり、搾油労働者は「班」を単位とする強固な「親分‐子分関係」で結ばれていたと考えられる(105)。

同年五月、広州の搾油労働者は「塩業工人」（製塩労働者）とともにストライキをおこなった。中共の文献は、彼らが劉爾崧の指導の下、待遇改善を求めるストライキを八カ月おこない、ストライキは広東全省に広がったとする(106)。しかしその結果、搾油労働者はかえって失業の危機に直面することになった可能性がある。中共党員羅大明らは、一九二四年の状況として、劉爾崧ならびに中共の広州工人代表会（後述）が、搾油労働者に待遇改善要求をさせていたところ、芸堅機器工廠の経理が、搾油機を導入するよう昌泰厚搾油工場に入れ知恵をしたとする。この搾油機導入計画にともない搾油労働者は解雇対象となり、代わって搾油機を操作する機械工が雇用されることになった。チンによれば、搾油労働者の多くは、珠江に注ぐ二つの支流、西江と東江の周辺から出てきた出稼ぎ農民であり、識字率は約一〇％であった。一方、機械工たちの識字率は九〇％に達していた。[107] 農民工はトラブルを起こすだけの用済みの労働力として切り捨てられることになったと考えられる。

③ 広東総工会の理事長職争い

一九二三年には、中共と広東機器工会派は、広州労働者の指導権をめぐって激しく争っていた。中共による馮菊坡略歴は、馮菊坡が各業種の工会に連絡をつけ、広東総工会を「改組」して広州工団総会を設立させたとする。この「改組」や「広州工団総会を設立した」ことが何を意味するかは不明であるが、中共が広東総工会を改造しようとしていたことは窺える。[108] 一方、広東機器工会派の馬超俊の立場を代弁する『中国労工運動史』は、一九二三年冬におこなわれた広東総工会の選挙の際、中共が曾西盛を動員し、黄煥庭を広東総工会理事長から落選させたとする。黄煥庭を支持していた広州茶居工会、丸散工会*、搭棚工会の代表者は、この事態に対し、広東総工会を退出して広東機器工会派による広東総工会をもうひとつ設立することで対抗した。これにより、現在の広州市越秀区にあたる地域に、二つの広東総工会が間近で対立する構図が生まれた。すなわち、西瓜園（現在の広州市越秀区同楽路一帯）に事務所をもつ広東機器工会派の広東総工会「西瓜総」と、仙鄰巷（現在の広州市越秀区恵福西路仙鄰巷）に事務所をもつ中共の広

---

*丸散工会：一九二一年成立。漢方薬（中薬）製造労働者の団体であり、会員一二四〇人（うち、女性三〇〇人、児童二〇〇人）。丸散、薬丸、薬酒、薬油、薬水などの製造に従事する。女性労働者の多くは臨時雇い（散工）であった。陳達「我国南部的労工概況」『統計月報』一巻一〇号、一九二九年、一一頁。

東総工会「仙鄰総」である[109]。

広東総工会を掌握しようとするこのような戦術と同時並行で、中共は、みずから指導しうる労働者団体を広東総工会から分離させ、別の組織をつくろうとする試みもおこなった。これが広東工会連合会である（一九二三年二月成立）[110]。同会の指導者の一人、張瑞成*は、広州の織布工場の元学徒であり、一九二六年に土布工会を率い、広東機器工会派の李徳軒と結びついた広東織布工会や嶺南織布工会と対立したという[111]。土布とは手織り綿布のことであり、当時は機械織りを意味する洋布の対義語でもあった。となればおそらくこの対立は、手織り綿布を扱う職人集団と機械織り綿布を扱う機械工集団の対立だったのだろう。

李少陵は広東総工会と広東工会連合会の戦いを次のように描写する。「共産党に操られるまま、広州の各工会は次々と労働者糾察隊を組織した。長槍、棍棒、半ズボン、革靴といういでたちで、短銃を所持する者も少数ながらいた。彼らは気に喰わない者とみると、いつでも逮捕したり、衆人環視のもと、暴力をふるい、侮辱をほしいままにするのだ。しかし、これなどはたいしたことではない。必要とあらば緊急集合をかけて突入、敵対する工会を粉砕し、敵対する労働者を殺してしまうのだ。その様子は、いま思いだしても動悸が止まぬほどである」[112]。ただし陳志文の回顧録をもとに作成された文史資料によれば、広東機器工会派も一九二三年に広東機器工会体育隊（四〇〇〜五〇〇名）を組織し、モーゼル銃、軽機関銃、手榴弾で武装していた[113]。

広東工会連合会のその他の構成団体について、中共の『広東省志・工会志』は「広州の手工業の工会と広東総工会に属する一部の工会」とし、さきの陳志文の資料は一九二三年末に同会に所属していた工会が「多くはなかった」と

＊張瑞成：一八九四年生〜一九二七年没。広東新会江門の人。一九二二年に中共に加入。二七年、上海の四・一二クーデターに続く広東の四・一五クーデターで殺害された。胡提春「張瑞成」中共広州市委党史研究室ほか編『広州英烈伝』広州：広東人民出版社、一九九一年、八九-九二頁。

認める[114]。つまり、広州社会の周縁的地位にある、低技能の職人集団が散漫に集合した、数量的には決して大規模とはいえない連合組織、それが広東工会連合会の実態であったと考えられる。広東工会連合会の武装が長槍、棍棒、半ズボンと農民的であり、広東機器工会派の武装がモーゼル銃、軽機関銃、手榴弾と近代的であった点にも、両者の経済力の違いが現れている。

例外的に、中共は、粤漢鉄道労働者の組織に入り込み、党支部を置くことには成功していた。粤漢鉄道は武漢と広州をつなぐ鉄道であり、同時期に北方地域で盛り上がっていた鉄道ストライキの影響を受けていたのであろう。また油業工会のほかに党の指導によって設立させることに成功したとされる工会は広州電話女司机工会（女性電話交換手の団体とみられる）であったが、この組織が活発に動いていた形跡はない[115]。

要約すれば、広東総工会と広東工会連合会の争いの本質は、低技能の農民出稼ぎ職人の集団と、高技能労働者であった機械工の集団との械闘（民間武力紛争）であった。したがって両者の争いには、機械の導入にともなう失業者の増大という側面があり、古厩忠夫が述べたように中国版のラダイト運動とも言いうる[116]。とはいえ械闘という広東の社会紛争の様式が使用されたために、攻撃の照準は機械ではなく、異なる派閥の人間に定められた。ゆえに広東の労働運動は、イギリスのラダイト運動よりもはるかに暴力的なものとなったのであろう。

(2) 県における争い——順徳県を例に

広東機器工会派と中共の労働者団体争奪合戦は、広州の周辺地域にも影響を及ぼしていた。ここでは、広州南部に位置し、珠江デルタの一部を構成する順徳県のケースをみてみよう。というのも、中共が広東において指導した最初の工会組織は順徳総工会であったという記述が存在するからである[117]。

当時、順徳県と隣接する仏山（現在では順徳県の上位行政単位）は、広州市と接する新式工場の設置された先進的地域とされていた[118]。この仏山を、社青団は、労働者動員を強化すべき「特別区」とみなしていた[119]。

その仏山にほど近い順徳では次のような形で動員が進んだ。順徳を「物産が豊かで交通の便がよく、経済が発展し、労働者の多い土地」（馮鑑川による劉爾崧伝の表現）と認識していた中共は、この地で労働者動員をおこなうことを早くから視野に入れていたものと思われる。一方で順徳の大良鎮には一九二〇年に国民党の県分部が設立され、中国同盟会会員が責任者を務めていた。[120]こうした状況を反映し、一九二一年初頭には、すでに広東総工会順徳支会が大良に設立されていた。この順徳支会の会長張宝南が、中共と対立していく。[121]

一九二二年九月、中国労働組合書記部広東分部執行委員であった劉爾崧は、同部の記者の身分を用い、順徳における動員工作を開始した。[122]劉爾崧は同年一二月に碾穀工会、炭業工会を設立し、「広東総工会」の影響下にあった順徳県と四つの工会（梳篦、茶楼、建築、炮火工会）から「工賊を排除した」という。[123]ここにいう「工賊」とは広東総工会系の国民党員を指すのであろう。[124]

このとき劉爾崧に協力的であった現地の労働者として、炭業労働者の李民智、*建築労働者の羅溢などの名が挙げられている。[125]劉爾崧がこれらの人々と面識をえた経緯は不明であるが、現場でもっとも重要な動員者となったのは李民智であったと考えられる。というのも李民智の略歴をみる限り、炭業工会、梳篦工会、建築工会は彼の影響下に組織されたとあり（李民智傍注参照）、また劉爾崧が執筆者に名を連ねている一九二四年の報告は、李民智を順徳で「農民

＊李民智：生年不明～一九二六年没。順徳大門北村の人。私塾で九年学んだあとに「炭舗」で働く。劉爾崧、阮嘯仙らと接触して社青団に加入、順徳支部書記となり、やがて中共に加入。郭竹朋、郭新、羅溢、羅亨らとともに順徳の労働者、農民の動員に従事。雲路村蚕桑自治会、建築業工会、梳篦業工会、青年農工倶楽部を組織。一九二四年冬に中共順徳支部が成立すると、李民智がその書記となる。農民運動講習所第一期講習班を卒業後、国民党中央農民部特派員として順徳で農会や農軍を組織する活動に従事、農軍幹部を育成する順徳県農軍幹校を設立。しばらく国民党県党部委員として活躍するが、二六年二月に国民党県党部の名において大良東関の民団団長譚十二を射殺したことが問題視され、国民党省党部から県党部を解任された。同年八月、「悪覇」に殺害された。「李民智」順徳市地方志編纂委員会（招汝基主編）『順徳県志』北京：中華書局、一九九六年、一二一四頁。

と労働者のあいだで重要な地位を占めている」人物の一人として評価しているからである[126]。

このような人々の協力をえたことのほか、中共の劉爾崧伝においては、一九二二年冬に精米工場で発生した労働者焼死事件を、中共がプロパガンダに利用したことも記されている。その経過は次のようなものであった。順徳大良の順成隆碾米廠の経営者は、工場労働者が労働運動に参加するのを防ぐべく、労働者を夜間は工場内に閉じ込める措置を取っていた。ある日隣接する商店で火事が起き、順成隆碾米廠に延焼したため、閉じ込められていた労働者のうち三人が外に脱出できず焼け死んだ。事件を知った劉爾崧は大良に駆けつけ、事件を利用した動員をおこなった。その結果「全県の労働者」を動員することに成功したという[127]。

この事件に続けて、翌年四月、劉爾崧は阮嘯仙を通じて広州の労働者の支援を調達しつつ、大良の茶楼工会会員二〇〇人あまりを動員してストライキをおこなわせ、成功したという。のち、張宝南は広東総工会順徳支会会長を辞職せざるをえなくなり、中共はおそらく同会を乗っ取る形で順徳総工会を設立した[128]。なお、一九二六年春に同総工会の責任者となったのは、酒楼茶室工会責任者の何秋如という人物であった[129]。

こうした記述をみる限り、順徳における中共の動員工作は着実に順徳社会の一部の層に入り込み、規模を拡大したようにみえる。しかしそれでもなお、実際には順徳のどれほどの人々が中共と深く関わろうとしていたのかは、明確ではない。阮嘯仙らの報告（一九二四年一月二四日付）は、李民智を責任者として順徳大良に新しく開設した「支部」（社会主義青年団順徳支部のことか）の同志はたったの四人であるとしていた[130]。また後述するように、順徳総工会は順徳の広範囲の人々に対して動員力を発揮しうる組織ではなかった。

3、広州工人代表会成立後の動員――一九二四年五月以降

(1) 広州工人代表会――「仙鄰総」と広東工会連合会の合併

第一次国共合作後、以上のような形で動員工作を展開していた中共広東区委は、一九二四年には国民党中央党部工

人部長廖仲愷の協力をえて広州の工会を招集し、広州の工会を統一することを謳い、廖仲愷を会長とする広州工人代表会を設立した(131)。

この広州工人代表会の性質について、国民党の通史は、それまで中共がつくりあげてきた二つの労働者動員組織、すなわち搾油労働者に指導権を握らせた「仙鄰総」(中共の広東総工会)と、織布職人らに指導権を握らせた広東工会連合会の、双方に所属する工会を改めてひとつにまとめたものと説明する。かつ、「工人代表会」の突然の台頭と広州の「赤い空気」の拡大が、真の労働者に与えた災いはいうに忍びがたいとしており、少なくとも広州工人代表会が大きな影響力をもったことは認めている(132)。

したがって、広州工人代表会の台頭は広東機器工会派にとって由々しい事態であり、両者は指導権を争って衝突した。一九二四年のメーデー(五月一日)に広州工人代表会が代表会議を開き、執行委員を選出すると、広東機器工会派は激しく反発した(133)。翌年のメーデーに中共が第二次全国労働大会を開催すると、この会議でもまた、広東機器工会派は中共の勢力拡張を阻止しようとした。中共の文献は、「右派、工賊、ごろつき」が会議を破壊しようと企てたとし、馬超俊らを批判している(劉明逵ほか編『中国工人運動史』)。一方国民党の『中国労工運動史』は、このとき中共が油業工会の代表をそそのかし、広州市の労働運動を統一して「工人代表会」を結成すべきであると突然動議をおこなわせ、広東工会連合会の人々がこれに同調したとする(134)。

広州工人代表会成立によって、中共広東区委と広東機器工会の勢力分布にはどのような変化が生じたのであろうか。陳志文によれば、広州工人代表会は、一九二四年四月の成立以降、鉄道労働者、手押し車労働者、兵器工場労働者(石井兵工廠を指す)に対する動員工作を強化した。また中共の楊殷伝によれば、とくに粤漢鉄道、広三鉄道、広九鉄道の三路線の労働者が、一九二四年春に楊殷らと接触して以降、工会組織と糾察隊を組織し、翌年五月の広東革命政府と雲南軍閥(楊希閔、劉震寰)との戦争において、雲南軍閥の輸送ルートを断つべく鉄道破壊工作などに従事したという(135)。しかし一方で、石井兵工廠の労働者争奪戦は、中共が主張するほど順調には進まなかったものとみられる。

三月六日付の社青団の報告では、工場長馬超俊が工場内で教育と宣伝をおこない、工場内には国民党の特別区分部が設けられ、国民党加入者が増えたと報告された。[136]

(2) 搾油機事件

広州における広東機器工会派と中共の対立は、搾油機事件（油機事件）によって、後戻りできるポイントを越えたものと思われる。搾油機事件は、広州市花地の昌泰厚製油工場（昌泰厚油廠、文献によっては厚昌泰とも書かれる）で生じた、搾油労働者による機械工襲撃事件である。

すでにみたように、広州の搾油労働者は、搾油機の導入にともなって解雇対象となっていた。中共の文献によれば一九二四年六月、広東機器工会派の文献によれば一九二五年にこの事件が発生し（異なる事件の可能性もあるが、ここでは双方の記述内容からみて同一事件を指すと理解しておく）、機械工側に二名の「行方不明者」――事実上の死亡者――が出た。中共の文献によると、このとき広東機器工会派は、中共が搾油労働者をそそのかして機械工を攻撃させ、事件による犠牲者の遺体を処理してしまったと主張し、さらに香港、澳門、東南アジア方面（南洋）の国民党員に対しても、中共が国民党に対してよからぬ存在であることを盛んに訴えたという。[137]

M・チンは、中共が搾油労働者と機械工のあいだの利害対立を利用し、広東機器工会派を弱体化させるために搾油労働者に襲撃をおこなわせたと解釈したうえで、この戦術は逆効果であったとする。[138]『中国労工運動史』によれば、機械工たちは彼らの自衛組織である「大機工会体育部」を強化することを決め、武術の訓練をおこない、襲撃に備えた。[139] 一九二五年五月の報道では、広東機器工会派系の団体とみられる機械工集団（機器工人団体）は、文明的態度を持すために政府による解決を待ちはするが、「もしやむをえないときには、自分で決めた方法を用いて対処する」と、憤りを込めて決定した。[140] 翌一五日には公安局が調停を試みたものの、機械工の態度が強硬で譲歩しようとしないとも伝えられた。当時広東省長であった胡漢民は、省署に事件を直接訴えようとする機械工らに対し、傷害事件ならば司法問題として取り扱い、工会の所属問題などは工会組織条例の規定に則り処理すべきであるとして、その要求から距離を取ろうとした[141]。機械工らは国民党の権力者に訴え、油業工会を解体させようとしていたのであろう。こうして両者は、ますます対立を深めていった。

(3) 県以下での中共の労働者動員――順徳県の事例

広州近郊の農村地域における中共の勢力は、一九二四年の第一次国共合作にともなう国民党改組とともに拡張した。深町英夫の研究を参照すると、国民党は県以下の地域においては既存の権力構造に沿って勢力を扶植していったようにみられる[142]。このようにして根を下ろした国民党組織を、今度は中共が国民党員の看板を掲げて乗っ取ろうと試みたものと思われる。たとえば社青団が「特別区」とみなした仏山では、中共の文献に基づく限りでは、梁桂華、王寒燼といった党員が「仏山工人代表会」を開催し、中共がいうところの「国民党反動勢力にコントロールされた『総工会』」と闘争を繰り広げたとされる[143]。この「総工会」とは広東機器工会派の広東総工会のことである。

順徳では一九二四年三月ごろから順徳改組国民党県分部の活動が活発になり（ただし当時の運動の名目は「国民運動」であった）[144]、党員たちはまず順徳に新しい国民党の党組織を行き渡らせるべく、一〇の区を設けた。第一区となった大良は、さらに東関、西関、南関、北関の区分部に分割された。阮嘯仙らは、とくに東関と南関は完全に労働者と農民から構成されており、中共の工作はこの二地域に集中すべきであると報告した[145]。第二区の倫教や第一〇区の容奇には「改組国民党党員登記処」が設けられた。何秋如のほか、輾穀工会の李元、篋業工会の羅亨、土木建築工会の羅溢、炮竹工会の周鎮（いずれも社青団団員）を動員し、宣伝活動などをおこなったという。

中共の順徳史によれば、社会主義青年団順徳支部の大多数がこのとき国民党に加入した。順徳の茶楼工会の指導者にして社青団団員でもあった何秋如は、同年二月、中共順徳県支部書記となった李民智が譚平山と馮菊坡を迎え、大良に「改組国民党辦事処」を設けて国民党の改組に着手したとする。とはいえ四月一日の改組会議に集った八名の準備員（籌備員）には、劉爾崧と敵対した張宝南の名もみえ、広東総工会と中共の緊張関係は、この組織をめぐっても存在していたと考えられる。

広東の社青団の報告（一九二四年三月一八日付）は、順徳出身の馮菊坡が、「K中央」（国民党中央）から順徳に派遣され、馮菊坡の助けをえて順徳総工会を工農連合会に改組し、順徳の労働者と農民に対する動員は緒に就いた、と報告している。それ以前の順徳総工会は、看板ばかりで、「号令することはとても難しかった」という[146]。つまり順徳総工会を通じて広範囲の人々を動員することはできなかったのである。また劉爾崧の報告において、順徳の「青年工農倶楽部」がえた会員は二四名とあり、その後の動員の試みにおいても、中共は微々たる数の支持者しか獲得できなかったものとみられる[147]。

このように工会を通じた労働者動員は振るわなかったものの、農民自衛組織を通じた農民動員は、かえって急速に順徳に拡大した。一九二四年三月六日と推定されている報告では、戦争のため兵や匪賊が跋扈しており、順徳の農民はこれに対抗するべく次々と農団を結成していた[148]。阿南友亮によれば、順徳では一九二三年末に農団が結成され、さらに翌年末に農民自衛軍が結成され、農民自衛軍は一九二五年九月以降の「『地主民団』との紛争の中で拡大を続けた」。そして一九二七年初頭には、順徳の永思堂で一〇〇〇人以上の農民自衛軍が民団と大規模に衝突したという[149]。

一九二六年二月、すなわち省港ストライキがおこなわれていた時期、李民智は大良の東関局の民団指導者譚十二という人物を、国民党中央農運特派員の暗殺を企んだとして銃殺刑に処した。この行為は、「国民党中央右派勢力」から「権利を乱用し職務を逸脱した」として批判されたという[150]。そして『順徳県志』の李民智略歴（七六頁傍注参照）によれば、この後、李民智は国民党県党部を解任される。順徳の状況についてはこれ以上立ち入らないが、戦火の絶えない農村地域において地域の人々がより強く反応したものが党の自衛組織構想であったこと、その過程で党の動員工作は地域の人々の血なまぐさい生存競争に巻き込まれていったことを確認しておく。

4、沙面罷工委員会——一九二四年七～八月

沙面罷工委員会とは、一九二四年七月一五日から八月一九日にわたり、沙面租界を対象としたストライキをおこなった組織である。同委員会について、ここでは、その中核にあった二つの組織である沙面青年工社と西餐工会に着目して検討する。

(1) 沙面青年工社

沙面ストライキに先立つ一九二四年四月四日、中共党員阮嘯仙は、「広東工会連合会は……事実上、実力をもって活動できる労働群衆団体になることはできない」と結論し、中共がこれまで軽視してきた青年労働者の動員（青年工人運動）を強化するべきだと提言した[151]。つまり中共広東区委は、それまでの経験から若者のほうがよく中共の動員に反応すると結論し、若者を集中的に動員することにしたのである。

同年六月一九日、沙面のイギリス租界でフランスのインドシナ総督を標的にした暗殺未遂事件が起きた。そのためフランスは「新警察規則」を制定し、沙面に出入りする中国人には顔写真を添付した通行証の提示を要求するとした。国共両党はこれを中国人に対する侮辱とみなし、沙面租界で香港海員ストライキを再現することを狙った（第三章参照）。このとき、青年を動員するというさきの方針に基づき、沙面の租界サービス業労働者（洋務工人[152]）の若者を集中的に動員してつくりだされたものが、沙面青年工社であった。

梁国志の回顧録によれば、一九二四年以前の沙面の租界サービス業労働者は散漫な状態にあった。そうした状態において、施卜、馮菊坡ら中共党員は、座談などの活動を通じて沙面の若いサービス業労働者に接近した。なお、梁国志のこの回顧録は、『広州文史資料』第四四輯（一九九二年）と『広東文史資料存稿選編』第三巻（二〇〇五年）とにそれぞれ収録されているが、『広東文史資料存稿選編』版には沙面青年工社と「共産主義青年団」（共産主義青年団広州支部のことを指すと思われる）の関係について、記述を削除した部分がみられる。『広州文史資料』版においては、

表7　沙面罷工委員会の指導者層

役職	姓名	背景	情報源
主任	鄺達生	中華海員工業連合会幹部の一人。1920年時点で海員宿舎「義慶閣」の代表として海員工会設立に関与	(※1) 第42画像 (※2) 第2編146頁
副主任	施卜	輾谷工会、中共党員。天羽報告では、謝英伯の代理として委員会を指導しているとされる	(※1) 第42画像 (※3) 88頁
役職不明	汪大徳	基督教青年会幹事	(※1) 第42画像
役職不明	黄党	駁載工会主任。国民党員の有力者	(※1) 第42画像
役職不明	董維	集賢工会会長。国民党員の有力者	(※1) 第42画像
役職不明	黎瑞	広東総工会幹事。広州茶居工会	(※3) 64頁
役職不明	陳鏡如	広東機器工会幹事長	(※4) 135頁
役職不明	陳賛臣	米国アンダーソン・マイヤー商会の買弁 天羽は「今回罷業の直接煽動者」の一人とする	(※1) 第41－42画像

(※1)：在広東総領事天羽英二から外務大臣幣原喜重郎宛、機密公第104号「沙面ニ於ケル使用支那人同盟罷業ニ関スル件」(1924年8月4日)、外務省記録『外国ニ於ケル同盟罷業雑纂／支那之部』第一巻(自大正11年)の「42、広東同盟罷業ニ関スル件」、JACAR、Ref. B12081539300。
(※2)：中国労工運動史続編編纂委員会(馬超俊主任)『中国労工運動史(一) 民国73年増訂版』台北：中国文化大学労工研究所理事会、1984年。
(※3)：広東省地方史志編纂委員会(孔祥鴻ほか主編)『広東省志・工会志』広州：広東人民出版社、2007年。
(※4)：李少陵『駢廬雑憶』台北：黄玉琪(個人出版)、1963年。

沙面青年工社を基盤にして「共産主義青年団」が設立されたとあるが、『広東文史資料存稿選編』版にはそれがない。事実誤認と判断されたうえでの修正か、政治的理由によるものかは判然としない(153)。

青年工社の年齢層については、一〇月の共青団の報告はもっとも多いのは一八歳の青年であるとし、梁国志は二〇歳あまりの若者が主体であったとする。とはいえ、沙面にいる青年サービス業労働者の総数は多くはなかったようである。共青団の報告では、一九二四年時点での青年工社の成員は六〇人あまり、その後二一〇人までは増加した。しかし、と同報告は続けている。「社員がこれ以上大幅に増えることは不可能である。沙面の青年労働者は二〇〇人あまりしかいないからである(154)」。

沙面ストライキ実行機関であった沙面罷工委員会(表7)の顔ぶれをみてみると、重職レベルに沙面青年工社の成員はみあたらず、古参の国民党員の存在感が前面に押し出されている。沙面罷工委員会主任に任じられた鄺達生は、中華会員工業連合会の海員であった。また在広東総領事天羽英二は、謝英伯が沙面罷工委員会を支援しており、中共党員の施卜は謝英伯との関係は深いとした。なお、謝英伯の名は日本語文献においては一九二二年の香港海員ストライキの際にも現れており、「海員公会（中華海員工業連合会のこと）会長蘇兆徴は謝英伯の股肱」とまで表現されていた[155]。

のちに西山会議派の一員として反共勢力となる謝英伯と施卜との具体的な接点は不明であるが、すでにみたように、初期の社青団と謝英伯の互助総社は深い関係にあった。一九二二年の香港海員ストライキや一九二四年の沙面ストライキにおいて、互助総社はかなりの援助を与えていたのであろう。当時の新聞報道によれば、「洋務連合工会」（「洋務工団」などとも表記）が租界サービス業労働者のストライキ中の宿泊施設として「西瓜園」を借用したという記事がみえる[156]。西瓜園とは広東機器工会派の広東総工会の事務所所在地であったのだから、沙面ストライキは国民党の強いバックアップのもとにおこなわれたことがわかる。しかし沙面罷工委員会の招待部などの各部署、すなわち事務レベルの仕事は、共青団との関係が深いとされた沙面青年工社の若者が担っていた[157]。

(2)　西餐工会

西餐工会は沙面の租界サービス業労働者においてやや異質な存在であり、この団体は元海員コックを多く含んでいた。沙面ストライキのほぼ一年前、在リヴァプール日本領事益子斎造は、イギリス汽船業界の状況を次のように報告していた。一九二三年四月と六月の時点で、イギリス汽船に雇用された一三万七〇六六人の海員中、九四％がイギリス人、〇・六三％がアフリカ人、〇・五二％が中国人、日本人はきわめて僅少であった。海運業が好況であった時代には多くの外国人海員が雇用されたが、近年は不況のためイギリス人に就職の優先権が与えられている。日本人の就職はきわめて困難であり、「一度雇止を受けて下船するときは数ヶ月を経過するも尚就職の見込付かざる場合」が多い、と[158]。

海員にとって、不況時に汽船から下船させられることは失業を意味した。西餐工会についても、「成員は多くが海員の出身で、航海が終わって上陸したあと、生活の必要にせまられて、帝国主義の会社、ホテル、レストラン、家庭でコックになり、外国人のかわりに西洋料理をつくった」という記述を見出すことができる。当時西餐工会主席であった謝汝崧も元海員コックであり、「上陸したあと」、ジャーディン・マセソン商会のコックとなった。つまり西餐工会とは失業海員コックの団体であったのである(159)。

西餐工会会長であった海員謝汝崧は、その姪である謝燕章の文史資料や『晨報』によれば、中共広東区委の党員(劉爾崧、施卜、周文雍、馮菊坡、藍裕業ら)とともに、一九二四年七月一三日、茶居工会において「各界連合反対沙面苛例大会」を開催し、その後沙面罷工委員会の一員となった。さらに沙面ストライキ後、謝汝崧は劉爾崧の紹介により中共に加入し、沙面労働者における最初の中共党員となったという。省港ストライキ到来後の一九二六年春、中共広東区委直属の組織として沙面洋務支部(のち、同年四月二五日に設立された洋務総工会の一部となる)が設立されると、謝汝崧はその書記に任じられた(160)。

5、省港罷工委員会の形成

一九二五年に上海で五・三〇事件が生じると、中共広東区委は、広東でも運動を拡大するべく、省港ストライキ(広州・香港ストライキ)を計画する。省港ストライキは通常、広州・香港一帯の大ストライキとして描かれるが、その中核にあった事件は、香港ストライキと沙面ストライキに特定できる。中共党員饒衛華*によれば、当時、省港ストライキの「省」とは沙面ストライキを意味していた(161)。

このとき中共広東区委が使用した動員組織が、広州洋務工団連合会と全港工団連合会であった。この二つを通じて六月一九日から沙面と香港でストライキを起こしつつ、中共広東区委は省港罷工党団(馮菊坡、劉爾崧、施卜、林偉民、

＊饒衛華:一九〇六年生~一九九六年没。広東大埔の人。一九二四年広東大学入学、二五年中国共産主義青年団入党。省港ストライキ中は鄧中夏の秘書を務め、二六年一月に中共に入党し、一~七月に中共広東区委組織部秘書、八~一〇月に中共汕頭市委組織部長、二六年から二八年までモスクワの東方大学に留学。「饒衛華」広州市人民政府地方志辦公室サイト「広州地情綱」(URL:http://www.gzsdfz.org.cn/)にて検索可。

李森（李啓漢＊）、陳延年）を設け、ストライキを制御しようとした(162)。

そして同月二三日、広東版五・三〇事件である沙基事件が発生すると、中共はストライキをさらに拡大すべく、広州洋務工団連合会と全港工団連合会を基盤に、省港罷工委員会を組織する。以下、この三つの動員組織の構成団体について、その背景を検討する。

(1) 広州洋務工団連合会と全港工団連合会

広州洋務工団連合会は、沙面の沙面青年工社と西餐工会を核としつつ、同会の勢いをみて日和見的に引き寄せられた他のサービス業労働者団体をも吸収し、規模を拡大させた。一九二五年当時、沙面の租界サービス業労働者団体は、沙面青年工社と西餐工会のほかに三つのものが存在した。洋務職工総会（成人が主体）、恵群工会＊、文然工会＊である。最大勢力は洋務職工総会であり、西餐工会がこれに次ぎ、三番目が恵群工会であったという。沙面青年工社は実は最小勢力であった。広州洋務工団連合会に統一されたあとも、おそらく各団体間の亀裂はそのまま残っていたのではな

＊李啓漢：一八九八年生〜一九二七年没。湖南江華の人。一九二〇年に上海へ赴き、上海の中共組織に参加。八月、社青団の建設に関わる。中共党史においては、一九二〇年に小沙渡で労働者半日学校（工人半日学校）を設立したこと、ならびに二一年に浦東の日華紡績工場を動員し、ストライキをおこなわせたことがよく知られている。二二年六月に逮捕・投獄され、二四年一〇月に出獄。二五年五月に第二次全国労働大会に出席、中華全国総工会執行委員と組織部長に選出され、その後は広州で全国総工会関連の仕事と中共広東区委の労働者動員工作に携わる。省港ストライキに参加し、二七年四月一五日の四・一五クーデター中に殺害された。姜沛南ほか「李啓漢」中共党史人物研究会編（胡華主編）『中共党史人物伝』第一七巻、西安：陕西人民出版社、一九八四年、二〇－五二頁。

＊恵群工会（広州洋務恵群公会）：一九一三年六月成立。設立当初の会員は三五五人。洋務派の元老が支援し、租界サービス業労働者の江其昌、鐘潤潮などが組織したものであるという。広東省地方史志編纂委員会（孔祥鴻ほか主編）『広東省志・工会志』六四頁。梁国志「広州沙面洋務工人的概況及罷工経過」『広東文史資料存稿選編』第三巻、三六六頁。

いかと考えられる。共青団の報告では、とくに若者の集団である沙面青年工社が洋務職工総会と衝突する傾向があり、両者が互いを非難する事態も生じていた[163]。

全港工団連合会は香港の手工業者・飲食業者の団体が寄り集まった組織であり、一九二五年六月の省港ストライキ時には、香港でのストライキを担った動員組織でもある。中共の文献は、同会を、中共が香港工団総会と香港華工総会を指導してつくりあげたものだと主張する[164]。ただし鄧中夏の記述の仕方[165]、ならびに構成団体からみれば、香港工団総会と香港華工総会は対立する派閥であり、かつ香港華工総会のほうが、より中共との関係が近かったと考えられる（香港華工総会および何耀全の傍注参照）。

全港工団連合会に集結した香港の各業者たちは、中共にとっては制御の難しい相手であった。小団体ごとに分裂する彼らを架橋するような統一的ネットワークは構築されていなかったからである。にもかかわらず、なぜ省港ストライキ時には中共がこのような人々を動員することが可能となったのか。それは頭目たちの側に、有力団体とつながり

---

*文然工会：外資系企業の高級職員団体。「団広州地委工農部報告（第一七号）」（編者推定一九二五年七月二一日）中央档案館・広東省市档案館（孫道昌編輯）『広東革命歴史文件彙集（群団文件）一九二五年（一）』甲二、広州：広東人民出版社、一九八七年印刷、三一五頁。

*香港工団総会：構成団体は、持平工会（豚肉屋団体）、派報工会、水陸潔淨工会、泥水工会、木匠工会、西業工会、木業工会、酒楼工会、茶居工会、車衣工会など八〇～九〇の工会。鄧中夏は、一九二五年の時点で同会において大きな力をもっていたのは海員団体であったとする。盧権ほか『省港大罷工史』広州：広東人民出版社、一九九七年、九九‐一〇〇頁。鄧中夏『中国職工運動簡史』（鄧中夏著（編者不詳）『鄧中夏文集』北京：人民出版社、一九八三年、五五二頁）。

*香港華工総会：『省港大罷工史』は第二次全国労働大会（一九二五年五月）前後に成立したとする。ただし華工総会の名は一九二二年の香港海員ストライキ時には新聞報道で確認できる。同一組織であるかは不明。『省港大罷工史』によれば、構成団体は、電車工会、海陸理貨工会、景源印務工会、漢文排字工会、石印工会など二〇～三〇の工会。手工業者を主体としていた。盧権ほか『省港大罷工史』一〇〇頁。「香港東華医院開全体街坊会」『申報』一九二二年二月一五日。

をつけ、みずからの社会的地位を上昇させるという計算が働いたためと考えられる。盧権らの『省港大罷工史』が引用する中共広東区委の報告によれば、香港の各団体の頭目たちの態度は、中共の第二次全国労働大会を境に変化していた。このとき、中華全国総工会の執行委員二五名に、香港の電車切符売りの何耀全、*また香港海員の林偉民と蘇兆徴が選出されていた。香港手工業者の頭目たち、とくに何耀全に近い派閥の頭目たちは、そこに昇進の好機を予感したのであろう。中共広東区委が中華全国総工会代表の身分を用いて接近すると、何耀全の団体である電車工会と、車工会が大きな力をもつ香港華工総会、また「洋務工会」（香港洋務職工総会か）が歓待したという。[166] また香港手工業者に関しては、一九二四年時点での報告ではあるが、とくに「外工」の圧迫を感じていたという社青団の報告もある。[167]

五月末に上海で五・三〇事件が生じると、鄧中夏と蘇兆徴は香港労働者のあいだを奔走し、広東でも同様の運動を展開しようとした。香港の西環で工会指導者を集めて第一回ストライキ会議を開き、中環でも工会の頭目を集め、連席会議を開いたという。全港工団連合会を組織することが決定されたのは後者の会議においてであり、全港工団連合会の幹事局局長は蘇兆徴、外交委員は黄平、総参謀は鄧中夏が担当した。[168] しかしこの全港工団連合会に集結した飲食業・手工業団体の頭目たちは、後述するように、すぐに中共を無視した独自の動きをみせるのである。

(2) 省港罷工委員会への統合

省港罷工委員会は一九二五年七月三日に成立し、同年七月一〇日から翌年一〇月一〇日まで続いた省港ストライキ

＊何耀全：一八九七年生～一九二七年没。一九二一年、香港電車公司の切符販売員となる。蘇兆徴、林偉民をまねて香港電車業競進会を組織したという。二五年五月、第二次全国労働大会に全港工団総会代表として出席。第一期中華全国総工会執行委員となる。同年、省港罷工委員会の副委員長に選出。この間、中共に入党し、中共省港罷工委員会の党団の一員となる。蘇兆徴が武漢へ移動すると、省港罷工委員会の日常業務を引き継ぎ、孫文の「三大政策」を続行するよう、香港総工会などの名義で国民党に要求。広東の四・一五クーデター発生後、逮捕され獄中で殺害された。「何耀全」『広州市志』第一九巻、一二二一－一二二三頁。

表８・１　省港罷工委員会第一回会議で選出された指導者層

役職		姓名	背景	情報源
委員長		蘇兆徴（香港）	中華海員工業連合会会員。中華全国総工会執行委員	（※1）480－481頁 本書70頁
副委員長		曾子厳（沙面）	広州洋務工団連合会関係者。曾子厳自身は租界サービス業労働者ではなく、第九区の国民党員	（※1）480－481頁 （※2）372頁
		何耀全（香港）	香港電車工会。中華全国総工会執行委員。中共党員	（※1）480－481頁 本書88頁
財政委員		蘇兆徴（香港）	既出	（※1）480－481頁
		黄金源（香港）	持平工会会長	（※1）480－481頁 本書49－50頁
		何州泉	集賢工会（＝粤港起落貨総工会）関係者	（※1）480－481頁 本書132頁
		何俠民（沙面）	沙面関係者。詳細不明	（※1）480－481頁
		李森（李啓漢）	中華全国総工会。中共党員	（※1）480－481頁
幹事局	正局長	李森（李啓漢）	既出	（※1）480－481頁
	副局長	黎福疇（沙面）	広州洋務工団連合会関係者。沙面の文員	（※1）480－481頁 （※2）368、372－373頁
		李堂（香港）	労働同徳総工会	（※1）480－481頁 （※3）160頁
役職不明		陳瑞南（陳瑞甫）（沙面）	広州洋務工団連合会関係者。恵群工会会員	（※2）372頁
役職不明		梁徳礼（沙面）	広州洋務工団連合会関係者。組織に属するのを好まない「超然派」の立場を取る	（※2）372、367頁

（※1）：「省港罷工委員会正式成立後第一次会議」『工人之路』11期、1925年7月4日（『中国近代工人階級和工人運動』第5冊）。

（※2）：梁国志「広州沙面洋務工人的概況及罷工経過」広東省政協学習和文史資料委員会編『広東文史資料存稿選編』第3巻、広州：広東人民出版社、2005年。

（※3）：「省港罷工委員会主要職員一覧表」広東哲学社会科学研究所歴史研究室編『省港大罷工資料』広州：広東人民出版社、1980年、157－162頁。編者説明によれば、この一覧表は、省港罷工委員会編「省港罷工委員会職員一覧表」に編者が『工人之路』の情報を加えて作成したもの。

表8・2　1925年7月に省港罷工委員会幹事局の人事として発表されたもの

役職	姓名	背景	情報源
宣伝部	鄧伯明	広州洋務工団連合会関係者とみられる。「職工会」（洋務職工総会か）の設立者の一人。中共党員	（※1）482頁 （※2）151頁 （※3）367 － 368頁
交通部	譚海珊		（※1）482頁
庶務部	馮承垣（馮永垣）	海員	（※1）482頁
招待部	梁子光（のち何伯達）	梁子光：車衣工会	（※1）482頁 （※2）152頁
文書部	鄧啓譜		（※1）482頁

（※1）：「省港罷工委員会之各会議」『工人之路』13期、1925年7月6日（『中国近代工人階級和工人運動』第5冊。ただし同史料集では文書名を省港罷工委員会第二次会議と改題）。
（※2）：梁国志（何錦洲整理）「省港大罷工回憶」『広東文史資料存稿選編』第3巻。
（※3）：梁国志「広州沙面洋務工人的概況及罷工経過」『広東文史資料存稿選編』第3巻。

を計画・実行した組織である。その最高意思決定機関である罷工工人委員会は、前述の全港工団連合会と広州洋務工団連合会によって構成されていた[169]。

省港罷工委員会の最高権力者となるべき一三名の委員の選定については、同委員会機関紙『工人之路』（六月二七日）掲載の「省港罷工委員会章程」において、次のように枠が定められた。全港工団連合会会員（＝香港労働者）から七名、広州洋務工団連合会（＝沙面労働者）から四名、中華全国総工会から二名である[170]。この時点で、代表を出せる香港の労働者団体もすでに決定されていたと思われる。七月三日には、「海員」（中華海員工業連合会）、「同徳」（労働同徳総工会）、「電車」（香港電車工会）、「洋務」（香港洋務職工総会か。このときの香港洋務工人とは、香港の共青団員張仁道が動員したホテル従業員のこと）、「煤炭」（煤炭工会、責任者陳錦泉）、「平楽」（平楽工会、代表麦波揚、詳細不明）、「車衣」（車衣工会）の七団体の代表が委員となったことが報じられた[171]（表8・1）。

このとき省港罷工委員会に中華全国総工会枠を設けることや、同委員会を中華全国総工会の指導下に置くことに対しては、「香港の一部のギルド工会、あるいは国民党右派と密接な関係をもつ人物」（『省港大罷工史』の表現）が反対した。中華全国総工会の指導を受けることは、中共の傘下に下ることを意味したからである。六月三〇日には、全港工団連合会の人々は中共を排除した形で省港罷工委員会を設立しようとした。この日、全港工団連合会は工会代表会議を開き、ストライキ糾察隊を成立させ、黄金源を総隊長とした。

表8・3　省港罷工委員会の糾察隊ならびに軍警関係の組織

役職	姓名	背景	情報源
水陸偵査処	梁子光		（※1）152頁
検査仇貨委員会	李林、藍卓、李英、張果、梁八、劉和、張玉階	張果、梁八：沙面青年工社、共産主義青年団	（※1）152頁 （※2）367頁
特務調査	藍卓		（※1）152頁
糾察委員会主任	徐成章	黄埔軍官学校卒業生、中共党員	（※1）152頁 （※3）105頁
糾察委員会顧問	鄧中夏、王維、唐樹、季歩高、黄金源、馮光、文佳など		（※1）152頁
禁閉室	周満	周満は糾察隊第19支隊隊長	（※1）152頁
警衛室	周満		（※1）152頁
軍法処長	馮光		（※1）152頁

（※1）：梁国志「省港大罷工回憶」『広東文史資料存稿選編』第3巻。
（※2）：梁国志「広州沙面洋務工人的概況及罷工経過」『広東文史資料存稿選編』第3巻。
（※3）：阿南友亮『中国革命と軍隊―近代広東における党・軍・社会の関係』慶應義塾大学出版会、2012年

また香港工団総会交際部（連絡部）主任であった香港車衣工会（ミシン工会）の領袖梁子光は、糾察隊の一種である水陸偵査隊の指導者に任じられた（表8・3）。黄金源の子孫たちは、黄金源のこのような振る舞いは、梁子光にそそのかされた結果であると主張しており、黄金源自身の動機については、中共に香港工団総会を解体されることを恐れたからだとする[172]。

全港工団連合会のこのような動きに対し、中共は相当に慌てたものとみられる。とくに糾察隊総隊長職を中共党員以外の者が握ってしまったことは深刻な問題であった。糾察隊とは結局のところ、労働者を用いた党軍という意味合いが強かったからである[173]。『省港大罷工史』は、「一部のギルド工会の頭目が鄧中夏らに背き、六月三〇日に全港工団連合会の名義を用いて勝手に香港の各罷工工会代表を召集し、会議を開き……会議においてストライキ糾察隊の設立をいち早く横取り」したとする。そして黄金源の糾察隊総隊長就任を、中共は一時的方便として認めることにし、その代わり総隊長とは別に、糾察隊の政治教育を担当する訓育長を設けて鄧中夏を任じ、糾察隊をコントロールしようとした[174]。

当然、黄金源や全港工団連合会に対する中共の政治的評価は現在もネガティブである。黄金源や梁子光には、ヤクザ社会ないしは黄色工会〔資本家や国民党と結びついた工会〕の領袖というレッテルが

貼られている。このほかにも「ヤクザ社会の顔役」とされた人物として、省港罷工委員会の一三名の委員の一人であった煤炭工会の陳錦泉や、当時中華海員工業連合会会長であった譚華沢（省港罷工委員会会審処に任じられた）などがいる。陳錦泉に関する詳細は不明だが、譚華沢は省港ストライキに消極的な態度を取っていた[175]。

このようにして成立した省港罷工委員会は、名称こそストライキ委員会であり、形式的には広東国民政府（一九二五年七月一日に正式に成立）に属したが、独自の行政組織、司法組織（監獄や法廷）、軍事組織（糾察隊）を完備する「独立した政府」の姿をしていた。政府としての形をもつに至った経緯はだいぶ無計画なものであったようだが[176]、中共の通史は同委員会をフランスのパリ・コミューンになぞらえ、『労働者政府』の雛形」であったと称え、イギリス側がこの委員会を「第二の政府（Government No.2）」と呼んだことも含めて、その革命性を強調している[177]。

このミニ政府を運営する罷工工人委員会において、省港ストライキ中、各工会を代表する指導者同士の権力闘争が繰り広げられることになった。中共党員黄平の回顧録は、省港罷工委員会における中共党員の数が少なかったことに言及しており、同委員会を制御することに中共は苦労したのではないかと思われる。『省港大罷工史』は、労働者に対する掌握力の弱かった中共が、省港罷工委員会の下部組織に「できるだけ〔香港〕工団総会の上層人物の参加を受け入れる」よう努めたと婉曲に述べ、あくまで中共の指導性を強調しようとするが、実態としては、香港労働者の指導者集団が中共を排除してつくりあげようとした権力機構に中共がかろうじて追いすがり、制御を試みたとみるほうが正確であろう[178]。

（1）　劉琦「河流水文」（二〇一一年八月三〇日）、広東省人民政府地方志辦公室サイト「広東省情信息網」（URL：http://www.gd-info.gov.cn/shtml/guangdong/）>広東概覧>広東概況>地理概況>河流水文。フランク・B・ギブニー編『ブリタニカ国際大百科事典（三版）』第七巻、TBSブリタニカ、一九九五年の「広東（コワントン）」の項目。

（2）　海員という言葉は、英語の seaman が邦訳され、それがさらに中国へ輸入されたものである。汽船会社の船舶で働く者を表す中国語としては「行船仔」、「航海客」などの語彙も存在したが、近代的な大型汽船で働く人々を、技術の有無や作業の別を問わず一括して呼びうる言葉が中国語には欠如していた。『中国労工運動史』は、中華海員工業連合会初代会長陳炳生が、欧米や日本で船乗りが海員と呼ばれていることを知り、組織を中華海員慈善会と名づけたとする。陳炳生自身の回顧録も、自身が「海員」の二字を発見したのは日本においてであったと記す。中国労工運動史続編編纂委員会（馬超俊主任）『中国労工運動史（一）民国七三年増訂版』（以下『中国労工運動史（一）』）台北：中国文化大学労工研究所理事会、一九八四年、第一編九〇頁。陳炳生口述（張愛平選編）「中華海員工会与香港海員大罷工回憶」『档案与史学』一九九五年二期、九頁。

　イギリスの制度を参照して整備された日本の船員法は、「海員とは船長以外の一切の乗組員をいう」とし、船員とは船長も含めた乗組員すべてを呼ぶ場合に使用する言葉と定義されていた。この定義は現在の船員法においても基本的にはそのまま引き継がれている。日本経営史研究所編『全日本海員組合四十年史―海上労働運動七十年のあゆみ』全日本海員組合、一九八六年、五頁。岡得太郎『海員労働事情一斑』協調会、一九二二年、六頁。「船員法」（昭和二十二年九月一日法律第百号）、第一章総則第一条および第二条を参照。総務省法令データベース「e-Gov（イーガブ）」（URL：http://www.e-gov.go.jp/）>法令検索>船員法。普通船員（船舶部員）、船舶職員に関する簡略な説明については全日本海員組合サイトを参照。全日本海員組合サイト「全日本海員組合」（URL：http://www.jsu.or.jp/general/）>「全日本海員組合とは」>「組合略史」。

（3）Jones, Douglas, "The Chinese in Britain: Origins and Development of a Community," *New Community*, Vol.VII, No.3, Winter 1979, pp.397-398; Broady, Maurice, "The Social Adjustment of Chinese Immigrants in Liverpool," *The Sociological Review*, Volume 3, Issue 1, 1955, p.66; Ng Kwee Choo, *The Chinese in London*, London: Oxford University Press, 1968, pp.3, 9-10; Jones, *op.cit.*, pp.397-398.

（4）Jones, *op.cit.*, p.399. また、イギリスの全国水火夫組合に関しては次の書籍が参照可能。Marsh, Arthur and Victoria Ryan, *The Seamen: A History of the National Union of Seamen*, Oxford: Malthouse Press, 1989.

（5）方正林（張穆整理）「省港大罷工前後的香港海員」（一九六二年五月一四日）広東省政協学習和文史資料委員会編『広東文史資料存稿選編』第三巻、広州：広東人民出版社、二〇〇五年、一八八-一八九頁。雷加『海員朱宝庭』北京：工人出版社、一九五七年、一二頁。鄧中夏「我們的力量」『中国工人』第二期、一九二四年一一月（『鄧中夏文集』九五頁）。劉達潮（盧権整理）「広東海員的戦闘歴程」（一九五九年訪問）中共広東省委党史資料徴収委員会・中共広東省委党史研究委員会辦公室編『広東党史資料』第二輯、広州：広東人民出版社、一九八四年、七〇頁。

（6）岡得太郎『海員労働事情一斑』一三頁。後藤朝太郎「支那船の夥計ボーイ」『海運』二〇八号、一九三九年九月、一〇五頁。「外人船員雇傭問題　海運界の一新研究　支那人雇傭成績」『時事新報』一九一二年五月二一日。実庵（周恩来）「実庵筆録」『前鋒』第三期、一九二四年二月一日（中華全国総工会工人運動史研究室編『中国工運史料』一九八〇年二期（総一一期）、二一二頁。ただし同史料集では文書名を「周恩来介紹法国郵船上寧波水手火夫的生活状況」と改題）。
（7）西巻敏雄「始動期の海上労働運動―日本海上労働運動概史（二）」『海運』第四巻第二号、一九四六年四月、二六頁。
（8）小山清次『支那労働者研究』八〇頁。
（9）Chan Wai Kwan, *The Making of Hong Kong Society:Three Studies of class Formation in Early Hong Kong*, Oxford: Clarendon Press, 1991, p.167.
（10）程浩編著『広州港史（近代部分）』北京：海洋出版社、一九八五年、第二章第一節の四および第三章第四節。
（11）古山隆志「一九二〇～二二年香港労働者の闘い」『歴史評論』三二八号、一九七七年八月、四六－四八頁。
（12）程浩編著『広州港史（近代部分）』八九－九二、一一八－一二〇頁。
（13）広田寛治「広東労働運動の黎明と機械工」八頁。
（14）たとえば、古厩忠夫「中国におけるブルジョア的潮流の労働運動について」『中国近代史研究会通信』五号、一九七七年五月、六－七頁。
（15）Chan Wai Kwan, *op.cit.*, p.167.
（16）鄧中夏は、「産業工人」（産業労働者。鉄道会社、兵器工場、電力会社、水道会社、汽船会社などの近代的工場を指す）の賃金は他の労働者よりもはるかに高く、職業紹介所や社会保障も整備されている、そのため一部の「産業工人」は「工人貴族」の意識をもってしまう、としている。鄧中夏「一九二六年之広州工潮」（一九二七年）『鄧中夏文集』三四九頁。
（17）井出季和太『南支那及南洋調査第一五二輯―支那の国民革命と国民政府』（以下『支那の国民革命と国民政府』）第二編、台北：台湾総督府官房調査課、一九二八年、一四二頁。
（18）梁九・月笙「団香港地委報告」（一九二四年三月五日）中央档案館・広東省市档案館編（孫道昌編輯）『広東革命歴史文件彙集（群団文件）一九二二年－一九二四年』甲一、広州：広東人民出版社、一九八三年印刷、三四五頁。
（19）Chan Wai Kwan, *op.cit.*, pp.145-150.
（20）広東省地方史志編纂委員会（孫沐寒主編）『広東省志・人口志』広州：広東人民出版社、一九九五年、一一二、四一頁。同書

の示す各データには引用元が明記されていないが、さしあたり、広東の人口動態の全容を大まかにつかむための数字としてこれを用いる。

(21) 広東省地方史志編纂委員会(孫沐寒主編)『広東省志・人口志』四四頁。

(22) 『広東日報』一九二五年一月一七日掲載のデータ、台湾総督府官房調査課『内外情報』第一三四号、一九二五年三月一一日、JACAR, Ref. A06032522900、一六頁(第一〇画像)。

(23) 広東省地方史志編纂委員会(孫沐寒主編)『広東省志・人口志』四五頁。

(24) Chan Wai Kwan, *op. cit.*, p.146.

(25) 広州工人代表大会「広東職工運動」(一九二六年五月二一日)中共恵州市委党史辨公室ほか編『劉爾崧研究史料』広州:広東人民出版社、一九八九年、一四五-一四六頁。

(26) 井出季和太『支那の国民革命と国民政府』第二編、一四二頁。

(27) 余啓中編(傅尚霖ほか校)『広州工人家庭之研究』広州:国立中山大学経済調査処、一九三四年(李文海編『民国時期社会調査叢編　城市(労工)生活巻』上、福州:福建教育出版社、二〇〇五年、五九三頁)。

(28) 注(22)の『広東日報』の前掲データ、および『広東省志・人口志』四四頁。

(29) 広東省地方史志編纂委員会(孫沐寒主編)『広東省志・人口志』四二頁。

(30) 「公安局令限調査本市失業工人」『広州市市政公報』一九二八年、五四頁。

(31) 「令各県市長擬具救済失業工人切実辦法案」における広東省政府訓令、労字第五二号(一九三〇年五月二一日)『広東省政府公報』第九五期、一九三〇年、二五-二六頁。

(32) 秘密結社研究者の代表的議論を挙げるならば、天地会の主な成員について、魏建猷は破産した失業農民と手工業者とし、邵循正は、「一般的に秘密結社(原文は「秘密会社」)は破産農民、破産手工業者の互助団体である」としつつ、「天地会系統の南方秘密結社」の組織はなお「家父長的制度の管理様式」を脱しておらず、その主要な成員はやはり「破産農民、手工業者、運輸業労働者、ルンペンプロレタリアート」であって、労働者階級の形成という角度からみるとその「階級成分」に「新奇性」を見出すことはできないとした。秦宝琦と劉美珍は、このように秘密結社の「古さ」を指摘する邵循正に反論する形で、天地会には闽広一帯の運輸業労働者の自衛組織の性格が認められるとした。ただし邵循正も、「組織ある水陸運輸工人と〝いちかばちかの〟密売用の塩を運搬する人々」の天地会については、その組織の発達速度や破産労働者のニーズに適応した組織形態について注意を

促している。魏建猷「試論天地会的性質—兼与戴逸同志商榷」『文匯報』一九六〇年一二月二〇日。邵循正「秘密会社、宗教和農民戦争」『北京大学学報』一九六一年第三期（李克珍編『邵循正歴史論文集』北京：北京大学出版社、一九八五年、二七三－二七四頁）。秦宝琦・劉美珍「試論天地会」『清史研究集』第一輯、北京：中国人民大学出版社、一九八〇年、一七七－一七八頁。

(33) 秦宝琦は、「洪門とはすなわち天地会であり、中国史上の一大秘密結社システムであり、添弟、三合、三点、小刀などの多くの名称の会党を含む。……洪門は……華僑内の洪門の首領や幹部によって海外にももたらされ、東南アジアやアメリカの華僑、華人に広範に伝わり、華僑、華人が団結する重要な紐帯のひとつとなった」とする。秦宝琦『洪門真史（修訂本）』福州：福建人民出版社、二〇〇〇年、一頁。

(34) たとえば、荘政「国父創導革命与洪門的淵源」『近代中国双月刊』第二〇期、一九八〇年一二月三一日（李雲漢主編『中国国民党党史論文選集』第一冊、台北：近代中国出版社、一九九四年、一二九－一五六頁）。

(35) たとえば鄧中夏は、海員の集団は同郷集団と秘密結社の性格をもつと述べ、また中共の海員運動に関する通史は、海員集団が「紅幇、青幇、三合会などの組織」によって監督され、コントロールされ、迫害されていたとする。ロンドンで幼少期を過ごし、帰国後連義社へ加盟した海員周材の場合、その父は「紅幇」の首領であった。周材の主張するところでは、周材の父は義和団の活動に関与して清朝政府から逮捕命令を出され、香港に逃れて海員となり、キリスト教徒であった関係から英国籍を取得してロンドンへ渡った。のち、同地に「紅幇組織」である「工商公会」を設立したという。鄧中夏「我們的力量」『中国工人』（『鄧中夏文集』九五頁）。中共上海海運管理局委員会党史資料徴集委員会ほか（上海海員工人運動史写組・李徳倉組長）『上海海員工人運動史』北京：中共党史出版社、一九九一年、三八頁。周材（何錦洲整理）「参加省港大罷工的点滴回憶」『広東文史資料存稿選編』第三巻、一七四頁。

(36) 香港工団総会、香港華工総会、無所属派の三系統の区別は鄧中夏の記述に拠る。無所属派としては、機械工、積み卸し労働者、煤炭労働者、租界サービス業労働者などがそれであったという。また香港工団総会に関する記述は、黄金源の子孫である黄松森、黄杞雲らの主張に基づく。鄧中夏『中国職工運動史』（『鄧中夏文集』五五二、六一一頁）。黄松森・黄杞雲「記省港大罷工工人糾察隊総隊長黄金源」（王凰ほか整理、一九六二年）、『広東文史資料存稿選編』第三巻、五五一頁。

(37) 黄平の文章「回憶省港大罷工」における「罷工的発動経過和罷工策略」（この部分は張穆が一九六二年二月下旬におこなわれた座談会上の黄平の発言を整理し書き足したものである）に基づく。『広東文史資料存稿選編』第三巻、一五頁。

(38) 並木頼寿「反清復明を叫んで—天地会／哥老会／三合会」野口鐵郎編『結社が描く中国近現代』山川出版社、二〇〇五年、八二頁。
(39) 蒲豊彦のこの見解は、三点会に対する宣教師の報告から導かれたものである。蒲豊彦「第四章　近代広東の民衆組織と革命―匪賊的行動様式の観点から」高橋伸夫編著『救国、動員、秩序―変革期中国の政治と社会』慶應義塾大学出版会、二〇一〇年、一〇九‐一一〇頁。
(40) 佐藤明子「中国紡績業における『工頭制』の検討―『工頭』の役割を中心として」『中国労働運動史研究』第二号、一九七八年第一号、二七‐三一頁。
(41) 小山清次『支那労働者研究』四一頁。
(42) 方正林「省港大罷工前後的香港海員」『広東文史資料存稿選編』第三巻、一八九頁。
(43) 東民生「支那の労働運動　漢口にて」『福岡日日新聞』一九二〇年四月二〇日。
(44) 上海会徳豊公司のこの事例では、月給六米ドルのうち、〇・三〇米ドルを酒銭として納め、三～五米ドルを「膳宿費」として「把頭」(工頭)に納めたという。『捷報』一八八二年七月一四日(劉明逵ほか主編『中国近代工人階級和工人運動』第二冊、北京：中共中央党校出版社、二〇〇二年、六三‐六四頁)。
(45) 満鉄総務部資料課『中国労働運動状況』出版地不詳：南満州鉄道株式会社、一九三四年、二三一頁。同書は駱伝華の『今日中国労工問題』をもとに、さらに満鉄の収集した資料を加えて加筆をおこなったものである。
(46) 黎霞『負荷人生―民国時期武漢碼頭工人研究』(以下『負荷人生』)武漢：湖北人民出版社、二〇〇八年、八四頁。
(47) 古山隆志「一九二〇～二二年香港労働者の闘い」四八‐五一頁。
(48) 広東の軍事政権の変遷については、横山宏章『孫中山の革命と政治指導』第一章。
(49) 阿南友亮は、広東地域には、貧困農民を主体とする「武力によって生存の確保と貧困からの脱出を追求する人間」が大量に存在し、彼らが傭兵、自衛組織、匪賊の供給源になっていたと指摘する。阿南友亮『中国革命と軍隊』四二九頁。
(50) 石川禎浩『中国共産党成立史』岩波書店、二〇〇一年、二一二頁。『広東省志・中共組織志』も、陳独秀を書記とし、譚平山、陳公博、譚植棠らが広州共産主義小組を一九二一年春に設立したとする。広東省地方史志編纂委員会編(労文浩主編)『広東省志・中共組織志』広州：広東人民出版社、二〇〇一年、六三頁。
(51) 石川禎浩『中国共産党成立史』一八一頁。「中国社会主義青年団第一次全国大会」『先駆』第八号、一九二二年五月一五日。「支那に於ける近代的労働運動の経過と其現状(一)」南満洲鉄道株式会社北京公所研究室輯『北京満鉄月報』第三年第六号

（一九二七年一月三〇日）、二一 - 二二頁、注七を参照（復刻版『北京満鉄月報』第三巻（下）、龍渓書舎、一九七八年）。
(52) 広東省地方史志編纂委員会編（労文浩主編）『広東省志・中共組織志』六四 - 六五頁。馬林「給国際執委会的報告」（一九二一年七月一一日）中国社会科学院現代史研究室ほか選編『〝一大〟前後』北京：人民出版社、一九八五年二版（一九八五年二次印刷）、四二九頁。
(53) 蔡和森「中国共産党史的発展（提綱）」（一九二六年）蔡和森著（編者不詳）『蔡和森的十二篇文章』北京：人民出版社、一九八〇年、三九頁。
(54) 陳炯明をめぐる中共中央と中共広東区委の意見対立に関しては次の文献を参照。広東省地方史志編纂委員会編（労文浩主編）『広東省志・中共組織志』六四頁。巫峡「馮菊坡」広東省地方史志編纂委員会（侯国隆ほか主編）『広東省志・人物志』広州：広東人民出版社、二〇〇二年、五七五頁。「譚平山主要活動年表」譚平山文集編輯組編『譚平山文集』北京：人民出版社、一九八六年、五八一頁。曾慶榴『広州国民政府』広州：広東人民出版社、一九九六年、四三 - 四四頁。
(55) この時期の孫文や国民党の動向については、深町英夫『近代中国における政党・社会・国家――中国国民党の形成過程』（以下『近代中国における政党・社会・国家』）中央大学出版部、一九九九年、第七章の第一 - 三節。
(56) 「中共〝三大〟」広州市地方志編纂委員会編（鐘嫦英主編）『広州市志』第一九巻、広州：広州出版社、一九九六年、四六〇頁。
(57) 深町英夫『近代中国における政党・社会・国家』一九九 - 二〇六頁。
(58) 深町英夫、同右、二〇〇、二〇三 - 二〇五、二二〇 - 二二四、二三一 - 二三五頁。上海工運志編纂委員会編（李家斉主編）『上海工運志』上海：上海社会科学院出版社、一九九七年、一七七頁。
(59) 深町英夫、同右、二四二 - 二四四頁。
(60) 楊匏安「中国国民党広東省［党部］組織部一年来工作報告」（一九二六年一二月）楊匏安著（編者不詳）『楊匏安文集』北京：中央文献出版社、一九九六年、二一四 - 二一五頁。
(61) 深町英夫『近代中国における政党・社会・国家』二三五頁。
(62) 李達嘉「左右之間：容共改組後的国民党与広東商人、一九二四 - 一九二五」（以下「左右之間」）『中央研究院近代史研究所集刊』第七一期、二〇一一年三月、二六頁。
(63) 李達嘉「左右之間」二四 - 二六頁。
(64) 深町英夫『近代中国における政党・社会・国家』二一八、二三七頁。曾西盛「裏切り」については、たとえば、姜沛南ほか

「李啓漢」中共党史人物研究会編（胡華主編）『中共党史人物伝』第一七巻、西安：陝西人民出版社、五〇頁。

(65) 劉石心口述（蔣俊整理、劉石心校閲）「関於無政府主義活動的点滴回憶」葛懋春ほか編『無政府主義思想資料選』下冊、北京：北京大学出版社、一九八四年、九三八‐九三九頁（邦訳：劉石心「私と広東機器工会」嵯峨隆編訳『中国アナキズム運動の回想』総和社、一九九二年、三八一‐三八二頁）。

(66) Tsin, *op. cit.*, pp.130-131.

(67) 石川禎浩『中国共産党成立史』の第三章、とくに二一〇‐二一二頁。

(68) 譚平山「労資協調論破産並敬告広州機器工人」『広東群報』一九二一年六月三日（『譚平山文集』二一〇頁）。

(69) 「広州機器工人補修学校章程」『広東群報』一九二一年七月二二日（中共広東省委党史資料徴集委員会ほか編『譚平山研究史料』広州：広東人民出版社、一九八九年、二一〇‐二一二頁）。

(70) 李少陵「広東機器工会反共奮闘史」『駢廬雑憶』台北：黄玉琪（個人出版）、一九六三年、一三五頁。

(71) 譚平山「広州機器工人未了的責任」『広東群報』一九二一年七月二八日（『譚平山文集』二二七‐二二八頁）。

(72) 中国労工運動史続編編纂委員会（馬超俊主任）『中国労工運動史（一）』第二編二二七‐二二九頁。馬超俊口述（郭廷以ほか訪問、劉鳳翰記録）『馬超俊先生訪問記録』台北：中央研究院近代史研究所、一九九二年、六八頁。

(73) 中国労工運動史続編編纂委員会（馬超俊主任）、同右、第二編二四九‐二五〇頁。

(74) 「准任馬超俊等職務令」（一九二三年一一月二六日）『大本営公報』第三九号（広東省社会科学院歴史研究所ほか合編『孫中山全集』第八巻、北京：中華書局出版、一九八六年、四四四頁）。

(75) 中共広東区委の一九二三年冬の石井兵工廠労働者動員工作については、広州工人運動史研究委員会辦公室編『広州工人運動大事記』広州：広州工人運動史研究委員会辦公室、一九九五年、四九頁。馮鉄東ほか「楊殷」中共党史人物研究会編（胡華主編）『中共党史人物伝』第一九巻、西安：陝西人民出版社、一九八五年、四頁。木村郁二郎「馬超俊略年譜稿」『中国労働運動史研究』第八号、一九八〇年第一号、一九八〇年、一〇‐一三頁。

(76) 馬超俊『馬超俊先生訪問記録』七〇頁。

(77) 李堅「楊匏安烈士略伝」『楊匏安文集』六八八頁。

(78) 馬超俊『馬超俊先生訪問記録』七〇‐七一頁。

(79) 北村稔『第一次国共合作の研究』四八頁。

(80) 蒲豊彦「一九二〇年代広東の民団と農民自衛軍」の「二　民間自衛の育成」。

(81) 羅大明ほか(陸雨記録整理)「大革命時期広東工運情況的回憶」(一九六五年)中国人民政治協商会議広東省委員会文史資料研究委員会編『広東文史資料』第四二輯、広州:広東人民出版社、一九八四年、一五一頁。

(82) 中国労工運動史続編編纂委員会(馬超俊主任)『中国労工運動史(一)』第三編三六頁。

(83) 省政協文史辦「馬超俊」『広東省志・人物志』八二二頁。また『中共党史人物伝』の楊殷伝は、「鉄鍋ストライキ」が社会の同情をえたために広東政府もこれを無視できなくなり、馬超俊を解雇したと主張する。馮鉄東ほか「楊殷」『中共党史人物伝』第一九巻、四頁。これに対する馬超俊側の見解は、中国労工運動史続編編纂委員会(馬超俊主任)『中国労工運動史(一)』第三編四四頁。

(84) 「免馬超俊職務令」(一九二四年一〇月二〇日)『大本営公報』第二九号(広東省社会科学院歴史研究所ほか合編『孫中山全集』第一一巻、北京:中華書局出版、一九八六年、二二一頁)。

(85) 鄧中夏「蘇兆徴同志伝」(一九二九年)『鄧中夏文集』三九五頁。

(86) *Ng, op. cit.*, pp.49-52, 71.

(87) 馮自由『革命逸史』第三集、北京:中華書局、一九八一年(一九八七年第二次印刷)、一二九頁。

(88) 瞿秋白と鄧中夏の文献を参照すると、連義社は広東人の同郷団体であったと推測される。また『中国海員運動史話』や『海員朱宝庭』に「西崽」(ボーイ)や「管事」の団体と表現されている点を参照すると、事務部海員の集団であったと考えられる。瞿秋白『中国職工運動的問題』(モスクワ):中央出版局、一九二九年、一四頁。鄧中夏「海員宣伝問題」『中国工人』第二期、一九二四年一一月(『鄧中夏文集』一〇三頁)。宋超ほか合編『中国海員運動史話』北京:人民交通出版社、一九八五年、一二頁。雷加『海員朱宝庭』二二頁の注①。

『中国労工運動史』によれば、連義社の前身である僑海聯義会は鄺石、趙植芝らが組織したものであり、一九一三年の革命蜂起に失敗して日本に逃れた孫文は、各地の華僑と海員を革命に向けて団結させることを同会に命じたという。しかしまた、のちに中共党員となったエンプレス・オブ・ジャパン号の海員劉達潮によれば、連義社(原文は「聯誼社」)とは本来は横浜にあった海員宿舎の名称であった。劉によれば、趙植芝はエンプレス・オブ・ジャパン号の元工頭であり、海員宿舎「聯誼社」の関係者を動員して革命組織連義社をつくった一人だということになる。中国労工運動史続編編纂委員会(馬超俊主任)『中国労工運動史(一)』第一編八四頁。劉達潮「広東海員的戦闘歴程」『広東党史資料』第二輯、六四頁。劉達潮の経歴については、「広東海員的戦闘歴程」六一頁を参照。

(89) 中国労工運動史続編編纂委員会（馬超俊主任）、同右、第一編八五頁。

(90) 陳炳生「中華海員工会与香港海員大罷工回憶」『档案与史学』一九九五年二期、八‐九頁。

(91) 中華海員工業連合会の成立過程に関する先行研究として、たとえば、古山隆志「中華海員工業連合総会の成立（一九二一年三月）」『中国労働運動史研究』第四号（一九七八年第三号）、一‐一〇頁。

(92) 『中国労工運動史』では一九二〇年一二月に成立大会が開かれたとあり、劉明逵ほか編『中国工人運動史』では一九二一年三月六日となっている。中国労工運動史続編編纂委員会（馬超俊主任）『中国労工運動史（一）』第二編一四六‐一四七頁。劉明逵ほか編『中国工人運動史』第二巻、広州：広東人民出版社、一九九八年、三〇六頁。

(93) 「蘇兆徴同志伝」は、同年一月に死亡した蘇兆徴を追悼するために書かれた。「中華海員工人連合会」と中華海員工業連合会の関係については説明がない。一九五八年に出版された劉達潮の回顧録も中華海員工業連合会の成立を一九二一年三月とするが、この記述は当時の中共の歴史叙述に合わせ、調整された可能性もある。一九八四年に出版された劉達潮の別の回顧録は、同会の成立を一九二一年二月二八日とする。鄧中夏「蘇兆徴同志伝」『鄧中夏文集』三九三頁。劉達潮（国涌記録整理）「回憶香港大罷工前後」『紅旗飄飄』第八集、北京：中国青年出版社、一九五八年七月、八五頁。劉達潮「広東海員的戦闘歴程」『広東党史資料』第二輯、七一頁。

(94) 鄧中夏『中国職工運動簡史』（『鄧中夏文集』四六一頁）。

(95) 高田逸喜『香港海員罷工同盟』（手稿）一九二二年、五丁表。なお『香港海員罷工同盟』の頁数（丁）は、鉛筆と赤インクとで二通り記されており、双方の数字がやや異なる。ここでは鉛筆書きの頁数をとった。ただし鉛筆書きの頁数は途中で第一四丁が飛ばされている。「各社団開幕情形彙記　中華海員工業聯愛会」『華字日報』一九二一年三月七日。

(96) この論争については莫世祥の整理を参照。莫世祥「香港工運與中共香港史研究述評」曾慶榴ほか主編『中国革命史研究述論』香港：華星出版社、二〇〇〇年九月、二一〇‐二一三頁。

(97) 盧権ほか『省港大罷工史』広州：広東人民出版社、一九九七年、四二頁。劉麗「香港海員大罷工是国民党領導的」『近代史研究』一九八六年第二期、二八二‐二八七頁。莫世祥「香港工運與中共香港史研究述評」二一二‐二一三頁。周奕『香港工運史』香港：利訊出版社、二〇〇九年、自序。陳劉潔貞・呉慧堅「共産運動在粤萌芽及向港拡展（一九二一‐一九二三）」『広東党史』二〇〇九年三期、二一‐二二頁。なお陳炳生によれば、香港海員ストライキ時、蘇兆徴は海員用宿舎の管理係でしかなく、鄧中夏によれば、蘇兆徵がはじめに入党したのは国民党の前身である中国同盟会であった。陳炳生「中華海員工会与香港海員大罷工回憶」一二頁。鄧中夏「蘇兆徵同志伝」『鄧中夏文集』三九五頁。

(98) 中国労工運動史続編編纂委員会（馬超俊主任）『中国労工運動史（一）』第二編二二九－二三〇頁。

(99) 以下、広東総工会に関する広田寛治からの引用は次の論文に基づく。広田寛治「広東労働運動の諸潮流（上）―広東総工会の成立過程をめぐって」（以下「広東労働運動の諸潮流（上）」）『中国労働運動史研究』第四号（一九七八年第三号）、一一－一九頁。

(100) 鄧中夏「一九二六年之広州工潮」『鄧中夏文集』三五二頁。

(101) 陳志文（農工民主党広州市委員会供稿）「大革命時期広州工人運動」中国人民政治協商会議広東省広州市委員会文史資料研究委員会編『広州文史資料（選輯）』第二一輯、広州：広東人民出版社、一九八〇年一二月、五頁。

(102) 広東省地方史志編纂委員会（孔祥鴻ほか主編）『広東省志・工会志』広州：広東人民出版社、二〇〇七年、六四頁。陳志文「大革命時期広州工人運動」『広州文史資料（選輯）』第二一輯、五頁。

(103) 「馮菊坡、阮嘯仙、周其鑑、劉爾崧致秀松等信」（一九二二年一〇月二〇日）『劉爾崧研究史料』三六頁。Tsin, *op.cit.*, p.126.

(104) 馮鑑川「劉爾崧」中共広州市委党史研究室ほか編『広州英烈伝』広州：広東人民出版社、一九九一年、四四－四五頁。馮鑑川「劉爾崧」中共党史人物研究会編（胡華主編）『中共党史人物伝』第八巻、西安：陝西人民出版社、一九八三年、一七六－一七七頁。なお劉爾崧が広州へ帰還した時期について『広州英烈伝』は秋とするが、『広州工人運動大事記』は三月とする。広州工人運動史研究委員会辦公室編『広州工人運動大事記』四七頁。

(105) 饒衛華「党的忠誠児子劉爾崧」（一九八八年六月一五日）『劉爾崧研究史料』三二五頁。謝燕章「広東党組織的第一次反貪闘争」『紅広角』二〇一二年一一期、五二頁。「団粤区委関於広東工農状況的報告」（編者推定一九二四年三月六日）『広東革命歴史文件彙集（群団文件）一九二二年－一九二四年』三五三－三五四頁。Tsin, *op.cit.*, p.127.

(106) 広州市地方志編纂委員会編『広州市志』第一巻、広州：広州出版社、一九九九年、一五〇頁。

(107) 羅大明ほか「大革命時期広東工運情況的回憶」『広東文史資料』第四二輯、一五四頁（『中国近代工人階級和工人運動』第五冊、七一頁に摘録あり）。『中国労工運動史（一）』の同事件を扱った箇所は、中国労工運動史続編編纂委員会（馬超俊主任）『中国労工運動史（一）』第三編六三－六五頁。Tsin, *op.cit.*, pp.128-129.

(108) 広田によれば、一九一五年に設立された広東の有力ギルド団体の一つに「広州工団総会」が存在するが、同一団体であるかは不明。巫峡「馮菊坡」『広東省志・人物志』五七五頁。広田寛治「広東労働運動の諸潮流（上）」一六頁。

(109) 中国労工運動史続編編纂委員会(馬超俊主任)『中国労工運動史(一)』第三編四 - 五頁。
(110) 広東省地方史志編纂委員会(孔祥鴻ほか主編)『広東省志・工会志』六六頁。
(111) 胡提春「張瑞成」『広州英烈伝』八九 - 九一頁。
(112) 李少陵『駢廬雑憶』一三五 - 一三六頁。引用にあたっては『中国アナキズム運動の回想』の訳文を参照したが、一部表現を改めた。嵯峨隆ほか編訳『中国アナキズム運動の回想』三八四頁。
(113) 陳志文「大革命時期広州工人運動」『広州文史資料(選輯)』第二一輯、五 - 六頁。
(114) 広東省地方史志編纂委員会(孔祥鴻ほか主編)『広東省志・工会志』六六頁。陳志文、同右、六頁。
(115) 陳志文、同右、八頁。
(116) 古厩忠夫「中国におけるブルジョア的潮流の労働運動について」一三頁。
(117) 馮鑑川「劉爾崧」『中共党史人物伝』第八巻、一七五 - 一七六頁。なお順徳総工会を、中共が広東において指導した最初の工会組織であったとする馮鑑川の記述は、『順徳県地方志』『何秋如回憶資料』に依拠したものであり、順徳県档案館に所蔵されているという。
(118) 福大公司企画課編(長野政来監修)『南支経済叢書』第二巻、台北:福大公司企画課、一九三九年、二六九頁。
(119) 社会主義青年団章程の「附議決案五則」を参照。「中国社会主義青年団章程」『先駆』第八号、一九二二年五月一五日。また同章程の邦訳は『北京満鉄月報』の論文「支那に於ける近代的労働運動の経過と其現状(一)」に収録。社会主義青年団章程の第二条は、二八歳以上の者は発言権のみをもつ特別団員となることが記されているが、「附議決案五則」の(一)においては、「仏山は大会に於いて特別区と認め章程第二条を適用しない」とある。この決定は、仏山労働者の動員を有効におこなうため、年齢制限を緩め、同地の有用な動員者を社青団に取り込むことを目的としたとみられる。「支那に於ける近代的労働運動の経過と其現状(一)」『北京満鉄月報』第三年第六号、一九二七年一月三〇日、二九、三三頁(復刻版『北京満鉄月報』第三巻(下))。
(120) 仏山市順徳区档案局(徐国芳主筆)『中国共産党順徳地方史(新民主主義革命時期)』仏山:仏山市順徳区帝国印刷有限公司、二〇〇七年、一七頁(順徳区档案局サイトにて閲覧可能。順徳区档案局サイト「順徳档案与史志」(URL:http://dashunde.gov.cn/)>電子図書>中国共産党順徳地方史(新民主主義革命時期))。
(121) 中共の劉爾崧伝において、広東総工会は劉爾崧の動員工作を妨害する敵として描かれる。馮鑑川「劉爾崧」『中共党史人物伝』第八巻、一七四 - 一七六頁。黎顕衡「広東青年革命的先駆者—記劉爾崧烈士」広州青年運動史研究委員会編『広州青年風雲

録』広州：広東人民出版社、一九八八年、三九頁。

(122) 黎顕衡「広東青年革命的先駆者—記劉爾崧烈士」『広州青年風雲録』三九頁。

(123) 広州工人運動史研究委員会辦公室編『広州工人運動大事記』四六頁。

(124) 次の文献には、「国民党資本家と政客に牛耳られ、コントロールされていた」という表現がみえる。仏山市順徳区档案局（徐国芳主筆）『中国共産党順徳地方史（新民主主義革命時期）』七頁。

(125) 中共順徳県委党史研究室（胡滔主編）『中共順徳党史大事記（民主革命時期）』出版地不詳：出版者不詳、前言一九九一年、一頁（順徳区档案局サイト「順徳档案与史志」＞電子図書＞中共順徳党史大事記）。

(126) 劉爾崧ほか「団粤区委報告（第二号）」（一九二四年二月一九日）『劉爾崧研究史料』四三頁。

(127) 馮鑑川「劉爾崧」『中共党史人物伝』第八巻、一七四－一七五頁。

(128) 馮鑑川、同右、一七五－一七六頁。

(129) 何秋如「大革命時期順徳県農民運動概況」中国人民政治協商会議広東省委員会ほか編『広東文史資料』第三〇輯、広州：広東人民出版社、一九八一年、二一二、二一八頁。中共順徳県委党史研究室（胡滔主編）『中共順徳党史大事記（民主革命時期）』九頁。

(130) 阮嘯仙（劉爾崧代理）「団粤区委報告（第十一号）」（一九二四年一月二四日）『広東革命歴史文件彙集（群団文件）一九二二年－一九二四年』三一四頁（『劉爾崧研究史料』四一頁にも収録）。社会主義青年団順徳支部については、中共仏山市順徳区委組織部ほか『中共順徳90年大事記』出版地不詳：出版者不詳、前言二〇一一年、二頁（順徳区档案局サイト「順徳档案与史志」＞電子図書＞中共順徳90年大事記）。

(131) 広州市地方志編纂委員会編『広州市志・大事記』一五七頁。盧権ほか『省港大罷工史』七八頁。

(132) 中国労工運動史続編編纂委員会（馬超俊主任）『中国労工運動史（一）』第三編五頁。なお同書では広州工人代表会が一九二二年に成立したようにも読める。

(133) 広州工人運動史研究委員会辦公室編『広州工人運動大事記』五二頁。

(134) 劉明逵ほか編『中国工人運動史』第三巻、一〇〇－一〇一頁。中国労工運動史続編編纂委員会（馬超俊主任）『中国労工運動史（一）』第三編五頁。

(135) 陳志文「大革命時期広州工人運動」『広州文史資料（選輯）』第二一輯、九頁。「楊殷」『広州市志・人物志』一〇六頁。

(136) 「団粤区委関於広東工農状況的報告」『広東革命歴史文件彙集（群団文件）一九二二年－一九二四年』三五一頁。

(137) 中共の文献として、劉明逵ほか編『中国工人運動史』第三巻、四一頁。同文献が依拠しているのは、羅大明ほか「大革命時期広東工運情況的回憶」『広東文史資料』第四二輯、一五四－一五五頁。また広東機器工会派の文献は、中国労工運動史続編編纂委員会（馬超俊主任）『中国労工運動史（一）』第三編六四頁。

(138) Tsin, *op. cit.*, pp.131-132.

(139) 中国労工運動史続編編纂委員会（馬超俊主任）『中国労工運動史（一）』第三編六四頁。

(140) 「機器油業争潮之近訊」『広州民国日報』一九二五年五月一四日。

(141) 「油業工潮仍候公安局調処」『広州民国日報』一九二五年五月一五日。

(142) 深町英夫『中国国民党の形成過程』第七章。

(143) 仏山市地方志編纂委員会辦公室編『仏山史話』広州：中山大学出版社、一九九〇年、一八九頁。

(144) 以下、順徳改組国民党県分部については次を参照。何秋如「大革命時期順徳県農民運動概況」『広東文史資料』第三〇輯、二一二－二一三頁。同史料は『譚平山研究史料』四四三－四四四頁にも「譚平山到順徳」と題して一部摘録あり。『中国共産党順徳地方史（新民主主義革命時期）』一七－一八頁。深町英夫『近代中国における政党・社会・国家』二四三－二四四頁。

(145) 阮嘯仙ほか「団粤区委報告（第十三号）」（編者推定一九二四年二月二六日）『広東革命歴史文件彙集（群団文件）一九二二年－一九二四年』三三八頁。

(146) 劉爾崧ほか「団粤区委報告（第十四号）」（編者推定一九二四年三月一八日）、同右、三六五頁。

(147) 劉爾崧「劉爾崧給社会主義青年団中央的報告（第三号）」（一九二四年七月二〇日）広東省档案館・中共広東省委党史研究委員会辦公室編『広東区党、団研究史料（一九二一－一九二六）』広州：広東人民出版社、一九八三年、一一三頁。

(148) 「団粤区委関於広東工農状況的報告」『広東革命歴史文件彙集（群団文件）一九二二年－一九二四年』三五六頁。

(149) 阿南友亮『中国革命と軍隊』一一八頁。

(150) 中共順徳県委党史研究室（胡滔主編）『中共順徳党史大事記（民主革命時期）』一〇頁。『中国共産党順徳地方史（新民主主義革命時期）』一八頁。

(151) 阮嘯仙「一年来之S．Y．粤区」（一九二四年四月四日）『広東区党、団研究史料（一九二一－一九二六）』八四頁。同史料は「阮嘯仙関於団粤区一年来的工作概観和経験」と改題して『広東革命歴史文件彙集（群団文件）一九二二－一九二四年』にも収録。

(152)「洋務工人」とは、外国人の携わる産業に働き口を見出した労働者すべてを指す漠然とした用語であった。香港洋務工会の通史『工在家国』は、ホテル、外資企業、オフィス、大学などの「外国人が主導する職業」で働く人々を「洋務工人」としている。謝燕章の口述は、沙面租界の「洋務工人」すなわち「沙面洋務工人」として、沙面租界の各国領事館、外資企業、またその下部に位置する工場、倉庫、公共事業（電報、電話、電灯、水道、自動車）、あるいは外国人の家庭で働くボーイ、家政婦、運転手といった人々を挙げている。一九二四年の沙面ストライキの際には、租界の中国人警察も「洋務工人」であると主張され、「洋務工人」という概念は、事実上恣意的に乱用されていた。本書においては、租界のインフラ施設で働く労働者や、家政婦、ボーイなどについては「租界サービス業労働者」と訳すことにした。周文港主編『工在家国—香港洋務工会九十年史』（以下『工在家国』）香港：和平図書有限公司、二〇一一年、七頁。謝東江・謝燕章「英法租界里的中共党支部—広州沙面洋務支部」（以下「広州沙面洋務支部」）『広東党史』二〇一〇年三期、四四頁。中共広州市委党史研究室サイトの表記によると同史料は謝燕章が口述し謝東江が整理したものである。この点については次を参照。「広州沙面洋務支部」のネット版、ネット公開二〇一一年一一月四日、中共広州市委党史研究室サイト「広州党史」（URL：http://www.zggzds.org.cn/）>党史研究>専題研討>「英法租界里的党支部—広州沙面洋務支部」。

(153) 梁国志「広州沙面洋務工人的概況及罷工経過」中国人民政治協商会議文史資料研究委員会ほか編『広州文史資料—広州的洋人与租界』第四四輯、広州：広東人民出版社、一九九二年、一八四‐一八五頁。梁国志「広州沙面洋務工人的概況及罷工経過」『広東文史資料存稿選編』第三巻、三六六‐三六七頁。以下、両者のあいだに大きな違いのみられない場合には『広東文史資料存稿選編』の該当頁のみを示す。

(154) 阮嘯仙（頼玉潤代理）「団粤区委報告（第四号）」（一九二四年一〇月五日）『広東革命歴史文件彙集（群団文件）一九二二年‐一九二四年』四八五頁。梁国志「広州沙面洋務工人的概況及罷工経過」『広東文史資料存稿選編』第三巻、三七一頁。居仁・周文雍「団広州地委工農部報告（第十七号）」（編者推定一九二五年七月二一日）中央档案館・広東省档案館（孫道昌編輯）『広東革命歴史文件彙集（群団文件）一九二五年（一）』甲二、広州：広東人民出版社、一九八七年印刷、三一四‐三一五頁。

(155) 来電者名なし、二月一九日第二号、一九二二年二月一九日東京着、外務省記録『外国ニ於ケル同盟罷業雑纂／香港之部』（自大正十一年）の「1．支那船員／分割2」、JACAR, Ref. B12081534400、第九画像。

(156)「沙面華人反対苛例之大風潮」『広州民国日報』一九二四年七月一六日。「沙面華人全体離職情形」『申報』一九二四年七月二二日。

(157) 黄居仁・周文雍「団広州地委工農部報告（第十七号）」『広東革命歴史文件彙集（群団文件）一九二五年（一）』三一五頁。
(158) 在リヴァプール領事益子斎造から外務大臣内田康哉宛、公第一〇三号「英国ニ於ケル外国人海員ノ就職難ニ関スル件」（一九二三年八月一八日）、外務省記録『海員関係雑件』第八ノ二巻（自大正十二年一月）の「3. 英国ニ於ケル外国人海員ノ就職難ニ関スル件」、JACAR, Ref. B11092297700、第二－三画像。
(159) 謝燕章「広州沙面洋務支部」『広東党史』二〇一〇年三期、四五頁。
(160) 謝燕章、同右。「各界連合反対沙面苛例大会通告」北京版『晨報』一九二四年七月二九日（『中国近代工人階級和工人運動』第五冊、五三頁）。
(161) 饒衛華（張磊雄整理）「省港大罷工的回憶」（一九六一年一〇月二七日）『広東文史資料存稿選編』第三巻、一五三頁。
(162) 盧権ほか『省港大罷工史』一三八頁。中共中央組織部ほか編『中国共産党組織史資料―党的創建和大革命時期（一九二一・七－一九二七・七）』第一巻、北京：中共党史出版社、二〇〇〇年、五八六－五八七頁。
(163) 黄居仁・周文雍「団広州地委工農部報告（第十七号）」『広東革命歴史文件彙集（群団文件）一九二五年（一）』三一〇、三一五頁。『省港大罷工史』は、広州洋務工団連合会の主な構成団体を、沙面青年工社、沙面洋務工会、沙面文員工会、沙面職工工会とする。盧権ほか『省港大罷工史』一〇七頁。
(164) 羅珠らの回顧録は、鄧中夏が香港工団総会と香港華工総会を取りまとめ、「香港工団連合会」に統一したとする。一方鄧中夏は、「工団総会派」、「華工総会派」、「無所属派」に分裂している香港労働者を統一し、全港工団連合会と命名したとする。したがって「香港工団連合会」とは全港工団連合会のことである。羅珠ほか（何錦州整理）「省港罷工中各業罷工情況」『広東文史資料存稿選編』第三巻、一八四頁。鄧中夏『中国職工運動簡史』（『鄧中夏文集』六一一頁）。
(165) 鄧中夏は、「広州には工人代表会と広東総工会の別があり、香港には工団総会と華工総会の別がある」と記している。鄧中夏「〝五卅〟後中国職工運動之新現象」『人民周刊』第一、三期、一九二六年二月七、二四日（『鄧中夏文集』二二三頁）。
(166) 第二次全国労働大会開催から五・三〇事件発生後までの中共の動員活動と、香港の手工業者団体の関係をめぐっては、すべて次の文献に依拠した。鄧中夏『中国職工運動簡史』（『鄧中夏文集』六一一頁）。盧権ほか『省港大罷工史』一〇一頁。「香港洋務職工総会」については、周文港主編『工在家国』一七頁。
(167) 梁九ほか「団香港地委報告」（一九二四年三月五日）『広東革命歴史文件彙集（群団文件）一九二二年－一九二四年』三四五頁。
(168) 盧権ほか『省港大罷工史』一〇三－一〇四頁。

(169)「省港罷工委員会章程」『工人之路』第四期、一九二五年六月二七日。また、『工人之路』第二九期、一九二五年七月二三日にも再録(広東哲学社会科学研究所歴史研究室編『省港大罷工資料』広州：広東人民出版社、一九八〇年、一五三－一五六頁)。
(170)「省港罷工委員会章程」『工人之路』第四期、一九二五年六月二七日。
(171)「省港罷工委員会定期正式成立」『工人之路』第一〇期、一九二五年七月三日。張仁道による香港のホテル従業員の動員に関しては『省港大罷工史』を参照。煤炭工会責任者を陳錦泉、平楽工会代表を麦波揚とする記述は『広州市志』の「省港大罷工」に拠る。盧権ほか『省港大罷工史』一一〇頁。広州市地方志編纂委員会編(鐘嫦英主編)『広州市志』第一九巻、四六九頁。
(172)盧権ほか、同右、一三三頁。羅珠(張聶雄整理)「回憶省港大罷工諸事」『広東文史資料存稿選編』第三巻、四九頁。黄松森・黄杞雲「記省港大罷工工人糾察隊総隊長黄金源」、同上、五五二－五五三頁。
(173)糾察隊を軍隊式の組織とすることは当初から明確に意識されていた。『工人之路』においては、糾察隊員が軍事訓練を受けることが明言され、井出季和太によれば、糾察隊員は「革命軍に類似した制服」を着用していた。「省港罷工委員会糾察隊応守的紀律」『工人之路』第一二期、一九二五年七月五日。井出季和太『支那の国民革命と国民政府』第二編、九六頁。
(174)盧権ほか『省港大罷工史』一三三－一三四頁。
(175)蔡俊桃編『愛国教育叢書—省港大罷工』北京：中国国際広播出版社、一九九六年の「南国驚雷」。
(176)中共広東区委の黄平によれば、同委員会の裁判所組織は、「工賊」に甘い処置をする広州市公安局に対抗するために追加された。黄平『往事回憶』北京：人民出版社、一九八一年、二五頁。
(177)劉明逵ほか編『中国工人運動史』第三巻、二三九頁。鄧中夏『中国職工運動簡史』(『鄧中夏文集』六一五、六三八頁)。Chesneaux, *op.cit.*, pp. 293-294.
(178)黄平『往事回憶』二五頁。盧権ほか『省港大罷工史』一三四頁。

第三章　党による広東労働者の動員

1　動員技術としての「ストライキ」——一九二二年

1、香港海員ストライキの概要

香港海員ストライキは、中華海員工業連合会が中心となり、汽船会社カナディアン・パシフィック社（以下ＣＰ社）を対象として一九二二年一月一二日から三月六日にかけておこなわれたものである。同会の成員は、香港、広東、澳門を往来する内河船や沿岸航行用船舶の海員であった。当初、その成員数は一五〇〇～二〇〇〇人ほどとされた。しかしその後、ストライキへの参加者数は加速的に増加した。中共の文献によれば、最初の一週間で海員の参加者数は六五〇〇人、月末には一万人以上に達し、港湾労働者などが「同情ストライキ」として加わった後には三万人以上に達したとされる。[1] 三月の『大阪毎日新聞』によれば、最終的な参加者数は一二万人と喧伝された（海員はこのうち二万三〇〇〇人）。[2]

最後の数字などはむろんプロパガンダ性の強いものである。しかしそれにしても、当初一五〇〇～二〇〇〇人規模とされた海員組織が、最終的には一二万人とも主張しうる人数をいかにして動員したのであろうか。しかもこの組織は、前章でみたように、内部においては同郷集団を単位とする海員宿舎ごとに海員が分裂していたのである。

2、香港海員ストライキの検証

前章でみた広東人海員の革命組織連義社は、孫文の革命を支援するべく、広東人海員の動員を繰り返し試みていた。その動員が大きく成功したのが一九二〇年冬のことであった。このとき生じた事態について、中共の歴史叙述は、「階級闘争」が起きたことを印象づけるべく、資本家の手先（＝CP社の工頭）と労働者（＝広東人海員）のあいだに階級対立が生じたとする。一方国民党の『中国労工運動史』は、外国人（＝CP社）の差別的措置（＝中国人密航者を取り締まるためアメリカが定めた罰金制度の負担を、CP社が中国人海員に転嫁したこと）に中国人（＝広東人海員）の怒りが爆発したとし、同書全体の枠組みからすれば、民族意識の覚醒を強調する叙述となっている(3)。

(1) 「正義」と私的利益の結合形態

実際には、一九二〇年冬に起きたこととは、党の提供した「正義」の言説と海員仲介業者（以下、海員工頭とする）の私的利益の結合であった。史料から窺える海員工頭の利益は二つ存在し、第一の利益は汽船会社との契約確保、第二の利益は中華海員工業連合会において相応のポジションを獲得し、みずからの社会的地位の上昇を図るというものである。

海員工頭が汽船会社との契約を確保する必要に迫られた原因は、CP社による海員雇用ルートの見直しである。同社は、複数の業者から海員の供給を受けていた状況を改め、海員雇用権を宝泰辦館というひとつの業者に任せて供給源を一元化しようとした(4)。この雇用ルートの見直しは、コスト削減を目的とした営業効率化の一環であったのだろう。当時、第一次世界大戦の終結にともない海運業は不況に見舞われ、海員の需要は世界的に低下していたからである(5)。だがこの措置は、新たな契約体制から外される他の工頭にしてみれば、同社との契約の喪失すなわち失業を意味した(6)。したがって、連義社の海員動員の試みが奏功したのは、失業の危機にさらされた工頭が動員に反応した結果であったと考えられる。

CP社の海員陳炳生が、自身の働くモンティーグル号の海員をまとめ終え、CP社の全海員の団結を目指したとき、

「海員工会」発起人となったのは、香港と九龍の海員宿舎代表六〇人あまりと一四〇軒あまりの海員宿舎の経営者であった（『中国労工運動史』）。一九二一年二月末に中華海員工業連合会の成立大会が開かれた際も、集まったのは海員工頭たる「各寄宿舎の代表」であった（『華字日報』）[7]。なお、このとき海員宿舎代表として演説をおこなった者の中に、のちに中華海員工業連合会上海支部会長となり、偉大な中共党員として称揚される広東人海員林偉民の名がある。彼も海員工頭に類する立場の人間だったのだろう。

呉渭池という人物の回想によれば、香港海員ストライキを計画する「海員宿舎（行船館）の会議」では、「大宿舎（大船館）」であった義和堂の主人が、「報告を聞くや、旧エンプレス・オブ・ジャパン号の労働者の闘争を支持して包工制に反対すると表明し、席で杯を放り投げて壊し、大包工に代わって労働者を雇うことはしないと誓う決心を示した」[8]。この義和堂の主人なる人物は、中共の別の文献では「労働者の代理雇用を受けもつ工頭」と表現されている[9]。「大宿舎」である義和堂の主人が「工頭」とも表現されている以上、その主人自身、「包工制」を営む「大包工」と呼ばれてもおかしくない立場にあった。しかし義和堂の主人はみずからを「大包工」に搾取される側と位置づけた。この場合、おそらく「大包工」とは宝泰辦館を罵る言葉であり、宝泰辦館がＣＰ社との契約を独占する状況が「包工制」として非難されたのであろう。義和堂にとって、このストライキには宝泰辦館叩きの意味があり、みずからの利益追求を「正義」の名のもとに実行する好機であったのである。

ただし、「包工制」、「大包工」といった言葉が当時実際に使用されたのかどうかは、この回顧録のみではわからない。呉渭池への聞き取り調査は文革期におこなわれており、呉渭池は、建国後の中共の革命的語彙を使用して自身の体験談を語った可能性もある。しかし、ストライキを計画する海員工頭の会議において、ＣＰ社と結託した宝泰辦館を義和堂の主人が激しく非難していたという事実は存在した、と考えてよいように思われる。

中華海員工業連合会内部におけるポジションの確保という工頭の第二の動機に関しては、『中国労工運動史』にその記述を見出すことができる。ＣＰ社の雇用見直し計画にともなう失業問題は、必ずしも香港の全海員工頭の興味を引く問題ではなかった。それゆえ陳炳生らは、他の工頭の協力を調達するため、五〇〇人の参加者を連れてきた者には中華海員工業連合会の幹事の座を与えると宣言した。するとにわかに「各宿舎の指導者」が勢いづき、八〇〇人以上を連れてくる者さえ現れたという。[10]

以上の経緯により、香港海員ストライキは、協力的な海員工頭には利益を約束するものとなった。『申報』の報道では、ストライキ開始前夜の海員工頭の熱狂ぶりは大変なものであった。「労働者の中の過激な者」は陳炳生に対し、汽船会社に回答のための猶予など与えず、ストライキを一刻も早く開始すべきだと迫った。「過激派の会員は大いに騒ぎ……話すときには大変激昂し、席上の湯飲みを床に投げつける者さえいた。主席〔陳炳生〕はこのような勢いを見て、すぐにその席を退いた」[11]。この報道内容を、さきの呉渭池あるいは劉達潮*の回顧録と照合すると、杯を投げたのは義和堂の主人であった可能性がある。杯を叩き割る行為は義侠心を示すパフォーマンスであった。劉達潮によれば、スト破りに協力しないでほしいという海員らの要請を受けた義和堂の主人は、杯を叩き割り、もし自分がスト破りに手を貸せば、自分の運命は「この湯飲みの運命と同じだ」と述べたという。[12]

(2) 運動拡大

だがこのような協力的な海員工頭を除けば、陳炳生が海員をまとめようとする活動は、実際には海員内部の深い分裂に妨げられていた。[13] 中華海員工業連合総会の約款には、互いに妬むことや、仕事の確保を優先して低賃金で働き、

＊劉達潮：一八八五年生～一九七四年没。広東東莞の人。一九一一年にカナディアン・パシフィック社のエンプレス・オブ・ジャパン号の徒弟となる。香港海員ストライキ時には中華海員工業連合会のエンプレス・オブ・ロシア号工会支部責任者を務め、省港ストライキ時には省港罷工委員会会計部副主任、糾察隊軍需長を務める。二七年五月に中共に入党。以後、中共の海員動員工作に従事する。中華人民共和国建国後、中国海員工会全国委員会主席を務める。「劉達潮」東莞市地方志編纂委員会編（李燦林主編）『東莞市志』広州：広東人民出版社、一九九五年、一四八八頁。

他の成員の利益を損なうことは「不道徳の行為」であり「厳罰」に処すと明記された[14]。このような約款が必要であったということは、同会に参加した海員たちが、なお宿舎ごとに分裂していたことを示している。

このように相互に分裂している海員たちを抱えたまま、中華海員工業連合会は、以下のような方法で、広州・香港一帯を巻き込む香港海員ストライキを実現していった。

① 殺人と脅迫

当時の外国人たちの目には、香港海員ストライキがスト破りに対して暴力行使を辞さないものと映った。当時横浜正金銀行香港支店に勤務していた高田逸喜は、ストライキの全般的印象として、「軟派を重ねる」労働者は「頻々として殺害」され、そのようなニュースを耳にするたび中国人は「顔色蒼然俄に戦慄せる」(青ざめ震え上がった)とする[15]。

広州・香港一帯の人々にとりわけ大きな衝撃を与えた事件は、一九二二年二月二四日に発生した梁玉堂殺害事件であった。梁玉堂は、宝泰辦館という海員仲介業の元請け業者組織の支配人(司理)であった。辦館とは規模の大きい元請け業者を指す言葉とみられる。梁玉堂は、午前一一時半ごろ、人力車に乗車しているところを、梁和という海員コックによって背後から銃撃され死亡したとされる。殺害理由は、CP社の汽船に海員を補給するべく、上海方面から海員を呼び寄せ「スト破り」をしたことであった。この事件が関係者に与えた衝撃は大きく、少なくとも弁護士が法廷で梁和を弁護することには相当の困難がともなった。三月二二日の法廷の席で事件当日の証言が出揃った後、晋健という弁護士は次のように陪審員に念を押した。「この事件が生じてから人々の感情はきわめて高ぶっている。労働者の風潮が激しいからである。人々は恐れて騒ぎ立て(衆言紛嘵)、なんと、中には、そいつをこの場で死刑にするべきだという者もある。ゆえに、陪審員諸君には、外部の感情に動かされることなく、必ず証拠と供述(証供)によって判断して頂きたい。私がこの事件を処理するにあたって、大変〔外部の〕攻撃を受けているが、弁護士の本職を忘れてはならない。……この案件は、本人から依頼されたものではなく、政府に委託されたものであり、通常通り弁護に力を尽くさなくてはならない」。だが結局、梁和には死刑判決が下された[16]。

一方、広東人海員の暴力は、ストライキに非協力的な海員、とくに寧波人海員に対しても向けられた。周奕によれば、当時中国には外国汽船に雇われる海員が約一〇万人おり、そのうち四万人が寧波人、六万人が広東人とされた。多くの場合、水夫は寧波人（ないし上海人）であり、火夫ならびにお茶くみなどの雑務をこなすボーイは広東人であったといわれる[17]。しかし広東人海員がストライキに入ると、汽船会社はとくに上海の寧波人海員を雇用してこれを補おうとした[18]。そのため広東人海員と寧波人海員の紛争が増加した。

海員集団の団体レベルでの対立がいかに深刻であったか、それは彼らの置かれていたゼロサムゲームの関係からみて取れる。当時の新聞報道をみてみよう。二月一三日の上海電は、バターフィールド&スワイヤー社（Butterfield & Swire, 中国語名：太古）の汽船が、寧波人海員五〇〇人を乗せ、水夫補充のため香港へ向かったことを伝えた。三月二日のニュースによれば、上海のある汽船会社が、ストライキをする広東人海員を寧波人に取り換えることにし、離船を承知しない広東人海員を強制的に下船させた。しかしCP社のエンプレス・オブ・ロシア号やモンティーグル号では、新たに雇用した寧波人海員が、上級海員である白人海員や乗客と立て続けにトラブルを起こし、船長は広東人海員を復職させることを決心した[19]。このような寧波人と広東人のゼロサムゲームの関係は、別の時期においても同様に見出せる。たとえば一九一四年一〇月に上海で寧波人海員が賃上げストライキをおこなった際、汽船会社が寧波人を解雇して広東人を雇用したので、このとき失業した寧波人海員は八〇〇〇～九〇〇〇人を下らなかったという[20]。

単なる紛争にとどまらず、両者のあいだではしばしば殺人事件も発生していたと考えられる。寧波人海員が広東人海員に殺害されたと推察される事例としては、二月一日、ある埠頭において、寧波人がこっそり船を動かし仕事をしたという理由で刺殺された事件などがある（『華字日報』）。また、ストライキ中に広東人海員が結成した加薪維持団（賃上げ・生計維持団の意）の糾察隊員は、寧波人海員をイギリス商船から強制的に下船させようとした際、相手に罵られて乱闘になり、最後には寧波人海員を刺し殺した（『中国労工運動史』）[21]。

このことは、必ずしも寧波人海員がストライキそのものに無関心だったことを意味しない。一八九八年の四明公所(上海の寧波人同郷団体)とフランス租界との紛争において、上海の寧波人海員もまたストライキをおこなっている。[22]寧波人海員の勢力が優勢な上海においては、中共の動員に積極的に応じようとする寧波人海員もいた(二五二―二五三頁参照)。したがって、広東の寧波人海員にとっての香港海員ストライキの問題点は、その指導権を広東人が握っていることにあった。鄧中夏は、「海員工会」(中華海員工業連合会のことと思われる)の会員の八割が広東人であり、寧波人を引き入れることはできなかったとする。[23]

汕頭でも海員が事件を引き起こしていた。在汕頭イギリス領事H・キング(H. King)の二月一一日付報告は、「脅迫は増加しており、力や暴力での脅しは憚ることなく使用されている」と訴えた。[24]中共の文献によれば、はじめ潮汕地区の党組織は整った状態ではなかったが、一九二二年に至って一〇あまりの「行会工会」(ギルド組合)が成立し、「一九二二年一月に汕頭市の労働者は香港海員労働者の大ストライキ闘争を支援した」という。[25]キングはさらに同年二月一五日付報告において、タイ政府所有の汽船会社ポーリング(Poling Company)の事務所に対する中国人海員の報復行為を報告した。ポーリング社の現地業者は中国系であったとみられ、同社はタイ人海員のみが就業することを条件に汕頭の The Students Union(汕頭学生連合会か)から許可をえて航行していた。事件の発端は、船内に中国人がひそんでいないか検査をさせよという中国人海員の要求を、タイ人海員が拒否したことであった。拒絶を受けた中国人海員たちは激怒し、いったん陸に引き返してから一〇〇人以上の仲間を率いてポーリング社事務所を襲撃した。このとき、二〇〇〇ドルともいわれる金銭が略奪されたという(なおポーリング社自身は、三〇〇人以上の暴徒に襲撃され五〇〇〇ドルが盗まれたと主張した)。[26]

② 港湾労働者、手工業者・飲食業者

ストライキの指導者たちは、ストライキが汽船会社との持久戦に転じていくと、動員対象を「海運関係全般」に広げることを計画した。[27]具体的には、港湾労働者と協定を結ぼうとしたのである。このときストライキに協力した団体

は、労働同徳総工会*、集賢（卸貨）工会*、海陸理貨員工会*、煤炭総工会*などであった。彼らがストライキに参加したのは、中国における旧正月の時期にあたる一九二二年一月下旬のことであった(28)。

これら港湾労働者の団体は、表向きは海員に「同情」し、ストライキに協力したとされる。だが鄧中夏は、当初その指導者たちが傍観的態度を取り、ストライキの進展によって汽船が動かなくなり、「事実上仕事がなくなった」あとにようやくストライキに入ったと述べる(29)。つまり、自動的に失業状態となったのでストライキに参加したというのである。一方で、集賢工会初代会長とみられる陳桂琛*は、中国同盟会時代からの国民党関係者であり、集賢工会の動員に大きな役割を果たしたといわれる。おそらく、国民党員である労働者アジテーターが、失業状態となった人々を

---

*労働同徳総工会（Miscellaneous coolies working on shore）：一九二一年一一月設立。陸上で積み卸しをおこなう港湾労働者団体。『広州工人運動大事記』によれば、同会広州分会が二二年一一月二八日に設立。二二年時点での成員数は約八〇〇〇人（高田逸喜）、二五年時点では一万人あまりとされた（中共広東区委）。また中共広東区委報告は、同会を広東の積卸労働者の最大勢力とする。高田逸喜『香港海員罷工同盟』（手稿）、一九二二年、一九丁裏、二一丁表。「中共広東区委関於省港罷工情況的報告」（編者推定一九二五年七月）中央档案館・広東省档案館編『広東革命歴史文件彙集（中共広東区委文件）一九二一年－一九二六年』甲六、広州：広東人民出版社、一九八七年印刷、二九頁、広州工人運動史研究委員会辦公室編『広州工人運動大事記』広州：広州工人運動史研究委員会辦公室、一九九五年、四六頁。

*集賢（卸貨）工会（Cargo coolies working on board）：一九二一年三月設立。一九二二年時点で約一五〇〇人。高田は「船内雑貨労働者」と記し、劉国興らの文史資料は、石炭の積み卸しを主な業務とする港湾労働者の団体であったとする。集賢工会は二六年一月に粤港起落貨総工会と改称。一六五頁の粤港起落貨総工会に関する説明も参照のこと。高田逸喜『香港海員罷工同盟』一九丁裏、二一丁表。「起落貨総工会成立」『広州民国日報』一九二六年一月二〇日（『中国近代工人階級和工人運動』第五冊、七〇五頁）。劉国興ほか「普福堂和八和公会、普賢工会敵矛盾（粤劇史話之三）」中国人民政治協商会議広東省委員会文史資料研究委員会編『広東文史資料』第一六輯、出版地不詳：中国人民政治協商会議広東省委員会文史資料研究委員会、一九六四年、一六〇頁。

動員し、ストライキへ参加させたのであろう。

このような港湾労働者団体がいったんストライキへの参加を決定すると、ストライキに応じない労働者に対しては殺害も含めた暴力行使を許容する雰囲気が、港湾労働者のあいだでも強まったと考えられる。満鉄の資料は、港湾労働者（荷役苦力）のストライキに関し、「其の裡面には海員工会並某方面の扇動があり、脅迫がある」とし、また『大阪朝日新聞』は、水先案内人たちが乗船を拒否しているが、これはおそらく「水先人は仮令《たとい》支那船員の乗組まない船にでも乗船せば殺害すべし」という「流言」に恐れをなしているからだと報じた(30)。香港総督R・スタブス（Reginald Stubbs）も、チャーチルに宛てた一九二二年三月一八日付の外交文書の中で、「脅迫は広くおこなわれている」と述べている。だがこの種の脅迫は多くが口頭でなされ、外国人にはその実態がつかみにくかった(31)。「苦力のギャング」が脅迫される具体的なようすは、スタブスによれば次のようなものであった。「一人の苦力のギャングのそばを、『これは許可されていない』とか、『もし働けば、なにか起きるぞ』といった言葉を使うような男が通り過ぎたとしましょう、その男はみじめな恐怖のうちにすぐさま仕事をやめるでしょう」。在香港総領事代理坪上

＊海陸理貨員工会（Tallyman and godownmen）：一九二一年三月設立。当時約二〇〇〇人。理貨員とは、商品の個数、重量などを検査・証明することを主な業務とするタリーマン、チェッカーを指し、現代日本語では検数員と訳される。しかし一方『華字日報』によると、同団体の主な仕事として、香港に荷揚げされた物品を市場まで運ぶことが言及されている。したがって検数員（tallyman）ならびにその指揮下で倉庫の積み卸しをおこなう港湾労働者（godownman）から構成された団体と思われる。高田逸喜『香港海員罷工同盟』一九丁裏、二二丁表。「海陸理貨員公会」『華字日報』一九二一年三月七日。

＊煤炭総工会（Coal coolies trimmers）：一九二一年六月設立。当時約一四〇〇人。『大阪朝日新聞』において「石炭苦力」などと表記された集団か。高田逸喜『香港海員罷工同盟』二二丁表。「南支罷業重大」『大阪朝日新聞』（朝刊）一九二二年二月三日。

＊陳桂琛：一八八四年生〜一九二六年没。広東東莞の人。出稼ぎ労働者としてシンガポールやクアラルンプールで働く。一九〇八年、クアラルンプールで中国同盟会に加入。ひとたび投獄され、二〇年に出獄。二二年、集賢工会設立時に会長に選出。二四年七月に中共に加入。沙面ストライキの動員、商団事件時の工団設立などに関与。「陳桂琛」『東莞市志』一四二一頁。

貞二も、この時期港湾労働者を働かせるには警察の保護が必要であったと述べている[32]。

とはいえ、相手が異なる集団に属する港湾労働者となれば、話はまた別であった。二月二日付『華字日報』は、スト破りをしようとする港湾労働者とストライキ支持派の港湾労働者が、香港の二つの埠頭で殴り合いになったことを伝えている[33]。

香港の手工業・飲食業者の団体は、港湾労働者に一歩遅れる形でストライキに参加した。彼らもまた港湾労働者と同じく、失業状態が間近に迫ってからストライキへの参加を決めたものと推察される。というのも、海員と港湾労働者がストライキに入れば香港の物流はほぼ途切れ、そうなれば彼らもまた香港での営業を続けることはできなかったとみられるからである。三月一〇日の報道では、三年後の省港ストライキで再び党の動員対象となる香港の手工業・飲食業者の団体名（肉行持平総工会、車衣公会）を確認できる[34]。

③　調停拒否

このようにして香港の港湾労働者と手工業・飲食業者の協力を取りつけ、ストライキは二月に入ってからますます盛り上がった。その一方、広州・香港社会では経済的混乱が深まった。香港の食料品は五割高から一〇割高に跳ね上がった[35]。一八仙の肉は六〇仙となり、米は三割高となり、「香港市民」は「飢餓より生ずる暴動」（香港社会の貧困層が起こす暴動のことであろう）が起きるのではないかと戦々恐々としていたという[36]。香港中国人商工業者の慈善団体であり、当時香港社会において大きな社会的威信をもっていた東華医院の認識では、食糧や野菜を香港へ運びこむことをストライキ推進者らが阻止するため、「食糧問題については金持ちはまだその被害を受けていないけれども、貧民と労働者で重大な影響を受けていない者はない」という状態であった[37]。つまりこのストライキでもっとも被害を受けたのは、香港社会の極貧層であったのである。

ストライキが収束しないことに懸念を覚えた香港と広州の有力団体は、その調停を試みた。調停に着手した団体は、政府関係者、労働団体、商人団体など多岐に及んだ。興味深いことに、このとき広東省長陳炯明は、この問題を理性的な話し合いで解決できると考えていた。二月二〇日、彼は在広東総領事藤田栄介に対し、「労資方面の主張及《および》利益の分配に関し精密なる調査を遂げ、公平なる調停案を作り之《これ》に両者の承認を求むる時は、問題は直《ただち》に解決」するものである、実際に「自分は従来広東に於けるストライキは全部此《この》方針により着々解決し」てきたと自負した(38)。同日、広東全省商界連合会*が調停を試み、代表五名が香港に派遣され(39)、二七日に広州全市の一二四の労働者団体を代表すると称する七つの労働者団体が調停役を申し出た。その旗振り役は機械工の団体である華人機器（総）会であり、陳炯明の後押しがあったとみられる。鄧中夏によれば、華人機器会は、海員と汽船会社の交渉が膠着し、ストライキが長期化したのを憂い、「海員ストライキの趨勢は、虎に騎乗し降りられなくなってしまったようなものだ。我々が彼らを手助けして、降ろしてやろう」と、「全港工人調停海員罷工会」（『華字日報』では「全港工団調停罷工会」）を組織したという。鄧中夏は非難のニュアンスをこめ、「なんと、この種の宣伝は大きな効果を生じた」と記す(40)。広州・香港社会の大多数の人々が、香港海員ストライキの早期収束を望んでいたようすが窺える。

華人機器会主導の調停は、関係者がもっとも期待を寄せたものであった(41)。陳炯明や華人機器会の仲介は船主側の譲歩を引き出し、通常であればこれでストライキは解決すると思われた。ところが海員側は「依然として断乎たる態度を改めず」、「仲介は全然失敗」に終わった（坪上貞二報告。傍点は坪上自身による）(42)。当時の史料からは、このほかにも、「斯《かか》る労働組合が調停に当たることは、世人の誤解を招く虞《おそれ》あり」との理由で「調停を拒絶」した、「調停は妥協だ」、すでに提出した条件に「譲歩の余地はない」などの、交渉や対話がまったく不可能な状態にある海員団体の姿が読み取れる。東華医院なども調停を試みたが、ことごとく海員に拒絶された(43)。

＊広東全省商界連合会：一九二一年に、国民党の革命に非協力的な広州総商会にかわる商人組織として孫文が設立を命じた団体。陳来幸「広東における商人集団の再編について―広州市商会を中心として」『東洋史研究』第六一巻第二号、二〇〇二年九月、一一二（二八二）頁。

④　租界サービス業労働者

二七日の調停の失敗によって、いよいよ沈黙を強いられたのは香港の租界サービス業労働者たちであった。二八日、以下の職種の人々が一斉にストライキに動員された[44]。

給仕、料理人
旅館、レストラン（料理店）、カフェあるいは香港ホテル、英皇ホテルなどの中国人料理人
外国銀行や外国企業のボーイ、シェフ（出納員）、雑用人夫（苦力）
外国人の家庭に雇われているボーイ、料理人、雑用人夫、下女

中共の文献では、香港の租界サービス業労働者の本格的な団体は、一九二一年に成立した香港洋務職工総会であるとする。しかし一部の租界サービス業労働者は海員を兼業しており、香港の労働運動に関しては、「陸では租界サービス業、船では海員」という表現が存在するほどであった[45]。香港の租界サービス業労働者は、海員に指揮権を掌握された団体によって動員されていたのである。

租界サービス業労働者が動員されたころには、中国語新聞においても、香港海員ストライキに批判的な投書などが姿を現していた。たとえば三月三日付『申報』には、法律上犯すべからざる自由権として、資本家の「財産上の自由」にくわえ、「ストライキをしない労働者」の「身体上の自由」を強調する投書が掲載された。同月四日付『華字日報』には、九龍半島における仏教徒たちの次のような行動が報道された。「仏教界の人々が、ストライキの風潮が拡大したため、青山〔九龍半島西部にある山〕に大慈悲壇を組織し、この風潮が早く収まるよう、祈禱をおこない、もって人々を落ち着かせた[46]」。とはいえ、ストライキに反対する人々の姿は、なかなか捉えにくいものだった。

租界サービス業労働者の態度について、スタブスは次のように述べている。「召使いたちはほとんど例外なく、し

ばしば涙を流しながらいいます。仕事をやめたくはないが、もしやめないと自分や家族が殺される、と」[47]。また『時事新報』に掲載された鈴木梅四郎の記事は、「これらのコック、ボーイや保母や園丁の多くは、我から好んで暇を取るのではない。なかには、失業の心細さを訴えて泣きの涙で別れて行くのもあるが、なにぶん罷業破りと見られて、睨まれることが、恐ろしい」と記している。ストライキに非協力的な者がしばしば暗殺されるため、電話やビラで一度脅迫を受けた中国人は、「広東〔香港からみた広州方面のこと〕をさして逃げ出」したという[48]。また坪上の報告は、ストライキ主催者らが、租界サービス業労働者に対して、印刷物の配布あるいは個別訪問などの手段を用い「強制罷業」をさせたとしている。坪上は、「少数の指導者」を除き、一般のサービス業労働者は一部の人々がいうように「同意罷業」を計画したわけではなく、また「彼ら下級支那人の恐怖性」、すなわち下層社会の人々の臆病さは、「頗る予想外」であるとした[49]。

外国人に雇われる召使いや家政婦を脅迫する方法は、召使い頭に電話をかけ、「飯を暖かくしておきたいか、冷たくさせたいか」〔生きていたいか、死にたいか、の意味〕などと問うことであった。スタブスの召使いたちは、三月一日に、ストライキをしたくはないが、しなくてはいけないと申し出た。スタブス側はチップを与えるなどして召使いたちを引き留めたが、翌二日の朝、市場から戻ってきた彼らは、やはり今夜までにストライキをしなくてはならないと主張した。スタブスがどうにか聞き出せた限りでは、召使いたちは路上で何者かに「仕事をすることは許されない」といわれた、ということであった。イギリス人に保護を約束されても、召使いたちは、「ええ、ストライキが続くあいだは、私たちは安全でしょう。私たちがこの敷地から出る必要はないのですから。でも、その後は何が起きますか？　私たちは殺されます」と答えた。その夜、召使いたちは四人を除いて仕事をやめた。仕事をやめなかった四人のうちの一人は、三〇年以上もイギリス香港総督府に勤めた老人であり、いまさら殺されても大差はないというのでとどまったのであった。この四人に対して、二、三日すると匿名の手紙が送りつけられた。そこには、「おまえたちは四人の英雄だ！　だが、それ〔仕事〕は許されていない」と記されていた[50]。

シンガポールからある女性が香港総督府を来訪した際、彼女が連れてきた阿媽（女中）もまた、ほかの召使いたちが仕事を辞めるなら、私も辞めなくてはいけないと主張した。彼女は香港の住人ではないうえに、翌日には主人とともにシンガポールに帰る予定であったが、何かにひどくおびえていた。何者かが彼女に対し、イギリス人のところにとどまればバラバラに切り刻まれるぞと脅したのだという。誰が彼女をバラバラにするのかとイギリス人たちが問うたところ、彼女はようやく、「広州の大物（the big man in Canton）」とだけ答えた。これが誰をさすのかスタブスにはわからず、スタブスは報告中のこのフレーズの直後、カッコ内に「孫文？」という推測を書き加えている（スタブスは香港海員ストライキが国民党のせいで起きていると認識していた）。阿媽は具体的なことは何も告げず、「あなたにはわかりません。私は行かなければ」というばかりであった。だが最終的に、この阿媽はイギリス人たちの説得を受け入れ、翌日シンガポールに向けて発つ汽船に前日からこっそり乗り込み、女中部屋に鍵をかけて出発時間まで閉じこもった[51]。この阿媽はおそらくシンガポールの南方華僑コミュニティの一員であったのだろう。南方華僑の世界もまた洪門系組織に統制された世界であり、阿媽をおびえさせたのは、そのような世界で用いられるヤクザ的な暴力が、自分に対して向けられる可能性であったと考えられる。

(3) 運動収束——目的の達成

ストライキの結果は大成功と認識された。賃上げが認められたほか、中華海員工業連合会を不法団体とみなす命令を、イギリス香港政庁が撤回したのである。それゆえ藤田総領事は「徹頭徹尾支那海員側の大勝利」と表現した[52]。ストライキは三月六日に終了宣言が出され[53]、翌日からすぐさま港湾労働者が香港へ「送り還」された[54]。しかし「徹頭徹尾……大勝利」であった香港海員ストライキは、日本の外交官たちのみるところ、その後も大きな影響を広州・香港一帯の社会に残すことになった。

まず坪上は、このストライキの結果、イギリス香港政庁の「威信を失墜すること甚し」とみた[55]。次に藤田の総括的報告「香港海員罷工ノ広東労働者界ニ及ホセル影響ニ関シ報告ノ件」(56)は、労働者たちの自信が過度に増幅され（「社会主義者及労働者が団体的勢力の過大なるを確信するに至りたる」）、「稍《やや》もすれば直接行動に出づる傾向」が強くなったとみた。その一例が、当時の広東における基本的な流通紙幣であった省行券（広東省銀行の紙幣）の信用回復*を目的とした工界維持紙幣会所属の糾察隊の振る舞いである。

工界維持紙幣会は、香港海員ストライキが終了して間もない三月三〇日、国民党が広東総工会を通じ、茶居工会や中華海員工業連合総会を含む広州の各工会を動員して設立したものである。その目的は、省行券を元の値段で取引するよう、各両替商に強制することであり、工界維持紙幣会の糾察隊がその任務を帯びて派遣された(57)。

しかし糾察隊員たちがみずからの任務をどこまで正確に理解していたかは疑わしく、理解していたとしても、そのやり方はかなり粗暴なものであった。さきの藤田報告によれば、工界維持紙幣会の糾察隊は匪賊まがいの襲撃事件を引き起こしていた。ある両替屋（銀号両替店）が紙幣一〇〇〇元の換金に際して一〇〜二〇元の手数料を取ろうとした際、同会の糾察隊はこれを「金融攪乱」の行為とみなし、「壮士」を引き連れ店などを襲撃した。店で対応した者は捕らえられ、奸商として市内を引きずり回された。あるいは警察に引き渡されたり、監禁された者もいたという。藤田は、中国人警察が取り締まろうとしないので、この種の行動はエスカレートする兆候をみせており、「各種労働組合」も増殖している、「直接行動に出づる傾向」はやがて「将来憂うべき危機」を招くであろうと警告した。

＊省行券の信用回復：横山宏章によれば、省行券の価値は陳炯明時代までは額面の九割の信用を維持していたが、陳炯明の「反乱」後、七割から四割に急落した。孫文が陳炯明征伐のために同盟関係を結んだ雲南軍と広西軍が、陳炯明軍に勝利して広州に進駐した一九二三年一月以降、各軍隊による恣意的な資金調達の振る舞いが広州の金融システムを混乱させ、紙幣価値はますます下落し、ゼロに近づいていたという。それゆえ広東商人は紙幣の信用回復と市場の安定を孫文の広東革命政府に要求していた。横山宏章『孫中山の革命と政治指導』研文出版、一九八三年、一〇四頁。

3、労働者動員モデルとしての香港海員ストライキ

失業問題に起因する抗議や同郷団体同士の紛争は、この時期の中国において珍しい現象ではなかった。それゆえ香港海員ストライキの特異性は、広東人海員の集団が他の社会集団に対して強硬に、自分たちのストライキを支持するよう強制し、しかもそれがかなりの程度成功した点に求められる。このような態度の変化の原因として、国民党のもたらした「正義」の言説との接触を挙げることができる。広東人海員はみずからの利益を「正義」に接続させる言説を与えられたことで、他者に対してもストライキを強制しうる大義名分と自信をえたのであろう。一九二二年二月一一日のある記事は、このように自信にあふれた海員の態度を垣間見せているように思われる。袁能という中国人探偵が、おそらく船主に請われたのであろう、楊泰興埠頭へ赴いたところ、劉海舟という海員によってどこへ行くと詰問された。船を動かしに行くと袁が答えると、劉は「眉をつり上げ目を剝いて（睜眉突目）」、船を動かすべきではない、それでも行くならおまえは間違っていると糾弾した(58)。

ただしこの場合の「正義」とは男たちの「正義」であった。陳炳生は香港海員ストライキ中に妻殺し事件を引き起こしたが、その原因のひとつとして、海員生活の果てに陳炳生がえた男性社会の価値観や思考様式を考えることができる。この妻殺し事件とは、夫と同居せずに香港にいた妻が広州にやってきた際、陳炳生が妻を白雲山に誘い出し、背後から銃殺したというものである。葉少泉の文史資料によれば、妻は夫に対し、ストライキなどしても自分たちの生活にとってよいことはない、早く香港に帰って仕事をしてほしいと要求し、陳炳生は、女は大事を理解せず敵との戦いのこともわかっていない、自分の利益のことばかり考えていると激怒したという(59)。

事件の真相や動機については、当人の弁明も含めさまざまなことがいわれたが、確実であるのは、陳炳生と妻の関係が非常に疎遠であったことである。陳炳生にとって妻の存在は「帝国主義」との戦いによってもたらされる極度の緊張状態を和らげてはくれず、それどころか彼女が陳炳生とその仲間がおこなっている闘争の意義を理解しないことは、陳炳生にとっては許しがたいものとして感じられた可能性がある(60)。

外部の者からは「強硬」と評価され（たとえば「鬮港工団調停罷工大会詳情」『華字日報』一九二二年二月二五日）、交渉や対話を受けつけない内向きの意識によって一方的要求を繰り返す「ストライキ」を、国共両党は列強に圧力をかけるための有効な手段のひとつと認識した。このストライキとは、陳炯明が自負したような、「労資方面の主張及利益の分配に関し精密なる調査」をおこなったうえで双方に対話を促すようなものではなく、暗殺や脅迫によって反対者を沈黙させることを戦略のひとつとして肯定するものであった。

その結果、香港海員ストライキは理性的交渉としての「労働運動」の側面を失い、従わない者に制裁を加える戦争の側面を濃厚にしていった。ストライキ拡大時、坪上は、イギリス香港政庁が二月二八日に「緊急条例」を出し、香港総督に「戦時状態と同様頗る広汎なる命令権を附与」したと伝えた。高田逸喜は当時の雰囲気を、戦時状態のように緊迫したものであったとする[61]。事実上戦争であるところのこのような「労働運動」が、その後の党にとっての労働者動員のモデルとなったことの意味は、過小評価すべきではないだろう。党はこの種の「労働運動」に五四運動以来の商人ボイコット運動を結びつけつつ、その後も主要都市の租界を標的としたストライキの再現を試みる。それは広東においては、一九二四年の沙面ストライキと一九二五年の省港ストライキとして現れた。どちらのストライキ委員会にも、積極的な運動推進者として海員の指導者が含まれていた（沙面罷工委員会の鄺達生、省港罷工委員会の蘇兆徴。第二章の表6ならびに表7・1）。それゆえＹＭＣＡ*の一員であった駱伝華は、一九二五年のストライキをも、海員によって引き起こされたものだと認識したのであった[62]。

＊ＹＭＣＡ（中国基督教青年会）：ＹＭＣＡは、第一次世界大戦中に中国人労働者を支援するべく、その通訳を務めた関係から、中国の労働問題に早い時期から関心を示した団体であった。一九二一年四月には「教会と工業関係委員会」を組織し、二三年には工業委員会を設立した。尚世昌は、「このような社会団体の呼びかけは、実に当時においてはリーダーシップを発揮するものだった」と記している。尚世昌『中国国民党与中国労工運動─以建党至清党為主要範囲』台北：幼獅文化事業、一九九二年、四八‐四九頁。

2　政府軍傭兵部隊としての糾察隊――一九二四年

1、沙面ストライキの概要

沙面ストライキは、中共広東区委が沙面租界のサービス業労働者を動員しておこなったストライキである（一九二四年七月一五日～八月一九日）。このストライキは短期間で終結したため、政治史における存在感は比較的薄い。しかしストライキにまだ収束の兆しがみえなかったころ、日本陸軍参謀本部の資料は、ストライキ関係者の態度が強硬であったことから、ストライキが拡大する可能性があると懸念していた(63)。実際、ストライキ推進派の団体（西餐工会、海員工会など）は、その懸念通り、ストライキの範囲を拡大させることを計画していた(64)。

沙面ストライキの経緯は次のようなものである。発端となったのは、沙面のイギリス租界で発生した、フランスのインドシナ総督メルラン（Martial Henri Merlin, 中国名：梅林）を標的とした暗殺未遂事件*（一九二四年六月一九日）である。犯人のファム・ホン・タイ（Pham Hong Thai, 中国名：範鴻泰）はベトナム人であったが、このときフランスはファム・ホン・タイが中国人であると断言し、当時広東省長であった廖仲愷を非難し、広東革命政府が「危険分子」を放任していることへの対応として、「新警察規則」（The new police regulation, 中国名：新警律）を八月一日から執行すると宣言した。この規則には、午後九時以降沙面に出入りする中国人は顔写真を添付した通行証の提示を要するなどの項目を含んでいた(65)。国共両党はこれを中国人に対する侮辱とし、ストライキを計画した(66)。

＊メルラン暗殺未遂事件：沙面のイギリス租界のホテルで開催された歓迎会において、ベトナム（安南）の革命家ファム・ホン・タイが、メルランに爆弾を投擲した。メルランは難を逃れたものの、一〇名が死傷した。南満洲鉄道株式会社庶務部調査課（高久肇編）『満鉄調査資料第八四編――一九二五年一九二六年広東対英経済絶交運動』大連：南満洲鉄道株式会社、一九二八年、七頁。

メルラン暗殺未遂事件から急遽展開したことからわかるように、沙面ストライキは、はじめから整った組織があったわけでも、その指導によって整然とストライキがおこなわれたわけでもなかった。後述するように、沙面ストライキは、現場レベルにおいては、まず積極的な団体が「各界苛酷な条例反対大会」（各界連合反対沙面苛例大会）を開催して盛り上がったあと、それぞれの団体が個別の動員をおこなうことで開始され、その後、積極的団体が寄り集まって「罷工委員会」を形成し、ストライキの維持と拡大を図った。

しかしやがて、沙面ストライキと同時期に進行していた広東革命政府と広州商人の対立が、ハーバード号事件（八月一〇日）を契機に深刻化し、国共両党とも沙面ストライキに振り分ける余力がなくなり、一九日に沙面ストライキを終了させる。

2、沙面ストライキの検証

(1) 運動拡大

沙面ストライキは、前章で検討したように、青年サービス業労働者の団体である沙面青年工社と、失業海員コックの団体である西餐工会が中心となっておこなわれた。沙面青年工社は二〇代以下の年齢層を多くもつ少年・青年労働者の団体であり、西餐工会は第一次世界大戦終了後の戦後不況でイギリス汽船での職を失った、失業海員コックの団体であった。

中共広東区委は水面下においてこの二団体を通じた動員をおこなう一方、表向きには、広州工人代表会を通じて労働者にストライキへの参加を呼びかけた[67]。『満鉄調査資料第八四編―一九二五年一九二六年広東対英経済絶交運動』（一九二八年）は、イギリスの態度が「沙面服務支那人の憤慨」を招いたとしており[68]、当時としてもサービス業労働者の自発的な運動とする見方はかなり優勢であったようである。中国語新聞の報道によれば、沙面租界から労働者たちが引き揚げた一五日当日、西濠口一帯では労働者が大勢ならび、手に大きな旗を持って、沙面租界サービス業労働者たちを歓迎したという[69]。

しかし沙面ストライキの水面下には、ストライキに消極的なサービス業労働者の姿が覆い隠されていた。天羽総領事によれば、ストライキの「下地」となったものは、租界サービス業労働者自身の憤りというよりも、それに先立ち醸成されていた「反英気分」であった[70]。当時沙面にいたとされる五六〇〇人あまりの租界サービス業労働者のうち[71]、実際に沙面ストライキに動員されたのは一二〇〇人あまり、ないしは二〇〇〇人とされており[72]、残りの人々の動向を史料から読み取ることは難しい。ストライキ参加者の職業については、『申報』は「買弁、書記、コック、労働者、乳母など」と報道し、日本陸軍参謀本部の資料によれば、参加者一二〇〇人の大半は男性であり、女性は三〇〇人であった。郵便局と電信局の従業員のみは、ストライキ計画者から許可をえて勤務を続行した[73]。

前章で確認したように、西餐工会などのストライキに積極的な労働者団体は、七月一三日に「各界苛酷な条例反対大会」を開催していたが、沙面罷工委員会の形が整ったのは、ストライキ当日の一五日であったようである。当日、同大会の参加メンバーとみられる人々は臨時緊急会議を開き、その席上で、「糾察」を含む沙面罷工委員会の各部署の主任をようやく決定した[74]。そして翌一六日、ストライキ労働者は「罷工委員会」を結成した[75]。

被動員者の大多数は市内の実家に戻るか近隣の故郷に帰省し、沙面罷工委員会から援助費を現金で受け取った者は五〇〇人ほどであったという。この約五〇〇人に対しては一日平均三〇〇元あまりが支出された[76]。そしてストライキ開始後、同委員会発行の「通行券」をもたずに沙面租界に行こうとする労働者に、糾察隊が制裁を加えるようになった。糾察隊のこのような行動を廖仲愷や公安局長呉鉄城は「黙過」したという[77]。『大阪朝日新聞』は、沙面に糧食を売り込んだために「惨酷な制裁」を加えられる者が、日に一、二人以上出ているようだとも伝えた[78]。天羽は、沙面ストライキの全般的印象として、「罷業者の殆《ほとん》ど全部は只《ただ》脅喝の為めに罷業を余儀なくせられた」とし、ストライキ推進派は沙面の入り口に「監視者」を派遣し、一五日以降沙面に出入りする中国人は射殺すると脅していたという[79]。

当時の報道では、とくに艀の船乗りの団体である駁載工会指導者の黄党（国民党員）が強硬な態度を取り、「外国人取締水陸交通条例」（取締洋人水陸交通条例）を提案して気勢を上げていたようすが窺える。[80] 駁載工会は、のちの省港ストライキにおいても、もっとも活発にスト破りの取締に勤しんだ団体のひとつである。[81] この「外国人取締水陸交通条例」は、その内容をみる限りでは、ストライキ実施の必要から合理的に考案されたものでなかった。というのも同条例には、酔った外国人が中国人街に入ることを禁じる、外国人女性が中国人街で「淫売」することを禁じる、泳げない外国人が乗船することを禁じるなどの、沙面ストライキとの関わりが必ずしも明瞭ではない禁止事項が羅列されているからである。この条例の目的は、むしろ、これまで外国人が中国人に対して禁じてきたことを、今度は沙面罷工委員会が外国人に対して禁じ、同委員会の力を外国人にみせつけるところにあったと思われる。

こうした態度は、ドイツの社会心理学者E・フロム（Erich Fromm）が権威主義的性格と名づけたものを思い起こさせる。フロムによれば、それは「権威」に対する二つの両極端な態度を揺れ動くものであるという。この傾向を示す者は、一方の極においては「権威」を称え、これに服従しようとするが、他方の極においては、みずからが「権威」になろうとし、他者を服従させることを欲し、服従と支配のあいだを往復する。そして支配の相に移行すると、権威主義的性格をもつ者は、「他人を完全に支配しようとする」、「かれをわれわれの意志にたいして無力な対象とする」、「かれの絶対的支配者となる」、「かれの神となり、思うままにかれをあやつる」ことを目指す。いみじくもフロムは権威主義的性格を別名「禁止的権威」としており、この種の心理状態にある人々が、数々の禁止事項を好むことを、その名称において指摘している。[82] 服従の相から支配の相への移行は、同時にまた、無関心・沈黙の相から熱狂の相への移行とも重なる。そのような位相の変化が、沙面罷工委員会幹部のうちに起きていたと考えることができる。

だが沙面ストライキの時点では、広東革命政府の外交担当者は労働者の行動がエスカレートすることを警戒し、事前にそれを制御しようとした。一七日、同政府外交部長伍朝枢は、沙面罷工委員会主任の酈達生をはじめとする一〇人あまりの指導者を招き、暴動を起こさぬようにと「勧告と指導」（勧導）をおこなった。[83] これが単なるパフォーマンスではなかったことは、『大阪朝日新聞』が「今回の罷業に於て特筆すべきこと」は「罷業団体の態度比較的冷静」

であった点であり、「外人に対しては一指をも加えず沙面取締及び交通規則改正要求の目標に直進」し、「海員公会及び沙面外に居住する外人使用人の同情罷業申出に対しても之《これ》を阻止したと称して居る」と報じたことからもみて取れる。(84)

(2) 金融不安

広東の経済構造を理解する当時の識者たちは、ストライキの行方を不安視していた。広東の金融市場は一九二四年にはきわめて不安定な状態にあったからである。不安定要因の第一のものは、軍票の乱発や偽造貨幣の鋳造を通じた政府および軍による資金調達行動であり、そのことが当時広東の金融システムの堅実性を損なっていた。この事態に対処すべく、広東革命政府の財政関係者は中央銀行設立の準備の真っ最中であった(中央銀行は一九二四年八月一五日に設立)。(85) 第二の不安定要因は、いわゆる「帝国主義者」を標的とするストライキが、そもそも広東市場の構造と衝突するものであったことである。もともと広東の金融市場は、香港ドル*を事実上の基軸通貨とする香港ドル経済圏(86)の一部として発展した。ところが沙面ストライキは、広東金融市場の取引を支える香港ドルの流通を阻害する結果を引き起こした。天羽総領事は、広州市内で香港ドルが不足し、広東毫銀の対香港ドルの価値下落が始まり、このままストライキが続けば広東のさまざまな経済取引に影響が出ると報告していた。(87) したがって一九二四年の段階で物資の流通を停止させるストライキ戦術は、不安定な金融市場に金融恐慌の火をつけようとする経済的自殺行為であった。

労働者をストライキに動員し、列強に経済的打撃を与えて要求を呑ませようとする戦術が、ストライキを実行する側にとっても消耗戦となることは、外国人のみならず、中国の知識人にとってもすでに自明であった。一七日の『広

＊香港ドル：信用の下落した省行券の代わりに使用された、香港の外国系銀行の発行する貨幣のこと。横山宏章『孫中山の革命と政治指導』三五頁の注五。

州民国日報』の「言論」欄に掲載された文章は、フランス租界が定めた「新警察規則」はたしかに侮辱的で不平等な内容であるとして、ストライキの意義に理解を示しつつ、次のようにも述べていた。「……それストライキとはすなわちもっとも苦痛のことである。金銭を失い、時間を消耗し、損失あって無益であると、あきらかにわかる。……記者は、ゼネストや総辞職を奨励しない……労働者側は、よろしく政府がこれ〔租界総領事団〕と交渉するのを静かに待つべきであり、租界総領事団側は、よろしく中国人取締苛酷条例を取り消すべき」である、と。(88)

3、運動収束

(1) 衝撃――ハーバード号事件

広東の金融システムが前述のような状態にあったため、広東革命政府の内部にも、広東機器工会派を含む党員などに、ストライキを収束させようとする動きがあった。

七月二〇日、このような人々によっていったんストライキの調停が試みられた。当時兵工廠長であった馬超俊と造船業商人の譚礼庭*が同席し、英仏双方の領事と工部局議長、沙面罷工委員会幹部の酈達生、何州泉*、鄧興漢が会見した。この会見でもっとも紛糾したのは、沙面のサービス業労働者とともにストライキに入った沙面租界警察の復業問題であった。英仏側は、租界警察はその職務の性質上、一般の労働者とみなすことは不適当であり、ストライキにや

＊譚礼庭：一八七六年生～一九六六年没。父の譚毓秀は船舶運輸業に携わる商人であり、親子で事業を展開していたが、他者から小型汽船をレンタルすることに不便を感じ、みずから船舶を建造することを決意。一九一三年に広南ドックを開設し、あわせてドック附属の船舶修繕工場を設立。当時の広東における近代的な民間船舶修繕工場としては最大級のものとなった。一二三年には、広東革命政府の求めに応じて所有船舶を軍用に供出。二四年、譚礼庭は同政府に広南ドックなどを払い下げたが、どうやらこれは同政府の圧力のもとにおこなわれたようである。『広州市志』は、「政府はまず接収をおこない、その後続々と支払いをした。のちに孫中山が逝去したので、国民政府財政部はその代価を完済しなかった」とする。

すやすと動員された人々を再び雇用するわけにはいかないと考えた。沙面罷工委員会側はあくまで一斉復業の体裁にこだわったが、この問題に関する英仏側の態度は一貫しており、交渉は行き詰まった。沙面罷工委員会が妥協策として、それでは形だけでもいったん彼らを復業させよ、その後解雇することについて我々は関与しないと述べても、英仏側は拒否した。伍朝枢が、租界警察に将来二度とストライキをしないと誓約させて復業させてはどうかと提案しても、やはり英仏側は拒否した。(89)

この調停と同じ日に「使用者大会」（租界サービス業労働者の会議）が開かれ、約百数十人が出席した。席上では復業自体に対しての反対意見は出ず、問題となったのは（おそらく休業中の）給料の支払い額だけであった。現時点での条件を呑んで復業することについては、七二％の者が賛成、二八％の者が反対の態度を取ったので、反対者に対しては調停者から支給がおこなわれることになった。しかし租界警察の復業問題が解決せず、二二日、公式の交渉は断絶した。(90) 天羽によれば、この交渉団絶後、調停者を務めていた譚礼庭に対する攻撃が激しくなり、二三日以降は港湾労働者が立て続けにストライキに入った。(91)

公式の交渉が断絶したのち、広東革命政府の陳友仁が租界側との水面下の交渉にあたる一方、比較的調停可能な立場にあると目された天羽に、英仏総領事、伍朝枢および広東の有力商人陳廉伯、陳廉仲から調停依頼が集中し、天羽は各方面の連絡役として奔走した。(92) 八月一二日、工部局の使用人のみ復業したが、英仏両租界が復業者を解雇しようとし事態は紛糾した。『大阪朝日新聞』掲載の一四日の特電は、問題がこじれているため「沙面入口に於ける罷業団

＊何州泉：史料によっては何洲全、何酬泉などとも表記されるが何州泉に統一。集賢工会の成員。『申報』では同会の会長とあるが、天羽総領事報告では会長は董維とある。「沙面罷工潮拡大之日訊」『申報』一九二四年七月二八日。在広東総領事天羽英二から外務大臣幣原喜重郎宛、機密公第一〇四号「沙面ニ於ケル使用支那人同盟罷業ニ関スル件」（一九二四年八月四日沙面発）、外務省記録『外国ニ於ケル同盟罷業雑纂／支那之部』第一巻（自大正十一年）の「42．広東同盟罷業ニ関スル件」、JACAR, Ref. B12081539300、第四二画像。

員の出入監視は一層厳重となった」と伝えた[93]。

沙面ストライキは、このように、その中盤においては双方の要求が衝突するばかりで事態がこじれていくようにみえた。にもかかわらず、最終的には香港海員ストライキの半分ほどの期間で収束したのは、八月一〇日のハーバード号事件の衝撃が大きかったためであった。

ハーバード号事件とは、広東革命政府と広州商人が武力衝突をした商団事件（一〇月一〇日発生）の前触れとなったものである[94]。当時、広東革命政府と広州商人の関係は、軍費調達を目的とした広東革命政府の徴税や、広東革命政府軍内部の軍閥兵士による略奪などによって、悪化の一途をたどっていた。ハーバード号事件は、広州商人の自衛組織である商団が外国から購入した武器を、広東革命政府が差し押さえた事件であり、ハーバード号とは武器を積載して広東に入港した船舶の名である。これを契機に広東革命政府と広州商人の緊張は一気に高まった。つまりこの時期、広東革命政府の国共両党は広州商人問題への対応を迫られ、沙面ストライキに振り分ける余力がなくなったのである。

それゆえ八月一九日、広東革命政府は唐突に沙面ストライキ終了宣言を打ち出した。具体的には、孫文が馬超俊を通じて復業命令を出し、広東革命政府の飛行機が二機、沙面租界上空を旋回して人々に沙面ストライキの終了を宣言したのである[95]。天羽は八月に発した報告の中で、ハーバード号事件のために広州市内が混乱しており、事態が日増しに深刻化しているため、いまや沙面ストライキを気にかける者は誰もいなくなったと指摘した[96]。

＊陳廉伯、陳廉仲：陳廉伯は一八八四年生～一九四四年没。広東南海の人。イギリスの香港上海銀行（匯豊銀行）の買弁であり、広州総商会会長を務めた経歴をもつ。孫文と対立して商団事件を引き起こした当事者の一人であり、広州商団の団長。坂野良吉「陳廉伯」山田辰雄編『近代中国人名辞典』霞山会、一九九五年、七九頁。陳廉仲は陳廉伯の弟。

(2) 副作用——糾察隊の傭兵化

沙面ストライキのさなかにハーバード号事件が生じたことは、本来スト破り防止を任務としていたはずの糾察隊が、広東革命政府の政府軍傭兵と同一視されていく大きな契機となった。それをもっともよく示すものが工団軍（労働者軍）の設立である。

工団軍の設立時期については諸説あるが、いずれにしても六月から八月にかけてであり、商団軍の拡大志向に対して広東革命政府が警戒心を露にした時期と重なる[97]。ただし広東革命政府が必ずしも一貫して商団軍を敵視していたわけではなく、当初は自軍に引き入れようとする動きもみせていたことは蒲豊彦などの先行研究によってあきらかにされている。しかしこの時期の国民党中央党部は、あきらかに商団軍に対抗し、また商団軍に代わる民間武装組織として工団軍をイメージしていた。

八月一九日付東方通信の記事によると、沙面ストライキが終了したその日、すでに沙面ストライキの指導者層は、商団軍から取り上げた武器で工団軍を武装させる計画を立てていた[98]。工団軍の指導者層は中共広東区委系の人々によって占められた。すなわち団長には中共党員にして輾穀工会代表の施卜、副団長は広三鉄道労働者の劉公素、広東油業総工会の胡超が任じられ[99]、商団の武器を工団軍に支給する構想はすぐに実行された[100]。

工団軍指導者となった工会幹部は、それぞれの工会の成員を動員し、工団軍をつくりあげた。たとえば工団軍の第二中隊第二分隊長となり戦死した黄駒は、広寧県の農村から出てきた元搾油労働者であった。また沙面ストライキ時に中共党員と関係を築いた沙面の青年労働者たちは、「除奸団（裏切り者を除去する団）」を結成し、商団軍の鎮圧に加わった[101]。

このようにして形成された工団軍の成員は、そのまま省港ストライキ時期の糾察隊幹部になっていったようである。「除奸団」も、商団事件が終息したのちも維持され、省港ストライキの際に糾察隊に編成された[102]。

3　混沌と紛争の拡大——一九二五〜二六年

1、省港ストライキの概要

一九二五年五月に上海で五・三〇事件が生じてから約一カ月後、上海の事件をなぞるように広東で沙基事件（六・二三事件）*が生じる。同事件は、中共の通史においては帝国主義者の暴虐を象徴する事件のひとつとされる。この事件を弾みとし、国共両党は香港と沙面の労働者をストライキに動員する。これ以降、省港罷工委員会を中心に開始され、翌年一〇月一〇日の終了宣言まで約一六カ月間持続した労働者の動員を、国共両党の革命史は省港ストライキ（広州・香港ストライキ）と呼ぶ。本書でも、一九二五年七月一〇日から一九二六年一〇月一〇日までおこなわれたこの動員を省港ストライキと呼ぶことにする。

沙基事件後、政治指導者層における事件は次の

図１　死してなお打倒帝国主義に燃える沙基事件の殉難者（作成者：沙基諸烈士国葬籌備会）

出典：不詳

所蔵：Political Poster collection, Poster ID KO 31, Hoover Institution Archives, Stanford University.

＊沙基事件（六・二三事件）：中共の通説においては、デモ隊が沙基を通過していた際、対岸の沙面租界から英仏両軍が射撃をおこない、死亡者五〇名あまり、負傷者一七〇名あまりに及んだとされる。「沙基惨案」空軍政治学校党史教研室編『中共党史名詞解釈』上冊、出版地不詳：出版者不詳、一九八一年、二〇頁。

ように推移した。まず七月一日に広東革命政府は国民政府となり、三日にはこの政府の下に省港罷工委員会（広州・香港ストライキ委員会）が設けられた。五日に省港罷工委員会直属のストライキ実行部隊である糾察隊の成立大会が開催され、一〇日から同委員会は省港ストライキを宣言した。

本来であれば、中共広東区委はもっと早くに広東のストライキを起こすつもりであった。しかし彼らがもぐりこんでいる広東革命政府は、この時期、政治的にも軍事的にも大きな動乱*を迎えていた。六月一二日に広東革命政府がようやく二つの軍閥（楊希閔の雲南軍、劉震寰の広西軍）に勝利し、士気が上がったところへ、武漢の六・一一事件（第七章参照）のニュースがもたらされ、国民党中央は強く刺激されたという(103)。このようにして、六月後半から、中共広東区委が国民党の助けを借りつつ省港ストライキを本格化させる条件が整った。広州工人代表会は七月には工会統一運動を唱え始める。さらに八月二〇日に廖仲愷が暗殺されたため、中共広東区委はこの事件を口実に「粛奸運動」を開始し、結果として国民党右派の領袖胡漢民が政府から逐われる。中共広東区委は、五・三〇事件と廖仲愷暗殺事件を経て、国民党左派の勢力が大きく進展したと認識した(104)。

省港ストライキは名称こそストライキであるものの、途中で経済封鎖戦略*が加わり、さらにストライキ労働者（＝失業者）からなる糾察隊を、広東国民政府が広州近郊の軍閥討伐（東征と南征）*のために政府軍の兵士として転用したため、純粋なストライキとはいい難い複雑な性格を帯びた。『時事新報』記者の長永義正《ながえよしまさ》によれば、当時李福林の軍閥に支配されていた河南（珠江の南を指す）のほうが、「その治安維持においては新式政治家（広東国民政府の政治家）の統治する広東（広州市一帯）よりもはるかに優っているという珍現象」が生じていると揶揄されるほど、広州の秩

＊一九二五年の政治的・軍事的動乱：三月二〇日に孫文が北京で死去し、四月末には楊希閔の雲南軍（滇軍）、劉震寰の広西軍（桂軍）が、広東・広西を占拠しようと、許崇智の広東軍（粤軍）と衝突した。そこで広東革命政府中枢の国民党員（蔣介石、許崇智、廖仲愷ら）は、楊希閔、劉震寰の鎮圧に力を傾けることを決定し、六月初旬から戦闘を開始した。同月一二日、楊希閔、劉震寰が敗走。馮筱才『北伐前後的商民運動』三七頁。

序は動揺した。(105)

2、省港ストライキの検証

(1) 中共広東区委の学生動員

まず、中共広東区委が最初に着手した学生動員をみてみよう。中共の通史が中共広東区委の報告に基づき整理するところでは、学生動員の過程は次のようなものであった。まず、上海の中共中央から命令を受けた中共広東区委は、広東での動員に備え、六つの団体の名義(中華全国総工会、広州工人代表会、広東農民協会、広州市商民協会、広州市学生連合会、中国青年軍人連合会)を調達した。次に広州の社青団に命じ、学生組織や若者の組織など(新学生社、国民党広東大学特別区党部、広東大学青年学社、一中青年学社、国民党第一区党部、工業学生社、青年農工社、沙面青年工社、雑役工社)を動員させた。そして広州の全青年学生に対し、六月二日のデモを呼びかけた。(106) 阮嘯仙によれば、新学生社は社青団の外郭団体であり、広州(市)学生連合会の組織が散漫で青年に対する動員工作をおこなうのに適さなかったため、中共広東区委が社青団団員を「中堅」として新たに組織させたものであった。一九二五年には、社青団は新

＊経済封鎖：ここでは、ストライキ、ボイコット、不買運動を通じて敵国との経済関係を断ち、相手を経済的に困窮させ、外交上・政治上の要求を呑ませようとする戦略を指すと理解する。中共の通史は党が計画的に経済封鎖戦略を採用したように叙述しているが、清水総領事代理によれば、沙面事件に対する報復として広州方面に対する経済封鎖を最初におこなったのはイギリスであった。文書番号六三四、在広東総領事代理清水亨より外務大臣幣原喜重郎宛「対香港罷工及ヒ経済絶交ノ実情報告ノ件」(原題は機密一一二号「対香港罷工及経済絶交ニ関スル件」)一九二五年九月一六日、外務省編纂『日本外交文書』大正十四年第二冊上巻(大正期第四十三冊ノ一)、外務省、一九八三年、五五一頁。

＊東征、南征：東征は国民政府軍による広州東部の軍閥征伐であり、対象は陳炯明である。陳炯明は一九二五年一〇月に敗走した。南征は国民政府軍による広州南部の軍閥征伐であり、対象は鄧本殷である。鄧本殷は一九二六年二月に敗走した。

学生社を「我らが学生運動の大本営」と呼んだ[107]。

学生動員の重要な舞台は、国民党が設立した広東大学（一九二四年に孫文が設立、現在の中山大学の前身）であった。台湾総督官房調査課の井出季和太が作成した資料においても、二日に広東大学で学生が動員されたことが報告されている。同大学に広東の四〇の学校から五〇〇〇人の学生が集まり、上海の五・三〇事件を支援するためのデモをおこなった。一七日にも、やはり広東大学で上海事件後援会が開催され、このとき、二三日にデモをおこなうこと、日本製品とイギリス製品のボイコットをも含めた「経済封鎖」をおこなうことが決議されたという（ただし、のちに経済封鎖の対象はイギリス製品のみに調整された）[108]。

日本大蔵省理財局国庫課の資料「上海事件及各地ニ於ケル騒擾事件概要」によれば、デモが二三日に予定されていることを知ったイギリス側は、二二日、在広東イギリス総領事J・ジャミーソン（James W. Jamieson）を通じて、広東革命政府に対し、沙面で「暴行をなしたる場合は外人に危害を加うる暴動とみなし、陸戦隊をして発砲せしむる」、それゆえ「厳重なる警戒を希望する」と通告していた。すなわち、租界側から国共両党への事前の警告はおこなわれていたという。しかし二三日、租界付近をデモ隊が通過しているときに発砲事件が生じた。どちらが先に発砲したかは当時においても争点となり、中共の歴史叙述は今日に至るまで租界側が発砲したとする。一方、井出の引用するイギリス外務省の覚書には、目撃者の証言として、デモ隊に武装した黄埔学校〔国民党革命軍幹部養成学校〕の学生が含まれ、「兵士の一部がビクトリヤホテルの対岸を通過したときに、行列は止り、軍生隊方面から吶喊の声を増し、直《ただち》に沙面に向け発砲が開始された」とある。国民党革命軍養成学校の軍人の卵による発砲であったというのである。「上海事件及各地ニ於ケル騒擾事件概要」は、これを皮切りに三〇分の銃撃戦が展開され、フランス人一人が死亡、イギリス人二人が重傷、デモ隊側には三〇～四〇人の死者を含む一〇〇人あまりの死傷者が出たとする[109]。

どちらが先に撃ったにせよ、客観的な状況を考慮するならば、この時点でデモ隊に発砲し、死傷者を出しても、イギリス、フランス側にはあまりメリットはなかった。それはイギリス総領事が、事前の通告をおこなうことでトラブルを回避しようとした姿勢に示されている。一方国共両党側の事情としては、すでに準備を整えた省港ストライキを起こすための最後の口実として、なんらかの事件を必要としていた。しかもそのためのモデルは、上海の五・三〇事件であった。したがって、どちらがより騒動の発生を望んでいたかという点に限ってみるならば、それは国共両党のほうであった。六・二三事件の翌日、海員、サービス業労働者、港湾労働者を主体とする香港労働者は一斉に動員された[110]。

(2)「正義」と私的利益の結合形態

省港ストライキ時、広東国民政府が提供した「正義」の言説は、「工賊」、「帝国主義」といった「敵」から各種搾取・収奪をおこなうことを是認するものであった。国民党中央執行委員会は、六月一六日に日本製品とイギリス製品を「排斥する」と決め[111]、外国製品(仇貨)は不正の品であるから奪い取ってもよいというメッセージを人々に発した。またあわせて、この「敵」がいかに無慈悲で悪辣な存在であるかを、公式見解として発信し続けた。たとえば同政府の外交部長であった胡漢民は、当時の対外宣伝文において、イギリス総領事は中国人ウェイターを鞭で打っているなどとした。一九二六年一月に『工人之路』に掲載された文章は、四、五歳の子どもですら「打倒帝国主義」、「打倒軍閥」のスローガンを叫ぶようになったと、広州の革命の進展ぶりを誇った[112]。

こうした状況において生じた、省港ストライキにおける「正義」と私的利益の結合形態において、もっとも目立ったものは、敵を排除せよというメッセージと民間団体の派閥闘争が結びつくケースであった。これはとくに、限られた市場のパイを同業者と奪い合う労働者集団に顕著であった。このような人々は、「工賊」、「帝国主義」、「労働運動の破壊者」という「敵」を示すためのお上の用語を好む傾向があったが、そのような言葉の正確な意味については興味をもたず、むしろ「敵」が誰であるかを、みずからの立場に基づいて恣意的に解釈することを好んだ。

民間団体の派閥闘争は、一見したところ、広東機器工会派と中共系労働者団体の衝突のようにもみえた。たとえば、

表1　全国機器工会第一次海内外代表大会において選出された全国機器工会執行委員会および監察委員会（1926年10月4日）

地域	姓名
安南	黎長
星洲（シンガポール）	趙再甫
香港	区能
澳門	李伯祥
馬六甲（マラッカ）	丁以錩
吉隆坡（クアラルンプール）	李楽朋
広西省	張楚山
福建	孫亨郢
広東	黄煥庭、汪敬之、李徳軒、李伯元、陸漢坡

出典：李伯元ほか『広東機器工人奮闘史』台北：中国労工福利出版社、1955年、122頁より作成。

広東総工会会長であり広州茶居工会指導者であった陳森の周囲で立て続けに生じた襲撃事件（後述）、中共系の粤漢鉄路総工会に対する広東機器工会派による襲撃事件*（一九二六年五月）などである。当時、広東機器工会派と中共は相互に労働者を奪い合ってもいた。一九二六年一月に広東機器総工会が成立すると、中共の指示を受けたとみられる香港の機械工らが香港機工連合会を組織して対抗し、さらに香港金属業連合会を組織して広州工人代表会の一員となった(113)。一〇月四日には、広東機器工会派は全国機器工会の正式な成立大会を開き、形勢の逆転を図った（表1）(114)。

しかし広東の労働者は、単にこのような党の対立構造に踊らされて次々と襲撃事件を展開したのではなく、むしろみずからの利害得失に基づき、どちらと

＊粤漢鉄路総工会襲撃事件：中共系の『広州市志』の楊殷略歴によれば、一九二五年五月、楊殷が動員に成功した粤漢鉄路、広九鉄路、広三鉄路の労働者は中華全国鉄路総工会広東辦事処を設けた（主任鄧培任、顧問楊殷）。楊殷は二〇〇人の糾察隊員を率いて江門、新会などに赴き「土匪」を消滅させ、寗陽鉄路総工会を設立させたが、広東機器工会派の李徳軒が「体育隊」に指示して粤漢鉄路総工会を襲撃させたという。この楊殷略歴は、対立の責任を広東機器工会派にのみ負わせ、鉄道労働者は中共を支持していたように記述している。しかし陳達によれば、中共と広東機器工会派の対立が深まるにつれ、広東の鉄道労働者内部でも意見が割れ、内部分裂が起こり、武力紛争を生じていたという。鉄道労働者は楊殷陣営と李徳軒陣営に分裂して争っていたものと推察される。「楊殷」『広州市志』第一九巻、一〇七頁。陳達「我国南部的労工概況」『統計月報』一巻一〇号、一九二九年、一〇頁。

手を組むことが有利か絶えず計算をしながら、両者の対立に便乗して紛争を繰り返していたようにみえる。広東労働者の真の指導者は、彼らを直接支配する小団体の「親分」であった。たとえばM・チンは、この時期の広三鉄道労働者の事例に対する分析を通じ、勢力ある頭目の周囲に私人的関係によって結びつけられた「忠実な軍隊（loyal troops）」ともいうべき労働者集団の姿を見出した。[115] 表向きには労働者の団体とみえても、省港ストライキに積極的であった人々の集団の本質は、「親分」の周囲に形成された戦闘集団であり、このような人々の心性は伍長に忠誠心を捧げる傭兵のそれに限りなく近いものであったと考えられる。

また「正義」と私的利益の結合は、糾察隊員による仇貨没収という形態を通じて、より個人的なレベルにおいても生じた。後述するように、糾察隊員の実態は無職の者や失業者であったと考えられるが、彼らは「仇貨」の取り締まりと称し、商人や地域住民のさまざまな物品を取りあげ、物品をそのまま没収したり、あるいはその持ち主に恣意的に罰金を課したりすることで、収入をえていたのである。

(3) 運動拡大

① テロリズム

省港ストライキは、広州洋務工団連合会と全港工団連合会が、それぞれの地域の労働者を動員することでおこなわれたものである。最初に動員されたのは、主に手工業者、サービス業労働者であったと思われる。中共党員黄平によれば、省港ストライキに対する反応速度が速かったのは香港の手工業者団体であり、一方、ストライキに消極的な態度をみせ、足並みがそろっていなかったのは香港機械工であった。[116]

香港ではまず「広東政府の庇護の下にある秘密機関香港工人委員会」（全港工団連合会か）がイギリス香港政庁に要求を出した。イギリスがこれを拒否し、指導者を逮捕して戒厳令を布くと、香港の中国人二万八〇〇〇人が香港から広州へ渡った（『支那の国民革命と国民政府』）。沙面では六月二一日にサービス業労働者がストライキに入り、「沙面中国人援助上海惨案罷工委員会」を組織した（『広東対英経済絶交運動』）[117]。沙面サービス業労働者は「自動的に同情罷工をなし」たと井出が記したように、ストライキは表向き労働者たちが自発的におこなったもののように装われたが、裏面では劉爾崧ら党員が六月上旬から沙面租界サービス業労働者の動員を試みていた[118]。

二三日の沙基事件発生後、党は香港労働者の動員範囲を拡大しようとするが、その試みは必ずしも順調にはいかなかった。『省港大罷工史』によれば、香港労働者の頭目を集めて連席会議を開いたところ、ストライキ中の食糧や住み処（広州に移動するため）はどうするのかと会議後に問う者もいたという[119]。

また香港機械工の動員に関しては、党は、香港機械工の連合組織である華人機器会を通じ、ストライキ宣言をおこなわせようとしたが、この試みも失敗に終わった。六月二七日の華人機器会の会議において、会長の韓文恵がストライキに同意しなかったためであったという（羅珠ほか「省港罷工中各業罷工概況」）。中共党員羅珠によれば、韓文恵は当時次のように述べたという。「上海のことは香港からとても離れている。我々がそれに関わってどうなる。食べていけさえすればいい。やったのも上海人だ……」（羅珠「回憶省港大罷工諸事」）。ゆえに韓文恵は、中共の歴史叙述において、馬超俊と通じた「工賊」とされている（鄭全の回想や『省港大罷工史』[120]）。

そこで、このような態度を取る頭目たちに対しては、鄧中夏、蘇兆徴、楊匏安らが一方で「説得」し、一方で「圧力をかけ」、ストライキを支持せざるをえなくなるよう追い込んだ[121]。この「圧力」とはやはり脅迫と殺害をともなうものであった。日本の台湾総督府のえた情報によれば、香港と広州の商人はストライキを歓迎しなかったが、そのような人々は、「政府、学生および不逞労工者等に脅迫」されたという[122]。具体的には、ストライキに反対する者に対して爆弾テロや刃物、銃器を用いた殺傷事件が相継いだのである。国民党の通史は、黄麓泉ら機械工が爆弾を製造して香港に運び込み、各大工場で爆弾テロを行って「テロの雰囲気」をつくりだし、「以て各機械工に、すぐに広州に戻ってストライキをしなくてはならないと決心させた」とする。とくに九龍紅磡（現在の紅磡）の埠頭にはドックで働く造船業の機械工が多数いたため、「爆弾をひとつ仕掛けて、そこの機械工を促し」たという[123]。中共の文献によれば、香港機械工の動員を妨害していると目された韓文恵にも爆弾が送りつけられた。爆弾が事前に発見されたために計画は未遂で終わったが、「韓文恵は大いに怯えた」といわれる[124]。八月半ばには、韓文恵はついに刃物で刺され危篤となった[125]。さらに、ストライキに反対していたある電車運転士は、中共党員であった香港木匠工会の鄭全に、爆弾テロを仕掛けられて負傷した。鄭全はまた、「非常に反動的な工賊」に「短剣をもって対処」したともいう（あるいは韓文恵事件を指すか。詳細不明）。このほか、陳俞夫という海員が酒を呷って埠頭に立ち、接岸されていた船舶に向かって、いますぐストライキをしろ、誰であろうとストライキをしない者は「拳銃で対処」してやると叫び、天に向けて拳銃を三発撃ったなどの逸話も確認できる[126]。

一連のテロリズムは、ストライキに積極的な香港労働者たちからすれば、ストライキ反対者を「敵」とみなして攻撃することで、みずからの英雄性を実感する効用をともなっていたと考えられる。一九二六年四月には、省港罷工委員会の機関紙『工人之路』に、義憤に駆られ韓文恵を暗殺する労働者の英雄物語が掲載された[127]。実際の動員過程においても、そのような物語が党員によって語られたのであろう。だが、このような暴力的強制に対しては、中共内部にも疑問を呈する声があった。「当時党組織はこの種の暴力をやり過ぎる方法に同意せず、かつては批判的な意見を出してきた」という[128]。

② 香港帰還者への制裁

省港ストライキが始まると、香港に帰還しようする労働者や、彼らを帰還させようとする関係者を、糾察隊が制裁するようになった。史料上で確認できる制裁方法は、さきの爆弾テロと、逮捕した人々を繁華街で衆目にさらし、見せしめにするというものであった。

たとえば七月九日午後二時ごろ、九龍半島尖沙咀の農村で家畜や野菜を購入した地元民（土人）が香港へ行こうとしたところ、これを発見した糾察隊が爆弾を投擲して「戒めた」。その結果二名が死亡、数名が負傷した[129]。このように、労働者であろうとなかろうと、香港へ行こうとする者すべてに対する事実上の無差別爆弾テロがおこなわれていたとみられる。

八月二七日には、「労働者ふうの中年男性四名」が、ひそかに引き返し復業しようとしたという理由で繁華街で縛り上げられ、見せしめにされた。九月には先進公司の支配人（司理）梁耀卿が、香港に労働者を戻らせようとしたという罪状で家宅捜査を受けた。このとき梁耀卿が不在であったため、その場にいた梁耀卿の「仲間」が連行された[130]。

このような制裁にもかかわらず、糾察隊による監視の隙をついて香港に戻ろうとする人々は多数存在した。九月ごろには、河南〔珠江南〕から発着する汽船や艀に乗船し、ひそかに戻ろうとする人々が相次いだため、梁子光率いる水陸偵査隊（水上での「スト破り」取り締まりをも担う糾察隊）は河南地域の警備を強め、船内に隠れ潜む労働者を発見するとストライキ委員会まで連行して制裁を加えた[131]。

また糾察隊は、蛋民、船民と呼ばれる香港の水上生活者が、大型蒸気船に近づこうとするのを禁じた。当時は汽船から客や貨物を降ろす際、艀によって岸まで運搬する必要があった。それゆえこのような水上生活者を蒸気船に近づけさえしなければ、汽船を立ち往生させることができるとストライキ計画者側は考えたのである。しかし、おそらく水上生活者がこの指示に従う態度を一向にみせなかったためであろう、九月一八日ごろには、省港罷工委員会会審処がストライキに協力しない人々の艀を焼き捨てると決定したことが報じられた[132]。

広東社会の最下層に位置する水上生活者からすれば、艀での運搬作業は重要な収入源のひとつであった。そのうえ水上生活者にとって、省港ストライキは利益を与えてくれる運動ではなかった。一九日付のある記事は、「一般の無知な蛋民の女性、船民」の艀十数艘あまりが、河南の汽船の貨物や人を岸まで運んだとして、水上糾察隊に没収されたことを伝えた[133]。しかしこのような事件が生じてもなお、客を運ぼうとする「蛋民」は後を絶たなかった。一九二六年五月に梁子光に逮捕されたのは、艀を操る一八歳の少女であった。彼女は水上糾察隊がやってくるのをみるや、大声で叫び、巧みな弁舌を振るい始めたという。少女に恐れるようすがまったくなかったため、梁子光はスト破りをして恥じない罪人であると判断し、少女を逮捕した[134]。

このようにして収監された「犯人」は、大半が下層社会の貧しい人々であったように思われる。一九二五年一〇月二日には、「犯人」たちが綿入れの掛け布団を購入する資金もなく、檻で震えていると報じられた。このニュースでは、そのような状態を放置するのは非人道的であるとして、省港罷工委員会が会審処を通じて掛け布団の購入を決定した点が強調された。[135] しかし、わざわざこのようなことが報道されること自体、逮捕・投獄された極貧層の人々が一般にはどのような扱いを受けていたかを示すものである。台湾の劉明憲によれば、戦死者を含まない省港ストライキによる労働者の死者は、少なくとも一九二六年七月までで八八一人にのぼると報道された。[136] 戦死者を含まないという間接的表現は、どうやら衣食住の不足による死を指すようであるが、英雄として称えられたストライキ労働者がそのような状況にあった以上、獄中の「スト破り」に対してはより冷たい仕打ちが待っていただろう。

③　市場縮小と失業者

〈香港労働者〉

省港ストライキはストライキの対象地域を拡げ、またおそらくは党員の予想も超え、長時間持続することになった。その原因のひとつが、市場の縮小と失業者の発生である。

省港ストライキは、まず香港労働者を丸ごと失業者へと変えた。国民党の『中国労工運動史』によれば、香港には一四〇あまりの工会があり、そのうち七月一日までに五〇団体あまりが香港を離れて広州へ渡った。同書においては、省港罷工委員会は決して用意周到に準備された組織ではなく、あふれかえったストライキ労働者（＝失業者）の世話をする必要から、慌てて設立されたもの――それゆえに中共につけこまれ、支配権を奪われてしまったもの――として描かれている。[137] 同書の紹介する省港罷工委員会調べのデータによれば、七月七日までに二〇万九〇〇〇人あまりが香港を出たとされた。

香港を離れた失業労働者の多くはまず江門と広州へと渡った。そのため、広州と江門周辺の失業人口が短期間に急増するという現象が生じた。『中国労工運動史』は、広州に渡った者を、省港罷工委員会、広東総工会、広東機器工会が世話をしたとする。一方、省港罷工委員会の機関紙であり、事実上の中共の機関紙とみなしうる『工人之路』は、江門に到着した香港労働者を世話するべく、六月二九日に江門の新会県総工会に招待処を設けたとする。すると、その日すぐに招待処で一二〇人あまりの登録者があり、翌日は二〇〇人あまり、七月一日にも一〇〇人あまりが登録に訪れた。とくに多いのは港湾労働者（起落貨工人）であったという。[138]

帰るべき故郷をもつ者については、江門招待処が船のチケットを入手し、故郷へ送り返した。[139] その結果、広州や江門周辺に最後まで取り残されたのは、帰るべき場所をもたない、社会からもっとも孤立している人々であった。このようにして、省港ストライキ中の広州や江門には、きわめて濃度の高い社会的に孤立した人々の集団が出現することになったと考えられる。

また省港罷工委員会による経済封鎖は、広州の経済活動をも停滞させ、広州市場に失業者を増加させた。同委員会の一九二五年七月九日付文書は、一〇日以降あらゆる汽船と渡し船が香港と新界に向かうのを禁じ、食糧を断絶させるとした。[140] そしてあらゆる貨物に検査をおこなうべく、「特許証」制度を設けた。「特許証」制度とは、検査に合格して「特許証」（輸出入許可書）を与えられた物品のみ流通を許す制度である。しかしこの制度の「煩わしい手続き」と「これに伴う弊害」のため、広東総商会をはじめとする広州の三つの商人団体は、八月二三日ごろ、制度の撤廃を広東国民政府と省港罷工委員会の双方に対して主張し、「撤廃の目的を達しなければ総罷市を行うと強硬な態度に出た」。[141]

かくして「特許証」制度は撤廃されたものの、省港罷工委員会は、一九二六年の旧正月が明けてすぐに、今度は独自の税関である工商検験貨物処を設けた（事務所の設置は一九二六年二月一六日、正式な成立は二一日、一〇月一〇日廃止）。設置場所は正式の税関（西堤の海関検査廠）の東隣であり、関税手続きの終了した一切の輸入品は、そのままただちに工商検貨処への搬入を命じられた。このような事態は、貿易業者からみれば「二重税関制度」（『広東貿易概況』の表現）にほかならず、検査と徴税を二度おこなわれることを意味した。そのうえその検査方法は物品を一カ所に集めるために効率が悪く、「無用の手数と時間」（森田総領事の表現）がかかるとして、商人たちの評判は悪かった。[142]

こうした措置は珠江デルタ一帯の経済活動を大きく損なった。劉明憲によれば、イギリス領香港では商業が衰退し、物資が入って来ないために香港社会は食糧難と物価騰貴に苦しみ、社会秩序は紊乱して爆弾テロや強盗事件が多発した。一方広州では、一九二五年七月の広州の税関収入が激減した。広東国民政府がすべての輸出入品を検査するとしたためである。しかし状況を理解した政府がイギリスのみを相手にすると戦略を修正し、また香港との交通網が遮断されたため広州に直接入港する船舶が増え、八月以降は税関収入がむしろ増加した[143]。一九二四年には不安定であった広東の金融市場は、広東の軍事統一が達成されたことにより、むしろこの時期には安定していたようである。

だが、多種多様な商工業者の存在する広東において、税関収入の数字は必ずしも中小商工業者[144]の景気を反映しているとは限らなかった。このストライキによって競合相手が衰退し、新たな販路をうる者もいれば、ストライキのために経営不振に陥る者もいた。たとえば南洋兄弟煙草公司は、競合相手たるイギリス製品が煙草市場から消えたため、商売は繁盛した[145]。他方生糸業者や米穀業者は大きな損失を蒙り、マッチ工場（燐寸）は経営不振に陥り、綿布、麻類、落花生、豆油などを扱う商人も大損失を出した。交通網が遮断されたために旅行客は「空前の最低記録」となった。ということは、おそらく旅行客を対象とする周辺産業も影響を受けたであろう[146]。

もっとも深刻であったのは水上運輸業であったと思われる。香港、陳村、広州、汕尾、水東などの沿岸港町には、砂糖、穀物類、塩、石炭などを運搬する貿易船が往来していた[147]。これら貿易船の積載貨物の積み卸しこそが、港湾労働者にとっての重要な市場であった。当時、広州への入港船舶数は増加したともいわれ、一概に論じることはできないが、少なくともストライキの影響で香港の経済力が生みだしていた水上運輸業は衰退し、それはすなわち香港水上運輸業関係の肉体労働者が一律に失業する事態を意味した[148]。一九二六年一〇月時点で、海洋蒸気船で働く海員は一万人、駁業総工会（艀業者の団体か）の会員数は五四二〇人とされた[149]。この数字はそのまま半失業者と理解できる。

〈中小商工業団体〉

一九二六年二月には、新勢力として店員を褒め称え、店主の偽物工会を取り締まるという言論が『工人之路』に姿を現す[150]。そして五、六月ごろから、『工人之路』には新たな工会設立のニュースが続々と掲載される。このとき増加した工会には中小商工業者のものが多かったようであり、店主と店員間の紛争とみられる「店員運動」も増加していく。

先行研究によれば、同年一月には、国民党は軍費調達などの必要から商民運動を強化していた。政府の徴税行動に反感をもつ有力商人らをおさえ、より従順な商人団体をつくりだすため、党は中小規模の店主・商人を動員して商民協会を組織させ、またこれを政府の商民部に所属するものとし、既存の有力商人団体である商会を迂回した動員システムをつくりだそうとした。そして、商人か労働者か、位置づけの曖昧であった店員を労働者に分類し、工人部に所属するものとして工会を組織させようとした[151]。

このように上からの動員があったとはいえ、店員は本来ならば動員が容易ではない人々であった。国民党広東省第二次全省代表大会の報告によれば、店員は店の名義で個人的な商売をおこなったり、店の株を所持するなどしており、また店員の中には店主の子弟が多数おり、「少東」（若だんな）と呼ばれる者さえいた。報告は「成分が甚だ複雑」であるから動員は困難であったとするが、つまるところ、すでになんらかの集団に所属する店員の立場からすれば、党の動員に応じなければならない理由があまり存在しなかったのである[152]。

ではなぜ、一九二六年旧正月以降、店員たちは党の動員に応じたのか。ここで、失業の危機と集団内部の人々の立場の不安定さに目を向ける必要がある。

まず手工業者団体（手工幇）の基本的な階層序列を確認しておくと、それは親方（師傅）－職人（夥計）－徒弟というものであり、職人や徒弟は同郷ネットワークによって調達されるため、この集団は同郷集団としての性格をも帯びていた。手工業者団体のより詳しい内部状況は、種類が豊富で多様性に富むぶん、一般化は難しいが、徒弟が無給で数年働き（小山によれば五〜六年、仁井田によれば三年）、その後職人に昇格するという構造においては共通性をもつ。小山は、勤続約一〇年にして独立し親方になる職人もいれば、そのまま親方のもとに留まって一五年、二〇年と働く職人もいるとする[153]。

商人団体の基本的な階層序列も大同小異であった。清末ごろ日本人によって書かれた文献を参照すると、まず、開店にあたって資金を出す出資者（財東）がいる。次に店の実際の営業を一手に任されている、いわゆる番頭、支配人、店主（掌櫃、経手）がいる。その下に、番頭によって管理されている手代（司事、夥計）がおり、末端には手代見習いたる丁稚奉公（学生、学徒）がいる[154]。店員の基本的な業務は、店内販売（櫃上）、商品仕入れ（進貨）、商品発送（出貨）、会計（管賬）、文書往復係（信房）、掛金回収と顧客めぐりをする外回り（外場）などであった[155]。このような商人団体も、血縁関係、地縁関係を基礎に拡大していったものである[156]。こうした徒弟制度の基本的骨格と業務内容は、一九二五年になってもほぼ同じ構造を保っていた[157]。

この種の団体に所属することができていたとしても、成員の経済状態は欠乏気味であった。店員は所属団体から十分な給料をうることができないため、団体の名義を用いて私的に収入を増やそうとする行動を常とした。丁稚奉公は無給であり、一般的には三年の勤務を経て手代に昇格するとされた。一方番頭、手代が店から正式に支給される給料もまた、基本的にはぎりぎりの水準であった。そこで番頭や手代になると、店員は店の名義を用いて個人的な商売を別におこなうことが通例であった。安東不二雄『支那漫遊実記』（一八九二年）は、番頭（掌櫃）は月給七、八元、手代（司事）は月給三、四元、きわめて薄給であるけれども、実はある商店の番頭・手代であるということは彼らに社会的信用を保障するものであり、それゆえ彼らは店の商売とは別に個人的な商売をおこなうことができ、そこから収入を補っていると記した[158]。中国の店員たちがこのように臨時収入を求める行動は、一九二〇年代の日本人からは、不正行為、汚職行為と受け取られた[159]。

経済状態がよくなかっただけでなく、店員たちの団体内の立場もまた不安定であった。広東の商工業者団体には旧正月に店員との契約更新をおこなう慣習があり、「旧暦正月二日に店の主人が従業員を食事に接待し、解雇する従業員の名簿を発表」し、「解雇される従業員の方向に鶏の頭が向けられた」。そのため、この慣習は「無情鶏」と呼ばれていた（塩出浩和）。武漢でも同様に、旧正月の迫った旧暦の年末に、商工業団体での解雇問題などが深刻化していた（久保亨）[160]。つまり店員の立場は、旧正月ごとに契約更新を繰り返す一年契約の契約社員に相当したのである。

さきの第二次全省代表大会の報告は、まず国民党の公式見解（広州の店員が動員に応じたのは、商団事件によって「教訓」をえたからであるというもの）を開陳しつつ、次のようにも述べている。「省港ストライキによって広東の一部の商業が突然打撃を受け、店員の失業のパニックはひどく差し迫り、仕事を確保するという見地から、組織をもたざるをえなくなった」。また馮菊坡は、中共広東区委の機関紙『人民週刊』において、今年の工人代表大会は以前より成果をあげた、人々は「連帯の必要（連合之需要）」を知り、「領袖を促す行動（督促領袖之行動）」を取れるようになった、などと述べ、その一例として、酒楼茶室の労働者が「反動的領袖」に反抗していることを挙げている。日本語文献は、「各種工会は国民政府の農工政策の後援にて異常なる勢力を得、工賃また昂騰せるを以て自然、生産品の値上げを来たし、店主の業務のあらゆる計画は、多く雇用工人側に束縛せられ、意のごとく進行せず」と説明している[161]。

この状況を要約すると、経済封鎖という人為的につくりだされた経済的異常事態によって広州の中小商工業者が急激に経営難となり、店員の側からしてみれば、それまで予想だにしていなかった解雇の危機が眼前に迫っていたのである。党の動員は、結果として、情緒不安定となった店員の心に入り込み、店主との相互不信を煽り、もとの「散漫な」状況から、互いの理性的交渉が困難な、より相互対立を深めた状態へと、商工業者団体を導いていった。しかし党員の目には、このような相互不信に基づく怒りの醸成こそ、労働者の「進歩」（さきの『人民週刊』における馮菊坡の表現）と映ったのであった。

このようにして、省港ストライキは初期段階においては香港労働者から失業者を吸収し、一九二六年旧正月以降は、広州の中小工業者団体から失業者を吸収してさらなる拡大過程に入った。M・チンの紹介する一九二六年の『広州市統計彙刊』のデータでは、工会所属の労働者二九万六二八人のうち、六万七四四人が失業者であった。また一九二六年五月の報告では、広東油業工会の会員一万三〇〇〇人のうち、その半数に迫る六〇〇〇人が失業者であった。省港罷工委員会が失業者集団であるという認識は、長永の記事にも見出せる。長永は省港罷工委員会を「自発的失業労働者の集団」と表現し、連日おこなわれる「行列の群衆の大部分」は一日一〇仙を受け取る「浮浪人」であると聞く、そうであるなら「いかにまっ赤な旗を押し立てて廻っても一言に赤化と片付けるのは早そうである」とした。[162]

④　糾察隊の肥大

省港ストライキが拡大し、長期間持続した第二の要因は、ストライキ実行部隊たる糾察隊が、失業者を養う傭兵部隊へと変じたことである。

この時代の中国において、無職の者が生存を確保するためにしばしば用いた手段のひとつは軍閥の傭兵として雇われることであった。そして地方官憲の側でも、失業対策として兵士を雇用することがあった。[163]しかも一部のストライキ労働者については、広東国民政府はこれを東征、南征のための兵士として利用した。鄧中夏は、東征、南征の際に国民革命軍が「拉夫」(人々を軍の労働力として拉致すること)をせずとも迅速な軍事行動をすることができたのは、ストライキ労働者の運輸隊(五〇〇〇~六〇〇〇人)が存在したからであるとして、ストライキ労働者の軍事貢献を称えた。[164]紆余曲折を経てではあるが、火器の運搬作業などにあたった糾察隊員に二元が支給されたケースも存在しており、のちに省港罷工委員会は、元運輸隊のストライキ労働者にメダルを与えて表彰することにも言及している。[165]

さらに広東国民政府は、東征、南征以降拡大した防衛ラインに駐在させる守備隊としても糾察隊を利用した。[166]一九二五年一一月、経済封鎖が徹底されていないことを理由に、糾察隊を広東のその他の港(汕頭、汕尾、澳頭、深圳、東莞、太平、石岐、前山、陳村、容奇、大良、江門、台山、広海、陽江、水東、雷州、北海、海口)に駐在させる計画が打ち出され、一二月二五日には罷工委員会辦事処(ストライキ委員会事務所)を各地域に増設する命令も出された。[167]鄧中夏『省港罷工概観』は、広東国民政府が陳炯明と鄧本殷を打ち破った時点において、広州の中心地域に三支隊、順徳一帯に一支隊、江門一帯に一支隊、中山の石岐付近から珠海にあたる地域に二支隊、深圳の竜崗から宝安にあたる地域に三支隊、東莞の虎門鎮太平に一支隊の糾察隊を派遣したなどとする。[168]こうした場合に用いられた「ストライキ」や「経済封鎖」といった用語は、ストライキ労働者を軍閥戦争に転用する口実としての側面が強かった。

図２　不足する生活維持費（兵士がストライキ労働者に食事を分け与えている）

出典：『罷工画報』（刊行年月不明）

所蔵：Political Poster Collection, Poster ID KO 44, Hoover Institution Archives, Stanford University.

コスト面からみると、糾察隊は、省港ストライキを続ける限りにおいて、通常の傭兵よりも低コストで維持できる軍隊であった。省港ストライキの開始段階である一九二五年七月一日、省港罷工委員会は、仇貨として没収した食料品を売買してえた収入のうち、その一割を糾察隊の全隊員に、さらに一割を没収者の糾察隊員自身に分配すると規定していた(169)。したがって、罷工委員会辦事処は、各地に駐在する兵士を、地域から没収した仇貨で養う拠点として機能しえた。

このような状況では、純粋な兵員と糾察隊員とを、当の隊員たちが区別できなかったとしても不思議はなかった。省港罷工委員会直属の糾察隊員に関しては、初期の構想では五〇〇人を一大隊とし、二つの大隊から構成される計一〇〇〇人規模の組織となることが予定されていた。ところが実際の隊員数は、成立大会のまさにその日から予想を超えて膨れ上がる兆候をみせていた。大会当日に糾察隊の構想者たちが来場者を整理すると、一〇〇人余計な人々が来場しており、その後も参加者が続々と詰めかけ、後日第三大隊をつくってそこに余剰人員を吸収することになった。その後も糾察隊員の人数は増え続け、七月末には二五〇〇人、九月には三〇〇〇人、一九二六年初頭には六〇〇〇人を突破した(170)。また支隊という単位の隊員数自体が、そもそも流動的であった。初期の構想では一支隊一〇〇人であったものが、やがて一〇八人、一二五人と増員されていく(171)。鄧中夏によれば、支隊のほかに班や小隊といった、単位のより小さな糾察隊が、淡水、陽江、水東、雷州、北海、瓊州島などに不揃いに配備されていた(172)。

さらに、この時代においてしばしばみられた現象のひとつが無職の者が軍警を詐称して商店などを占拠することであった[173]。その際には当然、財物の略奪もおこなわれたであろう。そして糾察隊員は労働者から構成されていたため、その模倣は容易であったと考えられる。たとえば沙基の租界付近で長永が目撃した糾察隊は、「薄汚い浅黄色の木綿服」を着用し、「腰に短銃」を帯びるという出で立ちであったが、浅黄色の木綿服とは、当時の香港における一般庶民の服装そのものであった[174]。

結果、糾察隊は、ストライキによって失業した者と、ストライキ以前から事実上生産活動に参与していなかった者(広州に駐在する軍閥兵士、敗残兵、無職の遊民など)を同時に引きつけ、のみならず糾察隊の偽物を多く生むことになった。たとえば一九二六年三月には、「労働者のふりをした」人々が賭博をおこなっているとして逮捕され、六月には「労働者のふりをして」渡し場で騒動を起こすことが禁じられ、七月には石岐で糾察隊を詐称していた少年が逮捕された[175]。一方で清廉潔白で賄賂を受け取らない糾察隊の話が幾度も強調された[176]。同じく七月には、さまざまな紛争に糾察隊が用いられる際、「不肖の徒」が各工会の糾察隊に混じり込むことに対して、広州工人代表会が懸念を表明した[177]。

はじめから糾察隊を失業者対策として利用するつもりが広東国民政府や党にあったとは思われない[178]。しかし広東の軍事的統一が達成されるまでは、糾察隊は結果として広東国民政府の失業者対策としても機能していた。だが、広東国民政府が広東を統治する段階に入ると、財政難であった同政府は、糾察隊の解散すなわち軍縮問題と向き合わねばならなくなる。

一九二六年の一月から二月にかけて、ストライキ指導者たちは、支援を与えるストライキ労働者の範囲を限定しようとする姿勢をみせるようになった。たとえば国民党中央政治委員会は省港罷工委員会に対し、ストライキ労働者の総数を調査せよという命令を出し、ストライキ労働者はストライキ開始時点で何人いたのか、現在は何人いるのか、一人いくらの「賃金」がかかるのかを調査せよと要求した(一九二六年一月八日)。さらに省港罷工委員会は、支援を与える相手をあらかじめ襟章や飯券などを配布した者に限ろうと試みた(二月六日)。糾察隊員については、まず試験的に、模範糾察隊（他の模範となるべき糾察隊）の隊員資格を「ストライキ労働者」に限り（二月五日）、一カ月後にはこの規定を通常の糾察隊員すべてに適用させることを明文化した組織法が『工人之路』に掲載された（三月九日）。[179]こうした措置は、中共の文献が主張するような、糾察隊の質の維持ということ以上に、広東国民政府の失業者救済政策にぶら下がろうとするフリーライダーを除去しつつ、他方で、党に協力したがゆえに失業した労働者（＝ストライキ労働者）には生計の道を与えることを意図したものであったと考えられる。

(4) 権力と富のありか

① 不足する生活維持費

さきに広東国民政府は財政難であったと述べたが、それはいかばかりであったのか。まず必要とされた経費について、井出季和太の整理によれば、ストライキ労働者一万人に対し、一人あたり「広貨」（広東省銀行の銀行券？）二四仙の食費が支出され、省港罷工委員会直属の三〇〇〇人の糾察隊員には平均六〇仙、一五〇〇人の事務員には平均一元が支払われているとされた。その他事務費を合わせて六〇〇元となり、一九二五年八月末までの出費は、二六〇万四〇〇〇元に達したという。一方省港罷工委員会が調達した収入について、鄧中夏は四九〇万元あまりに達したと宣伝している（一九二六年八月付「一年来省港罷工的経過」）。井出はこの数字を紹介しつつも、また別に、渋谷剛の広東実業公司の調査結果に触れている。こちらのデータではかなり低い数字が示されており、ストライキ開始から一九二六年八月末までの総収入は二八九万三九三四元であった。[180]一九二五年八月末までの出費が二六〇万四〇〇〇元でありながら、一九二六年八月末までの総収入が二八九万三九三四元であったのならば、省港罷工委員会が必要経費を賄えていたようにはみえない。

とはいえ、そもそもこうした数字を検討すること自体どこまで意味をもつのか疑わしい。省港罷工委員会は、ストライキ開始直後には、早くも失業労働者に関する「事態は一刻の猶予もならない」と認識していた。同委員会は失業者救済のための黄埔埠頭建設計画を打ち出し、中央銀行から四万元を借り入れて労働者の食費に充てる救済案を提出するなどしたが、このような公共事業による労働者救済策はあまり功を奏さなかったようである。[181] 後述するように、広東国民政府が省港ストライキの収束に本腰を入れた一九二六年一〇月頃、省港罷工委員会は貿易品に二・五%を課税し、これを財源にして労働者に一〇〇元を与え、香港などで仕事を探させ（つまり費用を与えて就職活動をさせる）、半年しても仕事がなければ省港罷工委員会が再び広州で住まいと食事を世話するという方針を数回決議した。だがそれさえも、実際の支給は一人一〇元がやっとであった。[182]

財源はどうであったか。省港ストライキにおける生活維持費の財源は、その性質によって分類すると、（A）外部から支給された革命遂行用の活動資金、（B）運動に対して寄せられた好意的義捐金、（C）政府や罷工委員会が、企業や就業中の労働者から強制的に徴収する公課、（D）ストライキ当事者の各種名目による徴収、の四つに分けることができる。

図３「怖い！　ストライキ労働者が革命政府を守っている！」

出典：『罷工画報』第５期、1925年８月19日

所蔵：Political Poster Collection, Poster ID KO 43, Hoover Institution Archives, Stanford University.

広東実業公司のデータに基づけば、（A）に関してはソ連から与えられた二二三万元を見出すことができ、（B）に関しては、国内からの寄付金二二万五〇〇〇元弱と、南洋華僑の寄付金五〇万元あまり（一年を通じて支払われた）を見出せる。

（C）と（D）は、金銭を徴収される側からすれば、政府による略奪を受けているも同然であった。たとえば（C）に当たるものと

して、一九二五年六月に香港と沙面の労働者の生活維持費を調達するために取られた方法は、省港罷工委員会が広州市内の外資系企業（イギリス、フランス、アメリカ、日本）の「職工」に対し、六月二一日から起算して二四時間以内に、給料一〇〇元ごとに五元を生活維持費として拠出するよう求めるものであった（梁国志）。井出の示す広東実業公司のデータにおける「工人公課」（五八一七元）、「復工会社公課」（一万一六三四元）という二項目も、労働者と会社の双方から金銭が徴収されたことを示している[183]。省港罷工委員会は、イギリス製品以外の商品ならびにイギリス船以外の船舶の出入りを認める代わり、一九二五年九月五日付の「取消特許証後之善後条例」に基づき会社から「復工報効金」（営業再開許可の恩義に報いる献金といった意味）として二〇％を徴収し、一四日付の「省港罷工委員会対於日美仏等国輪船店戸条例」に基づき復業を許した企業の労働者から給料の一〇％を徴収することを決定していた[184]。その実態に即せば、これらはストライキ維持税とでも名づけるべきものである。

広東実業公司調べのデータにおいて最大の割合を占める「政府補助金」（一四五万元）も、実態はおそらく地域社会からの搾取に等しかった。一九二五年七月の省政府会議では、軍事長許崇智が、ストライキ労働者の生活維持費調達方法について、各県から「金を工面する」ことを提案している[185]。孫文時代の戦費調達を目的とした広東革命政府の徴税がいかに苛酷であったかは、商団事件に関する先行研究があきらかにしている通りであるが[186]、広東国民政府時代のストライキ労働者の生活維持費の調達とは、徴税による軍事費調達と、構造的にはまったく同一であった。

（D）はさらに剝き出しの略奪に近い形態を取った。広東実業公司調べのデータにおける「没収品払下代」（三二万一二元）はこれに相当する。没収品とはすなわち仇貨として商人などから取りあげられた物品のことであり、井出は、没収品の総額が三一万九〇〇〇元であったのに対し、えられた利益は四〇万元を超えたとする[187]。仇貨は競売にかけられることで値上がりし、ときには元値以上の利益を叩きだした。

しかしおそらく、仇貨没収などによってえられた収益に関し、正確な統計データを出すことは不可能であった。仇貨と目された物品没収にともなう収入がすべて上層部に報告されたとは考えにくく、多くの場合、没収品は没収者の私物として貯め込まれたであろう。森田総領事は「罷工団」の物品検査のようすを次のように書いている。「日を経るに連れ罷工団の輸入貨物に対する検査は益々《ますます》不規則乱暴となり、故なく苛酷の所謂罰金を強徴せられ、若《も》しくは商品を没収せらるるもの等相継ぎ、商民の罷工団に対する苦情続出し、その横暴に対する怨嗟の声愈々《いよいよ》喧しきものありたる」(188)。仇貨の検査と称して商人の品物を差し押さえ、罰金と称して金品を没収してしまう行為が多発しており、それは現場の糾察隊員がまったく恣意的におこなっていたのである。

② 党、工会、罷工委員会

このような状況で現れた党、工会、罷工委員会という新たな動員装置は、人々にどのように利用されたのか。四つの事例から確認しておく。省港罷工委員会と各工会の幹部の振る舞い、広州の茶館業者と広東総工会をめぐる紛争、江門新会県の新会県総工会と広州酒楼茶室工会江門支部の紛争、そして広州と順徳における港湾労働者の紛争である。

〈省港罷工委員会および各工会の幹部たち〉

省港ストライキの中核組織である省港罷工委員会の最高意思決定機関は、罷工工人代表大会(ストライキ労働者代表大会)である。この会議は、省港ストライキ中、みずからの待遇や地位に不満のある指導者が、互いの収賄行為を告発し「工賊」のレッテルをなすりつけ合う権力闘争の場と化していた。

罷工工人代表大会第一〇回代表大会(一九二五年八月八日)において生じた中共党員蘇兆徴、黄平と水陸偵査隊長梁子光らの口論は、同委員会におけるもっとも深刻な内輪もめのひとつであった。劉達潮は、梁子光は蘇兆徴から「財政権」を奪うため、蘇兆徴に収賄容疑があると言い立てたとする。ただし当時の報告書をみると、梁子光は蘇兆徴ひとりを責めるというより同委員会に収賄容疑があると主張し、省港罷工委員会上層部とみずからの待遇との差に言及している。黄平は、証拠がないのであればみだりに委員会を攻撃するなと梁子光を黙らせ、不満を募らせた梁子光は黄平に殴りかかろうとした。それゆえ梁子光は第一一回代表大会(同月一〇日)で「工賊」指定を受けることになった(189)。

やがて梁子光は、自身が収賄行為を告発されることになる。省港罷工委員会会審処（裁判所に近い機能を司った）に勤めた中共党員彭松福*によれば、梁子光の秘書は会審処の取り調べに対し、梁子光が香港鹹魚工会（鹹魚とは魚の干物を指す）の賄賂を受け取り、取り締まりの手を緩めたと白状したという。この秘書が拘留されるや梁子光は逃亡した。ところで梁子光の収賄を告発したのはその部下藍卓廷であったが、もともとは藍卓廷も水陸偵査隊の隊長であり、やはり収賄行為で告発を受けた経歴をもっていた。藍卓廷は隊長であったころ、取り締まった商人に対し、「金を払えば〔没収した〕物品を返してやる」と裏取引をもちかけたとされる。藍卓廷の一隊はこの一件によって解散させられ、藍卓廷自身は梁子光の部下に降格させられていた。(190) そして第一一回代表大会では、梁子光ともども「工賊」に指定されている。

このような指導者間の告発は、それが事実であるかどうかよりも、権力の座から相手を引きずり落とすための口実であったように思われる。蘇兆徴であれその他の人々であれ、告発された罪状の真偽をこれらの史料のみで判断することは難しい。

そもそも工会幹部の一般的振る舞いとはどのようなものであったのか。参照材料として、いくつかの工会の幹部の振る舞いをみておきたい。たとえば広州の手押し車労働者に工会の意義を説くため作成された文章は、今後労働者が注意すべき点として、工会は工頭、職員、少数の者の利益を図るものではないということ、労働者は積極的にこれに関わり、また監視しなくてはならないことなどを指摘している。つまり、多くの工会が勢力ある頭目による個人独裁の状態にあり、その私物と化していたことが窺える。一般の労働者は、頭目からの命令を受けない限り、日常的には工会と無関係の態度を取っていた。(191)

＊彭松福：船澳工会代表であった。中華全国総工会省港罷工委員会から国民党中央政治委員会宛「報告」（八月一一日）、『工人之路』第五〇期、一九二五年八月一三日（『蘇兆徴研究史料』一四七 - 一五二頁）。

中共が広東工会連合会の設立に利用した搾油労働者団体の頭目もまた、工会幹部の座を利用し、私腹を肥やしていると報告された。中共広東区委の報告（推定一九二六年五月以降）は、執筆者たち自身が驚いたこととして、中共と関わりの深い「油料工会」（油業工会のことであろう）の指導者が月給二二〇米ドルを獲得し、さらに数千米ドルの「公共資金」を浪費していることを報告した[192]。

またこの報告に基づくと、総じて工会は、設立者が各種名目で会員から金品を徴収できる「金儲けの早道」とみなされていた。人々は「競って工会を組織」し、「ときには会員争奪のため大きな闘争が生じた」。また工会加入を望まない労働者に対しては、「検査小組」という団体の成員が太く長い棍棒を携え、暴力を振るい、加入を強制したという[193]。

〈広州の茶館業者と広東総工会〉

次に、広州の茶館業者をめぐる紛争をみてみよう。この紛争は、茶館業者同士の紛争に、広東総工会と広州市公安局が関与し、展開したものである。

まず茶館業者の状況について整理する。広東には茶館業者や茶館に付属する軽食業者が数多く存在した。茶館に関して、広東には「金があれば上階にのぼり、金がなければ地下のごろつき」という言い回しが存在し、これはすなわち、広東人にとって、上層社会の者であれ下層社会の者であれ、茶館は情報交換と社交のための大切な場であったことを意味した。それゆえ橘樸は、「都市の民衆」、とくに「小商人」、「店員」、「労働者」などの「下層民」にとっては、茶館は「世間的知識の唯一の源泉」であるとすら述べた[194]。党の政治的言説がまっさきに流れ込んだ社会的領域もまた、茶館業者、軽食業者の世界であったのだろう。前章でみたように、広州に本部を置く広東総工会の中核団体は広州茶居工会であり、順徳県に設立された順徳県総工会の責任者は酒楼茶室工会の何秋如であった。

広州の茶館業は、その業務形態に基づき、酒楼業、茶楼餅餌業、粉麵茶点業に分けることができた。それぞれの業務は重なり合う部分もあったものの、傾向としては、酒楼は宴会を、茶楼餅餌業は茶と菓子を、粉麵茶点業は茶と軽食（ビーフンや麺）を提供することを主な業務としていた（馮明泉）。また茶居とはもっとも伝統的な広東の茶館を指し、これに対して新式の茶館は茶室と呼ばれ、酒楼に付属するものは酒楼茶室と呼ばれた（張亦菴）[195]。

広東総工会は茶館業者のみの団体ではなかったが、その中核団体が広州茶居工会であったことから茶館業者の争いにも巻き込まれていく。中共の革命史的叙述においては、広東総工会は国民党右派の組織として位置づけられており、同会をめぐる対立構図は、広東総工会対広州工人代表会（ないしは広東工会連合会）、国民党右派対中共、店主対店員などとして描写されている[196]。たしかに、省港ストライキ時期には同業団体内部の争いが増加し、店主たちは激しさを増す工会との紛争から身を守るため、広東総工会に結集していったようである。その意味においては、中共の階級闘争の筋書きに沿う光景は一定程度は存在した。しかし人々は党の理念に引き寄せられたのではなく、どちらの勢力がより自分たちに有利な計らいをしてくれるかを念入りに計算し、行動していた。たとえば、一九二五年五月に会員全員で国民党に加入すべきか議論していたのは、後世の歴史叙述が国民党右派系としている広州茶居工会ではなく、中共系の団体としている広州粉麵茶館工会であった[197]。

ここでは、広州の茶館業者陳森の周囲で起きた事件をまとめてみる。陳森は前章でも触れたように、広東総工会の会長を務め、広東機器工会派と通じていた人物であり、その出身団体は広州茶居工会であった。この広州茶居工会は、広東工会連合会の一員でもあった広州粉麵茶館工会と会員を奪い合い、死者を出す衝突を引き起こす。国民党の革命史に依拠する限りでは、両者はもともとひとつの茶館業者団体から分かれたものであったという[198]。

両団体の関係者は幾度かその調停に努めた。たとえば一九二五年五月四日には「総工会」（広東総工会とみられる）が仲裁に入ったと報じられた。七月一三日には広州市公安局が調停役を務め、双方の代表が取り決めに署名し、事件は解決したかにみえた。ところがこの調印式の翌一四日、広州粉麵茶館工会の数十名の会員が広州茶居工会に加入している茶館に押しかけ、広州粉麵茶館工会への加入を強要した。広州茶居工会会員の鄒広は殴られて人事不省となり、病院に搬送された。一五日にも徳記祥と三興茶楼という二つの店で紛争が起き、広州茶居工会会員であった三興茶楼の者が二名殴打された。両事件とも警察が現場に駆けつけたが、紛争を止めることはできなかった。こうした状況にあって、陳森を含む茶居工会の指導者たちも、一三日、「各会員は一律に国民党に加入する」ことを決めた[199]。国民党入党は団体の生き残りを賭けた選択だったのである。

一六日、ついに死者が出た。広州粉麵茶館工会の三名の会員が広州茶居工会との紛争で死亡したのである。広州工人代表会はすぐさま陳森が首謀者であると司法に訴え出た（ただし判決は丸一年たっても出なかった[200]）。この死亡事件発生後、広州粉麵茶館工会は公安局に対する不信感を露にし、一七日には一〇〇〇人あまりの会員が三人の遺体を公安局まで運び、同局秘書の潘歌雅を懲罰するよう請願した（『工人之路』）。前章で触れたように、広州茶居工会は省港ストライキ時には公安局の密偵に似た役職に任じられていた。広州粉麵茶館工会には、敵対勢力と公安局が癒着していると感じられたであろう[201]。

一九二六年四月には、今度は広東総工会が夜襲を受けた。李少陵によると、事件当日、広東機器工会派はこの日に広東総工会への襲撃があるという情報を事前に入手し、機関銃やライフルを準備して、予想される深夜の襲撃に備えていた。この時期の広東機器工会派の指導者であった李徳軒や朱敬は、おのおの二つの手榴弾を身につけ、また李少陵に拳銃を渡し、「敵を倒せなければ、自殺する」と決意を表明した。果たして実際に襲撃者は現れたが、李徳軒らはこれを追い返したという[202]。

七月一三日、事態をいっそう深刻化させる死傷事件が生じた。広州工人代表会が作成した陳森告発文[203]によると、やはり原因は会員争奪であった。死亡者は歯ブラシの毛先をつくる歯ブラシ職人とみられる。善育堂という店舗（工場？）に雇用される店員（職人？）に対し、広東牙刷掃抿工会の会員二名が工会への加入を求め、善育堂の店主は店員を取られまいとし、「兇徒」（広州工人代表会の表現）を率いてこの二名を襲撃し死亡させたという。広州工人代表会の主張は、善育堂はそれ以前にもみずから牙刷掃抿工会をつくるなどの抵抗をしており、広東省政府農工庁がこの工会に対して解散を命じたのだから、善育堂の店主はあきらかに「悪者店主」である、にもかかわらず「工賊」陳森は広東総工会を利用し、この「悪者店主」を庇っている、というものであった。また同代表会は、襲撃者たちが広東総工会の旗を掲げていたとも主張している。

陳森はこの後、一八日に開催された北伐のためのイベントに出席していたところを、広州粉麵茶館工会と広東牙刷掃抿工会の会員に拉致された。しかし広州工人代表会が蔣介石に宛てた陳情書によれば、陳森の身柄はすぐに広州市公安局に移送されている。[204] 公安局の行動の迅速さは、おそらく陳森の身を案じた局長呉鉄城の意向を反映したものであっただろう。

国共両党の革命史は、どちらもともに、こうした紛争が敵の陰謀によって生じたとする。たしかに当時は、孫文主義学会や西山会議派などによる反共運動なども展開されており、動員可能な団体を用いて敵対勢力を攻撃させようとする動きがあったとしても不思議はなかった。[205] しかし労働者たちの振る舞いそのものについていえば、どちらの党にも、労働者たちの争いを事前に止めることはできなかったのであろう。たとえば広州工人代表大会は、一九二六年五月には、広州工人代表大会の許可なしに勝手に運動してはならないと各工会に向けた通告を出していたのである。[206]

〈江門新会県の茶館業者〉

第三の事例として、一九二六年二月に江門新会県で起きた陳日光拉致事件を検討する。この事件は、広州近郊の県における党、工会、罷工委員会をめぐる状況を知るうえで手がかりとなるものである。

江門新会県は現在の江門市新会区にあたり、珠江デルタ西南部に位置する。広州市と新会のあいだには、中共広東区委が盛んに動員をおこなった仏山と順徳がある。『中共新会党史』によれば、陳日光は社青団の一員にして中共新会支部書記であった。また同書によれば、新会県総工会の設立をめぐってギルド団体同士の紛争が起き、「国民党右派」によって「一部の基層工会代表」が離脱させられたともいう。[207]

事件当事者である広州酒楼茶室工会が国民党中央に宛てた陳情書[208]によれば、陳日光とトラブルになったのは同工会江門支部委員長の葉璋という人物である。第一次国共合作の時期であったので、陳日光は国民党員でもあり、新会県総工会顧問と江門罷工委員会辦事処の職員を兼任していたようである。

共青団新会支部の報告では、新会県総工会は一九二五年一二月六日の時点で二二の工会を傘下にもち、六〇〇〇〇人の会員がいるとされた。労働者たちは東江征伐の勝利を祝う会などで盛り上がり、「非常に発展」していたが、一方で、ときおり行動が傲慢粗暴となることを免れず、職業上の利害の問題から、酒宴工会と酒楼茶室工会が衝突したという。また陳日光の関与する江門罷工委員会辦事処の糾察隊は「商人」から敵視されていた[209]。

この時期、江門一帯の経済活動は、ストライキの影響で停滞していたと思われる。江門の税関（江門関）に一九〇四年から四九年にかけて出入りした輸出入品運搬用の船舶数を示すとみられるデータによれば、一九二四年に二四九六隻であったのが、一九二五年に一三五〇隻となり、一九二六年には三三七隻に激減している。これは一九〇四年からの四四年間を通じた江門の最低記録であった（ただし一九四〇～四五年および四九年はデータなし）。そのわずか二年前には、一八九八年以来の最多記録を記録したばかりであった（三二万八三四〇人）。もっとも、内陸航行用船舶の出入国状況は一九二五年が最低（四五四二隻）であり、一九二六年には一万三三一七隻に回復する[210]。

おそらく外国製品と競合する商品を扱う業者は利益を上げたであろう。しかし人や物の流れが滞っていた以上、全般的には江門一帯は不景気に陥り、失業者が増加していたと思われる。同業者同士の争いが増加した背景として、このような市場縮小による失業者増加の影響を想定すべきである。というのも通常であれば、雇用を確保している者は外部の動員に応じることは少なかったからである。たとえば順徳の場合、何秋如率いる順徳の茶居工会の常備労働者（長工）は会議に参加する暇がなく、やってきたのは「失業同志」ばかりであった（順徳県茶居工会支部書記梁宏川の報告[211]）。

当時、新会県総工会にも、酒楼茶室工会と茶館業市場のパイを奪い合う茶館業者集団、茶居工会が存在した（さきの「酒宴工会」と同一組織であるか不明）。同会会員の文綽英は一九二四年に中共に入党しており、中共との関係が深かったのはこちらの団体であったようである。また文綽英は新会県総工会の第一期執行委員に選出され、一九二六年六月には新会県第二次工人代表大会の席上で新会県総工会の正式な成立を決めたともいわれる[212]。もし中共と結びついた他の茶館業者勢力が中核を占めていたのであれば、新会県総工会は、ひいき目にみても、葉璋らに利益を図ってくれる存在ではなかったであろう。

葉璋の陳情書に引用されている新会県総工会の主張によれば、同総工会は葉璋を「工賊」と呼び、葉璋が江門市党部の梁悝民、江門駐在の糾察隊員数人、ならびに暴徒と結託し、「仇貨賞金」を搾取し、また陳日光を拉致して軟禁したと訴えていた。これに対する葉璋の反駁を整理すると、葉璋が陳日光を拉致したことは事実であったようだが、陳日光もまた、江門罷工委員会の職務を乱用して巨額の経費を着服していると主張している[213]。

劉爾崧の一九二六年一月二八日付の調査に基づくと、紛争の原因は、葉璋が糾察隊を解任されたことであったという。すると解任された葉璋は陳日光に対し、次のように主張した。省港罷工委員会の決定によれば糾察隊は仇貨の二割を分け前にできるはずだが、陳日光の会計処理はこの決定を反映していない疑いがある、帳簿を開示せよ、と[214]。

この事件をめぐって残された記述は、どれもが利害関係者によって作成されており、訴えの構造は同じである。つまり、相手が公的財産を私物化し、ごろつきと結託していると訴えている。真相はなお判然としない。劉爾崧はやはり、中共党員であった陳日光に有利な報告をしたであろう。しかしこれらの記述から、新会県総工会の者と広州酒楼茶室工会江門支部の者がゼロサムゲームの関係に陥り、葉璋ら広州酒楼茶室工会江門支部側が、陳日光ら新会県総工会の派閥に利益を奪われていると感じていたことはみて取ることができる。

〈広州と順徳の港湾労働者〉

第四の事例として、香港労働者と広州労働者の仕事をめぐる紛争をみてみよう。この事例については、すでにM・チンによる整理が存在する。チンは、ストライキによって失業状態となった香港労働者が広州市場へ参入することは、「地域の工会や労働人口からは歓迎されなかった」と概括している[215]。

鄧中夏は一九二六年三月の『工人之路』において、広州の工会同士の紛争件数が「とても多い」と嘆いたが、[216]このときもっとも問題であったのが、広州を縄張りとしていた港湾労働者の団体、粤港起落貨総工会（集賢工会から改名）＊が引き起こした各種紛争であった。この団体は、かつて沙面ストライキに参加した経歴をもち、省港罷工委員会にも代表者を送り込んでいた（沙面ストライキ委員会の指導者層ならびに何州泉経歴を参照）。

粤港起落貨総工会と衝突したのは、中華海員工業連合会ならびに労働同徳総工会である。省港ストライキ期間中は、従来粤港起落貨総工会がおこなっていた仕事を、香港の海員や港湾労働者が奪う形になった。しかもこのとき、省港ストライキの影響で港湾の積み卸しの仕事は減少していた。

粤港起落貨総工会（当時の名は集賢工会）の立場に身を置いてみれば、彼らはすでに一九二五年五月末の時点で、広州市公安局と結託した海員に仕事を奪われ、圧迫を受けていると感じていた。粤港起落貨総工会の公開文書は、中華海員工業連合会の林偉民が同会の会員を誣告し、また五月二九日に中華海員工業連合会の第一区分部主任らが広州市公安局の警察を引き連れて粤港起落貨総工会の仕事場に駆けつけ、同会会員に足かせをはめようとし、「むやみに蹴りつけ」、署に連行し拘留したと訴えていた。理由は、広州の黄沙における塩船の船内積み卸しの仕事の奪い合いであった。広東国民政府工人部長であった廖仲愷は、この事件に関しては海員のやり方に批判的であった。「海員工会はその日たしかに〔そこまでしなくてはいけないほどの〕危険な状況があり、どうしても区〔の警察署〕に通報して捜査しなければならなかったということを、証明する責任がある。もしそれが確かだと証明できないならば、〔私は〕海員工会に対し、集賢工会への謝罪を命じなくてはならない」[217]。

＊粤港起落貨総工会：前身は集賢工会。一九二六年一月に粤港起落貨総工会と改称。成員数は、中共広東区委員会の報告（編者推定一九二五年七月）によれば、約三〇〇〇～四〇〇〇人。一一六頁の集賢（卸貨）工会に関する説明も参照のこと。「中共広東区委関於省港罷工情況的報告」『広東革命歴史文件彙集（中共広東区委文件）一九二一年－一九二六年』二九頁。

しかし、より深刻であったのは粤港起落貨総工会と労働同徳総工会の紛争であった。省港ストライキ開始後、香港から引き揚げた労働同徳総工会の労働者たちは、いくつかのグループに分かれ、広州市内の珠江沿いの埠頭に展開した。すなわち、黄沙や鳳凰岡（いずれも現在の荔湾区）、白蜆売（現在の海珠区）、河南へ、それぞれ移動したのである(218)。そして移動先において、限られた仕事をめぐり、粤港起落貨総工会と衝突した。

中華全国総工会の「同徳集賢糾紛案判決書」（一九二五年一二月）(219)は、この時点における両者の争いを次の三つに整理している。黄沙の海旁街三八号にあった借家の賃貸権をめぐる争い、鳳凰岡での決闘問題、南洲倉の仕事権をめぐる紛争である。

黄沙海旁街三八号の借家問題に関しては、借家権は労働同徳総工会に帰属すべきであると判決が下った。この部屋のもとの借り主は粤港起落貨総工会であったが、家主は粤港起落貨総工会の同意をうる前に、部屋の借家権を労働同徳総工会に与えてしまったものとみられる。農工庁も調停に乗り出し、労働同徳総工会の会員は省港ストライキのために広州に戻ってきたのであるから、粤港起落貨総工会には労働同徳総工会に譲歩する義務があると諭した。粤港起落貨総工会は表面上受け入れたふりを装いつつ、関係者が気づいたときには、鳳凰岡で決闘沙汰に及んでいたという。

また南洲倉の仕事権をめぐる紛争については、その仕事権は粤港起落貨総工会に帰属すると判決が下った。判決文からは、省港ストライキのために激減した仕事をめぐり、両者の争いが深刻化していたことが窺える。

これ以降も両団体の争いがやむことはなかった。たとえば一九二六年三月三一日、沙基大街の埠頭にある広大米店の仕事をめぐり、両者は衝突した。粤港起落貨総工会の鄧漢興の訴えによれば、この日、粤港起落貨総工会第八分部は、労働同徳総工会の職員劉志が率いる「一〇〇人あまり」（このような数字は正確なものではなく、人数の多さを印象づけるためのものと思われる）の凶器をもつ人々の襲撃を受けた。結果は溺死者一人、重傷者数人、拉致された者数人、「行方不明」数人であった。また第九分部も労働同徳総工会の「一〇〇人あまり」の群衆による破壊と略奪を受けた。拉致された者三三人、重傷者三人であった。一八分部も労働同徳総工会に破壊され、警察もこれを止めることができず、数人が拉致された。第四分部も「数百人」に包囲されて襲撃を受け、拉致された者、海に放り込まれた者が多数出たという。粤港起落貨総工会は労働同徳総工会を非難するにあたり、「帝国主義者の運動を受け、労工団体を破壊する」といった国共両党の用語を用い、みずからの縄張り争いを、お上の推進する反帝国主義闘争の物語に沿うものとして脚色し、訴えた(220)。

これに対する労働同徳総工会の反論は、その大意を要約すると次のようになる。本会は不幸にも粤港起落貨総工会と衝突してしまったが、そもそも粤港起落貨総工会は、あとから勝手に一八分部なるものを設立し、広大米店の仕事を横から力ずくで奪おうとしたのである。本会はこれまでずっと粤港起落貨総工会の横暴な振る舞いに耐えてきた。しかし事件の起きた三一日には、粤港起落貨総工会の者が天秤棒で本会の者を猛烈に攻撃してきた。このとき相手方の人数はたいそうな勢いで増え、本会の者を取り囲んで殴打したのである。だから本会の者の行動は「正当防衛」である、と(221)。

一九二六年秋ごろには、順徳県容奇の労働同徳総工会支部が粤港起落貨総工会の襲撃を受ける事件が発生している。労働同徳総工会主任阮兆年の一一月の陳情書によれば、容奇において、労働同徳総工会支部(容桂支部)が「万生祥」(店舗の名であろう)と穀物の積み込み(起穀)をしていたところを、粤港起落貨総工会の糾察隊「一〇〇～二〇〇人」が襲撃したという。このとき粤港起落貨総工会の糾察隊は、「各工会、土匪、農団、たとえば順徳全属繭業連合工会籌備処」などと「手を組んで」、この襲撃をおこなったという(222)。農団と並べて名を挙げられている「順徳全属繭業連合工会」とは、中共の順徳県通史において中共党員李民智の業績に数えられている「雲路村蚕桑自治会」と関係のある団体ではないかと思われる(七六頁の李民智傍注参照)。

状況は非常に混沌としているが、どうやら粤港起落貨総工会の港湾労働者たちは、時間の経過とともに、順徳の周縁的地位にあり中共と手を結んだ人々と、関係をもつようになったようである。他方、国民党と結びつきが比較的深かったとみられる労働同徳総工会は、徐々に地域の権力構造において中層以上の人々と結びつくようになっていったとみられる[223]。ただしこの状況を中共の革命史的叙述に従い、階級闘争と捉えることはできない。粤港起落貨総工会と労働同徳総工会は、どちらもともに、同じ世界に生きる港湾労働者同士だからである。彼らが中共や国民党をそれぞれに選択したとしても、それは、彼らを労働力や武力として必要とし、対価を支払う相手がそこに存在したからに過ぎない。

だが、武力紛争を繰り返すことは、二つの団体間に深刻な憎悪を醸成したであろう。両団体の成員はあきらかに相互に殺意を向けるようになっていた。阮兆年の一一月の陳情書によると、「夏暦九月二八日」（一九二六年九月二八日か）に粤港起落貨総工会による襲撃があり、粤港起落貨総工会の「範鑑」と名乗る職員（三二歳）が労働同徳総工会支部に爆弾を投擲したという。労働同徳総工会が「範鑑」を捕らえて訊問すると、「範鑑」は「爆弾がどこから出てきたのかわからない」などといい立てたが、他の会員は、粤港起落貨総工会が広州から順徳に爆弾をひそかに運び込み、労働同徳総工会の職員を暗殺するつもりであったと白状したとされる。

また阮兆年の陳情書には、労働同徳総工会支部の人々が、広東国民政府工人部の設けた食堂（飯堂）[224]を利用している姿が描かれている。粤港起落貨総工会は、この食堂をも攻撃対象とした。このときには四〇〇～五〇〇人が食堂を包囲して銃撃を浴びせたという。阮兆年の陳情書が、「敝会の分区と各飯堂」という表現を用いているところからみても、省港罷工委員会の設けた食堂は労働同徳総工会の私物と化し、他の団体の成員がこれを利用することはできなかったのではないかと思われる。

一九二八年二月四日付で農工庁が順徳県県長に宛てた指示によれば、粤港起落貨総工会もまた容桂分会を設立しており、一九二八年になっても両者は武力紛争を続けていた。ただし国民党の「清党」時期（中共の駆逐）に入ってからは、広州の粤港起落貨総工会は「共産党の暴動」に加わったとして広州市公安局から解散を命じられたようであり、順徳県の容桂分会についても、農工庁は順徳県県長に対し、これを解散させよと指示を出している[225]。

鄧中夏は、労働同徳総工会と粤港起落貨総工会の紛争に関連し、労働者の問題点を次のように述べている。彼らには階級意識が欠如しており、広東の械闘の習慣が強い。意見が違えば殴り合い、殴り合いへの参加を痛快なこととしている。争いに勝てば「優勢になった」、負ければ「メンツを失った」と考える。そして負けた場合にはみずからの力量不足を責め（自責無能）、次回の報復に備える。同年六月、大任の署名で『工人之路』に掲載された文章も、「紛争が発生したとき〔労働者は〕上級工会に裁判を頼まず武力で解決しようとする。そのため殴り合いがない日はない」と指摘している(226)。

労働同徳総工会であれ粤港起落貨総工会であれ、党や政府などのお上の威光を利用して競合相手を排除し、私利を確保しようとする行動原理は共通していた。しかもこの場合の私利追求行動は、今日明日の食事を確保するための、生存ラインぎりぎりの者の切迫さをともない、敵に対する容赦のない暴力行使と容易に結びつくものであった。

私的利益の確保に生命を賭けるこのような人々の脳裏においては、他の団体との協力、共存といった、いわゆる公的なるものへ向かう思想の成立する余地は、根本的に存在しなかった。そのため彼らは党や政府の公的活動に対してはきわめて非協力的であった。七月九日付『広州民国日報』は、労働同徳総工会広州支部がストライキ支援のための資金を集めることができなかったと報じたが、中共広東区委の報告は、労働同徳総工会の領袖はそもそも省港ストライキに不熱心で、もっているはずの「基金数万〔元〕」をストライキ支援に回さなかったと、不信感を洩らしている(227)。

このような人々は、基本的には、勝つか負けるか、上か下か、敵か味方か、といった基準でのみ世界を捉えていた。さきの「同徳集賢糾紛案判決書」に、「同徳は……集賢工友が決して敵ではなく、実は兄弟だと知らねばならない」と書き添えられたのは、こうした傾向を諌めようとする努力の一環であった。しかしお上から「不利」な指示を出されるということは、彼らにとって、鄧中夏のいう自身の「無能」（力量不足）を示す証拠でしかなかった。そのため、判決を無視したリベンジのための私闘が繰り返されたのである。

③ 糾察隊の仇貨没収

省港ストライキ時の糾察隊は、党、工会、罷工委員会に所属する傭兵として、収奪行為をおこなうようになっていった。中共の文献は、糾察隊が地元民と数々の紛争を起こしたことを認めつつも、紛争の背後には帝国主義者の陰謀があったとする[228]。『工人之路』によれば、早くも一九二五年夏には、各工会の組織した糾察隊が「各自好き勝手にやり、指揮に従わない」ことが問題視され、糾察隊の改編が実行されていた。各糾察隊のそれぞれの旗の色までが異なる状況であったため、党は糾察隊が携帯すべき旗、着用すべき竹編み笠、腕章・襟章の色を指定し、糾察隊をコントロールしようと苦心した[229]。

むろん糾察隊員の匪賊的色彩には、各隊ごとに濃淡があっただろう。しかしチンのみるところでは、ほとんどの糾察隊員は文盲であり、上層部の指示は隊員たちには理解されず、しかも彼らは白昼堂々犯罪行為をおこなうことさえした[230]。当時広州市内には、軍閥の兵などを自称して収奪をおこなう無職者などが多く存在した。雲南軍（建国滇軍第四師）の事例では、関連機関に宛て、「軍隊を騙る者は殺してよい」という告知が出されるほどであった[231]。それゆえ糾察隊の中にも隊員を騙ってゆすりをおこなう者が相当数紛れ込んでいたと思われる。水陸偵査隊のある通告は、香港から広州へ向かう船の客が上陸する際、水陸偵査隊を騙る者が金銭をゆすることがある、このような行為は強盗と同じだと非難した[232]。糾察隊を騙る根無し草たちは、奪えるところから奪うという行動を繰り返したとみられる。

糾察隊第四大隊に関しては、より詳細なようすを一〇月の『広州民国日報』に公開された政府の書簡から窺うことができる。この書簡には、広州の石室聖心大聖堂の司教の訴えが引用されている。司教は、教会を占拠する第四大隊のストライキ労働者隊員の行動に不安を覚え、教徒の身や財産に彼らが何かしでかしそうな雰囲気が生じていると訴えている。司教の認識によれば、以前は陳烈という指導者（黄埔軍官学校から派遣）が教練長として隊員に適切な指導をおこない、占拠した建物についても責任を負っていたので、それほど問題はなかった。ところが近ごろ、ストライキ労働者が別の建物に「工人部」と書いた紙を貼り、さらに教会の学校部分と向かいの建物を占拠し、指導者や責任者がいないかのような状況になったという。司教の目には、労働者が行動をエスカレートさせていくようにみえていた[233]。なお民家などに勝手に「××部」と紙を貼りつけ、建物を占拠するやり方は、軍閥兵士の常套手段であった。

たとえば同年七月には、軍人が民家に「某軍総司令部」と書いた紙を貼りつけて占拠し、賭博やアヘン吸引をおこなっているさまが報じられている[234]。糾察隊と傭兵の境界線は曖昧になっていたのである。呉鉄城が、「みろ、ストライキ労働者は劉震寰、楊希閔の兵士よりも凶暴だ」と述べたなどとも伝えられているのは、こうした背景によるものであろう[235]。

鄧中夏が「土匪」との戦争の代表例として挙げる「戦役」のひとつに、広東省東莞の太平で発生した紛争がある[236]。しかしこのような紛争の背景についても、広東の一般民衆の取引現場に糾察隊が赴き、品物を恣意的に没収するという事態が生じていたことを考慮する必要がある。

一九二五年九月半ばには、太平商会から広州市商会に宛て、太平駐在糾察隊が渡し場でみだりに商品の積み卸しを制限するのをやめさせてほしいという懇願がおこなわれていた[237]。この時期には「香港のスパイ」として糾察隊に広州市内を引き回される者が出ており、うかつに逆らえば糾察隊の制裁を受けかねない状況が生じていた[238]。地元商人の反感が十分高まっていたところへ、一〇月に事件が生じた。太平商会によれば、魚の干物を担いで市場に赴いた女性が商人と取引をしようとしたところ、糾察隊が介入し負傷者が出たため、「市場のすべての人々が憤り」（全墟憤激）、商人たちは抗議の意思表示として一斉閉店（罷市）を決行しようとした。争いは最終的に商人の自衛組織と糾察隊の銃撃戦に発展した[239]。

商人たちは魚の干物はイギリス製品ではないとして、糾察隊の末端の指導者などに返却を求めた。しかし没収品が戻る見込みは限りなく低かった。おそらく多くの場合、没収品は売却され、その利益はそのまま省港罷工委員会関係者の懐に転がり込んだ。たとえばある記事において、省港罷工委員会会審局は魚が腐るという理由で魚の干物一六二件（籠？）を競売局に引き渡している[240]。省港罷工委員会の論理では、申し立ての是非を審議するあいだに魚が腐るくらいなら、競売にかけたほうがよいというのであった。

商人たちは、こうした事態が魚の干物の高騰を招き、貧民の食費を圧迫していると訴えた。一九二六年四月一七日、省港罷工委員会もついにそれを認め、魚の干物は、それが香港から輸入されたものでない限り通行の自由を許し、検査も迅速化するよう命じた(241)。だが上層部の新たな命令を末端成員に守らせることは困難だった。

上層部の命令が末端隊員に遵守されるどころか、むしろ紛争が深刻化した地域のひとつが宝安である。省港罷工委員会は、一九二六年四月に一一の条件を示し、少なくとも農民協会に所属する宝安の農民に限っては、「英界」（イギリス領香港を指すと思われる）を通過して米、肥料、塩などを購入することを許可した。農民が港で農産物と日用品をやりとりすることを糾察隊が許さず、このことが農民の生活を圧迫していたので、省港罷工委員会は取り締まりを緩めるよう糾察隊に指示したのである。にもかかわらず、五月以降、広東沿岸地域の農民と糾察隊の紛争は増加した。沿岸部の農民にとってこの時期は収穫物を売りに出すかき入れ時であり、農民たちは糾察隊に対するそれまでの友好的ないし中立的態度を改め、武器を手に糾察隊と対抗する姿勢をみせるようになった。あまりも紛争が増えたため、六月には黄金源が各地の罷工委員会辦事処の実態調査に乗り出した(242)。

八月には、宝安の固戍郷という村で糾察隊による襲撃事件が起きた。固戍郷の嘆願書によれば、掘り出したばかりの生姜をもつ「労働者」（固戍郷の村人を指すと思われる）を宝安南頭駐在の糾察隊員が縛り上げようとし、殴り合いになったという。二日後、糾察隊は「一〇〇人あまり」を率いて再来し、固戍郷全体に対して発砲、放火、略奪、拉致をおこない、死傷者が出た。嘆願書の最後には「罷工委員会」が慰問に来たとある。この場合の「罷工委員会」とは、広東の各地に設けられた罷工委員会辦事処のことであろう。事実だとすれば、糾察隊の行為は地元の罷工委員会からみても行き過ぎたものであった(243)。

九月の中共広東区委の雑誌によれば、宝安の第一回農民大会でストライキを擁護するという提案がなされた際、農民協会会員の半分は不賛成の態度を取った。理由を問うと、食糧の輸出を禁じるので糾察隊はよくないと答えたという。また前山の農民大会では、サトイモ、サツマイモ、生姜の輸出を許してくれるよう、糾察隊に請願することが議決された(244)。

こうした紛争あるいは糾察隊の無法ぶりのうち、とくに糾察隊上層部が深刻だと認識したのは、一九二五年一〇月に起きた江門駐在糾察隊第一三支隊の行動であった[245]。同年一一月四日、糾察隊指導部は、糾察隊の隊長制を改め委員会制に移行し、糾察隊を整理すると公表した。個人独裁を防ぐため集団指導制に切り替えたのである。そして、公務の執行者という地位を利用し私腹を肥やす者が糾察隊に存在することを指導部は認め、糾察隊は「当初の設立意義を次第に失った」とした。さらに「公金を差し止める」（おそらく着服を意味する）、灯油を盗み売りさばく、命令に違反するといった江門駐在糾察隊の行為を批判した[246]。

翌年三月には糾察隊に対する罰則規定が公表された。そこでは銃殺刑に相当する重罪として、経済封鎖戦略に関わるスト破り（糧食や中国人を香港・沙面・マカオにひそかに運ぶこと）のほか、積載貨物を盗んで売りさばくこと、人を捕らえ恐喝すること、物品を横領して私腹を肥やすこと、命令に違反すること、そして「公金を差し止めること」が明示された。後半の五つの罪状は江門駐在糾察隊の行為と重なる。軍事的観点からすれば本来もっとも罪が重いと考えられる軍事機密の漏洩、上級機関に対する集団での脅迫行為などは、監禁または解雇という二等の罪にとどめられた[247]。

3、運動収束

(1) 収束しないストライキ

形式の上では、省港ストライキは一九二六年一〇月一〇日に終了した。九月一八日、広東国民政府外交部長陳友仁は、ストライキを一〇月一〇日以前に収束させるという広東国民政府の判断を在広東イギリス総領事に伝え（劉明憲論文）、二二日、国民党の「中央委員会」は「罷工団体の首脳」を晩餐に招き、「政府の苦ちう〔苦衷〕を告げ、北伐目的の完成のため忍んで罷工を取消す」と伝えた（『東京朝日新聞』[248]）。

ところが終了宣言後もストライキおよび糾察隊による没収行為は形を変えて存続していた。一九二六年一〇月には、

「拡大対英絶交会」なる組織が広州の四つの商人団体の名義を用い、イギリス製品ボイコットに関する檄文を各商店に回覧させたという。ということは、香港、沙面に対する武装封鎖を解除する代わりに、イギリス製品に対する没収行動を強化したということになる。一一月一日には、広州市内の各商店に対するイギリス製品の一斉調査がおこなわれ、このとき活躍したのも、糾察隊の一種とみなしうる「対英経済絶交拡大期成会英貨調査隊」であった。しかもこれを組織させたのは広東国民政府の財政部であったという(249)。

実はこれ以前にも、広東国民政府はストライキを収束させようと試みたことがあった。そもそも外交関係者にとっては、遅くとも一九二六年五月には、省港ストライキは意味をなさなくなっていた。彼らにとってのこのストライキの意義とは、イギリス領香港に対する経済的圧迫であったが、一九二六年春には、省港罷工委員会はもはやイギリス領香港や沙面租界に一般民衆が立ち入るのを禁じず、ただ両地に入ろうとする中国人から通行税を取るのみとなっていた。当時の新聞報道によれば、一九二五年一〇月の時点で、省港ストライキ委員会は沙面に対する「開放の布告」を出しており、劉明憲によれば、一九二六年三月には香港に戻って仕事を再開することが許可され、五月には八割の労働者が復業して香港の経済活動はほぼ原状回復をなしとげていた(250)。

また広東国民政府は、新たな戦争すなわち北伐を計画しており（一九二六年五月末には決定）、政府要人たちは、戦争となれば省港ストライキを続ける余力はなくなると判断していた。七月一五日から、陳友仁らとイギリス香港総督に新しく着任したC・クレメンティ（Cicil Clementi，中国名：金文泰）*のあいだで正式な交渉がもたれた。広東国民政府もストライキの「解決」には積極的であったが、イギリスに賠償金などの各種名目による金銭を要求し、イギリス

*C・クレメンティ：一九二五年一一月よりイギリス香港総督。広州商人との人脈を見込まれ、省港ストライキ解決のための適任者として派遣される。広東国民政府の政治的正統性を認めれば北京政府との外交に影響が出ると懸念する他のイギリス外交関係者とは異なり、クレメンティは広州の事実上の支配者を蔣介石と考え、これと交渉すればストライキ問題を解決できると考えた。
劉明憲「省港大罷工、封鎖及抵制英貨運動之研究」台北：中国文化大学史学研究所修士論文、一九九四年六月、九五、一〇二頁。

が拒否したために、「解決」は再び遠ざかった[251]。

八月には省港罷工委員会の態度が再び強硬になったが、このような態度は、必ずしも広東国民政府の意向を反映したものではなかったかもしれない。同月七日、同委員会は、イギリスとの交渉中は糾察隊を一〇〇〇人増員し対英経済封鎖を強化すると決議し、二五～三一日の期間に「第二次援助省港罷工週間活動」をおこなった。イギリスの報告では、外国人に対する糾察隊の侮辱と攻撃、イギリス海軍と糾察隊の夜ごとの銃撃戦、罷工委員会による徴税行動や運動不支持者の逮捕など、ストライキ労働者の攻撃的行為がエスカレートした[252]。

一九二七年四月一五日、上海の四・一二クーデターに続いて李済深の四・一五クーデターが広州で始まった。中共の文献は、この時期、広東総工会が蔣介石の側につき、革命的群衆の殺戮に荷担したと主張する[253]。ところがこの清党時期に入ってさえ、ストライキ労働者の集団はまだ解除されずに残っていた。

(2)「解散費」問題と強制解散

ストライキがかくも長引いた原因は「糾察隊改編による過剰人員の生計維持問題」(井出季和太の表現)であった。糾察隊を解散するには、隊員に当分の生活維持費を与える必要があり、この問題がストライキの解除を妨げていた。隊員一人に二元を支給し糾察隊を解体するという決定がおこなわれても、財源不足から予定通りには実行されなかった。広東国民政府財政部長宋子文の事実上の顧問を務めていた広東中央銀行行長が、一九二六年一〇月に在広東日本総領事館館員に語ったところによれば、このとき広東国民政府が解散しなくてはならない糾察隊は六〇〇〇人存在した。広東国民政府は、一部を軍隊に編入し、一部を労働者として政府の土木業などに使用し、それでも処置しきれない「その他」は、なるべくなら広州市から出て行ってもらうと説明した。解散費用は六〇万元と目された[254]。

この時期、広東国民政府は突如「特別輸出入税」の実施を宣言する。この特別税は、あらゆる輸出入品へ二・五％の税を課し、奢侈品には五％の税を課すものであった。同政府は国内消費税であり国内生産税であると弁明したが

（連合通信）、諸外国にいわせれば不当な関税であった（『大阪朝日新聞』）[255]。実際のところ、この特別税の目的は糾察隊解散費の捻出であった。宋子文は森田総領事に対し、二・五％の付加税を「数カ月」実施すれば糾察隊解散費を集め終えることができるだろうと告げた。しかしその数日後、森田は、「罷工団」（ストライキ労働者団）すべてを考慮すれば補償を与えるべき人数は六万人あまりとなり、一人約一〇〇弗を支給するならば六〇〇万弗が必要となる、数カ月の二・五％課税では、解散費の徴収は「到底不可能」だと東京へ報告した[256]。

ここにおいては、もはや「罷工団」という言葉は、広東の民間自衛組織である「民団」や「商団」などと同じ響きをもつに至ったと考えられる。解散費問題がかくも深刻に捉えられたのは、なんら補償を与えずして糾察隊や「罷工団」を解散させれば、彼らが暴動を起こすか、敵に寝返る可能性があったからだと考えられる。実際に上海の糾察隊に関しては、中共上海区委は、糾察隊が食費不足から寝返ることを懸念していた（第五章参照）。

だが、それならばなぜ、一〇月一〇日の時点で政府はストライキ終了宣言に踏み切ったのか。当時から、外交に着目する人々は、イギリスが武力に訴えることも辞さないという姿勢を次第に強めていたことが原因だと認識していた。しかし、八～九月には国民革命軍の武漢攻略が順調に進み、武漢市場を新たな財源として利用できるという計算が働いたということも大きな要因であっただろう。『大阪朝日新聞』によれば、広東国民政府は、「労働者代表招待の席上」では、「北伐軍戦勝の結果、我国民と政府の領域が拡大したため、罷業者はこの際自由に且つ容易に就職し得ることとなったから」と説明していた[257]。

ところが第七章で述べるように、現実には、一九二六年の武漢は深刻な金融危機のまっただ中にあった。したがって政府の財源はとうとう確保されなかった。広州・香港一帯の経済圏も状況は芳しくなく、商店の「停業」、「閉店」、「破産」が相継ぎ（『台湾日日新聞』）、旧正月の二月を迎えると、やはり商店の店員解雇問題がもち上がる（『嚮導周報』）[258]。それゆえ糾察隊や「罷工団」が、各種ストライキの名のもとに広東経済に寄生する状態が、ストライキ終了宣言から一年近く続いたと考えられる。

一九二七年一〇月、ストライキ労働者の集団は、国民党左派の領袖であった汪精衛によってついに強制的に解散させられた。このときの汪精衛は、前年末の武漢において広東以上の無秩序に陥った「労働運動」を経験し、労働者の政治的可能性に深く幻滅したあとであった。それゆえこの時点では、広東のストライキ労働者にあまり同情的ではなかったと思われる。汪精衛はいくらかの補償金をストライキ労働者に与えたあとは、ストライキ労働者用の宿舎、食堂を閉鎖し、抵抗するストライキ労働者を軍警で弾圧したといわれる。(259) これ以降、党史においてよく知られているように、中共広東区委は事実上のテロリズムである広州起義（一二月一一日）を起こし、いったん広州ソビエトを樹立する。しかしこの権力機構はすぐに弾圧によって瓦解し、中共党員は農村での抵抗に移行していくのである。

（1）『広州工人運動大事記』は、ストライキの宣言時点での参加者を約一五〇〇人とし、高田逸喜は、ストライキ前の会員数が約二〇〇〇人と称されていたとする。広州工人運動史研究委員会辦公室編『広州工人運動大事記』広州：広州工人運動史研究委員会辦公室、一九九五年、三八頁。高田逸喜『香港海員罷工同盟』五丁表、五丁裏。

（2）「香港罷業の損害　五千三百万元」『大阪毎日新聞』（朝刊）一九二二年三月一一日。

（3）劉達潮「回憶香港大罷工前後」『紅旗飄飄』第八集、八三頁。劉達潮「広東海員的戦闘歴程」『広東党史資料』第二輯、六八‐七〇頁。中国労工運動史続編編纂委員会（馬超俊主任）『中国労工運動史（一）』第二編一四五‐一四六頁。中国人密航者を取り締まる罰金制度に関しては次も参照。在紐約総領事熊崎恭から外務大臣内田康哉宛、第一七号、一九二一年一月二一日外務省着、外務省記録『海員関係雑件』第七ノ二巻（自大正元年至拾年）の「27．米国ニ於ケル不正入国者ノ逮捕追放ニ関スル件　大正十年一月」、JACAR, Ref. B11092289600、第二画像。

（4）中共の文献には、CP社が宝泰辦館に同社のすべての船舶の海員雇用を任せることにしたという記述が見出せる。鄧中夏『中国職工運動簡史』（『鄧中夏文集』四六一頁）。劉達潮「広東海員的戦闘歴程」『広東党史資料』第二輯、六八頁。

（5）張国燾は、一九二〇年には、「香港海員は包工制と失業の脅威に反対するため、海員工会を組織する必要を生じていた」と記す。一九二二年の協調会の資料によれば、日本において雇用されている中国人海員の数も、第一次世界大戦の時期に比べ激減していた。張国燾『我的回憶』第一冊、香港：明報月刊出版社、一九七一年、二二一頁。岡得太郎『海員労働事情一斑』一三頁。

（6）蘇兆徵「中華海員工業連合総会報告」『中国海員』第四期、一九二六年三月一日（中共広東省委党史研究委員会辦公室ほか編『蘇兆徵研究史料』広州：広東人民出版社、一九八五年、二二頁）。
（7）中国労工運動史続編編纂委員会（馬超俊主任）『中国労工運動史（一）』第二編一四五－一四六頁。「中華海員工業連愛会」『華字日報』一九二一年三月七日。
（8）呉渭池口述（梁錫麟記録）「初期出海的中国海員」（一九七四年）中山大学歴史人類学研究中心ほか合編『田野与文献：華南研究資料中心通訊』第四五期、二〇〇六年一〇月、二三頁。
（9）劉達潮「広東海員的戦闘歴程」『広東党史資料』第二輯、七〇頁。
（10）中国労工運動史続編編纂委員会（馬超俊主任）『中国労工運動史（一）』第二編一六一頁。
（11）「香港中華海員大罷工尚無転圜希望」『申報』一九二二年一月二二日。
（12）劉達潮「広東海員的戦闘歴程」『広東党史資料』第二輯、七〇頁。
（13）陳炳生がモンティーグル号の海員をまとめようとした際、他の元請け業者（辦館）およびその下請け業者（渉孖館）は、みずからの支配下にある海員を陳炳生の組織に参加させなかった。中国労工運動史続編編纂委員会（馬超俊主任）『中国労工運動史（一）』第一編九六頁。
（14）高田逸喜『香港海員罷工同盟』五丁裏。
（15）高田逸喜、同右、三四丁表、三四丁裏。
（16）梁玉堂殺害事件とその裁判については次の報道を参照。「辦館司理被暗殺之駭聞」「臬署再審梁玉堂被殺案」「梁玉堂被殺案三審」「謀殺梁玉堂案四審」「梁和判決死刑」『華字日報』一九二二年二月二五日、三月二二、二三、二四、二五日。
（17）周奕『香港工運史』香港：利訊出版社、二〇〇九年、二四頁。劉達潮「広東海員的戦闘歴程」『広東党史資料』第二輯、六二－六三頁。鄧中夏『中国職工運動簡史』（『鄧中夏文集』四六一頁）。古山隆志「一九二〇～二二年香港労働者の闘い」五九頁。
（18）上海のほか、フィリピン、インドからも、海員供給計画があった（シェノー、雷加）。このほか、陳劉潔貞は潮安方言話者もストライキに同調しなかった可能性を指摘している。Chesneaux, *op. cit.,* p.182, Chan Lau Kit-ching, *China, Britain and Hong Kong, 1895-1945*, Hong Kong: The Chinese University Press, 1990, p.173. 雷加『海員朱宝庭』北京：工人出版社、一九五七年、二六頁。
（19）「海員罷工風潮十九誌　寧波海員来港」『華字日報』一九二二年二月一五日。「香港新聞　罷工声中之滬聞」『華字日報』同年三月三日。「香港新聞　昌興新水手去留問題」『華字日報』同年四月一一日。

(20) 梁玉魁『早期中国工人運動史』長春：吉林科学技術出版社、二〇〇〇年、二一五頁。

(21) 「海員罷工風潮九誌」『華字日報』一九二二年二月二日。『中国労工運動史』はこの海員の死亡状況について、きわめて不自然な記述をおこなっている。中国労工運動史続編編纂委員会（馬超俊主任）『中国労工運動史（一）』第二編一七五頁。

(22) 全漢昇『中国行会制度史』台北：食貨出版社、一九七八年、一二〇頁。唐振常『上海史』上海：上海人民出版社、一九八九年、三四九頁。

(23) 鄧中夏「海員宣伝問題」『中国工人』（『鄧中夏文集』一〇四頁）。

(24) Consul King to Sir B. Alston, Swatow, February 11, 1922, Enclosure 1 in No.210, F1529/927/10, FO405/236, The National Archives in London（以下 TNA）. 本書で使用する TNA の史料はすべて次の資料集に収録されている。Trotter, Ann, ed., *British Documents on Foreign Affairs: Reports and Papers from the Foreign Office Confidential Print, Parts II, Series E, Asia 1914-1939*, Volume 27, Bethesda: University Publication of America, 1994, p.28. 以下、同史料集を BDFA, IIE, vol. 27 と略記。

(25) 「中共潮汕地方組織建立的条件与準備」中共汕頭市委組織部ほか（許文彦ほか編著）『新民主主義革命時期潮汕党史選編』出版地不詳：出版者不詳、二〇一二年のネット版。汕頭市地方志辦公室サイト「汕頭地情網」（URL：http://st.gd-info.gov.cn/shtml/st/index.shtml）>汕頭党史>新民主主義革命時期潮汕党史選編。

(26) Consul King to Sir B. Alston, Swatow, February 15, 1922, Enclosure 2 in No. 210, F1529/927/10, FO405/236, TNA.（BDFA, IIE, vol. 27, p.29.）

(27) 高田逸喜『香港海員罷工同盟』一九丁裏。

(28) 鄧中夏『中国職工運動簡史』（『鄧中夏文集』四六四頁）。陳謙（香港教師を務め、のち広東省文史館館員）は、労働同徳総工会によるストライキ開始日を一月三一日とする。陳謙「一九二二年香港海員大罷工的回憶」『広東文史資料存稿選編』第三巻、五二八頁。

(29) 鄧中夏『中国職工運動簡史』（『鄧中夏文集』四六四 - 四六五頁）。

(30) 南満州鉄道株式会社庶務部調査課（中澤博則編）『調査報告書第二〇巻—支那に於ける労働争議調（一）』（以下『支那に於ける労働争議調』）大連：南満州鉄道庶務部調査課、一九二五年、三三頁。「香港罷業硬化」『大阪朝日新聞』（朝刊）一九二二年二月一日。

(31) Sir R. Stubbs to Mr. Churchill, Hong Kong, March 18, 1922, Enclosure 1 in No. 249, F/1866/927/10, FO405/236, TNA. (BDFA, p.133.)

(32) Sir R. Stubbs to Mr. Churchill, *ibid.* (BDFA, IIE, vol. 27, p.134.) 在香港総領事代理坪上貞二から外務大臣内田康哉宛、第三八号、一九二二年二月二三日香港発、『外国ニ於ケル同盟罷業雑纂／香港之部』の「1．支那船員／分割2」、第二-三画像。

(33) 「海員罷工風潮九誌」『華字日報』一九二二年二月二日。

(34) 「此次罷工人数之調査」『華字日報』一九二二年三月一〇日。

(35) 在香港総領事代理坪上貞二から外務大臣内田康哉宛、第三八号、一九二二年二月二三日香港発、『外国ニ於ケル同盟罷業雑纂／香港之部』の「1．支那船員／分割2」、第三画像。

(36) 「危機に瀕した香港罷業」『大阪毎日新聞』（朝刊）一九二二年一月二四日。

(37) 「香港東華医院開全体街坊会」『申報』一九二二年二月一五日。東華医院に関しては古山の論文を参照。古山隆志「一九二〇～二二年香港労働者の闘い」五三頁。

(38) 在広東総領事藤田栄介から外務大臣内田康哉宛、機密第一一号「海員ストライキニ関スル陳炯明ノ談話報告ノ件」（一九二二年二月二一日）、『外国ニ於ケル同盟罷業雑纂／香港之部』の「1．支那船員／分割2」、第三二-三三画像。

(39) 在広東総領事藤田栄介から外務大臣内田康哉宛、第三六号、一九二二年二月二一日広東発、同右、第一画像。

(40) 在香港総領事代理坪上貞二から外務大臣内田康哉宛、第四三号、一九二二年三月一日香港発、同右、第一二画像。鄧中夏『中国職工運動簡史』（『鄧中夏文集』四七〇頁）。「闔港工団調停罷工大会詳情」『華字日報』一九二二年二月二五日。七つの労働者団体とは、華人機器会、沙模工業維持会、鉄業工会、電器工会、修造鉄輪研究工会、華人輪船船主司機工会、機器科木様研究工社である。やはり機械工が中心とみられる。高田逸喜『香港海員罷工同盟』三四丁表。周奕『香港工運史』四三頁。

(41) たとえば次の記事において、「もっとも有力な調停大会」という表現がみえる。「闔港工団調停罷工大会詳情」『華字日報』一九二二年二月二五日。

(42) 在香港総領事代理坪上貞二から外務大臣内田康哉宛、第四三号、一九二二年三月一日香港発、『外国ニ於ケル同盟罷業雑纂／香港之部』の「1．支那船員／分割2」、第一二画像。

(43) 高田逸喜『香港海員罷工同盟』三四丁表。鄧中夏『中国職工運動簡史』（『鄧中夏文集』四七〇頁）。「危機に瀕した香港罷業」『大阪朝日新聞』（朝刊）一九二二年一月二四日。

(44) 高田逸喜『香港海員罷工同盟』三四丁裏。
(45) 周文港主編『工在家国』一七頁。
(46) 老圃「罷工与法律問題」『申報』一九二二年三月三日。「仏教挙行祈祷」『華字日報』一九二二年三月四日。
(47) Sir R. Stubbs to Mr. Churchill, Hong Kong, March 18, 1922, Enclosure 1 in No. 249, F/1866/927/10, FO405/236, TNA. (BDFA, IIE, vol. 27, p.135.)
(48) 鈴木梅四郎「香港罷業（下）」『時事新報』（朝刊）一九二二年三月二二日。
(49) 在香港総領事代理坪上貞二から外務大臣内田康哉宛、第四七号、一九二二年三月四日香港発、『外国ニ於ケル同盟罷業雑纂／香港之部』の「1．支那船員／分割2」、第三七画像。兵庫県知事有吉忠の報告によれば、一九二二年五月一八日、香港の会社や商店の中国人労働者および給仕六〇〇人が、「張某」の指導の下にストライキをおこなったとする。香港の共青団員張仁道か。兵庫県知事有吉忠から内務大臣水野錬太郎および外務大臣内田康哉ほか宛、兵外発秘第三六六号「香港在住支那人同盟罷業ニ関スル件」（一九二二年六月一六日）、同右、第九五画像。盧権ほか『省港大罷工史』一一〇頁。
(50) Sir R. Stubbs to Mr. Churchill, Hong Kong, March 18, 1922, Enclosure 1 in No. 249, F/1866/927/10, FO405/236, TNA. (BDFA, IIE, vol. 27, p.135.)
(51) *Ibid.*
(52) 盧権ほか『省港大罷工史』六一－六二頁。在広東総領事藤田栄介から外務大臣内田康哉宛、機密第二九号「香港海員罷工ノ広東労働者界ニ及ホセル影響ニ関シ報告ノ件」（一九二二年四月六日）、『外国ニ於ケル同盟罷業雑纂／香港之部』の「1．支那船員／分割2」、第八四画像。
(53) 「香港罷業の損害　五千三百万元」『大阪毎日新聞』（朝刊）一九二二年三月一一日。
(54) 在広東総領事藤田栄介から外務大臣内田康哉宛、第五〇号、一九二二年三月七日広東発、『外国ニ於ケル同盟罷業雑纂／香港之部』の「1．支那船員／分割2」、第五四画像。
(55) 在香港総領事代理坪上貞二から外務大臣内田康哉宛、第五三号、一九二二年三月七日香港発、同右第五〇画像。
(56) 在広東総領事藤田栄介から外務大臣内田康哉宛、機密第二九号「香港海員罷工ノ広東労働者界ニ及ホセル影響ニ関シ報告ノ件」、同右第八四－八五画像。
(57) 『広州工人運動大事記』の説明では、糾察隊の設立は「淡友」（相場の下落を予想すること、すなわち金融市場でいわれるべア）を捕らえることを目的としていた。広州工人運動史研究委員会辦公室編『広州工人運動大事記』四一頁。

(58)「海員罷工風潮一七誌　控海員案押候」『華字日報』一九二二年二月一一日。

(59) 葉少泉「記海員大罷工時的陳炳生殺妻案」広州市政協学習和文史資料委員会編『広州文史資料存稿選編』第三輯、北京：中国文史出版社、二〇〇八年、三四六頁。

(60) 陳炳生の自己弁護によれば、殺害理由は、妻が香港の敵と通じて自分を毒殺しようとしているという情報に接したからであるという。あるいはまた、妻が帝国主義に利用され、脅迫や利益誘導によって自分にスト破りをさせようとしたことに、どうしても耐えられなかったとも主張している。一方『華字日報』は、広州に陳炳生の愛人がいたことを指摘し、夫婦の感情のもつれが惨劇の一因だと推測した。この事件に対し、中国人研究者たちの解釈はほぼ一致している。すなわち、妻が夫の殺害を目論んだという情報はデマであり、陳炳生はデマを誤信したというものである。盧子正「香港海員罷工領導人陳炳生二三事」『広東文史資料存稿選編』第三巻、五四七－五四八頁。陳炳生「中華海員工会与香港海員大罷工回憶」一三頁。葉少泉「記海員大罷工時的陳炳生殺妻案」『広州文史資料存稿選編』第三輯、三四七頁。「陳某殺妻」『華字日報』一九二二年二月一八日。周奕『香港工運史』四二頁。中国労工運動史続編編纂委員会（馬超俊主任）『中国労工運動史（一）』第二編一八四頁。

(61) 在香港総領事代理坪上貞二から外務大臣内田康哉宛、第四四号、一九二二年三月一日香港発、『外国ニ於ケル同盟罷業雑纂／香港之部』の「1．支那船員／分割2」、第一四画像。高田逸喜『香港海員罷工同盟』三四丁表。

(62) Lowe Chuan-hua, *Facing Labor Issues in China*, London: G. Allen & Unwin, 1934, p.54.

(63) 参謀本部「参情報第三年第三十号（支第十一）　最近支那ニ於ケル対外思潮ノ傾向」（大正十三年八月十三日調製）（以下「最近支那ニ於ケル対外思潮ノ傾向」）、内閣情報部『各種情報資料・参情報』（自大正十三年五月五日）の「最近支那ニ於ケル対外思潮ノ傾向　排英運動」、JACAR, Ref.A03023711100、三八頁（第五画像）。

(64)「沙面華人罷工続聞」『申報』一九二四年七月二三日。

(65) 在広東総領事天羽英二から外務大臣幣原喜重郎宛、機密公第一〇四号「沙面ニ於ケル使用支那人同盟罷業ニ関スル件」（一九二四年八月四日）、外務省記録『外国ニ於ケル同盟罷業雑纂／支那之部』第一巻（自大正十一年）の「42．広東同盟罷業ニ関スル件」、JACAR, Ref. B12081539300、第四〇－四一画像。

(66) 盧権ほか『省港大罷工史』七八頁。劉明逵ほか主編『中国工人運動史』第三巻、二八頁。中国労工運動史続編編纂委員会（馬超俊主任）『中国労工運動史（一）』第三編三三頁。

(67) たとえば、劉爾崧は七月二〇日、同会代表の名を用い「反対英国限制華人進入沙面的新警律代電」を発した。広東省地方史志編纂委員会（孔祥鴻ほか主編）『広東省志・工会志』八八頁。

(68) 南満州鉄道株式会社庶務部調査課（高久編修）『満鉄調査資料第八四編――一九二五年一九二六年広東対英経済絶交運動』（以下『広東対英経済絶交運動』）大連：南満州鉄道株式会社、一九二八年、七頁。

(69) 「沙面華人反対苛例之大風潮」『広州民国日報』一九二四年七月一六日。

(70) 天羽の分析によると、ファム・ホン・タイ事件以前から、広東ではすでに反英的な言論が醸成されつつあった。六月初めにはイギリス租界警察が中国人通行客を制止する事件があり、メディアの激しい反発を引き起こしたという。七月三一日、国民党中央執行委員会は「排外的思想」を擁護しないとの宣言を出したものの、ファム・ホン・タイ事件に関連してイギリス側が中国人通行客に対するいっそう厳重な取り締まりを通告すると、廖仲愷はすぐにこれを「公表宣伝して反英気分を煽動」したという。在広東総領事天羽英二から外務大臣幣原喜重郎宛、機密公第一〇四号「沙面ニ於ケル使用支那人同盟罷業ニ関スル件」、『外国ニ於ケル同盟罷業雑纂／支那之部』第一巻の「42．広東同盟罷業ニ関スル件」、第三九－四〇画像。

(71) 『広州文史資料』版と『広東文史資料存稿選編』版とでは、「沙面洋務工人」の数として示されたデータの内訳は一致するが、最終的な合計数に食い違いがみられる（前者は五六〇〇人あまり、後者は四〇〇〇人あまりとする）。『広東文史資料存稿選編』版のミスとみられるので、ここでは『広州文史資料』版の記述を取る。「沙面洋務工人」の内訳は、日清、三井などの汽船会社のほか一二の大企業に雇用される労働者二〇〇〇人以上、外商の店員、コック、ボーイ、倉庫管理、園丁、清掃員が約二〇〇〇人、外国人家庭に雇用される保母や女中が約六〇〇人あまり、また東山、白鶴洞、広州市内の洋商、教会、学校に雇用される者一〇〇〇人あまり。素直に数字を足せば五六〇〇人あまりとなる。梁国志「広州沙面洋務工人的概況及罷工経過」『広州文史資料：広州的洋人与租界』第四四輯、一八三頁。梁国志、同右、『広東文史資料存稿選編』第三巻、三六五頁。

(72) 『申報』や『最近支那に於ける対外思潮の傾向』は一二〇〇あまりとし、天羽は二〇〇〇人とする。「沙面華人罷工続聞」『申報』一九二四年七月二三日。参謀本部「最近支那ニ於ケル対外思潮ノ傾向」、『各種情報資料・参情報』の「最近支那ニ於ケル対外思潮ノ傾向　排英運動」、三七頁（第四画像）。在広東総領事天羽英二から外務大臣幣原喜重郎宛、機密公第一〇四号「沙面ニ於ケル使用支那人同盟罷業ニ関スル件」、『外国ニ於ケル同盟罷業雑纂／支那之部』第一巻の「42．広東同盟罷業ニ関スル件」、第三九画像。

(73) 「沙面華人全体離職情形」『申報』一九二四年七月二二日（『中国近代工人階級和工人運動』第五冊、五三－五四頁。ただし

『中国近代工人階級和工人運動』で日付が七月二三日とあるのは編者のミスとみられる)。参謀本部、同右、三七頁(第四画像)。
(74)「沙面華人全体離職情形」『申報』一九二四年七月二二日。このほか、金応熙「一九二四年的広州沙面罷工」『理論与実践』一九五八年六期、五七頁も参照。
(75)盧権ほか『省港大罷工史』七九頁。
(76)在広東総領事天羽英二から外務大臣幣原喜重郎宛、機密公第一〇四号「沙面ニ於ケル使用支那人同盟罷業ニ関スル件」、『外国ニ於ケル同盟罷業雑纂/支那之部』第一巻の「42.広東同盟罷業ニ関スル件」、第四二画像。
(77)同右、第四一‐四二画像。
(78)「罷業団尚ほ強硬」『大阪朝日新聞』(朝刊)一九二四年七月二二日。
(79)在広東総領事天羽英二から外務大臣幣原喜重郎宛、第一五二号、一九二四年七月一六日沙面発、『外国ニ於ケル同盟罷業雑纂/支那之部』第一巻の「42.広東同盟罷業ニ関スル件」、第七画像。
(80)「沙面華人大罷工之昨日」『広州民国日報』一九二四年七月一七日。駁載工会の性質に関しては、井出季和太『支那の国民革命と国民政府』第二編、一一八頁。
(81)「省港罷工委員会焚燬劣貨」『広州民国日報』一九二五年七月二三日。
(82)フロム、エーリッヒ(日高六郎訳)『自由からの逃走』東京創元社、一九七五年、一七五、一八二頁。
(83)「沙面華人大罷工之昨日」『広州民国日報』一九二四年七月一七日。
(84)「罷業団は秩序整然」『大阪朝日新聞』(朝刊)一九二四年七月二二日。
(85)横山宏章『孫中山の革命と政治指導』研文出版、一九八三年、一〇五‐一〇七頁。
(86)久末亮一によれば、広州—香港間では「一九世紀半ば以降、香港ドルを介して香港で決済を集中する方式が主流となった」(三四頁)。久末はこれを「香港ドル決済圏」と呼ぶ。本書では第六、七章の武漢経済圏の呼称に合わせ、香港ドル経済圏とする。久末亮一「香港ドル決済圏における銀号の役割—広州‐香港間の輸出取引の決済を例に」『アジア経済』第四八巻第三号、二〇〇七年、二九‐四六頁。
(87)原文は「広東号銀」。在広東総領事天羽英二から外務大臣幣原喜重郎宛、第一七三号、一九二四年七月二五日広東発、外務省記録『支那経済関係雑件』(自大正十年十一月)の「3.広東総領事館」、JACAR, Ref. B11100005700、第二‐三画像。
(88)鳳蔚「沙面苛例尚不取消耶」『広州民国日報』一九二四年七月一七日。

(89) 在広東総領事天羽英二から外務大臣幣原喜重郎宛、機密公第一〇四号「沙面ニ於ケル使用支那人同盟罷業ニ関スル件」、『外国ニ於ケル同盟罷業雑纂／支那之部』第一巻の「42. 広東同盟罷業ニ関スル件」、第四四 - 四六画像。

(90) 在広東総領事天羽英二から外務大臣幣原喜重郎宛、第一六五号、一九二四年七月二二日沙面発、同右、第一二画像。在広東天羽総領事から外務大臣幣原喜重郎宛、機密公第一〇四号「沙面ニ於ケル使用支那人同盟罷業ニ関スル件」、同右、第四五 - 四六画像。

(91) 在広東総領事天羽英二から外務大臣幣原喜重郎宛、第一七〇号、一九二四年七月二三日広東発、同右、第一八画像。二三日にはイギリスのジャーディン社の積み卸し労働者、二五日には亜細亜石油会社の積み卸し労働者がストライキに入ることになった。在広東総領事天羽英二から外務大臣幣原喜重郎宛、第一七一号、一九二四年七月二五日沙面発、同右、第二三画像。

(92) 在広東総領事天羽英二から外務大臣幣原喜重郎宛、機密公第一〇四号「沙面ニ於ケル使用支那人同盟罷業ニ関スル件」、同右、第五〇 - 五二画像。

(93) 在広東総領事天羽英二から外務大臣幣原喜重郎宛、第二〇一号、一九二四年八月一五日沙面発、同右、第三四画像。「広東罷業再発す」『大阪朝日新聞』（朝刊）一九二四年八月一六日。

(94) ハーバード号事件と商団事件については次を参照。横山宏章『孫中山の革命と政治指導』の第二章「広東政権の財政逼迫と商団軍の反乱」。三石善吉「商団事件と黄埔軍校―黄埔軍校の発展（その一）」『筑波法政』第八号、一九八五年三月、五三 - 九五頁。塩出浩和「広東商団事件―第三次広州政権と市民的自治の分裂」『東洋学法』第八一巻第二号、一九九九年九月、六三（二〇九）- 八六（二三二）頁。蒲豊彦「一九二〇年代広東の民団と農民自衛軍」『京都橘女子大学研究紀要』第一九号、一九九一年一二月の「二　民間自衛の育成　二　民団の発展」。

(95) 在広東総領事天羽英二から外務大臣幣原喜重郎宛、第二〇六号、一九二四年八月一八日沙面発、『外国ニ於ケル同盟罷業雑纂／支那之部』第一巻の「42. 広東同盟罷業ニ関スル件」、第三七画像。「沙面罷業やっと解決　飛行機で発表」『中外商業新報』一九二四年八月二一日。

(96) 在広東総領事天羽英二から外務大臣幣原喜重郎宛、機密公第一一一号「沙面ニ於ケル使用支那人同盟罷業ニ関スル件」（一九二四年八月二六日）、同右、第五七画像。

(97) 『中共党史人物伝』によれば、最初の広州工団軍は劉爾崧によって六月初めに設立されたとあるが、『広州工人運動大事記』は七月二〇日に広州工人代表会が工団軍を設立したとし、『広東省志・工会志』には八月二七日とあり、『省港大罷工史』も八月

としている。馮鑑川「劉爾崧」『中共党史人物伝』第八巻、一七八頁。広州工人運動史研究委員会辦公室編『広州工人運動大事記』五三頁。広東省地方史志編纂委員会（孔祥鴻ほか主編）『広東省志・工会志』、八九頁。盧権ほか『省港大罷工史』七八頁。
(98)「広東の労資階級」『中外商業新報』一九二四年八月二二日（？）。神戸NCCにて閲覧。ただし国立国会図書館作成のマイクロ資料では、一九二四年八月二二日付『中外商業新報』で同記事を確認できず。版違いか。
(99) 広東省地方史志編纂委員会（孔祥鴻ほか主編）『広東省志・工会志』八九頁。陳志文「大革命時期広州工人運動」『広州文史資料（選輯）』第二一輯、九頁。
(100) 二九日に商団と広東革命政府のあいだに調停が成立し、政府は陳廉伯逮捕命令を取り消し、商団に「護照記載の武器及弾薬を交付する」ことで合意した。しかし「武器の幾分」はすでに「工団軍に交附」されていた。在広東総領事天羽英二から外務大臣幣原喜重郎宛、第二二〇号、一九二四年八月三〇日沙面発、『外国ニ於ケル同盟罷業雑纂／支那之部』第一巻の「42．広東同盟罷業ニ関スル件」、第五五－五六画像。
(101) 何錦州「黄駒」『広州英烈伝』一－三頁。梁国志「広州沙面洋務工人的概況及罷工経過」『広東文史資料存稿選編』第三巻、三六七頁。
(102) 梁国志、同右、『広東文史資料存稿選編』第三巻、三六七頁。陳志文「大革命時期広州工人運動」『広州文史資料（選輯）』第二一輯、九－一〇頁。
(103) 理財局国庫課「上海事件及各地ニ於ケル騒擾事件概要」（一九二五年七月一日調）『昭和財政史資料』第三号第七〇冊、JACAR, Ref. A08072195100、一五頁（第九画像）。
(104) K. Y. Wong（月笙代理）「団広州地委報告（第十九号）」（一九二五年九月二〇日）中央档案館・広東省市档案館編（孫道昌編輯）『広東革命歴史文件彙集（群団文件）一九二五年（二）』甲三、広州：広東人民出版社、一九八三年印刷、二九頁。
(105) 長永義正「南支那を観る（八） 貨幣制度上の賭博（上）」『時事新報』（朝刊）一九二六年四月二〇日。
(106)『省港大罷工史』が依拠しているのは、中共広東区委関於省港罷工的報告（一九二五年七月）と共青団広州地委宣伝部報告（一九二五年八月二六日）である。盧権ほか『省港大罷工史』九〇－九一頁、および第二章の注一七－一九、二一。
(107) 阮嘯仙「一年来之S．Y．粤区」『広東区党、団研究史料（一九二一－一九二六）』八三－八四頁。郭寿華「社会主義青年団広東区委学生部工作報告」（一九二五年）、同上、一三五頁。
(108) 井出季和太『支那の国民革命と国民政府』第二編、八五頁。

(109) 理財局国庫課「上海事件及各地ニ於ケル騒擾事件概要」『昭和財政史資料』第三号第七〇冊、一六－一七頁（第一〇画像）。イギリス公使館からイギリス外務省宛の覚書（一九二五年七月一七日交付）に引用された「七月一五日附四名の外人の署名に基づく文書」、井出季和太、同右、一〇七－一〇八頁。

(110) 高久編『広東対英経済絶交運動』二一頁。

(111) 理財局国庫課「上海事件及各地ニ於ケル騒擾事件概要」『昭和財政史資料』第三号第七〇冊、一五頁（第九画像）。

(112) 在広東総領事代理清水亨から幣原外務大臣宛、公第一八九号「六月二十三日沙面事件ニ関スル刊行物送付ノ件」（一九二五年一〇月八日）の付属書（広東大学および留欧米同学会の刊行物）、Hu Han Min, *Selected Documents and Addresses*, pp. 3-4, 外務省記録『大正十四年支那暴動一件／五・三十事件／南部支那ノ部』第二巻（自大正十四年六月）の「広東／分割２」、Ref. B08090326500、第三七－三八画像。新労「怕『赤化』嗎?」『工人之路』第二二三期、一九二六年一月二六日。

(113) 陳達「我国南部的労工概況」『統計月報』一巻一〇号、一九二九年、一〇頁。

(114) 李伯元ほか『広東機器工人奮闘史』台北：中国労工福利出版社、一九五五年、一二二頁。

(115) Tsin, *op. cit.*, p. 138.

(116) 「黄平在機工演説辞」『工人之路』第二五八期、一九二六年三月一三日。

(117) 井出季和太『支那の国民革命と国民政府』第二編、八五－八六頁。高久編『広東対英経済絶交運動』一一－一二頁。

(118) 「省港大罷工大事記」『省港大罷工資料』一頁。

(119) 盧権ほか『省港大罷工史』一〇五頁。

(120) 羅珠ほか（何錦州整理）「省港罷工中各業罷工概況」『広東文史資料存稿選編』第三巻、一八三頁。羅珠「回憶省港大罷工諸事」、同上、四九頁。鄭全口述（江濤整理）「怒濤」『怒濤（省港大罷工回憶録）』広州：広東人民出版社、一九六〇年、四頁。盧権ほか『省港大罷工史』一〇四頁。

(121) 盧権ほか、同右、一〇六頁。

(122) 「広東香港の罷業開始」、一九二五年六月一八日広東電、台湾総督府官房調査課『内外情報』第一四六号、一九二五年三月一一日、JACAR, Ref. A06032524100、一八頁（第一一画像）。

(123) 中国労工運動史続編編纂委員会（馬超俊主任）『中国労工運動史（一）』第三編一二四－一二五頁。

(124) 羅珠「回憶省港大罷工諸事」『広東文史資料存稿選編』第三巻、五〇－五一頁。

(125)「港漢奸之畳被暗殺」『工人之路』第五〇期、一九二五年八月一三日。
(126) 梁復然ほか（張聶雄整理）「省港大罷工回憶」（一九六一年一〇月三一日）『広東文史資料存稿選編』第三巻、一四三頁。なお梁復然らの「省港大罷工回憶」には「水匠」とあるが、鄭全の回顧録において「木匠」とあるため、「木匠」とした。鄭全（江濤記録整理）「省港大罷工宣伝工作的回憶」（一九五九年）、同上、五三一頁。
(127) 陳大昌「工人夜刺韓文恵」『工人之路』第二九二期、一九二六年四月一六日。
(128) 梁復然ほか「省港大罷工回憶」『広東文史資料存稿選編』第三巻、一四三頁。
(129) 木庵「港粤大罷工近訊」『申報』一九二五年七月二二日。
(130)「瑣聞」『広州民国日報』一九二五年八月二八日。「拘捕運動工人嫌疑犯」『広州民国日報』同年九月三日。
(131)「瑣聞」『広州民国日報』一九二五年九月七日。「糾察隊捕獲回港工人」『広州民国日報』同年九月一〇日。「加派糾察隊巡査省河」『広州民国日報』同年九月一五日。
(132)「焚焼接駁□［敵?］輪沙艇」『広州民国日報』一九二五年九月一八日。
(133)「接駁河南輪艇之懲罰」『広州民国日報』一九二五年九月一九日。「接駁搭客之懲戒」『広州民国日報』同年一〇月七日。
(134)「水陸偵査隊拘獲接駁港輪貨艇」『工人之路』第三三七期、一九二六年五月二一日。
(135)「罷工会体恤犯人」『広州民国日報』一九二五年一〇月二一日。
(136) 劉明憲「省港大罷工、封鎖及抵制英貨運動之研究」台北：中国文化大学史学研究所修士論文、一九九四年六月、一二四頁。
(137) 中国労工運動史続編編纂委員会（馬超俊主任）『中国労工運動史（一）』第三編一二五－一二六頁。
(138) 中国労工運動史続編編纂委員会（馬超俊主任）、同右、第三編一二五頁。「省港罷工委員会江門招待処之情形」『工人之路』第一〇期、一九二五年七月三日。
(139)「省港罷工委員会江門招待処之情形」『工人之路』第一〇期、一九二五年七月三日。
(140) 中華全国総工会省港罷工委員会「実行封鎖香港」（七月九日）『工人之路』第一六期、一九二五年七月一〇日（『省港大罷工資料』二八一－二八二頁。ただし同史料集では「省港罷工委員会実行封鎖香港的通電」と改題）。
(141)「広東総商会等から輸出入許可書撤廃を要求」『大阪毎日新聞』（夕刊）一九二五年八月二三日。
(142) 大阪市産業部調査課編『広東貿易概況―民国一五年』大阪市産業部調査課、一九二八年、二頁。在広東総領事森田寛蔵から外務大臣幣原喜重郎宛、機密交第一一四号「工商検験貨物処設置ニ関シ報告ノ件」（一九二六年三月二五日）、外務省記録『支那地方税関係雑件／広東不法課税』第一巻（自大正十五年九月至十一月二十日）の「2．工商貨物検査処設置ニ関スル件」、JACAR, Ref. B12083240300、第二画像。盧権ほか『省港大罷工史』二九四頁。

(143) 劉明憲「省港大罷工、封鎖及抵制英貨運動之研究」の第六章第一節および一六〇－一六一頁。

(144) ここでいう「商工業者」とは仁井田陞の「工商ギルド」の定義に準じ、商人と手工業者の両者を指すものとし、「中小」とは数人から二〇～三〇人規模の店員を雇う規模と想定する。「店員」とは、このような商工業者の店舗ないし小規模工場に雇われる人々のうち、とくに商工業者の徒弟、手代、丁稚奉公層を指すと考える。手工業労働者を店員に含めるのは、中共の動員過程においては、小店舗をもつ手工業労働者の徒弟もまた店員とみなされることがあったからである。

商店の規模については、『支那経済全書』第二輯は、商店の手代（夥計）について、「其員数は商店の大小により一ならずと雖も少なきも四五名、多きは十四五名乃至二三十名を使用するもの無きに非ず」としている。当時使用されていた店員という言葉の定義は曖昧であり、大企業に勤める高収入所得者（たとえば銀行員、デパートの職員）から小さな商店の丁稚奉公までをも包含していた。岩間一弘は、上海の「企業・機関職員や大商店の店員」を「新中間層」とし、このような人々が清朝の官吏や知識人たちの正装をまねて「長衫」を着用していたこと、公共の場では敬意を払われていたこと、当時の一般的な呼称として「長衫階級」や「長衫工人」といういい方が存在したことを指摘する。しかし一九二六年末以降の武漢の事例をみる限り、このとき店員と呼ばれた人々の大多数は、伝統的ギルド制度のもとに運営される中小規模の商店で働く人々であり、職種も多様であった。本書で「店員」と呼ぶ場合、岩間が「新中間層」と名づけたこのような人々を基本的には含まないこととする。仁井田陞『中国の社会とギルド』四四頁。東亜同文会（代表恒屋盛服）『支那経済全書』第二輯、東亜同文会、一九〇七年、六一頁。岩間一弘『上海近代のホワイトカラー――揺れる新中間層の形成』研文出版、二〇一一年、一〇頁。中共が手工業労働者の徒弟を店員とみなしていたことについては、たとえば中共の文献における「手工業の労働者店員」という表現を参照。「中共中央致広東省委信」（一九二八年一月二五日）『中央政治通訊』第一九期（中央档案館編『中共党史資料叢書　広州起義（資料選輯）』北京：中共中央党校出版社、一九八二年、二六八頁）。

(145) 劉明憲「省港大罷工、封鎖及抵制英貨運動之研究」一六一頁。

(146) 大阪市産業部調査課編『広東貿易概況――民国一五年』三、一三頁。

(147) 大阪市産業部調査課編、同右、一五頁。

(148) たとえばダグラス汽船会社の営業不振を伝える次の記事を参照。「香港航業之衰落」『工人之路』第三三九期、一九二六年六月四日。

(149) 「広州市工会調査表」(一九二六年一〇月調査)『第一次中国労働年鑑』第二編(『中国近代工人階級和工人運動』第五冊、七一〇 - 七二〇頁)。

(150) 「広州工代会取締冒牌工会」『工人之路』第二三九期、一九二六年二月二二日。

(151) 馮筱才『北伐前後的商民運動』第三章第二節。

(152) 「一年来広東工人運動之発展」『国民党広東省第二次全省代表大会広東省執委会各部工作報告』(一九二六年)(『中国近代工人階級和工人運動』第五冊、七四六頁)。

(153) 小山清次『支那労働者研究』五〇頁。仁井田陞『中国の社会とギルド』三三三頁。

(154) 安東不二雄は、商店に勤務するものには、店主のほかに「掌櫃」、「司事」、「学生」の三種類があり、「掌櫃」は店の事務を管理する、いわば日本の番頭に相当し、「司事」は店の営業を補佐するいわば手代に相当し、「学生」は小僧に相当すると説明する。学生は基本的に無給であった。また東亜同文会の『支那経済全書』第二輯は、長江流域の商店について、「経手」を支配人ないしは番頭(「掌櫃」は北方地域における呼称であるという)、「夥計」を手代と説明し、「夥計」は数年勤め上げた徒弟の中から採用されるとした。商店の使用する「夥計」の数は店ごとに異なり、少ない場合には四、五人、多い場合には二〇、三〇人ほどであったという。西島良爾『最近支那事情』は、店員に関する人事もすべて「掌櫃」が管理しており、「店主」(ここでは出資者のこと)は「掌櫃」の人事決定に干渉しないとしている。安東不二雄『支那漫遊実記』博文館、一八九二年、五七頁。東亜同文会(代表恒屋盛服)『支那経済全書』第二輯、六一頁。西島良爾『最近支那事情』宝文館、一九一一年、二六九頁。

(155) 西島良爾、同右、二六九頁。山中峰雄『支那通覧』八尾書店、一八九四年、二六六 - 二六七頁。

(156) 朱英の商人研究は、商幇(商人の団体)が血縁から地縁へと拡大されて発展したものであると説明する。朱英『近代中国商人与社会』武漢:湖北教育出版社、二〇〇二年、五三頁。

(157) 当時山口高等商業学校教授であった西山栄久は、中国商店の序列を、支配人(経理)、副支配人(副経理)、店員(夥計)、店員見習い(小夥計)、丁稚(学生)としている。学生は通常三年を期限とし、期間中は無給で、衣服と食事、小遣いのみを与えられ、期間が終わると夥計に昇格し、多少の給料を与えられた。また店員の業務は、内勤、仕入係(水客)、会計、外勤(蛇街)であった、という。西山栄久「支那商人の本質(二) 支那商人の企業方法(続)」『大阪時事新報』(朝刊)一九二五年一月一七日。

(158) 安東不二雄『支那漫遊記』五七頁。

(159) 西山栄久は、外回りの店員に関して、ひそかに顧客と通じる、相場をごまかす、店の名義を用いて勝手に自分だけの商売をする、などの「悪辣極まる人物」が多いとしている。西山栄久「支那商人の本質（二） 支那商人の企業方法（続）」『大阪時事新報』（朝刊）一九二五年一月一七日。

(160) 塩出浩和「第三章 武漢・南京政権成立後の広州―一九二一年一月～八月」中央大学人文科学研究所編『民国後期中国国民党政権の研究』中央大学出版部、二〇〇五年、三八四頁。久保亨「国民革命期（一九二五年～二七年）の武漢労働運動に関する覚書―店員・職人層の運動と中小ブルジョアジー」『中国労働運動史研究』第六・七合併号、一九七九年、四五頁。

(161) 「一年来広東工人運動之発展」（『中国近代工人階級和工人運動』第五冊、七四五頁）。馮菊坡「広東職工運動之進歩」『人民週刊』第一四期、一九二六年六月一〇日、一〇頁（同右、七四九頁）。大阪市産業部調査課編『広東貿易概況―民国一五年』九―一〇頁。

(162) Tsin. *op.cit.* p.161. 広州工人代表大会「広東職工運動」『劉爾崧研究史料』一三三頁。長永義正「南支那を観る（四） 糾察対の横行」『時事新報』（朝刊）一九二六年三月二二日。同「南支那を観る（五） 広東の赤さ（上）」『時事新報』（朝刊）同年三月二七日。

(163) 長野朗『世界の脅威―支那労働者及労働運動』北京：燕塵社、一九二五年、一九六―一九七頁。宇高寧『支那労働問題』上海：国際文化研究会、一九二五年、四〇〇頁。

(164) 「鄧中夏先生報告」『工人之路』第一九四期、一九二六年一月七日。

(165) 甘来（朱世立ほか訪問、陳登才整理）「回憶省港罷工工人糾察隊（二）」（一九六四年一月二〇、二五、二八、三〇日）『広東文史資料存稿選編』第三巻、三一六―三一七頁。「輸送隊之奨章将行発給」『工人之路』第二〇一期、一九二六年一月一四日。

(166) 劉永大・陳永階「省港大罷工工人武装的建立及其作用」任振池ほか主編『省港大罷工研究―紀念省港大罷工六十五周年論文集』広州：中山大学出版社、一九九一年、二二一―二二五頁。冼一宇『粤港罷工糾察隊奮闘概況』湖北全省総工会宣伝部、一九二七年三月三〇日（『省港大罷工資料』一七四頁）。

(167) 「封鎖港口之大計画」『工人之路』第一五四期、一九二五年一一月二七日（『省港大罷工資料』二八五―二八六頁）。高久編『広東対英経済絶交運動』四一頁。

(168) 鄧中夏「一年来省港罷工的経過」省港罷工委員会宣伝部編『省港罷工概観』一九二六年八月（『省港大罷工資料』六六―六七頁）。省港ストライキに関する史料は、『鄧中夏文集』にも重複して収録されているものが多いが、以下、『省港大罷工資料』の該当箇所のみ示す。

(169)「省港罷工工人代表大会」『工人之路』第九期、一九二五年七月二日。

(170)「糾察隊成立大会紀」『工人之路』第一三期、一九二五年七月六日。井出季和太『支那の国民革命と国民政府』第二編、九五頁。

(171)「省港罷工委員会糾察隊編成法」『工人之路』第七期、一九二五年六月三〇日。井出季和太、同右、九三頁。劉永大・陳永階「省港大罷工工人武装的建立及其作用」二二一、二二四頁。

(172)鄧中夏「一年来省港罷工的経過」『省港罷工概観』(『省港大罷工資料』六七頁)。

(173)たとえば同日掲載された次の二つの記事を参照。「厳禁冒軍騒擾区党部」「冒軍強封商店之滋擾」『広州民国日報』一九二五年五月一八日。

(174)長永義正「南支那を観る(四)糾察対の横行」『時事新報』(朝刊)一九二六年三月二二日。岡山県工業試験場の佐々木技士なる人物の視察談には、「香港に於ける支那人は一般の服地として従来浅黄木綿、紺木綿、黒木綿に限られたるものなる……」という表現がみえる。「南洋及南支那に輸出する日本織物の状勢」岡山版『大阪朝日新聞』(朝刊、夕刊の別不明)一九二〇年四月二三日(神戸NCC)。

(175)「假冒工人私設什賭被拘」『工人之路』第二七六期、一九二六年三月三一日。「罷工会厳禁冒工騒擾忠信渡」『工人之路』第三四二期、同年六月七日。「冒充糾察隊被拘」『工人之路』第三七〇期、同年七月七日。

(176)たとえば、汕頭、大良、容奇の糾察隊員の清廉ぶりが強調されている。「不要銭的糾察」『工人之路』第三二四期、一九二六年五月一九日。「両個廉潔的糾察隊員」『工人之路』第三六一期、同年六月二八日。

(177)「広州工会糾察不得与罷工糾察冒混」『工人之路』第三八二期、一九二六年七月一九日。

(178)初期の省港罷工委員会章程には「糾察隊を何隊か組織する」と記されているのみであり、どのような人々によって糾察隊を構成するかという点について、明確な構想は確認できない。「省港罷工委員会章程」『工人之路』第四期、一九二五年六月二七日。

(179)「政治委員会函罷工会調査罷工工人」『工人之路』第一九六期、一九二六年一月九日。陳植生・龍禱南「中華全国総工会省港罷工委員会罷工工友調査処緊要啓事」(一月六日)『工人之路』第二一七期、同年二月九日。「中華全国総工会・省港罷工委員会糾察隊委員会通告」(二月五日)『工人之路』第二二六期、同年二月八日。「糾察隊委員会組織法」『工人之路』第二五四期、同年三月九日(「糾察隊委員会組織法」は『省港大罷工資料』一二三五頁にも収録)。

(180) 井出季和太『支那の国民革命と国民政府』第二編、一〇〇―一〇一頁。鄧中夏「一年来省港罷工的経過」『省港罷工概観』(『省港大罷工資料』八四頁)。
(181) 「省港罷工委員向国民政府請願」『広州民国日報』一九二五年七月九日。Tsin, *op.cit.*, p.160.
(182) 鄧中夏『中国職工運動簡史』(『鄧中夏文集』六三七頁)。井出季和太『支那の国民革命と国民政府』第二編、一〇〇頁。
(183) 梁国志「広州沙面洋務工人的概況及罷工経過」『広東文史資料存稿選編』第三巻、三七一―三七二頁。井出季和太、同右、一〇一、一〇三頁。
(184) 井出季和太、同右、一〇五―一〇六頁。中華全国総工会省港罷工委員会ほか「緊要布告」『工人之路』第八七期、一九二五年九月一九日(『省港大罷工資料』二九六―二九七頁。ただし同史料集では文書名を「省港罷工委員会等関於取消特許証後之善後条例的布告」と改題)。中華全国総工会省港罷工委員会「省港罷工委員会対於日美仏等国輪船店戸条例」(九月一四日)『工人之路』第八九期、一九二五年九月二一日(『省港大罷工資料』二九八―二九九頁)。
(185) 「広東省政府省務会議第六次議決案」(一九二五年七月一四日)広東省档案館編(王美嘉編輯)『民国時期広東省政府档案史料選編』第一巻、出版地不詳:広東省档案館、一九八七年印刷、八頁。
(186) たとえば、横山宏章『孫中山の革命と政治指導』の第二章参照。
(187) 井出季和太『支那の国民革命と国民政府』第二編、一〇三頁。
(188) 在広東総領事森田寛蔵から外務大臣幣原喜重郎宛、機密公第一一四号「工商検験貨物処設置ニ関シ報告ノ件」、『支那地方税関係雑件/広東不法課税』第一巻の「2. 工商貨物検査処設置ニ関スル件」、第二画像。
(189) 中華全国総工会省港罷工委員会から国民党中央政治委員会宛「報告」(八月一一日)『工人之路』第五〇期、一九二五年八月一三日(『蘇兆徴研究史料』一四七―一五二頁。ただし同史料集は文書名を「省港罷工委員会致国民党中央政治委員会函」と改題)。
(190) 彭松福(彭思整理)「会審処的工作情況」『広東文史資料存稿選編』第三巻、二七二頁。劉達潮「広東海員的戦闘歴程」『広東党史資料』第二輯、七八頁。
(191) 「広州市手車伕工会宣伝隊大綱(第一号)」『工人之路』第二二三期、一九二六年二月五日。
(192) 「広州工会運動的報告」(編著推定一九二六年夏)中央档案館・広東省档案館編『広東革命歴史文件彙集(中共広東区委文件)一九二一年―一九二六年』甲六、広州:広東人民出版社、一九八三年、三四二―三四三頁。
(193) 同右、三四一―三四二頁。

(194) 馮明泉「漫談広州茶楼業」中国民主建国会広州市委員会ほか合編『広州文史資料』第三六輯、広州：広東人民出版社、一九八六年、一八六頁。橘樸「支那に輿論あり」『大阪朝日新聞』(朝刊)一九二七年七月二九日。
(195) 馮明泉、同右、一八五-一八六頁。張亦菴「茶居話旧(上)」『新都風光』一九四三年第二〇・二一期、三六四頁。
(196) 陳志文「大革命時期広州工人運動」『広州文史資料(選輯)』第二一輯、五頁。
(197) 「粉麵茶館工人討論加入国民党」『広州民国日報』一九二五年五月一八日。
(198) 『中国労工運動史』は、広州市粉麵茶館工会は中共の陰謀によって広州茶居工会の一部が分離させられ、成立した団体であると主張する。中国労工運動史続編編纂委員会(馬超俊主任)『中国労工運動史(一)』第三編二六一頁。
(199) 「総工会調処茶居争潮」『広州民国日報』一九二五年五月四日。「茶居工潮解決後之鬭毆案」『広州民国日報』同年七月一五日。「茶居粉麵工人毆鬭続訊」『広州民国日報』同年七月一六日。「茶居工人一律入党」『広州民国日報』同年七月一六日。「総工会」を広東総工会とする根拠については、次の記事における表現を参照。「総工会慶祝労働節」『広州民国日報』同年五月四日。
(200) 広州工人代表大会から国民党中央執行委員会ほか宛「広州工人請願厳辦工賊文」『工人之路』第三八一期、一九二六年七月一八日。「粉麵工人連合請願」『工人之路』第三八二期、一九二六年七月一九日。中国労工運動史続編編纂委員会(馬超俊主任)『中国労工運動史(一)』第三編二六一頁。
(201) 「粉麵工会再請願」『工人之路』第二四期、一九二五年七月一八日。
(202) 李少陵『駢廬雑憶』一三六頁。
(203) 広州工人代表大会から国民党中央執行委員会ほか宛「広州工人請願厳辦工賊文」『工人之路』第三八一期、一九二六年七月一八日。
(204) 次の記事に公開された広州工人代表大会執行委員会から国民革命軍総司令蔣介石宛の陳情書。「工人拿獲陳森」『工人之路』第三八三期、一九二六年七月二〇日。中国労工運動史続編編纂委員会(馬超俊主任)『中国労工運動史(一)』第三編二六一頁。
(205) 江崎隆哉「中国青年軍人連合会と広州孫文主義学会の対立に関する一考察」『法学政治学論究』第二一号、一九九四年夏季、六〇-九五頁。
(206) 広州工人代表大会執行委員会から各工会宛「広州工人代表大会厳重的通告」『工人之路』第三二〇期、一九二六年五月一五日。
(207) 中共新会市委党史辦公室編『中共新会党史(新民主主義革命時期)』北京：中共党史出版社、一九九六年のネット版の第一章第三節の二「中共新会支部的成立」および第四節の一「中共新会支部創建初期的形勢及其活動」、ならびに第五節の四「革命群衆運動的高潮」。二〇一四年は中共江門市新会区委・江門市新会区人民政府サイト「新会区政府信息網」（URL：http://www.xinhui.gov.cn/export/xhsz/sz.htm）にて閲覧できたが現在は不可（二〇一五年九月一三日確認）。

(208) 広州酒楼茶室工会江門支部から国民党中央執行委員会宛「広州酒楼茶室工会江門支部致中執会代電」（一九二六年二月一一日到）、国民党五部档案、部六八三一。

(209) 徐輝「団新会支部十一月份総報告」（編者推定一九二五年一二月六日）『広東革命歴史文件彙集（群団文件）一九二五年（二）』二八二‐二八三頁。

(210) 「江門関一九〇四‐一九三一年按内港行輪章程進出境船舶数値表」「江門関一九〇四‐一九四九年按普通行輪章程進出口貨物各数表」「江門関一八九八‐一九二八年進出境旅客数表」中華人民共和国江門海関編『江門海関志 一九〇四‐一九九〇』出版地不詳：中華人民共和国江門海関、一九九六年、一三四‐一三六、一七九頁。

(211) 陳聚倫「団順徳地委報告」（編者推定一九二六年三月）中央档案館・広東省市档案館編（陳玉儀編輯）『広東革命歴史文件彙集（群団文件）一九二六年（一）』甲四、広州：広東人民出版社、一九八三年印刷、二四九‐二五〇頁。

(212) 「文綽英」新会県志地方史志編纂委員会編『新会県志』広州：広東人民出版社、一九九五年のネット版。新会区地方志辦公室サイト「新会区地情網」（URL：http://www.gd-info.gov.cn/shtml/xhq/）>新会志書>新会県志>第七篇第一章人物伝>文綽英。中共新会市委党史辦公室編『中共新会党史（新民主主義革命）』の第一章第四節の一「中共新会支部創建初期的形勢及其活動」。

(213) 注（208）に同じ。

(214) 中国国民党中央党部工人部秘書馮菊坡から国民党中央執行委員会宛「中央工人部上中執会函」（一九二六年一月二九日）の付属書、劉爾崧「調査江門工人糾紛案報告」（同年一月二八日）、国民党漢口档案、漢一一五六四。

(215) Tsin, *op. cit.*, pp.160-161.

(216) 鄧中夏「評広州工会之争」『工人之路』第二五二期、一九二六年三月七日（『鄧中夏文集』二三二頁）。

(217) 「集賢工人罷工之詳情」『広州民国日報』一九二五年六月一日。

(218) 「匪徒竟敢向罷工工友打単」『工人之路』第二一〇期、一九二六年一月二三日。

(219) 中華全国総工会「同徳集賢糾紛案判決書」『工人之路』第一七六期、一九二五年一二月一九日。

(220) 粤港起落貨総工会執行委員鄧漢興から国民党中央党部工人部宛「粤港起落貨総工会上中央工人部呈」（一九二六年四月一日）、国民党五部档案、部六八四六。

(221) 労働同徳総工会主任阮兆年から国民党中央執行委員会宛「労働同徳総工会上中執会呈」(一九二六年四月二日)、国民党五部档案、部六八四九。
(222) 労働同徳総工会主任阮兆年から国民党中央執行委員会宛「労働同徳総工会上中執会呈」(一九二六年一一月)、国民党五部档案、部六三八〇。
(223) 次の文史資料においては、阮兆年は広東総工会や公安局と結びついた人物とされる。ただしこの資料においては、阮兆年が「香港集賢公会」の成員であり、同会は「反動派」に掌握されていたとする。劉国興ほか「普福堂和八和公会、普賢工会敵矛盾(粤劇史話之三)」中国人民政治協商会議広東省委員会文史資料研究委員会編『広東文史資料』第一六輯、出版地不詳:中国人民政治協商会議広東省委員会文史資料研究委員会、一九六四年、一六〇頁。
(224) 飯堂の設置については、たとえば、鄧中夏「一年来省港罷工的経過」『省港罷工概観』(『省港大罷工資料』五七頁)。
(225) 「再令解散粤港起落貨容桂分会案」(二月四日)『農工旬刊』一九二八年二期、六二頁。
(226) 鄧中夏「評広州工会之争(再)(続)」『工人之路』第二五四期、一九二六年三月九日(『鄧中夏文集』二三四-二三五頁)。大任「我們怎様幇助広州職工運動」『工人之路』第三六一期、一九二六年六月二八日(『省港大罷工資料』四七四頁)。
(227) 「広州工団代表第六次会議」『広州民国日報』一九二五年七月九日。「中共広東区委関於省港罷工情況的報告」(編者推定一九二五年七月、原題「省港罷工情況的報告」)『広東革命歴史文件彙集(中共広東区委文件)一九二一年-一九二六年』二九頁。
(228) 冼一宇『粤港罷工糾察隊奮闘概況』(『省港大罷工資料』一七〇頁)。
(229) 「糾察隊規模宏大」『工人之路』第一七期、一九二五年七月一一日。
(230) Tsin, *op. cit.*, p.155, 157.
(231) 「假冒軍隊格殺勿論」『広州民国日報』一九二五年六月一日。
(232) 「厳防假冒偵査隊之通告」『広州民国日報』一九二五年一〇月一七日。
(233) 「制止糾察隊捜査石室行人」『広州民国日報』一九二五年一〇月八日。
(234) 「佔駐民房」『広州民国日報』一九二五年七月一四日。
(235) 鄧中夏「一年来省港罷工的経過」『省港罷工概観』(『省港大罷工資料』七三頁)。
(236) 鄧中夏、同右(『省港大罷工資料』六七頁)。
(237) 「請取銷制限郷渡載貨苛例」『広州民国日報』一九二五年九月一九日。

(238)「糾察隊細綁五人遊街示衆」『広州民国日報』一九二五年八月二二日。
(239) 太平商会から国民党中央執行委員会ほか宛「太平商会上中執会電」(一九二五年一〇月一三日)、国民党漢口档案、漢一一五三四。
(240)「請弛禁鹹魚入口」『広州民国日報』一九二五年九月二六日。「瑣聞」『広州民国日報』同年一〇月一日。
(241)「請弛禁鹹魚入口」『広州民国日報』一九二五年九月二六日。「省港罷工委員会訓令」『工人之路』第二九三期、一九二六年四月一七(『省港大罷工資料』二六六‐二六七頁。ただし同史料集は文書名を「省港罷工委員会関於鹹魚運輸辦法的訓令」と改題)。
(242)「附発会特准宝安農会農民経過英界条件」『工人之路』第二八五期、一九二六年四月九日(『省港大罷工資料』二六五‐二六六頁。ただし同史料集は「附発」を「省港罷工委員会」に置き換え)。鄧中夏『中国職工運動簡史』(『鄧中夏文集』六三六‐六三七頁)。「糾察委員会派委往四郷調査」『工人之路』三六一期、一九二六年六月二八日。
(243) 宝安固戍郷農民協会ほか「宝安固戍郷農民協会等訴詞」(一九二六年八月)、国民党五部档案、部八六五四。
(244)「省港罷工問題」『我們的生活』第一期、一九二六年九月(『省港大罷工資料』六六八‐六六九頁)。
(245) 劉永大・陳永階「省港大罷工工人武装的建立及其作用」二二三頁。
(246)「省港罷工委員会糾察隊委員会成立宣言」『工人之路』第一三五期、一九二五年一一月七日(『省港大罷工資料』一六三頁)。
(247)「糾察隊紀律」『工人之路』第二五四、二五五期、一九二六年三月九、一〇日(『省港大罷工資料』二三七頁)。
(248) 劉明憲「省港大罷工、封鎖及抵制英貨運動之研究」一〇七頁。「罷業停止の代りに特別関税徴収」『東京朝日新聞』(夕刊)一九二六年九月二六日。
(249) 連合通信「広東の対英経済絶交拡大」(一九二六年一〇月二日広東発)、『支那地方税関係雑件/広東不法課税』第一巻の「1.一般/分割1」、JACAR, Ref. B12083239800、第五八画像。井出季和太『支那の国民革命と国民政府』第二編、一一八‐一二〇頁。
(250) 劉明憲「省港大罷工、封鎖及抵制英貨運動之研究」一〇一頁。「対沙面開放之布告」『広州民国日報』一九二五年一〇月一七日。
(251) 劉明憲、同右、一〇二‐一〇三頁。
(252) 劉明憲、同右、一〇四‐一〇五頁。
(253) 陳志文「大革命時期広州工人運動」『広州文史資料(選輯)』第二一輯、五頁。
(254) 井出季和太『支那の国民革命と国民政府』第二編、一〇〇頁。在広東総領事森田寛蔵から外務大臣幣原喜重郎宛、第一二六号、一九二六年一〇月一日外務省着、『支那地方税関係雑件／広東不法課税』第一巻の「1．一般／分割1」、第三一画像。

(255) 連合通信「広東政府特別輸出入税徴収声明」(一九二六年九月二三日広東発) 所載の広東国民政府の政府公報の邦訳、『支那地方税関係雑件／広東不法課税』第一巻の「1．一般／分割1」、第一二画像。西村道太郎「北伐戦に湧く広東」『大阪朝日新聞』(朝刊) 一九二六年一一月五日。

(256) 在広東総領事森田寛蔵から外務大臣幣原喜重郎宛、第一二三号、一九二六年九月二七日広東発、『支那地方税関係雑件／広東不法課税』第一巻の「1．一般／分割1」、第二四－二五画像。在広東総領事森田寛蔵から外務大臣幣原喜重郎宛、第一四一号、一九二六年一〇月六日広東発香港中継、同右、第七七画像。

(257) 「広東の英貨排斥遂に解決す」『大阪朝日新聞』(夕刊) 一九二六年九月二六日。

(258) 在広東石川生「広東に於る一般経済と金利市場 (七)」『台湾日日新報』(朝刊) 一九二七年八月四日。羅浮「年初二解雇工人問題」(二月一七日)『嚮導周報』第一九〇期、一九二七年三月六日 (『中国工運史料』一九八一年四期 (総第一七期)、一一七頁)。

(259) 鄧中夏『中国職工運動簡史』(『鄧中夏文集』六三八頁)。井出季和太『支那の国民革命と国民政府』第二編、一〇〇－一〇一頁。盧権ほか『省港大罷工史』四四〇－四四一頁。

第四章　上海の動員装置

1　上海労働者をめぐる諸環境

1、上海の地理的条件と上海労働者の形成

第四、五章で扱う上海は、長江河口の内陸港湾都市であり、長江南岸に位置する。上海の西には中国の五大淡水湖のひとつである太湖があり、そこから伸びてくる大小さまざまの河川は、長江河口付近の沖積平野に無数の水路を刻みつつ長江と合流し、あるいは海へと流れ込む。上海はこれらの河川のうち、とくに呉淞江（別名、蘇州河）と黄浦江が合流する地点を中心地とする。呉淞江と合流した黄浦江は、さらにそのすぐ先で長江と合流し、海へと流れ込む。(1)

(1)　寧波人海員

国共両党の労働者動員という点からまず注目すべき上海の労働者集団は、寧波人海員である。前章にみたように、一九二二年の香港海員ストライキに直面した汽船会社は、とくに上海の寧波人海員を呼び寄せ、欠けた労働力を補おうとしていた。汽船会社のこうした目論みを防ぐため、党員たちは上海の寧波人海員を動員する必要があったのである。

寧波人海員の出現経緯も、広東人海員と同じく、アヘン戦争による開港と関わりがある。一八四三年、上海は南京

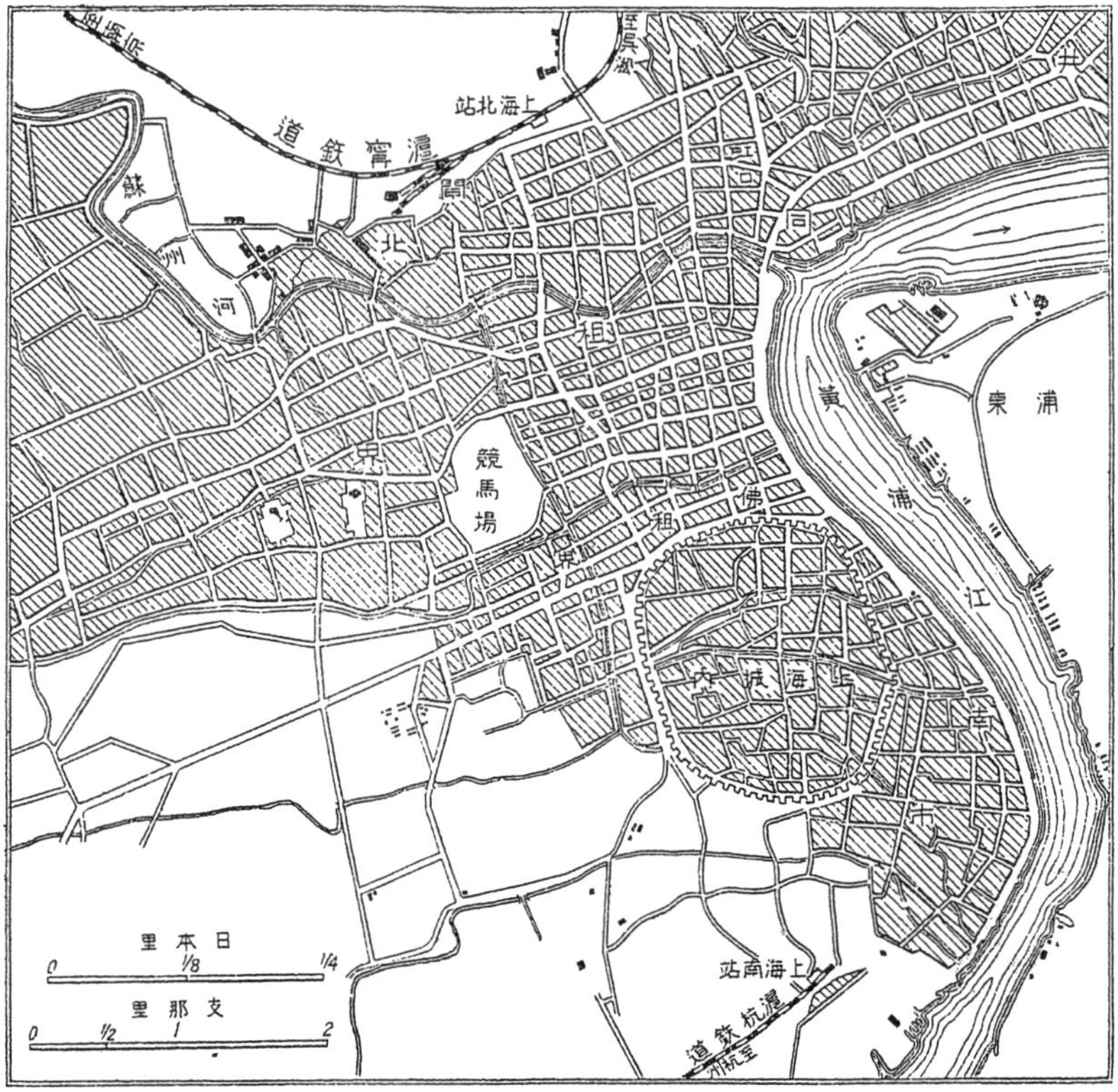

上海地図　出典：西田与四郎『中華民国地誌』。

条約に基づき開港され、一八四五年には上海最初の租界であるイギリス租界が設置された。上海経済史の概説によれば、一八五〇年代半ばに上海の外国貿易総額は広州の二倍となり、「この時期以降、上海は中国の最大の外国貿易港」になったという。一九世紀後半の上海の主な輸入品は、アヘン、綿製品、日用雑貨品であり、また主な輸出品は生糸や茶であった。このようにして成長した上海市場の周囲に金融業が成長し、また汽船業とその周辺産業（船舶修理業）、および商品の流通を支える各種インフラ設備（埠頭・倉庫）とその周辺産業が発達した。[2]

表1の示す招商局所属の海員の給料を確認すると、その給料水準は同時期の香港海員に近く、やはり上海の労働者集団において、海員が比較的余裕のある労働者集団であったことが理解できる。ただし、上海の海員業を独占したのは寧波人

表1　1922年時点での招商局海員の賃金

職種	月給
水夫長	30元
火夫長	30元
舵夫	30元
大工	30元
水夫（沿海航路）	24元
水夫（長江航路）	22元
火夫（上級）	26元
火夫（下級）	22元
ボーイ	10元

出典：在上海総領事船津辰一郎から外務大臣内田康哉宛、公信第622号「上海ニ於ケル支那海員同盟罷業ノ顚末報告ノ件」（1922年8月26日）、外務省記録『外国ニ於ケル同盟罷業雑纂／支那之部』第1巻（自大正11年）の「10. 支那海員同盟罷業ニ関スル件」、JACAR、Ref. B12081536000、第10画像。

であり、広東人ではなかった。曾田三郎は、上海において「技能工」となったのは、広東人のほか寧波人であったとしており、上海においては寧波人が広東人機械工と肩を並べる社会的地位にあったことが窺える。また、一八八二年から一九三一年にかけて中国海関（税関）が一〇年ごとに作成した報告書Decennial Reports（「海関十年報告」）の、一八八二年～九一年分報告によると、寧波人の職業として「船乗り」が挙げられている（このほか、買弁、「仆役」（ボーイ）、大工、裁縫師、男性洗濯屋、店員）。一方上海の広東人は、職員、通訳、零細な装飾品店やレストランの店主になる傾向があったという(3)。次章で示す寧波人海員朱宝庭のケースがそうであるように、事業を展開する有力な寧波人紳商の人脈で寧波人集団が雇用されることが通常であったと考えられ、その結果として上海の海員業における寧波人集団の比率が重くなったのであろう。

(2)「江北人」労働者

前述の寧波人海員集団のほか、中共の動員工作の過程において無視できない存在として浮上するものが、「江北人」と総称された労働者集団である。曾田三郎は、さきの「技能工」の記述に続けて、しかし上海において「一般の工場労働者」といえば「軽工業」であったこと、このような労働者の出身地は「江北」が主であったことを指摘している。「江北」（あるいは「蘇北」）とは、「江蘇省の中の長江以北の地」のことである(4)。

上海に流入した人口の三大出身地は、通常、広東、浙江、江蘇とされる。広東人を多数含む移民はアヘン戦争後に、寧波人富裕層を多く含む浙江方面からの移民は太平天国の乱の際に生じたものだという[5]。しかし最後の江蘇方面からの移民は、前二者とはやや性質を異にし、貧しい農民を主体とするものであった。彼らは太平天国の乱、軍閥戦争、自然災害などから逃れるため、山東、安徽、湖北、河北、そして蘇北などから、一八六〇年代から二〇世紀に至るまでの期間、上海を目指してやってきた人々である[6]。こうした人々は、上海において否定的なイメージをもって捉えられる「江北人」あるいは「蘇北人」と呼ばれる社会層——実態がどうであれ、少なくともそう認識された人々——を生み出した[7]。

馬俊亜の上海労働市場分析によれば、二〇世紀に工業化の進展した「江南」(長江以南)の市場においては、頭脳労働を地元民が担い、農村の農作業あるいは都市の各種肉体労働を「江北人」が担う構造が出現していた[8]。「江北人」のより具体的な就職先として、曾田は、男性の場合は「埠頭苦力、人力車夫、屑拾い、綿屑の選別、羽毛の洗浄、養豚など」、女性の場合は「女中」のほか「娼婦になるものも相当いたようである」と整理している。「海関十年報告」も、「蘇州」の女性は外国人女性にサービスする女中になる傾向があるとする一方、上海人の商店で刺繍や女性の髪飾りなどをつくる仕事にもつく、と記している[9]。

やがて一八九四年に日清戦争が勃発し、下関条約によって日本が中国国内に工場を設立する権利を獲得すると、列強もいわゆる最恵国待遇によって同様の権利をえ、外資系の工場を中国に続々建設していく[10]。このことが影響し、日清戦争後、「繊維・食品のなどの軽工業品」を中心とする産業が中国に発達していき、上海にも多くの工場が設立されるようになった。曾田が「二〇世紀初頭までに上海で形成され始めた工業区」として挙げるものは、楊樹浦工業区、閘北工業区、滬西工業区、滬南工業区の四つであり、とりわけ楊樹浦工業区と滬西工業区に上海の軽工業の八〇%が集中していたという。また曾田は、軽工業を中心とする工場労働者には「江北人」女性が多かったとも指摘する[11]。一九二五年に刊行された書籍にも、上海の工場労働者には、江蘇省北部出身者すなわち「江北人」が多く、とくに泰州泰興の

表２　上海の港湾労働者の賃金

	日給最高額	日給最低額	情報源
常雇い	0.65 弗	0.45 弗	（※ 1） 11 頁
日雇い	1.00 弗	0.35 弗	（※ 1） 12 頁
「紡績運搬苦力」	2 元	−	（※ 2） 211 頁

（※ 1）：大阪市商工課編『支那貿易叢書第 2 輯―上海に於ける労働者』大阪市商工課、1924 年。
（※ 2）：上海紡績苦力幇との契約書、宇高寧『支那労働問題』上海：国際文化研究会、1925 年。

出身者が多かったという記述がみえる。次に多かったのは、上海近辺、揚州、寧波、鎮江出身者であったという(12)。

次章において中共は、やがて滬西工業区の紡績工場労働者の動員を成功させていくのである。

(3)　港湾労働者

前項の「江北人」労働者と重なる部分もあるものの、ここで別に注目しておきたい労働者集団が、港湾労働者集団である。後述するように、上海の港湾労働者集団は上海のヤクザ社会ともっとも密接な関係をもち、中共のさまざまな動員工作の帰趨を水面下で決定づけていたと思われる。

港湾労働者を支配していた請負業者組織の階層序列を、満鉄の資料『中国労働運動状況』に基づいて確認すると、組織のトップには「包工頭」（請負頭ないしは親方）がおり、「包工頭」に雇われる形で「档手《とうしゅ》」、「跑碼頭《ほうまとう》」、「折帳頭《せっちょうとう》」と呼ばれる役目が置かれていた。「工人」、すなわち、いわゆる一般の労働者はこの「折帳頭」の下にくる(13)。この序列は、当時の中国商店の序列に対応させて考えると理解しやすい。すなわち「包工頭」は現場の営業には関与せず、縄張りという基本的な資本を提供する出資者である。「档手」は組織の実際の経営をまかされた現場の最高責任者であり、番頭に相当する。「跑碼頭」は貨物量と労働者の使用数とを考慮し、一定期間内に積み卸しを完了させる、いわば番頭の下で実務を取り仕切る手代であり、「折帳頭」は会計を司ってはいるが、自身は無給であることから、その立場は丁稚奉公に近い。

『中国労働運動状況』は「档手」の月給を三〇元ないし一〇〇元、「跑碼頭」の月給を二〇元ないし五〇元とする。表2の、上海のある「紡績苦力幇」との契約で定められた二元の日給も、月給に直せばおよそ六〇元となる。団体レベルで契約がおこなわれる場合の、一人当たりの標準的給料の水準は、「档手」や「跑碼頭」レベルの日給二〜三元くらいと想定されていたことになるだろうか。

また、表2の大阪市商工課の史料に基づくデータでは、常雇いは〇・六五弗、日雇いは一弗とある。地域ごとに使用された貨幣の種類は異なっていたから単純な比較はできないにせよ、第二章で言及した、香港の肉体労働者の平均的日給を四〇セントとする陳偉群の記述を思い起こすと、香港の肉体労働者より少し多いくらいと考えてよいかもしれない。

しかし企業がどのような支払いをするにせよ、それを受け取った請負業者団体内部での再配分には大きな問題があった。この集団の最末端に位置する「折帳頭」は、無給であるかわり、港湾労働者の一般成員の給料をピンハネした。それゆえ、おそらく港湾労働者が実際に手にする金額は、常雇い〇・六五弗、日雇い一弗といった数字よりもさらに低くなったであろう。『中国労働運動状況』は、会社や商店がこのような請負業者と契約し支払った料金は大半が請負頭の懐に入るため、上海港湾労働者の請負頭は巨万の富を築き上げ、「大廈高楼に居住」したとする。一方、請負業者集団に支配された一般の港湾労働者はといえば、第一章で引用した後藤朝太郎の描写を再度繰り返すと、「大道路に近い横町の路地の塀とか壁とかの下」や「寺院祠廟の廃址またはその界隈」など、どこにでも「ゴロ寝」するという状況であった。すなわちここには、仲介業者に富の大半が集中していく、著しい富の偏りがみられるのである。

このような団体に所属する下位成員がえられるのは、仕事の斡旋のみであった。だが、集団に所属しなければ仕事をうることすらできないため、人々はやむなくこのような集団の支配下に下らざるをえなかった[14]。

2、上海の人口動態と下層社会の人間関係

(1) 人口動態

上海の総人口はどうであったか。この問題を論じる際にもっともよく引用される「海関十年報告」のデータによれ

表3　上海の紡績工場の中国人労働者数

経営	工場名	人数	備考	経営	工場名	人数	備考
中国人経営	恒豊	2872	—	日本人経営	内外綿	1万5714	江北人が多数
	申新第一	4000	山東人が多数		同興	3500	—
	徳大	1000	—		東華	3200	—
	振華	800	—		日華	6000	—
	申新第二	1800	山東人が多数		裕豊	4000	—
	鴻裕	3400	—		喜和	7000から2000に減少	—
	溥益	1600	—		大康	4000	安徽人が多数
	緯通	4300	—		豊田	4350	—
	三新	4887	—		上紡	7900	—
	恒大	970	—		公大	2500	—
	大中華	2200	—		老公茂	3000	—
	大豊	1500	—		絹糸	681	—
	鴻章	2000	—	英人経営	怡和	5000	—
	崇信	2000	—		公益	1000	—
	厚生	2800	—		楊樹浦	4000	—
	同昌	1200	—		東方	3000	—
	続益	3400	寧波人が多数				合計　11万8074
	永予	2000	—				
	振泰	2000	—				
	永安	1500					
	華豊	2000	—				

出典：宇高寧『支那労働問題』168－169頁。

ば、開港以来上海の総人口は増加の一途をたどっていた。いわゆる上海地区（租界、上海県城内外、閘北、付近の鎮、浦東）の総人口は、一九一〇年で一二五万人、一九二〇年で一四八万人、一九三〇年で三一五万人六一四一人と報告され、このうち大半を中国人が占めていた[15]。また上海市社会局の社会調査「上海市工人生活程度」（一九三四年）において紹介されている公安局の戸籍調査（一九二八年秋実施）は、中国人街の居住者をおよそ一五〇万人としている[16]。

上海の労働者数については、たとえば一九二一年七月七日付『共産党』（創刊者は李達）に、五〇万人を下らないなどの表現がみえるが、このような数字にはあまり信憑性がないように思われる[17]。曾田三郎によると、一九世紀末から二〇世紀にかけて、上海の軽工業を中心とする工場労働者数を三〜四万人とする数字が存在した[18]。

中共にとっての重要な動員対象であった上海

の紡績工場労働者に関しては、一九二三年一月のある新聞報道が八万人とし、一九二五年ごろにおこなわれたと推測される華商紗廠連合会の調査報告は九万二〇〇〇人とした[19]。宇高寧の示す表3のデータでは、その総数は一一万人を超える。また表3においては、一万五七一四人を雇用するという内外綿のずば抜けた数字が目を引くが、その多数は「江北人」であったという。上海日本商業会議所作成の資料も、「江北人」が紡績工場労働者に占める割合をおよそ四〇〜五〇%と推測している。宇高はこれに加え、浦東地域の地元民が約三〇%、その他三〇%と推測している[20]。

上海の港湾労働者数に関しては、中共の文献は、一九二五年六月以降の上海ストライキ時に中共の呼びかけに応じた「黄浦江両岸」の港湾労働者を「三万人あまり」とする[21]。一方で、同時期に日本の内務省社会局の資料に収録された上海日本商業会議所の「支那労働問題」は、上海の港湾労働者数（季節労働者含む）を五〇〇〇〜六〇〇〇人としている[22]。数字にあまりにも開きがあるが、おそらくこれは、前者が対外宣伝用の数字であること（たとえば香港海員ストライキ時にも三万人と主張されている）、これに対して後者は日雇いなどを含んでいない可能性があることなどが考えられる[23]。しかし、仮にこうした数字がある程度まで現実を反映しているとすれば、三万人から五〇〇〇〜六〇〇〇人を引いた数が、もっとも雇用の安定しない港湾労働者を示すものとみなしうる。

就業人口における男女比率は、一九二九年に一八七の工会の会員（総数一五万五〇六九人）を対象におこなわれた上海特別市社会局の調査によれば、男性労働者は一一万七五八七人、女性労働者は二万七八七九人であった（このほか一四歳以下の児童労働者が九六〇三人）。また失業者一万九人における男女比率は、男性労働者が八六五二人、女性労働者が一〇八四人であり、やはり圧倒的に男性が多い（児童労働者の失業は二七三人）。またこれとは別に、大塚令三の中共研究が紹介する失業者のデータによれば、その年齢構成は四二・〇六%が二〇〜二五歳、三一・九三%が一六〜二五歳、すなわち失業者の七割以上を一〇代から三〇代半ばまでの青年層が占めていた[24]。

以上を要約すれば、低技能の上海労働者人口には、二つの類型が認められる。ひとつは、江北出身者から構成され、女性を多数含んだと思われる工場労働者、もうひとつは江北の男性ならびにその他の地域（山東、安徽、湖北、河北）

から流入する男性たちから構成される、人力車夫や港湾労働者などの各種肉体労働者層である。

このほか、上海史研究でしばしば引用される、運河沿いのバラック地区に住む人口一万四〇〇〇人あまりを対象にした上海共同租界（International Settlement）の調査（一九二六年）を確認すると、就業率は七七％であり、三六％が工場労働者、二〇％が「交通運輸、市政工人」であった。「交通運輸」は人力車夫、港湾労働者などを含むのであろう(25)。

ここからみて取れることは、上海周辺ないし上海以北の貧しい農民たちが、とくに共同租界を中心に形成された上海の基幹産業が生み出すさまざまな雇用を求め、租界周辺の運河沿いのバラック地区に住み着き、肉体労働に従事していたようすである。そしてなんらかの社会集団に所属している場合でも、成員が団体から支給される給料は不十分である場合が多く、不足分は個人的にえなければならないケースがしばしば存在したと思われる。また集団に所属していても、非正規雇用の立場に置かれている者は著しい搾取にさらされていた。このような小集団においては、成員同士の共同体的感覚は薄かったものと思われる。

(2) 青幇《チンパン》系組織

上海に流れ込んだ多くの人々にとっては、一次集団たる家族も頼りにならないものであった。さきの上海市社会局の調査によれば、上海労働者の家庭には「近代的な核家族化」（近代小家族化）の傾向が認められ、調査対象となった三〇五の家庭のうち、八一・四二％が夫婦に子ども数人という構成であった。同調査は、「大まかにいえば、旧式の大家族制度は、農村社会ではなお盛んであるけれども、工業化された都市――とくに上海――においては、人口が稠密であり、生活レベルは農村よりもはるかに高くなってしまうので、それゆえ寄生人口を扶養する能力は大きく低下する」と分析している(26)。当時の日本語文献も、紡績工場労働者について、「独身者の外は家族平均三人位《くらい》」としている(27)。

安定した共同体の保護を受けられない無力な人々のあいだで、「親分‐子分関係(28)」の原理によって運営されるヤクザ的な人間関係が成長し、猛威を振るった。これがすなわち、上海の青幇系組織の温床となったものである。とくに港湾労働者の世界において、この傾向は顕著であった。上海の港湾労働者に関する文献としてよく引用される上海の実業家劉鴻生（一九二九年に中華碼頭公司の会計員を務めた）の文章は、次のように述べている。「上海のあらゆる埠頭はすべて、黄金栄、張嘯林、杜月笙、範回春の手下がコントロールしていた。……この請負業者の頭目たち（包工頭）は、埠頭のヤクザの親分（地頭蛇）であるが、彼らの機嫌を損ねることはできない。もしそうなれば、よくて侮辱を受け、悪ければ命を落とす。上海にはこんな言い回しがあった。『よい人間は埠頭の飯を食べない。埠頭の飯を食べるなら、親分（老頭子）を拝まなくてはいけない』」[29]。ここで名を挙げられている黄金栄、張嘯林、杜月笙は、いずれも当時の青幇の大頭目であった[30]。このような青幇系組織もまた、広東の洪門系組織と同じく、辛亥革命前後の時期から革命党の動員の歴史に、つねにその姿を見え隠れさせてきた[31]。

このような集団は、青幇の儀礼や形式などの歴史までたどるならば、古い起源をもつともいえる。しかし、上海の租界において港湾労働者を支配した請負業者の集団は、基本的には租界とともに誕生した一群であった[32]。本書に対して青幇のもつ重要性とは、主にそれが下層社会に生きる個人に対して発揮した支配力と統制力である。したがってここでは青幇の起源や儀礼などを詳細に問う先行研究には立ち入らず、B・マーティンの青幇研究による次の整理を確認するにとどめる。マーティンによれば、青幇は一九世紀末までには上海の有力な秘密結社勢力として浮上していた。一般的に青幇の起源は、運輸業（当時それは糧食の水運であった）に携わる肉体労働者の組織であるといわれ、上海の商業紙『申報』によれば、一八七六年の時点で蘇北の淮河地域において盗賊行為を展開し、かつ、長江の南北双方に向け、それぞれ勢力を拡大中であると報じられていた[33]。

青幇はその後、経済成長の著しい上海において、アヘン売買、賭博、売春などから利益をうる反社会的な人々のネットワークとしての側面を強めていった。さらに上海は、このようなヤクザ的組織が成長するうえで重要な政治空間をも提供していた。上海には共同租界、フランス租界、中国人街が存在し、それぞれが異なる法律体系と行政機関によって運営されていた。『近代上海城市研究』は、中国人街で法を犯せば租界に逃げ込めばよく、フランス租界で法を犯せば共同租界に逃げ込めばよかったと指摘している。[34] 一九二〇年代から三〇年代にかけては、上海で児童誘拐と武装強盗が二大犯罪として横行し、人々は犯罪から身を守るため、青幇にボディガードを依頼することもあった。青幇は上海社会に寄生しつつ、他方で上海の他の社会集団のニーズにも応える形で、その勢力を伸ばしていった。マーティンの整理によれば、上海ギャングの総数を示すものとしてもっともよく引用されるデータ（むろん正確性には大いに疑問が残る）は、一九二〇年代から三〇年代までのギャング数を約一〇万人と見積もっていた。これは上海の総人口の約三％に相当し、ほとんどが青幇であったという。[35] ただし孫江も指摘しているように、一方でウェイクマンは二万人とみている。[36]

　青幇に犯罪のイメージがつきまとうとはいえ、青幇と呼ばれた人々の実態は複雑であり、青幇加入者の犯罪的色彩の濃淡も一定ではなかった。時事新報館の元編集者銭生可が編纂した、上海の裏社会に関する見聞集『上海黒幕彙編』（一九二三年）には、「青幇・紅幇《ホンパン》といった連中について考えてみると、必ずしもみな盗賊であるというわけではない。なかには分に安んじて生活を送っている者もおり、そのような者は紅幇には比較的少なく、青幇には多い」と記されている。[37] 青幇と呼ばれた人々の一方の極に典型的なギャングが確認され、他方の極に、ただその相互扶助能力を必要とし、あるいは青幇から搾取対象とされることを避けるため、さらには単に仕事を紹介してもらうため、加入した人々がいたと考えられる。[38] また孫江が指摘したように、非公開の人間関係が外部の者からまとめて青幇と呼ばれる傾向もあった。[39] 上海のギャング数について、マーティンとウェイクマンの示すデータに大きな開きがあるのは、こうした事情によるものかもしれない。

　だが、青幇と総称された人的ネットワークは、下層社会のヤクザ的人々の抗争と絶えず接触しており、暴力に染まりやすかった。孫江は、青幇・紅幇的ネットワークを、特殊なものではなく、当時の中国における一般的なネットワークであったと主張するが、このようなネットワークが「一般的」であったところに、むしろこの時代の一般庶民の生活の中に暴力が入り込みやすく、社会全体が高いヤクザ化の圧力にさらされていたことがみて取れる。蒲豊彦が広東の三点会について述べた、「暴力性を備えたことによって……秘密結社から身を守るために地域住民がかえってそこに加入せねばならないという、逆転現象」は、上海の青幇系組織においても容易に生じるものであっただろう。

3、上海社会の不安定要因——江浙戦争

本書で検討する三地域のうち、上海はもっとも秩序の安定した地域であった。言葉を換えれば、暴力がよく管理された社会であったのである。一九一三年から二七年までの軍事指導者リストを参照すると、少なくとも一九二四年までは、上海の最高軍事指導者は北京政府の命を受けて上海に派遣された軍人であった(40)。本書との関連で重要であるのは、一九一七年から本格的になったと思われる盧永祥時代*（一九一七～二四年）と、一九二四年の江浙戦争（第二次奉直戦争）*によって生じた、盧永祥、斉燮元*、孫伝芳*の一時的な鼎立時代（一九二四年後半～二五年一月）、その後再び訪れた盧永祥時代（一九二五年四～九月）である。二度目の盧永祥時代の次には孫伝芳時代が訪れるが、孫伝芳は労働運動を厳しく取り締まったために、もはや熱狂的運動は上海では生じえなかったとみられる。

「海関十年報告」によれば、一九二二～二三年の上海社会の秩序は「良好」であった(41)。しかし一九二四年に江浙戦争が発生したことで、「民国以来、戦争による破壊を直接経験したことのなかった上海市民」（笠原十九司の表現）は大きな衝撃を受ける(42)。上海の租界近辺に多くの軍人・難民が流入し始め、また経済活動が打撃を受け、大量の失業者が

＊盧永祥：一八六七年生～一九三三年没。山東済陽の人。安徽派軍人であったが、情勢の変化から奉天派と結ぶ。北洋武備学堂卒業生。一九一七年一月に淞滬護軍使、一九年に浙江都督に任じられる。ゆえに文献によっては浙江軍閥とも表現される。二四年に浙滬連軍総司令として斉燮元軍と交戦し敗退、日本へ逃亡。九月の北京クーデター発生により直隷派の足並みが崩れたことを好機とみて帰国、二五年一月に宣撫軍を組織、江蘇軍務督辦となり斉燮元を駆逐して江蘇を奪還、四月に江蘇督軍となる。田子渝ほか主編『中国近代軍閥史詞典』北京：档案出版社、一九八九年、一四三－一四四頁。「第一〇巻軍事」上海通志編纂委員会編『上海通志』第二冊、上海：上海人民出版社ほか、二〇〇五年、一二五四頁。

発生した。上海の人々からすれば、このような人々は、自身の生存を確保するためにはどんな手段にでも訴えかねない危険な存在と映ったであろう。

笠原十九司の整理に基づくと、当時の状況は次のような具合であった。江浙戦争の発生にともない七〜八万人を下らない難民が上海に流入し、また一九二四年一〇月の盧永祥の逃亡後、租界の北に位置する閘北地区には盧永祥軍の

＊江浙戦争：一九二四年九月三日から約四〇日間続いた軍閥戦争。江蘇省を地盤とする直隷派軍人斉燮元と、浙江省を地盤とし奉天派と結んだ盧永祥のあいだで戦われた。この戦争の直接的な問題は、上海から松江に至る地域を、斉燮元と盧永祥のどちらが支配するかという点にあった。同地域は地理的には江蘇省内部にありながら、袁世凱政権の政策によって中央政府の直轄地とされ、結果として、江蘇省を掌握した軍人でも容易には手の届かない地域となっていた。盧永祥が一九一七年に淞滬護軍使に任命されて以来、淞滬護軍使職は一貫して浙江省を地盤とする軍人の手に掌握され、江蘇省を地盤とする軍人はこれに不満を抱いていたという。笠原十九司「江浙戦争と上海自治運動」野澤豊編『中国国民革命史の研究』青木書店、一九七四年、九九‐一一七頁。来新夏ほか『北洋軍閥史』下、天津：南海大学出版社、二〇〇〇年、八九四、一一〇六頁。徐雪均ほか訳編『上海近代社会経済発展概況（一八八二‐一九三一）――《海関十年報告》訳編』上海：上海社会科学院出版社、一九八五年、二九八頁。

＊斉燮元：一八七九年生〜一九四六年没。直隷寧河の人。直隷派軍人。日本陸軍士官学校卒業生。一九二一年に江蘇督軍に任じられたため、文献によっては江蘇軍閥とも表現される。二三年に蘇皖贛巡閲使、二四年九月に淞滬護軍使に任じられ、浙江の盧永祥軍と交戦した。翌年に浙滬連軍第一路軍総司令、十四省討賊聯軍副総司令となる。田子渝ほか主編『中国近代軍閥史詞典』二一四頁。

＊孫伝芳：一八八五年生〜一九三五年没。山東歴城の人。日本陸軍士官学校卒業生。一九二五年一月に斉燮元が形勢不利となり、盧永祥の支援のため奉天派軍人張作霖の部下が南下してくると、孫伝芳は奉天派の勢力拡大を恐れ、同月一一日に斉燮元と「江浙連軍」を結成、奉天派の進出を阻もうとした。斉燮元と孫伝芳を離間させるため、段祺瑞政権は孫伝芳を一六日に浙江督辦とする。これにより孫伝芳は盧永祥と斉燮元の戦争には関与しなくなったが、その後次第に奉天派と対立を深め、一〇月に戦闘となり勝利し、浙江、福建、江蘇、安徽、江西を支配下に収める。上海に進駐した孫伝芳軍は、二七年春の北伐軍進駐によって上海を逐われた。張振鶴「孫伝芳」中国社会科学院近代史研究所（李新ほか主編）『民国人物伝』第一巻、北京：中華書局、一九七八年、二〇八‐二一四頁。塚本元「孫伝芳」『近代中国人名辞典』七四一頁。

敗残兵三万人以上が取り残された。閘北地区の中国商店は予想される敗残兵の略奪行為に備え、自衛のために店を閉じ、各馬路商界を単位とした自衛組織を形成して治安維持に努めた。果たして上海周辺地域では敗残兵の放火・掠奪が始まり、閘北においても掠奪が発生した(43)。また当時上海の聖約翰《セント・ジョーンズ》大学に勤務していたアメリカ聖公会の宣教師ポット(Francis Lister Hawks Pott)によれば、盧永祥が巻き返し、斉燮元が逃亡した時期(一九二五年一月ごろ)、租界周辺で軍や警察によって武装解除され監視下に置かれた敗残兵は一万人に達し、これに加えて奉天派の張宗昌軍一万人が新たに上海に進駐したという(44)。斉燮元の逃亡により江浙戦争が一段落した後も、軍閥間の勢力均衡が崩れたために軍事的緊張はなお続き、一九二五年七月五日ごろもなお一万三〇〇〇人の奉天軍が上海に駐在しているといわれた(45)。一〇月には孫伝芳軍と奉天軍の戦争が発生、上海は孫伝芳の支配下に落ちる(二一一頁傍注参照)。

戦争は敗残兵を残していくため、地域社会にとってはその処理が大きな問題となる。江浙戦争による敗残兵の武装解除、故郷送還等の諸費用を負担したのは、上海の最有力商人の集団である上海総商会であった(46)。また戦争によって経済活動が麻痺するため、失業者の発生という形で地域社会はさらなる打撃を受ける。たとえば靴下製造工場が操業を停止し、一万人を下らない労働者が影響を受けたといわれ、さらに戦乱の影響で運輸業が停滞し、港湾倉庫地帯であった浦東地区においては、湖北および江北出身の港湾労働者四万人あまりが失業したともいう。加えて戦争は金融市場をも動揺させる。このとき上海の金融市場では銭荘(四〇五頁傍注参照)と呼ばれる民間商業銀行が倒産し、その影響が商工業者に波及していく現象がみられた(47)。ただし第七章において検討する武漢金融市場の驚くべき破綻と比較した場合には、それでもなお上海の金融市場は比較的安定していたと評価しうる。たとえば上海銭業公会(上海の金融業ギルド団体)発行の『銭業月報』に掲載された文章は、一九二〇年から二五年の五年間で「我が銭業は幾度か風波を経験し、金融は恐慌現象を生じた(48)」が、「結果としてはなお無事にやり過ごすことができ、全体が影響を受けるまでには至らなかった」と評価している。

このように整理すれば、江浙戦争が上海にとってどれほど緊急事態であったかが理解できる。それまで長く上海を支配してきた盧永祥が斉燮元に敗北して逃走したのは一九二四年一〇月一三日であった。翌年四月に盧永祥は江蘇督軍として返り咲くとはいえ、盧永祥逃亡にともなって上海の裏社会の秩序も動揺したものと推測される。たとえば浙江省出身の青幇の頭目張嘯林の権力は、マーティンによれば、盧永祥とその部下何豊林＊を後ろ盾とすることで成立していた(49)。表社会の政治機構が、社会の末端までをも掌握する行政機構、治安維持機構を十分には発達させられずにいる場合、地方政府の当局者が、社会の末端を支配する裏社会の有力者と結びついて地域の秩序を維持しようとするのは、世界各国にみられる普遍的現象であった(50)。江浙戦争自体、マーティンによれば、上海社会の地下で大規模に展開されていたアヘン売買の収入の配分をめぐって引き起こされた「アヘン戦争」の側面をもつとすらいわれていた(51)。一九二四年とは、上海社会から揚がる利益をめぐる紛争が、表（軍閥）と裏（青幇）の双方の権力秩序を大きく揺るがした時期であった。

このことと、翌年の二月ストライキおよび五・三〇運動の一環としての上海ストライキ勃発は、無関係ではなかった(52)。それまでは盧永祥の部下何豊林が、淞滬護軍使（松滬とも表記するが淞滬に統一）として上海の労働運動を取り締まっていたが（何豊林傍注参照）、何豊林が盧永祥とともに逃亡するや、上海でストライキが盛り上がっていくのである。

上海駐在商務官横竹平太郎の電報は、二月ストライキの第一の原因として考えられるものを、「最近支那各地より無頼の徒、多数来集し居り、何等か事に籍《か》り機を見計い、利に有り付かんとする者」の活動だとした。横竹の目には、

＊何豊林：一八七三年生～没年不明。山東平陽の人。盧永祥の部下。北洋陸軍学校卒業生。一九二〇年に淞滬護軍使。二七ストライキ時に鉄道ストライキが中国全土に波及するという観測が優勢になり、上海では三月二日からストライキがおこなわれるという「風説」が流れると、当時淞滬護軍使であった何豊林は戒厳令を布いて労働者団体を監視した。二四年九月の江浙戦争勃発とともに松江前線司令に任じられるが敗退し、一時日本へ逃亡。二五年二月に善後会議会員となる。三八年に日本に投降したため、中共の歴史叙述において漢奸とされる。田子渝ほか主編『中国近代軍閥史詞典』二七五頁。「支那全国総罷業説　何氏上海に戒厳令を布く」『大阪毎日新聞』（朝刊）一九二三年二月二五日。

表4　中共上海区委の指導者層（1921 ～ 27 年）

正式名称	役職	姓名	出身	任期
中共上海地方委員会	書記	陳望道	浙江	1921 年末 ~1922 年 6 月
	責任者	張太雷	江蘇	1922 年　6 月～ 1922 年　7 月
中共上海地方執行委員会兼上海区執行委員会	委員長	徐梅坤	浙江	1922 年　7 月～ 1923 年　7 月
	委員長	鄧中夏	湖南	1923 年　7 月～ 1923 年　9 月
	委員長	王荷波	福建	1923 年　9 月～ 1924 年　1 月
	代理委員長	徐梅坤	浙江	1924 年　1 月～ 1924 年　4 月
中共上海地方執行委員会	委員長	庄文恭	浙江	1924 年　6 月～ 1925 年　8 月
中共上海区執行委員会（別名：江浙区委）	書記	尹寛	安徽	1925 年　8 月～ 1925 年　9 月
	書記	王一飛	浙江	1925 年　9 月～ 1925 年 12 月
	書記	羅亦農	湖南	1925 年 12 月～ 1927 年　4 月
	代理書記	陳延年	安徽	1927 年　4 月～ 1927 年　6 月上旬

出典：「第 4 巻中国共産党」上海通志編纂委員会編『上海通志』第 2 冊、上海：上海社会科学院出版社、2005 年、751 頁。

賃上げやその他の待遇改善の要求はどうやら「殆《ほとん》ど宣伝的に附加せるに過ぎず」とみえており、それよりも重要なことは、「昨年秋以来、上海附近に発生せる数回の事変に蝟集《いしゅう》せる不良分子」、すなわち軍閥戦争の関係者の動向であると感じられていた。また横竹は上海社会の雰囲気について、「直接間接に被れる掠奪徴発等の災害の為め、人心殺伐に傾ける」と分析した[53]。究極的には、戦争による秩序の混乱が原因だというのである。

次章にみるように、実際には二月ストライキには中共の動員工作が深く関わっていた。しかしそのような動員が成功しやすい社会的状況――すなわち経済秩序が打撃を受け、そこから弾き出された人々が増加し、さらには敗残兵や難民という形で、そもそも地域の社会秩序の外側にある人口層が増大し、上海社会全体の有機的つながりが弱まった状況――が、江浙戦争によって生み出されていたことを、この横竹報告は示しているといえよう。

2　上海における国共両党の党組織 ――一九二〇～二七年

1、中共

上海の中共組織の変遷は、中共の『上海通志』を参照すると次のようになる。まず中共一大後、中央の指導組織として上海に中共中央局（中央局書記は陳独秀）が設立されたが、この組織はいったん北京へと移された（一九二二年一〇月）。ハモンドの研究を参照すると（二五六頁）、その理由は、一九二二年に租界工部局*の警察が中共に対する取り締まりを強化したからのようである。ただしこれに加え、第二の理由として、当時北方・内陸地域で鉄道ストライキが大いに盛り上がっていたことも考えられる。中共中央は労働運動の可能性は北方にあると評価したのではないだろうか。しかし二七事件の発生により、北京においても中共に対する取り締まりが強化され、中共中央局は再び北京から上海へと移される（一九二三年四月）。そして武漢国民政府が設立されると、中共中央局は武漢へと移動する（一九二七年四月上旬）(54)。またこれとは別に、労働者の動員を目的とした中国労働組合書記部総部*が、一九二一年八月一一日に設立されたが、この組織も中共中央局とともに上海から北京へ、北京から上海へと流浪した。

以上の中央組織とは別に、中共の上海地方支部として設けられたのが中共上海区委*である（表4）。中共上海区委は位置づけ上は地方支部であったが、しばしば中共の中央組織としての役割を兼任することが多かった。また中国労働組合書記部が、二七ストライキによって軍閥当局から警戒され、厳しい取り締まりの対象となると、中共上海区委

＊工部局：租界の行政などを担う一種の議会。一八五四年に設置が定められた。はじめ英米仏三国の租界が共有する機関であったが、フランス租界は一八六二年に独自に公董局を設置。高橋孝助「第一章　開港と近代都市の出発」高橋孝助・古厩忠夫編『上海史―巨大都市の形成と人々の営み』東方書店、一九九五年、三八－三九頁。

＊中国労働組合書記部総部：一九二一年八月一一日設立。書記部主任は張国燾、幹事は李啓漢、李震瀛（李泊之）。機関紙は『労働週刊』。二三年七月一八日、上海租界工部局の弾圧を受けて北京へ移動し、主任は鄧中夏に交代した。しかし二三年二月に二七事件が起きると北京の書記部も封鎖され、同部の成員は再び上海へ移動し、中共上海区委に新たに設けられた労働運動委員会の成員として活動を継続。中国労働組合書記部自体は、二五年五月一日の第二回全国労働大会において中華全国総工会の設立が宣言されるまで存続した。上海工運志編纂委員会編（李家斉主編）『上海工運志』上海：上海社会科学院出版社、一九九七年、二一一頁。

内部に、本来は労働組合書記部総部が司ることを予定されていた動員工作用の組織が、部や委員会など*の形で形成されていった。

しかし、以上のような中共組織のほか、一九二四年から二五年にかけて、上海の中共党員が活動するうえで重要な足場となった党組織は、実は国民党上海執行部であった。

*中共上海区委：ここでは便宜上、一九二一年一二月から二七年六月までの中共の上海支部を、中共上海区委と総称することにする。中共上海区委の管轄地域は、上海のほか、江蘇、浙江も含むとされた。中央組織部ほか編『中国共産党組織史資料―党的創建和大革命時期（一九二一・七－一九二七・七）』第一巻、中共党史出版社、二〇〇〇年、二六二－二七三頁。「第四巻中国共産党」『上海通志』第二冊、七四八－七四九頁。

*部や委員会など：一九二二年から二三年半ばまでは、中国労働組合書記部が公に活動できたため、労働者の動員を専門的に担当する組織は中共上海区委内部には設けられず、個別の党員が動員工作担当の委員に任じられる形になっていた（一九二二年七月に兪秀松が職工運動委員に任じられ、二三年初頭から七月にかけては王振一が任じられた）。二七事件後の一九二三年七～九月ごろに労働運動委員会が設立され、主任には王荷波、副主任には王振一、甄南山が任じられた。第一次国共合作後、中共上海区委は組織部、宣伝部、工農部、婦女部、工会運動委員会、国民党運動委員会などを設けたが、同年四月にはそのうちのひとつである工農部の主任に李立三が任じられた。二五年八月には、組織部、宣伝部、職工部（工農部）、婦女部、職工運動委員会、婦女運動委員会、軍事運動委員会、民校運動委員会（民校とは国民党の別称）、農民運動委員会、救難委員会などが設けられ、工農部の対外工作に李立三、対内工作に汪寿華が任じられた。また職工運動委員会書記には汪寿華が任じられた。二六年二月から六月にかけては、職工部主任と職工運動委員会主任を汪寿華が担当し、同年四月から二七年二月にかけては、汪寿華が中共上海区委の職工部主任を、また李震瀛と汪寿華が職工運動委員会主任を担当した。一九二七年四月から四・一二クーデター前夜までは、趙世炎が職工運動委員会主任となった。クーデター後は中共上海区委の職工部長を趙世炎が務めた。「第四巻中国共産党」『上海通志』第二冊、七四八－七四九頁。上海工運志編纂委員会編（李家斉主編）『上海工運志』一七四－一七五頁。

表5　国民党上海執行部の指導者層

部署	役職	姓名
秘書処	常務委員	胡漢民、葉楚傖、汪精衛
	文部主任	邵元冲（のち毛沢東）
	書記幹事	葉紉芳
	録事	向昆
	会計庶務主任	林煥廷
	庶務	周雍煬
組織部	部長	胡漢民（1924年冬から葉楚傖が代理（※））
	秘書	毛沢東（1924年7月から張廷灝（※））
	統計登記幹事	鄭観
	組織指導幹事	羅章龍
宣伝部	部長	汪精衛（孫文死去後、戴季陶）
	秘書	惲代英
	検閲本国報紙幹事	韓覚民
	検閲外国報紙幹事	張君謀
	宣伝指導幹事	施存統、沈沢民
工人農民部（工人部）	部長	于右任
	秘書	邵力子
	調査幹事	鄧中夏、王陸一
	弁事員	劉伯倫、王荷波
	録事	帥功
青年婦女部	部長	葉楚傖
	秘書	何世楨
	助理	向警予
調査部	調査部部長	茅祖権
	秘書	孫鏡
	調査幹事	周頌西、喩育之

出典：栄孟源主編『中国国民党歴次代表大会及中央全会資料』上冊、北京：光明日報出版社、1985年、68－70頁より転載。（※）は熊月之主編『上海通史―民国時期』第7巻、上海：上海人民出版社、1999年、170－171頁による追加。

2、国民党

第一次国共合作後、広東の国民党中央は、地方支部を他地域にも設立する動きを本格化させた。上海においてこれに対応するものとして一九二四年二月一五日に設立された支部が、国民党上海執行部であった（表5）。また、同部から上海の周辺地域に党員が派遣されたが、浙江省、江蘇省に党組織をつくる試みは、連絡が不便であること、現地の軍事政権の取り締まりが厳しいことなどからうまくいかず、結局両地の省党部を上海に置くことになった。同年三月には浙江省臨時党部が、五月には江蘇省党部が設立された(55)。

中共上海市委党史研究室の呉海勇によれば、国民党上海執行部の歴史は、「清党」後の国民党の歴史叙述においてほぼ黙殺された状態にあった。というのもこの組織は中共と深く結びついていたからである。[56]「清党」後の国民党の立場からすれば、同部は中共にもっとも「汚染」された組織であるが、そうでありながら一九二五年の反帝国主義運動においては、上海社会の動員に大きな役割を果たしたと評価せざるをえない、厄介な存在であった。

ここでは先行研究や刊行資料に基づき、この組織についてすでにあきらかにされている点を整理する。[57]国民党上海執行部は、一九二五年末に西山会議派*によって事務所を占領されるまで存続した。かつて山田辰雄や小杉修二が指摘した通り、[58]大雑把にいえば、この組織の上部は古参の国民党員によって占められ、下部は中共党員によって占められていた。中共によって編纂された『中国国民党歴次代表大会及中央全会資料』（上冊）所収の国民党会議記録に基づく表5によれば、国民党上海執行部には「工人農民部」が設けられ、部長には国民党員于右任、秘書には国民党員兼中共党員であった邵力子、*調査幹事には中共党員鄧中夏らが任じられていた。

しかし一九二四年の時点で、中共といわゆる国民党右派（広東機器工会派を含む）の対立は加速的に深まりつつあった。たとえば一九二四年後半においては、広東機器工会派の馬超俊が広州の石井兵工廠で中共と争い、孫文によっ

＊西山会議派：孫文の遺体を安置していた北京西山の碧雲寺で開催された西山会議（一九二五年一一月二三日）に参加し、その席上で「（国民党の）中央執行委員会を上海に移す」という決議に賛同し、上海の「国民党中央」の成員となった国民党員を指す。広東の国民党中央は、二六年一月の国民党第二次全国大会（国民党二大）において西山会議派を弾劾し、西山会議派が二五年末に占拠した国民党上海執行部の取消しを決定した。ただし北村稔は、西山会議そのものは広東の国民党中央の了解をえて開かれた可能性があり、それが途中から、鄒魯ら同志倶楽部（国民党内でもっとも反共的であった人々の派閥）の成員によって乗っ取られる形となったことを指摘している。熊月之主編『上海通史』第七巻、一八五頁。北村稔『第一次国共合作の研究』七二－七五頁。江崎隆哉「第一次国共合作と西山会議派の形成」『法学政治学論究』第二四号、一九九五年三月、六五－九四頁。

＊邵力子：一八八二生～一九六七年没。浙江省の人。一九一九年一〇月に国民党に入党、二〇年一一月に中共に入党。二四年の国民党一大後、国民党上海執行部工農部秘書。二六年に「友好的な形で共産党籍を離脱」。菊池一隆「邵力子」『近代中国人名辞典』六八八－六八九頁。

て工場長を解雇されたとおぼしき辞職事件後、上海へ移動し、今度は上海において中共と対立していた。馬超俊はこの時期、上海工団連合会という労働者組織を足がかりとし、中共の動員工作を妨げようとした（後述）。また同年一〇月一〇日には、辛亥革命を記念するイベントにおいて中共勢力と反共勢力の衝突が生じ、中共の活動拠点のひとつであった上海大学の学生黄仁（共青団加入者であり国民党員でもあった）が死亡する事態も発生した（黄仁事件、双十惨案）[59]。

孫文の死後（一九二五年三月一二日）には、革命の主導権はあくまで国民党が握り、中共は国民党に従属すべきであり、また階級闘争を進めるべきではないなどとした戴季陶の主張、いわゆる「戴季陶主義」が上海に出現し（一九二五年半ば以降）、これに力をえた国民党員による反共組織の形成が各地で進展した。そのようにして現れた反共組織のひとつ、孫文主義学会*は、中共に対する国民党の優位性を学術的に裏づけようとした軍人研究組織であり、一九二五年末から中共側の同様の性格をもつ軍人研究組織（中国青年軍人連合会）と対立を深めた[60]。台湾の研究者李雲漢は、上海の孫文主義学会は武漢などの孫文主義学会と連絡を取り合い、反共活動を展開したとする。このとき馬超俊もまた、上海の孫文主義学会を積極的に援助したという[61]。

こうした経緯のため、そもそも中共は、一九二五年には国民党上海執行部の名義を用いて活動することが困難になりつつあった。同執行部の組織部秘書であった張廷灝によれば、中共は当初五・三〇運動を国民党上海執行部の名において指導するつもりであったが、同執行部の常務委員であった葉楚傖*（国民党右派として知られる）の反対に遭い、工商学連合会などの名義を用いることにしたという[62]。

---

*孫文主義学会：一九二五年四月二四日に国民党員の軍人たちが研究組織の名目で設立した組織。設立当初の名は中山主義学会、一二月二九日に孫文主義学会に改称。北村稔『第一次国共合作の研究—現代中国を形成した二大勢力の出現』岩波書店、一九九八年、第三章第二節。李雲漢「孫文主義学会及其主要文件」『中央研究院近代史研究所集刊』第四期（下）、一九七四年一二月、五〇五頁。

中共と反共勢力の対立は、反共勢力が「国民党中央党部」を上海に建設したことをもってピークに達したと考えられる。この党組織は、広東の国民党中央党部に対し、事実上その正統性を否定する形で設立されたものであり、党史研究においては西山会議派の「国民党中央党部」として知られる（二一八頁傍注参照）。馬超俊はこの「国民党中央党部」の「工人部長」に任じられ(63)、一九二五年末には、西山会議派が国民党上海執行部の事務所を占拠した。これ以降、中共と西山会議派のあいだでは党組織設立のいたちごっこが続いた(64)。次節以降の上海労働者の組織化と動員は、このような国共両党の指導権争いと並行して進められたものであった。

3 上海における国共両党の労働者組織——一九二四～二七年

1、中共の動員組織

(1) 滬西工友倶楽部——紡績工場の失業工頭の連合組織

滬西工友倶楽部は一九二五年二月の二月ストライキを計画・実行した組織である（表6）。同倶楽部の中心メンバーの一人であった劉貫之によれば、その正式な成立大会は一九二四年九月一日に開催された(65)。宇高はこのときの加入者はわずか一三人であったとする(66)。

中共の正統革命史はこの滬西工友倶楽部に高い評価を与えており、一般的には、この組織の前身を李啓漢の「工人

＊葉楚傖：一八八七年生～一九四六年没。江蘇呉県の人。中国同盟会時代からの古参の国民党員で、上海の『民国日報』の総編輯。一九二三年一月、中国国民党中央宣伝部長。西山会議出席者であり、『民国日報』で反共宣伝を展開。松田康博「葉楚傖」『近代中国人名辞典』一〇三四‐一〇三五頁。「葉楚傖」東亜問題調査会編『最新支那要人伝』朝日出版社、一九三一年、一九七頁。

表6　滬西工友倶楽部の指導者層

役職	姓名	背景	情報源
委員会主任	項英	印刷工人	（※1）93頁
委員会副主任	孫良恵	満族。同興紡績工場の元工頭、解雇されて銀行ガードマンに。1922年の郵電労働者ストライキ時の李啓漢の同僚。金銀工人互助会会員メンバーともされる	（※2）179頁 （※3）44頁 （※4）8頁
委員会宣伝委員	劉華	上海大学学生。中華書局印刷工	（※1）93頁 （※5）59－60頁
委員会宣伝委員	顧秀	上海大学学生	（※1）93頁
委員会組織委員	李瑞清	日華紡績工場の労働者	（※6）663頁 （※7）
委員会総務委員	劉貫之	同興紡績工場の労働者	（※1）96頁

（※1）：劉貫之「関於1924年－1925年上海工人運動的回憶」『中国工運史料』1960年第1期（中華全国総工会中国工人運動史研究室編『中国工運史料』第1至8期（下）、北京：工人出版社、1984年）。

（※2）：沈以行ほか編『上海工人運動史』上巻、瀋陽：遼寧人民出版社、1991年。

（※3）：張維楨「1928年以前上海工運的一些情況」中国人民政治協商会議全国委員会ほか編『革命史資料』1、北京：文史資料出版社、1980年。

（※4）：『警務日報』1925年2月15日（上海市档案館編『五卅運動』第2輯、上海：上海人民出版社、1991年）。

（※5）：蔣自強「劉華」中共党史人物研究会編（胡華主編）『中共党史人物伝』第7巻、西安：陝西人民出版社、1983年。

（※6）：宇高寧『支那労働問題』。

（※7）：「日紗廠工潮解決後之昨聞」『申報』1925年3月2日。


半日学校」（労働者半日学校）に求め、かつ一九二三年の大規模ストライキ（二七ストライキ、安源炭坑ストライキ）の経験に基づき、李立三や鄧中夏らがこれを発展させたものであると主張する。また、五・三〇運動における英雄として表象される紡績工場労働者顧正紅を、滬西工友倶楽部の「積極分子」であったとする(67)。

ただし江田憲治が指摘したように、一九二四年末には滬西工友倶楽部のほかにも複数の「地区別労働者組織」が存在し、滬西工友倶楽部と協力関係にあった(68)。とくに楊樹浦工業地区では、楊樹浦工人進徳会が滬西工友倶楽部に匹敵する活発さで活動していた。しかし中共の通史においては、こうした組織は脇役として描かれる傾向がある(69)。

滬西工友倶楽部の規定では、組織づくりは次のように規定された。まず各工場に三〜一〇人の「部員」がいれば、「廠基本小組」（工場基本班）を組織して「組長」（班長）一人をみなで推挙する。また小組三つ以上で「廠支部」（工場支部）を組織し、書記一人を推挙する。またその最高執行機

図1　二月ストライキの「打廠」指導者、陶静軒

出典：「陶静軒烈士簡介」上海工人運動史料委員会辦公室編『上海工運史料』1987年3期、36頁。

関は「全体組長会議」（班長全体会議）とする、と。(70)

しかし滬西工友倶楽部が実際に引きつけた人々は、紡績工場を解雇された失業工頭を主体とした。先行研究によれば、それまで労働力の一括供給を任されていた工頭は、この時期、紡績会社が工頭制度の撤廃と「直轄制」（工頭を介さず会社みずからが労働者を管理するという意味）の導入を計画したことにより、失業の危機に直面していた。(71)満鉄の資料は、会社が「養成工」制度を導入しようとした背景として、工頭を通じた労働者募集方法がつねに一地域に偏った労働者の雇用に行き着き、「弊害」が多いと考えられていたこと、また、これまでに雇用した労働者の成績があまりよくないとされていたことを挙げている。(72)皮肉にも、中共が労働者を搾取する制度として非難を浴びせていた工頭制度は、すでに近代的・合理的管理を目指す外資系企業からもその弊害を問題視され、挑戦を受けている最中であった。江田憲治が「工頭制と直轄制のせめぎ合い」と呼んだこの問題は、工頭の側からすれば、みずからの雇用問題と直結していた。

したがって、滬西工友倶楽部のストライキ勧誘に積極的に応じたのはほぼこの工頭層であり、彼らの青幇ネットワークを通じて動員がおこなわれたと考えられる。同倶楽部の委員会副主任であった孫良恵は、日本語文献によれば同興紡織の宿舎に住んでいた元工頭であり、(73)中共党員であった稽直の回顧によれば、「〔工場の〕圧迫と搾取に反抗」したため二度解雇された人物であった。(74)また内外綿第五工場粗紡部の工頭であった顧汝舫は、孫良恵が一九二四年末に顧汝舫のもとを訪れ、滬西工友倶楽部では無料で文字の読み方や武術を教えてくれるとして、同会に顧汝舫を勧誘したとする。顧汝舫が滬西工友倶楽部を訪れ、責任者の一人である劉華に対し、「倶楽部はナンバーワン〔工頭を意味する〕を必要としないといういい方」の真偽について訊ねると、劉華は、「その話は、正しくもあるし、間違ってもいる。……もし労働者のすることを助けてやるナンバーワン、労働者側に味方してやる者であれば、我々はもちろん、やはり〔そのナンバーワンを〕必要とする」と答えた。顧汝舫はこの答えを聞いて喜び、滬西工友倶楽部に加入したという[75]。

ペリーが指摘したように、二月ストライキの実際の動員において大きな役割を果たした動員者は、内外綿第三工場の工頭陶静軒であった。『上海英烈伝』所収の陶静軒伝によれば、陶静軒は湖北省江陵県の農村に生まれ、陸軍学校（荊郡陸軍学堂）に入り、辛亥革命の勃発以降、北京政府系の軍隊に所属した人物である。一九二三年、張作霖系となった軍隊から離脱し、上海にたどりついて港湾労働者になり、のちに湖北幇を通じて内外綿第一五工場の「揩車工」（機械磨き）の工頭に任じられたという[76]。以上の経歴から察するに、陶静軒は張作霖系奉天軍の脱走兵であった可能性があり、上海においては港湾労働の仕事を江浙戦争によって失った可能性もある。

またおそらく陶静軒は青幇系組織の一員であっただろう。というのも二月ストライキの際、陶静軒は「機械磨き工の工頭の身分を利用して」、内外綿の五大同郷団体（安徽幇、湖北幇、蘇北幇、山東幇、紹興幇）の「帯頭人」（領袖）をとりまとめ、彼らは陶静軒を「大哥」（兄貴）と仰ぎ、工場裏手の廟において鶏の血をすする義兄弟の盟約を交わしたといわれるからである。義兄弟の盟約を結ぶ形式はあきらかに青幇の行動様式であり、『湖北省志・人物』所収の陶静軒伝においては、彼は滬西工友倶楽部から交際委員、すなわち渉外係の役職を与えられている。陶静軒は青幇ネットワークを通じて動員をおこなったと考えられる[77]。

このようにして、元傭兵にして元港湾労働者でもあり、上海のヤクザ組織とも密接な関係をもっていたと推察される陶静軒によって、二月ストライキは推進されることになった。『上海英烈伝』所収の陶静軒伝によれば、この人物はもともと「火爆性子」（かんしゃくもち）で「急躁情緒」（せっかち）であり、こうした欠点は党の教育でやや改善された一方、「階級意識は急速に高まり、共産主義の信念はいよいよ堅く」なったとされる[78]。少なくともここから浮かび上がる人物像は、ものごとを複雑に思考することができず、激しやすく、ひとたび「正義」や「敵」を提示されればその筋書きに沿って容赦なく「敵」を攻撃する傾向をもった男性である。そしてこのような傾向をもつ人物に率いられたストライキは、次章で検討するように、その実態においては日系紡績工場連続襲撃事件ともいうべき様相を備え、その暴力性において外国人を驚かせることになる。

しかし滬西工友倶楽部内部では、ほどなくして指導者同士の紛争が生じたとみられる。『大阪朝日新聞』は、二月ストライキの「首魁者某」が金銭をもち逃げしたと伝え、またストライキ労働者のコメントとして、「湖北省産《うま》れの職工に裏切られた」という言葉を伝えている。五・三〇事件発生前の五月一三日付『申報』は、『毎日新聞』からの転載として、同倶楽部で紛争が生じ、資金の融通が困難になったと伝えた[79]。さきにみたように陶静軒は湖北幇の人間であったことから、あるいは滬西工友倶楽部は、次第に湖北人によって指導権を握られ、他地域出身の成員とのあいだに紛争を生じたとも考えられる。

(2) 工商学連合会ならびに上海総工会

工商学連合会ならびに上海総工会は、さきに述べたように、国民党上海執行部の名を用いて活動することができなくなった中共が、一九二五年に生じた五・三〇事件を盛り上げるために用いた名義である。

工商学連合会は、一九二五年六月四日に、上海総工会、全国学生総会、上海学生連合会、上海各馬路商界総連合会の四つの団体によってつくりあげられた連合組織である[80]。その構成団体からみて、滬西工友倶楽部などを通じて中共が動員した労働者団体と、学生、中小規模の商人団体の連合組織であったことが理解できる。ただし、上海各馬路商界総連合会は当初こそ協力的であったものの、上海ストライキが収拾不可能となるにつれ工商学連合会と距離を置くようになる（第五章参照）。したがって工商学連合会の中核は、ほぼ上海総工会と学生組織であったと要約できる。

上海総工会は、次項以降に検討する上海工団連合会に対抗するため、中共が動員可能な労働者団体を寄せ集めてつくりあげた組織であった。その成立時期からみても、上海総工会の正式な設立が宣言されたのは一九二五年五月三一日であり、上海工団連合会の正式な設立宣言（一九二四年三月八日）と比較すると一年以上も遅い。そもそも上海総工会の設立が提唱されたのは、中共が全国の労働運動の主要な指導者一八人を「工賊」指定した第二次全国労働大会（一九二五年五月一～七日）のときであり、その設立目的は何よりも、広東機器工会派を主体とする「工賊」に対抗することにあった。同大会において採択された「上海問題決議案」は、「工賊」王光輝（第二章表6参照）、郭寄生（三六一頁傍注参照）らの「ニセモノ上海工団連合会」を否定する必要があると述べ、「今回大会に出席した上海の各工会を通じて、その他の真の各工会に連絡をつけ、共同ですべての上海工会の総連合機関を組織するべき」であると決議した(81)。その後、上海総工会発起会に召集された二四団体のうち、報道されたのは中華海員工業連合会上海支部、上海公共租界電車工会、上海印刷工人連合会、また一九二二年の三角同盟時から中共と関わりをもった日華の紗廠工会、二月ストライキ時から中共と関わりをもった内外綿、同興、大康、裕豊の紗廠工会などであった(82)。つまり上海総工会は、一九二二年の動員と二五年の動員によって中共がつながりをえた労働者団体の頭目を動員し、連合させた組織であったのである。

一九二五年の華々しい動員とは裏腹に、上海総工会がどこまで他の労働者集団を吸収しえたのかは疑わしい。当時上海総工会が傘下の労働者団体として発表したリストには、実に多くの団体名が列挙されていた。ところが、王奇生が中共上海区委の報告を用いて示したように、上海ストライキの中核となったのはあくまで学生と紡績工場労働者であり、労働者出身の中共党員中、七〇～八〇％を占めていたのは紡績工場の労働者であった。王奇生の引用した中共上海区委の報告（一九二五年一一月三〇日付）は、五・三〇事件発生から半年が経過したころのものであるが、そこにもなお、「いわゆる上海労働運動とはすなわち紡績工場労働運動の別名である」という表現が見出せる。中共の公式の歴史叙述においては上海ストライキに共鳴したとされる港湾労働者、海員、郵便・電信、鉄道労働者などについて、この報告は、「むしろもっとも我々の勢力がない」人々だと記したのである(83)。したがって、これらの参加者がどのように動員されたのかはまた詳細に検討する必要があるが、それは次章の課題である。

表7・1　準備段階における上海工団連合会指導者層（1924年2月）

役職	姓名	背景
主任	王光輝	湖南労工会関係者
副主任	楊徳甫	湖北全省工団連合会関係者
交際主任	徐錫麟	上海紡織工会の指導者
交際員	陳国梁〔樑〕	中国工会
庶務	陳広海	中華労働会
起草員	謝作舟	湖南労工会関係者
起草員	徐錫麟	既出

出典：上海工運志編纂委員会編（李家斉主編）『上海工運志』上海：上海社会科学院出版社、1997年、186頁。それぞれのより詳細な背景については表7・3を参照。〔　〕は引用者による修正。

表7・2　上海工団連合会の指導者層

役職	姓名
総務	張志余、李漢郷、梅国治
組織	徐錫麟、陳国棟〔樑〕、胡友笙
文書	王光輝、袁暁嵐、陳鐘〔鍾〕柔
経済	王買炳、程子敏、高東光
調査	黎世良、呉光望、徐景吾
交際	洪東吏〔夷〕、張翼、高炳全
宣伝	魯玉山、潭小藩、王潤斌

出典：南満州鉄道株式会社庶務部調査課（高久肇編纂）『満鉄調査資料第49編―上海事件に関する報告』南満州鉄道株式会社庶務部調査課、1925年、63－64頁。〔　〕は引用者による修正。

2、広東機器工会派の対抗組織――上海工団連合会

(1) 上海工団連合会に対する評価

上海工団連合会は、中共の歴史叙述においては「青幇」や「ごろつき」の組織というレッテルを貼られてきた労働者組織である。たとえば李立三は、一九六〇年に実施されたインタビューにおいて、「〔中共の〕工会が成立した後、青幇は影響力を失った。〔だから〕彼らは虞洽卿〔上海総商会会長〕と一緒になって、工団連合会をつくった」としている(84)。

だが上海工団連合会が設立された初期においては、中共もまたこの団体の名義を用いて労働者への呼びかけをおこなっていた。たとえば、王健民の手になる『中国共産党史稿』は、中共が第二次全国労働大会の開催団体として、上海工団連合会の名義をも使用したとする(85)。また満鉄の資料によれば、上海総工会と上海工団連合会は五・三〇事件直後は協力し合っていたが、八月には新聞上で「相互に中傷攻撃」を繰り広げるようになったという(86)。

国民党の文献は、上海工団連合会こそが上海労働者の真の指導的組織であったとする。その理由は、この組織の結成に馬超俊が深く関わったからである。表7・3は、上海工団連合会に加入していたとされる団体および中共の報告において同会と並べて「ニセ工会」とされた団体を、関係性が近いと筆者が判断したもの同士を近づけて並べ替え、列挙したものであるが、中には労働者団体とはいえないようなものも多数含まれている。馬超俊陣営は、彼らの側に取り込み可能とみたあらゆる団体を取り込むためのプラットフォームとして、同会を使用したのではないだろうか（指導者層については表7・1と表7・2参照）。

このほか上海の広東機器工会派は、上海の機械工を動員しようと試みていた。前章で触れた、広東機器工会派の全国機器工会（一九二六年一〇月設立）から張謂川が上海に派遣され、上海南洋烟草公司の機器部長として上海機械工に対する動員工作をおこなおうとした。しかし広東人が少なかったため、はかばかしい成果をえられなかったという(87)。

中国国外の研究においては、文革の衝撃以前には、国民党系の歴史叙述における上海工団連合会への政治的評価は顧みられず、主に中共の言説が採用されてきた。必ずしも中共の言説を全面的に支持しようとする意図をもたない秘密結社研究も、中共の資料に依拠したためか、この組織の非近代性、落伍性を強調する描き方となりがちであった(88)。

そうした状況において、中共の言説を批判的に検討しようとした一九七〇年代の中国労働運動史研究のみは、この組織がむしろ、近代的な労働者組織として、当時においては進歩的なものであったと評価を逆転させた(89)。実は一九二六年に発行された満鉄の資料における理解もこのような評価に近く、上海工団連合会を上海総工会との対比において次のように説明していた。上海工団連合会の職員はすべて労働者か元労働者であった人々であり、掲げた目的も「総工会に比し甚だ堅実」で「穏健と云えば穏健」である。上海総工会が「兎角《とかく》表面の華やかさを喜び、万事宣伝的」であるのに対し、上海工団連合会は「実質主義で地味」である。さらに上海総工会の指導者層が「思想家、学生等の理想に走って居る者」であるのに対し、上海工団連合会の指導者層は「飽《あ》く迄《まで》も実地の上に立脚している」(90)。そのため上海工団連合会は、「急進派の人々には飽き足らぬ所が多く、妥協者灰色者として常に排斥せられる」、と。

表7・3　上海工団連合会加盟団体および同会と並べて「ニセ工会」とされた団体

中共ないし上海総工会の関連文書で「工賊」と呼ばれたことが確認できる者および名指しで「罪状」を批判された者を「『工賊』指定」とし、1925年7月の中共上海区委の内部報告に人名・団体名を記されたものは「リストに記載あり」とした。

団体名称		指導者	背景	中共に対する態度	情報源
上海工団連合会第1期常務委員	上海海員工会（中華海員工業連合会総会上海支部と同一組織）	陳杏林	海員の団体	協力	（※1）113頁 （※2）19頁
	南洋煙草職工同志会	鄺公耀ほか	鄺公耀は「国民党右派」とされる	対立	（※2）19頁 （※3）187頁
	（上海）紡織工会	徐錫麟	日華紡織の工頭層？　徐錫麟は「工賊」指定	対立	（※1）113頁 （※2）18－19頁 （※8）322頁 本書278頁
	湖南労工会駐滬辦事処	謝作舟、王光輝	湖南労工会関係者。王光輝は「工賊」指定	対立	（※2）19頁 （※8）322頁 本書第2章表6
	安徽旅滬労工会	洪東夷、高福全、朱潤斌ほか	製墨業？　洪東夷、高福全は「工賊」指定	対立	（※2）19頁 （※4）60頁
	製墨工会（安徽旅滬労工会の関係団体か）	朱潤斌	朱潤斌は「工賊」指定を受けた「朱仁斌」と同一人物か		（※2）19頁 （※8）322頁
江蘇労工総会					（※2）19頁
江蘇労工連合会					（※1）113頁
江蘇自治促進会		夏芷芳ほか	夏芷芳は安徽の議員。指導者層はリストに記載あり	対立	（※4）60－61頁
江蘇公団連合会		徐一非ほか	奉天派軍人の後ろ盾をもつ。鈕永健により組織された。指導者層はリストに記載あり	対立	（※4）59－61頁
蘇民自決会		邢政、張志秋ほか	指導者層はリストに記載あり	対立	（※4）62頁
蘇籍軍人同志会		桃干			（※4）62頁
浙江旅滬労工会		王篔世、陳鍾柔ほか	印刷。陳鍾柔は「工賊」指定	対立	（※1）113頁 （※2）19頁 （※8）322頁
機器工人倶楽部		譚国昌？	中共上海区委が設立に関与したと思われる	協力か	（※1）113頁 （※5）37頁

上海店工連合会（ここでは上海店員連合会と同一組織とみなす）		中共上海区委が設立。1924年10月3日の代表委員連席会議出席団に上海店工連合会、また出席者に郭景仁とあることに基づく	協力	（※1）113頁 本書237－238頁
（上海駐滬）参戦華工会	夏寄峯ほか	フランス帰りの中国人労働者団体。リストに記載あり	対立	（※1）113頁 （※2）19頁 （※6）562頁
工界救亡大会（全国工界救亡大会と同一組織）	陳広海、周無為、王光輝ほか		対立	（※1）113頁 （※2）19頁 本書355頁
（上海）絲紗女工協会	穆志英		対立	（※1）113頁 （※2）19頁
金銀工人互助会（前身は上海金銀首飾工会か）		滬西工友倶楽部の指導者孫良恵が入会？	当初は協力	（※1）113頁 （※6）561頁 本章表6
職務桟房工会（ここでは上海船務桟房工会や上海船務桟房工界連合会と同一組織とみなす）	張福堂	広東人の港湾倉庫業者の団体。とくに工頭層	当初は協力、のち対立（第2次全国労働大会参加拒否）	（※1）113頁 （※2）19頁 （※9）477－478、551頁 （※3）185頁
淞滬機械職工同志会	畢鼇禎ほか			（※1）113頁 （※2）19頁
労工青年会				（※1）113頁
湖北旅滬労工倶楽部	周沛霖、陳少卿ほか	指導者層はリストに記載あり	対立	（※1）113頁 （※4）60－61頁
湖北旅滬工人泥工会（上記の湖北旅滬労工倶楽部と同一組織？）		左官の団体		（※2）
中国機器工会（全国機器工会）	張謂川ほか	広東機器工会派の団体	対立	（※1）113頁 （※2）19頁 本書第3章表1および227頁
上海藤箆工会				（※1）113頁
中国労工連合会				（※1）113頁
浦東工人互助会				（※1）113頁
（上海）履業工会	徐畏三ほか	靴職人の団体		（※2）19頁 （※1）113頁

粤僑工界連合会	陳天ほか	鉄鍛冶、建築業	対立	（※2）19頁 本書322頁
電車工会	顧得標	華商電車公司		（※2）19頁
中華電気工業連合会	李恒林（キリスト教徒）ほか	「電気工」（電気労働者）とは電車、電話、製糸、電気製品などを扱う人々を指す。李恒林はアメリカの慎昌洋行の電機工工頭	協力	（※2）19頁 （※3）184頁 （※7）542－543頁 本書237－238頁
印刷工会				（※2）19頁
館業工会				（※2）19頁
縫紉工会（ここでは縫紉工総会会と同一組織とみなす）		リストに記載あり		（※2）19頁 （※4）62頁
車磨工会				（※2）19頁
理髪工会				（※2）19頁
西式木器工会		家具製造職人		（※2）19頁
工商友誼会	童理璋ほか	店員の集団とされる。童理璋は「工賊」指定	対立	（※2）19頁 （※9）475－476頁 （※8）322頁
浦東碼頭工人連合会（ここでは浦東碼頭工会と同一組織とみなす）		リストに記載あり	対立	（※2）19頁 （※4）62頁
宴業工会				（※2）19頁
職工青年会		三星廠の労働者		（※2）19頁
三星棉職廠（上記の職工青年会と同一組織？）	張子廉	張子廉は「工賊」指定	対立	（※4）60、62頁
中華工会	陳家鼐	陳家鼐は国民党員		（※2）19頁 （※9）472－473頁 （※3）184頁
中国工会	陳国樑	陳国樑が陳家鼐と仲違いし、上記中国工会から離脱して設立。陳国樑は「工賊」指定。陳国樑はまた、訂書工会会長とも伝えられる	対立	（※2）19頁 （※8）322頁 （※9）472－473頁 （※10）30頁

江北駐滬工会				（※2）19頁
中華労働会	陳広海ほか			（※2）19頁
全国工団自救会				（※2）19頁
京漢鉄路総工会駐滬辦事処	楊徳甫	湖北全省工団連合会関係者。楊徳甫は「工賊」指定	対立	（※2）19頁
湖北工団連合会駐滬辦事処			おそらく対立（湖北全省工団連合会の組織であることから判断）	（※2）19頁 本書352－361頁
徐家棚粤漢鉄路工会駐滬辦事処			おそらく対立	（※1）113頁 （※2）19頁 本書350頁
上海工会維持会	王菊卿、陳野鶏	王菊卿、陳野鶏は「工賊」指定	対立	（※4）60、62頁
上海実業維持会	庄祖蔭	庄祖蔭は「工賊」指定	対立	（※4）60、62頁
上海対日外交会	徐翰臣	徐翰臣は「工賊」指定	対立	（※4）60、62頁
中華良心救国団	徐錫林、袁曉嵐ほか	徐錫林は既出。袁曉嵐は「工賊」指定	対立	（※4）60、62頁
主持正義社	陳鼎元	陳鼎元は「工賊」指定	対立	（※4）62頁
経緯支部		リストに記載あり	対立	（※4）62頁

（※1）：「工団連合会開会紀」『民国日報』1924年10月4日（『中国近代工人階級和工人運動』第5冊）。

（※2）：小杉修二「上海工団連合会と上海の労働運動」『歴史学研究』第2巻第393号、1973年2月。

（※3）：上海工運志編纂委員会編（李家斉主編）『上海工運志』上海：上海社会科学院出版社、1997年。

（※4）：「関於工賊及偽工会情況的報告」（編者推定1925年7月）中央档案館・上海市档案館（李家珍ほか編輯）『上海革命歴史文件彙集（上海各群衆団体文件）1924年－1927年』甲10、上海：中央档案館・上海市档案館、1989年印刷。

（※5）：「上海地委兼区委第18次会議記録」（1923年10月18日）中央档案館・上海市档案館（左羲東ほか編輯）『上海革命歴史文件彙集（上海区委会議記録）1923年7月－1926年3月』乙1、上海：中央档案館・上海市档案館、1990年印刷。

（※6）：「本埠労働団体調査録」『民国日報』1922年2月19－21日（『中国近代工人階級和工人運動』第3冊）。

（※7）：「罷市中之工界消息」『民国日報』1919年6月10日（『中国近代工人階級和工人運動』第3冊）。

（※8）：上海総工会から韓覚民宛「上海総工会関於工連会下属工会加入総工会的条件致韓覚民的信」（1925年7月31日）『上海総工会致外界文献底稿』（作成年月日不明）（『中国近代工人階級和工人運動』第5冊）。

（※9）：「第5章　五四運動後各地工人組織和工界団体的興起　編者説明」『中国近代工人階級和工人運動』第3冊。

（※10）：『警務日報』1925年2月27日（上海市档案館編『五卅運動』第2輯、上海：上海人民出版社、1991年）。

とはいえ、広東においてすでに深刻化していた広東機器工会派と中共との指導権争いが、上海工団連合会をめぐる人々の動向に影響を及ぼしたこともまた、事実であった。その限りにおいて、上海工団連合会はごろつきを雇い中共に攻撃を仕掛けているなどの中共の主張にも、一定の事実が含まれていたといえる。

(2) 上海工団連合会の結成

では、上海工団連合会はいかにして設立されたのであろうか。社会学者の陳達は、上海工団連合会の起源を一九二二年五月に提唱された「工会統一運動」に求めている[91]。一九二二年とは、前章で検討した香港海員ストライキのほか、湖南、湖北、北京など内陸地域でも労働運動が盛り上がっていた時期であった（第六、七章参照）。同年五月一日のメーデーには中国初の全国労働大会（第一次全国労働大会）が開催され、京漢鉄道長辛店駅の鉄道労働者代表である鄧重遠によって、全国総工会の設立を謳う全国総工会組織原則案も提出されていた[92]。関係者のあいだには、中国全土の労働者がひとつにまとまり、一大勢力に育とうとしているという感覚が満ちていただろう。

『民国日報』や『時報』の報道に基づくと、上海工団連合会の成立大会が開催されたのは一九二四年三月八日であり[93]、また『申報』によると、二月二四日に「上海工団連席会」が組織され、設立準備は二月下旬に始まっていた[94]。この「上海工団連席会」とは、国民党員であり元湖南労工会成員でもあった諶小岑*が「上海工団連席会議」と呼んだものと重なる組織であろう。諶小岑によれば、「上海工団連席会議」の開催を呼びかけたのは、二月に香港海員ストライキの成功を収めたばかりの中華海員工業連合会会長陳炳生であった[95]。

＊諶小岑：一八七九年生～一九九二年没。湖南安化の人。一九一六年、天津高等工業学校に入学。翌年さらに北洋大学特別班に入学。二一年、中ロ通信社に勤務。その後、漢口の揚子機械廠化学技師を務める。党員としては、中国国民党中央工人部指導主任、国民党上海市党部監察委員、国民政府鉄道部労工科科長、国民党広東省党部秘書長兼民衆訓練科科長などを歴任。程世剛「覚悟社全家福」『党史博覧』二〇〇八年三期、一六頁。

しかし中華海員工業連合会はやがて上海工団連合会を脱会し、中共の上海総工会と合流する。代わって上海工団連合会の主要なアクターとなったのは、湖南労工会や湖北全省工団連合会の指導者たちであった。彼らは一九二二年から二三年にかけて内陸部の労働運動を大きく盛り上げつつも地域の軍事政権の弾圧に遭い、上海へ逃れてきた人々である。陳達によれば、このとき上海へ逃亡してきた「幾人かの領袖」は「工会統一」による労働界の組織的強化を熱心に訴えたという[96]。

国民党の『中国労工運動史』によれば、湖南労工会の指導者と上海工団連合の関係は次のようなものであった。一九二二年一月一四日、湖南労工会は湖南省長沙において華実紡績工場労働者三〇〇〇~四〇〇〇人を動員し、ストライキをおこなったが、同地を支配する趙恒惕政権が弾圧に乗り出し、同会の指導者であった黄愛、龐人銓を処刑した。他の指導者たち（王光輝、蕭同茲、諶作舟、諶小岑、剪伯羽）は上海や武漢、広東へと逃れ、それぞれ湖南労工会の「辦事処」（事務所）をつくり、運動を継続した。彼らの活動に上海の五つの労働者団体（中華海員工業連合会上海支部、上海機器工会、紡織工会、南洋煙草職工同志会）が賛同し、上海工団連合会が成立したと同書は主張する[97]。諶小岑もまた、一九二二年のメーデーに開催された「上海工団連席会議」に湖南労工会駐滬辦事処が招待されたと記す。また諶小岑によれば、同じく湖南労工会の指導者であった王光輝は、中共党員の張国燾と不仲であった。諶小岑が伝え聞いたところでは、モスクワの東方民族大会の直前、張国燾がある会議で、湖南労工会は中共がつくったとする一文を含む報告文を読み上げ、同会は何よりもまず長沙人のものだという意識のあった王光輝の怒りを買ったという（王光輝は長沙人、張国燾は江西人であった）[98]。

他方、湖北全省工団連合会の指導者と上海工団連合の関係は、諶小岑によれば次のようになる。湖北の軍事政権が京漢鉄道ストライキを弾圧する二七事件を引き起こし、湖北全省工団連合会が瓦解したため、同会の指導者たちも上海へと逃れた。事件の被害者たちを「最初に公にかつ親切に招待し」、住む場所の世話をしたのが上海工団連合会の前身組織「工団連席会議」であった、と[99]。

このような状態にあった上海工団連席会議を、一九二四年後半に石井兵工廠工場長を解任され上海へ移動した馬超俊が、反共工作の砦にしようとしたと理解できる。しかし馬超俊にいわせれば、二七事件後にさきの五団体によって上海工団連合会を組織することを発起したのは、そもそも馬超俊であるという。また彼は、二七事件から半年かけて準備を整え、上海工団連合会の正式な成立を宣言したとも主張する。[100]前述の『中国労工運動史』は馬超俊の見解を反映し、上海工団連合会の正式な成立を一九二三年八月八日としている。

湖南労工会の王光輝はやがて「国民党上海執行部幹事」に就任し、馬超俊とともに「上海工団連席会議」を「工団連合会」に改組したという。また馬超俊は、「工団連合会」を全国レベルの団体に発展させようと考えていた。同年末、馬超俊は「孫中山先生の軍司令部」から与えられた資金二〇〇〇元を元手に「全国工団連合会籌備委員会」の設立を計画し、そのための人員を集めようとした。同年末には、二七事件後洛陽に監禁されていた湖北全省工団連合会の指導者楊徳甫を「電報を用いて解放し」、「工団連合会」の「主任委員」に据えた。ただし「全国工団連合会籌備委員会」自体は、「孫文が逝去してしまったので、たった二カ月あまりしか存在しなかった」という。[101]

ところで、上海における馬超俊と中共の指導権争いに目を向けると、中共が拡大させようとした九月の南洋兄弟煙草会社の労働争議を、馬超俊が経営者と労働者を調停して防いでしまうなど、すでに労働者動員戦とでもいうべき様相が両者のあいだに展開されていた。妨害を受けた中国労働組合書記部は、機関紙『労働週報』で馬超俊と王光輝を「工賊」と罵った。[102]一方の馬超俊は中共に応戦するべく、一見するとマルクス主義の用語に満ちた小冊子『中国労工問題』（序文の日付は一九二四年一〇月）をしたため、同書結論部分において次のように主張した。「資本主義の制度と組織を根本からひっくり返す」などの社会主義革命の方法は「もちろんよい」のだが、「私は徐々におこなっていき、ゆっくりとそれを成功させるべきだと思う。……突然私有財産を回収し国有にすれば、社会秩序は必ず大いに混乱するだろう」。[103]

このように、一九二四年には馬超俊と上海の中共党員は大いに火花を散らしていた。しかし上海工団連合会の加盟者すべてが最初から反共的であったというわけではない。この年に同会に加入した「絲繭女工総工団」（上海の製糸女工労働者団体）の指導者穆志英*は、当初は、のちに中共の著名な労働運動の指導者として称揚される李立三と深い関わりをもっていた。もっとも李立三は、第一次国共合作という背景もあり、この時点においてはむしろ国民党員としての顔のほうが知られていたのかもしれない。宇高寧によれば、同年三月に上海に到着した李立三が関与した労働運動が、穆志英と共同でおこなった女工の争議であった。さらにこのとき楊之華（原文は「楊子華」）という人物が穆志英の労働運動に関わっているが、彼女は中共党員瞿秋白の妻であった。宇高は、これ以降李立三は共産主義に傾き、「国民党労工部の執行委員」にまでなったとする。[104] 同書の出版時期は一九二五年八月であるから、この「国民党労工部執行委員」とは国民党上海執行部のことであろう。

以上の点から、上海工団連合会が、上海の有力な労働運動の指導者ならびに湖南労働運動の弾圧と二七事件から逃れてきた有力指導者を吸収しながら規模を拡大させていったこと、その初期においては中共と全面的に対立するといった強硬さはそれほど認められないこと、にもかかわらず同会がいわゆる反共勢力となっていった背景には、馬超俊ら広東機器工会派の活動があったことを整理することができる。

＊穆志英：蘇北出身の江蘇省議員が、みずからの政治的地位を高めるために製糸労働者の社会団体をつくることを計画した際、そのための現場のリーダーとして雇用した労働者出身の指導者であるという。一九二二年七月に女子工業進徳会の副会長となり、製糸工場の女工の運動を指導し、既存の製糸業ギルド（絲繭公所）と衝突しながらも、二四年には絲繭女工総工団と絲紗女工協会を設立し、ギルド組織とも関係を改善した。同年、穆は絲紗女工協会の会長として上海工団連合会の一員となった。ペリーは青幇の一員であったとする。陳衛民「穆志英是婦女運動的先鋒嗎」『史林』一九九二年第三期、六三-八六頁。Perry, Elizabeth J., *Shanghai on Strike: The Politics of Chinese Labor*, Stanford: Stanford University Press, 1993, pp.171-175.

(3) 上海工団連合会の弱体化と暴力化

上海工団連合会が有力な労働者組織であったことは間違いない。しかし一九二五年の二月ストライキ以降、上海工団連合会は急速に弱体化していく。

分裂はまず四月に起きた。次章でみるように、上海工団連合会は二月ストライキのさなかにおいては、中共の影響力を上海労働者から除去することを目的とし、ストライキの早期収束に尽力した。だがこの方針をめぐり、同会幹部のあいだで穏健派と急進派の意見対立が生じたといわれる。ある日本語文献によれば、この対立に乗じる形で中共党員張太雷が「硬派を結束」し、四月に上海総工会を「創設した」という（張太雷の実際の動向については不明）(105)。

また上海工商友誼会の指導者童理璋が*、五・三〇事件後、上海工団連合会に加入していない労働者組織や五月三〇

*上海工商友誼会、童理璋：上海工商友誼会は一九一九年一〇月一〇日に設立。上海共同租界の金隆街美倫里九号に事務所を設置。同所にはこのほか、上海各馬路商界総連合会、山東路商界連合会の事務所も置かれていた。上海工商友誼会は店員の団体とされ、宇高によれば「上海地貨業友誼会」や青果店の店員などからなっていたという。船津は、同会が会員三〇〇人程度の「比較的貧弱」な集団であったにもかかわらず「宣伝に巧み」であり、「所有機会を捉え檄文伝単の散布等により勢力を誇示」し、「愛国的美名の下に激烈なる排日宣伝を行い大に売名の効果を収め」たとする。指導者の童理璋は陳独秀とともに雑誌『夥友報』を発行した経歴をもつが、のちに陳独秀とは距離を置いた。羅章龍によれば、「国民党右派」が国民党上海執行部の中共勢力と争うようになった際、童理璋は「右派」側の一員であったという。中共上海区委の報告ではイギリス租界のスパイになったとされる。在上海総領事船津辰一郎から外務大臣内田康哉宛、公信第二七三号「上海工商友誼会ニ関スル件」（一九二三年三月一九日）、『在内外協会関係雑件／在外ノ部』第三巻（自大正十一年二月）、JACAR, Ref B03041003300、第二、六画像。宇高寧『支那労働問題』上海：国際文化研究会、一九二五年、一一七頁。羅章龍『亢斎文存・羅章龍回憶録』上、（テキサス）：渓流出版社、二〇〇五年、二五五頁。「関於工賊及偽工会情況的報告」（編者推定一九二五年七月）中央档案館・上海市档案館（李家珍ほか編輯）『上海革命歴史文件彙集（上海各群衆団体文件）一九二四年－一九二七年』甲一〇、上海：中央档案館・上海市档案館、一九八九年印刷、六一頁。「第五章　五四運動後各地工人組織和工界団的興起」『中国近代工人階級和工人運動』第三冊、四七五－四七六頁。

日後に新たに結成された工会などを用いて上海総工会を組織し、最終的には「上海工団連合会をも加入せしめる」計画があったという説もある。[106] ただし童理璋は国民党員、それも国民党右派であったといわれ（二三六頁傍注参照）、第二次全国労働大会においては、中共は童理璋を「工賊」に指定している（第二章表6参照）。また、上海総工会が外部に向けて発した文書の中でも、上海工団連合会の指導者の一員であるとして攻撃対象となっている。少なくともこの時点ではすでに中共側の人間ではなかった。[107]

このとき上海工団連合会を脱会した団体については、「左派海員工会」、「上海印刷工人連合会」、「上海店員連合会」[108]、あるいは中華電気工業連合会などが指摘されている。[109] これらの団体の性格は以下のようなものであった。

「左派海員工会」とは中華海員工業連合会上海支部を指す。この団体については次章で詳述するので、ここでは省略する。「上海印刷工人連合会」とは、一九二五年二月一五日に商務印書館と中華書局の「職工」が設立したものである。商務印書館と中華書局は、どちらも中共と深い関わりをもつ出版社であった。たとえば商務印書館では『共産党』などの中共の刊行物が秘密裏に発行されており、上海の初期中共組織の建設に関わった沈雁冰は商務印書館の職工であった。[110] また、のちに上海労働者の動員工作で目覚ましい活躍をみせた中共党員劉華は、中華書局の職工であった。[111]

中共の文献が紹介する一九二七年四月一三日付『申報』からは、中共の糾察隊総指揮処が商務印書館関連の施設に置かれていたために、商務印書館が四・一二クーデター（清党）の際に標的のひとつとしてマークされていたことがみて取れる。[112] 同事件において弾圧の側にいた白崇禧は、商務印書館の印刷工場を「共産党の全国的な総本部（共産党之全国総機構）」と認識していた。[113]

一九三一年に商務印書館に勤務する三六〇四人を対象におこなわれた調査によれば、一六～二五歳が二〇％を占め、二六～四〇歳が約四五％を占めていた。[114] またこの業界の人々には頭脳労働者の性格が強かった。それゆえ「印刷工人」（出版・印刷業労働者）などと括られるこれらの職員は、新しい世界観を掲げた思想やイデオロギーに共鳴しやすい、若年・壮年の知識人によって構成されていたとみるのが妥当のように思われる。

「上海店員連合会」については、一九二五年七月二八日に上海総工会が作成した一一七の工会に関するリストに、郭景仁を指導者とし、北浙江路に本部を置いていた同名の組織を見出すことができる[115]。しかしこの店員組織は中共が半ば強引につくりあげたものであり、商工業ギルドのようにもともとその基盤が存在していたものではなかった。自然発生的な店員組織という点からすれば、童理璋を指導者とする上海工商友誼会のほうが、まだしも店員組織といいうる実体を備えていた。だが童理璋は、一度は中共と密接な関係をもちながらも、やがて上海工団連合会の一員として中共の動員工作を妨害するようになっていた。それゆえ中共は新たに別の店員組織をつくる必要があったのである。一九二三年一〇月一一日の中共上海区委の会議記録によれば、「店員連合会問題」として、「上海の店員には現在なお組織がない」とされ、対応策として、中共党員ならびに共青団団員から、店員であるか、あるいは店員と関わりをもつ者を動員工作に当たらせることが決議された[116]。さらに七日後の会議において、郭景仁らを工作に当たらせることが決定された[117]。つまり、「上海店員連合会」とは名称と計画が先行し、あとからその実態を整えるための成員探しがおこなわれた組織であったのである。

なお中華電気工業連合会が上海工団連合会を脱会し、上海総工会に鞍替えをしたのは、上海総工会が華々しい活動を繰り広げた六月半ば以降のことであった[118]。

要約すれば、上海工団連合会は二月ストライキ後、同会内部の急進的な団体を上海総工会に引き抜かれる形で勢力を失っていった。さらに五・三〇運動拡大後、構成団体のいくつかが上海総工会を優勢と判断し離脱したことにより、さらにその弱体化が進んだ。この過程において上海工団連合会は上海総工会に対する敵対心を高めていったように思われる。

一九二五年八月二二日、上海総工会は、周仲華、龍襄三を頭目とし、斧などを手にした五〇〜六〇人の「ごろつきのような」人々によって襲撃を受けた。上海総工会は検察庁に宛てた上申書の中で、周仲華、龍襄三は上海工団連合会に命じられて総工会を襲撃したことを白状したと主張した[119]。また中共上海区委の報告は、上海工団連合会の指導者たちが内々に連絡をつけた「ごろつき」として周仲華の名を挙げている。上海工団連合会は総工会襲撃事件後、自身の事務所に対してもごろつきに盗みに入らせ、書類を盗まれたふりを装い証拠隠蔽を図ったと同報告は主張する[120]。

中国大陸で刊行された邵雍の秘密結社研究は、龍襄三を紅幇の頭目であるとし、上海総工会の主張を支持する内容となっている[121]。しかし当時の史料においては、上海工団連合会は、襲撃者は同会とはまったく無関係だと強く反発している。上海工団連合会のいい分によると、周仲華は内外綿第五工場で人を殴った廉《かど》で工場主に解雇された人物であり、龍襄三については、中共党員の劉少奇が「商報の記者との談話」において、この人物が李立三を脅迫し、因縁をつけて上海総工会の帳簿を調べようとしていると言及したことがある、ゆえにむしろ、この二名はもともと上海総工会の関係者である、というのであった[122]。

第三者である満鉄の資料は、「工団連合会の一分子と疑わるる暴徒」が上海総工会を襲撃したと表現している。上海工団連合会は八月に再び内部分裂したといい、「纔《わず》かに総工会攻撃に依りて其《その》息を保つの態」、すなわち、上海総工会の攻撃だけを存在理由にしてわずかに組織としての体裁を保っていた、という。九月一八日に上海総工会が封鎖されると、上海工団連合会は淞滬警察庁の勧告を受けて二九日に自主解散し、一一月に上海総工会が復活すると、上海工団連合会も復活した。四・一二クーデターによって中共に対する大がかりな弾圧が起きると、復活した上海工団連合会もまた消滅していった[123]。

以上のことから、上海総工会襲撃事件に関するもっとも現実味のある解釈は、上海総工会から期待通りに利益をえられず不満を抱いた労働者やごろつきを、上海工団連合会が金銭などで雇い、襲撃させたというものであるが、真相は結局不明である。ここでは、上海工団連合会が上海総工会との労働者団体の奪い合いを通じ、「敵」を打倒することを第一目的とする戦闘集団に変容してしまったことを確認するにとどめておく。

（1）高橋孝助「第一章　開港と近代都市の出発」（以下「開港と近代都市の出発」）高橋孝助・古厩忠夫編『上海史―巨大都市の形成と人々の営み』（以下『上海史』）東方書店、一九九五年、二八頁。『ブリタニカ国際大百科事典（三版）』第八巻の「上海」の項目。
（2）高橋孝助「開港と近代都市の出発」および曾田三郎「第二章　上海人の形成と生活」（以下「上海人の形成と生活」）『上海史』三七、六四‐六五、七一頁。
（3）曾田三郎「上海人の形成と生活」『上海史』七七頁。徐雪均ほか編訳（張仲礼校訂）『上海近代社会経済発展概況（一八八二～一九三一）―《海関十年報告》訳編』（以下『上海近代社会経済発展概況』）上海：上海社会科学院出版社、一九八五年、二一頁。編者説明によれば、『上海近代社会経済発展概況』は Decennial Reports on the Ports Open to Foreign Commerce in China and Corea and the Condition and Development of the Treaty Port Provinces における上海に関する報告を中国語に訳したものである。
（4）曾田三郎「上海人の形成と生活」『上海史』七五、七七頁。
（5）曾田三郎、同右、七四頁。Perry, *Shanghai on Strike*, pp.19, 21-22.
（6）Perry, *Shanghai on Strike*, p.24.
（7）Honig, Emily, *Creating Chinese Ethnicity: Subei People in Shanghai, 1850-1980*, New Haven and London: Yale University Press, 1992.
（8）馬俊亜「近代江南地区労働力市場層次与労働力循環」『中国経済史研究』二〇〇二年第三期、二一‐三一頁。
（9）曾田三郎「上海人の形成と生活」『上海史』七六頁。「海関十年報告之一（一八八二～一八九一）」『上海近代社会経済発展概況』二一頁。
（10）原朗『日清・日露戦争をどう見るか―近代日本と朝鮮半島・中国』NHK出版新書、二〇一四年、六一‐六二頁。
（11）曾田三郎「上海人の形成と生活」『上海史』七一‐七二、七七頁。
（12）内藤湖南（内藤順太郎）『在支那紡績争議』東亜社出版部、一九二五年、五七頁。
（13）満鉄総務部資料課『中国労働運動状況』二三〇‐二三一頁。
（14）上海港湾労働者は鎮江幇、揚州幇、安徽幇などに同郷集団に分かれており、幇に所属しない者は港湾労働者として働くことはできなかった。仮に鎮江幇に入って港湾労働者として働きたいと望む者がいれば、まず鎮江幇内部の知り合いの紹介が必要で

あった。上海日本商業会議所「支那労働問題」『上海日本商業会議所週報』一九二三年四月一一日（社会局編『労働保護資料第一七輯—上海ニ於ケル児童労働調査書　附支那労働問題』（以下『上海ニ於ケル児童労働調査書』）社会局第一部、一九二五年、一二八－一二九頁）。

(15)「海関十年報告之三（一九〇二～一九一一）」ならびに「海関十年報告之五（一九二二～一九三一）」『上海近代社会経済発展概況』一四五－一四六、三一〇頁。

(16) 上海市社会局「上海市工人生活程度」（一九三四年）李文海編『民国時期社会調査叢編　城市（労工）生活巻』上、福州：福建教育出版社、二〇〇五年、三四〇頁。

(17)「上海労働界的趨勢」『共産党』第六号、一九二一年七月七日。『共産党』創刊の背景については、熊月之主編『上海通史』第七巻、上海：上海人民出版社、一九九九年、一三九頁。

(18) 曾田三郎「上海人の形成と生活」『上海史』七七頁。

(19) 上海日本商業会議所「支那労働問題」『上海日本商業会議所週報』（『上海ニ於ケル児童労働調査書』一二三－一二五頁。

(20) 上海日本商業会議所、同右（『上海ニ於ケル児童労働調査書』一二三頁）。宇高寧『支那労働問題』一六八頁。

(21) たとえば、上海港史話編写組『上海港史話』上海：上海人民出版社、一九七九年、三〇六頁。

(22) 上海日本商業会議所「支那労働問題」『上海日本商業会議所週報』（『上海ニ於ケル児童労働調査書』一二九頁）。

(23) 港湾労働者における常雇い、有期雇用、日雇いの区別については、武漢港湾労働者に関する黎霞の研究も参照。本書三二五－三二六頁。

(24)「上海特別市職工失業統計之試編」『社会月刊』第一巻第八期、一九二九年。大塚令三『支那共産党史』上巻、生活社、一九四〇年、一三七－一三八、一四〇－一四一頁。

(25) 上海社会科学院経済研究所城市経済組編『上海棚戸区的変遷』上海：上海人民出版社、一九六二年、三四頁。

(26) 上海市社会局「上海市工人生活程度」『民国時期社会調査叢編　城市（労工）生活巻』三四四－三四五頁。

(27) 日刊支那事情社編（本多英三郎発行編輯）『長江流域の労働運動』日刊支那事情社、一九二七年、六五頁。

(28) 一般的には、青幇は長江下流すなわち上海一帯に多く、紅幇は長江中流域すなわち漢口付近に多いとされる。本書ではホーニッグの用法にならい、みずからは紅幇と名乗っていた集団も含め、上海の下層社会をコントロールしていた社会集団を示す総称として青幇系組織という言葉を使用する。Honig, *Sisters and Strangers*, p.6.

(29) 中国人民政治協商会議全国委員会文史資料研究委員会編(劉念智著)『実業家劉鴻生伝略―回憶我的父親』北京:文史資料出版社、一九八二年、五四頁。
(30) 黄金栄は警察官の父をもち、フランス租界を縄張りとした人物であり、張嘯林は浙江省の出身という背景をもつ。杜月笙は浦東地区の極貧家庭の生まれであった。一九二〇年代の著名な青幇の頭目としては、このほかに山東出身の張仁奎、蘇北出身の顧竹軒などがいる。Martin, *op. cit.*, pp. 35-43.
(31) 労働者を革命に動員しようとする戦略から青幇と関わりをもった最初の革命家の一人としてよく知られているのが、中国同盟会の陳其美である。趙親「辛亥革命前後的中国工人運動」『歴史研究』一九五九年第二期、一 - 一六頁。Perry, *Shanghai on Strike*, p.41; Martin, Brian G.,*The Shanghai Green Gang: Politics and Organized Crime, 1919-1937*, Berkeley: University of California Press, 1996, pp. 79-80.
(32) 駱伝華の『今日中国労工問題』を基礎とし、他の資料を加えて作成された満鉄総務部資料課の『中国労働運動状況』(一九三一年)は、上海港湾労働者を管理する請負業者組織を、上海開港と同時に形成されたものと説明している。外国の各汽船会社が貨物の積み卸しをおこなう際、言語の通じない中国人労働者を直接管理するのは不便と考え、雇用した労働者の中から適当な者を選び、貨物の積み卸しの仕事を請け負わせたことが始まりであるという。満鉄総務部資料課『中国労働運動状況』二三〇頁。
(33) Martin, *op.cit.*, pp.27-28.
(34) 張仲礼主編『近代上海城市研究』上海:上海人民出版社、一九九〇年、二七頁。
(35) Martin, *op.cit.*, p.35.
(36) Wakeman, Frederic Jr., *Policing Shanghai 1927-1937*, Berkeley: University of California Press, 1995, p.28.
(37) 輔公投稿(生可潤文)「青幇之黒幕」銭生可編『上海黒幕彙編』第四冊、上海:海上偵探研究社、一九三三年二月、二頁。
(38) 菊池敏夫は、上海の裏社会の組織が各職業の幇と重なる形でネットワークを展開しており、青幇は「とくに不熟練で、身寄りのなかった地方からの流入者の間で絶大な影響力」をもち、「紡績労働者から各種の雑業従事者に至るまで膨大な人々がこれとなんらかの関わりをもった」とする。そして青幇は「上海の都市行政や都市機能の不備やすきまをなにほどか補完することによってネットワークを拡大した」と指摘する。また鈴木将久は、「雑業のギルドは、裏社会と結びつきがち」であり、「多くの雑業に共通する苦難として、ギルド上層部と結託したヤクザによる暴力やピンハネの恐怖があった」と概括している。菊池敏夫・日本上海史研究会編『上海　職業さまざま』勉誠出版、二〇〇二年、七、一五七頁。

(39) 孫江によれば、青幇・紅幇の定義は曖昧であり、同郷集団や同業集団も外部の者から青幇・紅幇と呼ばれる傾向があった。結社の自由がない中国においては、民間で自発的に結成される組織はつねに秘密結社的・非合法的にならざるをえなかった。孫江『近代中国の革命と秘密結社―中国革命の社会史的研究（一八九五～一九五五）』（以下『近代中国の革命と秘密結社』）汲古書院、二〇〇七年、一九八‐一九九頁。

(40)「第一〇巻軍事」上海通志編纂委員会編『上海通志』第二冊、上海：上海人民出版社、上海社会科学院出版社、二〇〇五年、一二五四頁。

(41)「海関十年報告之五（一九二二～一九三一）」『上海近代社会経済発展概況』二九八‐二九九頁。

(42) 笠原十九司「江浙戦争と上海自治運動」野澤豊編『中国国民革命史の研究』青木書店、一九七四年、一一七頁。

(43) 笠原十九司、同右、一一七‐一二〇頁。

(44) Pott, F. L. Hawks, *A Short History of Shanghai, Being an Account of the Growth and Development of the International Settlement*, Shanghai: Kelly & Walsh, 1928, pp.283-284.

(45) 上海日本商業会議所編『五卅事件調査書―邦人紡績罷業事件と五卅事件及各地の動揺』第二輯、上海：上海日本商業会議所、一九二五年一一月三〇日、一三頁。

(46) 陳来幸によれば、敗残兵処理問題のため、上海総商会は一九二四年に一〇万元の費用を自弁し、翌年一月に租界になだれこんだ敗残兵一万人の収容費七万元も負担していた。陳来幸『虞洽卿について』同朋舎出版、一九八三年、五六頁。

(47) 笠原十九司「江浙戦争と上海自治運動」『中国国民革命史の研究』一一三頁。

(48) 王楚声「五年来金融恐慌之回溯」『銭業月報』第五巻特刊、一九二五年、一頁。『上海通志』第五冊の金融の項目も、一九二〇年代の上海の金融恐慌に関して、一九二一年の「信交風潮」しか挙げていない。上海通志編纂委員会編『上海通志』第五冊、三四五〇頁。

(49) Martin, *op.cit.*, pp.77-78.

(50) ホブズボーム、エリック（船山榮一訳）『匪賊の社会史』ちくま学芸文庫、二〇一一年、第六章。

(51) Martin, *op.cit.*, p.55.

(52) ウォルドロンは、江浙戦争こそいわゆる中国革命発生の重要な要因であったと主張している。Waldron, Arthur, *From War*

to Nationalism: China's Turning Point, 1924-1925. Cambridge: Cambridge University Press, 1995.

（53）横竹平太郎のこの電報は『満州日日新聞』に一部転載され、また満鉄の『上海事件に関する報告』にも概要が紹介された。二月ストライキの原因に関する分析の全文は次の通り。「一、内外綿会社外当地邦人紡績工場罷業開始より既に一週間を経過したるが、未だ解決に至らず睨合の姿となった。今回の罷業の原因としては、イ、最近支那各地より無頼の徒、多数来集し居り、何等か事に籍り機を見計い、利に有り付かんとする者の出金〔『満州日日新聞』では「出動」〕。ロ、民党〔国民党〕一派の過激的色彩を帯べる者の宣伝。ハ、邦人紡績の勢力に対する一種の嫉妬心の発動。ニ、一種の排外的気勢、等種々あり。月初頃内外綿の工場に於て少数の不良職工を整理せるを動機とし、是等が地方無頼の徒と結び、他の就業を阻止妨害せるに依るものであって、工賃の値上其他所謂職工側提出条件の如きは、殆ど宣伝的に附加せるに過ぎず、職工の大部分は必ずしも是等を問題視し居らざるが如し。二〔原文は「一」と誤記〕、即ち昨年秋以来、上海附近に発生せる数回の事変に蝟集せる不良分子と、直接間接に被れる掠奪徴発等の災害の為め、人心殺伐に傾けると、且支那側警察の取締のすきに乗じたる為め、意外に拡大せられたるものなるべく、而して単なる工場対職工間の争議にあらざる関係上、其解決は比較的容易ならざるものあるべきが、此際一方に断乎として持久策に出で、職工自ら対煽動者駆逐策を講ぜしむると共に、他方支那官憲の厳重なる取締を期待せざるを得ず。三、尤も数次の動乱に地方疲弊し食料其他日用品物価も昂騰し、銅元は昨秋以来八分方低落せることとて、労働者方面の生活は一段と窮迫せるものあれば、今後紡績側として、職工の選択養成に一層の注意を加うると共に、是等の点に付ては、時機を見て適当の改善方法を講ずるの要あらん」。在上海商務官横竹平太郎から外務大臣幣原喜重郎宛、商電第九号、一九二五年二月一八日上海発、外務省記録『大正十四年支那暴動一件／五・三十事件』（自大正十四年二月至六月三十日）第一巻の「分割1」、JACAR, Ref. B08090319500、第二六－二七画像。大連商議（大連商工会議所）「在満の工業家以て他山の石とせよ（二）上海紡績罷業真相」『満州日日新聞』（夕刊）一九二五年四月一日。南満州鉄道株式会社庶務部調査課（高久肇編纂）『満鉄調査資料第四九編—上海事件に関する報告』（以下『上海事件に関する報告』）大連：南満州鉄道株式会社庶務部調査課、一九二五年、一四－一五頁。

（54）「第四巻中国共産党」『上海通志』第二冊、七四四四頁。

（55）熊月之主編『上海通史』第七巻、一六九－一七〇、一七五頁。

（56）呉海勇「関於対国民党上海執行部的研究」『上海党史与党建』二〇一二年三月号、一四頁。

（57）国民党上海執行部に関するもっともまとまった記述として、任武雄の記述および『上海通史』第七巻を参照。任武雄「第一次国共合作時期的国民党上海執行部」陸堅心ほか編『二〇世紀上海文史資料文庫』第一巻、上海：上海書店出版社、一九九九年、

一三四－一四二頁。熊月之主編『上海通史』第七巻、一六九－一七五頁。

(58) 山田辰雄『中国国民党左派の研究』慶應通信、一九八〇年、一一八頁。小杉修二「五・三〇運動の一考察」『中国国民革命史の研究』一六〇頁。

(59) 任武雄「関於国民党上海執行部」『党史資料叢刊』一九八四年第一輯、上海：上海人民出版社、一二七－一二八頁。熊月之主編『上海通史』第七巻、一八一頁。

(60) 戴季陶の主張と孫文主義学会の成立をめぐっては、北村稔『第一次国共合作の研究』七二－七八頁。

(61) 李雲漢「孫文主義学会及其主要文件」『中央研究院近代史研究所集刊』第四期（下）、一九七四年一二月、五〇三頁。

(62) 張廷灝口述（任武雄ほか訪問整理）「回憶国民党上海執行部」（一九六三年六月四、一四日）『党史資料叢刊』一九八四年第一輯、上海：上海人民出版社、一一七頁。任武雄「第一次国共合作時期的国民党上海執行部」『二〇世紀上海文史資料文庫』第一巻、一三八頁。

(63) 馬超俊口述（郭廷以ほか訪問、劉鳳翰紀録）『馬超俊先生訪問紀録』台北：中央研究院近代史研究所、一九九二年、九八頁。李雲漢「『上海中央』与北伐清党」『北伐統一六十周年学術討論集』一九八八年一〇月（李雲漢主編『中国国民党党史論文選集』第四冊、台北：近代中国出版社、一九九四年、六五五－六九九頁）。またこれとは別に、国民党員であった諶小岑の回顧録は、一九二四年一月に設けられた国民党上海執行部の「工人部」に関し、一九二四年後半にその部長を務めたのは馬超俊であったと記すが、一九二五年後半の誤りであろうか。諶小岑「黄龐的歴史功績及労工会後期的一些情況」（一九八四年九月）湖南省総工会編『湖南労工会研究論文及史料』長沙：湖南人民出版社、一九八六年、一五四頁。

(64) 西山会議派に国民党上海執行部の事務所を占拠された中共は、すぐさま「広州中央の委託を受けて」、国民党左派とともに国民党上海特別市党部の設立を準備し、翌一九二六年一月一日にその成立を宣言した。すると西山会議派もまた、二月七日に同じく上海特別市党部をつくりあげた。熊月之主編『上海通史』第七巻、一八五頁。

(65) 劉貫之「関於一九二四年－一九二五年上海工人運動的回憶」『中国工運史料』一九六〇年第一期（中華全国総工会中国工人運動史研究室編『中国工運史料』第一至八期（下）、北京：工人出版社、一九八四年、九二頁）。

(66) 宇高寧『支那労働問題』一二五頁。

(67) 滬西工友倶楽部をめぐる中共の歴史叙述に関しては次を参照。韓晶「上海紡織工人運動的揺籃―滬西工友倶楽部」蘇良智主編『中共建党与上海社会』上海：上海人民出版社、二〇一一年、六七－八五頁。熊月之主編、『上海通史』第七巻、一八七頁。張

銓「顧正紅」中共党史人物研究会編(胡華主編)『中共党史人物伝』第九巻、西安:陝西人民出版社、一九八三年、一〇九頁。

(68) 次の論文の注一五を参照。江田憲治「第二章　在華紡と労働運動」(以下「在華紡と労働運動」)森時彦編『在華紡と中国社会』京都大学学術出版会、二〇〇五年、八六‐八七頁。

(69)『警務日報』によれば、租界警察は、大康工場労働者の動員においてビラを配っていたのは楊樹浦工人進徳会であるとし、同会の責任者蔡之華を早い時期からマークしていた(英語から中国語に再翻訳された原文には「蔡子和」とあるが蔡之華のことである)。沈以行の『上海工人運動史』も中共と楊樹浦工人進徳会との協力関係に触れてはいる。『警務日報』一九二五年二月一五日(上海市档案館編『五卅運動』第二輯、上海:上海人民出版社、一九九一年、九頁)。沈以行ほか編『上海工人運動史』上巻、瀋陽:遼寧人民出版社、一九九一年、一八三頁。

(70)「滬西工友倶楽部草章」上海社会科学院歴史研究所編『五卅運動史料』第一巻、上海:上海人民出版社、一九八一年、二七七‐二七八頁。同書の収録する「滬西工友倶楽部草章」は、『第一次中国労働年鑑』所収の中国語版「滬西工友倶楽部草章」を基に、宇高寧『支那労働問題』所収の邦訳版「滬西工友倶楽部規則」との異同を突き合わせ注釈を加えたものであるという。

(71) この問題を指摘した研究として、ホーニッグ、岡部利良、高綱博文、江田憲治のものがある。Honig, *Sisters and Strangers*, p.7; 岡部利良『旧中国の紡績労働研究―旧中国の近代工業労働の分析』九州大学出版会、一九九二年、二六二‐二六四頁。高綱博文「上海『在華紡』争議と五・三〇運動―顧正紅事件をめぐって」中央大学人文科学研究所『民国前期中国と東アジアの変動』中央大学出版部、一九九九年、四八六‐四八七頁。江田憲治「在華紡と労働運動」『在華紡と中国社会』四三頁。

(72) 南満州鉄道株式会社庶務部調査課(高久肇編纂)『満鉄調査資料第五二編―最近上海に於ける労働運動風潮』(以下『最近上海に於ける労働運動風潮』)大連:南満州鉄道株式会社庶務部調査課、一九二六年、一〇一頁。

(73) 宇高寧『支那労働問題』六九九頁。

(74) 稽直「関於上海小沙渡滬西工友倶楽部成立経過的回憶」(一九六四年一一月)『五卅運動史料』第一巻、二八四‐二八五頁。

(75) 顧汝舫口述(上海社会科学院歴史研究所訪問)「顧汝舫関於滬西工友倶楽部的回憶」(一九六五年一月)『五卅運動史料』第一巻、二九三‐二九四頁。本インタビューは摘録である。

(76) 上海市烈士陵園史料室・江陵県党史徴集辦公室「陶静軒」張義漁ほか編『上海英烈伝』第一巻、上海:百家出版社、一九八七年、七一‐七二頁。

(77) 江陵県志辦公室「陶静軒」湖北省地方志編纂委員会(馮天瑜主編)『湖北省志・人物』武漢:湖北人民出版社、二〇〇〇年、一八五頁。上海市烈士陵園史料室・江陵県党史徴集辦公室「陶静軒」『上海英烈伝』第一巻、七三－七四頁。Perry, *Shanghai on Strike*, p.78.

(78) 上海市烈士陵園史料室・江陵県党史徴集辦公室「陶静軒」『上海英烈伝』第一巻、七三頁。

(79) 「罷工は熄んだが暗流は強く流れて居る」『大阪朝日新聞』（朝刊）一九二五年三月一日。「内外紗廠工潮解決経過」『申報』一九二五年五月一三日。

(80) 「上海工商学連合会」尚海ほか主編『民国史大辞典』北京：中国広播電視出版社、一九九一年、一三八頁。

(81) 中華全国総工会編印「第二次全国労働大会決議案及宣言」における「上海問題決議案」（中華全国総工会中国工人運動史研究室編『中国工会歴次代表大会文献』第一巻、北京：工人出版社、一九八四年、三三頁）。

(82) 李立三ら上海総工会発起人から滬海道尹公署ほか宛の公開書簡。「総工会呈五機関請求立案」『申報』一九二五年八月一一日（『中国近代工人階級和工人運動』第五冊、二五〇頁。ただし同史料集では「上海総工会申請立案呈文」と改題）。

(83) 王奇生『革命与反革命』一四四頁。

(84) 李立三口述（上海社会科学院歴史研究所訪問記録）「李立三同志対二月罷工和五卅運動的回憶」（一九六〇年一一月）『五卅運動史料』第一巻、一四四頁。

(85) 王健民『中国共産党史稿―上海時期』第一編、香港：中文図書供応社、一九七四～一九七五年、一六四頁。

(86) 南満州鉄道株式会社庶務部調査課（高久肇編纂）『最近上海に於ける労働運動風潮』八〇頁。

(87) 李伯元ほか『広東機器工人奮闘史』一二四－一二五頁。

(88) たとえば孫江は、「中共の労働運動が推進されるなかで、……青紅幇のネットワークは次第に衰退し、その代わりに、近代的労働組合が影響力を拡大した」とし、労働者に対する影響力を失いつつあった青幇・紅幇の頭目たちが上海工団連合会に集い、中共に敵対したと解釈した。上海工団連合会を「非近代的で落伍的」、上海総工会を「近代的で進歩的」とする中共の言説の影響がみて取れる。孫江『近代中国の革命と秘密結社』二〇九－二一〇、二一六－二一七頁。

(89) 小杉修二「上海工団連合会と上海の労働運動」『歴史学研究』第二巻第三九三号、一九七三年二月、一四－三一、六三頁。Hammond. *op. cit.*, p.24. 金子肇は、上海の通史において上海工団連合会に触れる際、上記のような肯定的ないしは中立的記述を採用している。金子肇「第五章『国際都市』のナショナリズム」『上海史』一八七頁。

(90) 南満州鉄道株式会社庶務部調査課（高久肇編纂）『最近上海に於ける労働運動風潮』七八－七九、八四頁。

(91) 陳達『中国労工問題』上海：商務印書館、一九二九年、一〇二頁。

(92)「空前的全国労動《ママ》大会（続）全国総工会組織原則決議案」『民国日報』一九二二年五月二五日、「全国労働大会之所聞」（編者によって「第一次全国労働大会簡況」のタイトルを追加）『新申報』一九二二年五月二四日、「全国労働大会経已閉会議決提案九種」『広東群報』一九二二年五月八、九日（いずれの記事も『中国工会歴次代表大会文献』第一巻、三、七、九－一〇頁）。

(93)「工連会成立紀」『民国日報』一九二四年三月九日（『中国近代工人階級和工人運動』第五冊、一一三頁）。『時報』の報道については、小杉修二「上海工団連合会と上海の労働運動」一四頁。

(94)「各工団連席会議記」『申報』一九二四年二月二五日。『上海工運志』も設立準備は二月下旬に始まっていたとする。上海工運志編纂委員会編（李家斉主編）『上海工運志』上海：上海社会科学院出版社、一九九七年、一八六頁。

(95) 諶小岑「黄龐的歴史功績及労工会後期的一些情況」『湖南労工会研究論文及史料』一五三頁。

(96) 陳達『中国労工問題』一〇三頁。

(97) 中国労工運動史続編編纂委員会（馬超俊主任）『中国労工運動史（一）』第二編一四七－一四九、一八九－一九一、二五一－二五四頁。

(98) 諶小岑「黄龐的歴史功績及労工会後期的一些情況」『湖南労工会研究論文及史料』一五二－一五三頁。

(99) 諶小岑、同右、一五三－一五四頁。

(100)「私は上海連合海員工会、機器工会、紡織工会、南洋煙草職工同志会などの団体で、上海工団連合会を組織することを発起した」。馬超俊『馬超俊先生訪問記録』七一－七二頁。

(101) 諶小岑「黄龐的歴史功績及労工会後期的一些情況」『湖南労工会研究論文及史料』一五四頁。

(102) 諶小岑、同右、一五四頁。当時の中共による馬超俊批判として、広東兵工廠工人「馬超俊在兵工廠之十罪状」（九月二五日）『嚮導週報』第八七期、一九二四年一〇月一五日も参照。

(103) 馬超俊『中国労工問題』上海：民智書局、一九二七年九月四版、一一三－一一四頁。

(104) 宇高寧『支那労働問題』六一九頁。

(105) 日刊支那事情社編（本多英三郎発行編輯）『長江流域の労働運動』九五頁。

(106) 南満州鉄道株式会社庶務部調査課（高久肇編纂）『上海事件に関する報告』六四頁。

(107) 上海総工会から韓覚民宛「上海総工会関於工連会下属工会加入総工会的条件致韓覚民的信」（一九二五年七月三一日）『上海

総工会致外界文献底稿』（作成年月日不明）（『中国近代工人階級和工人運動』第五冊、三二二頁）。

(108) 江田憲治「上海五・三〇運動と労働運動」『東洋史研究』一九八一年九月、八七（三〇五）－八八（三〇六）頁。

(109) 上海工運志編纂委員会編（李家斉主編）『上海工運志』一八六－一八七頁。

(110) 商務印書館職工運動史編写組『上海商務印書館職工運動史』北京：中共党史出版社、一九九一年、二二、二七頁。

(111) 許豪炯「劉華」『上海英烈伝』第一巻、四七頁。蔣自強「劉華」中共党史人物研究会編（胡華主編）『中共党史人物伝』第七巻、西安：陝西人民出版社、一九八三年、五九頁。

(112) 上海工人運動史料委員会編「〝四・一二〟反革命政変的前前後後」『党史資料』一九五三年七期（中共上海党史資料徴集委員会主編（許玉芳ほか編著）『上海工人三次武装起義研究』上海：知識出版社、一九八七年、三〇九頁）。

(113) 白崇禧口述（賈廷詩ほか訪問兼記録、郭廷以校閲）『白崇禧先生訪問紀録』上冊、台北：中央研究院近代史研究所、一九八九年、七四頁。

(114) たとえば商務印書館の職工は、編集者には留学経験者や大学卒業者が多く、技術労働者の多くは小学校卒業以上の教育水準を備えていたという。商務印書館職工運動史編写組『上海商務印書館職工運動史』一五－一六頁。

(115) 「上海総工会所属各工会一覧」「上海総工会所属各工会一覧（続）」『民国日報』一九二五年八月六、七日に基づく工会一覧表（『中国近代工人階級和工人運動』第五冊、三〇二頁）。

(116) 「上海地委兼区委第十七次会議記録」（一九二三年一〇月一一日）中央档案館・上海市档案館（左羲東ほか編輯）『上海革命歴史文件彙集（上海区委会議記録）一九二三年七月－一九二六年三月』乙一、上海：中央档案館・上海市档案館、一九九〇年印刷、三五頁。

(117) 「上海地委兼区委第十八次会議記録」（一九二三年一〇月一八日）、同右、三七頁。

(118) 「団体開会消息　電気工業連合会」『民国日報』一九二五年六月二〇日（『中国近代工人階級和工人運動』第五冊、三三二－三三三頁。ただし同史料集では「電気工業連合会加入総工会並堅持罷工」と改題）。

(119) 「総工会被搗毀後続聞　呈検察庁文」『申報』一九二五年八月二四日。

(120) この報告の作成日は編者によって一九二五年七月と推定されているが、報告が言及している「総工会襲撃」が八月二二日の襲撃事件に関連するものであるならば、八月以降のものである可能性もある。「関於工賊及偽工会情況的報告」（編者推定一九二五年七月）中央档案館・上海市档案館（李家珍ほか編輯）『上海革命歴史文件彙集（上海各群衆団体文件）一九二四年－

一九二七年』甲一〇、上海：中央档案館・上海市档案館、一九八九年印刷、五九頁。

(121) 孫江もまた邵雍の主張を追認している。邵雍『秘密社会与中国社会』北京：商務印書館、二〇一〇年、二〇二頁。孫江『近代中国の革命と秘密結社』二一〇頁。なお孫江は、邵雍『中国秘密社会』第六巻、福建人民出版社、二〇〇二年版を参照している。

(122) 「上海工団連合会鄭重声明」『申報』一九二五年八月二四日。「上海工団連合会啓事」『申報』同年八月二七日。

(123) 南満州鉄道株式会社庶務部調査課（高久肇編纂）『最近上海に於ける労働運動風潮』八〇頁。

第五章　党による上海労働者の動員

1　党による動員の「失敗」——一九二二年

1、一九二二年の二つのストライキの概要

中国大陸のある論文によれば、中共最初の「労働者階級」の工会組織——伝統的なギルド組織や資本家に指導権を握られた組織とは一線を画し、中共が指導権を握っていることを暗に示すいい方でもある——は、一九二〇年一一月二一日に上海で成立大会が開かれた上海機器工会であるという（主席は江南造船廠の労働者李中）[1]。しかし全体の趨勢として、党による上海労働者の動員は、一九二五年まではさほどの熱狂を生じさせずにいた[2]。

そのような中でも、広東で香港海員ストライキがおこなわれた一九二二年には、本書の関心からみて注目すべきストライキが、上海においても二つおこなわれている。寧波人海員のストライキと日華紡織の工場労働者のストライキである。前者は中共上海区委が香港海員ストライキを上海に再現しようとしたものであり、後者は、同じく中共上海区委が、装飾品業（金銀業）、英米煙草会社、日華紡績工場の三つの労働者団体に「三角同盟罷工」すなわち合同ストライキをおこなわせようとしたものである。

仮にストライキの「成功」が、労働者の各種待遇改善の実現ではなく、政権奪取を果たすまで労働者を動員し続け

ることを意味するとすれば、この二つの事例は、どちらも党にとっては「失敗」であった。[3]実際、鄧中夏は「三角同盟罷工」を失敗であったと認識しており、これ以降上海の労働運動は低調に陥ったとする。

2、一九二二年の二つのストライキの検証

(1) 動員の「失敗」——寧波人海員ストライキ

当時の寧波人海員の組織状況は次のようなものであった。まず火夫たちが一九一四年に焱盈社という団体を組織し、ついで水夫たちが一九一八年に均安水手公所という団体を組織したといわれる（『海員朱宝庭』）。一九一四年とはすなわち第一次世界大戦の時期にあたり、全世界的に、海員にとって実入りのよい時代であった。これらの海員団体は寧波人の同郷団体と重なっており、後藤朝太郎の言葉を借りれば、「寧波附近の田舎、鎮海とか馬渚とか五夫とか曹娥、紹興、余姚とかいうところの片田舎から出ている」、「寧波の浙江訛りを使って話している」ような人々の集団であった。そして、「五年、十年たった後乗船して見てもその船には矢張り寧波人がいる」というのが、通常の状態であった。[4]

一九二二年に香港海員ストライキが発生すると、香港の汽船会社は上海の海員を補充することで営業を続けようとした。それゆえ李啓漢ら上海の中共党員たちは、この「スト破り」の防止を目的として焱盈社と均安水手公所に接触し、同年一月二八日に香港海員後援会を上海海員の中に組織した。[5]このとき中共が上海海員の指導者として称揚している人物が、均安水手公所の海員朱宝庭＊である。『上海海員工人運動史』所収の「朱宝庭小伝」によれば、朱宝庭は辛亥革命のころ、事故によって指を三本失い、それが原因で解雇されている。以来、労働者を組織する活動に熱心になったという。[6]

均安水手公所や焱盈社は中小規模の海員仲介業者であったと考えられる。というのも、一九二二年当時上海総領事であった船津辰一郎は、招商局（日本でいう郵船会社に相当する）が水夫、火夫の雇用にあたり、焱盈、均安を通じて

表1　中華海員工業連合総会上海支部の下部団体

名称	活動地域	出身	指導者	成員数	
				第一次世界大戦の時期	1922年
南市均安水手公所（南均安）	呉淞江以南（白渡橋～龍橋）	寧波	銭孝裕	4000人あまり（1918年）	2000人
虹口均安水手公所（北均安）	呉淞江以北（白渡橋～虹口一帯）	寧波	張栄来		1300人
南市焱盈社（別名：生火公会。南焱盈とも呼ばれた団体か）		寧波	顧恭謨	油差しと機関夫の2団体を合わせ、6000余人（1914年ごろ）	450人
虹口焱盈社（別名：生火公会。総焱盈とも呼ばれた団体か）		寧波	穆生甫		2000人あまり
管事公会（別名：商船聯益会）			□［朱？］如才		900人
管事公会（別名：商船聯益会）			陳玉安		400人あまり

出典：在上海総領事船津辰一郎から外務大臣内田康哉宛、公信第622号「上海ニ於ケル支那海員同盟罷業ノ顚末報告ノ件」（1922年8月26日）、外務省記録『外国ニ於ケル同盟罷業雑纂／支那之部』第1巻（自大正11年9月）の「10. 支那海員同盟罷業ニ関スル件」、JACAR、Ref. B12081536000、第12－13画像；雷加『海員朱宝庭』18－19、21頁；中共上海海運管理局委員会党史資料徴集委員会ほか（上海海員工人運動史写組・李徳倉組長）『上海海員工人運動史』61、312頁に基づき作成。

交渉をおこなっていたと報告しているからである。(7)表1に示したように、これらの団体の規模は数百名から数千名であり、規模の面からいえば、団体の指導者が労働現場を離れ、純粋な請負業者に転化する境界線を十分に越えていた。(8)またその多くは、密輸をめぐって青幇と深く関わる人々であったと考えられる。招商局の資料における次の記述

＊朱宝庭：一八八〇年生～一九七四年没。浙江鎮海の人。均安水手公所の指導者銭孝裕の助手。李啓漢とともに第一次全国労働大会（一九二二年五月一日開催）に参加し、広州で中共に入党したとされる。朱葆三の遠戚であった。林偉民らとともに中華海員工業連合総会上海支部の設立を計画したとされ、のちに同支部の均安水手公所代表となる。中共上海海運管理極委員会党史資料徴集委員会ほか（上海海員工人運動史写組・李徳倉組長）『上海海員工人運動史』北京：中共党史出版社、一九九一年の「中華海員工業連合総会上海支部成立」（六〇－六二頁）ならびに「朱宝庭小伝」（三一一－三一七頁）。雷加『海員朱宝庭』北京：工人出版社、一九七五年、一、三一－三二、四七－四八頁。

は、招商局の雇用する各船が密輸に関与する問題に、担当者がいかに頭を悩ませていたかを伝えている。「あるいは買弁が船主や船の一等航海士（大副）と通じ密輸をおこなう。あるいは買弁と港湾倉庫管理業者（管桟）が密輸をおこなう。あるいは『括孖沙』（海員請負業者あるいは水夫長、火夫長などを指すと思われる）と水夫、火夫が密輸をおこなう。船主と買弁の密輸はどんな荷物でも対象とし、買弁と管桟の密輸は多くが穀物を対象とする。括孖沙と水夫、火夫の密輸は多くが私塩を対象とする」(9)。最後に指摘されている塩の密輸は、まさに青幇が古くから携わってきた事業であった(10)。

上海海員に対する中共の動員工作は、広東におけるケースと同様、一方で中小規模の海員仲介業者を引きつけ、他方で大規模な仲介業者との衝突を引き起こした。中共の文献によれば、このとき福安公司の「工頭」桂阿茂が、「香港の宝泰公司の指示によって」、失業海員を集めスト破りをしようとしたとする。福安公司は宝泰辦館と同じく、大口の契約をおこなう能力をもつ元請け業者であったと推察される。李啓漢と均安水手公所の指導者銭孝裕らは、一九二二年一月三〇日に桂阿茂宅で警察に逮捕された（ただしすぐに釈放）(11)。

中華海員工業連合会は、香港海員ストライキの成功以降、他地域にも組織を拡大しようとしていた。同会の上海支部は、均安水手公所や焱盈社を主体として一九二二年七月二日に設置された。上海支部正主任を務めたのは、広東から派遣された広東人海員林偉民であったが、その成立大会が寧波同郷会でおこなわれたことからみて、主要構成員は寧波人海員であったとみられる(12)。

この事件を機に中共と接近した朱宝庭ら一部の寧波人海員は、八月五日に雇い主の招商局を相手に賃上げを要求するストライキを開始した（二五日に復業）。すでに香港海員ストライキは終了していたが、中共は寧波人海員ストライキのさらなる拡大を狙ったのである。このとき、朱宝庭らは「資本家が海員ストライキを破壊するためにごろつきの手下を雇う」(13)ことに対処するため、「打狗隊」（資本家の走狗を退治する部隊）を組織し、学生たちがこれに声援を送ったといわれる。船津総領事は、当時の上海の海員たちの態度が、香港海員ストライキ以降「すこぶる強硬」になったと報告した[14]。

しかしこのストライキは、最終的には、上海を活動地域とする寧波人の名士や有力商人によって収束させられた。中共の文献『海員朱宝庭』は、このときの調停者として、朱葆三*、徐忠信*、李徴五らの名を挙げている。朱葆三は朱宝庭の遠戚であり、地縁・血縁に基づいて労働者の雇用がおこなわれていた当時の状況からみれば、そもそも朱宝庭は朱葆三につながる人脈で海員職をえたのであろう（二五三頁傍注参照）。また李徴五は上海に根を下ろした寧波幇のもっとも有力な一族、鎮海小港李氏の一員であり、中国同盟会の加入者でもあると同時に[15]、青幇加入者であったともいわれる[16]。李徴五の子孫が主張するところでは、上海のフランス租界警察に陳独秀が逮捕された際、その釈放に尽力したのも李徴五であった。フランス租界警察は青幇との関係が深かったために、青幇ネットワークを通じた交渉が可能であったのだろう。しかし『海員朱宝庭』においては、李徴五はスト破りを目論んだ「ごろつきのボス」として表象されている[17]。

中共の動員工作は、朱宝庭、張錫堂*といった、運動に積極的な人々をいくらか吸収することには成功した。しかしそれでもなお、全体的には、寧波人海員に対する動員工作はふるわないものであった。考えられる原因のひとつは、海員工頭層における失業の危機の不在である。第二章でみたように、香港海員ストライキへの参加者は、イギリス汽

＊朱葆三：一八四八年生～一九二六年没。浙江定海の人。一九〇八年に寧紹輪船公司を設立。当時の上海における著名な寧波人紳商の一人であり、寧波同郷会会長、上海総商会会長などを歴任。陸志濂「朱葆三」中国社会科学院近代史研究所（朱信泉ほか主編）『民国人物伝』第七巻、北京：中華書局、一九九三年、三七六－三八一頁。李瑊「朱葆三的実業活動」『档案与史学』二〇〇三年六期、五五－五八頁。

＊徐忠信：逵興公司のオーナー。雷加『海員朱宝庭』四一頁。

＊張錫堂：ジャーディン・マセソン社の汽船で働く水夫。のちに汕頭の罷工委員会に派遣され、糾察隊の工作を担当。中共上海海運管理局委員会党史資料徴集委員会ほか（上海海員工人運動史写組・李徳倉組長）『上海海員工人運動史』五九頁。

船会社と雇用契約を結んでいた広東の工頭層の人々であり、彼らはイギリス海運業の不況に由来する解雇の危機にさらされていた。一方、上海の海員工頭たちの契約相手は、招商局など中国企業を含み、この時点においては、彼らは広東の工頭ほど深刻な失業の危機にはさらされていなかったと考えられるのである。ただし朱宝庭の場合は、事故で指を失ったことで解雇対象とされやすくなっていたと考えられ、それが彼をこの種の運動に向かわせたのではないかと推察される。

(2) 動員の「失敗」――日華紡績工場ストライキ

鄧中夏の述べた「三角同盟罷工」のうち、装飾品業ストライキは、中共が広東人の職人団体を動員しておこなったものであったが、この団体の影響力は限られたものであった[18]。ペリーによれば、英米煙草会社の労働者は、五・三〇事件以降ですらそれほど大規模なストライキを起こさず、一九二六年から二七年の「上海三次武装蜂起」の時期になってようやく大きな運動を起こしたという。一方、浦東地区でおこなわれた日華紡織の紡績工場ストライキは、『大阪毎日新聞』などにおいて「上海紡績界初《はじま》って以来の大事件」と表現された[19]。ゆえに「三角同盟」の中心的ストライキは日華紡績工場ストライキであったとみなすことができる。

上海の紡績工場労働者に対する中共の動員工作に関しては、一九二〇年秋から李啓漢が滬西工業地区の小沙渡で労働者に接近を試みていたことが知られており、一九二一年春には李啓漢によって滬西紡織工会が設立されたともいわれている[20]。しかし一九二二年以前の中共の動員戦略は、工頭層（＝青幇層）と労働者を切り離そうとするものであり、ハモンドのみるところでは、このことがストライキの失敗した最大の原因であった。たとえば、張国燾の回顧によれば、一九二一年の英米煙草会社におけるストライキにおいて、中共はこのような頭目たちの権威を低下させるべく、下肥を詰めた西瓜をその頭上に投げつけるなどの行動に出ていた。これに対し、一九二二年六月には青幇との結びつきの深かったフランス租界の警察が中共を弾圧し始め、やがて李啓漢は共同租界の警察によって逮捕された[21]。

「浦東紡織工会」（上海紡織浦東分会か）が主体となった日華紡績工場ストライキは、一九二二年四月、五月、一一月の三回にわたっておこなわれた[22]。宇高によれば、このストライキにおいては工頭が指導的立場を失い、「下級職工」が台頭する現象がみられた。しかし李立三はこのストライキについて、「青幇に注意しなかったので、その結果資本家は青幇を利用し、浦東の日華紡績工場の闘争は失敗した」としており、そのような積極的参加者たちが中共に入党したかどうかは不明である。鄧中夏も、当時の中共には労働者内の「積極分子」を党に取り込もうとする姿勢が乏しく、工会内に党組織を建設できず、個々の党員が「個人式の英雄的指導」をするだけであり、運動は失敗したとしている。宇高も、四月の時点では会社側が「工会の性質および主体が那辺《なへん》にあるや不明」としていたことを紹介しており、ただわずかに張益章が「工会義務学校」を設け、大学生が教鞭を執り、「危険思想を伝播」していたとする[23]。末光高義によれば、興味深いことにこの時期の社青団は、労働者を支援しつつも「罷業者の騒擾を戒めた」という[24]。少なくとも意図的に熱狂を煽ろうとする態度は、この時期の中共には希薄であったといえる。

当時のストライキ指導者として名を挙げられているのは、浦東紡織工会会長郭陞山、同会代表張益章である。しかしこの両名に指導されたストライキに、日華の紡績工場の労働者すべてが賛同していたわけではなかった。同会の成員は当初は一部男工に限られ、のちに男女を問わず工場の全労働者に、入会と会費の納入が要求された。ストライキ中盤においては、女工たちもみずからの待遇改善を求めるなどしたようであるが、どうやらそれは風向きがいいうちに便乗しようとする投機的動きであった。第一回（四月）、第二回（五月）のストライキの際には、浦東地区の治安維持を担う上海警察署（淞滬警察庁第三区警察署）の署長がストライキを積極的に取り締まろうとせず、関係者を逮捕してもすぐに釈放する態度を取っていたため、ストライキに対する暗黙の許可が出ていると受け取られたのであろう[25]。

風向きが変化したのは第三回（一一月）のストライキのときであった。警察の態度に業を煮やした日華紡績工場側が、「上海地方庁長」（上海地方政府長官）や江蘇特派交渉員公署（北京政府外交部の上海出先機関）を通じ、淞滬護軍使（上海の最高軍事長官）の何豊林（盧永祥の部下）に、運動の取り締まりを訴えた。何豊林はこの訴えを受け、郭陞山と張益章に対する逮捕命令を出した[26]。

上位の政治・軍事機関からストライキ弾圧の姿勢を示されたことで、上海警察の態度はすぐさま変化した。末光は「警察署長の斡旋」で「罷業者が折れ工会長と代表は、自ら辞職し」たとし、鄧中夏もまた、ストライキ指導者が「みずから辞職してしまった」とする。指導者が除去され、工会が封鎖されると、労働者の態度も一息のうちに変化した。宇高は、「会社は職工に対し一切勧誘を試みなかったが、……職工側就業の要求熱心なりとの内報」があったとし、また「職工の気風、態度は別人の様な観」があり、「工場の成績もまた急変して出来高も増加」したという[27]。

2　失業工頭と「打廠」戦術――一九二五年二月

1、二月ストライキの概要

前節で検討した二つの動員事例と異なり、本節において検討する二月ストライキ（二月一〇～二五日）は、外国人たちからは、きわめて過激に、より広範囲に、より持続する運動として捉えられていた。二月ストライキは「ストライキ」と名づけられてはいるものの、「打廠」と呼ばれる暴力的襲撃によって労働者にストライキを強制する、日系紡績工場連続襲撃事件とでもいうべき側面を備えていた。「打廠」は二月一〇日に内外綿会社の第五東工場から始められ、日華、豊田、大康（大日本紡績所有）、同興、裕豊（東洋紡績所有）と攻撃対象を拡大した。そのようにして引き起こされた紡績工場労働者のストライキは、二月二五日におこなわれた内外綿社長武居綾蔵と上海総商会副会長方椒伯ならびに王一亭らの会談によって解除が決定された。

この時期、上海の中共党員は、一九二四年の第一次国共合作の成立により、国民党上海執行部として活動することが可能となっていた。さらに戦略上の変化として、ハモンドが指摘したように、中共は一九二二年の失敗から教訓をえて、一九二五年には工頭層を排除しようとするのではなく、これと手を結ぶことを選択するようになった。

高久肇編纂の満鉄の調査報告によれば、紡績工場、工部局、中国側の関係者は、二月ストライキを当初「普通の」ストライキと考え、「之等《これら》罷工団は生活費の問題で遂には折れて来るものと高を括っていた」。ところが予想に反して二月ストライキは長期的に持続し、満鉄の引用するノース・チャイナ・デイリー・ニュースの二月二八日付社説は、「一体此《この》罷業はその理由が何処《どこ》にあるものか何人と雖も未だ的確に説明することが出来ないほど、普通の場合と異ったところがある」と評した[28]。また高久の別の資料では、ストライキ労働者らの抗議方法の変化として、「要求条件を提出して夫《そ》れが貫徹の為めの罷業ではなく、無警告に罷業を実行し若《も》しくは直接行動に出て、資本主義制度其物《そのもの》の否認を露骨に露わし、会社側との妥協の余地を少なからしめたる」ようになった点を指摘した[29]。さらに大連商工会議所の調査は、「其《その》行動甚だ過激に偏し、或《あるい》は工業器機を破壊し、或《あるい》は邦人社員に重傷を負わしむる等《など》、殆《ほと》んど暴動化し、到底普通の労働争議と見るべからざるものあり。之《こ》れ其《そ》の性質が頗る容易ならざるものと重要視され、一般社会及《および》関係斯業者の甚大なる注意および研究を喚起した」と説明した[30]。

共産主義への強い反感をもつ国家主義者であり、この種の運動の否定的側面を強調する傾向のあった内藤順太郎は、この時期のストライキに対する印象を次のように述べている。中国のストライキの特質のひとつは、「甚だしき指導者専制」であり、いずれの場合においてもストライキは「多数者の希望によって起るので無く、少数幹部、多くの場合が外部の少数指導者によって案出され企画され」る。そして「多数労働者――むしろ一般の純労働者――は内心いやいやながら幹部専制の下に没法子（仕方がない）を叫びながら引張られて行くのであった」[31]。他方で、内藤に比べれば記述の態度がはるかに冷静な高久の調査報告のほうは、動員をかけられた側の混乱ぶりを次のように記している。「[一九二五年二月]十日十一日の内外綿罷業には『リーダー』を欽《か》いたためか、罷工団は徒らに宣伝ビラを撒布し喧《けん》囂《ごう》を極むるのみで、会社側と交渉しようとと《ママ》もせず、流行病のように狂奔していた」。ゆえに労働者たちは「ただもう煽動者と熱狂者との仕事に引ずられていたのみ」であると判断できる、と[32]。

2、二月ストライキの検証

(1) 国民党上海執行部の学生アジテーターとコミンテルン

二月ストライキは、国民党上海執行部の身分をえた党員の学生動員から始まった。中共広東区委の譚平山は、国民党上海執行部が党組織設立に成功した団体として、次のものを挙げている。まず労働者関係のものが、南洋煙草工場(南洋烟工廠)、商務書館、中華書局、中華鉄工廠、大中華紗工場、汽車工会、霊生油墨工場、金銀首飾工会など、また学校関係のものが、上海大学、復旦大学、南方大学、大同大学、中華職業学校、省立第一商校、暨南商科、南洋商業学校、東呉大学などである(33)。

『満州日日新聞』に転載された上海日本商業会議所の報告書「上海邦人紡績工場に於ける罷業問題に関する件」(一九二五年二月二三日付)は、二月ストライキに関わった大学生の所属先として、上海大学、大夏大学、南方大学などの名を挙げている(34)。ペリーも指摘しているように、上海大学*は当時もっとも活動的な学生アジテーターの拠点であり、その性格は事実上の革命党員養成機関であった。校長は于右任、副校長は邵力子であり、上海における中共の四つの小組のひとつが上海大学に存在した。すなわち国民党上海執行部の工人農民部関係者が同大学に集中していたのである。中共の機関紙『嚮導周報』などは上海大学で出版・販売され、それゆえ上海大学は租界工部局から「ボリシェビキの総拠点」として睨まれていた(35)。国民党上海執行部の青年部には、一九二四年四月に青年委員会が設けられ、その成員にも上海大学を含む学生代表が含まれていた(36)。

さらに複数の日本語文献は、工場襲撃メンバーには大夏大学の学生が多数含まれていたとする(37)。同大学は一九二二年に国民党養成機関として設立され、校長の馬君武、理事の玉伯群はいずれも国民党系の人々であった。大夏大学の

---

*上海大学:一九二二年一〇月設立。一九二五年六月四日に英米の海軍陸戦隊および万国義勇隊に閉鎖され、四・一二クーデター時に国民党によって再び封鎖された。本章注(35)の文献を参照。

学生は一九二二年の香港海員ストライキを援助しようとし、北京政府に解散させられ、のちにコミンテルンの資金援助を受けて再興されたといわれる。それゆえ宇高は、大夏大学も「共産党分子の養成所のよう」であったと記す。同大学がコミンテルンから資金援助を受けているという噂は上海の日本人のあいだで公然とささやかれていた[38]。二月ストライキ時には三、四万ドル（あるいは一万元）がコミンテルンから大夏大学に与えられ、同大学は「糸繭公会」（穆志英の絲繭女工総工団と推察される。二三五頁傍注参照）の名を借りてストライキ実行者に資金を分配しているとされた。五月以降は、カラハンを経由し五〇万元が三回にわたり支出されたともいわれた。ストライキの扇動者として大夏大学教授李璜の名が挙がったこともあった[39]。

しかし上海の中国人紡績業者の団体、華商紗廠連合会*の崔士傑*によれば、二月ストライキに関与したのは大夏大学の学生ではなく上海大学と南方大学*の学生であった[40]。とはいえ共同租界工部局警務処の日誌 Police Daily Report（本書では中国語訳を使用、以下『警務日報』）によれば、これらの三大学のいずれにおいても邵力子が重要な役職についており[41]、大夏大学でも学生アジテーターが育成されていると外部の者が判断したのは、無理からぬことであった。

学生アジテーターはみずからもストライキ労働者のごとく装い、工場襲撃に加わった。『警務日報』によれば、内外綿の第一三、一四工場で窓や家具を破壊し、「日本人労働者と中国人労働者を殴っていた」ストライキ労働者が租界警察に制止された際、指導者とおぼしき一二人とともに学生一人が逮捕された。この学生はストライキ労働者と同じ

＊華商紗廠連合会：一九一七年から一八年にかけて成立した、上海の紡績業者を中心とする全国的な中国人紡績業者団体。樊衛国「華商紗廠連合会成立与民初関税会議」『社会科学』二〇〇六年第一一期、六五‐七六頁。

＊崔士傑：王正延の部下であった。在上海総領事矢田七太郎から外務大臣幣原喜重郎宛、第七六号、一九二五年二月二〇日上海発、外務省記録『大正十四年支那暴動一件／五・三十事件』第一巻の「分割1」、Ref. B08090319500、第四九画像。

＊南方大学：校長は江允虎。江は清末に中国同盟会に加入し、のちに社会党党首となった。宇高寧『支那労働問題』四七〇‐四七一頁。

く棍棒を所持していたという。[42] 崔士傑によれば、学生たちは学生服を脱ぎ、労働者のごとく装い、警察にも労働者との区別をつけることは困難であった。[43]

二月ストライキ直前には、中共の提案する日本紡績工場ストライキ計画に対し、コミンテルンが指導と資金援助を与え、学生の動員を通じて労働者を動員する構造ができあがっていたと思われる。当時、ウラジオストックには日本の内務省嘱託として情報収集活動に当たっていた岡本元と名乗る人物がおり、その報告を情報源とする日本語史料[44]によれば、一九二五年一月、上海において開催された中国共産党第四次全国代表大会（中共四大）に、陳独秀ら中共党員のほか、在上海ソ連総領事ボノマレンコ、コミンテルン宣伝部上海支部長クリベンコなどが出席し、その席上で陳独秀は、ストライキ委員会を設けて中国労働者にストライキをさせることの重要性を訴えたという。陳独秀は、イギリスの工場でストライキを起こせば工部局の厳しい弾圧が予想されるので、まずは日本紡績工場を標的にすることが適当であると主張した。そこでストライキ維持費三〇〇〇元（あるいはドル）がコミンテルンから中共に渡され、ウラジオストックの「宣伝学校」（詳細不詳[45]）の卒業生一三名が中心的アジテーターとなり、「支那共産青年連合会」（正式名称不明、中国共産主義青年団？）の支持をえながらストライキを起こした。だが資金がソ連から出たことを隠すため、表面上は中国商店や茶館からの募集を装うことにしたという。学生アジテーターたちは、ボノマレンコの秘書であり宣伝主任であるチャーカソフの邸宅を、毎日のように訪れて指示を受けた。労働者が会社に出す要求は「共産党の閲覧を要する」とされた。中共とコミンテルンは中共四大後すぐに動員に着手したとみられ、二月ストライキ以前にも別のストライキが計画されていた。だがこのストライキは三日しかもたず、「後罷業委員会」（ストライキ後援会）が「地方共産党」（中共上海区委を指すか）にさらなるストライキ維持費を求めたところ、ボノマレンコの拒否に遭って失敗した。伝えられているところでは、ストライキ労働者の態度が軟化し仲間割れが生じたからだという。

(2) 「正義」と私的利益の結合形態

二月ストライキにおける「正義」と私的利益の結合は、かなり明確な形で捉えることができる。前章でみたように、二月ストライキの中心組織である滬西工友倶楽部は、失業の危機に直面した男性工頭を主な成員としていた。宇高の言葉を借りると、「工会は巧みに男工の恐怖している所を捉え」たのである。[46]この男性工頭たちの利害と結びついた「正義」の言説が、江田憲治が「養成工導入説」[47]と呼んだものである。

前章でも触れたように、このとき日本の紡績工場は、工頭制を廃止して「直轄制」へ移行しようと試みていた。この労務管理制度改革の一環として導入された制度が「養成工制度」であり、この制度は工頭が失業する原因の象徴でもあった。内外綿株式会社は、二月ストライキ直前の一九二五年一月初旬には、男工を女工に取り替えることに着手しており、とくにこのとき解雇対象となったのは粗紡部の男工であった。[48]

内外綿の「養成工制度」の本来の趣旨とは、江田によれば、正規採用前の一カ月から三カ月の見習い期間を意味し、中共の主張するように特定の労働者を長期間にわたって調教するといったものではなかったという。しかし党がつくりあげた「養成工導入説」は、この状況を次のように男性工頭たちに説明した。工場はみずから飼い慣らした奴隷労働者すなわち「養成工」の導入をもって、勇敢な男工を工場から追い出そうとしている、と。

折よく内外綿で日本人労務管理者による女工虐待事件が発生したため、党はさらに女工虐待事件をもみずからの正義の言説に取り込み、「養成工導入説」をさらに次のような物語に昇華させた。日本人労務管理者は卑劣にも幼い女工を虐待した。内外綿第八工場の粗紡部の男工がこれをみて義憤に駆られ抗議したところ、日本人は不当にも男工を解雇した、と。[49]

この言説によって覆い隠されたものが、女工と男工の利害対立であった。[50]中共の公式の言説のベースとなっている鄧中夏『中国職工運動簡史』においては、「養成工」は児童労働者とされており、このような解釈は、事件発生直後に動員工作者らがいくらかのストーリー修正を重ねながら形成したものである。江田の整理によれば、「養成工導入説」は次の順序で上海メディアに姿を現している。まず一九二五年二月一二日に国民党機関紙である『民国日報』に出現し、一四日には中共の機関紙である『嚮導周報』に、そして一七日には商業紙である『申報』にという具合である。このうち、最後の『申報』には、楊樹浦の紡績工場労働者が開いた「全体代表会議」において、「工場長側が男工の雇傭をやめ、女工を雇傭しようとしており、すでに探偵に労働者を物色させている」ことが報告されたという表現がみえる。(51) ただし児童に不合理な長期労働を強いる問題が存在したことは事実であり、それは日本側の文献も認めている。(52) だが一九二五年当時に奴隷的労働者という意味をこめて「養成工」と呼ばれたのは、その大半が女工であった。(53) 宇高の『支那労働問題』に収録された紡績工場労働者に対する一六のビラおよび通知（邦訳されたもの）においては、九番目のビラ、すなわち上海の日本紡績工場労働者すべてを代表する形で書かれたビラに至り、ようやくこの「養成工導入説」の原型が確認できる。そこでは「養成工」とは明確に女工を意味した。「内外綿工場の如きは一班の女工を養成と名づけて奴隷の教育を授けて、熟練して来たら男工の代りに使って元の男工を解雇する、此《かく》の如く打ち慣らした女工を永久に彼等の前に頭を下げて血や汗と搾り出して、彼等の為めに利益を設〔儲〕けさせるのであるから、云い換えるとこれは奴隷製造所である、其中《そのうち》気を争うことのできる男工は皆解雇される」。(54) したがって程度の差はあれ、ストライキを支持した男工にとって、「養成工」とは女工のイメージと不可分に結びついていたのである。

女工は男工にとっては、限られた就職口をめぐる競争相手、すなわち敵であった。通常であればこのようなケースは、新規雇用者と古参の雇用者とのあいだで直接的な紛争を生じ、最悪の場合には集団単位での武力紛争に発展することが少なくなかった。たとえば一九一九年一〇月には、浦東地区の日華紡織の第一工場精紡部が労働者を新規に雇用したために、古参の労働者とのあいだに騒動が生じていた。古参の労働者は、「他の頭目連中を煽動し」、新たに雇い入れた労働者を路上で殴打し、またその労働者を入社させた日本人職員の「不都合を詰《なじ》り」、職員を「木管」で殴りつけ負傷させた。その後追加的に、この労働者は賃上げをも要求したという。(55) 二月ストライキ直後にも、内外綿第三工場で「女工頭」と男工とのあいだに紛争が生じ、男工集団による暴動に発展している。(56)

しかし「養成工導入説」の介入によって、本来であれば女工に対して直接向けられたであろう男工の敵意は、「資本家」すなわち日本人労務管理者に対する敵意に変換された。そして男工は、一方で女工に対して同情的パフォーマンスを取りつつ、他方で女工にストライキを強制することが可能となった。

二月ストライキがこのように工頭のストライキであった以上、その要求内容に工頭制の搾取問題が含まれなかったのは当然のことであった(57)。しかし工頭は中共の一般的言説においては階級の敵とされる。それゆえ、たとえば嵇直は、一九六〇年代におこなわれた聞き取り調査において、「孫良恵に関しては、私の理解によれば、彼はたしかに労働者だった」と改めて弁護をする必要があった(58)。

後述する二月ストライキの拡大過程において、女工はしばしば男工から脅迫される対象となったが、その背景には、工場にとどまり仕事を続けようとする女工を資本家に飼い慣らされた奴隷根性の人々とみなす、こうした言説の形成が、大きく影響していたであろう。

さらに、この言説に接続させる形で滬西工友倶楽部が男工に提供した大義名分とは、「義気」であった。この言葉は国共両党の党員によって、労働者を虐待する外国人に対する憤りを示すニュアンスを与えられた。瞿秋白は、「義気を抱け」という青幇・紅幇式のスローガンによって同情ストライキを呼びかけることが、二月ストライキにおいて「きわめて大きな作用をもった」と記している。また李立三の回顧によれば、彼が鄧中夏とともに工人大会を開いて労働者を鼓舞していた際、警察が大挙して多くの労働者を連行していくと、労働者たちに次のような言葉で詰め寄られたという。「あんたたちはこれまでいつも、みんなに義気を抱かせようとしてきたじゃないか。いま労働者が捕まったんだ。あんたたちは義気を抱かないのか」。鄧中夏は労働者の勢いに押されて警察に出頭せざるをえなくなり、そのまま逮捕された(59)。同興紗廠工会や豊田紗廠工会名義のビラ、あるいは日華紗廠工人会の宣伝歌、裕豊工場のストライキを伝える「罷工新聞」の通知などにも「義気」という言葉が使用され、大康紗廠工会名義のビラには「体面」という表現も使用された(60)。

当時、このような人々の熱狂は一般には民族意識の覚醒などとして説明され、熱狂のうちにひそむ私利益追求の側面は捨象された。たとえば鄧中夏は、青幇には少なからず「民族観念」があったと述べ、青幇の頭目を懐柔する際、「反対東洋人打人（日本人が中国人を殴るのに反対する）」というスローガンと「義気を抱く」こととをセットにして語ることが、このような人々を勢いづけたと書き残している[61]。

(3) 運動拡大

二月ストライキが、基本的には解雇された男工たちの利害に基づいて発動されたものであった以上、紡績工場の大半を占めていた女工がストライキに対して積極的ではなかったことは、容易にうなずけるものであった。稲直は、二月ストライキ以前の段階で中共が接触可能であった内外綿の労働者は男工に限られており、大多数を占める女工――第四章の表3に基づくと、いわゆる「江北人」が多数を占めていたとみられる――とは接触できなかったと記している[62]。また江田も引用している共青団の報告によると、ストライキの初期段階において、女工たちはストライキの早期終結と復業を望んでいた[63]。

では二月ストライキの消極的参加者たる女工は、どのようにして動員されたのか。その答えが、以下の「打廠」であった。

①「打廠」

中共の文献は、「打廠」を「上海労働者が他の工場を動員してストライキをおこなわせる一種の闘争方式」であり、資本家に抑圧されてストライキに踏み出せない労働者を外部から支援するものであったとする[64]。

しかしより本質的には、「打廠」とは、元港湾労働者でもあった陶静軒が、港湾労働者の縄張りをめぐる武力紛争「打碼頭」[65]から着想をえたものであったと思われる。内外綿で実際におこなわれたケース（後述）、劉貫之の説明、ならびに鄧中夏の説明を合わせると、「打廠ストライキ」の具体的な手順とは、夜間に工場を襲撃し工場内の機械を破壊した後、ストライキを宣言し、労働者に工場の外に出るよう呼びかけ、従わない者がいれば強制的に追い出し、外で集会を開いて当該工場における工会の設立を宣言するというものであった。「打廠」がいかに大きな役割を果たしたかは、劉貫之の次の記述から窺うことができる。「数日後、内外綿第三工場が『打廠ストライキ』をおこない、工会を組織したのを見て、各工場の労働者は、内外綿第三工場の手本に学び、すぐに行動を起こすことをさらに切実に要求した。果たして、労働運動の風潮は迅速に拡大した」[66]。

二月ストライキの拡大経過については、すでに江田憲司による詳細なまとめがあるが[67]、ここでは主に「打廠」に焦点を絞り、紡績工場側の報告を基礎に書かれたとみられる日本語文献や『警務日報』、当時の新聞の報道内容をもとに、当時のようすを整理する。

二月ストライキに対する反感を隠さず、日本の紡績業者の立場に立つ内藤順太郎に言わせるなら、二月一〇日に内外綿会社第五東工場から始まったストライキは、滬西工友倶楽部を中心とした人々によるものであり、内外綿の他の工場の労働者は同情ストライキの呼びかけに応じなかったという。それゆえ第五東工場を主とした男工は、「外部の無頼漢」とともに第九、一三、一四工場を襲撃したのだと内藤は主張する。襲撃者たちは工場の事務所の窓や備品を「片っぱしから破壊」してから工場に入り、電灯や機械などを破壊し、これを制止しようとした、あるいは逃げ遅れた「日本人社員并《ならび》に職工」（内藤）、「日本人労働者と中国人労働者」（『警務日報』）は襲撃者に襲われ、重軽傷者が出たという。租界警察が捕らえた「指導者とおぼしき一二人」の内訳は、内藤によれば、労働者は「僅《わずか》に三名」であり、「他は社外の無頼漢であった」[68]。

第七、八、一二工場で就業中の労働者に対しても、ストライキ労働者によるストライキへの参加要請がおこなわれたが、日本人に阻止され果たせなかったという。租界警察に内外綿が報告したところによれば、第九工場の労働者は工場を離れはしたものの、ストライキ労働者に対する同情の念は薄いとされた。二月一二日付『警務日報』によれば、「ごろつき」やストライキ労働者の群れが呉淞河北岸にたむろし、「スト破り」、すなわち呉淞河北岸の居住区から南岸へ渡って出勤しようとする労働者を、「きたない言葉と好戦的な言葉で侮辱」した。六日後、『申報』は、内外綿の約八〇〇〇人の労働者が復業を望んでいると報じた(69)。

一三日夜一二時、滬西工友倶楽部の成員とみられる労働者が、日華紡織の工場を襲撃した。襲撃者二〇〜三〇人は「鬨《とき》の声」をあげて運転中の機械を停止させ、女工は「驚愕狼狽して逃げ惑」ったという。翌日、昼勤班の労働者の二割が出勤を躊躇し、夜勤班の労働者も事件の噂を聞きつけて「恐怖に襲われてか徒らに騒然たるのみ」であったという。これでは仕事にならないと判断した工場側は、労働者を帰宅させて工場を閉鎖した(70)。

一五日夜七時半、ストライキ団は今度は豊田紡織の工場を襲い、事態は二月ストライキにおけるもっとも重大なものに発展した。内藤の認識によれば、同工場は本来はトラブルの種が比較的少ない工場であった。というのも、工場の建設地が租界外の中国人村落の中にあり、租界警察の庇護を受けられないため、会社側は地域の人々と良好な関係を維持する必要から、積極的にコミュニケーションを図っていたからである。むろん工場側の主張も自己弁護を基本とするため、その内容をすべて信じることはできない。しかし後述するように、豊田の労働者はのちになって滬西工友倶楽部を脱会する。そうしたことからみて、彼らは当初からストライキに積極的ではなかったと考えてよいように思われる。内藤は、二月一五日の襲撃事件は、むしろ豊田の労働者に対するストライキ計画者たちの動員がどれも功を奏さなかったがゆえに生じたと主張した(71)。

当日の襲撃は、内藤によれば襲撃者約三〇人、『大阪朝日新聞』によれば五〇〜六〇人が警笛の合図とともに壁を乗り越え工場の敷地内に入り、工場内の綿に放火し、電灯や機械などを手当たり次第に壊し、夜勤中の中国人労働者にストライキを迫るという形でおこなわれた。『大阪朝日新聞』によれば、襲撃者たちは白旗や提灯を振りつつ工場内に入り、多数の女工を脅して門外に追い出した。現場に駆けつけようとした日本人社員は路上で襲撃され、社員の三好静一郎は銃撃されて重傷を負い、原田与惣次は呉淞河に放り込まれ、傷から感染した病原菌のため後日死亡した(72)。

このとき九人の襲撃者が逮捕され、『申報』は、「この九人は決して労働者ではないと聞く」と説明し、『大阪朝日新聞』は、「何分《なにぶん》内部の職工の仕事でなく、他から来る無頼漢の仕事で、しかも彼等の背後には主義者の或《ある》有力者があるらしいので解決困難である」という内外綿のコメントを伝えた。当時豊田の職員であった稲葉勝三は、一九七〇年代におこなわれたインタビューにおいて、「それ〔職員への襲撃〕は中の職工がやるのではないのです。外部のそういう分子たちが集まってきて、工場の中の人たちを扇動するわけです。だから、工場の人にやられたわけではなくて、外部の人にやられたわけですね、三好さんなんかでも」と回顧している。(73)

襲撃事件後の豊田の労働者たちの振る舞いに関しては、宇高寧は次のように書いている。彼らには本来ストライキの意志はなく、「不逞団に脅かされた煽動された結果余儀なく罷業団に加わったという連中が多かった」。「一七日などは早朝から昼業の職工殆《ほと》んど全部が閉鎖された門前に集まって入場したい模様であった」。このような労働者たちの振る舞いを知ったストライキ団は、彼らがストライキ団の説得に「全然耳を貸さないので」、労働者の通勤簿を取り上げ、その目前で破り捨て、かわりに一日二〇仙を支給する証明書である木札を与え、「お前達は通勤簿を失った以上、会社から給料を得る望みがない。今後は罷業団即ち工会を信じて問題の解決を俟《ま》たねばならぬ、決して悪いようにはせぬから」と述べたという。(74)

一四日には、大日本紡績の大康工場でストライキが発生したが、このストライキは比較的平穏にことが進んだようであり、宇高の文献に暴力的強制に関する記述がみあたらず、共青団の報告も労働者の態度が楽観的で秩序はよかったとしている。ただし一七日の『申報』は、復業を望む者が大康で七〇〇人にのぼったと報じた。(75)

一六日深夜一時、同興紡織の第一工場において粗紡部（梳紡課）の男性労働者一〇人がストライキを始め、女工にストライキを強制した。労働者たちは「鉄棒、木桿」を手にしていた。しかし日本人職員がこのストライキ労働者たちを食堂に集め、その意思を尋ねると、返答する者は一人もいなかった。そこで職員らが、一人一人個別に事務所に呼び、改めてその意思を問うと、今度は「尽《こと》く《ごと》就業を希望」した。しかし同興紡織第一工場が操業を続けると、夜勤班と昼勤班との勤務交代時間に、日華紡織と内外綿の男工を交えたストライキ団がやってきて、昼勤班の労働者が工場に入ろうとするのを妨害した。(76)

一七日夜、東洋紡績の裕豊工場の夜勤労働者に対し、大康工場のストライキ労働者たちが同情ストライキを要求した。しかし工場がそのまま操業を続けたので、翌一八日朝六時の交代時間に、ストライキ団は路上で昼勤班の労働者にストライキを要求したが、共青団の報告（三月二六日付）によると、この日は早朝から雪だったため、大会に来る者もわずかであった。全体的にストライキに消極的であった裕豊工場の労働者は、しかし工場にストライキ委員会が設立され、「罷業波及説」が広まっていくと、その出勤率が低下した[77]。

以上の状況を総括し、上海日本人商業会議所の「上海邦人紡績工場に於ける罷業問題に関する件」（二月二三日付）[78]や、『大阪朝日新聞』掲載の華商紗廠連合会とみられる団体の調査結果は[79]、二月ストライキに対する全体的な印象として、労働者たちは外部の脅迫によってストライキ参加を余儀なくされたと結論した。

むろん先行研究が指摘しているように、紡績業者の団体は、ストライキを労使紛争ではなく「暴動」として処理することで自社の責任を回避しようとする姿勢をもっており、それゆえ彼らの作成する各種報告は、二月ストライキの暴力的局面を強調しがちであっただろう[80]。しかしそのような紡績業者の戦略的態度を差し引いても、こうした記述は事実の一面を伝えるものではあったと捉えるべきであろう。というのも、以上のような「打廠」の暴力的側面への言及は、中共の文献からも、数こそ多くはないものの、いくつか見出すことができるからである。さきの共青団の報告書は、「ストライキ促成の原動力」が滬西工友倶楽部の活動であったとし、とくに、「〔滬西工友倶楽部の労働者は〕今回のストライキ煽動に対し実に力をもち、……ある者は工場で労働者に向けストライキのビラをまき、ある者は武力を用いて工場内の労働者を脅迫し仕事をやめさせた」とした[81]。また鄧中夏は、「日本の資本家がもっとも恐れているのは工場の機械を打ち壊されることであるとわかったので、労働者はこの弱点に狙いを定めて猛攻撃し、ストライキの二日目……いくらかの機械を破壊し、これをもって暴力の誇示をなし、その後、労働者の指導者は、群衆が『打廠』政策を継続しないよう、ひそかに、極力制止した」と記している[82]。少なくとも中共の指導者は、「打廠」の暴力性と、まさにそれゆえに「打廠」は高い動員力を発揮できたという事実を、十分に理解していたようにみえる。

②　糾察隊と無頼漢

前述の「打廠」において姿を現す「無頼漢」、あるいは「労働者ではない」と報道された人々は、何者であったのだろうか。革命史観の影響を受けたいくつかの先行研究は、「無頼漢」の存在を強調するのは紡績工場側の自己弁護の戦略の一環にすぎず、検討するに値しないとする傾向があった[83]。

たしかに紡績工場の報告は、従順な労働者に「善良」、反抗的な労働者に「不良」のレッテルを貼り、「無頼漢」による外部の扇動を事実以上に誇張しようとした形跡がある。とはいえ、ひとたびもめ事が起こると上海のヤクザ的な人々がこれに介入しようとする傾向があったことは、銭生可編『上海黒幕彙編』に収録されたある投稿文（執筆者が青幇の甲某に昔語りをしてもらった記憶に基づき書かれたもの）から窺える。「上海で人々のあいだに小さなもめ事が起きると、『幇匪』が関与してきたり、煽り立てたりし、事態を大きくする。事態の収拾がつかなくさせてしまうことは、おそらく彼らの唯一望むところなのだ[84]」。このような記述と、さきの「上海邦人紡績工場に於ける罷業問題に関する件」の次の表現はきわめて似ている。同報告は、運動に積極的であったのは、国共両党、学生のほか、「事あるに乗ぜんと構えて居る上海市井の無頼の徒輩」であったとする[85]。おそらくこのような人々は野次馬としても暴動に加わり（東方通信の伝える「外部の野次馬」）、また中国人街へと素早く逃げ込むため、迅速な逮捕は難しかった（矢田報告[86]）。実際に逮捕、起訴された人々は、襲撃者のごく一部であったと考えられる。

打廠などの暴力的強制という作業において重要な役割を担った組織は、滬西工友倶楽部の糾察隊であった。打廠隊、義勇隊など呼称は一定しなかったが、ここでは糾察隊に統一する。李立三によれば、糾察隊は「二月ストライキが大会を開催したとき」（開催日不明）結成されたというが[87]、二月ストライキの時点においては、糾察隊はあくまで各工場の労働者が個別ばらばらに組織したものであり、系統だった組織ではなかった[88]。

そのバラバラな糾察隊は青幇式の儀式で忠誠心を高めていた。たとえば糾察隊の一種「義勇隊」は、血をすする儀式をおこない、次のように誓いの言葉を述べ合った。「東洋人（日本人）に徹底して反対する、メンツが立たなければば復業しない、工会を防衛する、工賊を取り除く、生死を共にする、苦難を共にする、総隊長の言葉を聞く、もしいつわりの心があれば、天の雷に打たれて死ぬであろう」[89]。

糾察隊員は「内外棉紗廠工人連合会」などと書いた旗をもち、労働者の居住地域である閘北地区において一〇人一組の糾察隊を結成し、出勤しようとする内外綿の労働者から出勤簿を取り上げ破り捨て、帰宅するよう追い返した(『警務日報』)。共青団のさきの報告も、「男の糾察隊を派遣し、〔糾察隊は〕朝と晩に出発して、各辻で〔労働者の〕出勤を防いだ」とし、また糾察隊員の性質については、「各工場の労働者から、精鋭で自信があり義気を自負する者によって義勇隊を組織した」とする。のちに上海糾察隊の責任者の一人に任じられた姜維新によれば、糾察隊は早朝三時に路上で労働者が出勤しないよう見張り、彼らの警告を聞かない「工賊」、「走狗」を発見すると「工会にまで引っ張ってきて説得、教育した」という[90]。

このような状況は、連行される側からすれば、ヤクザの事務所に拉致されることと大差なかったであろう。糾察隊員は棍棒などの武器を携え、従わない者には暴力を加えていた可能性が高い。たとえば二月ストライキ時に租界警察に逮捕され、会審公廨に起訴された五六名の一人、王小四子〔季小四子などとも表記〕という糾察隊員の罪状は、「内外綿工会糾察員の白地の徽章」を胸につけ、凶器を所持して傷害事件を起こしたことであった[91]。

③ 滬西工友倶楽部脱会と公大紗廠労働者のストライキ参加拒否

二月ストライキについて、「工業会」〔満州工業会か〕の委嘱で大連商工会議所が調査・作成した記事「在満の工業家以て他山の石とせよ」〔一九二五年三月三一日から四月五日まで『満州日日新聞』に連続掲載〕は、二月二〇日の時点で、すでにストライキに消極的な労働者〔善良職工〕から内々に復業を希望する動きがあったとする。「労農側よりの金は噂された程の事もなく今後の運動も意の如くならざるべしと察せられた」。共青団の報告からも、ストライキが二週目に入ってから労働者が不満を示し始めたことが窺える。同報告はその原因を警察や奉天軍閥の圧力などとしたが、要するに、収入が途絶した状態で二週目を迎えたので労働者の生活が苦しくなったのである[92]。そもそも、定期的な収入を見込める工場労働者の社会的地位は、当時もっとも悲惨であった社会層——生存ラインぎりぎりに位置した軍閥の敗残兵など——と比較した場合、あくまで相対的にではあるが最底辺の水準とはみなされてはいなかった(93)。

二月ストライキ期間中は、労働者の生活維持費は滬西工友倶楽部が毎日支払うとされていた(宇高や大連商工会議所によれば二〇仙)。しかし宇高によれば、この生活維持費は労働者にまともに届いた形跡がなかった。しかも滬西工友倶楽部から支給される生活維持費の財源は同倶楽部の会費を含み、この会費は会員である労働者から徴収されるものであった(94)。よって、真の意味でストライキ中の労働者の生活を支えたのは、紡績会社による休業中の手当であった(95)。そして労働者がストライキを承諾しない場合、ストライキ推進派は「射殺」などの激しい言葉を用い、暴力をちらつかせた(96)。

宇高によれば、ストライキを求められた労働者たちは滬西工友倶楽部への入会も要求されていた。しかし一般の労働者からすれば、滬西工友倶楽部はそれほど魅力のある組織ではなかった。会費を要求するだけで公正な分配をおこなうことができないとなれば、同倶楽部はむしろ多くの労働者から搾取し、一部の工頭にのみ利する組織となりかねなかった。それゆえ上からの命令が消失するや、労働者はすぐさま滬西工友倶楽部を脱会した。それを示す事例が豊田工場の労働者の集団脱会である。上海警察は、豊田工場襲撃事件のみは、死者が出た関係上、他の事件よりも厳しい捜査をおこなった。そのため事件の指導者たちはすべて逃亡した。すると工場労働者たちはこれを機に同倶楽部を脱会し、五・三〇事件発生によって再び外部からのストライキ要請が激しくなるまで、「罷業前より一層職工の勤務振り等もよくなった」という(97)。

このとき逃亡した指導者の背景は不明であるが、豊田工場の「煽動分子」として租界警察が目星をつけた五人のうち、四人は「無職の遊民と秘密結社のメンバーの楽園」とされていた周家橋に居を定めていた(98)。いずれにせよ無頼漢気質の強い人物であったと考えられる。豊田の労働者たちにとって重要であったのは、彼らを支配する頭目の意向であり、滬西工友倶楽部の唱える理念ではなかったようである。

このようにして二月ストライキが拡大していくさなかにあって、鐘紡の公大工場の中国人労働者のみは「外部からの扇動を完全に防止し得た」という。日系紡績工場が次々と襲撃を受けた時期において、公大の労働者やその家族は「進んで自衛に当るべき旨を申出で」、すぐさま自衛組織をつくりあげた。さらには二月ストライキ後の労働者の出勤数はかえって「平常以上」となり、労働能率は新記録を達成しさえした。とはいえ五・三〇事件の発生により、六月上旬から上海全体が上海ストライキに巻き込まれていくと、公大も同月一三日にストライキに巻き込まれた(99)。

二月ストライキの時点では、なぜ公大の労働者だけが他の労働者と異なる態度を示したのであろうか。芦沢知絵によれば、これには当時二つの要因が指摘されていた。第一の要因は公大の「温情主義」であり（当時鐘紡の社長であった武藤山治の経営方針）、第二の要因は労働者を工場の敷地内にとどまらせようとする公大の方針である。公大はすべての福利施設を工場の敷地内に設けていたため、労働者は外出する必要がなかった。日本外務省は、このような措置があったからこそ、公大は労働者とごろつきとの接触を断つことができたと考えた。さらに、公大が他の工場からは離れた場所に位置していたことも、おそらく大きな要因として働いていた(100)。

これに加え、公大は、労働者の代表を選挙で選ばせ、六〇人の中国人からなる「意志疎通委員」を設け、また投書箱を設けて労働者の意見を徴していたという。さらに、福利施設や、茶館や中国式の廟などの文化的・宗教的設備をも建設し、これらの設備は労働者の心を慰撫するうえで大きく役立ったといわれる(101)。

むろん公大のこれらの逸話は、日本語文献においてかなり理想化されて語られている。当時内外綿職員であった荒川安二は、インタビューにおいて「鐘紡の上海製造絹糸というのは……現地化というか、溶け込みに成功していたと。そういう特徴をとらえることはできませんか」と問われた際、「あの会社は言うことは立派なのだ」と冷ややかな反応を返している。またこの時期の工会はしばしば「書記の独裁制」に変じることがあった。「意志疎通委員」にも同様の問題が生じていたと想像することは難しくない(102)。

しかし公大がこのような種々の「壁」を築いた動機がどうであったにせよ（労働者を監禁することが目的であったと

いう批判は十分成り立つ）、この「壁」がもたらした効果は興味深いものであった。秩序が動揺し、警察機構も十全に機能してはいないとき、完全に自由な空間とは必ずしも個々の弱者の自由を保障するものではなかった。公大は「壁」を築くことで外部からの暴力の介入を遮断しえたともいえる。また茶館や廟は、この共同体における精神的拠り所をある程度までは提供したであろう。この事例は、強者と弱者、保護と支配のあり方をめぐり、困難な問題を突きつけてくる。公大の方針が結果として、労働者を保護する物質的・精神的牆壁の提供につながっていたのであれば、この時代の弱者にとり、「自由」はいかなる形でありえたのだろうか。この点は、今後もう少し議論が深められるべき問題のように思われる。

④　二月ストライキから「反帝国主義」の言説へ

以上のような二月ストライキに対し、上海の一般世論はあまり同情的ではなかったようである。二月二一日の東方通信の記事は、「〔中国人の〕大部は罷業に伴って起る厄介な事柄のためあまり同情を表していない」とした(103)。

しかし国共両党の新聞は、二月ストライキを積極的に帝国主義の侵略に対する戦いの物語と結びつけようとした。日本外務省情報部第一課の上海の新聞に関する分析は、二月ストライキに関し、中央政府の見解を反映しているとみられる政学会派の『中華新報』は「沈黙」し、中立派の新聞は事件の解決を希望する「静穏の態度」を取っているが、上海の国民党機関紙『民国日報』（以下、上海版『民国日報』は単に『民国日報』とする）は「日本人の支那人虐待を難じ、……日本民族が支那民族を蔑視するために起りたる民族争闘なり」とし、今回のストライキは「帝国主義に反抗する第一歩」だと叫んでいる点が注目に値するとした(104)。矢田総領事によれば、『民国日報』の主筆部力子は、「本問題〔二月ストライキ〕が世間の同情を得ざるを知り、之《これ》を排日問題に転化せしめんと欲し」、「宣伝文を起草し各新聞に配布」するなどの行動を取っていた(105)。

二月ストライキを素材として党のメディアがつくりだす「反帝国主義」の言説は、とくに日本人を「敵」とするイメージを上海に生み出しつつ、上海の学生に影響を与えていく。

3、運動収束――警察の取り締まり、対抗プロパガンダ、地域の調停活動

二月ストライキは、一七～一九日に警察による指導者の逮捕が相継ぐや、(106)「早くも其《そ》の足並《あしなみ》乱れ初め」たという(守島報告)(107)。また東方通信は二二日、上海護党や反共産主義同盟籌備処の結成などのいわゆる国民党右派の反共活動が活発になったことを伝えたが、とくに後者の活動に関しては、矢田の仕掛けた対抗プロパガンダの側面も認められる。矢田は二六日付電報で、この活動は極秘事項であり「其《その》効果の程度不明」であったためにあえて東京へ報告しなかったと前置きし、資本家と交渉するよう呼びかけるビラ三万枚を反共主義同盟に散布させたと報告した。矢田は報告の時点では「〔ビラが〕各新聞に掲載され世論の注意を惹きたるを以て職工に対しても相当効果ありたるものと認められる」と評価した(108)。なお、三月には江北人を主体とした「工人反共同盟」という団体も組織されており(109)、あるいはこうした動きにも矢田は関与していたかもしれない。

こうした動きと並行し、上海各馬路商界総連合会、華商紗廠連合会、上海工団連合会の三団体による調停がおこなわれた。当時もっとも機敏に動いていたのが、上海各馬路商界総連合会であった。同会は、軍人、警察、やくざから身を守るため、中小規模の地元の商店・工場などが寄り集まって形成した団体である。「××路商会連合会」などと名乗る分会(馬路商会)を最小単位とした。租界の商店が中心となり、のち、南市、閘北の商店がこれに続く形で発展し、とくに一九二四年の江浙戦争以降、結束の強化を図るようになったという。この団体の政治的傾向に関しては、ボイコット運動に熱心な人々などが多数含まれるなど、上海総商会に集う大商人よりは急進的な傾向があったことが指摘されている(110)。

上海各馬路商界総連合会の分会のうち、二月ストライキの調停者としてもっとも早く姿を現しているのが滬西四馬路商界連合会である。矢田の報告では、同会は二月一二日に緊急会議を開き、調停に乗り出すことを決め、ストライキ団体の代表を招いて聞き取り調査を始めた。一四日上海発の東方通信の記事によれば、滬西四馬路商界連合会を指すと思われる「四路商会連合会」が、豊田工場襲撃事件によって死傷者が発生する以前から調停に着手していたとい

う。『満州日日新聞』や満鉄の資料も、同じく滬西四馬路商界連合会を指すと思われる「支那滬西商界連合会」の陳蔚文が調停に当たったと報じている。(111)

二四日の『申報』によれば、上海各馬路商界総連合会会長の袁履登らは、日清汽船の買弁であり上海総商会メンバーでもあった王一亭を招き、調停を進めようとした。また同会の総務科職員であり蓬路商界連合会会長であったとも伝えられる潘冬林が、労働者の説得に当たった。さらにこの時期になると、王漢良を会長とする五馬路商界連合会も調停を開始し、同会会員であり内外綿の綿花買い入れを代行する「雇員」でもあった李鵠臣を、内外綿の日本人職員と面会させ、一方で同会会董の常玉清を紡績工場労働者の説得に当たらせた。常玉清は新閘路新閘橋付近で風呂屋を営む人物であったが、同時に同興工場の工頭でもあったため、労働者の説得役に選ばれたのである。(112)このほか豊田紡績工場について、五馬路商界連合会は、同工場の豊田左吉社長と西川秋次は労働者の出身であり、労働者に対する悪い感情をもっていない、労務管理者の虐待行為だとビラが糾弾する、トイレへ行くにも札がいるという件は、衛生管理ならびに労働者の無用な外出を防止する見地からなされた処置であり、現在では問題となっていないとした。(113)

武居綾蔵が「町内組合」と表現し（矢田報告）、上海日本商工会議所の報告書が地元の中国人警察との密接な関係を指摘したように（『五卅事件調査書』）、上海各馬路商界総連合会は地域にもっとも密着した組織であった。(114)それゆえその指導者層には、なんらかの形で青幇と関わりをもつ人々が多数含まれていた。さきの常玉清は、中共の文献において青幇の「小頭目」として蔑まれている（『李立三伝』など）。他方、五馬路商界連合会会長王漢良も、李立三の回顧録では青幇であったと記されているが、李立三に対して比較的協力的であったため、「青幇の中でも少しマシな者」と表現された。(115)

二五日、二月ストライキの関係者と調停者たちのあいだで問題が協議されたとき、会議への参加者は、上海の外交問題・治安問題を司るそれぞれの責任者（外交交渉員陳世光、淞滬警察庁長常之英、司法科長趙松齢）と、上海総商会関係者、ならびに上海各馬路商界総連合会関係者（潘冬林、王漢良、常玉清、李鵠臣）などであった。(116)

一八日には華商紗廠連合会が内部会議を開いて二月ストライキに対する自衛策を協議し（守島報告）、翌日、内外綿に非公式の調停を申し入れた（東方通信）[117]。二〇日には崔士傑が矢田を訪問し、ストライキ労働者の「真意」を伝えた。崔によれば、華商紗廠連合会は、ストライキ労働者の生活維持費の拠出か、日系紡績工場を解雇された労働者の雇用か、どちらかを選択するよう脅迫されており、またストライキがみずからの工場に及ぶことを恐れていた[118]。

上海工団連合会の調停活動は、紡績工場や製糸工場の指導者、すなわち上海紡織総工会の指導者徐錫麟*や絲繭女工総工団の指導者穆志英といった人々が中心となっておこなわれた。ただし当時の外国人たちの目には、労働運動の急進的指導者という点においては上海工団連合会も中共も同種類の人々とみえ、両団体の違いはあまり意識されてはいなかった[119]。

二月ストライキにおいては、上海工団連合会関係者にとっての最優先事項は、中共の影響力を一刻も早く労働者から排除することであった。それゆえこの時期の上海工団連合会は、みずからの有する青幇ネットワークを最大限活用して労働争議を調停しようと試み、あるいは軍閥の力を借りてでも中共の運動を沈静化させようとした。たとえば徐錫麟は、二月ストライキを収めるべく、奉天軍閥系の軍人に調停への協力を依頼した。『民国日報』によれば、何豊林は調停の労をとるよう嘆願する徐錫麟らの書簡を二〇日に受け取り、許人俊を派遣して調停に当たらせた。また二三日には、徐錫麟ら自身も曹家渡、小沙渡、楊樹浦の工場を手分けして訪れ、労働者たちに代表者を出して交渉に赴くよう促した。ただし二三日の東方通信によれば、許人俊の調停は、そのような活動が真に労働者を代表している

＊徐錫麟：日華紡織の「試験室」に勤務していた労働者であり、その同志はフランス帰りの労働者たちであったという。それゆえ『最近支那に於ける労働風潮』は、徐錫麟の思想はフランスのサンディカリズムの影響を受けており、また上海工団連合会そのものにもサンディカリズムの影響が認められるとした。南満州鉄道株式会社庶務部調査課（高久肇編纂）『満鉄調査資料第五二編――最近上海に於ける労働運動風潮』八四頁。宇高寧『支那労働問題』一三九頁。なお、排満を掲げ、一九〇七年に処刑された革命家徐錫麟とは別人。

のか疑わしいとして会社側に退けられた。上海工団連合会を右派とみなす意識が、中共のみならず外部の者にも広がり始めたのはこの時期であったかもしれない（『大阪毎日新聞』）[120]。

二月ストライキは、二月二五日におこなわれた武居綾蔵と上海総商会副会長方椒伯ならびに王一亭らの会談によって復業協定が成立し、いったん決着した[121]。中共の歴史叙述とは異なり、当時の関係者は二月ストライキを失敗と捉えていた。復業協定の内容を東方通信は「無条件解決」と伝えた。内外綿は、逮捕された指導者の釈放だけを拒否し、残りの条件を承認することで合意したが、労働者側の要求が認められたというより、むしろ要求内容のハードルが下がったのである。『大阪朝日新聞』に掲載された二月ストライキ参加者のコメントもまた、ストライキは敗北と認識していた。二六日に『申報』に掲載された上海各馬路商界総連合会から上海総商会宛ての公開書簡は、日本紡績工場のストライキ問題は完全に解決したと報告した[122]。

その後も工頭による騒動は続き[123]、劉貫之は方椒伯や藩冬林ら商人代表に対し、逮捕されたストライキ指導者の釈放をさかんに要求した。結果、孫良恵は、中国警察の発表によれば三月一六日に釈放された[124]。五月中も内外綿で事件が続いた[125]。しかし結局こうした動きは、それ自体のみでは大騒動にまでは発展しなかった。広東における香港海員ストライキのケースと異なり、二月ストライキに関しては、ストライキ労働者が強硬な態度をみせ調停を拒絶したなどの報告はそれほど多くはないようにみえる。それはおそらく、上海の地域政府がストライキを取り締まる態度を明確にしていたからではないかと考えられる。

3　混沌と紛争の拡大――一九二五年五月以降

1、上海ストライキの概要

中共は五月一五日に発生した内外綿第七工場の労働者顧正紅の死亡事件を好機とみなし、上海の学生を動員して五・三〇事件を発生させ、事件以降の上海社会の熱狂を弾みとして事件翌日の三一日に上海総工会を設立した。上海総工会は上海の六つの地域に事務所を設け（高郎橋、引翔港、浦東、小沙渡、曹家渡、滬軍営）、新たなストライキを起こすべく、協力的な三つの団体（上海学生連合会、全国学生連合会、上海各馬路総連合会）とともに工商学連合会を結成した（六月四日）。この工商学連合会を推進機関とし、六月以降の約三カ月にわたっておこなわれた大型ストライキを、本書では上海ストライキと呼ぶことにする。[126]

ただし上海ストライキそのものは、労働者、学生、商工業者が、六月一日から始めた三罷闘争を皮切りとする。その後、上海ストライキは、上海租界のインフラ設備で働く労働者（共同租界の電車、電話会社、工部局電気処、総鉄廠、自来水公司などの労働者）、外国企業やその家族のもとで働くサービス業労働者、港湾労働者などを巻き込みながら拡大した。六月四日までに七万四〇〇〇人、一三日までに一五万六〇〇〇人がストライキに参加したといわれ、最終的にその総数は二〇万人以上と喧伝された。三罷の「罷」とは、通常はストライキやボイコットなどと訳される「罷業」、「罷市」、「罷課」のことであるが、実際には戦闘の側面が濃厚であり、初日から死者を多数出す激しいものであった。『大阪毎日新聞』によれば、まず初日に学生と警察が衝突し、浙江路では死者四人、負傷者一七人が出たといわれる。また租界の電車にストライキを強制するため、「暴力団」が電車を待ち構え、中国人の乗客をすべて下車させるなどし、インド人巡査が「空に向け発砲」してこれを「威嚇」したところ、「群衆はかえって猛り狂い」、結果として死者一三人を出す暴動に発展したともいう。[127]　マーティンの青幇研究によれば、三罷闘争は青幇の大頭目杜月笙の協力をえて実現したものであった[128]。

一方で上海総商会は、はじめ三罷闘争に参加はしたものの、その過激さへの嫌悪感を次第に露にしていき、やがて調停者としての立場に専念することを公言する（六月一〇日）。上海各馬路総連合会も、上海総商会とともに二六日には三罷闘争から離脱した。

七月からは上海の支配権は再び奉天軍閥に戻り、奉天軍閥の設けた戒厳司令部は、徐々に上海ストライキを取り締まっていく。八月一一日には港湾労働者による上海総工会襲撃事件が起き、会長李立三は上海ストライキの中心に位置した日系紡績工場ストライキを終了させる。

2、上海ストライキの検証

(1) 国民党上海執行部の学生動員

中共の通史のひとつ、沈以行ほか編『上海工人運動史』によると、上海の中共党員は顧正紅死亡事件発生を「反日」を掲げた運動を拡大する好機と捉え、さまざまな活動を開始した。しかし上海社会の運動熱は冷却しつつあり、五月一八日に滬西工友倶楽部が顧正紅追悼大会などを開催し士気をあげようとしても、上海メディアは「租界当局の圧力のため」、顧正紅事件に対する報道を控えたという[129]。当時の日本語史料からも、このとき開催された顧正紅追悼大会が、たしかに盛り上がりに欠けていたことを確認できる。大多数の労働者は傍観の態度を取り、会社の態度が強気なので今回のストライキは成功しないだろうと判断し、一九日には「数名の〔労働者の〕代表と称するもの」が警察署を訪れ、「調停を願い出た」という[130]。国民党上海執行部工農部では、二五日、李立三、楊之華、張廷灝、張佐臣、孫良恵、鄭復らが工人委員会を組織する動きなどをみせていたが[131]、こうした動きが次の労働者動員に直接大きな役割を果たした形跡はない。むしろ重要であったのは、運動が盛り上がらないことを知った国民党上海執行部が、労働者動員と並行して学生動員を強化したことである。ちょうど二四日に、「顧の遺族并《ならび》に罷〔業〕職工らの生活維持費募集」

のデモをおこなった学生（上海大学と文治大学が中心）のうち、六人が逮捕されていた[132]。その裁判が三〇日におこなわれる予定であったため、国民党上海執行部は各学校に学生アジテーターを派遣し、学生にデモを起こすよう呼びかけたのである[133]。同部宣伝委員会の学生委員二八人は二八日に会議を開き、二九日に授業を休んで労働者の代表を引き連れ、それぞれの学校において日本人の虐待行為を学生に宣伝することになった。果たしてこの宣伝活動の効果は絶大であった。各学校の学生たちは「みな大変激怒した」という。この成功を受け、二九日深夜には、翌三〇日に授業をボイコットしデモをおこなうことが決まった[134]。

国民党上海執行部宣伝委員会が計画したこの学生デモの結果は、動員者の側からみればさらなる大成功を収めた。イギリス警察が学生デモ隊に発砲し死傷者が出たことで、いわゆる五・三〇事件が醸成され、宣伝上きわめて有利な条件が整ったのである。

他方、二月ストライキの解決に努力した調停者たちにとっては、五・三〇事件は大きな衝撃であった。三罷闘争の開始日であった六月一日、上海各馬路商界総連合会は、この「闘争」に参加すると同時に、実は北京政府や盧永祥、江蘇省省長鄭謙に暴動の鎮圧願いを出してもいた。同会の各分会間ではストライキに対する賛否こそ分かれていたものの、日本メディアが「煽動団体」と表現したように、全体の総意としてはストライキ支持の姿勢を打ち出していた[135]。だが五・三〇事件の発生は、実際には、上海各馬路商界連合会のうち、とくに調停活動に奔走していた人々に、軍閥にも助力を請わざるをえないと判断させるほどの緊張を引き起こしていたのである。さらに三日には、北京政府外交部の職員として問題処理に当たっていた江蘇特派交渉員公署の陳世光が、病に倒れたと報じられた。その病因については、日本メディアは「引続く紛争発生とその解決困難」による「神経衰弱」であると報じた[136]。

(2) 運動拡大

中共の通史が触れない上海ストライキの実態を、もっとも詳しく整理している資料のひとつが、上海商工会議所の

『五卅事件調査書』である。この調査書は情報源の大部分が省略されているという問題をもつものの、その内容は当時の新聞報道とほぼ一致し、信頼度の高い資料であると判断しうる。以下、主に『五卅事件調査書』の記述に基づき、他の資料による裏づけを適宜おこないつつ、上海ストライキの拡大過程を整理する。

① 失業者とヤクザ者

上海ストライキ拡大の要因は二つの段階に分けられる。第一の要因は、上海ストライキの展開にともなう失業者の増加である。三罷闘争の開始された六月一日、事態が死者を出すような激しい様相をみせたためであろう、共同租界は緊急事態宣言を出した(137)。続いて工部局電気処は「食料製造会社を除く支那側各工場」への送電を六日から停止するという通牒を発した。これを知った中国工場は「大恐慌」を来し、とくに紡績会社などが、送電停止の取りやめを工部局に願い出たという。しかし工部局は聞き入れず、六日から予定通りに送電を停止した。その結果、『大阪毎日新聞』の六日発上海特電は、まず中国紡績会社に雇用されている二万五〇〇〇人の労働者が失業することになったと伝え、続いて九日発上海特電は、送電停止に起因する失業者数を四万五〇〇〇人と伝えた(138)。したがって一三日までに加速的に増加したストライキ参加者は、実は、好むと好まざるとにかかわらず失職した人々であったと考えられる。

日本側の史料において報告されている「求職に焦る中国人」の動向は、中共の通史が覆い隠す、当時の失業問題の深刻さを示すものであろう。電車会社が運転手や車掌を募集すると、たちまち数百名規模の群衆が押しかけ、会社側がすでに定員に達したと断ると、求職者たちは扉のガラスを割るなどして騒ぎ立てた。彼らは、「今すぐが駄目なら将来でもいいから雇ってくれ」と迫ったという(139)。

ストライキ拡大の第二の要因は、二月ストライキと同様、暴力や脅迫であった。『五卅事件調査書』によれば、六月三〇日にストライキ推進派(工商学連合会あるいは中共上海区委か)の「緊急会議」が開かれ、七月二日にストライキの実行が決議されたとされる(この「緊急会議」に関する中国語資料は未見)。これ以降、その時点で失業を免れていた租界サービス業労働者、ならびになお就業中であった港湾労働者が、暴力や脅迫にさらされるようになった。一説によれば、このとき上海総工会は地域のごろつき四五〇人を雇っていたといわれ、うち三〇〇名には日当三元、一五〇名には日当五元が支給され、またその「世話役」には日当二〇〜三〇元が支給されたという。(140)

② 紡績工場労働者、租界サービス業労働者

六月以降紡績工場労働者たちに起きたことは、日本側の史料に基づく限りでは二月ストライキのときとほぼ同様であったようである。一例として豊田紡織の事例をみてみよう。

豊田紡織の主張に基づくと思われる当時の『中外商業新報』（『日本経済新聞』の前身）の報道では、状況は次のようなものであった。豊田の労働者は二月ストライキのころから付近の村人とともに自衛組織である「保衛団の誤記であろう」を結成し、「不逞無頼の脅迫者」の襲来があれば社員と協力して追い払っていた。労働者たちは「断じて罷業せぬから操業を継続されたい」と工場側に懇願していた。しかしやがて「不逞の徒」が「ピストルその他の兇器」を携えてくるようになり、状況が非常に危険になったので工場を止めるしかなくなった。豊田はこのようにして六月一五日からストライキに入ったのである、と。(141) また稲葉は、二月ストライキと五・三〇事件の、どちらの段階のエピソードであるか記憶が定かではないとしながらも、豊田の工場は中共党員を主体とした銃をもつ人々に占拠され、これらの人々が工場内を歩き回り、サボタージュを労働者にやらせたと述べている。(142)

租界のインフラ設備で働く労働者や、日本人・イギリス人の会社、商店、家庭で働くサービス業労働者に対して、六月三〇日の「緊急会議」後におこなわれた動員の実態は、『五卅事件調査書』に記されたストライキの「煽動者」の公判からいくらか事例を拾ってみると、次のような具合であった。

上海電車会社（The Shanghai Tramway Co.）の運転手や車掌の場合、彼らはこの時期脅迫や拉致の対象となり、警察による護衛が必要となっていた。九日の会審公廨の裁判では、元車掌のストライキ指導者が懲役六カ月をいい渡された。判決によれば、この人物はストライキを拒否する乗務員を閘北へ拉致し、「あらゆる残虐行為」をおこない、幾度も「善良なる中国人を瀕死の状態に陥れた」とされた。被害者として証言をおこなったのは、保証金五〇元で釈

放された者や、足を鉄鎖で縛られた状態で深夜三時に屋根伝いに逃亡した者などであったという。一三日の裁判では、乗務員を脅迫した廉《かど》で前日に現行犯逮捕された者が裁かれた。また「工部局水道課」で働く三七歳の中国人監督「ツー・ワイ・チュー」は、ストライキを拒否したため、七月二日の朝、何者かに背後から銃殺された(143)。

外国人の会社・商店・家庭で働くサービス業労働者に対しては、七月一日、上海の全ストライキ労働者の名義で、「英、日洋行勤務の華人職員に警告す」と題した声明が発せられ、ストライキに参加しない者を「『洋奴』に甘んずる者」と非難した(144)。

コックやボーイに対する脅迫については、とくに閘北の共和路に本部のあった「洋務公〔工〕会」の活動が指摘されている。「洋務工会」に拉致されたコックの話では、同会は主にイギリス人家庭で働くコック、ボーイ、および「地方の無頼漢」などからなる三〇〇人あまりの組織であったといい、「最過激派」のストライキ団体のひとつであった。幹部層は入れ墨をもつヤクザ的人々から構成されていたようであり、「夫《そ》れぞれ部下に部門を定めて各方面へ徒党を組み、外人家庭に雇われ居る僕婢の罷業勧誘」に出かけていたという。主な脅迫方法は、外国人家庭のボーイらが買い出しに行くのを尾行し、標的が租界の外に出るやこれを捕らえて工会にまで拉致し、写真を撮り、保証人を立てさせ、以後二度と外国人の家庭には雇われないと誓約書に捺印させるものであった。少しでも反抗的態度を取れば拷問にかけられ、毒殺をほのめかされたという(145)。

『民国日報』に公開された上海総工会の調査によれば、一九二五年七月から八月にかけて同会に所属した洋務工会は、魯先挙率いる滬西洋務工会（成員数二八五）、張君燦率いる上海洋務工会（成員数一二一七）、王宝仁率いる上海洋務職業協会（成員数七〇〇）であった。このうち張君燦の上海洋務工会は共和路にあった。成員数では規模の面では満鉄の資料と一致しないものの、上海総工会の発表する工会会員数は宣伝効果を狙って誇張される傾向があったと考えられ、閘北の共和路に本部があった「最過激派」の「洋務工会」とは、上海洋務工会のことではないかと推察される。「洋務工会」は淞滬戒厳司令部によって八月二三日に封鎖された。このとき、「洋務工会」の罪状は「舒明雪以下五十余名を該所に拘禁」したこと、とされた（『上海事件に関する報告』[146]）。

③　港湾労働者、海員

最後に上海の海運業関係者に対しておこなわれた動員事例をみてみよう。上海における港湾労働者のストライキ参加期間は、五・三〇事件発生から八月中旬までの約三カ月間であったとされる。満鉄の資料は、上海碼頭桟務職工連合会という組織が、上海総工会の下部組織として六月一七日に港湾労働者にストライキ宣言を発したとする[147]。

中共の文献である『上海港史話』によると、この六月一七日をはさむ六月二日から七月七日までの三六日間、ストライキを推進しようとする中共陣営とこれを防ごうとするイギリス海軍の兵士などのあいだで、激しい武力衝突が起きていたようである。少なくとも八三件の逮捕・死傷事件（屠殺案件）が発生したと同書は主張しており、死者については、殺害され黄埔河に遺棄された三人の労働者のことに触れている。また「帝国主義分子」にそそのかされた「埠頭の買弁や把頭（工頭）」のスト破りを防ぐため、中共の動員組織である上海碼頭総工会の糾察隊は、日英両国の企業が使用する浦東地域の埠頭すなわち老三井と藍烟窗で、七月六日に「反スト破りの闘争」をおこなったという[148]。

この「反スト破りの闘争」において中共と対立したのは、上海工団連合会の関連団体のリストに名のある浦東碼頭工人連合会（あるいは浦東碼頭工会）ではないだろうか（第四章表7・3参照）。実際に動員工作に当たった李立三の口述資料は、当時上海の碼頭工会には中共系のものと青幇系のものがひとつずつあったとする。どうやらここで「青幇」とされているものは上海工団連合会系の団体を指すようであるが、この口述資料は「青幇」系の団体の詳細には触れず、単に「開市後（三罷闘争の終了後）に工団連合会ができた」とのみ記している。責任者は包という姓だった」とのみ記している。

『五卅事件調査書』は、上海総工会所属の中共系港湾労働者組織を「碼頭工人委員会」、その対抗組織を「上海碼頭工人連合会」としている。老三井埠頭は石炭の積み卸しを主とする埠頭であり（『上海港史話』）、「荷役開始要求の急先鋒」、すなわちストライキにもっとも反対していたのは「煤炭公所」であったという（『五卅事件調査書』[149]）。つまり、浦東の倉庫地帯で日本企業のニーズに応じて煤炭などを積み卸しする港湾労働者団体の頭目と、中共の上海碼頭総工

表2　1925年7月28日時点での上海総工会所属の港湾労働者組織（上海総工会調べ）

名称	指導者	成員数
上海運輸工会瑞熔支部	程鴻静	700
上海運輸工会浦西分会	方鉄臣	1万3467
上海運輸工会浦東分会	王宗美	1万4195
楊樹浦運輸工会	李得友	1667
滬東運輸工会	丁洪亮	3416
滬西碼頭工人連合会	万遂菴	1488
碼頭桟務職工総連合会	常登貴	315
		計3万3948

出典：「上海総工会所属各工会一覧」「上海総工会所属各工会一覧（続）」『民国日報』1925年8月6、7日（『中国近代工人階級和工人運動』第5冊、301－302頁）から、港湾労働者団体とみられるものを抜き出して作成。

会の糾察隊が激しく衝突したのが、七月六日であった、と考えられる。

一方、日本企業とストライキ推進派の攻防戦としては、次のような事例が記録されている。この時期、日本の郵船が雇用していた船内積み卸し労働者は「煽動団の圧迫索制に脅えつつ窃〔窃《ひそ》〕かに作業」をしていたが、六月三〇日に静岡丸の船内積み卸し労働者の頭目が「総工会」（上海碼頭総工会か）に拉致された。また翌七月一日はストライキ労働者に対する生活費の支給日であった。拉致事件への恐怖とストライキ労働者への支援を目の当たりにするという二つの要因のため、労働者たちの状況は「悪化」した、すなわち仕事への意欲が低下したという。また八月二日に出帆予定であった日清汽船の瑞陽丸が、対応策として新たに中国人海員を雇ったところ、「罷工団」は海員の家族を拉致・脅迫し、海員たちは「武装厳めしき護衛水兵の眼を掠め」て続々離船したという（『五卅事件調査書』）[150]。

中共系港湾労働者団体とこれに対抗する港湾労働者団体は、八月上旬まで激しく対立していた。李立三は、上海総商会が「青幇」系の碼頭工会にのみ生活維持費を与えようとしたと非難するが、『五卅事件調査書』は両者が「互いに鍋〔鎬〕を削って荷役の妨害」をし合っていたとする。最終的に、双方が生活維持費を受け取れるよう、両者は上海運輸工会（委員：江政卿、兪仙亭、黄中養、方鉄臣、石芝坤、胡氷清、方言濱）としてひとつに合併することになった。妥協の成立は八月七日であった。なお上海総工会の調査が示す当時の上海港湾労働者団体のリストによれば、上海運輸工会を名乗る団体の支部・分会の会員数は計二万八三六二人である（表2）。これは、中共の文献が中共の呼びかけに応じたとする黄浦江両岸の港湾労働者数三万人とほぼ同数になる（『上海港史話』[151]）。

李立三と包との妥協が成立した背景には、五馬路商界連合会会長にして青幇である王漢良の尽力があった。王漢良は李立三に付き添って、「工団連合会」と「総工会」の大会開催問題をめぐり緊張を高める両者の交渉（≠対立）の場に赴き、両者をどうにか取りなしたり、後日包を客人として招き、李立三を包の徒弟とする形式を取ろうと試みたり（この提案は李立三に拒否された）、あるいはまた包を李立三よりも上座に座らせるなどした（この配慮については李立三は受け入れた）。このような交渉が命がけのものであったことは、李立三とともに包のもとへ向かった王漢良が、緊張して拳銃を携帯していたことから窺える。七月から八月にかけては、それでもなお包が仕掛けたとみられる刺客の襲撃があった。共和新路の上海総工会にいた李立三を除籍された労働者が訪れ、悔い改めたふりを装いつつ李立三をその場に引き留めようとし、そのすきにごろつきたちが建物の表口と裏口をふさいだため、危険を察知した李立三は二人の護衛に守られながら屋根伝いに脱出した[152]。

(3) 権力と富のありか

① 不足する生活維持費

上海ストライキの拡大にともない、ストライキ労働者の生活維持費問題は加速的に深刻化した。民衆運動に好意的なパフォーマンスを取っていた北京政府も、列強の圧力を受け、六月一三日の閣議決定に基づき、各省の長官に対し、「もし暴動を起し治安をみだす等の事あらば各省長官は厳重に制止して秩序を維持」せよと通電した。また奉天派軍人張学良は上海の労働運動の取り締まりを本格化した。張学良系の奉天軍が主導する形で、二三日に上海に戒厳令が布かれ、刑士廉を司令とする淞滬戒厳司令部は、同日、工商学連合会のほか、とくに「洋務工会」と「海員工会」（中華海員工業連合会上海支部）を「悪質な工会」として封鎖した[153]。

すでに述べたように、上海商人たちは六月二六日には三罷闘争から離脱し、七月上旬にはストライキ推進派もストライキの一部解除を模索し始めていた。一九八〇年代の日本の先行研究は、七月を「ゼネスト体制」が「動揺」を始めた時期としている[154]。この「動揺」は、中共の革命史においては資本家の裏切りや帝国主義者の反撃によって生じたとされるが、実際には、ストライキ労働者（＝失業者）の増加にともなって深刻化した生活維持費問題の顕在化であった。ストライキが早晩そのような問題に逢着せざるをえないことは、客観的な観察者の目には自明のことであった。たとえば重良という人物は、惲代英に宛てた手紙の中で、ストライキ戦術に対する疑問を次のように投げかけている。各地からの義捐金がなければ労働者は生活を維持できないし、飢え死にしてしまうかもしれないというのに、反帝国主義運動をおこなうための手段として、果たしてストライキは適切なのかどうか、と[155]。

当時、生活維持費の調達はストライキ推進派にとって緊急課題であった。一説によれば、工商学連合会は鄭謙に対し、上海の兵器工場を担保に「救済公債」を発行して生活維持費を工面してくれるよう、請願したとすらいわれる[156]。

上海ストライキにおける労働者の生活維持費は、その性格に基づくと、（A）外部から支給された革命遂行用の活動資金、（B）運動に対して寄せられた好意的義捐金、（C）地域社会が拠出する社会秩序維持費としての義捐金、（D）ストライキ当事者の各種名目による徴収、の四つに分けることができる。（A）、（B）、（C）は広東のケースと共通するが、異なっているのが（C）である。広東では広東国民政府関係の機関（政府や罷工委員会など）によって地域社会（就業中の労働者や企業など）に課せられた強制的徴税が目立っていたのに対し、上海では、少なくとも体裁のうえでは、地域政府の強権によってではなく、有力な社会団体同士の駆け引きを通じて生活維持費が集められていた。

運動がもっとも熱気を帯びていた六月においては（A）や（B）の資金が集まりやすかった。たとえば上海工団連合会が中心となって組織された罷業工友救済会、学生が中心となって組織された工人後援会などによる支援（『大阪朝日新聞』）、あるいは広東革命政府、北方軍閥、北京政府からの寄付（小杉修二の整理）などである。ただし二月ストライキがそうであったように、おそらくこうした寄付金は正当な受取人にまで届けられることは少なかったと考えられる。七月二二日に淞滬戒厳司令邢士廉が発表したところでは、義捐金を集める各種団体には多くの詐欺師が混ざり込み、資金を着服しているとされた（『申報』）。[157]

したがって六月いっぱい労働者たちの生活を支えた主な資金は（C）であったと考えられる。（C）は秩序維持を最優先の目的としているため、資金を出す側も、労働者の手元に金銭を確実に届けようと努力したであろうからである。この種の資金において、とくに重要であったのは、ストライキ労働者救済機関として設立された済安会である。済安会の中心で資金集めに奔走したのが上海総商会であったことは、先行研究によってよく知られている。ただし済安会が十分な生活維持費を捻出しえたのかどうかについては研究者のあいだで意見が分かれている。[158]

もっとも妥当な見方は、済安会が六月分についてはかろうじて生活維持費を捻出したものの、その後は力尽きたというものであろう。済安会が資金を集める主な方法は、善意や借金に頼るというものであり、済安会主任を務めていた王一亭は、七月三日に、資金不足、港湾労働者問題、支給額をめぐる総工会との意見対立を理由に同会を辞職した。とはいえストライキ推進派にとって済安会は必要不可欠の存在であった。そこでストライキ推進派は、上海総商会にのみ負担がかかる構造を見直し、済安会を六団体制に改め臨時済安会と改称し、同会を存続させた。また負担をなるべく広範囲の社会団体に負わせる方法が協議された。具体的には、各馬路商界連合会の商店や各幇の職員、中国の各巻煙草会社、中国人経営の工場の職員・労働者、中国人家主から生活維持費を徴収しようとしたのである。[159]

このような努力によっても補い切れなかった不足分は、次項の（D）タイプの資金によってその埋め合わせが試みられた。

②　検査出荷委員会

港湾労働者の生活維持費を調達するため、ストライキ推進派が中国人商人の経済活動のみを復活させ、そこに課税することで財源を得ようとしたものが、検査出荷委員会*（七月半ば～八月九日）設立の試みである。[160]「検査出荷」自体は、港湾労働者ストライキのために停止している物流をどうにか復活させようとした、上海総商会側の提案であった。

しかしストライキ推進派は、省港ストライキをモデルとし、「検査出荷」を生活維持費調達手段へ転用しようとしたとみられる。だが、この試みは以下の経緯を経て失敗した。

検査出荷委員会の規定は、出荷請求者（すなわち中国人商人）に対し、出荷商品の値段の〇・五％に相当する金額を労働者救済費として納入するよう要求するものであり、外国商品からも一％の「罷業特別税」を徴集しようとする動きがあった。さらに日英企業に対し、金融業団体（銀行公会と銭業公会）と交渉してストライキ労働者の生活維持費を調達してくるならば出荷を許す、という要求もおこなわれた(161)。

しかし検査出荷委員会を通じた資金集めは順調にはいかなかった。同委員会は、七月二二日からの一〇日間を出荷許可期間、すなわち取引を妨害しない期間とし、その間は港湾労働者にも就業を許すと通知した。その二二日当日を迎えた港湾労働者たちのようすを、『五卅事件調査書』は次のように描いている。ストライキ以来、「総工会」から支給されるわずかな手当も完全には受け取れない港湾労働者たちは、一片の大餅と豚の頭を煮た汁だけで飢えをしのいでいた。彼らは「今日こそ仕事に有《あり》ついて久し振りに美味い飯を頂こう」と、早朝から各桟橋や倉庫へ押しかけ、「仕事をさして貰いたいと哀願する様は、流石《さすが》の総工会も此《これ》以上罷業を強要することを得まいと思われたる程」であった。しかし一〇日間の特別措置が翌日突如取り消され、港湾労働者は再び就業できない状況となった。伝えられているところによれば、中国人商人だけを優遇するつもりであったこの措置が、うまくいかなかったためであった(162)。

検査出荷委員会の委員長は上海総商会の石芝坤であったが、出荷許可計画がわずか一日で頓挫したことで、石芝坤は、病身であり任務に堪えきれずと称して同委員会委員長職を辞職した（『五卅事件調査書』）。八月四日ごろには、港

＊検査出荷委員会：工商学連合会の構成団体に、ボイコット運動団体（提唱国貨会）と港湾労働者団体（倉庫業者の団体である碼頭桟務職工連合会、港湾労働者の団体である上海運輸工会総連合会）を加えて組織された。江田憲治「上海五・三〇運動と労働運動」『東洋史研究』一九八一年九月、三一四（九六）頁。

湾倉庫の出庫作業の状況は常態に戻りつつあると報告され、検査出荷制度は実態としてすでに崩壊していた（横竹報告）。九日には委員会が閉鎖された。戒厳司令部の取り締まりがその主な理由ではあったが、上海の商人団体が上海ストライキに愛想を尽かしたことも大きく影響したと思われる。工商学連合会を構成していた唯一の商人団体である各馬路商界総連合会までもが、この時期、上海総工会や上海学生連合会と距離を置くようになっていた（『五卅事件調査書』(163)）。

③ 賠償金

当時、紡績工場労働者顧正紅の死に対する賠償金も資金調達の一手段とみなされていた。後藤朝太郎によれば、「工人側」は五万ないし一〇万（単位は元か）を要求し、会社側はこれに対して賠償金一万元を準備していた。一説には、この一万元は、政友本党の関係者らが事件解決のために日本総領事館を通じて内外綿に与えたものだという。ところがこの賠償金が「日本総領事館に託し置かれてある」状況が労働者たちを刺激し、顧正紅の親を自称する者が七人現れたという。「曰く、『正紅』は自分の愛子である、可哀相なことをした、非業な死を遂げさせたのは誰れだ、とたけり叫ぶ。それは総《す》べて顧姓を名乗る顧某と云う人間。自称の怪しい親である。『そのように一人の死んだ息子に七人の親があったりなどしては溜《たま》るものか』と云ってやりたい位《くらい》である」(164)。

この賠償金をめぐっては内部争いが生じていた。六月に起きた顧雪橋事件はその一例である。事件の処理に関わった張維楨によれば、英雄顧正紅の遺族の代表（族長）を名乗る顧雪橋が、工場側から一万元（貨幣は大洋銀）の賠償金をうることと引き替えに顧正紅の遺体を収めた棺を回収しようとし、上海総工会の懲罰を受けたという。顧雪橋の振る舞いを知ったストライキ指導者の一人項英は激怒し、張維楨に命じて顧雪橋を捕らえさせた。顧雪橋は糾察隊によって早朝ベッドから引きずり出されて総工会に連行され、殴られた。かつ反省状を書かされ、保証人を立て、二度と労働者の利益を売り渡す悪事はしないと誓約することを要求された。張維楨の説明では、顧雪橋は日本人資本家に買収され、顧正紅の遺族の家長を僭称したごろつきに過ぎなかった。一方でペリーは、顧雪橋は青幇の成員にして顧正紅の親戚であったとみており、その行動は青幇成員によくある強請の一種だったと判断しているようである[165]。

また後藤によれば、このとき、ある顧姓の老人がこっそり賠償金を受け取ってしまったというデマが流れ、この老人は半殺しになるほど袋叩きにされたという[166]。顧雪橋事件ないしはそれに類似した事件のことを指すと思われるが、この逸話が本当であれば、顧正紅賠償金問題をめぐり冤罪事件も発生していたことになる。当時関係者がいかに神経を尖らせていたかが窺われる。

財政的に逼迫していたストライキ推進派には、顧正紅の賠償金をその遺族にそのまま渡す気ははじめからなかったものと思われる。内外綿の情報に基づく矢田の六月一一日付電報は、ストライキ推進派から「弔慰金は遺族に行かず工人会の活動資金となること」などの意向が出ていると報告していた。ただし九月二日に矢田から許沅交渉員に賠償金一万元が手渡されたときには、表向きの説明としては顧正紅の父顧宝書なる人物がこれを受け取るとされた。顧正紅の死を理由に賠償金をえようとする人々の行動に対しては、中国の下層社会に対して共感と愛着を抱いていた後藤でさえ、「当時学生青年は……資金をどれだけせしめたことか判らぬ。顧正紅一人のおかげで実に幾万のものがその御利益にありつくことが出来たのであった」と評価した[167]。

④　工会と糾察隊

上海ストライキにおける工会と糾察隊は、労働者の頭目が各種名目で搾取をおこなう手段となっていたと考えられる。そもそも工頭にとってのストライキとは、みずからの収入を増やすための手段であった。配下の労働者の賃金が上がれば、工頭がピンハネできる金額も増えたからである。たとえば一九二〇年一月末には、浦東地区の日華紡績工場において、労働者の頭目がみずからの取り分を増やすため、配下の労働者を動員し、「年末賞与の不足」を工場側に訴えさせていた（『支那労働問題』）。一九二六年八月二〇日から九月一六日にかけて小沙渡の日系紡績工場で計画されたストライキにおいても、同様の現象が報告されている。中共上海区委はこのストライキを「完全に失敗である」とし、重大な原因のひとつを、「多くの領袖」がストライキをピンハネの好機とみなしているためであるとした。また中共上海区委は、とくに糾察隊については、隊長が架空の糾察隊を組織して給料をえようとすること、もし食費の支給を停止すれば、糾察隊はたちどころに敵に寝返る危険性があり、今後糾察隊の組織については「厳重に注意」する必要があるとした。橘樸によれば、架空の糾察隊を組織し「手当金」を要求する行為はこのときとくに目立った手口であり、中には八〇〇人の糾察隊をつくったと称して実態はわずか五〇ないし六〇人であったという事例も存在した[168]。

工会は、こうした人々の「金儲けの機関」に変質する傾向があった。一九二五年末の中共上海区委の文書は、「以前の辦事処および工会は、ほぼまったく金儲けの機関となってしまい、工会内の責任者はもまたほとんど完全に救済費を払う特派員となってしまった。労働者が入会するのもまた、もっぱら救済費のために来ているようだ」と指摘した[169]。

以上の報告は、上海ストライキの前後に書かれたものであるが、上海ストライキのさなかにおいても同様の現象が生じていたと考えるべきである。まず、当時人々は、身代金目的の誘拐と同じことが上海総工会によっておこなわれていると考えていた。上海総工会は、スト破りとみなしうる外国人や外国企業の中国人労働者を事務所まで拉致し、私設法廷で形ばかりの裁判をした後、一人銀三〇元ないし五〇元の罰金を課し、罰金が支払われないうちはその身柄を拘束し続けるといわれていた。上海総工会に拘束された者は一〇〇人にのぼり、うち一〇人は実際に五〇元を支払って釈放されたという（『五卅事件調査書』）。また華商紗廠連合会が北京の段祺瑞政権に宛てた七月の陳情書は、上海総工会の振る舞いを次のように訴えていた。我々は労働者の生活維持費として一週間一元の支給を二週間続けると決議したが、上海総工会は足りないという。そして工場を止めていたあいだの賃金を払えと、「無頼の徒」を多数同会に差し向け、恐喝をおこなった、と[170]。

上海総工会会長であった李立三はこうした「風聞」に反論すべく、七月一四日、上海総商会、学生団体、上海各馬路商界連合総会の代表者を料亭「安楽宮」に招き、釈明を試みている。上海総工会の公式見解は翌日『申報』にも公開され、次のように主張した。逸脱・不法行為、私設法廷、酷刑を下す裁判などは事実無根であり、衝突、殴り合い、逮捕・連行などは、愛国的市民が義憤に駆られておこなっている行為であって、上海総工会の命令によるものではない。上海総工会は再三、労働者に対して逸脱行為を戒めているが、無頼漢やごろつきが工会や労働者の名を用いて人や物の往来を妨げ、私利を図っている。こうした輩の逸脱行為が本会の名誉を損なうのは痛恨の極みである、と。『五卅事件調査書』によれば、李立三はさらに一五日、ストライキ労働者に向けて、ストライキは文明的におこなわねばならないという告諭を出している(171)。以上のことからみて、やはり相当数の拉致、脅迫、暴行、略奪が、上海ストライキ中に発生していたとみられる。

では、上海総工会の下部組織と位置づけられた末端の工会では何が起きていたのか。当時工会幹部の座は、学生と、ピンハネを狙うヤクザ者によって占められることが多かったとみられる。華商沙廠連合会は、各工場に設立された工会組織（分会）は、「遊民に等しき学生」と「無学の徒」によって運営されていたとする。また「無頼の徒」が「美名を借り工場主を脅威し、職工を食い物とするの専横を振舞」い、「商民は彼等の行為を悪《にく》む事甚しいけれ共《ども》、後難を恐れ口を箝して強いて言わない」とした。さらに、働かずして生活維持費をえようとする人々が増え、働こうとする者は工会関係者に拘留されリンチを受けたとする(172)。この主張を要約すると、工場主のみならず労働者も工会幹部によって搾取されており、また支給される生活維持費にただ乗りしようとするフリーライダーが増え、全体として正常な勤労意欲が低下しているというのである。

また『五卅事件調査書』は、地元新聞の報道などに基づき、「資金の行衛《ゆくえ》不明問題」が発生していたと指摘する。上海運輸工会を指すとみられる「碼頭工人会」（南市福祐路の煤炭公所に総事務所を設置、上海と浦東に事務所を設置）には、港湾労働者に分配すべき生活維持費が存在することになっていた。ところが港湾労働者がその支給を求めたところ、あるはずの資金は存在せず、港湾労働者は激怒した。彼らは「碼頭工人会」事務所を略奪しようとし、また「閘北の総工会」を襲撃しようとしたので、「李立三一派」は大いに狼狽したという(173)。さきの七月の李立三の弁明は、「港湾労働者はもとより組織がなく、状況は混乱していて複雑であり、その人口を詳しく調査することも難しい。ゆえに金〔生活維持費〕の支払い時には間違いによるトラブルは避けがたく、かつこの種の人間関係は複雑であり、しばしばごろつきが混じり込み、これを口実に搾取をおこなう。本会〔上海総工会〕がこれに対応するには、困難があまりにも大きい。この問題を解決できないという事実は、本会が大変遺憾に思うところである」と述べていた(174)。どうやら、上海総工会中央の手の届かないところで、港湾労働者の工会幹部かその肩書きを騙る者——おそらく青幇系組織に所属するヤクザ的請負業者であろう——が生活維持費を吸収してしまったとみられる。

要するに、上海ストライキは、労働条件の改善を求める手段から、「敵」と定めた相手から条件のよいうちに取れるだけのものを取ってしまうための手段へと変質していた。広東の香港海員ストライキが、「正義」の言説と私利追求の結合によって「熱狂」を生じ、理性的な交渉をおこなう「労働運動」としての性質を失い、交渉不可能性によって特徴づけられた暴力的行動を展開する傾向をみせていたのと同じく、上海でもまた、労働運動の側面は失われつつあった。またその要求は無制限に拡大する兆候をみせていた。上海ストライキの収束後、ストライキ指導者の矛先は、外国企業に向けることができなくなったぶん、中国企業に向かうようになった。この種のストライキは、「其《その》要求の一部又は全部が満たされたるに拘《かかわ》らず、要求は更に際限なき迄《まで》拡大する」傾向があったという(175)。カーとシーゲルのいう「権力を求めるその過程はいつまでも終わらない」という局面の出現である。

上海ストライキ後に残されたこのような社会的後遺症を、上海社会は「五・三〇悪習」と蔑んだ。王奇生が指摘したように、中共の諸活動は既存のネットワークを握る工頭に大きな権威を与え、このことがかえって工頭の権威を高め、工頭が上海の各社会層に生活維持費を強要する風潮を生み出したのである(176)。

3、運動収束

(1) 港湾労働者による上海総工会襲撃事件の衝撃

以上のようなさまざまな形態の搾取を通じて集められた富は、工会や委員会などの、社会の中間レベルに新たに形成された権力機関に貯め込まれ、社会の末端に公正に再配分されることなく浪費された。もっとも貧しい人々は、むしろ収入のない状態をひたすら堪え忍ばなくてはならない状況が出現していた。この最貧困層が耐えきれなくなったとき、それは略奪とセットになった暴動として噴出した。たとえば、生活維持費が約束通り支給されず激怒したストライキ労働者六〇〇人が、食料品店から食物を残らず略奪したなどの事件がそれである。(177)

また、ちょうど中共の上海碼頭総工会と既存の港湾労働者団体が争っていた時期には、浦東の「碼頭小工」(日雇いの港湾労働者とみられる)による略奪が起きている。閘北の「総工会」(上海総工会か)に対し、「碼頭小工」が門前で生活費の支給を求めたところ、工会職員は、生活費はすでに支給した、二度は支給できないと宣言したために、「碼頭小工」は宝山路の食料品店で食べ物を略奪したのである。これに加え、七月には、港湾労働者を装って生活維持費を要求する人々の存在が指摘されている。「労働者を騙る者」一〇〇〇人あまりが「運輸工会」に押しかけ、生活費を求めたという。(178) その正体は不明であるが、当時上海には、江浙戦争の影響で数万単位の難民や敗残兵がたむろしていた。このような人々と、工会に押しかける「労働者を騙る者」とは、おそらく無関係ではなかっただろう。

この時期の上海総工会幹部は、生活維持費の不足による労働者の暴動を恐れるようになっていた。幹部の動向について、満鉄の資料は、「グズグズして居れば救済費を渡す事が出来ぬようになり、(ストライキ労働者が)如何なる事をなすやも知れずと云うので、(上海総工会幹部は)二十余万の失業工人を満州に送る計画を立て目下審議中」(八月五日付)とした。その指摘通り、『民国日報』の報道によれば上海総工会は五日に会議を開き、次のように議論していた。上海の失業労働者は十数万人あまりを下らず、こうした人々を東北三省に送り込んで就業させることができるならば「大変うまくいく(法甚完美)」、目下東北行きが可能な労働者集団として、機械工や紡績工場の男工、港湾労働者(機器紗廠男工碼頭工人等)二万人あまり、保線工(電車路工)一〇〇〇人あまりがいる、と(『民国日報』)。ところでこの場合の一〇万、二〇万人という表現は、当時上海ストライキに動員されたすべての労働者を象徴する言葉であった。[179]それに相当する数の労働者を東北へ送り込むということは、上海ストライキによって生じたストライキ労働者をすべて東北へ排出してしまおうということに等しかった。
もっとも懸念されたのは港湾労働者の暴動であった。既述のように、検査出荷委員会はこの状況に対処すべく期待されたシステムであった。江田憲治の整理によれば、検査出荷によってえられるはずの収入を元にし、港湾労働者一人あたり一日一元の支給を四日間おこなう約束がなされていた。日程上は八月九日に「出荷作業」、すなわち商人からの資金集めが終了し、一〇日からその支給がおこなわれるはずであった。しかし実際には、一〇日当日に一元払われたきり支給はストップした。[180]
おそらくこうした状況が影響したのであろう、一一日以降、港湾労働者による襲撃事件が相継ぐ。これは、くすぶっていた不満が、関係者のもっとも恐れていた形、すなわちストライキ推進派への直接攻撃という形に転化し始めたことを意味していた。事件はまず、ストライキ労働者による生活維持費の要求が済安会に拒否されたことから始まった。『五卅事件調査書』の整理によれば、はじめ二〇〇人ほどであった彼らは「約二千人の殺気立ちたる一大群衆」となり、暴力に訴えようとするようすをみせたので、上海警察に追い払われた。すると彼らは逃げ去る途中で「スト破り」を襲撃し、また南市の飲食店や食料品店を略奪し、店内の器物を破壊した。さらに襲撃者から分かれ出た一隊はそのまま上海総工会に赴いて生活維持費を要求し、断られると事務所の窓ガラスを割り屋内の器物を破壊しようとした。そこで総工会の事務員は、すぐに資金を渡すから待ってほしいと猶予を請い、一時間後に現銀による支払いを始め、事なきをえた。とはいえ「渡すべき罷業資金を渡さぬのは、畢竟総工会の李立三氏が搾取して私腹を肥すに急だから」と、港湾労働者のあいだには李立三への反感が高まっていったという。一二日には港湾労働者約二〇〇〇人が上海総商会を襲撃し、また約一〇〇〇人が再び上海総工会を襲撃した。一三日には中華海員工業連合会上海支部を指すと思われる「海員工会」が、数百名の「苦力」によって窓ガラスその他の器物を破壊された。中華海員工業連合会上海支部が襲撃されたのは、後述するように同会が上海ストライキにおけるもっとも積極的な団体のひとつであったことに加え、横竹の報告にみえるように、会員に日給の半分と一日あたり三〇仙の生活維持費を支給し続けることができるほど、同会が裕福な団体でもあったからだと思われる[181]。

李立三は、外交部特別代表兼交渉員と上海総領事が進めていた復業協定を、港湾労働者による襲撃事件の発生した一一日当日に承認した[182]。襲撃事件と李立三の交渉妥結の決断は無関係ではなかったであろう。この復業協定承認以降、外資系企業で生じていたストライキは続々と解除されていく。まず上海ストライキの中心的問題であった日系紡績工場のストライキが一二日に解除された。九月中旬までには日本人関係の企業におけるストライキは解決したといわれる。イギリス企業でも復業希望者が続出し、九月一七日には紡績工場労働者が、ついで一〇月上旬にはほぼすべてのイギリス企業の労働者が復業した。上海総工会は、孫伝芳の影響下に移った淞滬戒厳司令部によって、九月一八日に封鎖された（『最近上海に於ける労働運動風潮』）。港湾労働者の生活維持費については、上海総商会は済安会を通じて一〇万元あまりともいわれる救済金を一三日に支払った後、一五日に港湾労働者への「救済停止、援助拒否」を表明した。一四日、船内積み卸し労働者と港湾労働者のほぼすべてが復業し、ストライキの全体的状況も「俄然良好となれる」と日本人に認識された（江田憲治による整理および『五卅事件調査書』[183]）。かくして上海ストライキの熱狂は、一一日を転換点としてまたたくまに消失へ向かった。

(2) 地域の調停活動

熱狂消失後もストライキの解除が滞っているケースでは、地域の調停者たちが交渉の場に赴いた。日清汽船海員のストライキ解除をみてみよう[184]。

日清汽船の海員ストライキは中華海員工業連合会上海支部に指導権を握られていた。日清汽船会社が八月六日以前に計画した「罷業団以外の船員三八名」を雇うスト破りは、同支部の「脅迫」で頓挫した（横竹報告、原文は「海員工会」）。淞滬戒厳司令部が同支部を封鎖した際の罪状は、「海員公会の工人十三人」が八月一九日に「拳銃を携えて北支那航路の汽船水夫を脅迫して罷工せしめ」たことであり、「水夫の一人」が「〔淞滬戒厳〕司令部に来って哭訴した」という（『上海事件に関する報告』）[185]。

上海総工会が日系紡績工場ストライキの解除を承認した一一日以降、海員たちの「対日感情」も日本人からみて「著しく緩和」した。おそらく真の意味で「緩和」したというより、上海総工会が日系紡績工場のストライキ解除を認めたため、反日的なパフォーマンスをする必要もメリットも、すでになくなったという計算が働いたのであろう。日清汽船の海員たちは、一一日当日にさっそく「復業条件」を提示した。この場合の「復業条件」の提示とは復業の意思表示であった。しかしこれを知った中華海員工業連合会上海支部は、自分たちだけで復業するつもりかと、日清汽船の海員を責めた。

そこで「青幇の親方連中」が呼ばれ、その仲介で日清汽船の海員と中華海員工業連合会上海支部のあいだに妥協がなった。のちに復業交渉の保証人として李徴五が出てくるところをみると、一九二二年のときと同じく、このときも寧波人の青幇ネットワークが使われたのであろう[186]。

そのようにして中華海員工業連合会上海支部全体の意思表示が改めて復業条件として提示されたが、日清汽船は要求をはねつけた。事態を憂慮した上海総商会は、中華海員工業連合会上海支部に宛て、復業交渉を進めるよう勧告した。これに対し、中華海員工業連合会上海支部は大まかには次のような内容の声明を出した。我々も復業するつもりであるが、復業条件を日清汽船が拒否するので交渉が進まない、上海総商会に調停役を頼む、と[187]。

一九日、総商会会長虞洽卿と、同じく総商会の成員であり日清汽船の買弁でもあった王一亭の立ち会いのもと、日清汽船会社支店長米里紋吉（当時上海日本商業会議所会頭）と海員代表李洪勧が議論し、復業条件に関する合意が成立した。二〇日には保証人役の李徴五の立ち会いのもと、中華海員工業連合会上海支部長陳杏林と日清汽船会社が復業条件に調印を終えた。同支部はその日のうちに、全国各地の新聞社、総商会、学生団体、海員工会に向け、ストライキ解決を報告する電報を打ち、のみならず「中日両国はもとより兄弟の国」であり、今後は「合諒解《あいりょうかい》して一層親善を重ねん」とすら述べた。公式の場における海員の態度は、ストライキ収束後まさに一八〇度反転したのである。

その後、上海ストライキを復活させようとする中共の動きは武力弾圧によって完全に押さえ込まれた。九月には、孫伝芳の影響下にある淞滬戒厳司令部によって労働運動に対する取り締まりは強化され、九月一八日に上海総工会が封鎖された。李立三には逮捕状が出され、劉華は殺害された。劉貫之ら上海総工会の主要人物も逮捕された[188]。これ以降、中共の労働者動員は如実にテロリズムの色彩を強め（上海三次武装起義）*、三度目の武力闘争の後、中共はひとたびは独自の政府としての上海臨時市政府を成立させる（一九二七年三月二一日）。しかし一九二七年春、孫伝芳軍を追い払い上海に進駐した国民革命軍は、孫伝芳軍以上に徹底的に中共を上海から駆逐する（清党、四・一二クーデター）。

この四・一二クーデターについて、坂野良吉は、上海商業連合会の結成過程に関する分析を通じ、上海総商会や他の商業団体がいかに協力的であったかを示している[189]。中共の歴史叙述においては、この事件はようやく誕生した労働者の革命政府を無残に破壊した資本家階級の裏切りであった。しかし当人たちにとっては、上海ストライキの暴力と混乱の記憶、また翌一九二六年末に長江上流の武漢から伝わってきた、上海ストライキを上回る混乱と前代未聞の経済危機のニュース、そして同じく一九二六年末から断続的に続いた中共のテロ活動などの果てに導き出した決断でもあった。

＊上海三次武装起義：第一回武装蜂起は一九二六年一〇月二三日、第二回武装蜂起は一九二七年二月二二日、第三回武装蜂起は同年三月二一日。中共の通史は、第三回武装蜂起後に設立された上海臨時市政府（一九二七年三月二二日）を、革命の最大の成果に数えている。

(1) 劉効紅「中国共産党与上海機器工会」蘇良智主編『中共建党与上海社会』上海：上海人民出版社、二〇一一年、六〇－六六頁。

(2) 満鉄の資料は、一九二五年以前のこのような労働者動員の試みが「さほどの効果を収め得なかった」とする。南満州鉄道株式会社庶務部調査課（高久肇編纂）『満鉄調査資料第五二編―最近上海に於ける労働運動風潮』（以下『最近上海に於ける労働運動風潮』）大連：南満州鉄道株式会社庶務部調査課、一九二六年、一二頁。

(3) 鄧中夏『中国職工運動簡史』（『鄧中夏文集』四四一－四四二、四五三－四五四頁）。

(4) 雷加『海員朱宝庭』北京：工人出版社、一九五七年、一八頁。鄧中夏「我們的力量」『中国工人』（『鄧中夏文集』九五頁）。後藤朝太郎「支那の買弁コンプラドール」『海運』第二〇七号、一九三九年、五二頁。

(5) 中共上海海運管理局委員会党史資料徴集委員会ほか（上海海員工人運動史写組・李徳倉組長）『上海海員工人運動史』五七－五八頁。

(6) 同右、三一二頁。

(7) 在上海総領事船津辰一郎から外務大臣内田康哉宛、公信第六二二号「上海ニ於ケル支那海員同盟罷業ノ顚末報告ノ件」（一九二二年八月二六日）、外務省記録『外国ニ於ケル同盟罷業雑纂／支那之部』第一巻（自大正十一年九月）の「10．支那海員同盟罷業ニ関スル件」、JACAR, Ref. B12081536000、第七画像。

(8) 小山清次は自身の経験に基づき、肉体労働者の集団規模が二〇～三〇人ほどであればその頭目（小苦力頭）も労働者であることが多く、数百人規模の集団であれば頭目（大苦力頭）は労働現場を離れて指揮に専念する請負業者に転じる傾向があったと指摘している。小山清次『支那労働者研究』四〇－四一頁。

(9) 黎志剛「輪船招商局経営管理問題、一八七二－一九〇二」『中央研究院近代史研究所集刊』第一九期、一九九〇年、九四頁より再引用。渉孖とは広東語で master の音訳。たとえば二次以下の海員下請業者は ship master の音訳である洗孖沙、洗馬沙といった呼称で呼ばれていた。意訳としては包工館、行船館などの語彙がある。盧権ほか『蘇兆徴伝』上海：上海人民出版社、一九八六年、一三頁および注二。盧権ほか『省港大罷工史』二五頁および注五七。宋超ほか合編『中国海員運動史話』北京：人民交通出版社、一九八五年、四頁。

(10) 渡辺惇「相互扶助で自衛を―青幇／紅幇」『結社が描く中国近現代』八七頁。

(11) 中共上海海運管理局委員会党史資料徴集委員会ほか（上海海員工人運動史写組・李徳倉組長）『上海海員工人運動史』五八頁。

(12) 同右、六一－六二頁。

（13）中国海員工会全国委員会『中国海員工人運動大事年譜』出版地不詳、中国海員工会全国委員会、一九八四年、六五‐七〇頁。雷加『海員朱宝庭』四一頁。

（14）在上海総領事船津辰一郎から外務大臣内田康哉宛、公信第六二二号「上海ニ於ケル支那海員同盟罷業ノ顚末報告ノ件」、『外国ニ於ケル同盟罷業雑纂／支那之部』第一巻の「10．支那海員同盟罷業ニ関スル件」、第一一画像。

（15）王遂今「鎮海小港李氏家族史略」中国人民政治協商会議浙江省委員会文史資料研究委員会編『浙江文史資料選輯』第三九輯、杭州：浙江人民出版社、一九八九年、一二八‐一二九頁。

（16）同右。陳惕敏「我的老師袁寒雲」中国人民政治協商会議上海市委員会文史資料工作委員会編『上海文史資料選輯』第五四輯、上海：上海人民出版社、一九八六年、一一八頁。

（17）李名隼「我的祖父李徴五及其後人」、小港李氏一族のサイト「中国浙江寧波鎮海小港李氏乾坤亭」（URL：http://xgls.vicp.net/xgls/index.asp）>後世楷模>李徴五>我的祖父李徴五及其後人。雷加『海員朱宝庭』四八‐五〇、五四頁。

（18）宇高によれば、「上海金銀細工組合」は広東幇であり、その成員は金銀首飾りの職人たちであった。ただし会員数は「僅々数百人」であり、もっぱら金銀細工業の発展に専念していた。宇高寧『支那労働問題』一二〇頁。

（19）Perry, *Shanghai on Strike*, p.151. 堅田生「支那紡績労働の現状（中）」『大阪毎日新聞』（朝刊）一九二三年八月二一日。

（20）韓晶「上海紡織工人運動的揺籃―滬西工友倶楽部」『中共建党与上海社会』七〇‐七一頁。熊月之主編『上海通史』第七巻、上海：上海人民出版社、一九九九年、一四〇頁。

（21）Hammond, *op. cit.*, pp.22-23.

（22）日華紡績工場ストライキの概要については、宇高寧『支那労働問題』五三九‐五五〇頁。「浦東紡織工会」を上海紡織浦東分会と推測するのは次の文献に基づく。熊月之主編『上海通史』第七巻、一四七頁。

（23）宇高寧、同右、五四一、五四三、五四七頁。李立三「李立三同志対二月罷工和五卅運動的回憶」『五卅運動史料』第一巻、一四三頁。鄧中夏『中国職工運動簡史』（『鄧中夏文集』四五八‐四五九頁）。

（24）「上海紡績業工人滬西部」、「各工団連合会」、「社会主義青年団」などの外部団体がストライキ支援をおこない、また学生たちによってストライキ資金一〇〇〇元が集められたという。末光高義『支那の労働運動』大連：南満州警察協会、一九三〇年、九九頁。

（25）宇高寧『支那労働問題』五四三頁。淞滬警察庁については、上海市公安局公安史志編纂委員会編（易慶瑶主編）『上海公安

志』上海：上海社会科学院出版社、一九九七年、六一－六二頁。

(26) 宇高寧、同右、五四八頁。江蘇特派交渉員公署については、上海外事志編輯室編（周明偉ほか主編）『上海外事志』上海：上海社会科学院出版社、一九九九年、二八七頁。

(27) 末光高義『支那の労働運動』九九頁。鄧中夏『中国職工運動簡史』（『鄧中夏文集』四五三頁）。宇高寧、同右、五四八－五五〇頁。

(28) 南満州鉄道株式会社庶務部調査課（高久肇編纂）『満鉄調査資料第四九編—上海事件に関する報告』（以下『上海事件に関する報告』）大連：南満州鉄道株式会社庶務部調査課、一九二五年、一一、一四頁。

(29) 南満州鉄道株式会社庶務部調査課（高久肇編纂）、同右、一三頁。

(30) 「在満の工業家以て他山の石とせよ（一）上海紡績罷業真相」『満州日日新聞』（夕刊）一九二五年三月三一日。

(31) 内藤隈南『在支那紡績争議』八八頁。

(32) 南満州鉄道株式会社庶務部調査課（高久肇編纂）『上海事件に関する報告』二一頁。

(33) 譚平山「臨時中央執行委員会報告概要」（一九二四年一月二一日）『中国国民党第一次代表大会記事録』（『譚平山文集』二七三頁）。

(34) 「在満の工業家以て他山の石とせよ（三）上海紡績罷業真相」『満州日日新聞』（夕刊）一九二五年四月二日。

(35) Perry, *Shanghai on Strike*, p. 77; 熊月之主編『上海通史』第七巻、一七六－一七八頁。中国国民党中央民衆運動指導委員会編（王秀水編）『上海工人運動史』（上海？）：国民党中央民衆運動指導委員会、一九三五年、六七頁。

(36) 任武雄「第一次国共合作時期的国民党上海執行部」『二〇世紀上海文史資料文庫』第一巻、一三九頁。

(37) 在上海総領事矢田七太郎から外務大臣幣原喜重郎宛、第六三号、一九二五年二月一三日上海発、外務省記録『大正十四年支那暴動一件／五・三十事件』（以下『五・三十事件』）第一巻（自大正十四年二月至六月三十日）の「分割1」、JACAR, Ref. B08090319500、第二画像。陸軍中佐岡村寧次から参謀本部総長河合操宛、上海電第一一入号、一九二五年二月一九日上海発、同上、第五三画像。宇高寧『支那労働問題』四九二頁。

(38) 宇高寧、同右、四六〇－四六一頁。在上海総領事矢田七太郎から外務大臣幣原喜重郎宛、第二四号、一九二五年二月一四日上海発、『五・三十事件』第一巻の「分割1」、第三画像。

(39) 宇高寧、同右、四九三－四九四頁。東方通信、二月一八日第一一号、一九二五年二月一八日上海発、『五・三十事件』第一巻

の「分割1」、第二〇画像。守島調（守島伍郎か）「上海日本紡績工場ニ於ケル同盟罷業ニ関スル件」（一九二五年二月二四日）、同右、第八一画像。

(40) 矢田総領事の報告する崔士傑の説明では、二月ストライキに関わったのは上海大学と南方大学の教授と学生、ならびに陳独秀であり、大夏大学は無関係であるとされた。『大阪朝日新聞』にも、ストライキ資金の取次機関であるというのは事実無根とする大夏大学教授の反論がみえる。在上海総領事矢田七太郎から外務大臣幣原喜重郎宛、第七六号、一九二五年二月二〇日上海発、『五・三十事件』第一巻の「分割1」、第四九画像。「罷業に無関係　大夏大学教授談」『大阪朝日新聞』（夕刊）一九二五年二月二一日。

(41) 『警務日報』一九二五年二月二三日（上海市档案館編『五卅運動』第二輯、上海：上海人民出版社、一九九一年、二一頁）。

(42) 『警務日報』一九二五年二月一一日（『五卅運動』第二輯、三頁）。

(43) 在上海総領事矢田七太郎から外務大臣幣原喜重郎宛、第七六号、一九二五年二月二〇日上海発、『五・三十事件』第一巻の「分割1」、第四九画像。

(44) 岡本元の名は矢田総領事報告に記載がある。宇高や日本メディアが「某氏」からの情報として引用したのは、この岡本元の報告と推察される。在上海総領事矢田七太郎から外務大臣幣原喜重郎宛、第一〇〇号（極秘）、一九二五年三月一日上海発、『五・三十事件』第一巻の「分割2」、Ref. B08090319600、第二七－二九画像（同報告は外務省編纂『日本外交文書』大正十四年第二冊上巻（大正期第四十三冊ノ一）外務省、一九八三年に文書番号三三として収録）。宇高寧『支那労働問題』五九六－六〇一頁。「上海紡績罷業の内幕　共産党の謀計暴露」『時事新報』（朝刊）一九二五年三月二〇日。

(45) 宇高はまた別の箇所で、学生アジテーターの大部分は「医科大学の宣伝支部」とも表現。

(46) 宇高寧『支那労働問題』五九六頁。滬西工友倶楽部の参加者には女工の存在も確認されるが、この組織は基本的には男性労働者の意向によって運営された。五・三〇運動における紡績工場の女工の動向に注目した女性研究者は、それをどのように解釈するにせよ、比較的早くから女工と男工の動機の不一致に注目していた。佐藤明子「五・三〇運動における中国婦人」『史海』第二七号、一九八〇年、二八頁。Honig. *Sisters and Strangers*, p.205.

(47) 江田憲治「第二章　在華紡と労働運動」（以下「在華紡と労働運動」）森時彦編『在華紡と中国社会』京都大学学術出版会、二〇〇五年、三七頁。

(48) 江田憲治が引用する外務省社会局吉阪俊蔵の報告（一九二五年八月二五日付）によれば、内外綿では主に女工が採用されていたが、粗紡部では男女が併用されていた。この粗紡部の男工が、会社側からみて「不良分子」とされ、解雇対象となった。「不良分子」とされた理由は、たとえば粗紡機の生産高を記録するハンク・メーターを操作し、実際以上の出来高を申告して賃金を増やそうとしたことなどが主張された。江田憲治「在華紡と労働運動」『在華紡と中国社会』三九頁。宇高寧『支那労働問題』六九〇、七〇一頁。日刊支那事情社編（本多英三郎発行編輯）『長江流域の労働運動』七三－七四頁。

(49) 解雇の経緯を邵力子や劉貫之は次のように主張した。一九二二年二月二日、第八工場夜勤班の一二歳の中国人女工が居眠りをし、日本人の監督がこれを殴ったので姉が制止に入ると、姉も殴打された。少女への同情から労働者たちはサボタージュをおこなったが、解雇されたのでストライキをおこなった、と。邵力子はこれに加え、少女への同情から発した抗議がそのうち賃上げ要求の口実に変化したとする。「日紗廠罷工尚在調解中」『申報』一九二五年二月二三日。「支那有力者の見たる日本人紡績罷業の原因」『(新聞名不明)』一九二五年五月一〇日（神戸ＮＣＣ）。

なお、一九二五年二月に最初にストライキを始めたのは、実際には同興紡績工場の労働者であったかもしれない。劉貫之は、同工場の労働者が同年二月一日に解雇されてストライキを起こしたとする。また『支那労働問題』所収の滬西工友倶楽部の最初のビラに記載されたのは、二月二日の内外綿第八工場粗紡部の男工解雇事件であった。しかしそれがやがて、内外綿における女工虐待事件を強調するようになったのは、そのほうが宣伝に有利と判断され、雇用主の暴虐を象徴するものとして積極的に利用されたからではないかと推察される。劉貫之「関於一九二四年－一九二五年上海工人運動的回憶」『中国工運史料』一九六〇年第一期（中華全国総工会中国工人運動史研究室編『中国工運史料』第一至八期（下）、北京：工人出版社、一九八四年、九六頁）。

(50) 鄧中夏『中国職工運動簡史』（『鄧中夏文集』五三三－五三四頁）。宇高寧『支那労働問題』六三七－六三八頁。

(51) 江田憲治「在華紡と労働運動」の注七を参照。これらの記事はそれぞれ、「養成工全体参加罷工」『民国日報』一九二五年二月一二日。双林「上海小沙渡日本紗廠之大罷工」『嚮導周報』第一〇二期、一九二五年二月一四日。「日商紗廠罷工潮之昨訊」『申報』一九二五年二月一七日。このうち、『民国日報』と『嚮導周報』の記事は『中国近代工人階級和工人運動』第五冊の一五四－一五五、一五七頁にも収録。

(52) 日刊支那事情社編（本多英三郎発行編輯）『長江流域の労働運動』六九－七〇頁。

(53) 江田憲治「在華紡と労働運動」『在華紡と中国社会』三七頁。宇高も「八割以上が女工」と記している。宇高寧『支那労働問題』五九六頁。

(54) 収録されたビラに日付はないが、少なくとも署名に書かれた七つの紡績工場すべてがストライキに動員されたあとに書かれたものであろう。宇高寧、同右、六五〇 - 六五四頁。
(55) 宇高寧、同右、五三六 - 五三七頁。
(56) 『警務日報』によれば、内外綿第三工場で青年労働者が女工頭に罵られ、これを不服とした青年労働者が事件を男工頭に訴えたものの、満足のいく回答をえられず、男工らは工場の機械や電気設備の破壊に及んだという。『警務日報』一九二五年三月四日（『五卅運動』第二輯、三四頁）。
(57) 「二月ストはこの労働者の中間搾取を含む工頭制を問題にはしていない」。江田憲治「在華紡と労働運動」『在華紡と中国社会』四三頁。
(58) 嵇直「関於上海小沙渡滬西工友倶楽部成立経過的回憶」（一九六四年一一月）『五卅運動史料』第一巻、二八四頁。
(59) 瞿秋白『中国職工運動的問題』（モスクワ）：中央出版局、一九二九年、一七 - 一八頁。李立三「李立三同志対二月罷工和五卅運動的回憶」『五卅運動史料』第一巻、一四三頁。
(60) 宇高寧『支那労働問題』六四三 - 六四九、六五五 - 六五六（原書には誤って五五六とある）頁。
(61) 鄧中夏『中国職工運動簡史』（『鄧中夏文集』五三九頁）。
(62) 嵇直「関於上海小沙渡滬西工友倶楽部成立経過的回憶」『五卅運動史料』第一巻、二八六頁。
(63) 江田憲治「在華紡と労働運動」『在華紡と中国社会』四四頁。同論文に使用された史料は「共青団上海地委関於小沙渡楊樹日商紗廠工人総同盟罷工経過情況的報告」（一九二五年三月二六日）上海市档案館編『五卅運動』第一輯、上海：上海人民出版社、一九九一年、五頁。
(64) 傅道慧『五卅運動』上海：復旦大学出版社、一九八五年、四九頁。上海紡織工人運動史編写組編（譚抗美主編）『上海紡織工人運動史』北京：中共党史出版社、一九九一年、六四頁。
(65) 「打碼頭」とは、他の港湾労働者グループが占める縄張りを奪うため、武力による襲撃を仕掛けることを意味する。「打碼頭」によって手柄を立てれば、グループ内で出世することもできた。黎霞『負荷人生―民国時期武漢碼頭工人研究』武漢：湖北人民出版社、二〇〇八年、一一一頁。易江波『近代中国城市江湖社会糾紛解決―聚焦於漢口碼頭的考察』北京：中国政法大学出版社、二〇一〇年、五七頁。
(66) 劉貫之「関於一九二四年 - 一九二五年上海工人運動的回憶」（『中国工運史料』第一至八期（下）、一〇一 - 一〇三頁）。鄧中夏『中国職工運動簡史』（『鄧中夏文集』五三四-五三五頁）。
(67) 江田憲治「在華紡と労働運動」『在華紡と中国社会』三五-三九頁。
(68) 内藤隈南『在支那紡績争議』一一一-一一二頁。『警務日報』一九二五年二月一一日（『五卅運動』第二輯、三頁）。なお内藤は逮捕者を一三人とする。
(69) 『警務日報』一九二五年二月一〇、一一、一二日（『五卅運動』第二輯、二-四頁）。「日商紗廠罷工潮之拡大」『申報』一九二五年二月一七日。
(70) 上海日本商業会議所編『五卅事件調査書—邦人紡績罷業事件と五卅事件及各地の動揺』第一輯（以下『五卅事件調査書』第一輯）上海：上海日本商業会議所、一九二五年九月三〇日、二三-二四頁。宇高寧『支那労働問題』六九四頁。
(71) 内藤の主張によれば、豊田紡織は「村長以下村民側との諒解に努力した結果、村民の熱心な同情と擁護を受け、現に五月三十日以来、上海全市を不安状態に陥いられしめし此次の騒擾中も、六月十五日まで平常通り作業を続け得た誇るべき事実を有して」いたという。内藤隈南『在支那紡績争議』一一七-一一八頁。
(72) 内藤隈南、同右、一一八-一一九頁。「遂に騒擾化す　暴徒豊田紡績を襲い日本人事務員射撃さる」『大阪朝日新聞』（朝刊）一九二五年二月一七日。
(73) 「日商紗廠罷工潮之拡大」『申報』一九二五年二月一七日。「遂に騒擾化す　暴徒豊田紡績を襲い日本人事務員射撃さる」『大阪朝日新聞』（朝刊）一九二五年二月一七日。稲葉勝三口述（桑原哲也聞き取り、富澤芳亜校閲）「在華紡勤務二七年の回顧—稲葉勝三氏（豊田紡織廠）インタビュー」（一九七四年八月一九日）（以下「稲葉勝三インタビュー」）『近代中国研究彙報』第三三号、二〇一一年三月、一五頁。
(74) 宇高寧『支那労働問題』六六六頁。
(75) 上海日本商業会議所編『五卅事件調査書』第一輯、二四-二五頁。宇高寧『支那労働問題』六九四頁。「共青団上海地委関於小沙渡楊樹日商紗廠工人総同盟罷工経過情況的報告」『五卅運動』第一輯、八頁。「日商紗廠罷工潮之拡大」『申報』一九二五年二月一七日。
(76) 「遂に騒擾化す　暴徒豊田紡績を襲い日本人事務員射撃さる」『大阪朝日新聞』（朝刊）一九二五年二月一七日。上海日本商業会議所編『五卅事件調査書』第一輯、二六-二七頁。
(77) 上海日本商業会議所編『五卅事件調査書』第一輯、二七-二八頁。「共青団上海地委関於小沙渡楊樹日商紗廠工人総同盟罷工経過情況的報告」『五卅運動』第一輯、八頁。

(78) 上海日本人商工会議所は、労働者は「第三者の脅迫強要により身辺の危害を恐れ、余儀なく不本意な罷業に出でたるものに有之《これあり》」とした。「在満の工業家以て他山の石とせよ(二) 上海紡績罷業真相」『満州日日新聞』(夕刊) 一九二五年四月二日。

(79) 二月一八日、内外綿のストライキ状況に危機感を覚えた中国人紡績業者たちは、「罷業団首領者」と会見し、労働者の意思を問い質した。これに対し、「彼等は罷業は自分等の意思でなく外部からの煽動脅迫の結果であることを言明した」。そこで中国人紡績業者たちは、次に「中華紡績の重役」崔士傑を日本紡績連合会に派遣し、ストライキ首謀者の「某氏」から聞き出した要求を報告し、調停役を申し出た。「支那紡績が調停に中華重役使嗾者と会見」『大阪朝日新聞』(朝刊) 一九二五年二月二〇日。

(80) 中村隆秀「五・三〇事件と在華紡」『近代中国研究』第六輯、東京大学出版会、一九六四年、一四八 - 一四九頁。高綱博文「上海『在華紡』争議と五・三〇運動—顧正紅事件をめぐって」(以下「顧正紅事件をめぐって」) 中央大学人文科学研究所『民国前期中国と東アジアの変動』中央大学出版部、一九九九年、四九八 - 五〇一頁。

(81) 「共青団上海地委関於小沙渡楊樹日商紗廠工人総同盟罷工経過情況的報告」『五卅運動』第一輯、三頁。

(82) 鄧中夏「上海日本紗廠罷工中所得来的経験」『中国工人』第四期、一九二五年四月 (『鄧中夏文集』一一三頁)。

(83) たとえば、高綱博文「顧正紅事件をめぐって」『民国前期中国と東アジアの変動』五〇二 - 五〇七頁。

(84) 銭生可編『上海黒幕彙編』第四冊、三五頁。

(85) 「在満の工業家以て他山の石とせよ(三) 上海紡績罷業真相」『満州日日新聞』(夕刊) 一九二五年四月二日。

(86) 東方通信、二月一六日第四号「上海紡績罷業拡大悪化す」、一九二五年二月一六日上海発、『五・三十事件』第一巻の「分割1」、第九画像。在上海総領事矢田七太郎から外務大臣幣原喜重郎宛、第六八号、一九二五年二月一七日上海発、同上、一一 - 一二画像。

(87) 李立三「李立三同志対二月罷工和五卅運動的回憶」『五卅運動史料』第一巻、一四三頁。

(88) 二月ストライキ後に作成された共青団の次の報告においてようやく、各工場に男女一〇人で一隊とする糾察隊を何隊か結成したという表現が確認できる。「共青団上海地委関於小沙渡楊樹日商紗廠工人総同盟罷工経過情況的報告」『五卅運動』第一輯、四頁。

(89) この誓いの言葉は、鄧中夏の文章や『民国日報』の双方において確認できる。鄧中夏「上海日本紗廠罷工中所得来的経験」『中国工人』(『鄧中夏文集』一一三 - 一一四頁)。「日紗廠罷工在相持中工人方面之形勢 小沙渡」『民国日報』一九二五年二月一八日（『中国近代工人階級和工人運動』第五冊、一六〇－一六一頁。ただし同史料集では「各廠工人組織義勇隊、宣誓保衛工会」と改題）。

(90)『警務日報』一九二五年二月一四日（『五卅運動』第二輯、七頁）。「共青団上海地委関於小沙渡楊樹日商紗廠工人総同盟罷工経過情況的報告」『五卅運動』第一輯、四頁。姜維新「従二月罷工到〝五卅〟運動」『二〇世紀上海文史資料文庫』第一巻、一八三頁。

(91)「公廨昨日続訊紗廠工潮関係人」『申報』一九二五年三月一五日。

(92)「在満の工業家以て他山の石とせよ（五）　上海紡績罷業真相」『満州日日新聞』（夕刊）一九二五年四月五日。「共青団上海地委関於小沙渡楊樹日商紗廠工人総同盟罷工経過情況的報告」『五卅運動』第一輯、四頁。

(93)一九二四年二月二一日の中共上海区委会議記録には、杭州での工作についてであるが、「労働者は生活が比較的安定しているので不足感がなく、ゆえに組織がない」という報告がみえる。また楊西孟「上海工人生活程度的一個研究」は、次のように述べている。綿糸紡績業において、個人の給料はたしかに高いとはいえないが、女性の就業機会は多く、妻や娘はつねに紡績工場で働いているので、家族全員の給料を総合すると収入は多くなる。この点を考慮すると、紡績工場労働者の生活レベルは、もしかすると「中くらい」ではないか、と。宇高寧は、紡績工場の女工は一五、六歳くらいで独立していない者が多く、そのぶん生活にはやや余裕があったとみている。馬俊亜の研究もまた、出稼ぎ農民は農村に戻れば人から羨まれる高収入者とみなされたことを指摘している。「上海地委兼区委会議記録」（一九二四年二月二一日）『上海革命歴史文件彙集（上海区委会議記録）一九二三年七月－一九二六年三月』八四頁。楊西孟「上海工人生活程度的一個研究」（序文一九三〇年）『民国時期社会調査叢編　城市（労工）生活巻』上、二五〇－二五一頁。宇高寧『支那労働問題』六八五頁。馬俊亜「近代江南地区労働力市場層次与労働力循環」『中国経済史研究』二〇〇二年第三期、二三頁。

(94)「在満の工業家以て他山の石とせよ（三）　上海紡績罷業真相」『満州日日新聞』（夕刊）一九二五年四月二日。宇高寧『支那労働問題』六六六頁。滬西工友倶楽部には、「職工」から会費を集める会費徴収係が置かれていた。内藤隈南『在支那紡績争議』一一四頁。

(95)たとえば内外綿は、通常の給料の三割を労働者に支払い、彼らに事実上の自宅待機を命じた。江田憲治「在華紡と労働運動」『在華紡と中国社会』四四頁。内藤隈南、同右、一一三頁。

(96)「或は就業を希望して工場に行ったものには制裁を加うとか罷業団員にして工場に帰参したものは射殺すべしなどという脅迫

的決議をなす」。「漸く要求提出」『大阪朝日新聞』（夕刊）一九二五年二月一八日。

(97) 宇高寧『支那労働問題』六六七、七〇〇頁。『五卅運動史料』所収の矢田総領事報告（日本外務省の公文書マイクロフィルム第五六四巻の四一九‐四六三頁に基づき中訳されたものだという）は、淞滬警察庁長常之英が、二月一五日の豊田紡織工場襲撃事件以降、事態の深刻さを理解し始めたとする。「日本駐滬総領事矢田向外相幣原呈報上海日商紗廠二月罷工的経過」（一九二五年五月二一日）『五卅運動史料』第一巻、三六七頁。

(98) 『警務日報』一九二五年二月二六日（『五卅運動』第二輯、二五頁）。

(99) 南満州鉄道株式会社庶務部調査課（高久肇編纂）『最近上海に於ける労働運動風潮』一二一‐一二二頁。

(100) 芦沢知絵「在華紡の福利設備―内外綿上海工場の事例を手がかりとして」『中国研究論叢』第七号、二〇〇七年八月、三六‐三八頁。公大の立地の問題については芦沢氏からご教示頂いた。

(101) 南満州鉄道株式会社庶務部調査課（高久肇編纂）『最近上海に於ける労働運動風潮』一二二頁。芦沢知絵「在華紡の福利施設―内外綿上海工場の事例を手がかりとして」。

(102) 荒川安二口述（聞き手：桑原哲也、校閲：芦沢知絵）「在華紡勤務一六年の回顧―荒川安二（内外綿）インタビュー一九七四年八月二日」『近代中国研究彙報』第三四号、二〇一二年、一三‐一四頁。鄧中夏『中国職工運動簡史』（『鄧中夏文集』四五八頁）。

(103) 東方通信、二月二一日第七号「上海の罷業峠を越す」、一九二五年二月二一日上海発、『五・三十事件』第一巻の「分割1」、第五四画像。

(104) 情報部第一課、支那世論第三号「上海紡績工場罷工ニ関スル支那新聞記事及論調（一）」（一九二五年二月二七日）、『五・三十事件』第一巻の「分割2」、JACAR, Ref. B08090319600、第二‐三、六画像。

(105) 矢田総領事が沈卓吾なる人物からえた情報に基づく。在上海総領事矢田七太郎から外務大臣幣原喜重郎宛、第七五号、一九二五年二月二〇日上海発、『五・三十事件』第一巻の「分割1」、第四八画像。

(106) 二月一七日に鄧中夏が逮捕され、一九日に滬西工友倶楽部の孫良恵や楊樹浦工仁進徳会の蔡之華、呉先清（中共上海区委婦女委員会委員）らが逮捕された。傅道慧『五卅運動』五四‐五五頁。『警務日報』二月二〇日（『五卅運動』第二輯、一八頁）。在上海総領事矢田七太郎から外務大臣幣原喜重郎宛、第七五号、一九二五年二月二〇日上海発、『五・三十事件』第一巻の「分割1」、第四八画像。「公廨昨日研訊紗廠工潮関係人」『申報』一九二五年三月一一日。呉先清の経歴については、上海市档案館編『五卅運動』第一輯、一〇頁、注①を参照。

(107) 守島「上海日本紡績工場ニ於ケル同盟罷業ニ関スル件」、『五・三十事件』第一巻の「分割1」、第八四画像。
(108) 東方通信、二月二二日第五号「罷業終熄に近づく」、一九二五年二月二二日上海発、『五・三十事件』第一巻の「分割1」、第六〇画像。在上海総領事矢田七太郎から外務大臣幣原喜重郎宛、第九五号(極秘)、一九二五年二月二六日上海発、同右、第九七‐九八画像(同報告は『日本外交文書』大正十四年第二冊上巻に文書番号三一として収録)。
(109) 『警務日報』三月二五日(『五卅運動』第二輯、四六頁)。
(110) 上海各馬路商界総連合会については、滬軍都督府総務処に勤めた経歴をもつ余芷江の回想を参照。余芷江の経歴については、陸其国「上海風雲一九一一—上海総動員之二」(二〇一一年一二月二〇日ネット公開)を参照。余芷江「上海馬路商界連合会」上海市文史館文史資料工作委員会ほか編『上海地方史資料』第一巻、上海:上海社会科学院出版社、一九八二年、一〇〇‐一〇一頁。上海市档案館サイト「上海档案信息網」(URL:http://www.archives.sh.cn/)>上海記憶>上海史話>「上海風雲一九一一—上海総動員之二」。笠原十九司「江浙戦争と上海自治運動」八七、八九‐九〇頁。
(111) 在上海総領事矢田七太郎から外務大臣幣原喜重郎宛「日本駐滬総領事矢田向外相幣原呈報上海日商紗廠二月罷工的経過」『五卅運動史料』第一巻、三六九頁。東方通信、二月一五日第二号「紡績工ストライキ拡大の模様」、一九二五年二月一四日上海発、『五・三十事件』第一巻の「分割1」、第四画像。南満州鉄道株式会社庶務部調査課(高久肇編纂)『上海事件に関する報告』一一頁。「在満の工業家以て他山の石とせよ(四) 上海紡績罷業真相」『満州日日新聞』(夕刊)一九二五年四月三日。
(112) 「日紗廠罷工潮仍未解決」『申報』一九二五年二月二四日。潘冬林を蓬路商界連合会会長、王漢良を五馬路商界連合会会長、常玉清を同会会董、李鵠臣を同会会員でありかつ内外綿雇員とするのは『警務日報』に基づく。なお『警務日報』に「広東路商界連合会」とあるのは五馬路商界連合会のことである。また『警務日報』は常玉清を「同興紗廠ストライキ労働者の代表」と記すが、ここでは工頭と理解した。常玉清が風呂屋であったことは、『李立三伝』も参照。『警務日報』二月二三、二四、二六、二七日(『五卅運動』第二輯、二一、二三、二八、三〇頁)。唐純良『李立三伝』哈爾浜:黒竜江人民出版社、一九八四年、五二頁。
(113) 「日紗廠工潮解決余聞」『申報』一九二五年三月一日。
(114) 在上海総領事矢田七太郎から外務大臣幣原喜重郎宛、第七八号、一九二五年二月一四日上海発、『五・三十事件』第一巻の「分割1」、第五五画像。上海日本商業会議所編『五卅事件調査書』第二輯、一三七頁。
(115) 唐純良、『李立三伝』、五二頁。李立三「李立三同志対二月罷工和五卅運動的回憶」『五卅運動史料』第一巻、一四五頁。

(116)『警務日報』二月二六日（『五卅運動』第二輯、二八頁）。

(117) 守島「上海日本紡績工場ニ於ケル同盟罷業ニ関スル件」、『五・三十事件』第一巻の「分割1」、第八三画像。東方通信、二月一九日第八号「罷業は依然楽観を許さぬ」、一九二五年二月一九日上海発、同右、第三〇画像。

(118) 在上海総領事矢田七太郎から外務大臣幣原喜重郎宛、第七六号、一九二五年二月二〇日上海発、『五・三十事件』第一巻の「分割1」、第四九画像。守島、「上海日本紡績工場ニ於ケル同盟罷業ニ関スル件」、同右、第八三画像。

(119) 徐錫麟は当時、日本メディアから「罷業幹部」とされ、穆志英も一九二五年の時点で、日本人からは二月と五月の労働運動の牽引役とみられていた。熊田生「上海棉業界見たまま（一）」『大阪朝日新聞』（朝刊）一九二五年三月一九日。宇高寧『支那労働問題』六一九頁。

(120)「日紗廠風潮又在調解中」『民国日報』一九二五年二月二一日。「日紗廠風潮尚未解決」『民国日報』同年二月二四日（『五卅運動史料』第一巻、三九六‐三九七頁）。東方通信、二月二三日第九号「罷業者復業希望」、一九二五年二月二三日上海発、『五・三十事件』第一巻の「分割1」、第六七画像。『大阪毎日新聞』の次の記事は上海工団連合会を右派と表現。「日支社会運動団体左右両派の提携成る」『大阪毎日新聞』（朝刊）一九二七年四月五日。

(121) 江田憲治「在華紡と労働運動」『在華紡と中国社会』四五頁。

(122) 東方通信、二月二六日第三号「上海罷業解決す」、一九二五年二月二五、二六日上海発、『五・三十事件』第一巻の「分割1」、第九三、九九画像。「罷工は熄んだが暗流は強く流れて居る」『大阪朝日新聞』（朝刊）一九二五年三月一日。「日紗廠罷工潮調停解決」『申報』一九二五年二月二六日。

(123) 三月一九日、内外綿が第五工場の顧汝舫と Dong Sung Tsung（童生宗と当て字）という二名の工頭を解雇したことで、「きわめて大きな騒動」が生じ、工場側は解雇を撤回した。『警務日報』一九二五年三月二一日（『五卅運動』第二輯、四四頁）。

(124) 租界工部局は孫良恵の引渡を中国警察に再三求めたが、中国警察は応じなかった。『警務日報』は孫良恵が「中国警察によって常規に基づかず釈放された」などと表現している。『警務日報』三月二一、二三日、四月六日（『五卅運動』第二輯、四三‐四四、四九頁）。

(125) 五月八日には内外綿第五工場に勤務する日本人が人力車から引きずり下ろされて殴打され、同工場をめぐる柵に「善良な職工を罵言し脅迫する不穏のビラ」が貼りつけられたという。また一四日には、第七、一二工場の「職工中の矯激なる分子」五人が工場見回り役の中国人を殴打し、第一二工場を「運転不能」にしたという。内藤隈南『在支那紡績争議』一一五頁。

(126) 上海ストライキの概要に関しては、鄧中夏ならびに江田の記述に基づく。鄧中夏『中国職工運動簡史』第一二章(『鄧中夏文集』五七四‐六一〇頁)。江田憲治「上海五・三〇運動と労働運動」八五(三〇三)‐一一四(三四二)頁。
(127) 「暴力団大挙して遂に電車を襲撃す」『大阪毎日新聞』(朝刊)一九二五年六月二日。
(128) Martin, *op.cit.*, pp.81-82.
(129) 「反日闘争を堅持し拡大する」ことを目的として臨時委員会を組織し、その下部組織として糾察隊や募金隊などを設立することを決定したという。沈以行ほか編『上海工人運動史』上巻、瀋陽：遼寧人民出版社、一九九一年、二〇七‐二〇八頁。
(130) 「警察に調停依頼　手ぬるい官憲取締」『(新聞名不明)』一九二五年五月二一日(神戸NCC)。
(131) 任武雄「第一次国共合作時期的国民党上海執行部」『二〇世紀上海文史資料文庫』第一巻、一三九頁。
(132) 南満州鉄道株式会社庶務部調査課(高久肇編纂)『上海事件に関する報告』二四‐二五頁。
(133) 沈以行ほか編『上海工人運動史』二一一頁。
(134) 任武雄「第一次国共合作時期的国民党上海執行部」『二〇世紀上海文史資料文庫』第一巻、一三七‐一三八頁。
(135) 「警戒裏に更けた雨の夜の上海大通　一日朝までの死者は十五名負傷せる拘禁者四十名」『(新聞名不明)』一九二五年六月三日(神戸NCC)。
(136) 同右。また、陳世光が病で業務遂行不能になっていたことは、次の記事でも確認。「各団体之集議」『申報』一九二五年六月七日。
(137) 在上海総領事矢田七太郎から外務大臣幣原喜重郎宛、公信第四一九号「上海共同租界ノ緊要状態宣布ニ関スル件」(一九二五年六月二日)の付属書、Declaration of a State of Emergency, Shanghai, June 1, 1925,『五・三十事件』第一巻の「分割4」、Ref B08090319800、第五〇‐五三画像。
(138) 「支那側工場の狼狽　工部局の送電中止で」『大阪毎日新聞』(朝刊)一九二五年七月六日。「送電中止で失業二万五千」『大阪毎日新聞』(朝刊)同年七月七日。「罷業資金に欠乏の総工会」『大阪毎日新聞』(朝刊)同年七月一〇日。
(139) 上海日本商業会議所編『五卅事件調査書』第二輯、一〇‐一一頁。
(140) 同右、二一、一五二頁。
(141) 「支那の排外騒擾と邦人紡績に対する誤解(八)　棉業立国と在支紡の地位」『中外商業新報』(朝刊)一九二五年九月九日。
(142) 稲葉勝三「稲葉勝三インタビュー」一九‐二〇頁。

(143) 上海日本商業会議所編『五卅事件調査書』第二輯、三、七‐八、九八‐九九頁。工部局水道課の中国人監督射殺事件については、「工部局勤務の支那人射殺さる」『大阪朝日新聞』(朝刊)一九二五年七月四日も参照。
(144) 上海日本商業会議所編『五卅事件調査書』第二輯、二頁。
(145) 同右、五‐七、一二八頁。
(146) 「上海総工会所属各工会一覧」「上海総工会所属各工会一覧(続)」『民国日報』一九二五年八月六、七日に基づく工会一覧表(『中国近代工人階級和工人運動』第五冊、二九九‐三〇三頁)。南満州鉄道株式会社庶務部調査課(高久肇編纂)『上海事件に関する報告』五五、一一五‐一一七頁。
(147) 南満州鉄道株式会社庶務部調査課(高久肇編纂)、同右、四六頁。原文は「栈」を「残」と誤記。
(148) 上海港史話編写組『上海港史話』三〇七‐三〇八頁。
(149) 李立三の口述資料は「開市後に工団連合会ができた。責任者は包という姓だった」と記す。李立三「李立三同志対二月罷工和五卅運動的回憶」『五卅運動史料』第一巻、一四五頁。上海日本商業会議所編『五卅事件調査書』第二輯、一一八頁。上海港史話編写組、同右、三〇八頁。
(150) 上海日本商業会議所編『五卅事件調査書』第二輯、一〇四‐一〇五、一三五頁。
(151) 李立三「李立三同志対二月罷工和五卅運動的回憶」『五卅運動史料』第一巻、一四五頁。上海日本商業会議所編『五卅事件調査書』第二輯、一一八頁。上海港史話編写組『上海港史話』三〇六頁。
(152) 李立三「李立三同志対二月罷工和五卅運動的回憶」『五卅運動史料』第一巻、一四五‐一四七頁。
(153) 南満州鉄道株式会社庶務部調査課(高久肇編纂)『上海事件に関する報告』一一五‐一一七頁。
(154) 江田憲治「上海五・三〇運動と労働運動」九五(三一五)頁。南満州鉄道株式会社庶務部調査課(高久肇編纂)『最近上海に於ける労働運動風潮』一六頁。
(155) 重良から惲代英宛の書簡、『中国青年』第一〇三期(一九二六年)の「通訊」欄「五卅運動与階級争闘」に掲載(惲代英(張羽ほか編注)『惲代英―来鴻去燕録』北京:北京出版社、一九八一年、二四九‐二五〇頁)。
(156) 上海日本商業会議所編、『五卅事件調査書』第二輯、一一六頁。
(157) 上海工団連合会は、二月一五日に大会を開き(浙江駐滬労工会、華僑工界連合会、上海紡織工会、南洋煙草職工会など二十余団体の代表が出席)、罷業工友救済会を結成した。工人後援会は、全国学生総会、上海学生会、女界国民会議促進会、民治共進会など四〇の団体による会議の結果、組織された。「一般は反対　批評せぬ支那紙」『大阪朝日新聞』（朝刊）一九二五年二月一七日。小杉修二「五・三〇運動の一考察」『中国国民革命史の研究』一六〇頁。「各団体消息　邢司令令査各団体」『申報』一九二五年七月二二日。

(158) たとえばシェノーは、六月の生活維持費は足りたとみなし、小杉修二は不足していたと判断している。Chesneaux, *op.cit.*, p. 266. 小杉修二、同右、一六〇頁。

(159) 江田憲治「上海五・三〇運動と労働運動」九五（三一三）頁。南満州鉄道株式会社庶務部調査課（高久肇編纂）『上海事件に関する報告』八五頁。

(160) 検査出荷委員会の目的が「救済資金調達」であったことは、すでに江田憲治が指摘している。江田憲治、同右、九六（三一四）頁。

(161) 『五卅事件調査書』の分析ならびに同書所収の検査出荷委員会の「荷役承認規定」第一二条（邦訳版）を参照。上海日本商業会議所編『五卅事件調査書』第二輯、一一六、一二二－一二四頁。

(162) 同右、一二五、一二七－一二八頁。

(163) 上海日本商業会議所編、同右、一二八、一三六－一三七頁。在上海商務書記官横竹平太郎「海員罷業ト倉出状況（上海）」（一九二五年八月六日）、『外国ニ於ケル同盟罷業雑纂／支那之部』第一巻の「62. 海員罷業ト倉出状況」、JACAR, Ref. B12081541300、第二画像。

(164) 後藤朝太郎『支那遊記』七七〇－七七一頁。賠償金の出所を政友本党関係者とする見解については、上海日本商業会議所編『五卅事件調査書』第二輯、一六三頁。

(165) 顧雪橋事件の発生時期を、張維楨は八月とするが、ここではペリーの依拠した『警務日報』（一九二五年六月九日）の記事や、矢田総領事から幣原外務大臣宛の電報（一九二五年六月一一日上海発）も同じ事件を報告したものと考え、六月とする。ただし『五卅運動』第二輯所収の六月九日付『警務日報』にはそれらしき記述はなく、前日八日に、日本の紡績工場に雇われる「沈」（訳者による当て字）というスパイが、工会事務所に連行されて殴られたとある。張維楨「上海早期工運闘争回憶」『二〇世紀上海文史資料文庫』第一巻、一七〇－一七九頁。張維楨「一九二八年以前上海工運的一些情況」中国人民政治協商会議全国委員会・文史資料研究委員会編『革命史資料』一、北京：文史資料出版社、一九八〇年、四三－六一頁。『警務日報』一九二五年六月九日（『五卅運動』第二輯、一六四頁）。Perry, *Shanghai on Strike*, p.82.

(166) 後藤朝太郎『支那遊記』七七一頁。
(167) 在上海総領事矢田七太郎から外務大臣幣原喜重郎宛、第二〇八号(其ノ二)一九二五年六月一一日上海発、『五・三十事件』第一巻の「分割4」、第六〇画像。文書番号三三二一、在上海総領事矢田七太郎から外務大臣幣原喜重郎宛「内外綿ノ死傷従業員慰藉料ノ支出分配内訳報」(一九二五年九月九日)(原題は機密第一五〇号「内外綿死傷職工慰藉料ニ関スル件」)『日本外交文書』大正十四年第二冊上巻、三一三‐三一四頁。後藤朝太郎、同右、七七一頁。
(168) 宇高寧『支那労働問題』五三七頁。「小沙渡日廠罷工的経過与教訓」(一九二六年九月二〇日)中央档案館・上海市档案館編(倉大放編輯)『上海革命歴史文件彙集(中共上海区委文件)一九二五年‐一九二六年』甲一、常熟:中央档案館・上海市档案館、一九八五年、三五一、三五七頁。橘樸『支那社会研究』日本評論社、一九三六年、四〇六頁。
(169) 胡枢蔚「中共上海区委関於改組上総的通告」(一九二五年一一月三〇日)『五卅運動』第一輯、一二七頁。
(170) 上海日本商業会議所編『五卅事件調査書』第二輯、四二‐四三頁。華商紗廠連合会の陳情書の原文とみられるものは、『中国近代工人階級和工人運動』所収の『紡織時報』にも確認できるが、収録されているのはごく一部である。以下、この陳情書については『支那労働問題』所収の邦訳版に基づく。宇高寧『支那労働問題』六二〇‐六二四頁。『紡織時報』第二三二号、一九二五年八月三日(『中国近代工人階級和工人運動』第五冊、三三四頁)。
(171) 上海日本商業会議所編『五卅事件調査書』第二輯、二五‐二六頁。次の記事における七月一三日付上海総工会声明書。「総工会昨宴各界　解釈外間誤会」『申報』一九二七年七月一五日(『中国近代工人階級和工人運動』第五冊、三二五頁。ただし同史料集では「上海総工会駁斥帝国主義造謡誣陥」と改題)。ストライキは文明的におこなうようにという通達は江田憲治によっても確認されている。
(172) 注一七〇を参照。
(173) 上海日本商業会議所編『五卅事件調査書』第二輯、一五三頁。
(174)「総工会昨宴各界　解釈外間誤会」『申報』一九二七年七月一五日(『中国近代工人階級和工人運動』第五冊、三二六頁)。
(175) 南満州鉄道株式会社庶務部調査課(高久肇編纂)『最近上海に於ける労働運動風潮』一七頁。
(176) 王奇生『革命与反革命』一三九頁。
(177) 上海日本商業会議所編『五卅事件調査書』第二輯、一二頁。
(178)「関於滬惨案之昨訊　②関於工人之消息　碼頭小工在総工会之紛擾」『申報』一九二五年六月二八日。「罷工与済工消息」欄の

「宝山路昨日罷市半小時」「宝山里小工之紛擾」「運輸工会発欸之滋擾」『申報』同年七月一四日。
(179) 南満州鉄道株式会社庶務部調査課（高久肇編纂）『上海事件に関する報告』五六頁。「総工会討論移工」『民国日報』一九二五年八月六日。一九二五年七月時点で、上海総工会はストライキ労働者を一五万人前後とした。「罷工工人有一五万左右」『民国日報』同年七月二日。
(180) 江田憲治「上海五・三〇運動と労働運動」一〇四（三二二）頁。
(181) 上海日本商業会議所編掲『五卅事件調査書』一三八-一三九頁。在上海商務書記官横竹平太郎「海員罷業と倉出状況（上海）」、『外国ニ於ケル同盟罷業雑纂／支那之部』第一巻の「62. 海員罷業ト倉出状況」、第二画像。また、中国語新聞に基づく事件の具体的推移の整理に関しては、江田憲治「上海五・三〇運動と労働運動」一〇四（三二二）頁。
(182) 江田憲治「在華紡と労働運動」『在華紡と中国社会』四八頁。
(183) 南満州鉄道株式会社庶務部調査課（高久肇編纂）『最近上海に於ける労働運動風潮』一六、六四頁。江田憲治「上海五・三〇運動と労働運動」一〇四（三二二）頁。上海日本商業会議所編『五卅事件調査書』第二輯、一四〇、一四二頁。
(184) 以下、日清汽船海員ストライキの解除をめぐる経緯については、上海日本商業会議所編『五卅事件調査書』第二輯、一四二-一四九頁を基礎とする。
(185) 在上海商務書記官横竹平太郎「海員罷業と倉出状況（上海）」『外国ニ於ケル同盟罷業雑纂／支那之部』第一巻の「62. 海員罷業ト倉出状況」、第二画像。南満州鉄道株式会社庶務部調査課（高久肇編纂）『上海事件に関する報告』一一六-一一七頁。
(186) 日清汽船の場合、機関部海員は武漢人であったが、司厨部海員は寧波人であった。後藤朝太郎「支那船の買弁コンプラドール」五二頁。
(187) 上海日本商業会議所編『五卅事件調査書』第二輯、一四五-一四六頁。
(188) 周尚文ほか『上海工人三次武装起義史』上海：上海人民出版社、一九八七年、一二頁。江田憲治「上海五・三〇運動と労働運動」一〇八（三二六）頁。
(189) 坂野良吉『中国国民革命政治過程の研究』校倉書房、二〇〇四年、三一〇-三一七頁。

第六章　武漢の動員装置

1　武漢労働者をめぐる諸環境

1、武漢の地理的条件と武漢労働者の形成

前二章で扱った上海が長江河口の内陸港湾都市であるのに対し、本章および次章に扱う湖北省の省都武漢は、長江中流の内陸港湾都市である。武漢は長江下流の上海および上流の湖南や四川と密接に結ばれ、交通の要衝、商品の集散地として成長した経緯をもつ。

長江と漢水（漢江、襄河ともいう）の合流地点に位置する武漢は、この二つの河川によって区切られた三つの地域、すなわち武昌、漢陽、漢口から構成されるため、別名を武漢三鎮ともいった。三地域はそれぞれに個性をもつ。武昌は政治的中心地として長い歴史を有する地域であり、漢陽は清末に軍事工場が開設されて以来、近代的な工場地帯としての性格を濃厚にしていった地域である。しかしとりわけこの時代にもっとも人目を引いたのは、商業の中心地として爆発的に成長した漢口であった。

(1) 広東人機械工

かつて古厩忠夫は国民党の『中国労工運動史』の記述に基づき、武漢でも広東人機械工が初期労働運動の牽引役を果たしていたことを指摘した(1)。これらの広東人機械工に活躍の舞台を提供したのは、とくに漢陽を中心に設立された武漢の重工業工場であった。

漢陽が工場地帯となったのは、清朝の官僚張之洞の近代化政策に負うところが大きい。張之洞は清朝の軍備増強を意図し、製鉄工場としての漢陽鉄廠*を、また兵器製造工場としての漢陽兵工廠*を設立した（以下、漢陽鉄廠に関しては、のちに登場する「漢陽鋼鉄廠工会」に表現を合わせ、漢陽鋼鉄廠に表記を統一する）。そしてこれにやや遅れる形で、やがて漢口にも、武漢の製鉄業を補助する機械修繕工場としての揚子機器廠*が開設された。

---

*漢陽鉄廠：一八九〇年、張之洞によって建設が開始された製鉄工場。のち、製鉄事業、鉄山事業、炭坑事業の三事業を統合した漢冶萍煤鉄公司の管理下に置かれた。張国輝「論漢冶萍公司的創建、発展和歴史結局」『中国経済史研究』一九九一年二期、一－二八頁。皮明庥主編『近代武漢城市史』北京：中国社会科学出版社、一九九三年、一七五－一七六頁。

*漢陽兵工廠：一八九〇年、張之洞によって建設が開始された銃火器製造工場。前身は湖北槍炮廠。皮明庥主編『近代武漢城市史』一七五頁。

*揚子機器廠：一九〇八年に完成。発起人は漢陽鉄廠副総理・李維格ら。漢口諶家磯に位置。漢口近辺の工場がみな小規模であり、不便であるとして、鉄道および船舶関連の各種機器の製造・修繕を目的とする工場として構想された。漢陽鉄廠からも出資を受けた。造船業などで成果をあげ、一九一八年に漢冶萍公司の傘下に置かれた。第一次世界大戦以後、外国製の機械製品が輸入されなくなったことで受注が増え、発展したという。在漢口領事高橋橘太郎、送第二二九号「揚子機器有限公司創設ノ件」（一九〇七年八月七日）、外務省記録『器械関係雑件』第三巻（自明治四一年至大正三年）の「4．揚子機器有限公司創設報告ノ件」、JACAR, Ref. B11091501500、第二画像。「揚子機器廠の拡張」鴨緑江通信社月刊誌『揚子江報』第二九輯（一九一五年一月二〇日）、『揚子江報』第一巻、JACAR, Ref. B03040893300、第一八画像。王鋼「近代中国第二大機械廠——揚子機器廠」『武漢文史資料』二〇〇八年四期、五三－五五頁。

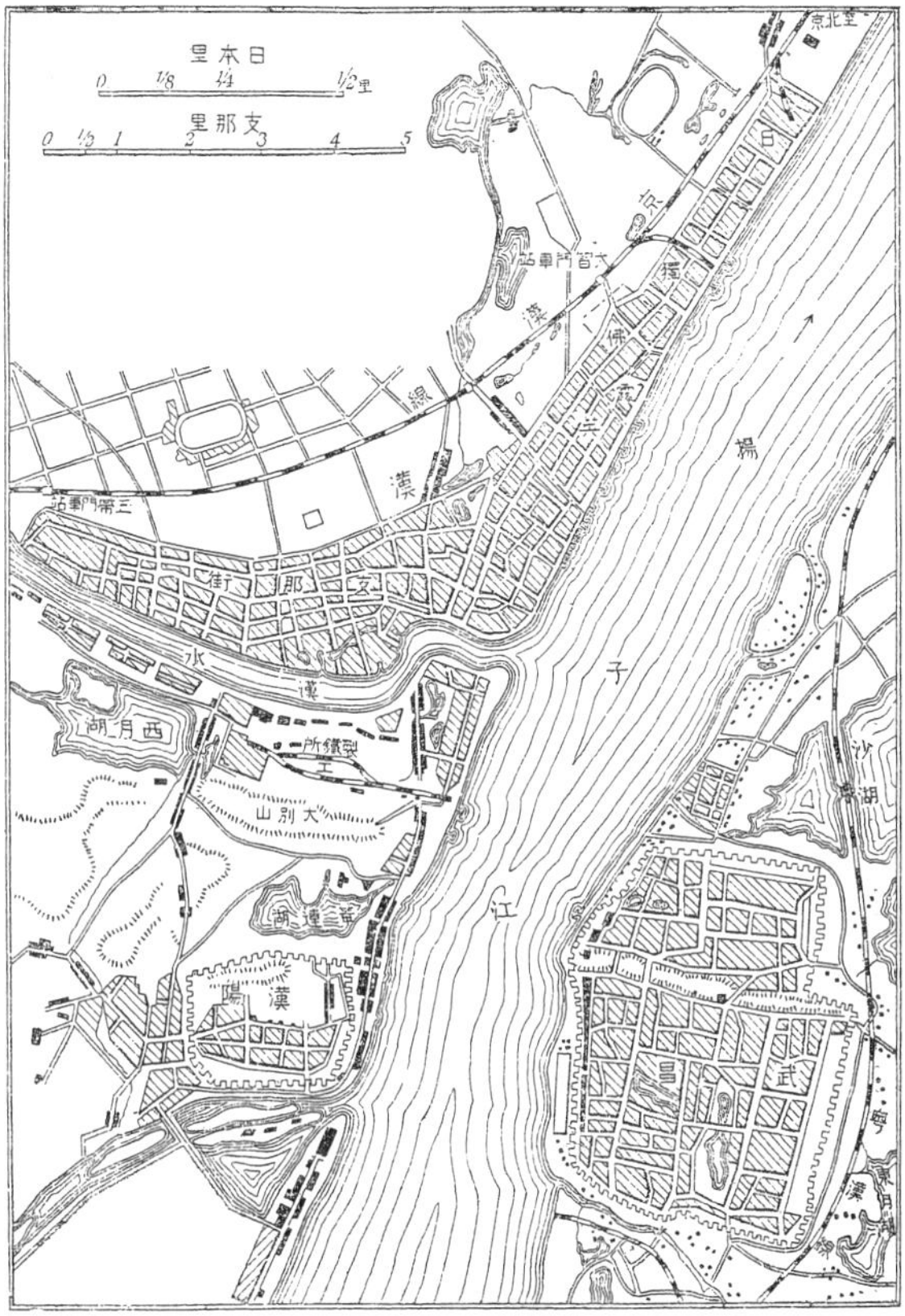

武漢三鎮地図　出典：西田与四郎『中華民国地誌』。

一九一三年の報告によれば、辛亥革命以降、漢陽兵工廠は北方の軍事政権のニーズに応じるべく「俄然繁忙を来し」、それにともない「職工」が「増加」する現象が起きていた(2)。このときとくに増加したのが広東人機械工であったのだろう。『中国労工運動史』と同じく国民党の文献である『広東機器工人奮闘史』は、辛亥革命やその直前の時期まで「各地の機器工人の指導的人物は、多くが広東籍であった」とし、湖南、湖北、雲南、天津、上海などに広東人機械工の集う場所があったとする(3)。

武漢の広東人機械工は強い団結力を誇ったが、その中核にあったのは秘密結社式の組織であった。たとえば一九一三年五月二九日、価値の下落した紙幣による給料支払いへの抗議として、漢陽兵工廠の広東人機械工がストライキを起こした際、その中核となったのは「老君会」であった[4]。ところでこの「老君」（老子）とは、鍛冶職人ギルドが守護神と祀る神である[5]。漢口の揚子機器廠の機械工を率いた陳天という人物に関しても、彼が本来所属していた団体として粤僑工界連合会（総本部は広東、上海に支部あり）が指摘されており、その構成員は「鉄鍛冶工、建築等に従事する無頼漢」〔傍線部引用者〕とされる[6]。広東人機械工を結びつける集団の性格は、鍛冶職人集団でもあった。

そのストライキ方法は、彼らの故郷広東の械闘的雰囲気をにじませるものであった。あるニュースは、「一部の労働者」すなわち広東人機械工が、鉄尺と呼ばれる伝統的武器や石を手にし、他の労働者が工場に入るのを妨害したことを報じた[7]。このような人々によって、広東式の労働運動や国民党の革命計画が武漢にもたらされたのであろう。

(2)　鉄道工場労働者

前述の広東人機械工とともにこの時期の武漢において特異な集団であったのは、鉄道労働者集団である。武漢には、北京と漢口をつなぐ京漢鉄道と、第二章でも触れた広州と武昌をつなぐ粤漢鉄道の終点があり、武漢は双方の路線の接続地点であった。こうした条件により、武漢でも鉄道労働者の一群が形成されることになった。

ただし本書で取り扱う「鉄道労働者」とは、厳密には、鉄路局の線路部や車両部に付属する鉄道工場の人々であったようである（表1）。のちに国共両党に協力する京漢鉄道の労働者集団「湖北幇」（湖北人グループ）は、前述の広東人機械工と同じく、鍛冶職人の守護神老子を祀る「老君会」を名乗っていた[8]。やはり鍛冶職人集団の性格をもっていたのだろう。さらに菊池敏夫によれば、鉄道創設期の「機器処機器廠」（車両部機械工場）と「工務処修理廠」（線路部修理工場）において必要とされた技能や熟練度は、「旧来の機械工業における手工的熟練」で「十分対応しうるものであった」という[9]。となると、当時の文献で言及されている鉄道労働者の姿としては、町工場の熟練職人を思い浮かべるべきであるかもしれない。中国語文献に「鉄路工人」（鉄道労働者）と記される労働者集団は、多くの場合、そ

表1　京漢鉄道の鉄路局の下部組織

各部の名称	各課の名称と業務内容
総務処（総務部 General Administration）	文書課（書類処理、局レベルにおける人事評価など） 材料課 警務課 庶務課 駐漢事務所
車務処（運輸部 Traffic）	文牘課（書類処理、課レベルにおける人事評価など） 運輸課（旅客、貨物の運輸にかかわる事項） 電務課（電話、電報にかかわる事項） 計核課（材料のテスト、検査、統計など） 車務総段（段とは、線路の定められた一区間を指す言葉）
工務処（線路部 Ways and Works）	文牘課（既出） 工程課（設計、製図、工事の検査など） 地畝課（膠済鉄道の事例では「地畝課」ではなく「産業課」が置かれ、その業務内容は家屋・土地の保管、植物栽培などとされる） 工務総段 漢口蒸気廠（枕木の防腐）
機務処（車両部 Rolling-Stocks and Locomotives）	文牘課（既出） 工事課 機務総段 長辛店機廠〔長辛店機器廠〕 鄭州機廠 漢口機廠〔江岸機器廠、江岸機廠〕
会計処	文牘課（既出） 綜核課（予算、決算帳簿、統計、各支出項目の検査など） 出納課 検査課

出典：鉄道大臣官房外国鉄道調査課編『支那之鉄道』鉄道大臣官房外国鉄道調査課、1923年、198－199頁；「膠済鉄路管理局編成専章」の邦訳、「山鉄管理局編制　支那政府の公布規程」『時事新報』（朝刊）1922年12月30日；関一『鉄道講義要領（9版）』同分館、1911年、224－225頁に基づき作成。

注1：日本鉄道省の中国鉄道概説書である1923年版『支那之鉄道』の「第10章　京漢鉄道」を基礎に、東京高等商業学校の商業学用テキスト『鉄道講義要領』の鉄道業務組織の項目、ならびに1922年12月6日に北京政府交通部が公布した「膠済鉄路管理局編成専章」を参照し、業務内容を補足。（　）内は業務内容に関する補足説明、〔　〕内は別名と思われる呼称。

注2：総務部は業務全般に関わることを司る。運輸部は「列車の運転」（ダイヤの管理を指すか）や運輸業に関わることを司る。線路部は線路や建物の保存・維持を司る。車両部は機関車や車両などの製作・修理や「機関車運転」に関わることを司る。

うした意味においての「機械工」であったのだろう[10]。

他方、運転士や機関士などの運転業務系統の労働者は、このような鉄道工場労働者とは異なる雇用・育成体系に属していた。清末においては、運転士は鉄道経営者によって調達され、外国人指導者によって育成されていたという[11]。運転士と鉄道工場労働者は、本質的に異なる集団であったと考えられる。

鉄道労働者の出身地については、その初期においては「鉄路機匠」（線路部の機械工）と「司機」（運転士）が唐山、上海、広東から、また「機匠」（車両部の機械工）や「木匠」（大工）などが広東・香港から供給されていたという。さらに京漢鉄道車両部の漢口機廠は、福建省のフランス資本造船工場（福州船政局、のち馬尾造船所）で技術を習得した福建省閩県出身の機械工が多数を占めていたという[12]。

(3) 中小商工業者および肉体労働者

しかし広東、上海の場合と同じく、いわゆる機械工と呼ばれた労働者は武漢においても少数派であった。在漢口日本総領事館のガイドブック用小冊子「漢口概観」（一九二六年）は、第一次世界大戦以前の武漢のみるべき工場としては、漢陽鋼鉄廠を除くと、武昌楚安公司の四つの紡績関連工場（紡績、製麻、製糸、織布）とイギリス資本の英米煙草会社ぐらいだとしている。第一次世界大戦後に成長した主な産業も軽工業であった[13]。次章でも触れるように、一九二六年末から地域の資産家が攻撃対象となった際も、没収された工場は綿花圧搾関係など軽工業のものが主体であった。すなわち武漢でいう工場労働者とは、多くの場合、このような軽工業系の工場で働く労働者のことであった。

また武漢に多数存在したのは「小規模なる家内工業」で生計を立てる人々であった。具体的には、「糸を紡ぎ、機を織り、茶を製し、植物性油を採取する等農家の副業として発達したもの」、すなわち農民が個人的に経営する手工業である。一九二五年ごろ刊行された書籍において、日本商工省嘱託中国駐在貿易通信員であった西川喜一は、この種の「家内工業」はなお武漢で盛んであり、「各種大工業」は「未だ甚しく幼稚」と記している[14]。

こうした人々に市場を提供していたのは漢口の商業力であった。それは広東、上海の場合と同じく、外国に仕掛けられた戦争への敗北の結果として出現した開港都市の存在を前提とするものであった。武漢においては、アヘン戦争に続くアロー戦争後、天津条約に基づき漢口が開港され、一八六一年にイギリス租界が設置された。これ以降、西川の言葉を借りれば、漢口は「俄然茲《ここ》に従来の面目を革《あらた》め、武昌、漢陽を圧して其殷賑《そのいんしん》中支に覇を称うるに到った」[15]。東洋のシカゴとすら称えられ、外国人からもその潜在的経済力に大きな期待が寄せられた漢口の貿易総額は、第一次世界大戦の終結にともなう戦後不況の時期（一九一九〜二一年）に大連や天津に追い抜かれはしたが、一九二二年には全国第二位に返り咲いた[16]。にもかかわらず経済史研究者のあいだでは、一九二〇年代の武漢の経済力は低下傾向にあったとする見解が主流を占める。この時期の武漢は、絶え間ない内戦や自然災害に見舞われたからである[17]。

このような手工業者のほか、武漢の圧倒的多数を占めた労働者は、苦力《クーリー》とも呼ばれる肉体労働者であった[18]。苦力とは英語における coolie あるいは cooly の音訳であり、特別な技能を必要としない肉体労働に従事する者を総称する際に使用される傾向があった[19]。

一九二〇年に雑誌『新青年』に掲載された調査報告は、漢口江岸地区の「苦力」の四分の一を四川人が占めているが、彼らはもともと船の曳き子であり、故郷での生活が苦しくなったため漢口へ出てきたと説明した[20]。武漢国民政府時代に湖北省農民協会責任者を務めた劉子谷も、当時を回顧した文章の中で、肉体労働者は農村から漢口へ出てきた破産農民であったとする。土地を失った農民は漢口で人力車夫や港湾労働者になり、そのような仕事すらみつからない場合には、乞食、土匪、軍閥の兵士へと転じたという[21]。

このような人々にとって何より重要なことは、日々の食事を与えてくれる「親分」をうることであった。一九二〇年に『福岡日日新聞』に掲載された見聞記は、雨天続きで仕事のないときにも、漢口の港湾労働者組織は配下の労働者に食糧を与えて「飼育する」、ゆえに彼らの「同盟罷工」は「比較的に強固」であるとした[22]。

黎霞の武漢港湾労働者研究によれば、港湾労働者の雇用形態は三種類存在した。地方政府から特定の埠頭で就業することを認可する就業許可証を与えられ、「工作権」（仕事権）を有する「籮籍《らせき》」と呼ばれる労働者（かつて作業に籮筐《かご》を用いたことからこのように呼ばれた）、就業許可証をもたないために就業権利を購入ないし一定期間借り受けて仕事をおこなう「替工」、「頂工」と呼ばれる労働者、さらに就業許可証をもたずに仕事をする「散籌工人《さんちゅう》」である[23]。大まかには常雇い、有期雇用、日雇いの区別だと理解してよいだろう。このように港湾労働者は就業するにはまず仕事権や縄張りをうる必要があったが、過剰人口ゆえに、それは小集団単位でおこなわれる「械闘」という暴力的闘争で果たされることが多々あった。そのため紛争は日常茶飯事であり、「幇口」（地縁団体）ごとの不仲は常態であった。皮明庥主編『近代武漢城市史』は排他性の強い「小団体主義とギルド的気風」とも表現している[24]。すなわち武漢社会において、小集団同士の根深い相互対立と暴力的ゼロサムゲームがもっとも顕著に表れやすかったのは、この港湾労働者の世界であったといえる。

2、武漢の人口動態と下層社会の人間関係

(1) 人口動態

台湾の蘇雲峰の研究に基づけば、漢口一帯の人口数は一七七二年当時で一〇万人近くとされ、一九世紀初頭までにゆるやかな上昇傾向をみせていたものの（一三万人にまで増加）、一八九〇年以前はおおむね一〇〜二〇万のあいだを推移していた。しかし一八六一年の漢口イギリス租界の設置にともない漢口の商業活動が盛んになると、とくに一八九〇年ごろから漢口の人口は大幅に増加を始め、一九一七年に七〇万三三〇八人を記録する。漢口警察局長徐煥斗の『漢口小志』（一九一五年）によれば、同書刊行時点でのさまざまな地理誌における武漢三鎮の総人口に関する記述は八〇万人を定説としていた。また西川喜一は、『中部支那労働者の現状と全国労働争議』を出版した時点（一九二四年）において、武漢の総人口を一六〇万人と推定した[25]。

漢口開港後の人口増加のパターンは二つに分類できるが、いずれも漢口租界の存在が鍵となっていた。第一の人口

増加は、戦乱や自然災害の発生にともなって漢口に流入する難民を主体とするもので、目的は租界近辺で物乞いをおこない、また租界に逃げ込むことで軍閥の兵士から逃れることであった。戦乱を原因とする人口増加は、たとえば辛亥革命時に確認できる。[26] 自然災害を原因とする難民については、日本陸軍の寺西秀武が「三四年に一度は大水害があって漢口に十数万の災民が出て来る」というほど、武漢においてはとくに水害難民が有名であった。ただしその頻度からみるなら、一九二〇年代においては、一九二四年、二五年、二六年と、各種災害を原因とする難民は毎年のように武漢で確認されている。[27] このような人々は、危機が去れば漢口から姿を消した。

第二の人口増加は、武漢周辺の農村地域から漢口租界の経済力に引きつけられてやってくる人々によるものであり、このような人々は武漢人口を継続的に押し上げていった。いわゆる「破産農民」もその多数を占めていたかもしれない。そのほとんどは、西川が「家内工業」と呼んだ小規模な商工業か肉体労働で生計を立てていたと推測される。

表2は、漢口の各警察署が一九二三年に実施した人口調査の結果である。このデータは漢口の総人口を九万九八三三人とするが、陸に居住しない水上生活者は調査対象から外されているため、実際の数字はさらに多くなるとみられる。このデータでは、商業関係者を示すと思われる項目（商界、司事、小貿）の合計が四万一二五六人に達する。次に、商業都市の経済活動から派生する各種サービスへのニーズに応じる存在としての職人や手工業関係者の割合をみると、該当すると思われる項目（窰工、金工、木工、石工、厨役）の合計は八九三九人となる。

あきらかに低技能肉体労働を示すものと思われる項目（挑水夫、傭工、車夫、苦力、轎夫、碼頭夫）を合計すると二万四四八九人、これに土木関係（土泥工）と水夫関係（水手、划夫）を含めると二万八二〇六人である。労働代替性の高い低技能肉体労働者は、雇用の安定しない半失業労働者でもあり、他方、無職の者は肉体労働者市場に対する潜在的供給源でもあった。ゆえに両者を同一の社会層とみなし、同データで明確に無職とされている者四五七九人を含めると、この社会層の人々は三万二七八五人に達する。

低技能肉体労働者の実際の数は、おそらくこのデータをさらに上回っていただろう。港湾労働者に関するデータは、

表2　漢口の民衆の職業調査（1913年各警察署調べ）

職種	人口数	職種	人口数
政界（政治関係者）	135	種植（農園関係者）	704
律師（弁護士）	20	木工（大工）	3507
美術	737	洋夥（外資系企業の店員か）	749
土泥工（土木工事の職人）	1914	商界（商業関係者）	3万990
軍界（軍事関係者）	196	畜牧（牧畜業者）	57
館幕（不詳）	60	石工（石大工）	384
地理星卜（風水師、星占い師）	177	漁業	588
窰工（陶器職人。ただし一説には採炭夫）	44	水手（船乗り）	324
警界（警察関係者）	224	挑水夫（水汲み人）	820
司事（商店の手代層）	572	道士（道教の僧）	195
術士（魔術師）	47	乞丐（乞食）	494
各実業工人（各実業の労働者。詳細不明）	2221	划夫（艀の船乗り）	1479
法界（法律関係者）	97	傭工（雇われ雑役夫）	9256
鉱師（鉱山技師）	28	僧侶（仏教の僧）	220
教士（キリスト教宣教師）	101	公差（下級役人）	487
小貿（小商人）	9464	車夫（人力車夫）	2157
学界（学術関係者）	2025	使役（召使い）	500
儒士（儒者）	571	苦力（各種肉体労働者）	3671
機匠（機械工）	640	優伶（役者、俳優）	109
小芸（不詳。大道芸人？）	4625	轎夫（駕籠かき）	671
報界（メディア関係者）	33	厨役（コック）	3203
医士（医者）	401	廃疾（身体障害者）	98
金工（金属加工職人）	1801	無業（無職）	4579
船業（船主関係者）	251	碼頭夫（港湾労働者）	7914
紳界（紳士層。地域の名士・エリート階層を指す）	293	計	9万9833

出典：徐焕斗編輯『漢口小志』上、漢口：盤銘印務局印刷、1915年の「戸口志」3－4頁。（　）内は引用者による補足説明。

正式に登録された常雇いのみを数えるか、それとも常雇いの名義を借りて働く有期雇用や日雇いをも調査対象に含めるかによって大幅に変わりえたからである。黎霞は一九二六年以前の武漢港湾労働者の大多数が日雇いであったとする。武漢国民政府時代には、武漢碼頭総工会の尽力で約一万人の日雇いが常雇いとして特定の埠頭に登録させられたが、それでもなお数万人の日雇い港湾労働者がいたという。それ以前には常雇いの地位は世襲制であった(28)。

武漢の人口密度ならびに男女比率はどうであったか。多くの人口が漢口付近に集中しており、その大半が男性であった。中共党員であった包恵僧*は、一九二〇年ごろを回顧した文章の中で、武漢の総人口を百数十万人ほどとし、武昌に約一〇万人、漢陽に約五万人、残り約一〇〇万人はみな漢口にいたとする。さきの蘇雲峰の研究は、一九一七年の漢口市の人口七〇万三三〇八人のうち、六五％を男性が占め、女性は三五％だったとする。この漢口市人口のうち、半数近い約三三万人は、さらに「橋口以北」（現在の武漢市礄口区以東のことか）、漢水沿岸、および京漢鉄道沿線に集中していたという。[29]

また、漢口の農民由来の男性肉体労働者に特徴的であったのは、独身者が多かったと推察される点である。蘇雲峰の示す一九一七年の男女比率から単純に考えると、半数近くの男性が「余っていた」計算になる。加えて前述の一九二〇年の江岸地区の「苦力」に関する報告は、四川人たちが独り身の状態で漢口に出てきていると指摘していた。

こうした男性が従事する職業は港湾労働を最多としたと考えられる。在漢口総領事水野幸吉による『漢口―中央支那事情』（一九〇七年刊行）は、工場や倉庫の前で荷物運搬に従事する「運搬夫（苦力）」が漢口だけで一〇万人と推測されていたことを伝えている。[30] 西川もさきの文献において、みずからの印象に基づき、武漢三鎮の総人口一六〇万の七～八割を「苦力」が占めると推測している。

以上を総合して武漢のイメージを描くならば、武漢の総人口の半数を零細な商工業関係者が占め、残り半分を肉体労働者が占めていたと考えることができる。武漢周辺の農村から出てきた貧しい若年男性は、おそらくは漢口租界と鉄道周辺に住みつき、肉体労働者になる傾向があった。とくに、東の租界、東北から西南へと走る京漢鉄道、西から東へ走る漢水に囲まれた三角地帯の内側に、大量の独身男性が集中し、肉体労働者に転じていたことがみえてくる。

＊包恵僧：一八九四年生～一九七九年没。湖北黄岡の人。一九二〇年に中共武漢支部の支部書記。二一年に中共の第一次全国代表大会に参加し、上海の中国労働組合書記部の工作にも参加。同年、武漢における各種中共組織の設立に尽力。「包恵僧」『中国工運史辞典』七〇九‐七一〇頁。

(2) 洪幇《ホンバン》系組織

前述の、漢口租界近辺に集中した余剰人口は、やはりヤクザ的な「親分 - 子分関係」を形成し、哥老会などの洪幇系組織[31]を成長させていった。洪幇はのちに紅幇《ホンバン》とも表記されるようになったが（中国語では hongban と同音の発音になる）、これは長江下流域で支配的であった青幇と対比させた表現であるという。

青幇との対比におけるいわゆる「紅幇」の通俗的イメージとしては、当時、たとえば次のようなものが流通していた。青幇は運輸業労働者の組織を起源とする。しかし「紅幇」は敗残兵や匪賊を起源にもち、青幇よりも匪賊的である、と。ゆえに「紅幇」のほうがより水滸伝の世界に接近した組織とイメージされていた。[32] しかし実際の社会的機能については、青幇と洪幇のあいだに大きな違いはみられない。洪幇もまた開港都市とともに出現し、流動性の高い下層社会に秩序を与えつつ、そこから中間搾取をおこなって成長したものであった（以下、本書では洪幇に表記を統一）。

一九二五年の在漢口総領事高尾亨の報告は、武漢における洪幇系組織の、もっとも末端のグループ単位が「擺隊《はいたい》」と呼ばれていたことを記している。「前清時代に武漢に於て哥老会と江湖会と称する秘密結社あり。其《その》残骸として前清末葉に碼頭苦力□に水擺隊、鉄道苦力□に鉄擺隊等の組織あり。各擺隊には不文律の規約あり。苦力頭之《これ》を主宰し各自縄張圏内に拠って儼然として他の擺隊と対立し、下層労働者□に隠然たる勢力あり」（□は「面」？）。[33] 包恵僧も、漢口の路地にはどこでもごろつき集団である「大擺隊」、「小擺隊」がはびこっていたとする。[34]

皮明庥主編『近代武漢城市史』は、『武漢市志・公安志』を引用し、漢口の港湾を支配していた洪幇系組織の派閥リストを掲載している。それによると、一九一二年当時の武漢の港湾には少なくとも一四の洪幇の派閥が存在した。[35] 漢口には、こうした洪幇系組織の緊密な情報網が張りめぐらされていたという。漢口の華景街一帯を縄張りとした洪幇の大頭目周漢卿の場合、漢口の「戯院」（劇場）、茶館、「妓院」（妓楼）、賭場、埠頭のすべてに手下を配置していたといわれる。こうした人々は、地区ごとに、たとえば武聖路から新街までは、自身の配下である漢雲茶館、凰台茶館、六合茶館の店主の担当などと決め、担当地域内の出来事を把握させた。この場合、店主も洪幇の小頭目である。

どこの縄張りに「よそ者」が来たなどという情報は、末端の小頭目から上位の頭目へとすぐに届けられたという[36]。

武漢社会の秩序維持と暴力の行使をめぐり、武漢の軍事政権と治安維持機構は、このような洪幇系組織と半公開的な相互補完関係をつくりあげていた。たとえばフランス租界の長清里楽戸という女郎屋王某の事例では、「丈夫」(旦那)が「洪幇大爺」(洪幇兄上)であり、その義理の息子が警察局第七分局所長、娘婿が第五分局局員であった[37]。

王占元政権のスパイ機関である漢口鎮稽査処では、洪幇の大頭目劉有才が処長を務めていた。漢口の熊家巷苗家碼頭に生まれ育った劉有才は、長じて「大擺隊」を組織し、汽船で運ばれてくる貨物の荷抜きをおこなうようになり、漢口に租界をもつ七カ国(英、米、仏、独、日、露、蘭)の総領事に勢力ある者と認識され、買収・利用されたといわれる。王占元の時代が訪れると、漢陽鎮守使の杜錫鈞は稽査処を設立して劉有才を処長に任じ、両者は「兄弟」の関係となり、劉有才は日ごろ交際のあった武術師範を稽査長に、ごろつきたちを班長に、ちまたで名の通った者たちを偵察員とした。地元政府と結びつくことで劉有才は絶大な勢力を誇り、漢口の他のごろつき集団(大擺隊、小擺隊、翻戯党、折白党、蝴蝶党など)は劉有才へ貢ぐことを余儀なくされた。劉有才は革命党員の取り締まりにおいても業績を上げ、勲章をうるほどであった[38]。

民国初期に武漢の弁護士であった蘇尚文は、こうした人々が地位を利用し他者から金品を巻き上げていたとする。王占元政権の特務機関にあたる軍法処の処長程漢卿は、偵察員から「匪類」(犯罪者、悪人)であると「報告」のあった人物を標的として金品を巻き上げていた。他方で程漢卿は、偵察員に「匪類」報告ノルマを課してもいた。三日「報告」をしなかった偵察員にはひとつ印をつけ、五日「報告」をしなければ大きな印をつけ、大きな印が三回つけばその偵察員を解雇した。ゆえに偵察員は解雇されないよう、無実の者に対して罪を捏造することさえしたという[39]。

3、武漢社会の不安定要因――金融危機

武漢社会の不安定要因のひとつはすでに述べた自然災害であった。しかし自然災害と同程度、あるいはそれ以上に

表3　武漢の主な金融危機（1903年～1927年）

時期	原因	情報源
1903年	湖北官銭局の第一次幣制改革による銅貨価値の高騰	（※1）160－163頁
1908年	有力銭荘の倒産	（※1）222頁
1916年	北京政府の銀兌換停止政策により、中国銀行、交通銀行の漢口支店が銀の兌換を停止	（※2）
1921年末	湖北官銭局の紙幣乱発による官票暴落	（※3）第3画像
1923年冬	四川、湖南の内戦	（※4）130頁
1924年8月下旬	江浙戦争による上海金融市場の動揺	（※4）130－131頁
1925年6月頃	1、低品質の銅貨流入による銅貨の価値下落、2、時局不安定による商取引の停滞、3、財政救済を目的とした500万元の官票増刷を市場が不安視	（※5）第6画像
1926年3月～	蕭耀南の病死と呉佩孚の湖北官銭局に対する軍事干渉を原因とする官票暴落	（※6）69頁

（※1）：黒田明伸『中華帝国の構造と世界経済』名古屋大学出版会、1994年。

（※2）：西門生「兌換停止の失敗」（5月15日）『大阪朝日新聞』（朝刊）1916年5月25日。

（※3）：在漢口総領事瀬川浅之進から外務大臣内田康哉宛、公信第453号「漢口ニ於ケル官票暴落ト全租界ニ亘ル人力車同盟罷工ノ件」（1921年12月12日）の付属書「（文書名は公信のタイトルに同じ）」、外務省記録『支那貨幣関係雑件』（自大正9年）の「7．漢口ニ於ル官票暴落（全租界ニ亘ル人力車同盟罷業）」、JACAR、Ref. B11090621400。

（※4）：武漢地方志編纂委員会主編（張世釆ほか主編）『武漢市志・金融志』武漢：武漢大学出版社、1989年。

（※5）：在漢口総領事林久治郎から外務大臣幣原喜重郎宛、公信第113号「銅元価値下落事情報告ノ件」（1925年6月9日）の付属書「銅元価値下落事情」、外務省記録『支那貨幣関係雑件』（自大正9年）の「30. 銅元価値下落事情」、JACAR、Ref.B11090660100。

（※6）：西川喜一「官票の暴落と経済界の混乱（漢口）」（1926年4月25日）商工省商務局貿易課編『貿易通信員報告集　支那ノ部』第1輯、商工省商務局貿易課、1926年。


武漢社会を幾度も危機に陥れたものは、表3が示す金融危機[40]であった。

まず武漢経済圏の大まかな構造を確認しておく。武漢経済圏は、銭荘と呼ばれる民間商業銀行に相当する金融業者（四〇五頁の傍注参照）が、他地域から大量に資金を調達し、または自己宛約束手形などを通じてその信用を大幅に増幅させ、そうして生み出された市場のうえに形成されたものである。

この資金は、現代とは異なり、個々の信用度が程度の差はあれ基本的に不安定な貨幣によって運営されていた。ゆえに天災、戦争、その他の社会不安が生じるたび、通貨の受取が拒否され取引が停止する事態が、武漢では幾度も発生した。黒田明伸は一九〇三年の武漢金融危機に対する検証を通じ、武漢市場の信用制度は、そもそも未整備であり恒常的な信用不安を抱えこんでいたこと、それゆえこの種の金融危機は一過性のものでなく構造的なものであったことを指摘した[41]。また一九二四年に刊行された『最近漢口港の港勢』は、武漢の商業を阻害する要因として、一、中国の政情と交通が不安定であること、二、河南省で土匪が横行していること、三、銀塊相場の変動が激しいこと、の三点を挙げた(42)。武漢経済圏はきわめて不安定な市場であったのである。

こうした不安定さをいかに克服するかは、むろん当時の人々の関心事であったはずである。しかしそうはいっても、武漢の金融業者たちは、問題の本質を根本的に解決することよりは、多少の条件がそろえばすぐさま大量のマネーを調達・運営することに心を奪われていたようにみえる。たとえば、武漢の伝統的な銭荘は一九一一年の辛亥革命時にその多くが倒産したとされながら、翌一九一二年から二五年にかけて、新たな銭荘がすぐさま大増殖している(43)。一九二〇年代に武漢はしきりに金融恐慌を起こし、「虚碼頭」(からっぽの港湾)と揶揄されたが(44)、そこには実体経済の裏づけをもたないという含意があったのだろう。

資本の小さな銭荘が、他の金融業者から資金を借り入れ、各種手段で自己の信用を増幅させ、大きな資金を運営する構造は、少なくとも武漢国民政府設立時まで続いていた。漢口市商会の雑誌『漢口商業月刊』によると、その繁栄時期において銭荘の扱った金額は総額三八〇〇万元に達したが、銭荘自身の資本金は四〇〇万元、預金は七〇〇万元であった。残りの資金については、武漢に新設された銀行(外国銀行も含むと思われる)から一七〇〇万元、上海から一〇〇〇万元が調達されていたという(45)。となると、単純に考えた場合には、銭荘を通じ武漢市場に出回っていた三八〇〇万元のうち、二七〇〇万元までもが、他者からの借金であったことになる。ひとたび市場が混乱すれば、これらの資金はまたたくまに武漢から引き揚げられていく性質のものであった。武漢の商工業者の営業は、銭荘の危うい信用増幅術からひねり出された融資をもとに成り立っていたのである。

このような性質をもつ武漢経済圏の安定度は、武漢経済圏の中央銀行に当たる湖北官銭局(一八九六年設立)がどこまで流通紙幣の信用を維持できるかにかかっていた。清末ごろ、湖北官銭局は、湖北で古くから庶民の一般的な通貨として使用されていた銅貨の安定的供給と、銅貨への兌換可能性を裏づけとした紙幣である官票(台票ともいう)

の信用創設に成功し、これ以降、湖北官銭局の発行する官票が下層社会においても用いられるようになった。黒田明伸によれば、少なくとも一九一〇年代まで官票は信用を維持した[46]。

この官票の信用が一九二〇年代に入ると動揺していく。黒田はその最大の原因が、銅を取引手段とした経済から銀を取引手段とする経済への転換に、湖北官銭局が対応できなかったことにあるとする。一九二〇年代には、銅貨の代替手段であった官票の役割が終焉を迎えつつあり、銅貨の価値下落（それは一般庶民にとって激しい物価騰貴として現れた）は避けがたい宿命であったというのである[47]。

とはいえ次章にみるように、一九二六年の武漢は、単なる経済構造の転換にしてはあまりに過酷なハードランディングを迎えた。経済構造の転換期にあたって武漢の金融危機がどれほど深刻化するかは、当時の政治指導者の動向によって決定づけられていたように思われる。そこで次に、湖北の軍事指導者の動向を確認しておく。

辛亥革命以後から一九二七年までの事実上の最高軍事指導者の動向を整理すると、本書との関連で重要なのは、蕭耀南時代（一九二一年～二六年二月）、呉佩孚時代（一九二六年二月～一〇月）、武漢国民政府時代（一九二六年末～二七年九月）である。しかし武漢の金融恐慌と軍事指導者の関連を把握するためには、まず王占元時代*（一九一六年～二一年八月）からみていく必要がある[48]。

王占元は自軍の兵士の略奪や殺人のため、地域の住民の反発を買い湖北を逐われた軍人である。しかし一九一六年に北京政府の銀兌換停止政策のため生じた金融危機に際しては、地域の商人たちの意見を容れ、金融危機を回避した

＊王占元：一八六一年生～一九三四年没。山東の人。直隷派軍人。一九一六年に湖北地域の最高軍事指導者（湖北督軍）と最高政治指導者（湖北省長）を兼任。しかし二一年には給料の未払いが原因で王占元軍の兵士が宜昌や武昌などで殺人と略奪を繰り返し、地元有力者李書城らは湖南軍閥の趙恒惕と結んで湖北自治軍を結成し、王占元追放運動を展開した。これが原因で呉佩孚の介入を招き、王占元は湖北の軍事指導者の座を逐われた。李道南「王占元」湖北省地方志編纂委員会編（馮天瑜主編）『湖北省志・人物』武漢：湖北人民出版社、二〇〇〇年、六四五‐六四六頁。

といわれる。このとき王占元は、漢口総商会、武昌総商会の両会長から次のような陳情を受けた。両会長は、現在武漢を襲っている金融危機は、北京政府の兌換停止政策により銀への兌換ができなくなったことが原因である、従来通りの銀への兌換を再開させてほしいと請願したのである。北京政府の兌換停止政策が武漢にもたらした影響に驚いた王占元は、武漢の中国銀行、交通銀行の両支店長にヒアリングをおこない、取付騒ぎになっても対応できる準備四〇〇万元があるという確答をえて兌換停止を解除し、金融市場の破綻を回避した(49)。

王占元の次の蕭耀南時代は、武漢の政治秩序が安定していた時期であった。はじめ湖北の支配権を握ったのは山東出身の直隷派軍人呉佩孚*であったが、呉佩孚は他地域出身の軍人に対する地域社会の強い反発を考慮し、一九二一年に湖北出身の部下蕭耀南*を直接的な最高軍事指導者（湖北督軍、一九二五年一月に湖北督辦と改称）とした。それゆえ蕭耀南は一般には呉佩孚の手先とみなされるが、蕭耀南の行動原理は必ずしも呉佩孚一辺倒ではなく、なによりも武漢の経済的危機を懸念する態度があった。それゆえ本書では蕭耀南時代を呉佩孚時代と峻別する。

一九二四年一〇月、江浙戦争を発火点として拡大した直隷派軍人と奉天派軍人による第二次奉直戦争が、直隷派の支配を揺るがす北京クーデターに帰結すると、北京政府における呉佩孚の地位も動揺し、蕭耀南はもはや呉佩孚の政治的生命が危ういとみてその湖北入りを拒んだ(50)。しかし一九二五年一〇月に孫伝芳が反奉天戦争を開始し、軍事情勢がさらに変化すると、蕭耀南は呉佩孚を湖北に招き入れる。これ以降、呉佩孚は武漢において過酷な軍費調達を始め

---

*呉佩孚：一八七四年生～一九三九年没。山東蓬莱の人。直隷派軍人。一九二〇年に王占元を支援すると称して配下の蕭耀南を湖北に進軍させ、湖北自治軍を鎮圧。二一年八月に両湖巡閲使となるが、湖北省出身の部下蕭耀南を湖北督軍とした。呉佩孚自身は二三年一〇月に直隷省・山東省・河南省を統治する直魯豫巡閲使となる。塚本元「呉佩孚」『近代中国人名辞典』八九二－八九五頁。李道南「呉佩孚」『湖北省志・人物』六四八－六四九頁。

*蕭耀南：一八七五年生～一九二六年没。湖北新洲の人。呉佩孚の部下。一九二三年一一月に両湖巡閲使となり、二四年一月に湖北省長を兼任。田子渝ほか「蕭耀南」『湖北省志・人物』四四五－四四七頁。

る。それでも蕭耀南が病死する一九二六年二月までは、武漢経済圏が致命的ダメージを受けることは免れていた。蕭耀南死亡後、武漢では湖北官銭局の官票が大暴落を引き起こす。加えて同年末に国民党の政府（武漢国民政府）が樹立されたことで、武漢社会は激烈な金融危機を経験することになる。その状況については次章で検討する。

2 武漢における国共両党の党組織――一九二〇～二七年

1、中　共

中共一大以前の武漢における中共組織としては、利群書社、武漢共産主義小組、武昌社会主義青年団がよく知られている。利群書社とは、一九二〇年二月に惲代英らによって設立され、革命思想を謳う刊行物を積極的に発行していた書店であり[51]、武昌社会主義青年団は中共の学生組織である（一九二〇年一一月七日に成立大会[52]）。

中共の定説は、上海の共産主義小組が設立されたのち、湖北出身の党員（たとえば李漢俊*）や湖北出身の知人をもつ党員（たとえば陳独秀）がみずからの人脈に働きかけ、武漢共産主義小組の設立を一九二〇年秋に決定したとする[53]。一九二一年一一月の中共中央局の「通告」後、武漢共産主義小組もまた、上海の中共中央の地方支部としてみずからを位置づけ直した。本書では、一九二一年一一月から翌年夏にかけて設立され、一九二七年五月まで存続した武漢地方支部を、中共武漢区委と総称する（表4）。

＊李漢俊：一八九〇年生～一九二七年没。湖北潜江の人。一九〇二年に日本留学。帰国後、上海で教育事業に携わる。一九二一年、中共第一次全国大会に参加、二二年に武昌中華大学で社会学の教師を務める。二三年に中共を離脱するが、国共両党の労働運動には関わり続ける。武漢国民政府時期には湖北省党部委員、湖北省政府委員兼教育庁長などを歴任。二七年一月に湖北全省総工会第一次代表大会に劉少奇らと出席。一二月、江西軍閥胡宗鐸によって殺害された。「李漢俊」『中国工運史辞典』七四一 - 七四二頁。

表4　中共武漢区委の指導者層（1921年～1927年7月）

中共武漢区委の正式名称（存在期間）	役職	姓名	出身地	任期	情報源
武漢共産党支部（1920年秋～1921年秋）	書記	包恵僧	湖北黄岡	1920年秋～1921年春	（※1）13－14、16頁
	書記	陳潭秋	湖北黄岡	1921年春～1921年秋	（※1）13－14、17頁
中共武漢地方委員会（1921年秋～1922年夏）	書記	包恵僧	既出		（※1）19－20頁
中共武漢地方執行委員会兼武漢区執行委員会（1922年夏～1923年春）	委員長	包恵僧	既出	1922年夏～1922年秋	（※1）26－27頁
	委員長	陳潭秋	既出	1922年秋～1923年春	（※1）26－27頁
中共武漢区執行委員会（1923年春～1924年春）	委員長	李隆郅（李立三）	湖南醴陵	1923年春～1923年秋	（※1）27－28頁（※2）413頁
	委員長	包恵僧	既出	1923年秋～1924年春	（※1）27－28頁
中共漢口地方執行委員会（1924年4月～5月14日）	委員長	包恵僧	既出	1924年4月～5月14日	（※1）29－30頁
	秘書	許白昊	既出	同上	（※1）29－30頁
中共武昌地方執行委員会（1924年春～秋）	委員長	陳潭秋	既出		（※1）30頁
中共武漢地方執行委員会（1924年秋～1925年10月）	委員長	彭沢湘	湖南岳陽		（※1）30－31頁（※3）（※4）22－23頁
中共武漢地方執行委員会改組（1925年10月）					
中共武漢地方執行委員会（改組後）（1925年10月～1926年4月）	書記	陳潭秋	既出		（※1）31頁
中共湖北地方執行委員会（1926年5～8月）	書記	陳潭秋	既出		（※4）23頁
中共湖北区執行委員会（1926年9月～1927年4月）	書記	彭沢湘	既出		（※4）37頁
	書記	李立三	既出		（※4）37頁
	書記	張国燾	江西萍郷		（※4）37頁（※5）1116頁
	書記	張太雷	江蘇常州		（※4）37頁（※6）1141頁
中共湖北省執行委員会（1927年5～7月）	書記	張太雷	既出	1927年5月～7月	（※4）38頁

（※1）：中共武漢市委組織部ほか編『中国共産党湖北省武漢市組織史資料―1920～1987』上、武漢：武漢出版社、1991年。

（※2）：蜂谷亮子「李立三」山田辰雄編『近代中国人名辞典』霞山会、1995年。

（※3）：「彭沢湘」岳陽市委党史市志辦公室サイト「岳陽市情網」（URL：http://www.yysqw.gov.cn/index.html）>岳陽人物>党政軍人物>彭沢湘。

（※4）：中共湖北省委組織部ほか編『中国共産党湖北省組織史資料―1920.秋～1987.11』武漢：湖北人民出版社、1991年。

（※5）：毛里和子「張国燾」『近代中国人名辞典』。

（※6）：天児慧「張太雷」『近代中国人名辞典』。

中共武漢区委の労働者動員組織は、中国労働組合書記部の武漢支部たる中国労働組合書記部武漢分部*であり（一九二一年一〇月設立）、当初その活動は公におこなわれていた。一九二二年五月時点で、武漢分部の成員は林育南、陳潭秋、許白昊、項英、施洋、李書渠、唐際盛、陳蔭林、李求実らであった(54)。

武漢における中共加入者の数は、第一次国共合作後も限られたものにとどまったとみられる。中共の文献『湖北省志・政党社団』は、一九二六年春の時点で湖北省の中共党員は四二〇人あまりに増加したと主張するが、これは同時期の国民党への加入者数と比べると決して大きな数字ではない（同年二月の国民党湖北省第二次代表大会に参加した党員は二七五五人。後述）。また、外部の者からすれば、中共党員はむしろ国民党員にみえたであろう。のちに湖北における有力な中共党員として称揚される董必武も、この時期には国民党員（国民党候補中央執行委員）の身分を用いて活動していたのである(55)。

この状況に多少変化が生じるのが、一九二六年末の武漢国民政府設立後である。『湖北省志・政党社団』は、湖北省の中共党員がこの時期急激に増加し、武漢では七〇〇〇～八〇〇〇人、湖北省全体では一万四〇〇〇人あまりに達したと主張する(56)。

2、国民党

国民党一大後、武漢地域で設立された中核的な国民党組織は、武漢を中心とする内陸地域を統括することが期待された国民党漢口執行部（一九二四年四月二八日設立）と、省レベルの党組織である国民党湖北省党部（一九二五年七月）であった。

＊中国労働組合書記部武漢分部：当初の名は長江支部、のち武漢分部と改称。主任は包恵僧、林育南、項英が務めた。機関紙は『労働週報』。「中国労働組合書記部武漢分部」『中国工運史辞典』二七二頁。

『湖北省志・政党社団』は、市や省レベルにおける党組織の設立準備自体は、一九二三年末から中共が深く関与する形ですでに開始されていたと主張する。中共による国民党の改組をおこなうことを決定した中共三大（一九二三年六月）後、まず一二月に、項英、劉伯垂ら*が、中共中央の指示に基づき、国民党の同意をえて国民党湖北省党部、また同党の漢口特別市党部の設立準備に着手したという(57)。

このうち、国民党漢口執行部をめぐるより具体的な中共の説明は、たとえば劉伯垂の略歴において見出せる。国民党一大参加後、劉伯垂は国民党漢口執行部を設立し、その工農部長となり、董必武の国民党湖北省党部設立を助けたという(58)。しかし楊奎松は、実はこのとき国民党員覃振*と劉伯垂のあいだに、同部の設立をめぐる対立がすでに起きていたと指摘する(59)。覃振はのちに西山会議派として反共活動に従事する人物である。

国民党漢口執行部は湖北、湖南、陝西などの地域を管轄するとされ(60)、表5にあるように、組織部長には林伯渠*、宣伝調査部長には張知本*、青年部長と婦女部長にはさきの覃振が任じられた。とはいえこの組織は、一九二四年五月、同時期に存在した中共武漢区委もろとも蕭耀南政権に封鎖された。張知本は、国民党漢口執行部の活動をしばらく停止し、湖北・湖南の「最高党務」は上海執行部へ、陝西の「最高党務」は北京執行部へ移管するべきであると提議をお

*劉伯垂（劉芬）：一八八七年生～一九三六年没。湖北鄂城の人。一九〇九年、明治大学法学部に留学し、孫文と面識をえて中国同盟会に加入。二〇年、上海で中共に入党。曹忠生ほか「劉伯垂」『湖北省志・人物』一六六頁。

*覃振：一八八五年生～一九七四年没。湖南桃源の人。早稲田大学卒業生、中国同盟会加入者。一九二四年から二五年にかけて中共と協力し、湖南・湖北で労働者と知識人の組織化に努めたが、孫文死後、西山会議派の「国民党中央党部」の一員として活動。塩出浩和「覃振」『近代中国人名辞典』七六五－七六六頁。「覃振」『最新支那要人伝』一一四頁。

*林伯渠（林祖涵）：一八八五年生～一九六〇年没。湖南臨豊の人。中国同盟会加入者、一九二一年に中共に加入。二七事件後、広東へ落ち延びる。二五年に廖仲愷が暗殺されると、広東国民政府の国民党中央農民部長となる。天児慧「林伯渠」『近代中国人名辞典』四七〇頁。「林祖涵」『最新支那要人伝』二一九－二二〇頁。

こなった[61]。

党組織建設の動きは弾圧で抑え込まれたとはいえ、『湖北省志・政党社団』は、この弾圧後も、国民党の省レベルの党組織を設立する任務は中共武漢区委の二人の党員、すなわち漢口方面を担当する董必武（当時中共漢口地委委員長）と武昌方面を担当する陳潭秋（当時中共武昌地委委員長）に引き継がれたとする[62]。一方、日本語文献『長江流域の労働運動』は、この時期に湖北督軍署から漢口警察署庁に下されたという五月五日付の密令を引いて、広東から多数の「工党員」が漢口に派遣され、労働者を動員しようとしたと説明する。党員たちは途中上海で集合し、宣伝費として現銀五〇〇〇元を携えて長江を溯り、漢口へ赴いたという[63]。党員のこのような動きを警戒する軍事政権に対して、広東の国民党機関紙『広州民国日報』の六月四日付記事は、長江一帯の「広東工党」をめぐるデマが飛び交っている、「肉食官僚」は国民党、工党、共産党を区別できていないと嘲笑った[64]。

こうしたことから、一九二四年の弾圧の時期においてもなお、武漢、広東、上海のあいだでは、国共両党の連絡が水面下でかなり活発におこなわれていたのではないかと思われる。

一九二五年、上海で二月ストライキならびに五・三〇事件が生じると、武漢の党組織も再び活気づく。まず市レベルの党組織として、同年五月二一日に、国民党中央に直属する国民党漢口特別市臨時党部が設立された[65]。次に省レベルの党組織である国民党湖北省臨時党部が幹部層を選出した（表6）。五・三〇事件発生後には、同部は「五卅惨案指揮部」を設け、七月に国民党湖北省第一次代表大会を秘密裏に開催し、国民党湖北省党部としての正式な設立を宣言

＊張知本：一八八一年生～一九七六年没。湖北江陵の人。一九〇五年に中国同盟会に加入し、同会の湖北支部評議長として動員工作に従事。辛亥革命後、武昌湖北軍政府政治部副部長、司法部長を務める。二四年一月、湖北代表として国民党一大に参加。馮自由らの「華僑招待所聚会」の反共活動に参加した経歴があるとされる。西山会議派から招待状を送られたことを問題視され、ひとたびは国民党を除籍される。二七年一二月に湖北省政府主席に任じられ、「清郷」などの政策を定める。「張知本」武漢地方志編纂委員会編（馮天瑜主編）『武漢市志・人物志』武漢：武漢大学出版社、一九九九年、三一三―三一四頁。

表5　国民党漢口執行部の指導者層

部署	役職	姓名
組織部	部長	林祖涵〔林伯渠〕
	秘書	李実番
	幹事	李能至〔李立三〕、許白昊
宣伝調査部	部長	張知本
	秘書	—
	幹事	項徳隆〔項英〕、楊徳甫
青年部	部長	覃振
	秘書	李廷鏗
	幹事	林育南、楊継粛
婦女部	部長	覃振
	秘書	楊道馨
	幹事	夏之栩

出典：栄孟源主編『中国国民党歴次代表大会及中央全会資料』上冊、北京：光明日報出版社、1985年、68頁に基づき作成。

表6　国民党湖北省臨時執行委員会（1925年選出）の指導者層

役職	姓名
書記	董必武
組織部長	陳潭秋
宣伝部長	銭亦石
農民部長	陳蔭林
工人部長	定中華
婦女部長	袁溥之
青年部長	李子芬
軍事部長	呉徳峰

出典：皮明庥主編『武漢通史—中華民国巻（上）』第6巻、武漢：武漢出版社、2006年、116－117頁に基づき作成。

した。このとき「工人運動決議案」などを含む民衆運動に関わる決議案が採択され、さらに同部の下部に工人部が設けられた[66]。

しかしこの年も、武漢の党組織は蕭耀南の弾圧に遭い、全面的な動員工作を展開できずに終わった。結局武漢の国民党員が飛躍的に増加するのは、呉佩孚軍が敗走して武漢国民政府が樹立され、地域の新しい支配者は国民党であると人々が明確に意識してからである。一九二六年二月にに国民党湖北省第二次代表大会が開かれたとき、参加者は二七七五人であった。これに比べて、呉佩孚軍の潰走後に国民党湖北省党部が開催した第四次代表大会（一九二七年一月）においては、参加した「代表党員」は三万一九九〇人を記録したという[67]。

3、県レベルの党組織

省・市レベルの国共両党の党組織に比べ、県レベルの党組織は、国民革命軍の湖北入りまではほとんど実体をもたなかったと思われる。中共の文献は、一九二五年に設立された国民党湖北省臨時省党部の活動が、一部の市・県の国民党組織の設立に寄与したと主張する[68]。しかしいくつかの県志に基づき、武漢周辺の県党組織の設立時期や参加人数を確認してみると（表7）、県レベルの党組織が続々と設立されるのは、国民革命軍が湖北省の各県に進駐し、党組織を設立するよう上から圧力をかけてから以降のことであったことがみて取れる。また、湖北省における県

表7　武漢市近郊の県党部の設立状況(69)

現在の行政区分	県名	党組織	設立時期	党員数	情報源
武漢市	黄陂	中共黄陂支部	1926年9月7日	－	『黄陂県志』274頁
		国民党黄陂県党部	1926年9月9日	－	『黄陂県志』285頁
黄岡市	黄安（現：紅安）	中共紅安県特別支部	1925年10月下旬	－	『紅安県志』112頁
		国民党黄安県城区党部	1925年10月	－	『紅安県志』130頁
	麻城	中共麻城特別支部	1925年冬	－	『麻城県志』223頁
		国民党麻城県党部	1926年秋	－	『麻城県志』222頁
	黄岡	中共黄岡特別支部	1924年7月	80人	『黄岡県志』356－357頁
		国民党黄岡県党部	1925年7月	200人あまり	『黄岡県志』356－357頁
鄂州市	鄂城	中共鄂城特別支部委員会	1926年9月	－	『鄂州市志』482頁
		国民党鄂城県党部	1927年5月	第一次全県党員代表大会への出席者は「正式代表」32人、「特別代表」20人、「列席代表」100人あまり	『鄂州市志』526頁
黄石市	大冶	中共大冶県特別支部	1926年7月	1927年4月の時点で68人	『中共湖北省組織史資料』25頁 『大冶県志』288頁
		国民党大冶県党部	1926年6月	－	『大冶県志』297頁
咸寧市	咸寧	中共咸寧県特別支部	1926年7月	20人あまり	『咸寧市志』478頁
		国民党咸寧県党部	1926年7月	－	『咸寧市志』498－499頁
	嘉魚	中共嘉魚県党支部	1926年10月以降	－	『嘉魚県志』138頁
		国民党嘉魚県党部	1926年6～8月	－	『嘉魚県志』136頁

仙桃市	沔陽	なし（中共党員も国民党沔陽県党部設立に関与）	－	－	『沔陽県志』359頁
		国民党沔陽県党部	1926年10月	1927年5月時点で全県の党員3000人	『沔陽県志』361－362頁
孝感市	孝感	中共孝感県特別支部委員会	1925年10月	30人	『孝感市志』541頁
		国民党孝感県党部	1926年10月	19人	『孝感市志』543頁
	応城	中共応城県支部委員会	1926年10月	－	『応城県志』582頁
		国民党応城県党部	1925年3月	成立大会への来会者300人あまり	『応城県志』579頁
	安陸	中共安陸県部委員会	1926年8月	1927年6月の時点で58人	『安陸県志』431頁
		国民党安陸県党部	1926年10月	－	『安陸県志』428頁
荊州市	石首	中共石首県党支部	1926年春	11人	『石首県志』385頁
		国民党石首県党部	1926年10月	同年末に489人	『石首県志』399頁
	江陵	中共江陵県特別支部	1926年夏	－	『江陵県志』115頁
		国民党江陵県党部	1926年冬	－	『江陵県志』132頁
	公安	中共公安県支部	1927年1月	－	『公安県志』363頁
		国民党公安県党部	1927年2月	－	『公安県志』379頁

＊武漢を中心として100キロ圏内の主要な県に対象を限った。ただし荊州市の三県（石首、江陵、公安）は長江による武漢へのアクセスが容易な地域として表に含めた。

＊＊ここでは、中共の県特別支部、国民党の県党部が正式に成立したとされる時期を取った。これらが存在しない場合には県部委員会などの成立時期を示した。

レベルの最初の労働者動員組織すなわち総工会は、一九二六年一一月三日に黄安県（現在の黄岡市紅安）で設立されたという[70]。それ以前の党小組や党支部の活動などは微々たるものであったのだろう。

たしかに中共が主張するように、党組織が北伐以前に設立されている地域もある。おそらく地理的に武漢とのアクセスが容易で、かつ積極的な党員がそこの出身であったためであろう。たとえば黄岡県一帯では比較的早くに党組織が形成されているが、中共武漢区委の指導者であった包恵僧や陳潭秋がこの黄岡の出身であった[71]。また応城県は中共党員許白昊*の故郷である。しかしこうした例外を別にすれば、一九二六年までは湖北地域の党員数は振るっていない。孝感県のように中共の党員数が国民党の党員数を上回っている場合もあるが、黄岡県と石首県では、中共よりも国民党への加入者が多い。さらに、表7には含めていないが、随州市の随県の事例でも、一九二六年一〇月四日に成立した中共随県特別支部委員会への加入者が四八人であったのに対し、同月二七日の国民党随県党部への加入者は、その倍の九〇人あまりであった[72]。全体的傾向としては、人々は国民党のほうに、より多く加入していたようである。

広東ではすでに深刻であった中共と反共勢力（広東機器工会派を含む）の対立が、湖北省の県レベルにどの程度波及していたかについて、管見のところ体系的にまとめた記述はみつかっていない。しかしたとえば咸寧県などでは、国民党咸寧県党部の設立をめぐり、一九二六年八月末ごろに「孫文主義学会にコントロールされた地主、土豪、紳士」の「国民党咸寧県党部」との闘争があったとされる[73]。李雲漢によれば、武漢の孫文主義学会は、張知本、郭聘伯（後出）らの発起によって設立され、馬超俊が関わる上海の孫文主義学会と連絡し合っていたという[74]。

＊許白昊：一八九九年生～一九二八年没。湖北応城の人。一九二二年八月に中国労働組合手記部の一員となり労働運動に従事。同年末にモスクワに行き、帰国後中共に入党。二三年七月一六日に漢陽鋼鉄廠工人倶楽部を組織。湖北全省工団連合会の秘書兼組織部副主任。第一次国共合作成立後の二五年七月に国民党湖北省党部執行委員となる。湖北省総工会成立後は秘書長、経済闘争委員会委員長、武漢工人運動講習所教員などを歴任。二七年の中共第五次全国代表大会で中共中央監察委員と中央工人運動委員会委員に選出。胡雲秋ほか「許白昊」中共党史人物研究会編（胡華主編）『中共党史人物伝』第三〇巻、西安：陝西人民出版社、一九八六年、二一五－二三〇頁。

3　武漢における国共両党の労働者組織――一九二二～二七年

1、中共の動員組織――漢陽鋼鉄廠工会

武漢において中共が労働者動員に成功した最初の事例のひとつが、漢冶萍公司＊傘下の漢陽鋼鉄廠の労働者集団の動員であった。中共の文献は、この動員工作の功績は許白昊に負うところが大きいとする。許白昊は一九二二年七月一六日に漢陽鋼鉄廠工人倶楽部を成立させ、同年秋には漢陽鋼鉄廠の労働者をストライキに動員し、漢陽鋼鉄廠工会を正式に成立させてその秘書に任じられたという。

同工会は、中共が漢冶萍公司の労働者を動員するうえでの中核的組織であったと考えられる。とはいえ、湖北省に隣接する江西省で起きた安源炭坑ストライキ＊の成功も、漢冶萍公司の労働者動員が比較的順調に進んだ要因のひとつであった。安源炭坑は漢冶萍公司が運営する三大事業のひとつであり、そこでの労働運動の成否は漢冶萍公司全体の労働者に影響した。同ストライキの結果は大成功であったと内外に認知されたため、中共はこれを弾みとして漢冶萍公司傘下の労働者に働きかけることができたのである。

こうした背景のもとに、漢冶萍総工会が一九二二年一二月一〇日に成立する。鄧中夏は、この総工会が漢冶萍公司

＊漢冶萍公司：漢冶萍煤鉄廠砿公司。一九〇八年、漢陽の製鉄所である漢陽鉄廠と、製鉄所に鉄と石炭を供給する鉱山（湖北省大冶の大冶鉄山）および炭坑（江西省萍郷の萍郷煤砿）とを合わせて成立した製鉄企業。尚海ほか主編『民国史大辞典』四一頁。

＊安源炭坑ストライキ：一九二二年九月に安源の炭坑労働者が、炭坑輸送用の鉄道である株萍鉄道（湖南省株州と江西省萍郷を結ぶ路線）の労働者とともに起こし、勝利を収めたとされるストライキ。中核団体は中国労働組合書記部湖南分部の中共党員李立三が労働者たちに組織させた安源路砿工人倶楽部（同年五月一日成立）とされる。「安源路砿工人大罷工」および「安源路砿工人倶楽部」『中国工運史辞典』一一一－一一三、一七四頁。

傘下のすべての企業の工会を含むと主張した。漢冶萍総工会章程で実際の構成団体を確認すると、安源路砿工会、漢陽鋼鉄廠工会、大冶鋼鉄廠工会、大冶下陸鉄砿工会、漢冶萍輪駁工会の五団体である(75)。

一九二三年に、二七ストライキ(京漢鉄道ストライキ)にともなう二七事件(蕭耀南政権による弾圧)が発生すると、漢冶萍総工会もいったん封鎖される。しかしその翌年にはひそかに復活させられたといい、一九二五年五月には、他地域の中共系労働者組織(広東の中華海員工業連合会、広州工人代表会、北京の中華全国鉄路総工会)とともに、中共の開催した第二次全国労働大会の発起団体として名を連ねた(76)。

江西省の安源路砿工会が漢冶萍総工会の結成を後押ししたとはいえ、「漢冶萍総工会籌備会」(漢冶萍総工会準備会)は漢陽鋼鉄廠工会によって召集され、同総工会の住所も漢陽に定められていた。漢冶萍総工会章程を起草したのも漢陽鋼鉄廠工会秘書の許白昊であった(77)。中共の資料は、一九二五年時点での漢陽鋼鉄廠工会について、「工匠」(職人)が多く、人材的にも経済的にもすぐれた組織であり、高い活動能力を有していたとする(78)。したがって漢冶萍総工会の中心的組織は漢陽鋼鉄廠工会であったとみなすことができる。

漢陽鋼鉄廠の労働者たちがどのような経緯で中共と手を結ぶことを選択したのか、詳細はよくわからない。ただし漢陽鋼鉄廠に対する実際の動員において大きな役割を果たした人物は、同廠に雇用される湖北人労働者陳春和*であったと考えられる。陳春和は輪駁水夫であった経緯をもつという。輪駁とは汽船への渡し船を意味すると思われる。

陳春和は漢陽鋼鉄廠工団小組長として動員工作に従事し、漢陽鋼鉄廠工会が二七事件によって蕭耀南に封鎖された後、「ひそかに漢陽鋼鉄廠工会組織を回復させた」という。北伐時には漢陽の港湾労働者を組織し、武漢国民政府統

---

*陳春和:一八七六年生~一九二九年没。湖北黄陂の人。一二歳で漢陽鋼鉄廠に職をうる。一九二〇年に向忠発らとともに工頭の圧迫に立ち向かったとされ、その後漢陽鋼鉄廠の輪駁水夫となる。二二年に許白昊と知り合い、翌年に中共に加入。漢陽でもっとも早くに中共党員となった労働者の一人とされる。二六年に湖北総工会執行委員に選出。「陳春和」『武漢市志・人物志』一〇-一一頁。易子民「冒死收英骨的陳春和烈士」『武漢文史資料』一九九六年二期、一三四-一三五頁。

治下で漢陽県総工会を設立したとされ、さらには「かつて漢陽の人力車労働者を指導して経済闘争をおこない勝利を勝ち取ったことがある」ともいう。一九二二年の時点で陳春和は四六歳であった。洪幇によって支配されている港湾労働者や人力車夫をかくも幅広く動員できること、しかもその活動範囲がつねに漢陽に限定されていることからみて、おそらく漢陽の洪幇において影響力をもつ人物であったと推測される(79)。

2、国民党系の動員組織——漢陽兵工廠

一方、漢陽兵工廠の労働者は、すでに触れたように国民党との関係が深かった。国民党の文献『中国労工運動史』や『広東機器工人奮闘史』には、馬超俊が総隊長を務めた広東人帰国華僑の武装組織「広東華僑敢死隊」（広東華僑決死隊の意）の革命物語が記されている。両書によれば、漢陽兵工廠をめぐる攻防戦において、同工場の広東人機械工の工頭らは、馬超俊の「広東華僑敢死隊」が同工場に到着するまで、漢陽兵工廠を清朝の馮国璋軍から死守したとする。「広東華僑敢死隊」が到着すると、同兵工廠の工頭陳鏡如ら数十人が「広東華僑敢死隊」を迎え入れたという(80)。

一九二三年の二七事件により、とくに国民党系の鉄道労働者たちが中共に対して抱くイメージは悪化した。たとえば漢陽兵工廠の徒弟であった丁覚群*の経歴が示すように、それでもなお、漢陽兵工廠の動員は、第一次国共合作時に国民党に加入した中共党員が、国民党の名においておこなったと考えられる。だが、広東機器工会派と関わりをもつ

＊丁覚群：一八九九年生〜一九七八年没。湖北随県の人。一九一七年漢陽兵工廠の学徒となる。二一年に武昌の利群書社に参加。二四年に国共両党に入党。国民党漢口特別市党部特派員として労働者の組織化に努め、二五年に漢陽で革命家の育成に携わる。二六年八月には国民党漢口市党部代理組織部長となり、国民革命軍の武漢入り後、国民党漢口特別市党部執行委員兼工人部長。二七年には武漢国民政府下で労資仲裁委員会の主席を務める。一説には湖北省国民党工廠部部長であったともいわれる。随州市志辦公室「丁覚群」湖北省地方志編纂委員会編（馮天瑜主編）『湖北省志・人物』一一一一頁。湖北省随州市地方志編纂委員会編『随州志』北京：中国城市経済社会出版社、一九八八年、六七〇頁。「漢陽兵工廠大罷工」『工友』二〇〇六年一〇期、一六頁。

指導者が中共によって排除された武漢国民政府時期には、おそらくこのような漢陽兵工廠の国民党系労働者の立場は、格段に悪くなったであろう。さきの工頭陳鏡如は省港ストライキの時期には広東にいたことが確認できるが、このとき彼は水道工場ストライキを収めようとしたため工会に連行され、「工賊」のレッテルを貼られている。(81)

3、国共両党の動員組織

(1) 粤漢鉄路総工会と京漢鉄路総工会

粤漢鉄道労働者の団体である徐家棚粤漢鉄路工人倶楽部*と京漢鉄道労働者の団体である江岸京漢鉄路工人倶楽部*は、一九二二年から二三年の内陸の鉄道トライキ・ブームにおいて、中核的役割を果たした組織である。中共の歴史叙述は、鉄道労働者の初期の組織である工人倶楽部を中共の指導によって成立したものとし、国民党の歴史叙述は、鉄道労働者が自発的に組織した工人倶楽部に中共があとから入り込んできたと主張する。(82)

おそらく武漢で最初に中共と手を組んだ鉄道労働者は、粤漢鉄道徐家棚駅の鉄道工場に勤務する広東人労働者の集団であっただろう。中共党員であった李書渠によれば、当時粤漢鉄道労働者は湖北幇、天津幇、広東幇に分裂しており、中共はまず粤漢鉄道労働者に接近した。具体的には、徐家棚総段機務廠（徐家棚駅車両部工場）の工場長孫鏡芳

---

*徐家棚粤漢鉄路工人倶楽部：一九二二年二月二六日成立。粤漢鉄道徐家棚駅の労働者組織。主任は李樹金（のち余友文）、副主任は孫疊芳、幹事は王佐林、姚琪、秘書幹事は李書渠。武漢市総工会工運史研究室編『武漢工人運動史』瀋陽：遼寧人民出版社、一九八七年、四〇頁。

*江岸京漢鉄路工人倶楽部：一九二二年一月二二日成立。京漢鉄道江岸駅の労働者組織。中共は中国労働組合書記部武漢分部の指導下で成立したと主張する。主任幹事は楊徳甫、副主任幹事は黄貴栄（文献によっては黄桂栄とも表記される）。財務は林祥謙、庶務は周天元、交際は曾玉良、秘書幹事は項英が担当。法律顧問は施洋。組織の発展にともない江岸京漢鉄路工人倶楽部南段総部と改称。武漢市総工会工運史研究室編『武漢工人運動史』三八頁。

の息子孫瑞賢（当時、漢口私立致公中学の中学生）との面識をえ、そのつてをたどって広東人職人集団と接触したのである。孫鏡芳の弟である孫疊芳は、「銀配匠」（旋盤工）の「師傅」すなわち親方であった。一方包恵僧によれば、京漢鉄道労働者への接近は、京漢鉄道労働者内に広東人が存在しなかったため、順調には進まなかった。京漢鉄道の労働者を紹介するよう依頼した包恵僧に対する孫疊芳の説明は、次のようなものであった。「彼〔孫疊芳〕によれば、京漢鉄道は湖北幇、江南幇、福建幇の人間が多く、広東幇の労働者で京漢鉄道にいる者は少ない、いない、とすらいえる、彼はあちらの方面には何もコネがない、とのことだった」。そこで包恵僧らは大智門駅や江岸の各工場へ出かけ、労働者に接近する機会を探ったが、「依然として彼らの門へ入ることができなかった」[83]。

では、粤漢鉄道労働者はなぜ中共の接近を受け入れたのであろうか。当時彼らは粤漢鉄路局の天津人職員集団と対立しており、外部の勢力を味方につけ、紛争をより有利に処理しようとしていたのではないかと考えられる。そのことが、中共党員を迎え入れた徐家棚粤漢鉄路工人倶楽部の結成という形で現れたのではないだろうか[84]。

とはいえ、粤漢鉄道労働者のうち、中共への入党者がどれほどいたのかは定かではない。武漢の社青団の報告では、一九二二年の粤漢鉄道ストライキ後、粤漢鉄道徐家棚駅の若い労働者が社青団に加入し徐家棚小組をつくったとするが、その数は同年一二月の時点でわずか一六名であった[85]。そのうえ、二七事件を境に粤漢鉄道労働者たちは中共と距離を置くようになる。李書渠らが社青団中央と各地方委員会に宛てた訴え（編者推定一九二三年一二月）では、徐家棚の労働者代表として南京の社青団の大会に参加することになった林育南は、実は労働者ではないと、強く批難している。徐家棚の労働者とは粤漢鉄道労働者のことであり、林育南が代表を務めなくてはならなくなったのは、粤漢鉄道労働者自身が参加しようとしなかったからであろう[86]。ただ、当時李書渠が林育南の派遣をなぜ問題視したのかは不明である。李書渠は粤漢鉄道労働者の動員工作に従事した経験をもつので、あるいは粤漢鉄道労働者への対応をめぐって意見の相違があったのかもしれない。

孫鏡芳の息子孫瑞賢などは二七事件後に社青団に加入しており、若者たちは必ずしもこの事件によって反共に転じたというわけではなかったようである[87]。しかし全体的な趨勢としては中共は粤漢鉄道労働者の信頼を大きく失った。

距離を置いただけではなく、徐家棚粤漢鉄路工人倶楽部が他の粤漢鉄道労働者と連合して形成した粤漢鉄路総工会*は、やがて広東機器工会派に傾いていった。粤漢鉄路総工会総幹事の盧士英、同会主席の余友文は、のちに中共から「工賊」指定を受ける。中共党員向忠発が、一九二七年に新設された湖北全省総工会（後述）の名において公開書簡を発し、「工賊」の銃殺を要求した際（以下「工賊銃殺要求」）、盧士英の罪状として、一九二四年から鉄路局のスパイとなり、余友文らと結託して中共の各種組織や運動を破壊することに専念したとされた[88]。また同会副主席の孫疊芳は「工賊」指定こそ受けなかったものの、二七事件時に妻が蕭耀南政権の兵士に殺され、やはり中共に対する印象は悪化したようである。孫疊芳はついに中共には入党しなかった[89]。『中国労工運動史』が粤漢鉄路総工会と国民党の結びつきを強調していることも[90]、武漢の粤漢鉄道労働者が広東機器工会派との結びつきを強めたことを傍証する。

京漢鉄道労働者が中共と手を結んだ理由は、はっきりとはわからない。ただし、鉄路局による人事制度改革の試み、すなわち「親分‐子分関係」を解体しようとする鉄路局からの圧力が、工頭たちに連合を組む必要性を感じさせていたとは考えられる。菊池敏夫は、この時期、「工頭・領班層の媒介した労働者支配の体制は徐々に崩れ初め、経営による直接的管理統轄が進展しつつあったと推測」できるとしている[91]。

＊林育南：一八九八年生～一九三一年没。湖北黄州の人。一九一五年に武昌中華大学中学部に入学、五四運動などにおいて学生運動を展開。のち、中共武漢区委の成員となり、中国労働組合書記部武漢分部の一員として労働運動に従事。湖北全省工団連合会の前身である武漢工団連合会の秘書主任を務める。廖鑫初ほか「林育南」中共党史人物研究会編（胡華主編）『中共党史人物伝』第四巻、西安：陝西人民出版社、一九八二年、一三二‐一九五頁。

＊粤漢鉄路総工会：一九二二年一一月一日成立。本部は湖南長沙の新河。粤漢鉄道の各駅（徐家棚、新河、岳州、株萍など）の労働者が設立。総幹事は盧士英、副総幹事は許允、秘書主任は毛允滋、教育部主任は郭亮。「粤漢鉄路総工会」『中国工運史辞典』二七九頁。また文献によっては主席を余友文とする。

考えられるもうひとつの可能性は、中共と手を結ぶことを、工頭たちが社会的地位上昇の好機として捉えたというものである。包恵僧らに京漢鉄道労働者と接触する契機を与えた隴海鉄道（江蘇省と甘粛省を結ぶ）の金某という山東人工頭は、中共の工会組織の計画に興味を示し、「我々のようなタイプの人間、つまり員司〔鉄路局職員〕と労働者の橋渡し役である我々なくしては、工会を組織することは難しい」と述べたという（『包恵僧回憶録』）。このような場合、おそらく工頭たちは、鉄道労働者を組織する過程に関与することでみずからの社会的地位を上昇させうると期待したのだろう。とはいえ鉄道労働者の工頭すべてが必ずしも最初から中共に興味を示したわけではなかった。京漢鉄道の工頭であった楊徳甫は、包恵僧と初めて顔をあわせたとき、「彼〔包恵僧〕は中国労働組合書記部の責任者だといった。はじめは〔なんのことだか〕よくわからなかったので、〔私は〕あえて彼と話そうとしなかった」（「楊徳甫自述」）。中共は、このように閉鎖的な態度をとる京漢鉄道労働者に対して、隴海鉄道労働者の工頭ネットワークを経由して接触する必要があった。なお隴海鉄道労働者の団体にも「老君会」を名乗るものがあった（シェノーの整理）[92]。

最終的には、武漢地域の京漢鉄道の工頭たちは、彼らが事前に実現させていた「幇連合」（高綱博文の表現）を基盤とし、中共党員の項英*を迎え入れ、楊徳甫を責任者とする江岸京漢鉄路工人倶楽部を設立した。一九二二年一月の創設時の成員数は一〇〇〇人あまりであったが、五月には三〇〇〇人あまりに増加したという[93]。翌一九二三年には、京漢鉄道労働者の連合組織として京漢鉄路総工会*を設立し、二七ストライキをおこなった。しかしその結果、京漢鉄道労働者は二七事件を経験することになる。

＊項英：一八九八年生〜一九四一年没。湖北黄陂の人。一九二二年中共に加入。二六年に武漢工人糾察隊隊長、その後湖北総工会党団書記、全国総工会執行委員兼上海総工会党団書記、中央革命軍事委員会主席などを歴任。安田淳「項英」『近代中国人名辞典』九二〇頁。

(2) 湖北全省工団連合会

前述の鉄道労働者団体に、国共両党によって動員された他の労働者団体が加わる形で形成された連合組織が、湖北全省工団連合会である。しかし中共にとっての敵すなわち「工賊」を多く生みだしたのもまた、この組織であった。中共の通史は、湖北全省工団連合会の成立を中国労働組合書記部武漢分部の指導によるものとし、同会を指導した団体として、中共との関わりが深かった労働者団体を強調する。中共の説明によれば、一九二二年七月二三日に漢陽鋼鉄廠でストライキが起き、これを支援するために、江岸京漢鉄路工人倶楽部南段総部と徐家棚粤漢鉄路工人倶楽部、および漢口租界の人力車夫の団体（漢口租界人力車夫会）、さらに揚子機器廠工人倶楽部と武漢紡織工会などが加わり、武漢工団臨時連合委員会が組織されたとする。漢陽鋼鉄廠ストライキが成功すると、同委員会は武漢工団連合会となり、同年一〇月一〇日には湖北全省工団連合会と改称した。通常その「主席」は湖北出身の鉄道労働者の指導者、楊徳甫とされる(94)。

これに対し国民党の『中国労工運動史』は、「武漢一三団」の活躍を強調する。その意図は、国民党との関係が深かった労働者を武漢労働運動の指導者として印象づけることにある。というのも、この「武漢一三団」という表現は、一九一二年に孫文が武昌を訪れた際、孫文を歓迎した「一三団体」を意識していると思われるからである（『民立報』）。加えて「武漢一三団」の主席陳天は広東機器工会派の古参の成員であった。『中国労工運動史』は、陳天が「組織活動において天才であり、労働運動の重要人物」であったと主張する(95)。

では、湖北全省工団連合会の実態はどのようなものであったのだろうか。次項では、同会の指導者陳天、楊徳甫、ならびに湖北全省工団連合会副主席であったとされる張纛を加え、それぞれその背景について検討することを通じ、

＊京漢鉄路総工会：一九二三年二月一日成立。同会の総罷工委員会委員長は楊徳甫、副委員長は凌楚藩、史文彬、総幹事は項英。「京漢鉄路総工会」『中国工運史辞典』二八二頁。

この点を考えてみたい。

(3) 湖北全省工団連合会の三人の指導者

① 陳　天

武漢における陳天の活動の場は揚子機器廠工会であった。同会の前身と思われる「揚子廠工人倶楽部」が設立されたのは、一九二二年七月二日のことである。[96]『北京満鉄月報』は揚子機器廠工会を非中共系の労働者組織として描写し、また同じく機械工の集団とみられる漢口の「武漢機器総工会」なる組織を非中共系とする。ただし、これらの組織は武漢労働者においては大した勢力をもたず、また陳天が中共に加入したため、揚子機器廠工会は「自然と共産党系のものとなってしまった」と評価している。[97]

この陳天が主席を務めたという「武漢一三団」は、あるいは「武漢機器総工会」と重なる組織かもしれないが、詳細は不明である。中共の通史には「武漢一三団」という呼称自体を見出せない。[98] しかし一九二四年に湖南労働運動の指導者であった黄愛、龐人詮の追悼会が上海で計画された際、この大会に準備要員を一人ずつ出したのは、湖北の団体が音頭を取っていたとみられる「一三団体」であった。[99]「武漢一三団」のうち、『中国労工運動史』がとくに名を挙げる五団体（漢冶萍総工会、漢陽鋼鉄総工会、武漢輪駁工会、揚子機器廠工会、人力車夫工会）は、人力車夫工会を除けば、あとはみな漢冶萍公司に所属し重工業に関わるものである。陳天は、武漢の重工業分野で製鉄業に携わる機械工代表としての存在感をもっていたと考えられる。また『中国共産党湖北省組織史資料』は、陳天を湖北全省工団連合会の前身である武漢工団連合会の委員長としており、[100]「武漢一三団」は武漢工団連合会の別名である可能性もある。

湖北全省工団連合会内の陳天の序列はやや微妙である。中共の通史に基づき作成した表8においては陳天はナンバー3であったようにみえるが、他の関連史料を突き合わせると、陳天こそトップであったようにも思われる。[101] 同会内部の序列がどうであったにせよ、二七事件発生直後に漢口で緊急会議が開催され、二〇あまりの労働者団体の主席が

表8　湖北全省工団連合会の指導者

役職	氏名	背景	情報源
主席兼総務主任委員	楊徳甫	京漢鉄道労働者の湖北幇の指導者。国民党員、一時期中共党員	（※1）307頁 （※3）
副主席	張篤もしくは王幼卿	張篤の背景：武漢輪駁工会主任 王幼卿の背景：不明	張篤説：（※2）627、639頁、（※3） 王幼卿説：（※4）55頁
幹事局総幹事	陳天	揚子機器廠の指導者、広東機器工会の古参会員。国民党員、一時期中共党員	（※4）55頁 （※5）268頁 （※6）第2編232頁
副幹事	余友文	粤漢鉄道労働者	（※4）55頁 （※6）第2編149、155-156頁
秘書科主任	林育南	中共党員	（※3）
	許白昊	中共党員	（※4）55頁
副主任	陳福	不明	（※4）55頁
宣伝科主任	李書渠	中共党員	（※3）
	林育南	中共党員	（※4）55頁
副主任	劉光国	中共党員	（※3）
	藩篤	不明	（※4）55頁
組織科主任	項英	中共党員	（※4）55頁
副主任	許白昊	中共党員	（※3）
	孫畳芳	粤漢鉄道労働者	（※4）
教育主任	李漢俊	中共党員	（※3）
副主任	李求実	中共党員	（※3）
顧問	包恵僧	中共党員	（※3）
	周無為	一時期中共党員	（※3）
	張子余	一時期中共党員	（※3）
法律顧問	施洋	元国民党員、のち中共党員	（※3） （※5）268頁

（※1）：「楊徳甫」武漢地方志編纂委員会編（馮天瑜主編）『武漢市志・人物志』武漢：武漢大学出版社、1999年。

（※2）：楊徳甫「楊徳甫自述」（1956年12月）中華全国総工会工運史研究室ほか編『二七大罷工資料選編』北京：工人出版社、1983年。

（※3）：胡燕鳴「湖北全省工団連合会」『武漢春秋』1982年4期（湖北省総工会工運史研究室ほか編『湖北工運史研究資料』第3輯、1983年4月、136－137頁）。湖北省総工会工運史研究室「湖北全省工団工団連合会成立、湖北全省総工会第一、二次代表大会」（『中国近代工人階級和工人運動』第4冊、747－748頁）。後者は前者をもとに加筆したものとみられる。

（※4）：武漢市総工会工運史研究室編『武漢工人運動史』瀋陽：遼寧人民出版社、1987年。

（※5）：張国燾『我的回憶』第1冊、香港：明報月刊出版社、1971年。

（※6）：中国労工運動史続編編纂委員会（馬超俊主任）『中国労工運動史（一）』。

選ばれた際、やはり陳天が選出されている。彼が大きな影響力をもっていたことは確かであろう[102]。

中共党員であった張国燾は、この時期、中共と国民党の双方が活発に活動し、とりわけ陳天は中共よりも急進的であったとする。この一文は中共の指導性を否定するものとして、一時中国大陸の研究者に問題視されたが（孔藴浩）、陳天を急進的活動家とみなす考えは宇高寧の文献にも見出せる。宇高によれば、陳天は広東の国民党員謝英伯とつながる中共党員施卜の勢力に属し、すでに触れたように、「鉄鍛冶工、建築等に従事する無頼漢」が大半を占めるとされた粤僑工界連合会の会長でもあった。この粤僑工界連合会という団体は、「履違えた三民主義を高調する危険なる会」として中国人からも批判されていたという[103]。

陳天は二七事件後、中共からの離籍を宣言する。その後開かれた第三期第一次中央執行委員会（一九二三年一一月）で、中共も陳天の除籍を正式に決定した[104]。これ以降陳天は上海に活動の場を移し、広東機器工会派の人間として反共宣伝工作に従事したものと思われる。『申報』によれば、陳天は一九二三年七月に上海で開催された「工界救亡会」において「宣伝股」（宣伝部）の役職をえており、『上海工運志』などを参照すると、この「工界救亡会」は、上海工団連合会（第四、五章参照）のルーツのひとつとなった「全国工界救亡大会」と同一組織であろう。翌年二月に上海工団連合会の前身である「上海工団連席会」が九人の準備員を選出した際も、陳天が含まれていた。『北京満鉄月報』によると、陳天はさらに上海の映画会社「大陸影片公司」の重役に収まっている[105]。

ただし、一九二六年一〇月一六日付の日本の朝鮮総督府警務局報告は、北伐戦争支援のため、労働者を動員し北方の鉄道破壊工作に従事していた「陳天」なる人物を、「支那共産党」の有力党員のリストに加えている（同報告では「陳天」含む五名が山海関で逮捕・銃殺されたとある）[106]。労働者動員工作をおこなう国民党員と中共の境界線は、外部の者にとっては、この時期においてもなお識別しにくいものであったのかもしれない。

② 楊徳甫

楊徳甫は湖北宜昌の人であり、一八八〇年に生まれた。ひとたびは漢陽兵工廠に徒弟として就職したが、一九〇三年に日本に留学し東京帝国大学に学んだ。楊徳甫はこのとき孫文らと知り合い、一九〇五年に中国同盟会に加入したという。京漢鉄道江岸機廠に就職したのは一九一三年のことであり、職場の湖北幇の指導者となった楊徳甫は、軍警や鉄路局職員の圧迫に対抗するべく、姜紹基や林祥謙ら他幇の頭目十数人と協力関係を結んだ(107)。『中国国民党歴次代表大会及中央全会資料』所収の国民党漢口執行部の成員リスト（表5）によれば、楊徳甫は国民党一大後、同部における宣伝調査部長幹事でもあった。

二七事件発生時、楊徳甫が張国燾とともに逃げた先は、中国同盟会会員であった熊秉坤*のもとであった。熊秉坤は、辛亥革命の幕開けを告げた武昌起義において最初の銃弾を撃った軍人として、孫文の賞賛を受けた人物である(108)。『申報』掲載の電報は、武漢の労働運動の指導者が蕭耀南に一斉検挙され、一九二四年五月二七日に楊徳甫が洛陽で銃殺刑に処されたことを伝えたが、これは誤報（ないし意図的な虚報？）であったらしい(109)。第四章で触れたように、馬超俊は同年末に洛陽に収監されていた楊徳甫を「電報を用いて解放し」、上海工団連合会の「主任委員」にしたという。馬超俊がいかなる手段を用いたのかは不明である。

国民党の文献は、京漢鉄道労働者がもともと広東機器工会派と気脈を通じており、楊徳甫とも広東で接触があった

＊熊秉坤：一八八五年生～一九六九年没。湖北武昌の人。なお「最初の銃弾を撃った軍人」という評価は伝説的なものであり、事実については諸説ある。武漢史研究者の馮天瑜によれば、武昌起義において最初に発砲したのは共進会の兵士程定国であるが、孫文が熊秉坤を最初に発砲した人物として紹介したために、この評価が定着してしまったという。久保田文次「熊秉坤」『近代中国人名辞典』九四四‐九四五頁。馮天瑜「武昌首義第一槍併非熊秉坤打響」『湖北日報』二〇〇六年九月二六日（ニュースサイト『新華網湖北頻道』URL：http://www.hb.xinhuanet.com/newscenter/2006-09/26/content_8130563.htm に転載。二〇一五年九月一一日最終確認）。

とする。少なくとも、二七事件やそれに続く指導者への弾圧に対し、国民党が活発に反応していたのは事実であった。一九二四年には、謝英伯の互助総社の機関誌『互助雑誌』上で、広東の国民党中央執行委員会が二七ストライキの指導者たちを「漢口の同志」と呼び、同年五月三一日付『申報』においては、国民党上海執行部が、二七ストライキの指導者に対する「軍閥」の弾圧を非難する宣言文を発した(110)。

譚小岑は、二七事件の被害者たちを迎え入れたのは上海工団連合会の前身組織「工団連席会議」であったとしており、二七事件に衝撃を受けた楊徳甫は、広東機器工会派の働きかけを受けて中共と距離を置き、上海工団連合会の側で活動するようになったようである。一九二七年冬には楊徳甫は国民党湖北省清党委員会の委員に任じられている(111)。以上の記述に基づく限り、楊徳甫の党員歴は国民党色のほうが強い。

このように広東機器工会派との関わりが認められるものの、楊徳甫には陳天への一種の対抗心があったようである。湖北全省工団連合会のナンバー1を陳天とする記述には、楊徳甫は強い反発をみせており、同会の刊行物『二七工仇』が陳天を委員長としたことは「重大なミス」のひとつである、同会を指導・組織したのは自分だと主張している(112)。さきの黄愛、龐人詮追悼大会では、楊徳甫は大会主席を務めており、武漢の労働運動を担う湖北人指導者としての自負もあったのであろう。その自分を差し置いて、広東人の陳天が指導者とされることには、やはり反発があったと推察される。

③ 張《ちょう》纛《とう》

陳天、楊徳甫の両者は、少なくとも労働者の中の最下層出身の人間ではなかった。これに対して、ここで検討する張纛という人物は漢口社会の最下層の出身である。

中共の武漢労働運動史においてよく知られている下層社会出身の指導者は、樊一狗という人力車夫の頭目である(113)。これに対し、張纛に関する記述はほとんど存在しない。このことは、あるいは、樊一狗が中共武漢区委と良好な関係を結んだとされるのに対し、張纛はのちに「工賊」とされたことと関係があるのかもしれない。

一九二五年の高尾総領事報告「武漢ニ於ケル国民思潮及民衆運動ニ関スル件」は、張纛を漢陽の人とし、また武漢輪工公益会の指導者であったとする。一方、向忠発のさきの「工賊銃殺要求」は、漢口輪工工会の指導者とする（「輪工」とは汽船関係の労働者を意味すると思われる）(114)。ここで武漢輪工公益会、漢口輪工工会などとされている組織は、『中国労工運動史』が「武漢一三団」のひとつとする武漢輪駁工会と同一組織か、近い関係にある組織であろう。

張纛が湖北全省工団連合会において担っていた役職を、向忠発の「工賊銃殺要求」は副委員長とするが、後年の中共の歴史叙述においてはこのような記述は消えている。かわりに、同会の副主席は「張篤」あるいは「王幼卿」となっている。「張篤」は『嚮導周報』第四三期や楊徳甫の回顧に見出せる(115)。おそらく張纛と同一人物であろう。両者とも同時期に存在した武漢輪駁工会の主任であったとされるからである。「王幼卿」説の出所はよくわからず、ただ『中国工運史辞典』と『武漢工人運動史』にその名があるくらいであり、詳細も現在のところ不明である(116)。

向忠発の「工賊銃殺要求」は張纛と軍閥のつながりを仄めかし、張纛が「落伍軍人」を「漢口輪工工会」の会長に任じたとする。また二七ストライキの際には、稽査処のスパイとして杜錫鈞に二七ストライキ指導者の情報を漏洩し、一九二四年には、許白昊や劉伯垂らを蕭耀南政権に密告し、両名が洛陽に収監される原因をつくったという。ところがさきの高尾報告によれば、張纛は一九二五年の時点でもなお、劉伯垂らとともに労働者を煽動しているとされていた。高尾の事実誤認というよりは、マーティンが上海の青幇の行動様式に見出したように(117)、時勢がはっきりと定まらない状況下で、どちらともつながりを保っておこうとする生存戦略の現れであったようにも思われる。やがて武漢国民政府時代が到来すると、湖北全省工団連合会機関紙『真報』の出版社社長郭聘伯*らとともに、張纛に対しても「工賊」としての銃殺が要求されるのである。

＊郭聘伯：湖北宜昌の人。湖北鉄路学堂卒業生。郭寄生の叔父。中国労工運動史続編編纂委員会（馬超俊主任）『中国労工運動史（一）』第三編二九一頁。併せて三六一頁の傍注も参照。

ところで後述するように、向忠発の「工賊銃殺要求」には、郭聘伯の罪状としてではあるが、「工賊」たちが陳春和ら中共党員を逮捕させたことに触れている。陳春和は、すでに述べたように漢陽を活動圏とする人物であり、かつ漢陽鋼鉄廠の「輪駁水手」であった。となると、仮に向忠発の告発通り、張纛が反共活動を熱心におこなうようになっていったとすれば、その背景としては、漢陽の船乗りに対する指導権をめぐり、中共陣営の党員と張纛の利害が衝突する局面が生じていたのかもしれない。

(4) 工賊の誕生――中共対広東機器工会派の構図の波及

二七事件は、広東機器工会派と中共の対立が武漢にも波及する契機になったと考えられる。二七ストライキの失敗を理由に中共を攻撃した人々は、張国燾によれば、国民党員、元湖南労工会の指導者、そして労働者たち自身であった。まず国民党員が、中共の呉佩孚に対する幻想と、労働者を危険に陥れた失態を批判した。また「上海を中心として労働組合書記部に反対する活動を展開している」人々が、この機に乗じて労働運動の指導権を奪おうとしたという。湖南軍閥の弾圧による湖南労工会瓦解後、一足早く広東機器工会派の誘いを受けていたとみられる王光輝なども、「長い上着〔「長掛子」、ここでは上層社会の人々であることを印象づけるための言葉〕を着た共産党人は工会からさっさと失せろ」というスローガンをもち出し、労働者に対して、「二七ストライキの失敗は中共の指導が間違っていたせいだ」、「労働者は中共に損害賠償を請求するべきだ」などの宣伝をおこなったとする。(118) 以上の記述はあきらかに広東機器工会派の活動を指すものである。

広東機器工会派の宣伝工作が奏功したのかどうかはともかくも、労働者の中にも、中共の指導によって失業した以上は中共に責任を取ってもらうといった態度を示す者や、張国燾がいったんはモスクワに行ったことを捉えて、「あなたがモスクワに行ったのは、我々のため、我々を救うルーブルをたくさん募集するためだと聞いた。なぜ支給しないのか？」と問い詰める者もいたという。(119) 『中国労工運動史』によれば、当時二七事件の被害者たちは、中共がソ連

表９　1925年に湖北全省工団連合会が復活した時点での関係団体とみられるもの

名称	指導者	情報源
車夫工会	袁告成	（※1）第12、24画像
花廠工会	劉伯勲〔劉伯勛〕	（※1）第12画像
漢陽鋼鉄廠工会	不明（工会秘書許白昊）	（※1）第12、25画像 （※2）276頁
京漢路総工会	楊徳甫	（※1）第12、24画像
粤漢鉄路総工会	不明	（※1）第12画像
香煙廠工会	「女代表陳雲青（陳雲卿）」 許伯豪〔許白昊〕 項徳隆〔項英〕	（※1）第12画像 （※3）634頁 （※4）66頁
武漢輪工公益会	張纛	（※1）第12、24画像
漢冶萍輪駁公会	向中発〔向忠発〕	（※1）第12画像
武漢駁業公会	許允之	（※1）第12画像
工学連合会	許鴻	（※1）第12、24画像

（※1）：在漢口総領事高尾亨から外務大臣幣原喜重郎宛、機密第110号「武漢ニ於ケル国民思潮及民衆運動ニ関スル件」（1925年11月5日）の付属書「武漢ニ於ケル国民思潮及民衆運動」、外務省記録『国民思潮及民衆運動ニ関スル件』（自大正11年4月）の「2．大正十四年／6」、JACAR、Ref. B03041041700。

（※2）：張国燾『我的回憶』第1冊。

（※3）：楊徳甫「楊徳甫自述」（1956年12月）『二七大罷工資料選編』。

（※4）：湖北工団連合会・京漢鉄路総工会連合辦事処編輯「二七工仇」（1923年）『近代史資料』総4号（1955年第1期）、1955年。

注：〔〕は筆者による補足。


から大量の資金をえたにもかかわらず、それを二七事件の被害者やその遺族に対する救済費に充てず私蔵したと信じていた。郭聘伯もまたそのように信じた一人であり、陳独秀に対し、事件の被害者に三万元を支払うよう迫ったという。この時期を境に郭聘伯は広東機器工会派へと傾き、一九二四年には、張知本、覃振ら「国民党漢口執行部」の命により「漢口特別市党部」を設立しようとし、中共と争った。そして既述のように一九二五年に武漢に孫文主義学会を設立する。また翌年には馬超俊から資金を与えられ、『救国旬刊』を刊行して、反帝国主義運動と同時に反共宣伝にも努めたという[120]。

二七事件発生からしばらくして、中共中央の第一次中央執行委員会（一九二三年一一月二四〜二五日）は、党籍を削除すべき中共党員*として、郭聘伯（原文は「郭平伯」）、郭寄生、周無為、張子余、張紹康、陳天の名を挙げた[121]。ほぼすべて湖北省工団連合会関係者であった。また一九二五年の第二次全国労働大会の決議案*で「工賊」に指定された一九人のうち、武漢関係者は楊徳甫、郭聘伯、郭寄生、張纛、劉伯勛、余友文、

表10　湖北総工会第１次執行委員の指導者層

許白昊、李昌栄、向忠発、周兆秋、余世頌、陳春和、黄桂香、朱菊和、藺明軒、周天元、葉祖蕃、葉守信、桂逸仙、朱錦堂、黄五一

出典：外務省亜細亜局第二課『国民革命軍北進ノ支那労働会ニ及ホセル影響』（昭和元年12月末調）の「第一節　湖南湖北方面ニ於ケル労働運動／二、湖北省ニ於ケル状況」、JACAR、Ref. B02130108100、第4画像。

張恩栄、苗鳳鳴の計八名であった。このうち、鉄路局長王世堉の側に立っていた鉄路局職員張恩栄、苗鳳鳴の両名を除けば、他の六名はやはりすべて湖北全省工団連合会関係者であった。

4、中共の動員組織——湖北総工会

こうした経緯の末、湖北全省工団連合会を継承すると主張しつつ、実態としては別物の組織、湖北全省総工会（以下、湖北総工会）が誕生する（表10）。「工賊」に指定された湖北全省工団連合会関係者は、一九二五年を通じ武漢の中

＊中共中央第一次中央執行委員会で党籍削除が検討された中共党員の背景は左記の通りである。
郭聘伯：湖北省工団連合会機関紙『真報』の出版社の社長。／郭寄生：『真報』の総編集。／周無為：『真報』の編集。湖北省工団連合会顧問。／張子余：『真報』の編集。湖北省工団連合会顧問。／張紹康：共産主義青年団武漢区委委員。一九二三年に中共を離党。／陳天：湖北省工団連合会委員長、幹事局総幹事。
「第一次中央執行委員会開会紀要」『中国共産党党報』第一号、一九二三年一一月三〇日（中央档案館編『中共中央文件選集――一九二一‐一九二五』第一冊、北京：中共中央党校出版社、一九八九年、一八四頁の注釈二）、ならびに本章の表8を参照。

＊第二次全国労働大会で「工賊」指定を受けた武漢関係者の背景は左記の通りである。
楊徳甫：湖北省工団連合会主席。／郭聘伯：既出。／郭寄生：既出。／張虁：湖北省工団連合会傘下の武漢輪駁工会の指導者。／劉伯勛：湖北全省工団連合会秘書。同連合会傘下の漢口花廠工会の指導者。／余友文：湖北全省工団連合会副幹事。／張恩栄：粤漢鉄路局職員。／苗鳳鳴：同上。
湖北総工会執行委員長向忠発から中国国民党中央執行委員会宛「湖北全省総工会公函」（一九二七年四月）、国民党漢口档案、漢一一四四四（武漢地方志編纂委員会辦公室編（田子渝ほか主編）『武漢国民政府史料』武漢：武漢出版社、二〇〇五年、一二八‐一二九頁）。

共党員と対立を深めた。この時期の両者の動きを概観しうる文献は未見であるが、少なくとも、上海を発火点として国民党内に広がった反共勢力の組織化の動きに、湖北全省工団連合会関係者が深く関与したことは確かなようである。一九二五年六月の六・一一事件の発生と、それにともなう蕭耀南の二度目の弾圧時には、同会関係者が中共への対抗という観点から蕭耀南に協力する局面もあったようである。これに対して中共は、湖北全省工団連合会の古参の指導者を切り捨て、武漢労働者を代表すると自称する武漢工人代表会を設立することで対抗しようとした[122]。翌年三月中旬、許白昊は最近数カ月の工賊の動きとして、武漢工人代表会の三人が「工賊」余友文の密告により逮捕されたことのほか、漢口人力車夫工会、武漢染色工会、粤漢鉄路総工会（とくに盧士英が名指しで批判）に、買収される者や「工賊」に転じる者が出たとした。また許白昊は、郭聘伯を指導者とする武漢の孫文主義学会の活動を非難した[123]。

一九二六年七月、広東国民政府は北伐を開始し、九月から一〇月にかけて武漢を制圧する。日本外務省亜細亜局第二課の報告によれば、呉佩孚軍と国民革命軍が交戦中であった九月一四日、国民党漢口特別市党部は国民革命軍関係者と武漢労働者代表（漢陽兵工廠工会、泰安紗廠工会、武昌裕萃紗廠工会、英米煙廠工会など）を集め、武漢工人代表会を改め武漢総工会（湖北総工会の前身）とすると決議した。また中共の文献『湖北工人運動史』は、中共が盧士英ら「工賊」を排除し、一〇月一〇日に湖北総工会の成立大会を開催したとする[124]。

『湖北工人運動史』のいう「工賊」の排除とは処刑を含むものであり、次章にみるように、武漢の国民党中央は湖北総工会の動きを抑えられずにいた。楊奎松によれば、一一月、湖北総工会に対して、武漢衛戍司令に任じられた国民革命軍の軍人陳銘枢が、勝手に死刑を実施するなどの労働者の行為を抑えるようにという通知を出したところ、湖北総工会は強く反発した[125]。上海内外棉支店刊行の『赤禍の漢口』は、湖北総工会の某幹部と記者のやりとりとして、この某幹部が次のように発言したとする。「我々は我々の信ずる所に従って行動するので政治部の干渉は受けない」。ここでいう「政治部」とは国民革命軍総政治部*のことであろうか。糾察隊に対するあまりの非難を受け、「政治部」が労働者の逸脱行為を戒める警告を発したところ、湖北総工会は「我々は国民党の党是並《ならび》に方針を遵守して工賊の取締りをなしつつあるに係《かかわ》らず、之《これ》を越権又は越常規というとは何事であるか」と反駁したともいう[126]。

翌年、この時点でまだ武漢に残っていた湖北全省工団連合会系の指導者が次々と逮捕・排除される。湖北総工会会長となった向忠発は、郭聘伯、袁子英、徐瑞和、張纛、劉秋生、劉伯勛、盧士英、張国春の八人を、一九二七年四月一五日をもって銃殺するよう国民党中央執行委員会に要求した[127]。張纛の罪状についてはすでに触れたが、他の湖北関係者の罪状を記せば次のようになる。

郭聘伯に関しては、中共が漢口特別市党部を組織しようとする動きを、張纛や余友文らと結託して妨害したこと、武漢工人代表会の代表会議開催日に、蕭耀南政権の武漢稽査処の兵を引き連れ、陳春和らを逮捕させたことが罪状とされた。さらにまた、袁子英とともに孫文主義学会や「反赤大同盟」などを結成し反共活動を展開したこと、国民革命軍の武漢占領時に中共とは別系統の湖北総工会を結成しようとしたことも罪状とされた。

袁子英に関しては、郭聘伯とともに『救国旬刊』を創刊し、中共を攻撃する言論を展開したことが『中国労工運動史』に記されている[128]。党派的には広東機器工会派寄りといえよう。

劉伯勛の罪状は、蕭耀南政権の密偵長として二七ストライキ指導者を密告し、二七事件に一役買ったこととされた。次章でみるように、劉伯勛は、二七事件以前には、漢口の綿花圧搾工場において、漢口花廠工会指導者として華々しいストライキをおこなった人物である。しかし向忠発の書簡においては、湖北全省工団連合会で悪事を働いたため同会を解雇されたとある。その後、劉伯勛は中共に敵対的態度をみせ始めたのであろうか。一九二七年四月二日付『漢口民国日報』によれば、劉伯勛が漢口のイギリス租界附近で「無頼漢数名」を集め、反共的なスローガンを叫んでい

＊国民革命軍総政治部：中共党員といわゆる国民党左派から構成され、武漢国民政府時期には軍の一機関であることを超えて一種の政府機能を帯びていた。武漢国民政府時期の総政治部主任は鄧演達。総政治部の成員であった中共党員は、李民治（一氓）、朱代傑、潘漢年、楊逸棠、孫炳文、惲代英、郭沫若、高一涵など。蔣建農「大革命時期敵国民革命軍総政治部」『史学集刊』一九八三年三期、三九‐四〇頁。

たので、向忠発は「賊の性質が現れており、まったく悪質である」として、劉伯勛を逮捕したという[129]。

郭聘伯らを銃殺せよ、さもなくば武漢のあらゆる工友を召集して政府に請願させるという湖北総工会の事実上の脅迫に対し、国民党の湖北省党部、漢口市党部はやむなく人民審判委員会を組織し、四月に郭聘伯らを銃殺した。しかし五月に国民革命軍による二つの反共クーデターが発生すると、両党部は早くも六月には、この処刑があまりにも軽率であったと反省をおこなうありさまであった（楊奎松の整理）。そして「清党」時期に入った一九二九年九月、国民党は湖北省政府に命じ、郭聘伯を国民党に殉じた烈士として公葬し、盧士英、袁子英らもあわせて烈士として埋葬させた（『中国労工運動史』[130]）。

（1）古厩忠夫「中国におけるブルジョア的潮流の労働運動について」六‐七頁。

（2）在漢口総領事芳澤謙吉から外務大臣牧野伸顕宛、公信第二一〇号「漢陽兵器工廠同盟罷工ノ件」（一九一三年六月一一日授受）、外務省記録『各国ニ於ケル兵器弾薬及需品製造関係雑件』第一巻（自明治三七年六月）の「4．漢陽兵器廠ニ関スル件」、JACAR, Ref. B07090303100、第二画像。

（3）李伯元ほか『広東機器工人奮闘史』二五、二九頁。

（4）鄧中夏『中国職工運動簡史』（『鄧中夏文集』四二七頁）。中国労工運動史続編編纂委員会（馬超俊主任）『中国労工運動史（一）』第一編八五‐八六頁。

（5）仁井田陞は老子を祀る職人の職業を「銅錫鉄器業」と表現している。仁井田陞『中国の社会とギルド』二〇頁。

（6）宇高寧『支那労働問題』四七九頁。

（7）「漢陽兵工廠工人罷工」『東方雑誌』第一〇巻第一号、一九一三年七月一日、中国大事記五頁（武漢地方志編纂委員会辦公室編（徐凱希ほか執行主編）『武漢民国初期史料―一九一二‐一九二六』（以下『武漢民国初期史料』）武漢：武漢出版社、二〇一二年、五八九頁）。

（8）李伯剛（李書渠）「武漢建党初期的回憶」（一九八一年）政協武漢市委員会文史学習委員会編（高金華ほか主編）『武漢文史資料文庫』第一巻、武漢：武漢出版社、一九九九年、一六七頁。

(9) 菊池敏夫「京漢鉄道二七惨案に関する一考察」『中国労働運動史研究』第六・七号合併号、一九七九年二・三号、一五頁。
(10) 内陸地域の鉄道労働者集団に存在する広東人機械工の役割に着目した先行研究として、高綱博文「中国鉄道労働運動の発展とその構造―『二・七』事件の基礎的考察」(以下「中国鉄道労働運動の発展とその構造」)『歴史評論』第三二八号、一九七七年八月、三三-三四頁。
(11) 菊池敏夫「京漢鉄道二七惨案に関する一考察」二五頁。
(12) 凌鴻勛『中国鉄路概論』に基づく菊池敏夫の整理を参照。菊池敏夫、同右、一五頁。
(13) 在漢口総領事高尾亨から外務大臣幣原喜重郎宛、公信第二一四号「漢口概観送付ノ件」の付属書、吉竹書記生編纂「漢口概観」(序文日付一九二六年三月下浣)の「武漢ニ於ケル労働争議」、外務省記録『各国事情関係雑纂/支那ノ部/漢口』第二巻の「5 漢口概観送付ノ件 4」、JACAR, Ref. B03050351100、第一-八画像。
(14) 西川喜一『支那経済綜覧第五巻 長江航運と流域の富源』(以下『長江航運と流域の富源』)上海:日本堂書店、一九二五年、二四二-二四三頁。
(15) 西川喜一、同右、一四五-一四八頁。
(16) 南満州鉄道株式会社庶務部調査課編(福山醇蔵)『調査資料第二八編―最近漢口港の港勢』(以下『最近漢口港の港勢』)大連:南満州鉄道株式会社庶務部調査課、一九二四年、二九-三〇頁。
(17) 彭敦文「民国年間武漢経済地位下降原因述論」馮天瑜・陳鋒主編『武漢現代化進程研究』武漢大学出版社、二〇〇二年、一八二-一八三頁。皮明庥主編『近代武漢城市史』北京:中国社会科学出版社、一九九三年、五七二-五七三頁。
(18) 張国燾は、武漢労働者の最大多数を占めたのは手工業者と「苦力」であったとする。張国燾『我的回憶』第二冊、香港:明報月刊出版社、一九七三年、五五七頁。
(19) 英語圏における初期の用法では、coolie あるいは cooly とは、主に白人雇用主に仕えるインド人、中国人、その他の有色人種の肉体労働者を指す傾向があった。しかしのちに、中国国内での使用対象は拡張され、「下級労働に従事するものは悉く苦力と称せられ」る状況になったという。したがって苦力という言葉は特定の職種を指すものではなく、中国人肉体労働者全般を指すが、小山の研究に加筆がおこなわれている大阪市商工課の『上海に於ける労働者』は、主に次の職種の人々が苦力と呼ばれていたと整理する。①下男下女、②運輸業系労働者(一輪車を押す労働者、馬車ひき、駕籠かき、車夫、汚物運搬人)、③土木系労働者(鉄道工夫、土木建築労働者)、④海運系労働者(汽船の水夫、雑夫など)、⑤その他都会の肉体労働者(港湾労働者、道路修理・

下水修繕をおこなう労働者、水撒き人、冠婚葬祭の行列のお伴、紙くず・馬糞拾い)。小山清次『支那労働者研究』二八―三〇、三七―三八頁。大阪市商工課編『支那貿易叢書第二輯―上海に於ける労働者』大阪市商工課、一九二四年、三―五頁。

(20) 劉雲生「漢口苦力状況」『新青年』第八巻第一号、一九二〇年九月一日。

(21) 劉子谷「大革命時期的湖北農民運動」(一九八四年)『武漢文史資料文庫』第一巻、二七二―二七三頁。ただし、当時漢口で働いていたオーストラリア人フィッツジェラルドは、このころ港湾労働者となったのは河南省以北で集められた人々だったとする。菲茨傑拉爾徳『為甚麼去中国―一九二三―一九五〇年在中国的回憶』済南:山東画報出版社、二〇〇四年、九七頁。

(22) 東民生「支那の労働運動　漢口にて」『福岡日日新聞』一九二〇年四月二〇日。

(23) 黎霞『負荷人生』六四―六七頁。

(24) 皮明庥主編『近代武漢城市史』六九九、七二一―七二六頁。

(25) 蘇雲峰『中国現代化的区域研究―湖北省(一八六〇~一九一六)』(以下『中国現代化的区域研究―湖北省』)台北:中央研究院近代史研究所、一九八七年、五二五―五二六頁。徐煥斗編輯『漢口小志』上、漢口:盤銘印務局印刷、一九一五年の「戸口志」の一頁。西川喜一『中部支那労働者の現状と全国労働争議』上海:日本堂書房、一九二四年、三―五頁。徐煥斗の経歴については、饒嵩喬「徐煥斗与《漢口小志》」『湖北档案』二〇〇七年一二期、三五―三六頁。

(26) イギリス租界設置以前は、太平天国の乱が生じると漢口の人口は減少した。しかしイギリス租界設置後、辛亥革命が生じると、漢口の人口はむしろ増加した。蘇雲峰『中国現代化的区域研究―湖北省』五二五―五二六頁。

(27) 一九二四年の『漢口新聞報』は武漢で物乞いをする河南の被災民について報じ、シェノーの引用する『順天時報』の記事は、一九二五年に洪水が原因で武漢に大量の農民が流入したと報じた。一九二七年に『中央副刊』に掲載された調査報告は、前年の大洪水で沔陽(現在の湖北省仙桃市)から逃れてきた農民の集団が、武昌の黄鶴楼付近の長江沿いに「貧民村」を形成していると指摘した。仙桃档案局作成の災害年表によると、沔陽は一九二六年六月に大規模な水害に襲われていた。「河南災民又到一批」『漢口新聞報』一九二五年一月一日。Chesneaux, *op. cit.*, p.275; 辛遽「揚子江辺的貧民村」『中央副刊』第一五号、一九二七年四月五日。「仙桃(沔陽)自然災害大事記」(二〇一〇年五月一八日)、仙桃档案局サイト「仙桃档案史志網」(URL:http://www.szda.com.cn/)>地方志編修>「仙桃(沔陽)自然災害大事記」。寺西秀武「支那経済は近年変って来た(六)」『大阪朝日新聞』(朝刊)一九二六年六月二日。

(28) 黎霞『負荷人生』六四―六六頁。

(29) 包恵僧『包恵僧回憶録』北京：人民出版社、一九八三年、五八頁。蘇雲峰『中国現代化的区域研究：湖北省』五二六–五二七頁。

(30) 水野幸吉『漢口―中央支那事情』富山房、一九〇七年、一三頁。

(31) 商若水、莫元欽などの武漢史研究者の記述を参照し洪幇という名称に統一。渡辺惇によれば、紅幇（洪幇）は広義には天地会と哥老会の総称であり、狭義には長江中下流域の哥老会に限定して使われ、四川では「袍哥」「漢流」などと呼ばれたという。商若水「洪幇幇規種種」蕭志華ほか主編『武漢掌故』武漢：武漢出版社、一九九四年、二三八–二三九頁。莫元欽「青洪幇在武漢」『武漢文史資料』二〇一三年四期、三六–三九頁。渡辺惇「相互扶助で自衛を―青幇／紅幇」『結社が描く中国近現代』八四頁。

(32) 末光高義『支那の秘密結社と慈善結社』大連：満州評論社、一九三二年、二八–三七頁。

(33) 在漢口総領事高尾亨から外務大臣幣原喜重郎宛、機密第一一〇号「武漢ニ於ケル国民思潮及民衆運動ニ関スル件」（一九二五年一一月五日）、外務省記録『国民思潮及民衆運動ニ関スル件』（自大正十一年四月）の「2．大正十四年／6」、JACAR, Ref. B03041041700、第一〇–一一画像。

(34) 包恵僧『包恵僧回憶録』五七頁。

(35) 『武漢市志・公安志』所載の「武漢市碼頭洪幇山頭簡表」、皮明庥主編『近代武漢城市史』七一三頁より再引用。包恵僧も埠頭が紅幇の勢力地域であったことに言及している。包恵僧『包恵僧回憶録』五七頁。

(36) 皮明庥主編『近代武漢城市史』七一〇、七一三–七一四頁。

(37) 商若水「旧漢口的堂子姑娘」『武漢掌故』二三七頁、

(38) 劉有才については次を参照。胡是儂（周英傑整理）「劉桂狗与稽査処」（一九八三年）『武漢文史資料文庫』第一巻、一三四–一三八頁。「劉有才」武漢地方志編纂委員会編（馮天瑜主編）『武漢市志・人物志』武漢：武漢大学出版社、一九九九年、二一三–二一五頁。劉桂狗は劉有才の別名である。

(39) 蘇尚文「王占元、蕭耀南的特務機構及其活動」（一九六六年三月）『武漢文史資料文庫』第一巻、一三二頁。

(40) 黒田明伸が漢口経済圏と呼んだものを、ここでは武漢経済圏としておく。漢口経済圏とは湖北官銭局の発行する紙幣「官銭票」の流通範囲に成立した銅貨経済圏のことを指す。黒田によれば、この経済圏が成立したのは、一九〇二年以降の湖北官銭局による銅元の鋳造、ならびにこの銅元への兌換を裏づけとした「官銭票」が、湖北省内への流通に成功してからのことであるという。黒田明伸『中華帝国の構造と世界経済』名古屋大学出版会、一九九四年、二一九頁。

(41) 黒田の整理によれば、清末における漢口の銭荘の資本総額はせいぜい数十万両であったのに対し、彼らが商人に貸し出す資金総額は三〇〇〇万両に達した。そのからくりを黒田は二点指摘する。第一に、銭荘は本来は不足している資金を他の金融業者(票号、官銀号)から借り入れていた。票号から銭荘への通常貸出総額は八〇〇万両にのぼったといわれる。第二に、貸付は荘票すなわち各金融業者が振り出した自己宛約束手形によっておこなっていた。黒田明伸、同右、一六〇-一六三、一七五-一七六頁。

(42) 南満州鉄道株式会社庶務部調査課編(福山醇蔵)『最近漢口港の港勢』三〇頁。

(43) 『武漢市志・金融志』は辛亥革命により多くの銭荘が閉店したとするが、漢口市商会の雑誌『漢口商業月刊』掲載の「武漢之工商業(三)」(華中経済調査社による銭業調査を紹介)および上海銭業公会の雑誌『銭業月報』掲載の「漢口銭荘業之動向」は、どちらもともに一九一二年から二五年を武漢に銭荘が栄えた時期とし、最多で一八〇軒の銭荘が存在したとする。これらの銭荘は、横浜正金銀行の資料によれば、新規に開店したものであった。武漢地方志編纂委員会主編(張世采ほか主編)『武漢市志・金融志』武漢:武漢大学出版社、一九八九年、四二頁。「武漢之工商業(三)」『漢口商業月刊』第二巻第一期、一九三五年、八七-八八頁および譚秉文「漢口銭荘業之動向」『銭業月報』第一五巻第八号、一九二一年、一七-一八頁(いずれの文章も「19、銭庄営業在武漢金融業占拠優勢(二則)」として『武漢民国初期史料』五〇三頁に一部収録)。横浜正金銀行漢口支店書記川村小三郎『行報第一三〇号―漢口ニ於ケル銭荘並ニ荘票』横浜正金銀行、一九一八年一二月一二日、一-一二頁。

(44) 武漢地方志編纂委員会主編(張世采ほか主編)『武漢市志・金融志』一三〇頁。

(45) 「武漢之工商業(三)」『漢口商業月刊』第二巻第一期、八七-八八頁(『武漢民国初期史料』五〇三頁)。

(46) 菊池貴晴『中国民族運動の基本構造―対外ボイコット運動の研究』汲古書院、一九七四年、五〇八頁。黒田明伸『中華帝国の構造と世界経済』のⅦおよびⅩの四。横浜正金銀行編『調査報告第五号―漢口ニ於ケル通貨』横浜正金銀行、一九一九年一月五日、六七-七一頁。

(47) 黒田明伸『中華帝国の構造と世界経済』Ⅹの四。

(48) 湖北の最高軍事指導者の動向については、各軍事指導者略歴のほか次も参照。湖北省地方志編纂委員会編(蔣祝平総纂)『湖北省志・政権』武漢:湖北人民出版、一九九六年、八-九頁。

(49) 西門生「兌換停止の失敗」(五月一五日)『大阪朝日新聞』(朝刊)一九一六年五月二五日。

(50) 李宗一「呉佩孚」中国社会科学院近代史研究所(李新ほか主編)『民国人物伝』第二巻、北京:中華書局、一九八〇年、二〇六頁。朱丹「蕭耀南」『民国人物伝』第八巻、北京:中華書局、一九九六年、三三五-三三七頁。

(51) 武漢市総工会工運史研究室編『武漢工人運動史』瀋陽：遼寧人民出版社、一九八七年、一二五頁。
(52) 湖北省地方志編纂委員会編（曾憲林主編）『湖北省志・政党社団』武漢：湖北人民出版社、二〇〇〇年、一二一頁。
(53) 中共中央党史資料徴集委員会編『共産主義小組』上、北京：中共党史資料出版社、一九八七年、三五七頁。湖北省地方志編纂委員会編（曾憲林主編）、同右、一二〇－一二一頁。
(54) 湖北省地方志編纂委員会編（曾憲林主編）、同右、一二六頁。
(55) 同右、一二二、一二四頁。
(56) 同右、一二二頁。
(57) 同右、一二三頁。
(58) 曹忠生ほか「劉伯垂」湖北省地方志編纂委員会編（馮天瑜主編）『湖北省志・人物』武漢：湖北人民出版社、二〇〇〇年、一六六頁。
(59) 楊奎松『国民党的〝連共〟与〝反共〟』一八七頁。楊奎松が用いた档案資料は現在では『武漢国民政府史料』に収録されている。湖北総工会執行委員長向忠発から中国国民党中央執行委員会宛「湖北全省総工会公函」（一九二七年四月）、国民党漢口档案、漢一一四四四（武漢地方志編纂委員会辦公室編（田子渝ほか主編）『武漢国民政府史料』武漢：武漢出版社、二〇〇五年、一一二八－一一二九頁）。
(60) 湖北省地方志編纂委員会編（曾憲林主編）『湖北省志・政党社団』一二三頁。
(61) 張知本から国民党中央執行委員会宛「張知本提議」（一九二四年六月二五日）、国民党漢口档案、漢四八一三・三（『武漢民国初期史料』七頁）。
(62) 湖北省地方志編纂委員会編（曾憲林主編）『湖北省志・政党社団』一二三頁。
(63) 日刊支那事情社編（本多英三郎発行編輯）『長江流域の労働運動』一二〇－一二一頁。
(64) 「漢口捕人案之経過」『広州民国日報』一九二四年六月四日。
(65) 曹忠生ほか「劉伯垂」『湖北省志・人物』一六六頁。
(66) 国民党湖北省党部中央には省執行委員会、省監察委員会、省執行委員会秘書処が設立され、下部には組織部、宣伝部、農民部、工人部、青年部、婦女部および農民運動委員会、宣伝委員会が設立された。武漢市武昌区地方志編纂委員会（朱向梅編纂）『武昌区志』上巻、武漢：武漢出版社、二〇〇八年のネット版を参照。武漢地方志編纂委員会サイト「武漢市情網」（URL：

http://www.whfz.gov.cn/）>区志>武昌区志>第十二篇　民主党派中国国民党>第八章　中国国民党湖北省党部　第一節　組織。

(67) 湖北省地方志編纂委員会編（曾憲林主編）『湖北省志・政党社団』二二四頁。

(68) 同右、二二三頁。

(69) 各県志の正確な書誌は以下の通りである。『黄陂県志』：黄陂県県志編纂委員会（陳熙総纂）『黄陂県志』武漢：武漢大学出版社、一九九二年。『紅安県志』：紅安県県志編纂委員会編（唐健主編）『紅安県志』上海：上海人民出版社、一九九二年。『麻城県志』：湖北省麻城市地方志編纂委員会（厳儀周主編）『麻城県志』北京：紅旗出版社、一九九三年。『黄岡県志』：黄岡県志編纂委員会『黄岡県志』武漢：武漢大学出版社、一九九〇年。『鄂州市志』：鄂州地方志編纂委員会編（朱志軍総纂）『鄂州市志』北京：中華書局、二〇〇〇年。『大冶県志』：湖北省大冶県地方志編纂委員会編纂『大冶県志』、武漢：湖北科学技術出版社、一九九〇年。『咸寧市志』：湖北省咸寧市地方志編纂委員会編『咸寧市志』北京：中国城市経済社会出版社、一九九二年。『嘉魚県志』：湖北省嘉魚県地方志編纂委員会編纂『嘉魚県志』武漢：湖北科学技術出版社、一九九三年。『沔陽県志』：仙桃市地方志編纂委員会編纂（曾定邦総編纂）『沔陽県志』武昌：華中師範大学出版社、一九八九年。『孝感市志』：湖北省孝感市地方志編纂委員会（黄楚芳主編）『孝感市志』北京：新華出版社、一九九二年。『応城県志』：湖北省応城市地方志編纂委員会（甘永椿主編）『応城県志』北京：中国城市出版社、一九九二年。『安陸県志』：湖北省安陸市地方志編纂委員会編（張昕主編）『安陸県志』武漢：武漢出版社、一九九三年。『石首県志』：石首市地方志編纂委員会編纂（平植義主編）『石首県志』北京：紅旗出版社、一九九〇年。『江陵県志』：湖北省江陵県県志編纂委員会編纂『江陵県志』武漢：湖北人民出版社、一九九〇年。『公安県志』：公安県志編纂委員会『公安県志』上海：漢語大詞典出版社、一九九〇年。『中共湖北省組織史資料』：（注100に後出）。

(70) 袁先咏「黄安県総工会」『工友』二〇〇六年一〇期、八頁。

(71) 中共武漢市委組織部ほか編『中国共産党湖北省武漢市組織史資料―一九二〇～一九八七』（以下『中国共産党湖北省武漢市組織史資料』）上、武漢：武漢出版社、一九九一年、一六－一七頁。

(72) 湖北省随州市地方志編纂委員会編『随州志』北京：中国城市経済社会出版社、一九八八年、三七九、三九九頁。

(73) 湖北省咸寧市地方志編纂委員会編『咸寧市志』四九九頁。

(74) 李雲漢「孫文主義学会及其主要文件」『中央研究院近代史研究所集刊』第四期（下）、一九七四年一二月、五〇四頁。

(75) 鄧中夏『中国職工運動簡史』（『鄧中夏文集』四五七頁）。「漢冶萍総工会章程」（一九二二年一二月一〇日全体代表会議通過）『安源罷工勝利周年紀年冊』発行年不明（一九二三年ごろ？）（『中国近代工人階級和工人運動』第四冊、七八〇頁）。

(76)「漢冶萍総工会」中国工運史辞典写組編（常凱主編）『中国工運史辞典』北京：労働人事出版社、一九九〇年、二八〇頁。王健民『中国共産党史稿』も、中共が第二次全国労働大会の際、上海工団連合会の名義のほか、副署として中華海員工会連合会、全国鉄路総工会、漢冶萍総工会、広州工人代表会の四つの団体の名義を用いたとする。王健民『中国共産党史稿—上海時期』第一編、一六四頁。

(77)「漢冶萍総工会」『中国工運史辞典』二八〇頁。

(78) 中共武漢市委組織部ほか編『中国共産党湖北省武漢市組織史資料』上、五五頁。

(79) 陳春和については次の資料を参照した。「陳春和」『武漢市志・人物志』一〇－一一頁。易子民「冒死収英骨的陳春和烈士」『武漢文史資料』一九九六年二期、一三四－一三五頁。

(80) 李伯元ほか『広東機器工人奮闘史』三七頁。中国労工運動史続編編纂委員会（馬超俊主任）『中国労工運動史（一）』第一編六一頁。

(81)「工賊陳鏡如受賄之敗露」『広州民国日報』一九二五年八月一五日。

(82) 当時中共北京区委の党員であった鄧中夏は、長辛店工人倶楽部を設立したのは中共だとする。一方『中国労工運動史』は、京漢鉄道労働者が組織化を目指す動きは、一九二一年冬に北京の長辛店駅の労働者が「倶楽部」を設立したことから始まったとする。その後、京漢鉄道の主要な一五の駅にそれぞれ工会組織がつくられたという。中共が入り込んできたのは「倶楽部」の設立後だと同書は主張する。鄧中夏『中国職工運動簡史』（『鄧中夏文集』四三五－四三六頁）。中国労工運動史続編編纂委員会（馬超俊主任）『中国労工運動史（一）』第二編二〇一－二〇五頁。

(83) 李伯剛「武漢建党初期的回憶」『武漢文史資料文庫』第一巻、一六四－一六五頁。包恵僧『包恵僧回憶録』七一頁。

(84) 一九二一年九月、粤漢鉄道労働者は武漢地域と湖南地域の粤漢鉄道労働者を連携させる粤漢鉄路機車処職工連合会を結成した。しかしこれを不快に思った粤漢鉄路局長王世堉は、みずからが天津人であった関係から、天津人を同会から分離して鉄路局側につなぎとめようとし、「行車監工」（現場監督）張恩栄、「機廠事務員」（鉄道工場職員）苗鳳鳴に命じ、すべての天津人を粤漢鉄路機車処職工連合会から脱会させた。同会はこれが原因で機能不全に陥ったといわれる。また王世堉は同局の重職に天津出身者を多く登用していた。

そこで王世堉に反発する粤漢鉄道労働者は、新たに徐家棚粤漢鉄路工人倶楽部を結成した。これに対して王世堉は官製労働組合「粤漢鉄路機務処同人研究会」をつくり、その所長に河北人であったと推察される運転士李樹金を、同倶楽部から引き抜いて任じた。また李樹金に、河北の同郷人とその近郊の出身者を「粵漢鉄路機務処同人研究会」に加入させるよう命じたという。李書渠は「北方人」たちが同倶楽部を敵視していたとし、鄧中夏はストライキの障害が「天津同郷会」であったとする。武漢市総工会工運史研究室編『武漢工人運動史』三一－三二、四五頁。南満州鉄道株式会社庶務部調査課（中澤博則編）『支那に於ける労働争議調』八四頁。李伯剛「武漢建党初期的回憶」『武漢文史資料文庫』第一巻、一六七頁。鄧中夏『中国職工運動簡史』（『鄧中夏文集』四四四頁）。

(85) 「中国社会主義青年団徐家棚地方報告」（一九二三年八月二〇日）中央档案館・湖北省档案館編『湖北革命歴史文件彙集（群団文件）一九二二－一九二四年』甲一、武漢：湖北人民出版社、一九八三年印刷、八七頁。

(86) 李書渠・胡彦彬「李書渠、胡彦彬致団中央暨各地方委員会信」（編者推定一九二三年一二月）、同右、一二二－一二九頁。

(87) 胡彦彬「胡彦彬関於武昌S．Y．工作総報告」（編者推定一九二三年七月）、同右、六六頁。

(88) 湖北総工会執行委員長向忠発から中国国民党中央執行委員会宛「湖北全省総工会公函」、国民党漢口档案、漢一一四四四（『武漢国民政府史料』一二九頁）。

(89) 李伯剛「武漢建党初期的回憶」『武漢文史資料文庫』第一巻、一六五頁。

(90) 『中国労工運動史』は、武漢の粵漢鉄道労働者を団結させたのは、名を明かさない国民党員が開いた貧民学校であったと主張する。この学校に学んだ鉄道労働者は一九二一年三月に貧民学校を改め工人倶楽部とし、主席を余友文、副主席を孫疊芳とした。同年一一月には粵漢鉄路総工会が設立され、主席には余友文、副主席には李樹金（運転士）と孫疊芳が任じられた。党員が貧民のために学校を開き、民衆の支持をえて動員につなげるという語りは、中共の言説を流用しているように思われる。中国労工運動史続編編纂委員会（馬超俊主任）『中国労工運動史（一）』第二編一四九頁、一五五－一五六、一六四頁。

(91) 菊池敏夫「京漢鉄道二七惨案に関する一考察」三三頁。

(92) 中共武漢区委の党員は、一九二一年末にストライキをおこなっていた隴海鉄道労働者の工頭金某の紹介を通じ、京漢鉄道の河南省鄭州駅の車両部工場に勤める湖南人工匠凌楚藩と接触した。凌楚藩は福建人の田福生を案内役につけて包恵僧らを京漢鉄道江岸駅へ送り出し、江岸到着後、包恵僧らは湖北幇の楊徳甫と面会し、またその紹介で江南幇の指導者黄桂栄、福建幇の指導者林祥謙、安徽幇の指導者姜紹基と面識をえた。姜紹基を安徽幇の領袖とするのは李書渠の記述による。包恵僧『包恵僧回憶録』七八－七九、八五－八九頁。楊徳甫「楊徳甫自述」（一九五六年一二月）（一部のみ）中華全国総工会工運史研究室ほか編『二七大罷工資料選編』北京：工人出版社、一九八三年、六二六頁。李伯剛「武漢建党初期的回憶」『武漢文史資料文庫』第一巻、一六七頁。このあたりの事情を扱った先行研究としては、Chesneaux, *op.cit.*, p.123；高綱博文「中国鉄道労働運動の発展とその構造」三五頁。
(93) 中共武漢市委組織部ほか編『中国共産党湖北省武漢市組織史資料』上、五一－五二頁。高綱博文、同右、三五頁。
(94) 湖北省地方志編纂委員会編（曾憲林主編）『湖北省志・政党社団』二六頁。武漢市総工会工運史研究室編『武漢工人運動史』五一－五六頁。
(95)「孫中山在武昌十三団体連合歓迎大会上的演説」『民立報』一九一二年四月一六日（『武漢民国初期史料』一頁）。中国労工運動史続編編纂委員会（馬超俊主任）『中国労工運動史（一）』第二編二三二頁。
(96) 歴史系中国近・現代史教研室「二七前的武漢工人運動」『武漢師範学院学報（哲学社会科学版）』一九七八年一期、一〇〇頁から再引用。
(97)「支那に於ける近代的労働運動の経過と其現状（一）」『北京満鉄月報』第三年第六号、一九二七年一月三〇日（復刻版『北京満鉄月報』第三巻（下））。「武漢機器総工会」なる組織の詳細は不明だが、『申報』掲載の湖北全省工団連合会の発起団体のひとつに「武漢機器工会」の名がある。「湖北全省工団連合会之発起」『申報』一九二二年一〇月四日。
(98) 武漢工団連合会の「十大工団」という表現は存在する。一九二二年八月末に北京政府に対し、「労働立法請願書」を出した際に用いられた名義であるという。武漢市総工会工運史研究室編『武漢工人運動史』五三頁。
(99)「工団籌備黄龐二週紀念会」『申報』一九二四年一月三日。
(100) 中共湖北省委組織部ほか編（中国共産党湖北省組織史資料編輯組・組長胡沢忠）『中国共産党湖北省組織史資料──一九二〇・秋～一九八七・一二』（以下『中共湖北省組織史資料』）武漢：湖北人民出版社、一九九一年、一六頁。
(101)「二七工仇」は陳天を同会の「正執行委員長」とし、満鉄の資料は「会長」とし、張国燾は「執行委員会委員長」とし、『中共中央文件選集』の注釈は「委員長」とする。湖北工団連合会・京漢鉄路総工会連合辦事処編輯「二七工仇」（一九二三年）『近代史資料』総四号（一九五五年第一期）、六六頁。南満州鉄道株式会社庶務部調査課（中澤博則編）『支那に於ける労働争議調』八九頁。張国燾『我的回憶』第一冊、二六八頁。中央档案館編『中共中央文件選集──一九二一－一九二五』第一冊、北京：中共中央党校出版社、一九八九年、一八四頁の注釈二。
(102)『時事新報』一九二二年二月七日（湖北省総工会サイト「湖北工会網」（URL：http://www.hbzgh.org.cn/）＞「工運史料」＞「湖北工人階級的産生和工会運動的興起（二三）」）。この『時事新報』とは上海で刊行されていた中国語新聞のことであり、日本の

『時事新報』とは異なる。
(103) 張国燾『我的回憶』第一冊、二六八頁。孔蘊浩「〝二七〞罷工是我党単独領導的」『近代史研究』一九八四年二期、三一二―三一三頁。宇高寧『支那労働問題』四七九頁。
(104) 「中国共産党第三次全国代表大会」『中共党史資料』第三輯、一六七頁。
(105) 「工界救亡会消息」『申報』一九二三年七月一四日。「各工団連席会議記」『申報』一九二四年二月二五日。上海工運志編纂委員会編(李家斉主編)『上海工運志』一八六頁。「支那に於ける近代的労働運動の経過と其現状(一)」(復刻版『北京満鉄月報』第三巻(下))。
(106) 朝鮮総督府警務局長、朝保秘第一三一三号「最近ニ於ケル支那共産党ノ活動状況ニ関スル件」(一九二六年一〇月一六日)、外務省記録『支那ニ於ケル政党及結社ノ状況調査一件』第七巻の「6. 最近ニ於ケル支那共産党ノ活動情況ニ関スル件」、JACAR, Ref. B03050711700、第一―二画像。
(107) 「楊徳甫」『武漢市志・人物志』三〇七頁。
(108) 張国燾『我的回憶』第一冊、二七一―二七二頁。
(109) 『申報』国内専電欄の漢口発電報記事。『申報』一九二四年五月一五、一六、二六、二七、二九日。
(110) 李伯元ほか『広東機器工人奮闘史』八六頁。中国労工運動史続編編纂委員会(馬超俊主任)『中国労工運動史(一)』第二編二四九頁。「中国労働状況」『互助雑誌』第一巻第一期、一九二四年。「国民党為京漢党獄発表宣言」『申報』一九二四年五月三一日。
(111) 「楊徳甫」『武漢市志・人物志』三〇九頁。
(112) 楊徳甫「楊徳甫自述」『二七大罷工資料選編』六三九頁。包恵僧によれば、「二七工仇」は林育南、項英によって編纂された。包恵僧口述(楊鵬ほか訪問)「包恵僧談二七罷工幾個問題(節録)」(一九七三年三月三〇日~四月四日)、同上、六二五頁。
(113) 樊一狗の逸話は次に詳しい。包恵僧『包恵僧回憶録』七三―七七頁。
(114) 在漢口総領事高尾亨から外務大臣幣原喜重郎宛、機密第一一〇号「武漢ニ於ケル国民思潮及民衆運動ニ関スル件」、『国民思潮及民衆運動ニ関スル件』の「2. 大正十四年／6」、第一二、二四画像。湖北総工会執行委員長向忠発から中国国民党中央執行委員会宛「湖北全省総工会公函」、国民党漢口档案、漢一一四四四(『武漢国民政府史料』一二八頁)。
(115) 『中共湖北省組織史資料』は、『嚮導周報』に基づき湖北全省工団連合会副主席を「張篤」とする。『湖北工運史研究資料』収録の胡燕鳴や湖北省総工会工運史研究室の資料もこの見解を継承しているようである。しかし『中国共産党湖北省組織史資料』は、一九二二年一〇月から二三年二月までの同時期に「武漢駁輪工会」という同名の組織が存在したとする。一方の指導者は「張篤」、他方の指導者は「張纛」と記されている。中共湖北省委組織部ほか編（中国共産党湖北省組織史資料編輯組・組長胡沢忠）『中共湖北省組織史資料』一六頁。胡燕鳴「湖北全省工団連合会」『武漢春秋』一九八二年四期（湖北省総工会工運史研究室ほか編『工運史研究資料』第三輯、一九八三年四月、一三六－一三七頁）。湖北省総工会工運史研究室「湖北全省工団工団連合会成立、湖北全省総工会第一、二次代表大会」（『中国近代工人階級和工人運動』第四冊、七四七－七四八頁）。

(116)「湖北全省工団連合会」『中国工運史辞典』二七七頁。武漢市総工会工運史研究室編『武漢工人運動史』五五頁。

(117) 国民革命軍の上海入りに際し、青幇は国民党と軍閥の双方と一定の連絡を保とうとした。Martin, *op. cit.*, pp. 89-90.

(118) 張国燾『我的回憶』第一冊、二八五頁。

(119) 同右。

(120) 中国労工運動史続編編纂委員会（馬超俊主任）『中国労工運動史（一）』第三編二九一頁。同様の事件を扱った中共側の文献としては、皮明庥主編『武漢通史―中華民国巻（上）』第六巻、武漢：武漢出版社、二〇〇六年、一一七頁。

(121)「第一次中央執行委員会開会紀要」『中国共産党党報』第一号、一九二三年一一月三〇日（『中共中央文件選集』第一冊、一八三－一八四頁）。

(122)『中共湖北省組織史資料』によると、六・一一事件後に湖北全省工団連合会は活動困難となり、また「工賊」の破壊活動によって多くの責任者が逮捕されたため、中共武漢区委は武漢工人代表会を設立して地下活動をおこない、湖北全省工団連合会復活の準備を整えたという。また陳春和の略歴は、一九二五年冬に「工賊」が出たため、同連合会は内部分裂したとする。中共湖北省委組織部ほか編（中国共産党湖北省組織史資料編輯組・組長胡沢忠）『中共湖北省組織史資料』二八頁。「陳春和」『武漢市志・人物志』一〇頁。

(123) 許白昊「武漢工人遭受的厄運（漢口通信三月一五日）」『嚮導週報』第一四八期、一九二六年四月三日。

(124) 外務省亜細亜局第二課『国民革命軍北進ノ支那労働会ニ及ホセル影響』（昭和元年十二月末調）の「第一節 湖南湖北方面ニ於ケル労働運動／二、湖北省ニ於ケル状況」、JACAR, Ref. B02130108100、第一－三画像。湖北省総工会編『湖北工人運動史―一八六三－一九四九』武漢：湖北人民出版社、一九九六年、一四五－一四六頁。

(125) 楊奎松『国民党的〝連共〟与〝反共〟』一八八頁。

(126) 上海内外棉支店『赤禍の漢口』上海内外棉支店、一九二六年、七‐八頁。

(127) 四月一五日の銃殺要求については、湖北総工会執行委員長向忠発から中国国民党中央執行委員会宛「湖北全省総工会公函」、国民党漢口档案、漢一一四四四(『武漢国民政府史料』一二八‐一二九頁)。

(128) 中国労工運動史続編編纂委員会(馬超俊主任)『中国労工運動史(一)』第三編二九二頁。

(129) 「総工会拘獲「二七」案兇手」『漢口民国日報』一九二七年四月二日。

(130) 楊奎松『国民党的〝連共〟与〝反共〟』一八七頁。中国労工運動史続編編纂委員会(馬超俊主任)『中国労工運動史(一)』第三編二九一‐二九二頁。

第七章　党による武漢労働者の動員

1　内陸の労働運動と党の接触——一九二一〜二三年

1、鉄道ストライキ・ブームの概要

中共の通史は、一九二一年一〇月の粤漢鉄道ストライキから一九二三年二月の京漢鉄道労働者による二七ストライキ、および二七事件*までを、中共の指導した武漢労働運動の第一次高揚期と位置づけている(1)。この時期の武漢には、前章で検討したように広東人機械工が内陸の労働市場に展開しており、彼らをパイプとして広東式の労働運動や国民党の革命の青写真がもち込まれたと考えられる。在漢口日本総領事館の「漢口概観」によれば、一九二二年の香港海員ストライキおよび国共両党の動員工作は、あきらかに武漢にも影響を及ぼしており、この時期を境に武漢労働者は打倒資本家を唱えるようになったという(2)。

*二七ストライキ、二七事件：二七ストライキとは、一九二三年二月四日からおこなわれた京漢鉄道労働者のストライキを指し、二七事件はこれに対して七日におこなわれた蕭耀南の弾圧を指す。したがって本来であれば二四ストライキおよび二七事件というべきところであるが、本書においても、一般的な呼称である二七ストライキという表現を用いることにする。

本書では、中共がいうところの武漢の第一次高揚期を、内陸地域の鉄道ストライキ・ブームと理解しておく。当時はさまざまな労働者団体によるストライキがおこなわれてはいたものの、その牽引役を果たしていたのは鉄道ストライキであった(3)。組織面からみた場合にも、さきの中共の時期区分は、粤漢鉄道ストライキの盛り上がりの中で出現し、京漢鉄道ストライキに対する弾圧すなわち二七事件によって崩壊に向かった、湖北全省工団連合会の動きに重なっている。

以下では、湖北全省工団連合会を生み出した鉄道ストライキ・ブームを検討するため、一九二二年の粤漢鉄道ストライキ、イギリス企業の綿花圧搾工場ストライキ、そして二七ストライキの三つの事例を取り扱う。

2、鉄道ストライキ・ブームの検証

(1) 粤漢鉄道ストライキ

第一に取り上げる粤漢鉄道ストライキは、武昌の徐家棚粤漢鉄路工人倶楽部が中心となり、粤漢鉄道を管理・運営する鉄路局の天津人職員集団を対象として、一九二二年九月九日から二四日までおこなわれたものである。また、すでに述べたように、湖北全省工団連合会結成の契機となった事件でもある。

満鉄庶務部調査課の報告『支那に於ける労働争議調（一）』によると、このストライキの直接的原因は、武昌徐家棚工人倶楽部の幹部の一人呉青山が解雇されたことであった。この解雇措置に抗議するため、同倶楽部は湖南岳陽の岳州駅方面の鉄道労働者と連携し、九月九日にストライキを開始した。しかし鉄路局長王世堉の側についた運転士によって列車の運行が続けられたため、一〇日に同倶楽部関係者の家族などが路線座り込みをもって列車の運行を妨害しようとした。これを軍警が排除しようとしたことで「大衝突」が生じ、岳州と武昌の双方で粤漢鉄道労働者に死傷者が出た(4)。

すると、「武漢の各種労働団体」がこの事件をもって「是《こ》れ労働階級に与えられた一大恥辱なりとして大《おおい》に憤慨」

し、粤漢罷工後援会を組織して粤漢鉄道労働者の支援を始めたという。「武漢を中心とした各種労働団体の同情援助の熱」は、ストライキそのものより注目に値する、と同報告は述べている[5]。のちに湖北全省工団連合会の指導団体となるのは、中共の通史がこのときとくに積極的であったとする「八つの工団」であった[6]。

これらの労働者団体は、三日以内に問題を解決しなければ督軍の前で死ぬまでストライキをしてやるという通告を蕭耀南に突きつけた。蕭耀南はこれを聞き、机を叩いて「このバカ野郎」と王世堉を罵り、次のような電報を打ったという。「派兵の意義は本来脅しの見地からすることにあるのだ、なぜこのように大きな災いを引き起こした。いま武漢労働者がゼネストをおこなうことで私になんとか対処させようとしている。もう知らんぞ。自分でなんとかしろ」。電報を受け取った王世堉は狼狽のあまり、椅子の上で失神したという[7]。

ストライキは徐家棚粤漢鉄路工人倶楽部側に有利に終了した。王世堉は当初強い態度を取ってはいたが、北京政府交通部、呉佩孚、蕭耀南と、北京政府系の大物から次々と労働運動問題の解決を催促され、譲歩を余儀なくされたのである[8]。そしてストライキの勝利の余韻が冷めやらぬ一〇月一〇日、湖北全省工団連合会が設立される。

ただし当時の武漢世論は、労働者団体ほど盛り上がらなかった。在漢口総領事瀬川浅之進は、九月一二日付電報において、「現地の中国語新聞はこの問題になんら意見を示さず、一般世論も時勢の風潮であるとして傍観しているに過ぎない（当地支那新聞は本問題に関し何等意見の表示等なすこと無く一般人気は時勢の然らしむるものとして傍観せるに過ぎざる）」と東京に報告した[9]。

(2)　イギリス綿花圧搾工場ストライキ

第二の事例は、漢口花廠工会が中心となり、一九二三年一月一〇日から一九日にかけて漢口のイギリス綿花圧搾工場を対象としておこなわれたストライキである。工場の所有主はマッケンジー社（Maekenzie & Co., 中国名：隆茂）、リデル・ブラザーズ社（Liddell Brothers & Co., 中国名：平和）、リーバ・ブラザーズ社（Lever Brothers Ltd, 中国名：利華）である。漢口花廠工会は一九二二年一一月半ばごろに成立したとみられ（『申報』）、のち、二七ストライキの支持団体としてリストに名を連ねた（「二七工仇」）[10]。

漢口花廠工会の責任者は中共党員劉伯勛（劉伯勳などとも表記するが劉伯勛に統一）であった。瀬川の報告[11]では、同会の登場以前、工場の二〇〇〇人あまりの労働者は、工頭によって主導されたと思われる「自治会」を形成し、賃上げを要求したことがあった。ところが『申報』によれば、漢口花廠工会はこのような工頭を含まない組織であった。それゆえ工頭たちは不満をもち、六人の工頭が協力して「同人会」を組織し、漢口花廠工会に対抗した。一九二三年一月一〇日、マッケンジー社の「同人会」と花廠工会の成員が口論となり、花廠工会代表者がイギリス租界警察署（巡捕房）へ連行されて不穏な状況となった。同工会の労働者らは逮捕者の釈放を求めてイギリス租界警察署に赴き、警察と睨み合いになった。ちょうど退勤時間であったリデル・ブラザーズ社とリーバ・ブラザーズ社の労働者がこの騒動に加わり、租界に雇用されているインド人警察と乱闘になり、さらに逮捕者を出す事態となったという。関係者の交渉によっても全員の釈放には至らなかったため、一一日、漢口花廠工会は三つの花廠労働者三〇〇〇人を代表すると称して七つの要求を出したが、要求内容は多様であり、冒頭の三つの項目は、工頭を排除し漢口花廠工会の正統性を認めるよう求めるものだった[12]。

では漢口花廠工会は下から自発的に結成された組織であったのだろうか。瀬川によれば、同会は湖北全省工団連合会が金銭を用い、上から組織させたものであったという。湖北全省工団連合会は、一人一串文あるいは一串二〇〇文の銅貨と漢口花廠工会の記章を労働者に与え、八〇〇人あまりの会員を集めてストライキを実施した。ストライキ当日は、漢口花廠工会の者が各工場の入口で記章をもたない者の入場を阻止した。工会加入者と非加入者は「相互に反目し不穏の模様漸次濃厚となり」、「煉瓦の投擲など行われ容易ならざる状態」に陥った。そこでイギリス租界警察が出動し、工会関係者が連行される事態になったのだという。また、その後に逮捕者の釈放を求めた労働者の請願は、瀬川によれば、「各自凶器を携え工部局を襲」う行為とともにおこなわれた。

漢口花廠工会は一四日にイギリス租界や中国人街で大規模なデモをおこなうと宣言し、事件が外交問題に発展するのを恐れた人々は調停に奔走した。一二日、漢口鎮守使の杜錫鈞と漢口警察庁長は、劉伯勛を招いて労働者に暴動を起こさせるなと説いた。一三日には漢口総商会メンバーである鄭慧吾*、趙典之*らが劉伯勛を招き、漢口花廠工会の要求内容において、譲歩の可能なものとそうでないものとを確認した。一八日、商人代表趙典之、花廠労働者代表劉伯勛、仲裁人郭寄生、中共党員許白昊の談判の結果、逮捕者の釈放を含む解決項目が示され、一九日、逮捕者の釈放を確認してから労働者は復業した(13)。

なお当時の新聞報道において「漢口両大工潮」(漢口の二大労働風潮)、「花廠、烟廠工潮」(綿花圧搾工場、煙草工場の労働風潮)などと表現されたように(14)、このときイギリス綿花圧搾工場ストライキと並び、イギリス煙草会社の煙草工場においてもストライキが進められていた。この煙草工場は前年末にもストライキを経験しており、今回綿花圧搾工場とともにおこなわれたストライキと前年のストライキとの双方について、瀬川は湖北全省工団連合会の「煽動」があると分析した。とくに煙草工場の二度目のストライキは、瀬川の目には、運動の主体がほぼ湖北全省工団連合会にあるとみえた。そこで瀬川は一月一五日付電報の付属書において、「該罷工は該連合会の運動の一部と見るを至当とすべし」といい切ったのである(15)。

＊鄭慧吾：『申報』の報道と高尾総領事報告は「漢口総商会会董」とする。ただし『嚮導週報』では武昌商会の指導者とも取れる記述がなされている。一九二三年の旅順・大連回収運動の時期からは、武漢外交委員会会長としても活動。「漢口両大工潮解決前情」『申報』一九二三年一月二二日。若愚「漢口屠殺之真相(湖北通信)」『嚮導週報』第一二〇期、一九二五年七月二日。後出の表1。

＊趙典之：一九七八年生～一九五二年没。江夏豹澥郷の人。漢口で牛や羊の皮革やブラシ用の豚の剛毛を扱う商売を展開。呉文卿、梅癩痢らヤクザ社会の人物と面識をえ、フランス租界の探偵とも交流。アヘンの原料を扱う代理商も務める。一九一九年に漢口総商会会董。二二年には蕭耀南政権から武黄禁烟総処処長に任じられ、武昌および黄州のアヘン禁止事業に携わる。二六年には警察処処長。「趙典之」『武漢市志・人物志』一一四 - 一一五頁。

(3) 二七ストライキ

前述のイギリス綿花圧搾工場ストライキが終了した翌二月、鉄道ストライキ・ブームはついに二七ストライキに至る。中共の通史によれば、二七ストライキは大まかに次のような経緯をたどった。一九二三年二月二日に河南省鄭州で京漢鉄路総工会成立大会の開催を予定していた同鉄道労働者の指導者たちは、呉佩孚の弾圧を受け、総工会を武漢に移すことに決めた。そして武漢において、呉佩孚に対する抗議として四日から鉄道ストライキを開始した。これに対し、武漢では蕭耀南が七日に大規模な武力弾圧を開始した。これが二七事件である。八日には京漢鉄路総工会や湖北全省工団連合会のストライキ指導者に懸賞金がかけられたため、ストライキの続行は断念された。張国燾によれば、楊徳甫らが京漢鉄路総工会に、陳天が武漢の各工会に、それぞれ復業命令を伝えたという（『武漢工人運動史』は京漢鉄路総工会と湖北全省工団連合会が九日に連名で復業命令を出したとする）[16]。

ただし包恵僧が項英から聞いた話では、二七ストライキ失敗時、どのような復業命令も下されなかったという。たぶん復業命令は下されなかったのだろうと包恵僧も書く。「いくつかの書籍」（湖北全省工団連合会が二七事件を世間に訴えるために執筆した『二七工仇』などを指すのであろう）では、ストライキ労働者が秩序をもって撤退したかのように書いているが、それは事実と一致しない。当時「京漢鉄路総工会籌備会」（京漢鉄路総工会準備会）には党団組織がなかったのだから、と[17]。包恵僧の証言は、中共の通史がつくりあげたイメージとは異なり、二七ストライキの参加者が実際には互いに連絡不行き届きのまま行動していた可能性を示している。

このストライキが、全体としては何を目的としていたのかわかりにくいのは、そのためであろうか。中共の歴史叙述は、二七ストライキを、呉佩孚の邪悪な正体を知った鉄道労働者による打倒軍閥政権を目的とした政治闘争であったとする。一方で国民党は、同ストライキは、中共が京漢鉄道労働者を利用し、京漢鉄路総工会をつくるとみせかけ、全国の鉄道労働者を代表すると自称する全国鉄路総工会に同会をすり替えようとした陰謀であったとする[18]。当時の日本語文献は、このストライキはそれ以前の「普通の労働運動」（『大阪朝日新聞』の表現）とは性質を異にし、呉佩孚を攻撃する政治的なものへ変質した、それは国共両党ならびにコミンテルンが関与したからであると説明した[19]。ただし動員者たちの政治的意図を、被動員者も共有していたとは限らない。京漢鉄路総工会のゼネスト宣言の要求項目を確認すると、損害賠償要求、同総工会を公式に認定することへの要求、謝罪要求のほかは、鄭州の弾圧にかかわった現場レベルでの関係者（京漢鉄路局長趙継賢、京漢鉄路南段処長馮澐、鄭州警察局長黄殿辰）の解雇を、より上位の政治指導者に請願するものとなっており、そこにはむしろ「お上」に公正な裁きを依頼する伝統的姿勢すら窺える[20]。

弾圧が生じた理由についても、中共と国民党の歴史叙述は、北方の軍事政権が京漢鉄路総工会の成立を恐れた理由をそれぞれの政治的立場から説明するのみであるが[21]、瀬川によれば、実はこのストライキが人や物の移動が盛んになる旧正月におこなわれ、社会的・経済的問題を引き起こしたことが、最大の原因であったと考えられる。このとき京漢鉄道の鄭州駅と長辛店駅には、近隣住民が発した公開文書なるものが出現し、ストライキを強く批判していた。瀬川のみるところでは、この文書はおそらく官憲の自作自演であったが、世論にはたしかにそのような雰囲気が生まれつつあったという。なお、英米公使がストライキの早期収束を求める圧力を呉佩孚にかけたという見方もある[22]。

二七ストライキの指導者の立場に立つ『二七工仇』は、可能な限り鉄道労働者が一致団結していたように描こうとしている。ただし実際には、スト破りに対する厳しい監視もおこなわれたのであろう。『中国労工運動史』は、各駅の鉄道労働者が糾察隊を結成し、「労働者が自由に工場に入るのを許さず、また路上の草木一本動かすことも許さなかった」、労働者は外出時には「まず必ず工会から許可書をもらってから出かけた」とする[23]。

蕭耀南の部下張厚生（漢口鎮守使署参謀長）とストライキ推進派とのあいだで五日に生じた運転士争奪戦の様相も、『二七工仇』と張国燾の回想とでは内容が若干食い違う。『二七工仇』によれば、張厚生は五日に鉄道工場を占拠し、運転士二人を捕らえ、強制的に列車の運行を開始させた。そこで鉄道労働者は糾察隊を工場に派遣して運転士を「奪還」した。運転士に関しては、「脅されていたと、本当にわかった」ので、「解放した」という。一方張国燾によると、張厚生が四人の運転士を捕らえ運転させようとしたので、「工会の代表」が次のように交渉したという。鉄路当局とともに代表を出して「総工会」と談判するよう、北京政府交通部あるいは蕭耀南に伝えてほしい、それが正当な解決方法である、と。これを聞いた軍警側はむりに運転させようとするのをやめ、上層部の指示を仰いだという(24)。いずれにせよここに登場する運転士は、ストライキに対してあまり積極的ではなかったようである。

『大阪毎日新聞』によれば、六日、京漢鉄道労働者は、漢口租界、とくにイギリス租界を「練り歩き」、デモをおこなった。張国燾によれば、このとき一万人の群衆が集まったともいい、『大阪毎日新聞』は、「当地でも非常時に備うるため厳重な警戒を加えている」と伝えた(25)。仮にこの一万人が暴徒化して租界で問題を起こせば、責任を問われるのは蕭耀南であった。そして翌七日に、二七事件が開始されたのである。

3、二七事件による冷却

そもそも鉄道ストライキ・ブームを可能とした地域の政治的背景としては、当時湖北省の支配権を掌握していた県佩孚が、世論の支持を調達するため労働運動の保護者として振る舞っていたこと(26)、また技術系の鉄道労働者は当時代替性が低く、鉄路局側には、なるべく技術系労働者を解雇せずに事態を収めたいという思惑があったことなどが指摘されている(27)。しかし二七ストライキは、同地の支配者であり治安維持の責任者でもある軍人たちにとって、やはり一線を越えるものと受け取られた。

蕭耀南の武力弾圧は多くの死傷者を出した。高尾総領事報告によれば、銃殺された者八六人、長江に放り込まれて溺死した者二〇人あまり、殴打され重傷となった者七〇人あまりであった(28)。また『二七工仇』が訴えるところでは、このときの張厚生配下の兵たちの振る舞いは土匪そのものであった。鉄道労働者を取り締まるついでに関係者の家宅から財物を奪い取り、死んだ鉄道労働者の体から金品のみならず衣服をも剝ぎ取ったといい、また工会の近くにあった商店も略奪を受けたという(29)。多少誇張が含まれていたとしても、これは十分ありうることであった。軍閥兵士の供給源は農村地域の飢えた余剰人口であり、そのような兵士は機に乗じて略奪をおこなうことが多々あったからである。

犠牲者に対する中共の宣伝的追悼文によれば、このとき楊徳甫あるいは陳天を指すと思われる「総会委員長」の甥は蕭耀南の兵士によって足を切断され、指導者の一人であった林祥謙は首をさらしものにされた。二七ストライキ支援のため湖北全省工団連合会が計画していた他のストライキも、次々と取り締まりを受けた。張国燾によれば、のちに多くの「工賊」を出すことになる粤漢鉄道労働者たちは、兵士に縄で縛り上げられて強制的に復業させられ、武昌の徐家棚工会も封鎖された(30)。

二七事件は内外から完全な失敗と受け取られ、中共は事態の収拾に追われた。最大の問題は失業者の発生であった。張国燾によれば、事件後、工会責任者は解雇されて失業し、中共はその対策を考えねばならなかった。また同時期の漢陽鋼鉄工場に言及していると推測される社青団報告では、「勇敢に戦った同志」はみな失業し、工場内の工頭と職員の力がかえって強まったという(31)。かくして中共は湖北全省工団連合会の多くの指導者の信頼を失うことになった。

4、鉄道ストライキ・ブームの中の二つの政治的ベクトル

蕭耀南の弾圧は、武漢地域から何を防ぎ、何を失わせたのであろうか。この時期の内陸地域の鉄道ストライキ・ブームには、二つの政治的ベクトルが存在していたように思われる。労働者団体の声を政治権力へと届ける理性的チャンネル構築へのベクトルと、異分子を排除し同調圧力を高めていく熱狂へのベクトルである。両者の境界線は必ずしも明確ではなく、条件が変われば他方からもう一方への転移は容易に生じたと思われるが、そうであってもどちらか一方を排したイメージで当時の運動を捉えれば、運動の全体像を逃すことになるだろう。

湖北全省工団連合会設立以前の個別の鉄道ストライキは、運動の目的や参加者の背景などが比較的明確であったように思われる。ストライキは通常の「労働運動」のイメージに近い展開をみせていた(32)。その意味では、筆者は、この時期の鉄道ストライキ・ブームが労働者団体と政治権力との理性的対話の場を生み出す可能性はあったと考える。

しかし粤漢鉄道ストライキおよびイギリス綿花圧搾工場ストライキにおいては、そのような「労働運動」の盛り上

がりとともに、連帯を謳いつつストライキをより広範囲の「他者」に拡げ、「他者」が自分たちの方針に従わない場合には力ずくで従わせようとする熱狂の胎動、いわばある種の独裁的傾向へ向かう兆候も認められた。

たとえば粤漢鉄道ストライキに関して、武漢の労働者団体が九月一八日に決定したストライキ支援の具体的方法には、第五番目の方法として、粤漢鉄道労働者内の天津人に対して脅迫的警告をおこなうことが含まれていた。その内容を要約すれば、王世堉側についた者は名前を調べ上げて全国の労働者団体に通告し、絶交するというものであった(33)。このような主張からは、粤漢鉄道ストライキという「我々の正義」を支持しない者は、「我々」の世界の「外側」に追放し、社会的に抹殺するべきだという感覚が垣間見える。また第二の事例であるイギリス綿花圧搾工場ストライキにおいては、ストライキは生活維持費を受け取れる者と受け取れない者——そこにもまた「我々」と「外部の者」という線が引かれていたであろう——とのあいだに亀裂が深まっていく徴候も確認される。

広東の香港海員ストライキにおいて形成された、動員技術としてのストライキの傾向を考慮すると、武漢における国共両党の動員工作も、武漢社会のもつ政治的ポテンシャルのうち、早晩、熱狂へ向かうベクトルを強化せざるをえないものであったように思われる。しかし武漢においては、両党の動員を強力に妨害するものとして蕭耀南の弾圧が立ちはだかっていた。そしてこの状況は、広東に続き上海においても熱狂に向かうベクトルが強化された一九二五年になっても、依然としてそうであった。そのようすを、次節では六・一一事件の検討を通じてみてみよう。

2　党による再動員と蕭耀南政権の弾圧——一九二五年六月

1、六・一一事件の概要

一九二五年六月一〇日、イギリス汽船会社の者が港湾労働者余金山を殴打したとされる事件が発生し、翌一一日に港湾労働者が報復としてイギリス租界を襲撃した。これを六・一一事件という。港湾労働者と外国人の双方に死傷者が生じ、事態を深刻に受け止めた蕭耀南は、武漢の各種運動の指導者に対する取り締まりを強化した。

六・一一事件のほかにも、中共の通史は、同年の武漢における主要な事件として三つのものを挙げている。すなわち、二月一七日の徐典事件、六月三日の日本紡績工場泰安のストライキ、一二月八日の英米煙草会社(British American Tobacco Co., 中国名：英美烟公司)の漢口工場におけるストライキである(34)。実際には、この時期には外国人の工場以外でもストライキが相継いでおり、その原因はグローバルレベルでの経済変動(技術革新によって企業に不要となった余剰人員の解雇)や内戦(一九二四年の江浙戦争の影響)を抜きには考えられないものであった(35)。だが後世の党の歴史叙述からはこうした背景は排除され、主に外国人による中国人の搾取の側面が強調された。

右の四つの事件は、理由こそさまざまではあったが、攻撃対象はすべて外国人であった。高尾の同年一一月五日付の報告は、「武漢学生連合会」、「国民党系に属する左傾分子」、「新聞記者の宣伝」、「共産党員の暗中飛躍」のため「外国人経営工場」がストライキの対象とされているとし、「労働者は労働問題と云い其他新思潮に依る各種運動に対する宣伝を鵜呑みにし、近年来思想非常に悪化し、殊に両三年来より外国人を軽蔑し対外人事件に対しては動《やや》ともすれば直接運動に出でんとする傾向あり」とした(36)。

この「対外人事件に対しては動ともすれば直接運動」に出ようとする武漢労働者が起こした事件の中でも、最大の衝撃を蕭耀南に与えたものが、六・一一事件であった。

2、六・一一事件の検証

(1) 国民党湖北省党部の学生アジテーター

日本語文献によれば、上海で二月ストライキが収束して間もない四月、陳独秀の「代表者」が漢口を訪れて労働者に資金を配り、宣伝工作をおこなったという。このとき武漢の中共党員は次のように決議したといわれる(37)。

イ、伝単を各工廠に配布し、生活程度向上のため連盟大罷業をなすこと。
ロ、各工場の頭目を買収して代表となし、特別利益を与えることを約し、罷工に反対する工人の懐柔に努めしむること。
ハ、広東工会代表韓子平は広東上海等より運動費を送り支援すること。
ニ、各界の団体と協力して罷工の風潮を増大すること。

もっとも注目に値するのは（ロ）である。上海の二月ストライキ以降、工頭に利益を約束して積極的にみずからの傘下に取り込み、ストライキを拡大させることを、中共は明確に動員戦術として取り込み、他の地域に応用しようとしていたことがみて取れる。

この時期に党員が足がかりとした組織は、やはり国民党組織であった。国民党漢口執行部の弾圧後に設立された国民党漢口特別市臨時党部と国民党湖北省臨時党部の党員たちは、五・三〇事件の報せを受けて「五卅惨案指揮部」を設け、武漢の人々を動員しようと試みた。また後述する六・一一事件が発生すると、これに力をえた湖北省臨時党部は、七月に党内部において正式に国民党湖北省党部を名乗った。

武昌の共青団によると、上海で五・三〇事件が発生した直後の六月一日、湖北省党部は国民党上海執行部から上海の状況を伝える報せを受け取り、「各党部と各人民団体」、青年軍人連合会、学生連合会などの中学生組織の動員に着手したという。武昌の各学校の雰囲気は大変緊張し、翌日から学生の盛んな宣伝工作が始まった。商人にボイコットを要求する計画も立てられた。しかし武昌大学の大学生がこの計画をリークし、湖北出身の政治エリートである国民党員石瑛*（当時武昌大学校長）や、李漢俊（元中共党員ではあったがこの時点では中共を離脱。三三六頁傍注参照）を含む教職員たち、また「国家主義者」の学生が「一致して反対し」、蕭耀南への密告もおこない、計画を妨害したという。実はこのような動員に反対した武昌の大学関係者も、五・三〇事件を支援することを謳った「学界滬案後援会」や

「援助滬案研究会」などを組織してはいた。しかし中共武漢区委からみると、これらは「学者式のもので、学生に冷や水を浴びせ麻酔薬を打つ」ものとみえたのである。[38]

(2) 移ろう攻撃対象——反日運動から反英運動へ

中共武漢区委がこのように不満を漏らしていたとはいえ、党や学生のもたらした新たな言説は六・一一事件発生の重大な背景となった。英雄的行為を好む港湾労働者の心理が、新たな「正義」であるところの「反帝国主義」と結びつき、外国人襲撃事件となって現れるようになったと考えられるからである。

外国人を「敵」とみなして攻撃を加える行動様式は、それ以前の武漢においても、そのときどきの時事問題と結びつく形で現れていた。一九一五年の二一カ条要求の際、漢口には「日本人を絶滅すべし」などの檄文が現れ、笛を吹き抜刀した「頭目」なる人々が「暴民」を指示し日本商店を襲撃する姿などが報告された（日清汽船漢口支店報告）。また一九二三年の旅順・大連回収運動*にともなう「排日運動」は「未曾有の激烈」さであったという（高尾報告[39]）。

一九二四年の国民党一大以降、「反帝国主義」というスローガンが登場し、このスローガンが第一次国共合作下で労働運動とも結びついたことで、外国人襲撃事件は「労働運動」の文脈においても発生するようになった。高尾は、国民党系人士が開始した「反帝国主義連盟運動」の宣伝は中国各地に「相当反響を与え」、武漢では私立武昌中華大学の陳時を中心とする一派がこれを推進していると報告した。同年九月三日には陳時を委員長とした「武漢反帝国主義連盟会」の成立大会が開催され、武漢学生連合会、湖北平民教育界、湖北職業教育会、武漢の各新聞社などの三〇

*石瑛：一八七九年生～一九四三年没。湖北陽新の人。フランス海軍学校とロンドン大学への留学経験あり。孫文と面識をえてヨーロッパ同盟会の結成に協力。一九一二年に南京でアヘン禁止運動に携わり、ほどなく国民党に加入。二四年の国民党改組後は中央執行委員会、二五年に西山会議に参加。二八年、湖北省建設庁長、三二年、南京市市長。「石瑛」『民国史大辞典』七四六頁。

人あまりの団体が参加し、「武漢反帝国主義連盟会」は七日の国恥記念日を大いに盛り上げ、「一般人民の脳裏に反帝国主義の思潮を深く印象附け」たという。また林総領事によれば、蕭耀南はこのような武漢メディアの動きに対しては、「自由放任主義」を取っていた(40)。

一部商人にとっては、このような運動は、競合相手を排除して新規に販路を開拓するなど、物的な利益と結びつくことがあった。たとえば二一カ条要求問題の際、漢口では、日本製品と競合する立場にあった薬商人が積極的に活動し、日本製薬品を扱う商人を取り締まる「薬水隊」という「暴行団体」が組織されたとも噂された(41)。

しかしそれ以外の参加者にとっては、「敵」とされた者への攻撃は、「敵」を打倒することによって社会的承認や自己満足をえられるところに要点があり、「敵」が誰であるかは実はそれほど重要ではなかったと考えられる。というのは、この種の暴動や運動の攻撃対象は移ろいやすかったからである。当時、武漢の「排外運動」が矛先を向ける対象は、日本からイギリスへと一斉に変化していた。漢口総領事館の「漢口概観」は、従来武漢で「排外運動」といえば排日運動であったが、「一九二四年以来」、すなわち第一次国共合作成立の時期以来、反帝国主義運動や反キリスト教運動を通じてその矛先をイギリスへと向きを変え、かつそれが六・一一事件を引き起こしたとする。そしてこの「一般排外運動」に関して、「国民党の対外政策の一つであって、国民党員が急先鋒であり、右傾左傾の別はない」とした。また高尾総領事報告は、六・一一事件後、「排日熱急に緩和せられ今や排外運動は純然たる排英運動」に変化したとする(42)。攻撃対象の移ろいやすさは、継続的で固定的な動機、すなわち経済的、宗教的、なんらかの価値体系に基づく動機の欠如を意味する。

＊旅順・大連回収運動：かつてロシア帝国が有していた旅順・大連の租借権を、日露戦争以来日本が継承していたが、一九二三年三月二六日はその返還期限にあたっていた。日本は二一カ条要求に基づく九九年の租借権延長を主張したが、北京政府は二一カ条要求を認めず、旅順・大連の返還を求めた。このときさまざまな「外交支援団体」が中国に組織され、デモ、ストライキなどの反日活動を推進した。「旅順・大連回収運動」『外交史辞典』一〇五九－一〇六〇頁。

（3）六・一一事件

一九二五年六月一〇日、バターフィールド&スワイヤー社（以下BS社）の者が港湾労働者の余金山を殴打し、大事件に発展した。意図的にか無意識のうちにか、当時は殴った者はイギリス人であると宣伝されたようであり、後世の中共の歴史叙述はその見解を受け継いでいる。一九八七年の『武漢工人運動史』は、殴打した者を「英商BS汽船会社の貨物計量係のイギリス人（英商太古輪船公司管磅的英国人）」と表現し、一九九四年の『武漢港史』は「BS汽船会社の貨物計量係のイギリス人工頭（太古輪船公司管磅的英国工頭）」とする。ただし一九九六年の『湖北工人運動史』では、「英商BS社の貨物計量係のイギリス国籍職員（英商太古公司管磅的英籍職員）」と、表現がやや曖昧になっている〔傍線部引用者〕[43]。

当時の報告は殴打事件をどう伝えているだろうか。日本大蔵省理財局の「上海事件及各地ニ於ケル騒擾事件概要」[44]は、BS社の埠頭における「倉庫番人」と「苦力」が衝突したとし、英字新聞『インディペンデント・ヘラルド』は、「工頭苦力（a number one coolie）」あるいは「チェッカー（checker）」が、「運搬苦力（a carrier coolie）」とトラブルになったとする[45]。『申報』は余金山を殴った「管磅員」（貨物計量係）を「陳興存（華人）」（（　）も含め原文ママ）とする[46]。つまり余金山を殴打したのは、英語ではチェッカーないしはタリーマン、中国語では理貨員などとも呼ばれる検数員（商品の個数・重量などの検査と証明を主な業務とする）である。この検数員は、あるいはイギリス国籍を取得した華僑などであったのかもしれない。しかし状況を素直にみれば中国人工頭のように思われる。

『インディペンデント・ヘラルド』に基づくと、事件の概要は次のようなものであった[47]。当時「運搬労働者」は砂糖の袋を汽船から倉庫まで運ぶ作業に従事しており、いったん荷物を倉庫に置いた「運搬労働者」は、検数員が荷物の検査と計量を終えるまで、その場で待機せねばならない決まりであった。しかしこの「運搬労働者」は少々待っただけでしびれを切らし、検査と計量が終わる前にその場を離れた（『申報』によればこの日は炎天であった[48]）。そこで検数員が呼び戻そうとしたが、「運搬労働者」は拒否し、検数員は「運搬労働者」のあとを追いかけていった。そして殴打事件が起きたという。『インディペンデント・ヘラルド』は、現場で余金山殴打事件を目撃した「他の運搬労働者」が、仕事を放り出して瞬く間に事件当事者の周囲に群がってきたこと、さらに「数百人の労働者」があちらこちらから駆けつけてきたことを伝えている。どちらが先に手を出したのかはわからないと『インディペンデント・ヘラルド』は説明し、「上海事件及各地ニ於ケル騒擾事件概要」は、この事件そのものは大事に至らなかったとする。

しかし、すでに上海の五・三〇事件のニュースは武漢に伝わり、外国人と中国人の対立という物語に敏感に反応する雰囲気は、武漢においても醸成されていた。「上海事件及各地ニ於ケル騒擾事件概要」は、五・三〇事件の影響を受けて武漢の「学生団」が活発に運動を展開し、武漢の雰囲気もまた六月六日の時点で「険悪」であったとする。余金山殴打事件は最後の引き金にすぎなかった。

翌一一日夜、港湾労働者を主体としたと考えられる「数千人」の群衆がイギリス租界を襲撃した。イギリス租界の義勇隊（the Hankow Volunteers Companies）は銃で応戦し、死傷者が出た[49]。「上海事件及各地ニ於ケル騒擾事件概要」によれば、当日夜、イギリス租界に群衆が集まり、インド人巡査に対する投石を皮切りに「暴動化」し、夜九時には約二〇〇人の「苦力よりなる暴徒」がイギリス租界を襲撃したという。このとき暴徒はイギリス租界で営業をしていた日本商店に対しても破壊と略奪をおこない、日本人八人が負傷、うち一人が死亡した。死亡者は「通関業者」の水谷国治であり、群衆に包囲され、天秤棒や石で殴られた末の死であった。襲撃者であった「苦力」側では六人が死亡し、翌日さらに二人が死亡した[50]。

イギリス人からみた六・一一事件を、『インディペンデント・ヘラルド』は恐怖に満ちたものとして次のように描いている。BS社からイギリス租界へ帰宅途中であったハウス大佐は、群衆によって「竹棒」（天秤棒のこと）で手ひどく殴られ、投石を受けて負傷した。イギリス消防隊に所属する中国人の消防隊班長は、群衆に向けた消防ホースを操作していたところ、群衆からの投石が頭部にあたって気絶した。当日の深夜一二時に自動車に乗っていた事業家K・C・ツー（K. C. Tsu）の一行は、「外国人が車の中にいる」と思い込んだ群衆の襲撃を受けた。群衆は「竹棒」で自動車の窓を割り、車内に「竹棒」を差し込んだ。同乗者のホレス・ウェイ（Horace Wei）は洋服を着ていたために、「外国人を殺せ」と叫ぶ「苦力（coolies）」に突進された。しかし群衆はやがてこの一行が中国人であったことを発見したようである。彼らはツーに対し、外国人の所有する車だと思って襲撃してしまったのだと詫びたという[51]。『インディペンデント・ヘラルド』は、六・一一事件への参加者の動機がまったくバラバラであったことを指摘している。暴動への参加者は、ある者はただ騒ぐことを、ある者は騒ぎに乗じてより多くの食物を奪うことを目的としていた。しかしとりわけ目立ったのが「メンツ」のためという理由であり、これはイギリス人にとって大変理解しづらい動機であった。六・一一事件後、「苦力（coolies）」がストライキに入ったものの、イギリス人からみて「ストライキの理由は不明」であり、本人たちもストライキの理由を了解していないようにみえた。「誰一人、自分が何をしたいのかわかっていないようだ。昨日、どうして外に出てストライキをするのかと問われたところ、彼らの多くがごく簡単に、『メンツが必要だ』と答えた。……ほかの苦力は、彼らが暴動を起こした場所で爆竹を鳴らすことを求めた（原文には deminded とある。demand の誤記か）。彼らの『メンツ』を回復したからだ。彼らは、彼らの尊厳を保つということに比べれば、賃上げなどはたいした問題ではないと感じているようだ[52]」。

(4) 六・一一事件の中の港湾労働者集団

さきのイギリス人に理解できなかったものは、港湾労働者をはじめとする肉体労働者を支配する「親分 - 子分関係」と、「親分 - 子分関係」に基礎づけられた小集団に発生するメンツ文化とでもいうべきものであった。それはまた、自分の存在価値が集団内の他者の評判のみで決まる人間関係ともいいうる。この点はむしろ日本人のほうが理解できたようであり、ある日本語文献は、中国の港湾労働者集団における人間関係を「昔日の日本の親分子分的関係」と説明した[53]。天津でみずから苦力頭を務めた小山清次によれば、このような肉体労働者にとっての最大の関心事は、英雄的行為を披露し、みずからが所属する集団内において「声聞」を高めることであった。それこそが彼らにとってのほぼ唯一の生存戦略だったからである。それゆえ肉体労働者は他の社会層にもまして強い名声欲をもち、任俠的、水滸伝的振る舞いを極度に好んだ。たとえば分不相応の身なりをする、盛大な宴を張る、病気になった仲間のために救済金を出す、他の集団との紛争においては命がけで戦うといった行為のことである。こうした行為は、本質的には、所属集団に全人生を捧げうる有能な人材であることを示すパフォーマンスである。そのため肉体労働者を束ねる統率者にとっても、任俠的名声の維持は集団内の地位を維持するために必要不可欠であった[54]。また、小山の観察につけ加えるなら、このようなメンツ文化は徹底的に男の文化でもあった。

近年の武漢港湾労働者に関する社会史研究は、このような港湾労働者集団のもつ秩序形成能力を、どちらかといえば肯定的に議論しているようである[55]。易江波は、西洋的な市民社会や公共圏の代わりに、こうした集団によって中国下層社会の「自治」が担われたとする。またこのような小集団は同郷集団の性格を併せもつことが通常であったが、異郷においてみずからの伝統を「再発見」し、アイデンティティを強化し、「我々意識」を醸成して「敵」に対抗しようとするメカニズム自体は、ナショナリズムの形成過程とよく似ている。それゆえ同郷団体のアイデンティティ形成に着目する研究者は、この種の集団をアンダーソンの「想像の共同体」とのアナロジーで理解しようとする[56]。

では、小集団の発生は、新しい、もしくは望ましい中国的秩序の可能性を示すのであろうか。ことはそう簡単ではないように思える。港湾労働者の集団の本質は、なによりも生存確保を最優先にする原始的な戦闘集団ともいうべきものであったのではないだろうか。前章でみたように、これらの小集団には「親分‐子分関係」に基づいて仕事や縄張りを他集団から奪い取り、また確保しようとする傾向があった。制度が未整備の状態であれば、漢口の埠頭という狭いスペースに過度の労働人口が集中することは、より深刻な相互排斥を招いただろう。

外部と敵対する戦闘集団内部の人間関係は、力のある「親分」と、「親分」に忠誠を捧げて外部世界の「敵」と戦う兵士としての「子分」の関係になりがちである。中国大陸において港湾整備のために書かれた調査報告とみられる『武漢碼改資料彙編』は、為政者の立場に立っているためであろう、港湾労働者の集団に厳しい目を向けつつ、その特徴を次のように書いている。一、狭隘で、あまり保守的ではない、あまり深くものごとを考えない。食事や睡眠といった小さなことでしきりにもめごとを起こす。二、排外的な小派閥に分かれており、団体の中に小団体があるという状況である。三、凶暴で好戦性が高く、従順ではなく、英雄や好漢を気取ることを好む。四、自由散漫で組織性や規律性に劣っている。五、不正を好み、生活は腐敗し、女遊びと賭博を好む[57]。これらの団体が他の団体との利害調整にあたり、暴力的ゼロサムゲームしか展開できない場合には、バラバラな社会をつなぐよりも、むしろ紛争を通じて分裂を促進さえしたであろう。六・一一事件は、こうした集団にとっての「敵」の一種として、外国人が視野に入ってきたことを示すものであったと筆者は考える。

3、弾圧による冷却

蕭耀南は為政者としての立場から六・一一事件を深刻に受け止め、すぐさま行動を起こした。「上海事件及各地ニ於ケル騒擾事件概要」によれば、蕭耀南はまず特使を派遣して被害に遭った日本人を見舞い、総領事に遺憾の意を表明した。また『インディペンデント・ヘラルド』によれば、部下をフランス租界の漢口国際新聞記者協会（The Hankow International Pressmen's Association）事務所に派遣し、三つの対策を取ることを外国人たちに伝えた。すなわち、軍警に命じて租界の警備を強化する、武漢の「遊民（vagrants）」の違法行為取締を強化する、武漢の全学生を実家に強制的に帰還させる、である[58]。中共の機関紙『嚮導周報』によれば、鄭慧吾は逮捕され、武漢学生連合会や漢口中学は解散させられた。また中共の宣伝機関であったとみられる揚子通訊社も閉鎖され、五・三〇事件支援活動に関わった八〇人あまりが逮捕されたという[59]。

さらに蕭耀南は、六・一一事件のアジテーターとして、蕭英と潘義（潘儀とも表記）という二人の人物を逮捕・処刑した。蕭英の処刑は六月一六日、潘義の処刑は翌一七日であった（『インディペンデント・ヘラルド』）。蕭英の自宅からは、軍警の家宅捜査により共産主義を宣伝するパンフレットが押収されたといわれる（林報告）。一方潘義は、「漢口苦力界に大勢力を有」する「長江一帯に於ける掏摸《すり》の親分」であったという（『長江流域の労働運動』）。[60] 一四日付『インディペンデント・ヘラルド』は、中国語新聞『新聞報』からの引用として、潘義が漢口でも有名な肉体労働者の二大組織（「大擺隊」と「小擺隊」）の一方である「小擺隊」の頭目であり、潘義の釈放を求めて「小擺隊」の肉体労働者がストライキを始めたと伝えた。また二〇日付の記事において、同紙は潘義を「悪名高い地元のごろつき（a notorious local vagrant）」と表現した。[61]

蕭英、潘義の処刑は、事件発生から一週間も経たないうちにおこなわれる迅速ぶりであった。しかるべき調査に基づく処罰というよりも、武漢の熱狂的アジテーターすべてに向けた警告の意味合いがあったのだろう。とくに蕭英は、当時の武漢における名高い活動家の一人であった（表1）。そのような人物の処刑は見せしめとしては最適であった。

一方で蕭耀南は、そのような弾圧と一見矛盾する動きをみせる。高尾によれば、五・三〇運動を支援する団体やいわゆる排英団体（湖北滬漢救済会、湖北外交委員会など）の結成を、みずから発起したのである。しかしこれも、すでに熱狂した民衆感情に方向性を与え、ガス抜きをおこなう戦術であったと考えれば、その行動原理は一貫している。[62] 同報告は続けて、これらの団体は「徒らに大声叱呼するに過ぎず一昨年の日貨排斥の如く激烈ならず」と記している。こうして武漢社会の熱狂は再び急速に沈静化したのである。

4、六・一一事件の熱狂へのベクトル

前節において検討した鉄道ストライキが、二つの政治的ベクトルを備えていたようにみえるのに対し、六・一一事件においては、熱狂へ向かうベクトルのみが強く現れていたように思われる。上海の五・三〇事件などのニュースに刺激された学生たちの怒りの宣伝工作が呼び水となり、内向きの意識をもつ労働者の小集団から、組織化されていない熱狂が個別に発生し、拡大した。

表1　1925年の武漢における著名な活動家

氏名	党歴	背景	情報源
蕭英 ※当人は蕭英一世と名乗る。理由は不明	中共とされる	四川人。旧ロシア租界の人道医院経営者。医師。中共湖北宣伝部長を自称していたとも伝えられる。労働者に共産主義パンフレットを配布	（※1）503頁 （※2）第23画像
兪（喩）血輪	中共とされる	揚子通信（訊）社社長。中共湖北宣伝部長といわれる	（※1）503頁 （※2）第23画像
馬遂塵	不明	『時事白話報』の経営者。排日運動家。みずから経営する『時事白話報』を漢陽鋼鉄廠工会の機関紙として使用。下層労働者の間に勢力をもつ。在漢口日本総領事館の分析によれば、発行部数が多くても3000部前後という武漢の諸新聞の中で、『時事白話報』の発行部数は例外的に高く、8000部を突破しつつあったという	（※2）第23画像 （※4）第2-3画像
胡石庵*	国民党市党部代表	『大漢報』経営者。カラハンから宣伝費を受領したという風聞あり	（※1）503-504頁 （※2）第23-24画像
程鴻書	不明	元湖北教育庁長。学界に社会主義を宣伝	（※2）第24画像
張纛	中共とされる	湖北全省工団連合会関係者、武漢輪工公益会指導者	（※1）503頁 （※2）第24画像 本書358頁
劉伯垂（劉芬）	中共	湖北全省工団連合会の委員。二七事件で投獄されていたが出獄	（※2）第24画像
楊徳甫	国民党、中共	湖北全省工団連合会関係者、京漢鉄路総工会会長	（※2）第24画像 本書356-357頁
許鴻	不明	元武昌中華大学の学生。排日運動、排外運動を推進	（※1）503頁 （※2）第24画像
韓子平*	不明	1925年春に「広東工会代表」として武漢を来訪、ストライキを煽動	（※2）第24画像
袁告成	国民党系とされる	劉芬（劉伯垂）の推薦により人力車夫工会指導者となる	（※1）503頁 （※2）第24-25画像

許伯昊	中共	香煙廠工会を主宰、排日派	（※1）503頁 （※2）第25画像
馬宙伯	不明	『正義報』経営者。武漢外交委員会委員。排日運動を推進	（※2）第25画像
鄭慧吾	政党と無関係とされる	「漢口総商会会董」。漢口黄陂同郷会、漢口銅器組合、武漢外交委員会の会長。排日運動を推進	（※2）第25画像 （※3）30頁
任松如		漢口民新小学校校長。武漢外交委員会幹事。排日運動を推進。鄭慧吾とともに同郷人（湖北黄陂県）を排日運動へと煽動	（※2）第25画像

（※1）：文書番号570、在漢口総領事林久治郎より外務大臣幣原喜重郎宛「漢口英租界ニ於ケル騒擾事件ト赤化運動トノ関係ニツキ報告ノ件」（1925年7月8日）（原題は機密86号）、外務省編纂『日本外交文書』大正十四年第二冊上巻（大正期第四十三冊ノ一）、外務省、1983年。

（※2）：在漢口総領事高尾亨から外務大臣幣原喜重郎宛、機密第110号「武漢ニ於ケル国民思潮及民衆運動ニ関スル件」（1925年11月5日）の付属書「武漢ニ於ケル国民思潮及民衆運動」、外務省記録『国民思潮及民衆運動ニ関スル件』（自大正十一年四月）の「2．大正十四年／6」、JACAR、Ref.B03041041700。

（※3）：日刊支那事情社編（本多英三郎発行編輯）『長江流域の労働運動』日刊支那事情社、1927年。

（※4）：在漢口総領事林久治郎から外務大臣幣原喜重郎宛、機密第35号「新聞通信ニ関スル調査報告ノ件」（1925年2月13日）の付属書「武漢ニ於ケル新聞概況」、外務省記録『新聞雑誌ニ関スル調査報告ノ件』第3巻（自大正9年1月）の「15．漢口総領事館／5　新聞通信ニ関スル調査報告ノ件　2」、JACAR、Ref. B03040884100。

注：ただし高尾報告や『長江流域の労働運動』には楊徳甫が福建人と記載されるなど、信憑性には疑わしい点もある。またこれらの報告は視点が「排日活動家」に偏っている。さらに胡石庵は中共の文献において、第一次国共合作に反対したとされる人物である。

＊胡石庵：一八七九年生～一九二六年没。湖北天門の人。『大漢報』を経営するなど、武漢のメディア界で大きな存在感をもち、哥老会と関わりがあった。一九二四年には、孫文に対し、連ソ、連共、扶助農工の三大政策に反対した。なお『天門県志』は胡石庵の生年を一八七四年とする。湖北省地方志編纂委員会編（馮天瑜主編）『湖北省志・人物』武漢：湖北人民出版社、二〇〇〇年、九二二-九二三頁。湖北省天門市地方志編纂委員会編纂（胡治洪責任編輯）『天門県志』武漢：湖北人民出版社、一九八九年、九一六-九一七頁。

＊韓子平：中国語文献では未確認。日本語文献には「最近来漢せる広東工会代表韓子平」という記述などを見出せる。在漢口総領事林久治郎から外務大臣幣原喜重郎宛、公信第一九一号「武漢地方ニ於ケル労働争議続報ノ件」（一九二五年五月三〇日）、外務省記録『外国ニ於ケル同盟罷業雑纂／支那之部』第一巻（自大正十一年）の「49．武漢地方労働争議」、JACAR、Ref. B12081540000、第七画像。

蕭耀南は二七ストライキのときと同様、六・一一事件を弾圧によって鎮静化させた。しかしさきに述べたように、二七ストライキのときとは異なり、蕭耀南は排英団体などの結成をみずから指揮し、官製組織のもとでガス抜きをさせる作業も並行しておこなったとみられる。このような対応の違いは、彼がこの時期の武漢社会の熱狂を、二七ストライキのときよりも深刻かつ根深いものとして認識したことを示すように思われる。武漢社会の熱狂がこれにより鎮静化したことは、蕭耀南の一連の対策が、その善悪は別としても、ある意味においては地域社会の構造をよく理解する者ならではの的確さを備えていたことを示すのかもしれない。それゆえ六・一一事件の激烈さにもかかわらず、地域の商人たちも、その後は事態をそれほど深刻に捉えなかった[63]。

だが、一九二六年に蕭耀南が歴史の表舞台から退場し、かわって武漢国民政府が武漢の支配者として登場すると、内陸の労働運動に接触しようとする国共両党の動員工作が、武漢で全面的に展開する時期が訪れる。それが次節の武漢国民政府時代の労働運動である。

3 混沌と紛争の拡大――一九二六～二七年

1、武漢国民政府時代の労働運動の概要

一九二六年七月一日、広東国民政府は正式に「北伐宣言」を出し、中国統一を目指す北伐戦争を開始した（ただし先遣隊の派遣などはすでにおこなわれていた）。武漢をめぐる国民革命軍（国民党軍）と呉佩孚軍の戦いは八月から九月にかけておこなわれ、辛亥革命記念日である一〇月一〇日に国民革命軍は武昌に入城、戦いは国民党の勝利に終わった。同日、湖北総工会成立大会が開催され、項英らを隊長とする糾察隊が設立された[64]。

一方、通常は重要な行政組織であるはずの湖北省政府が正式に設立されたのは、湖北総工会よりもはるかに遅い翌

年四月一〇日であった。そもそも省政府建設以前の問題として、広東国民政府を武漢に移設する作業は、党内の意見対立により、スムーズに進んではいなかった。武漢に新政府を建設するための人員の移動は一九二六年一二月に始まったが、周知のように蒋介石はこれに協力せず、翌年四月一八日、南京にもうひとつの国民政府すなわち南京国民政府を建て、武漢国民政府と対立する。(65) とはいえ省政府設立の遅れは、各種政策を実行する行政組織よりも、革命遂行のための党組織や動員組織の結成を優先した、党員たちの若さにも一因があっただろう。(66)

北伐戦争の進展にともない、武漢経済圏には「左傾」、「過火」（行き過ぎ）と呼ばれる攻撃的な「労働運動」が発生し始める。たとえば日本外務省亜細亜局第二課の報告『国民革命軍北進ノ支那労働会ニ及ホセル影響』の緒言は、北伐の進行が長江流域に与えた各種影響の中でもとりわけ顕著であったのが、「両湖地方並上海方面に於ける労働界への影響であったとする。武漢においては、湖北総工会が制定した「湖北全省総工会所属各工会公約」（同報告の表現）が、各工場にひとつの工会、各産業にひとつの総工会を組織するよう呼びかけたことが大きな意味をもった。(67) これ以降、先行研究においてよく知られている工会の爆発的増殖が、武漢に生じていく。

この時期の武漢社会の熱狂は、一九二七年一月三日のイギリス租界襲撃事件（一・三事件）*と四月三日の日本租界襲撃事件（四・三事件）*を経てピークに達した。四・三事件後に作成された高尾の報告は、「工人は工会の命に服せず工会は総工会の命に遵わざるの奇怪の現象」すら生じているとした。楊奎松によれば、そのあまりの無秩序ぶりに、中共中央は湖南・湖北の中共党組織に「行き過ぎ」を防ぐよう指示を出し、武漢の中共は実際に二月から労働運動の

＊イギリス租界襲撃事件（一・三事件）：一九二七年一月三日、漢口のイギリス租界前の広場で国民党の中央軍事政治学校（黄埔軍官学校の後身）の宣伝隊が演説をしていたところ、「イギリス人が演説に干渉した」（当時現場にいた中国人警察などの証言）ために、聴衆とイギリス兵が衝突したとされる。イギリス租界に対する中国民衆の襲撃事件に発展した。その後の外交交渉でイギリスが武漢国民政府に漢口のイギリス租界を返還することを認めたため、中国側の革命史においては「勝利」とされている。「漢口工人収回英租界」『中国工運史辞典』一三二頁。「一三惨案受傷者之調査」長沙版『大公報』一九二七年一月九日。

引き締めに動き出す(68)。

　当時の報告や先行研究に基づくと、この時期の「労働運動」の特徴はおよそ次の点にまとめられる。一、運動が武漢国民政府自身にも取り締まれないほどの混乱ぶりを呈していたこと(69)、二、運動の担い手において目立ったのは中小商工業の店員と港湾労働者であったこと(70)（店員層はそれ以前にはほとんど運動の主体ではなかった）、三、労働者の「生活安定や向上」を目指すような労働運動ではなく、「労働者を如何にして革命のために組織し利用するか」という点を第一目標とした戦争の様相が強くなったこと、である(71)。

図１　国民党の中央軍事政治学校政治部作成のプロパガンダ用ポスター：二七事件で殺害された指導者たちの生首が、労働者を目覚めさせる鐘の舌（ぜつ）として提げられている。〔（右上）「バーン！　全国の労働者は夢から目覚める」、（生首の脇）「二七烈士頭領の鮮血」〕

出典：中央軍事政治学校政治部『革命画報』1927年2月7日。

所蔵：Political Poster Collection, Poster ID CC211, Hoover Institution Archives, Stanford University.

　とくに第三点目との関連で猛威を振るったものが糾察隊であった。日本語文献は繰り返しその攻撃性を強調している。上海内外棉支店の『赤禍の漢口』は「その戦闘力の旺盛なること、勢《いきおい》の迸《ほとばし》るところ往々常規を逸した行為に出づる」とし、当時のストライキがストライキという名の「戦争」であり、

＊日本租界襲撃事件（四・三事件）：一九二七年四月三日、漢口の日本租界で日本兵と中国民衆が衝突したことを皮切りに、日本租界が無秩序状態に陥ったとされる事件。一月のイギリス租界襲撃事件とは異なり、日本海軍陸戦隊約二〇〇人が上陸し日本租界を武力で確保した。中国側は中国人労働者が多数殺害されたとする。同事件は漢口事件ともいうが、同名の異なる事件が複数存在するため、ここでは四・三事件とする。「漢口事件」外務省外交史料館日本外交史辞典編纂委員会『新版　日本外交史辞典』（以下『日本外交史辞典』）山川出版社、一九九二年、一二〇一頁。「四三惨案」『民国史大辞典』九二一‐九二三頁。

「戦争に国際法も人道論もないといえばそれまでである」が、「労資の経済争議としてはあまりに惨酷な横暴振り」であったと非難している(72)。

この熱狂の高まりは、実は武漢経済圏の崩壊過程と歩みを同一にしていた。一九二六年二月の蕭耀南の死によって、武漢では厳しい金融危機が始まっており、武漢国民政府が翌年四月に実行した「集中現金条例」は、その深刻さに拍車をかけた。同条例は事実上、不換紙幣によって武漢社会から軍費調達をおこなう政策だったのである。この直前には四・一二クーデターによって上海が蔣介石に掌握されており、武漢国民政府としてはこれ以外に財政を立て直す方法がないと判断したのであろうが、結果として武漢金融市場は機能停止に追い込まれた。ゆえにこの時期に生じた「労働運動」とは、実は「労働運動」に名を借りた物資の奪い合いとでも呼ぶべき社会現象であったと筆者は考える。五月、ついに国民革命軍による二つの反共クーデター（夏斗寅の乱*、馬日事変*）が発生、これを機に武漢国民政府も労働者への態度を変えていく。七月一五日、武漢国民政府は中共を追い出す「分共」をおこない、すべての責任を中共に負わせて規律の引き締めに着手した。

＊夏斗寅の乱：夏斗寅は湖北麻城の人。唐生智軍に所属して北伐に参加。一九二七年初めに国民革命軍独立第一四師師長となる。湖北省政務委員、国民党漢口特別市党部執行委員などに任じられたが、蔣介石の四・一二クーデター後、何鍵軍と反共の会議をひそかにおこない、五月一三日に反共通電を出して軍事行動をとる。一七日に葉挺軍に迎撃され、武漢国民政府における役職を剝奪される。以後、蔣介石の新編第一〇軍軍長に転身。中村楼蘭「夏斗寅」『近代中国人名辞典』九一二－九一三頁。「夏斗寅」何東ほか主編『中国革命史人物詞典』北京：北京出版社、一九九一年、五九九頁。

＊馬日事変：一九二七年五月二一日に湖南長沙で発生。首謀者の一人は湖南駐在長沙第三五軍第三三団団長許克祥であり、湖南湘郷の人である。許克祥は湖南総工会や国民党湖南省党部などを襲撃、労働運動・農民運動を弾圧し、「湖南の急進革命は一夜にして瓦解した」。坂野良吉「許克祥」『近代中国人名辞典』九六二－九六三頁。「馬日事変」『民国史大辞典』九五－九六頁。

2、武漢国民政府時代の労働運動の検証

(1)「正義」と私的利益の結合形態

① ハイパーインフレーションの発生

武漢は一九二四年秋から銅元の価値下落に起因するインフレーションに悩まされていた。前章でも触れたように、黒田明伸の分析によれば、この時期の武漢経済圏は、銅を取引手段とする経済構造から銀を取引手段とする経済構造へと、構造転換が始まっていたという。

しかし一九二六年春に生じた官票の大暴落は、巨視的な経済構造の転換とはまた別の文脈によって生じていた。当時市場に流通していた官票の総額は、当局の発表では七〇〇〇万串相当、巷間でささやかれていた通説では少なくとも九〇〇〇万串相当であった[73]。これらの紙幣が一気に紙くず同然となったのである。西川喜一の四月二五日付報告によれば、三月一日から四月二三日のわずか約一カ月半のうちに、銅貨一串七二文(一〇七二文)相当であった官票の価値は、その三分の一以下の二三八文に急落していた[74]。官票によって賃金を受け取っていた一般庶民からすれば、給料の購買力が約一カ月半のうちに三分の一以下になったわけである。この衝撃はハイパーインフレーションに匹敵するものであった。

官票がこれほどまでに急激に信用を落とした最大の理由は、呉佩孚の軍費調達であった。前章で述べたように、湖北の支配者蕭耀南は、一九二四年の第二次奉直戦争と北京クーデター以来、中央における上官呉佩孚の政治的・軍事的生命はすでに危ういとみてその湖北入りを拒んでいた。しかし一九二五年一〇月、孫伝芳による反奉天戦争の開始を転換点として、蕭耀南は再び呉佩孚を湖北に迎え入れる。だがこの時期の呉佩孚はなりふり構わず戦争に突進するようになっており、さらに続いて発生した北伐戦争のため、武漢経済界は呉佩孚から多額の軍事費を巻き上げられることになった。中共の文献『湖北近代革命史』の整理によれば、呉佩孚は、湖北官銭局をはじめとする武漢経済圏の

流通機構を支える重要な政府機関の財産を担保とし、地元の有力商人から多額の軍事費を拠出させた。抵抗する者には制裁が加えられた。『嚮導周報』に掲載された事例では、たとえば徳記大薬房の店主が「死に追いやられ」、中国銀行漢口支店の店長洪鍾英は鞭打たれ、武漢商人は営利誘拐されたという(75)。

だがもっとも問題であったのは、一九二六年二月に、蕭耀南が「病死」したことであった。革命史においては軽く済まされている蕭耀南「病死」事件は、実は武漢政治史上の大事件であり、当時は呉佩孚による毒殺説もささやかれた。実際には、このとき蕭耀南が強いストレスにさらされていたことは間違いなく、これが原因で持病が悪化し死に至ったというのがもっとも妥当な理解のように思われる。蕭耀南は、過酷な軍費調達を進める呉佩孚と、呉佩孚に対するブレーキ役を期待する武漢社会とのあいだで板挟みになりながら、軍閥戦争を進めなくてはならなかったのである(76)。蕭耀南の死以降、湖北官銭局は完全に軍のコントロール下に置かれ、軍費調達を目的とした官票の乱発をおこなうようになる(77)。

このような経緯から、官票の信用力に対しては、とくに蕭耀南が死亡した二月以後、極度に不安が高まっていたと考えられる。そこへ同局職員の腐敗問題が明るみに出、さらにデマが加わったことにより、官票所持者が取付騒ぎを起こした。十分な準備のなかった湖北官銭局がこれに対処できず、官票の信用は一気に急落した。かくて「未曾有の大恐慌」が「突発」し、武漢の民間商業銀行（銭荘）、両替商（銭舗*）、商店（商舗）が続々倒産し始め、「隣接各省」の市場は大混乱に陥り、湖北省内だけで八万人の失業者が発生したとされる。このとき、たとえば湖北省西部の宜昌では、官票による必需品の購入ができなくなった貧民が、米の略奪に走っていると報道された(78)。

官票暴落が引き起こす諸問題のうち、もっとも深刻なものは銭荘の倒産であった。一軒の銭荘の倒産は、そこから資金を融通する複数の商店の倒産の引き金となった。そしてこの倒産の連鎖反応に大商店が含まれていれば、それはさらに複数の小規模の商店を巻き添えにした。黒田の分析からは、清末の武漢の金融業者が自己の準備に見合わないハイリスクの資金運営を恒常的におこなっていたようすを窺えるが、一九二六年の金融危機のときも、「資本は小さいが営業は大きくやっている者」が危機的状況に陥っていた[79]。

武漢の金融業者と商人は、対応策として集められるだけの資金を集めて準備とし、官票を回収して、下落した価値と信用を回復させようと試みた[80]。この試みがどこまで成功したのかを評価することはしばらく置いておくが、官票下落によって武漢社会ならびに近隣各省が受けた打撃は深刻であった[81]。

西川によれば、この緊急事態に直面した労働者は、官票による賃金支払いを拒否し、銅貨による支払いと賃上げを要求するようになった。しかし西川は、この段階の労働運動については楽観的であった。労働者の抗議の結果、支払い手段は官票から銀貨に替わりつつある、これは悪貨が良貨に取り替えられていく過渡期とみなせる、現在大変な犠牲を払ってはいるが、将来はよいほうに事態が動くであろう、と西川は観測した[82]。

② ハイパーインフレーションの加速と市場縮小

もし蕭耀南の死後、経済の立て直しを重視する政権が武漢に再建されていれば、西川報告の予想はある程度まで実現していたかもしれない。しかし次に武漢を統治した政権は、革命と北伐戦争を重視する武漢国民政府であった。そのため武漢経済圏の深刻な市場縮小に歯止めがかからなくなっていく。

呉佩孚が地元商人に対し戦費調達のためにつくった多額の借金は、呉佩孚が武漢から逃亡したことによって事実上

＊銭荘、銭舗：広義の銭荘は銭舗をも含むが、金融業界においては、銭荘の中でも資産規模が小さく信用力の低いものを「小銭舗」と呼んだ。信用力の有無は主に「荘票」を大規模に発行することができるかどうかで区別された。「荘票」とは、大まかには、各金融業者がみずからの信用力に基づいて発行する紙幣として捉えることができる。銭荘、銭舗の組織力に関しては、銭荘が銭業公所を形成し定期的に会合を開いていたのに対し、銭舗には類似の活動がなかったという。また銭荘が商業銀行的機能を帯びていたのに対し、銭舗は主に各種貨幣間の両替を業務としていた。銭荘は多くの場合「××荘」、「××銭荘」と名乗り、銭舗は「××銭号」と名乗った。川村小三郎『行報第一三〇号─漢口ニ於ケル銭荘並ニ荘票』横浜正金銀行、一九一八年一二月一二日、二一-三三、三五-六八頁。

踏み倒される形になった。資金力のない武漢国民政府には、呉佩孚の残した不良債権の受け皿となる能力はなかったからである。その結果、一九二六年一一月下旬にはさらに銭荘が倒産していることが報じられた。この危機的状況下において、この時点で生き残っていた銀行や銭荘も融資を控えるようなり、武漢の市場縮小はさらに加速した[83]。武漢国民政府が戦争続行のための軍費を調達しようとしたことも、これに追い打ちをかけた[84]。

一九二七年二月、武漢国民政府は流通紙幣をつくり直そうと企図する。具体的には、湖北官銭局にかわる中央銀行と、官票にかわる漢口通用券の創設を計画したのである。とはいえこの新紙幣は一向に市場の信用をえられず、物資、銅貨、銀はかえって政府の目から隠された。上海での資金調達が絶望的と判明した四・一二クーデター後、同政府は、漢口通用券の使用を強制的に命じる「集中現金条例」（四月一七日）を施行する[85]。天津日本軍司令部嘱託竹内元平の『最近支那財政概説』は、この法令は表向き現銀の流出を防ぐことを謳ってはいたが、最大の目的は軍事費の確保であり、そのために紙幣の価値を維持しようとしたと説明する[86]。たしかに、紙幣を発行し、それを地域社会に使用させるという過程でも経ない限り、徴税機構も整っていない武漢国民政府が武漢経済に食い込むのは困難であったのだろう。

竹内によれば、「集中現金条例」の施行によって二五の漢口の銀行が閉鎖し、三十数軒の銭荘が休業（事実上の倒産）した。国民党商民部が漢口市総商会に対しておこなった調査報告（一九二七年、月は不明）も、報告書作成当時で、倒産した銭荘業者は、表面上は一〇～二〇軒だが、実際には約七〇～八〇軒としている。他方、中共を批判する立場から書かれた蔣永敬『鮑羅廷与武漢政権』は、銭業公会の報告として、一五〇軒あまり存在した漢口の「銭店」のうち、一一〇軒あまりが閉店したとする[87]。

かくして武漢の経済的危機は、一九二七年四月ごろから久保亭のいう「きわめて深刻な段階」に入った[88]。その原因に関するもっとも伝統的な解釈は、帝国主義者や蔣介石によって「経済封鎖」がおこなわれたとするものだが、もともとこの説明は武漢国民政府のプロパガンダに起源をもつ。現実に近いのはおそらく馮筱才の次の評価であろう。馮筱才は、「経済封鎖」といいうる実態はたしかに一部存在はしたが、武漢国民政府は、基本的にはみずからの経済政策が原因で崩壊したと説明した。

紙幣はただの紙切れ同然となり、その結果として物価はますます上昇した[89]。一九二七年の八月から九月にかけて、武漢の市場はほぼ死滅状態に追い込まれた。竹内は、武漢国民政府は紙幣の使用を強制するべく、軍を各商店に派遣して無理に紙幣を使用させ、また銭舗の店主たちを捕らえて銃殺したが、まったく効果がなかったとする[90]。

③　失業者

この時期の武漢の失業者数について、かつて坂野良吉は、武漢国民政府の指導者汪精衛らが「たえず口にした『総計三十万余』等の数字」は、湖北総工会が第一次代表大会で示した湖北省すべての組織労働者数に一致してしまうので「いくぶん誇張を含む」と判断し、中共の機関紙『嚮導周報』の示す一二万前後という数字が実状に近いと推測した[91]。だが武漢経済圏の崩壊にともなう加速的な市場縮小という点を考慮すれば、湖北総工会傘下の工会に潜り込んだ労働者の総数をそのまま失業者とみなす発言は、むしろ合理的である。

当時の武漢の失業人口を記述した史料としては、国民党の機関紙『漢口民国日報』に一九二七年五月一八日と六月六日に掲載された数値がよく知られている。五月時点で失業者は一二万人に達したとされ[92]、六月のより詳しい失業統計によれば一四万一〇二四人とされた（表2）。二〇一〇年に中国大陸において提出されたある修士論文は、『漢口民国日報』のデータを国民党中央執行委員会政治委員会第一八次会議記録や『嚮導周報』の記述と突き合わせ、統計が信頼に値すると判断している。実際にはこれだけで数字の正確性が担保されるわけではないが、示されたデータが宣伝的なものではなく、当時の国共両党の共通認識を表すと理解することは許されるだろう。またこれとは別に、日本外務省亜細亜局第二課の資料は、一九二七年五月末の中国側の発表として、失業者の総数を一五万八九〇〇人とし、このうち国民革命軍の武漢占領以前からの失業者を五万八〇〇〇人、うち一万人を「遊民」とする。さらに、七月一五日に武漢国民政府が「分共」を実施し、工会の改組に着手すると、これを「好機」とみなした店主・工場主が盛んに解雇をおこない、失業者数は一時期二〇万人に達したようであるともいう(93)。

以上の記述が意味するところは、工会にも店舗にも所属せず、あきらかに失業者と判断しうる者が一四〜一六万人のあいだを推移し、またこれとは別に、事実上倒産した店舗や工場にむりやり居座り、あるいは工会に所属することで表面上は失業者とはみなされない潜在的失業者が、さらに四〜五万人近く存在したということである。それらを合わせれば、事実上の失業者数は二〇万に達し、汪精衛らの嘆いた三〇万という数字に接近する。

この二〇万の失業者数のうち、表2の失業統計において租界の経済活動の停止が原因であるとはっきりみて取れるもの（烟廠工人、錬廠工人（太安）、製革工人（武林）、骨粉廠（清喜）、日華油廠、洋務工人）を単純に合計すると、八九六五人となる。表2の港湾労働者（「碼頭工人」の常雇いと臨時雇いの双方）三万九四〇〇人も租界の経済活動停止が原因である。というのもこれとは別の史料において、湖北総工会は、一・三事件の結果であるイギリス租界回収によって、少なくとも二万人の失業者が発生したことを認め、とくに多いのは港湾労働者、次が綿花圧搾工場労働者、その次が租界サービス業労働者であると告白している(94)。さらにまた、李立三は一九二七年五月末の報告において、工会に登録された失業者数は六〜七万人、本来の失業者数はそれを上回る一〇万人としているが、ほとんどは取引停止の影響を受けた運輸業関係者であった(95)。表2における建築関係（磚瓦錬造工、竹木運輸工、泥木工人、車工）を合計した五万三五〇〇人の失業者も、租界を中心とする経済活動が停止したために生じたものであろう。したがって、二〇万人近い事実上の失業者のうち、一〇万人ほどは、租界を核とする経済活動の麻痺の影響を受けていたと根拠をもって推測できる。

後藤朝太郎は、当時の状況を、「工場も船舶も荷役も何もかも止まってしまって構わぬ、唯《ただ》一概に外人を放逐するという雷同的気分が嵩じて来ていたものらしい。あとになって落ち着いて見ると、自然工場の閉鎖され機械の運転の止まって了《しま》った為め、幾万からの工人の失業者が出来、又船のとまった為め荷役の失業者がたくさん出来たので困って来た」、しかし、「その辺の心配などは始めはしていないのである」とした。ほぼ同様のことを、国民党中央執行委

表２　武漢の失業者数（失業工人救済局調べ）

職種	人数	失業原因
磚瓦錬造工〔煉瓦と瓦の製造職人〕	1万5000	建築業の停止
竹木運輸工〔木材運送員〕	3000	同上
銭業店員〔金融業の店員〕	800	金融の停滞と為替の停止
典当店員〔質屋の店員〕	400	商業が衰退し、店主が辞職
布業店員〔反物屋の店員〕	500	同上
雑業店員	600	同上
烟廠工人〔英米煙草会社工場〕	3800	イギリス帝国主義者が攻撃し理由なく閉鎖したため
紗廠工人（楚安）〔楚安公司の紡績工場労働者〕	600	当該工場はまだ努力して吸収することをしておらず、残されている者
紗廠工人（太安）〔太安とは泰安紡績工場のこと。同工場の労働者〕	375	日本帝国主義者が攻撃し理由なく閉鎖したため
紗廠工人（揚子）〔楊子機器廠の労働者を紡績工場労働者と誤記か〕	770	工場主が災いをおそれて逃亡
染織業手工業者	2800	流通が阻害され為替が停止し染織物の販売ができなくなったため
機器工人（漢陽漢口）〔漢陽、漢口の機械工〕	240	製造業の停滞
泥木工人〔土木建築関係の労働者〕	3万2000	建築業の停滞
碼頭工人（常雇いはすでに工会に加入）	9400	商業が衰退し貨物が減ったため
碼頭工人（流動的な者はまだ工会に加入していない）	3万0000	招商局が完全に業務を停止、怡和、太古、日清の三会社も経済封鎖政策を用い船舶を止めているため
車工〔旋盤工〕	3500	建築業の停滞による失業
製革工人（武林）〔日本人経営の武林皮革工場の労働者〕	96	四・三事件
骨粉廠（清喜）〔日本人経営の清喜洋行骨粉工場〕	108	同上
日華油廠〔日本人経営の日華製油工場〕	380	同上
洋務工人〔イギリス租界、日本租界で雇用されていたサービス業労働者〕	4206	一・三事件、四・三事件
その他の店員	1206	—
火柴工人〔マッチ製造労働者〕	520	長期失業者
工会のない者	5万4000	長期失業者
工会がある失業労働者	8万7024	—
計	14万1024	

出典：「武漢失業工友統計」『漢口民国日報』1927年6月6日（同史料は『中国工運史料』にも収録されているが一部誤記がある。中華全国総工会中国工人運動史研究室編『中国工運史料』1982年第1期（総18期）、155－156頁）。
注：（　）は原注、〔　〕は引用者による補足説明、失業原因に関する説明は原文通りに訳した。

員会宣伝部の雑誌に掲載された湖南人胡礼賢の武漢見聞記も指摘している。労働者たちは中共の影響を受け、仕事をせずに金銭を要求するようになったが、これはかえって工場閉鎖などを招き、さらなる失業問題を生み出して労働者を慌てさせた、と。[96]

それゆえ、外交上の大勝利と宣伝されたイギリス租界回収や、続いて発生した四・三事件は、失業対策という面に限ってみるならば大失策であった。『東京朝日新聞』の記者太田宇之助は、「罷工続出の上に英租界事件、更に武漢の労銀昂騰から地方より労働者が盛んに流入した結果失業者がいよいよ増加するので当局は大いに頭痛に病み……」と報じた。一・三事件直後の一月中旬、湖北総工会は失業港湾労働者を救済すべく、港湾労働者に課せられた月ごとの税を取り消すよう政務委員会に要請したり、劉玉春（呉佩孚軍の軍人）の財産を管理する「逆産清理処」に手紙を出し、劉玉春から押収した四〇〇石を失業労働者救済費用に宛てるよう懇願するなどした。[97]しかし焼け石に水の状態であったと思われる。

一九二七年四月時点のある報告は、三年前と比較すると銅元の価格は二分の一以下に下がったとしている。[98]だが一般庶民に対する給料は、もともと銅貨ではなく、銅貨の裏づけをもつ官票という紙幣によって支払われていた。その紙幣が一気に貨幣としての価値を喪失した以上、貧しい人々はまさにその日必要な食料さえ購入できない状態になっていたと考えられる。

武漢の労働者が自分の身ひとつ養えない状況が出現していたうえ、この時期の武漢にもやはり水害難民が集中していた。前年の洪水のため、とくに沔陽から出てきた農民が多かったという。当時の武漢の経済的キャパシティがいかにパンクしていたかは、乞食の多さがこれを物語る。一九二七年四月初めに国民党機関紙『中央日報』（漢口版）の別冊版『中央副刊』に掲載された漢口見聞録は、「大通り、小通り、血華世界、首義公園、帰元寺、黄鶴楼、旅館や酒楼の玄関、トイレの脇、すべて乞食でいっぱいである」とし（辛遽「揚子江辺的貧民村」）、翌日続けて掲載された別の見聞録は、交通路という賑やかな通りに乞食があふれかえり、少しきれいな身なりをしたよそ者をみかけるや銅貨の恵みを求めてまとわりつくとした。公安局が乞丐教養委員会を設けて乞食の収容に着手したと聞くが、乞食は減るどころかむしろ増えているようだ、このままではおそらく交通路は近い将来、人力車夫や乞食で満杯になり、通行できなくなる、と（張振鵬「我也談談漢口的事情」）[99]。

この状況で万一失業者発生の原因が政府の経済政策にあると認識されれば、たいへんな騒動となっただろう。武漢国民政府の「経済封鎖」説は、失業者の発生原因を少しでも他者に転嫁するための懸命なプロパガンダであった。たとえば四・三事件後、日本人経営の工場は「一斉閉鎖」し（『最近支那関係諸問題摘要』）、工場労働者の失業原因となった。すると党は、日本の一連の動きは「帝国主義の経済封鎖と武力干渉の企み」であり、この事件のために一万五〇〇〇人あまりの失業者が生じたと主張した（『漢口民国日報』）。馮筱才は、武漢国民政府の要人たちは問題がそれほど簡単ではないことなど承知のうえで、政府の財政危機の原因をすべて帝国主義者の「経済封鎖」に帰す宣伝をおこなったのだと指摘する[100]。

④ それぞれの「正義」の利用

以上に検討した経済的危機と失業状況から、この時期の武漢においてはきわめて多くの人々が、日々の食事をどうするかという事態に直面していたことがみえてくる。また、この時期の「労働運動」には一貫した方向性を見出しにくい。武漢国民政府が求心性を大きく欠いていたことが影響したのであろう。史料に垣間見える現場の「幹部」や「頭目」たちの振る舞いは、政府の権威を借りつつ、個人的で恣意的な欲望を、それぞれに都合のよい「正義」の名のもとに開放していただけのようにみえる。さまざまな政治的スローガンが叫ばれながらも、その実、個々の欲望が主義、思想、信念などによって方向づけられることはなかったのである。そのため、各種史料から読み取れる運動参加者の動機は実に多様であり、生存の確保という切実な要求から一攫千金を狙う投機的要求に至るまで、また主観的な「革命」の実践から私怨を晴らすことまで、ありとあらゆる要素が見出せる。

したがって、この時期の武漢における「正義」と私的利益の結合形態のすべてを逐一検討することは困難である。

ここでは、武漢社会の多数を占めていた肉体労働者と店員、また権力機構に焦点をあて、その私的利益と「正義」の結びつき方のごく一部をのぞきみるにとどめることとする。より具体的な事例のいくつかは、後述する（2）運動拡大、（3）権力と富のありか、などにおいても示していく。

〈肉体労働者と店員〉

中華民国期の著名なジャーナリスト胡政之による一九二七年二月ごろの武漢見聞記からは、当時漢口にはさまざまなスローガンが氾濫していたにもかかわらず、人力車夫や幼い子どもがもっぱら口にするのは「打倒帝国主義」、「打倒軍閥」、「打倒資本家」という言葉であったことが読み取れる。日本陸軍の「支那通」であった佐々木到一も、港湾労働者がよく用いるのは「打倒帝国主義」であったとする。さらに胡政之は、友人の目撃談として、七、八歳の子どもたちが竹竿をもって犬を追いかけ、一人が「呉某をやっつけろ（打倒呉某某啊）」とわめけば、もう一人が「×××をやっつけろ（打倒×××啊）」とわめくといった調子であったと記す。[101] 以上のことから、「打倒××」というスローガンは、子どもたちの頭ですら理解しうるきわめて単純な勧善懲悪の「正義」を示す言葉として、肉体労働者たちに理解されていたことが察せられる。

また租界で働く肉体労働者たちは、「帝国主義」を彼らが日常的に目にする租界の外国人を指す言葉として理解していた。一九一一年の呉一狗事件（人力車夫呉一狗がイギリス租界のインド人警察によって殴り殺されたとして、人力車夫が暴動を起こした事件）以降、肉体労働者と租界の外国人との衝突は、実に数度にわたって発生していた。[102] それゆえ外国人を襲撃対象とみなす心理は、このような人々のあいだでは広く共有されたものとなっていた。北伐時期、「少なくない労働者が、租界あるいは個別の外人に対する報復行動に出た」というが、[103] この場合の労働者とはとくに租界で働く肉体労働者のことであっただろう。一・三事件を引き起こした人々も、中央政治軍事学校の学生宣伝隊の演説に群がった港湾労働者、海員などであったという。[104] 馮筱才は、結局「帝国主義」が何を指すのかは人によって理解が異なったと指摘する。[105]

「資本家」という言葉は、どうやら相対的に金銭をもつ者を非難する言語として使用されたようである。「分共」後、国民党機関誌『中央半月刊』は次のような逸話を掲載した。武漢の人力車夫が大根売りとぶつかり口論となり、「漢口総工会」に連れて行かれた。裁判官は大根売りに対し、この大根の元手はいくらになると尋ねた。一〇角あまりですと大根売りは答えた。すると裁判官は、一文なしの人力車夫に比べ、大根売りは元手をもつから「資本家」であると判断し、おまえは人力車夫に賠償を求めてはならないだけでなく、二、三角の補助金を与えるべきだといい渡した。(106) この逸話の執筆者は、これは友人から聞いた話であり、実話かどうか確認するすべはないと断りを入れている。しかし実話ではないとしても、肉体労働者や一般庶民のあいだでは、少しでも金銭をもつ者が「資本家」として攻撃対象となった当時の雰囲気を伝えるものではあろう。

一方、武漢で激しくなった店員運動の担い手である店員たちは、「資本家」という言葉を店主を非難する言葉として用いる傾向があったようである。一九二六年末に、漢口総商会が湖北総工会に対し、工場主や店主は資本家なのかと問い質したところ、湖北総工会はこれを肯定しつつ、資本家という言葉は決して人を罵る言葉ではないと釈明した。(107) この釈明は逆に、「資本家」という言葉が工場主や店主に対する罵倒の言葉として常用されていたことを意味する。中共党員であった朱其華の回顧録によれば、六人の店員を雇う四〇歳過ぎの酒楼の天津人店主は、朱其華に対し、革命には賛成であるという公式の態度を示してから、用心深く次のように答えていた。賃上げをしないと工会から「反革命」だ、公安局へ送ってやるといわれるが、六人全員を賃上げしたらやっていけない。それなら二人を解雇しようと思ったが、工会からは労働者を侮辱している、労働運動を圧迫している、「反革命」で処分するといわれる。ならば商売をあきらめようとすると、今度は「奸商」だ、「労働運動を破壊する資本家」だといわれる。(108)

張国燾はこの時期の漢口の肉体労働者や手工業者の雰囲気について、外国人への報復感情と、外国人の財産を奪い一攫千金を狙う感情とに触れ、これは中国の「鏟富済貧」（富者を取り除き貧者を救う）の観念に通じる発想だと分析している。(109) 虐げられて貧しい「我々」が、豊かで悪辣な「敵」を打倒し財物を奪う。人々はこの伝統的な英雄物語の枠組みに引きつける形で、彼らの私的利益とお上の提示する「正義」とを結合させていったと考えられる。

〈権力機構〉

武漢国民政府のもとに新たに設けられた各種権力機構の内部では、やがて権力闘争が展開されていく。その際、競合相手を引きずり落とすための言葉として常用された言葉が、「反革命」や「反動」などの政治的レッテルであった。

王奇生の整理によれば、武漢国民政府司法部の提案した「反革命罪条例」が、国民党中央執行委員会の会議を正式に通過したのは、一九二七年二月九日であった。その目的は敵軍の将であった陳嘉謨と劉玉春を裁くことにあったが、一方で当時から、この条例は蔣介石を「反革命」として排除することをも狙っていると捉えられていたという。だが武漢で実際に運営される「反革命罪」の基準はきわめて曖昧であった。基本的には「反革命」の意図があるかが問われたが、意図の有無を証明することは難しく、結局は裁く側の主観で判断されることになったのである。この「反革命罪条例」問題について、高久肇が作成した満鉄の資料は、「反革命なる言葉の包含する範囲は識《し》らず識《し》らずの間に広範なものになりて、正当な党理に基いた意見さえも、時には反革命として葬り去られるような」状況に至った、と簡潔にまとめている[110]。

「相当に恣意的な政治的汚名」でありながら「人を死地に追いやる法的罪名」（王奇生の表現）は、政治闘争の道具としては最適であった。四月一日付『漢口民国日報』は、三月三〇日の公安局政治部第二次連席会議が「武漢粛清反革命委員会」の常設を含む「粛清反革命派条例」を議決したことを伝え、翌日の党務情報欄にも「反動分子を厳しく調査する方法」として同内容が再掲載された。こうした雰囲気のもと、たとえば遅くとも五月ごろには、武漢の大物国民党員劉文島が上海へ逃亡し、蔣介石の南京国民政府に身を寄せざるをえなくなっている。それまでの劉文島は、国民革命軍第八軍政治部主任、漢口特別市党務執行委員、湖北省政府臨時政治委員会委員、漢口市市長などの重職を歴任していたのであるが、漢口市党部は彼を党籍削除とし、党中央に逮捕要求を出した[111]。

党組織の末端においても、「反革命」や「反動」を取り締まるという正義の装いをもって競合相手の排除がおこなわれたとみられる。四月九日の漢口市党部第二五次執行委員会において第二区四分部の党員らが提出した議題は、銭楚雄という党員が反動的言動をしているので党籍削除を求めるというものであった[112]。こうした告発は仲間内でおこなわれており、「反動」をまじめに除去しようとする動きというよりも、むしろ職場での勢力争いの様相が強いとみたほうがよいであろう。

「帝国主義」や「資本家」以上に攻撃対象が明確でない「反革命」、「反動」という言葉が社会に入り込むと、それはあらゆる紛争の局面において、人々が意に沿わない相手を攻撃するために有用な「正義」に変じた。武漢国民政府の党中央の狙い通り、蔣介石を支持する国民党右派系とおぼしき労働者が「反動」として捕らえられることもあった[113]が、無関係の人々が小さなことで「反動」とされるリスクも大いに高まった。たとえば四月二日に『市民日報』という日刊紙を路上販売していたある労働者の事例では、漢口市婦女協会がメーデーに裸デモをやるというニュースがある、新聞をみてほしいという売り文句を叫んだために、マッチ工場の労働者と漢口市婦女協会によって「反動」として公安局に送り込まれたのである[114]。

(2) 運動拡大

以下では運動の拡大過程を検討する。しかしこの時期の武漢には、広東や上海のような、国共両党とその関係者が狙いを定めた社会集団を順次動員していくような動きは希薄である。武漢での動員工作は、相互につながりを欠いた個別の団体の熱狂を、一斉に噴き出させたようにみえるのである。

① 失業者とヤクザ者

国共両党の動員工作にもっとも積極的な反応を示したのは、無職の者とヤクザ者であったようである。台湾の陳佑慎は鄧演達（当時、国民革命軍の政治工作責任者）に関する研究の中で、一九二七年六月末の武昌群衆運動委員会の報告にはそもそも武漢市民が民衆運動を「畏途」（いやなこと）と捉えているという記述があるにもかかわらず、なぜ人々は運動に続々と参加したのかと問いを立て、「否定できないのは、革命家が『教育』という目的を達成するため、脅迫的手段を用いて民衆を集め参加させることを、たしかに惜しまなかったことだ」と分析する。また社会変革を進めるための触媒として、革命家が無職の者やヤクザ者を用いる局面があったと指摘する。同年六月には、武漢国民政府の国民党中央の訓令は労働運動の進め方に関して次のように注意を促していた。「無産階級と無職のごろつき（無業流氓）の区別には注意すべきである。無産階級の狭義の意味は、近代的産業組織の労働者であり、広義の意味では労働者である。無職のごろつきとはまったく違うものである。もし無職のごろつきを無産階級と誤認して、労働運動に参加させれば、労働運動は必ず障害をこうむる」[115]。

『国民革命軍北進ノ支那労働会ニ及ホセル影響』では、「無頼の遊民」たちの姿はとくに糾察隊の中に観察されている。糾察隊の暴行に対しては、国民革命軍幹部ですら取り締まりの必要性を感じているけれども、権威のない軍警には対処することができず、唯一状況を改善しようと努力していたのは「武漢総商会」であったという[116]。

武漢経済圏の構成地域である湖南でも、同じような光景が展開された。在長沙総領事糟谷廉二は、「使嗾煽動に容易にして絶対多数者たる無産者」すなわち「無職浮浪の徒」が湖南において「先鋒」となり、「革命運動の名を以て凡有《あらゆる》方法を以て有産者方面を迫害搾取し、地主有力者等の避難離省者続出せり」と報告した。つまり動員されやすい無職の者が有産者を攻撃し、経済的余力のある人々は次々に湖南の外へ逃げ出しているという。また「無職浮浪の徒」は官吏も警察も恐れず、「貪官汚吏と強弁して地方税釐金《りきん》税を抗納し、遂に其《その》税局を搗毀《とうき》」し、「甚しきは警察署長を拉致游街し其《その》官署を破壊」したという[117]。

② 租界サービス業労働者、日系紡績工場労働者

この時期の武漢においてもっとも早くに動員されたが、もっとも消極的であったようにみえる労働者集団は、やはり租界サービス業労働者であった。さきの『国民革命軍北進ノ支那労働会ニ及ホセル影響』[118]によると、一九二六年一〇月中旬、日本人の家庭や事務所に雇用されるコック、ボーイ、婀嫣などを動員するため、漢口洋務工会*が設立さ

れたことがわかる。工会幹部は租界サービス業労働者の「頭目」（工頭と思われる）と、「最近解雇せられたる浮浪分子」すなわち失業者であったという。労働者自身の態度については、糾察隊や「不良分子」によって「已むを得ず駆り出され」あるいは「迫害を受け又は迫害を恐れて不本意にも和同した」に過ぎず、雇用主とのあいだに「感情上の疎隔」のある者はほとんどいなかったと同報告は主張する。

同会の幹部たちは、漢口洋務工会が設立当初「成績思わしからず」という状態であったため、工会の権威を高めるためにストライキを計画し、そのための理由づくりとして、一二カ条の要求を一一月一六日に日本総領事館に送付したという。これに対し総領事館は、これらの労働者の雇用契約は各家庭、各事務所と個別に結ばれたものであり、総領事の関与できる問題ではないという立場を取り、劉文島に仲裁を依頼した。しかし送付された要求がもともと解決を目的としたものではなかった以上、仲裁によって事態を収拾することは困難であった。二〇日から租界サービス業労働者はストライキを開始した。

ストライキの実施状況は次のようなものであった。「糾察隊員」と「不良分子」が日本人の家庭や事務所に赴き、雇用されている中国人を「駆り出し」、「暴力を以て引立つる」。その結果二四〇〇人がストライキに参加した。また、広東や上海の経済絶交を模倣したのであろうか、これらの人々によって日本租界に対する兵糧攻めが計画され、日本人に対する罵倒や殴打事件などが発生したという。とはいえこのストライキは二八日に解決した。

以上は日本人からみた光景であるが、国民党左派として知られた顧孟余も、当時武漢で流行した宣伝の中に、農民や労働者を革命に参加させるには利益を与えねばならないというものが存在したと指摘している。この種のストライ

*漢口洋務工会：漢口洋務工会は漢口の日本人に雇用されるサービス業労働者を対象としており、日本人以外の外国人に雇用されるサービス業労働者は、別に武漢洋務職員工会を組織した。神戸商業会議所『対露支貿易時報号外第二輯―武漢地方に於ける国民革命軍の施政状況並に労働政策』一九二六年一二月、五〇頁。

キに消極的態度を示す者は少なくはなかったのだろう。漢口の日本人居留民たちの体験記は、「十人が十人共《とも》工会の命令に応じて罷業すると云う訳ではない。多数の間には隠れ逃げして参加しないものもある。其等《それら》は糾察隊が来て容赦なく引張出す」と記している(119)。

その「容赦なく引張出す」過程とはどのようなものであったか。たとえば工会の成立大会や記念式典にボーイを参加させる場合、「〔糾察隊は〕朝早くから銅鑼を鳴らし『八時迄に集れ』と怒鳴って歩く。戸の閉った家は叩起す、足で戸を蹴る。不参者は二弗の罰金、中には『工賊』など書いた色紙を背に貼り、後手に縛って街上を曳回された者もある」(『南京漢口事件真相』)。あるいは「拘引し鉄拳を見舞い、其上に『工賊』又は『走狗』と晒し物にして市中を練り歩くので大抵の者は慄《ふる》え上って不本意ながらも罷工する」(『赤禍の漢口』)(120)。

一九二六年一一月二〇日に起きた川本洋行事件、ならびに翌年三月一二日に生じた日本総領事館押し入り事件では、糾察隊の振る舞いは次のように報告された。

川本洋行事件の発端は、川本洋行が仕入れた米を店内に運ぼうとするのを、糾察隊が妨害したことであった。米は運び込まれたものの、糾察隊は米を運搬した中国人を引き渡すよう店主の川本に要求した。川本が拒むと、二〇～三〇人の糾察隊員が店内に乱入して川本を拉致・殴打した。日本総領事館の警官が現場に駆けつけると、川本の周囲では「熱狂した隊員や群衆」が「殴れ、殺せと絶叫」しており、群衆の中から川本を救出することができなかった。日本人たちは「工会本部」に「飛び込み談判」をし、「政治部員」が現場に駆けつけたことで、川本は命拾いをした(121)。

日本総領事館押し入り事件は、同館のボーイを「孫総理二周年記念大会」(孫文追悼二周年記念大会)に参加させるため、「洋務公会」の糾察隊員がスト破りの「捜査」のために領事館執務室に押し入ったというものである。勤務中の「陳」と「岡村」の両書記生が侵入者を追い出そうとすると、この糾察隊員は「乱暴なる言動」を取り、岡村の顔を棍棒で殴り眼鏡を壊した。日本総領事館が武漢国民政府外交部に電話をすると、同部秘書の張警于が急遽派遣され、ついで交渉員と、湖北総工会秘書劉少奇がやってきて「洋務公会代表と共に田中副総領事及岡村書記生に対し深甚なる遺憾の意を表し」たという[122]。

このような騒動が繰り広げられる一方、日本人に雇用されていたサービス業労働者たちは、漢口の混乱を恐れて日本人が帰国してしまうことを、警戒するようになった。一九二七年三月に南京事件*が発生し、漢口の日本人のあいだでも女性と子どもの帰国が議論されると、中国人ボーイらは「一番に騒ぎ出し」、「失職を恐れた彼等は荷物の荷造りや持運びを妨げ、極力引揚げの阻止に努めた」。日本人たちは、その裏には「洋務工会乃至総工会の使嗾があったようだ」とみた。三月三〇日夜、日本人倶楽部がある会を開催していたところ、一〇人あまりの「工会の連中」が日本人居留民代表の宝妻寿作を訪れ、翌日予定されていた女性と子どもの帰国を中止するよう頼み込んだという[123]。

漢口の日本紡績工場泰安では、次のような事件も生じていた。国民革命軍が漢口を占領した直後にあたる一九二六年九月一〇日、泰安の打棉工場において工場の機械が摩擦熱により発火し、工場はメンテナンスのために機械を停止させた。また工場職員の家族を国民革命軍と呉佩孚軍の戦争から保護するため、租界へ移動させようとした。この措置をみた中国人労働者たちは、日本人が工場を閉鎖しようとしていると理解し、「失業による生活の脅威」を感じて騒動を起こした。労働者たちは工場職員の家族が租界へ移動するのを妨害し、また糾察隊を組織し工場の出入り口を厳重に監視し、日本人を工場に監禁した。この問題は高尾総領事と劉文島の交渉によって、一五日に解決した[124]。

③ 中小商工業者

次に、この時期の武漢労働運動を特徴づける、中小商工業者の店員の動向をみてみよう。店員動員組織である武漢店員総工会が正式に設立されたのは、同総工会組織部の報告では一九二六年一二月一四日であった[125]。管見の限り、武

---

*南京事件：一九二七年三月二四日、北伐途上の国民革命軍兵士が南京に入城した際、日英両国の領事館やアメリカ系金陵大学などで略奪、暴行などをおこない、外国人に死傷者が発生した事件。武力制裁を主張する英米に対し、幣原喜重郎外務大臣は不干渉を説いて事態を収拾した。しかし同年漢口で起きた四・三事件と相俟って、日本国内で軟弱外交と批判を浴び、若槻礼次郎内閣退陣の一因となった。「南京事件」『外交史辞典』六六七‐六六八頁。

漢の店員を動員しようという動きは、これ以前にはあまり本格的には生じていなかったように思われる。

なるほど中共は、一九二三年には店員動員に言及してはいた。同年一一月三〇日の『中国共産党党報』は、「国民運動進行計画決議案」を掲載し、国民党の名を用いて動員すべき六つの対象に店員を挙げた（他の五つは、農民、労働者、商人、各機関の職員、学生）。かつ、「上海、漢口、天津などの大都市で急いでこの組織をつくるべし」とし、そして実際、中共上海区委は上海店員連合会を組織した（二三八頁参照）。また広東においては、店員の動員が国民党にとって重要な戦略として重視されていた[126]。しかし武漢の場合、武漢店員総工会の前身である店員連合会は、国民革命軍の武漢到達以降に設立されたものであったという（「武漢店員総工会報告」）。一九二九年の在漢口総領事桑島《くわしま》主計《かずえ》の報告も、武漢国民政府の店員動員は「農工運動を有効に実行する」ためにやむなくおこなわれたものだとする[127]。

だがこの時期の武漢の店員運動の激しさは、おそらく動員者の予想をはるかに超えるものであった。従来の先行研究は、その理由を、物価を考慮しない低賃金のためであったとみなす傾向がある（たとえば楊奎松）。このような理解は、もともと動員者から発せられた説明に基づくものであろう。たとえば武漢店員総工会の調査は、店員の給料は一九二〇年以来見直されていないとした[128]。

むろん低賃金は、それはそれで大きな要因ではあった。だが店員運動は、物価騰貴に見合った賃上げを求める理性的な労働運動とはいいがたい側面も垣間見せていた。肖抱真の回顧録によれば、「ごろつき」、とくに港湾の「封建的把頭」（封建的な工頭といった意味）が「工会籌備委員」（工会準備委員）を詐称し、各種名目で店員、店主の双方から金銭を巻き上げていたという。店員は、最悪の場合には十数回も「工会籌備委員」のヤクザから「入会費」を取り立てられた。他方で店主もまた、店員に対する賃上げを口実に、やはり金銭を巻き上げられた[129]。

また実のところ、この時期の武漢においては、賃上げよりも雇用の確保のほうが死活問題であった[130]。武漢店員総工会組織部の報告（一九二七年六月）では、救済を必要とする失業店員の数は四〇〇〇人あまりとされたが、この数字はかなり控えめなものである。すでに触れた天津人店主の嘆きが示すように、倒産した店をたたむことを店員は店主に許さなかったため、事実上倒産した店に居座る潜在的失業者としての店員数は、これをはるかに上回っただろう。『武漢市志・金融志』によれば、武漢国民政府の「分共」後（八月）から南京国民政府との合流（九月）にかけ、紙幣価値の暴落のため、典当などと呼ばれる武漢の質屋がすべて倒産し、そこからさらなる失業店員が生じたとする。倒産の直接の原因は、人々が質屋に殺到し、無価値になった紙幣で現物を引き出したからであった[131]。だが実態としては、これらの業者はとうの昔に倒産状態にあり、倒産を許さない勢力が消滅したことでようやく「倒産」を実行できたのではないだろうか。武漢店員総工会の「睨み」がなければ、おそらくはもっと早期に、大量の店員が解雇されていたはずである。店員からみて、一九二六年末の店員運動とは、経済的に破綻した武漢において自分たちを解雇させないための手段でもあったのだろう。

また店員からすれば、店員総工会の正規職員と認められることは、いくらかの食い扶持をうるチャンスをも意味したと考えられる。さきの「湖北全省総工会所属各工会公約」の第九項目は、各工会の「常任辦事員」（正規事務員）には生活費の支給を認め、それ以外の者には生活費支給を禁じていた[132]。実際にはそれ以外にも生活費を受け取るケースが存在したからであろう。一九二七年五月末の李立三の報告は、湖北省の「店員工会」の会員数が三万一九二〇人にのぼったとし、武漢店員総工会の統計表は、同会所属の一五の分会のうち、店員層を示す「店員」、「司務」、「学生」を、それぞれ一万八七三八人、五三六二人、六四八五人としている[133]。この数字にも潜在的失業者が潜んでいた可能性がある。

さらに店員総工会の権威と糾察隊を利用したいまひとつの生存戦略として、店を乗っ取る手法も存在した。朱其華によれば、賃上げや待遇改善などの要求を受け入れない店主は糾察隊によって工会へ連行され、拘留と訊問を受けた。それでも店主が要求を拒むと、店は番頭、手代、丁稚奉公層とみられる「店員」、「学徒」に没収された。こうした行為が人格的侮辱をともなうことは避けがたかった。店員工会の店員は、店主を主体とする商民協会の成員を引きずり出し、仮面をかぶせて市中を引き回した（馮筱才の整理[134]）。

追い詰められた店主の側も武力による防御を余儀なくされる。金子肇によれば、武漢において店主組織である商民協会の組織化が急速に進展したのは、一九二六年一二月から翌年一月にかけてであるという。また糟谷の報告する湖南の事例では、店主は「到底要求に応じ得ず、自然強硬の態度に出るの外《ほか》なく」、一九二六年一二月には、商店の大部分を占める「蘇広莱店員連合会」(雑貨店員の工会)と「商民協会」(店主組織)がストライキを契機に衝突し、「工会が暴力を以て商民協会本部を破壊」し、「店主側も武力に訴えんとし」、あわや大事件になるところであったという(135)。

さきに述べたように、楊奎松によれば、一九二七年二月から三月ごろに激しさを増した「労働運動」(および「農民運動」)に対し、中共中央は運動の「行き過ぎ」を抑えるよう現地の党組織に指示を出していた。同年二月八日、武漢店員総工会は六カ条からなる規律引き締め令を『漢口民国日報』上に掲載し、続く翌九日、今度は湖北総工会が二一カ条からなる規律引き締め令を同紙に掲載した。後者の第三項目には「傲慢は労働者の自殺である」と書かれ、第五項目には「工会は工場の正当な規則に違反する労働者を保護することはできない」と書かれた。そして「労働者の行動は工会に絶対に服従しなくてはならない」という第八項目は、二回り大きな活字で強調された(136)。

以上の経緯により、工会を牛耳るヤクザに脅されているにせよ、みずから能動的にこれを利用するにせよ、店員と店主のあいだには憎悪が醸成されやすくなっていた。陳公博は、店主と店員のあいだに悪感情が生まれており、小さなことですぐ大騒動になると嘆いた(137)。

④　肉体労働者

港湾労働者の動員組織である武漢碼頭総工会は、一九二六年一一月七日、中共党員張計儲を指導者として成立した。成員数は三万人ほどと主張されたが(黎霞の紹介するデータでは二万六七一二人、翌年一月の全省工人代表大会における決議案では三万三〇〇〇人以上)、実際には同総工会は港湾労働者の数や収入状況などの実態をつかめずにいた。二月六日の同総工会組織部の会議では、従来の「支部」に代えて新たに「分会」を設立することを意図した「整頓分会辦法五条」が議決され、各分会準備委員に対して、「準備期間中にすみやかに各支部の港湾労働者の人数と運搬費を調べよ」との要求が改めて出されたのである[138]。

武漢碼頭総工会の下部にある各碼頭工会は、その設立当初から、狙った相手を理由をつけて工会に連行し、「罰金」の名の下に金銭を巻き上げる金銭ゆすり機関と化していた。そもそも武漢碼頭総工会が公にそのようなやり方を取っていたため、各工会もそのような行為をやりやすかったのだと思われる[139]。

碼頭工会が通行者をゆする手口は次のようなものであった。工会の成員を数十組に分け、各租界や租界から埠頭までのあいだに五、六の区を設ける。そして一区間は手荷物一個につき一〇～二〇弗と独自の運搬料を定め、各区に会員を配置して通行者を待ち構える。縄張りを通過する者があれば、まずその手荷物を取りあげて少し運び、運んだという既成事実をつくってから運搬料を要求する。ある「日本旅館の番頭」は、イギリス汽船会社の埠頭まで客を送っていった際、港湾労働者に荷物を運ばせなかったため、碼頭工会に連行されて裸にされた。命がほしいか金がほしいかと脅され、所持金一〇弗あまりを奪われたという（『南京漢口事件真相』）。また一九二七年三月下旬に日清汽船会社漢口支店長後藤富賀美《ふかみ》が体験したところでは、スーツケースを提げて旅館の門に入ろうとしたところ、待ち伏せていた「無頼漢」に「君たちは鞄を手にすべき身分ではない、こっちの仕事だ」と怒鳴られ、スーツケースを取り上げられた。「無頼漢」は「二、三間」〔一間は二メートル弱〕を運んでから五弗の運賃を要求してきたので、後藤は交渉の末、金額を二弗まで下げさせたという。後藤朝太郎は、当時長江沿岸で少しでも荷物をぶら下げて船を探す者があれば、誰でもこのように金銭を強要されたとする（『支那行脚記』[140]）。

また碼頭工会もやはり、一方では幹部が会員から各種名目で会費を巻き上げる手段となっていた。一九二七年一月の全省工人代表大会における決議案「対於発展碼頭工会之決議」（以下「碼頭工会決議」[141]）は、工会執行委員が「工友」を搾取し、肝心の「千や万のもっとも苦しんでいる工友」は工会に取り込まれていないとした。これはすなわち、当時の碼頭工会が、上位者が下位者の面倒をみるのでもなく、会費を取り立てるだけの存在と化していたということである。五月一三日には、武漢碼頭総工会第九分会の特派員張文斐という人物が、大洋銀六三元を着服した疑いで武漢碼頭総工会中央に身柄を押さえられた[142]。

また「碼頭工会決議」は、武漢碼頭総工会傘下の「多くの工友」が工会の名において客商をゆすっていたことを認めている。さらに同総工会の出した告知は次のように述べている。「近ごろ、本会の調査員が次のように報告しました。近来、少数の不徳の者が、本会の名義を借りて外部で客商をゆすったりしていることを発見したと。本会は、調査員を派遣し厳密に取り調べ、逮捕・処罰致しますが、このほかにも今後もし各界が〔犯人を〕捕まえて本会に突き出してくださるなら、もっとも歓迎するところであります[143]」。

党員がこのような港湾労働者を教育しようと腐心した形跡はある。漢口市党部が開設するとした福祉施設「碼頭労働者寄宿舎」は、表向き冬の凍死者を防ぐことを謳いつつ、同時に「相応の教育」を施すことも意図していた。また武漢碼頭総工会は、これまで旅行客の荷物を運搬する際のルールを布告として出してきたにもかかわらず、これを守らない者がいるとして、旅行客の手荷物をむりに担ぐことを禁じた項目を含む規則を列挙し、違反者は罰するとした[144]。しかし事態が改善した形跡はない。

武漢碼頭総工会の設立は、根深いゼロサムゲームに支配される港湾労働者集団の対立を和らげるのではなく、むしろ深刻化させたようである。既存の集団の頭目たちは、同総工会を新たに縄張りを奪っていく存在と認識したであろう。「碼頭工会決議」は、それぞれの埠頭にいる「ごろつき」二〇〇〜三〇〇人が「碼頭工会に似たもの」をつくり、同総工会を圧迫しているとした。武漢碼頭総工会はこの状況に対応するため、協力的な「夫頭」（工頭）とは手を結び、敵対的な工頭を撃退する必要があるとした。「敵」は、同総工会は一部の労働者を率いているだけだと中傷したり、襲撃をしかけたりしたという。

さらにこの時期の肉体労働者の態度には、外国人の目からみて侮蔑的と感じられる態度への変化、すなわちフロムのいう権威主義的性格における支配の相への移行が生じていた。当時の日本人居留民たちの体験記『南京漢口事件真相』は、「街上では車夫、苦力の徒が威張り出した」とする。肉体労働者たちは外国人女性や子どもに対してはとりわけ居丈高になることが多かったようであり、女性に対して公然と路上で猥褻行為をおこなう性的嫌がらせも増えた。男尊女卑は肉体労働者の一般的な思考様式であったと考えられるが、おそらくそれが外国人女性に対しても向けられるようになったのであろう。「邦人婦女子が歩いていると車夫が押寄せて無理に乗車を迫る。已《や》むなく乗ってやると法外の賃銭を強要する。手荷物を提げていると苦力が来て厭応《いやおう》なしに強奪して持運ぶ。中には途中で他の縄張りだと称し別の苦力が出て肩代りする。其度毎《そのたびごと》に滅法の料金を取られる。若《も》し之《これ》を拒もうものなら何を仕向けるか分からぬ」。三月の南京事件のニュースが伝わると、漢口の「無頼の徒」は「漢口がそうなったら一番に若い女を狙うのだと放言していた」[145]。

⑤ 土匪、傭兵、労働者の狭間――無職の遊民層

前述の肉体労働者は土匪や傭兵との境界が曖昧な存在であった。中国に存在する大量の無職の遊民がその共通の供給源であったからである。宇高寧はこの問題を次のように書いている。中国の労働組合幹部には、「夫《そ》れ自身が無職の徒で日本ならば浮浪人として拘留さるべき者が大多数いる」。そして中国産業の大部分はこの遊民層から甚大な打撃を受けている。「支那を亡《ほろぼ》すものは軍閥であると云っているが、其《その》軍閥は又此《この》浮浪人を狩り集めて軍人としている」、しかし「元来軍人などは不生産的であって終日経済的に破産している、中国にとって最も恐るべきバチルスである」[146]。

宇高のイメージでは、中国には暴力を取引する市場があり、このような人々は暴力を商品とすることで中国社会に関わった。戦争があれば軍閥の傭兵となり、社会秩序が乱れていれば青幇・洪幇などの一員としてグループ間の武力紛争に参加する。しかしそのどちらの機会もない場合、彼らは機に乗じて食料や富を略奪する以外、生計の道を見出せなかった。

本書ではまったく不十分に触れることしかできないが、この時期の武漢の「労働運動」の水面下に、騒動に乗じて略奪をおこなおうと待ち構える大量の遊民と兵士がいたことは間違いない。既述のように、外務省亜細亜局第二課の報告が引用する一九二七年五月末の中国側の発表は、当時武漢に一万人の遊民が存在するとしていた。また一九二六

年半ば以降には、北伐戦争が始まったことで長江流域に大量の兵士が集結していた。長江沿いに事業を展開する日清汽船の報告では、とくに漢口—九江間を航行する船舶に「多数の軍人軍属及《および》流民無頼の徒」が無賃乗船を強要するケースが増え、数十名から数百名はもはや普通のこととなり、多いときには一つの船に二〇〇〇人が無賃乗船した例もあった。無賃乗船の多さに関しては、高尾が「万策尽きたるの感あり」と記すほどであった(147)。

武漢には国民革命軍の兵士が大量に駐屯していたはずであり、加えて呉佩孚軍の敗残兵も取り残されていたであろう。彼らはどのようにして、経済危機に見舞われた武漢で衣食住を満たしていたのか。これは決して軽視できる問題ではなかった。七月一五日の「分共」以降、国民革命軍の兵士たちはにわかに工会事務所を占拠し財産を没収するなど、活発な略奪行為を開始する。ではそれ以前は彼らの衣食住は保障されていたのだろうか。中共は「集中現金条例」以降の状況を指すと思われる文章の中で、「小商人」は九割倒産し、米、塩、油などはなくなり、「労働者」に給料として与えられた十数元相当の国庫券は、価値下落のため実質的に二～三元レベルになったとしつつ、さらに悲惨であったのが兵士であったとする。三～四カ月分の給料が未払いで、日々飢えていたという(148)。ということは、必要経費を与えることのできない兵士に関しては、党や政府はただ放っておいたのであり、日々を生き抜くための彼らの略奪行為は、水面下でおこなわれていたはずである。

「分共」以前の兵士の動向については、たとえば日本語文献が次のような事件を報告している。旧ドイツ租界に店を構えていた日本人の酒商人は、日本酒数樽を埠頭から店まで運ぼうとしたところ、国民革命軍の兵士に酒を差し押さえられ、「通過税一二〇弗」を要求された（『南京漢口事件真相』）。一九二七年三月下旬には、「数百の兵隊」が日清汽船漢口支店の船舶に無賃乗船を要求し、断られると、翌日無頼漢を引き連れて日清汽船の社宅を取り囲み、「巨万の金」を強要した（『支那行脚記』）。四・三事件後には、日本租界の警備のため配備されたはずの唐生智*（この時点で武漢衛戍総司令）の軍の兵士が、本願寺で略奪をおこなった嫌疑で何鍵軍の兵と交代させられた（『南京漢口事件真相』(149)）。四・三事件時には妊婦に対しても暴行を加える人々の姿が報告されている。『南京漢口事件真相』の主張によれば、事件発生当日、出産後に病床にあった田村宅の日本人女性は「蒲団を剝がれ足蹴にされ」、その後死亡して「醜い遺骸となって其処《そこ》に遺棄された」。日本人居留民たちはその死因を驚愕による心臓麻痺と理解したようであり、高尾は「殺害」された疑いがあるとした（ただし医師の死亡診断書では産褥熱が原因）。妊娠五カ月であった別の日本人女性は、「散々に殴打されて数カ所の負傷に血塗れになって仆《たお》れていた」ところを救出されたともいわれる(150)。この種の体験記はきわめて感情的に書かれており、慎重に取り扱う必要があるが、少なくとも、漢口租界近辺にたむろする遊民や兵士たちが暴力的状況をつくりだしていたと理解することは可能である。

他方では、このような人々とは対照的な漢口のヤクザ者の人情話も存在した。漢口のある女郎屋の主人たちは、四・三事件が生じるや、フランス租界に雑貨店を構える顔見知りの日本人湯浅九三二のところに駆けつけた。湯浅の店が襲撃対象にされないよう保護するためであった。湯浅は事件発生当日のようすを次のように回顧する。「愈々《いよいよ》物騒だと感じたので店の戸を閉めようとする所に、人相の悪い三人の支那人が飛込んで来て、旦那は車夫事件〔四・三事件〕を知っているかと言う。今聞いたと答えると、何《ど》んな仕返しするかも知れぬから早く閉めろと言う。そしてキョロキョロ店内を見廻す。何だか無気味だが外は益々《ますます》騒がしそうなので思切って閉めた。すると通行人が言合わしたように店の前に足をとめたが三人の支那人が出て行って追払った。妙に親切なことをすると思うて見ていると、〔その三人の中国人は〕旦那は見忘れてるか知らぬが、自分共は予々《かねがね》買物に来てよく旦那を知っているので注意しに来たのだと言う。なるほどよく見ていると見覚えあるも道理、毎日のようにサックか何か買に来る近所の女郎屋の主人共だ。勿論無頼の破落漢《ごろつき》である。厄介な奴に見舞われたと思うたが仕方がない。〔三人は〕其内《そのうち》に何だかそわそわして外に

＊唐生智：一八九八年生～一九七〇年没。湖南東安の人。一九二六年に国民革命軍総指揮として武漢攻略を指揮し、同年国民党に入党。武漢国民政府の軍事的支柱となり、第四集団軍総司令に任じられる。塚本元「唐生智」『近代中国人名辞典』七八〇－七八一頁。

出て見たり、また戸を閉めたりしていたが暫くすると大分人も減ったようで安心と思うからお暇すると言う。そして酒手一弗をくれと切出した。気味悪るい程軽少だが増してやる必要も無し、其《その》通り出してやると〔三人は〕店内を見返り見返り出て行った」(151)。

日本人を保護し、ゆすりの対象としなかった、という二点において珍しいというだけでなく（また女郎屋の主人たちの好意に対する湯浅のいささか冷たい視線もしばらく置いておき）、この種の逸話が生まれるための社会的条件について考えてみる必要がある。このような逸話は、このヤクザ者が地域の経済活動に組み込まれた形でひとつの場所に比較的長時間定着し、周囲の人間関係に愛着をもたなければ生じえない。すなわちこの逸話は、漢口に流れ込んだ新参者ほど容易に外国人を攻撃した可能性があることを、逆説的に示している。おそらく武漢の流動人口数は、武漢経済圏の崩壊にともなう難民の流入、北伐戦争にともなう兵士の流入などにより、この時期突出して増大していた。このことがさらに、武漢の遊民層を増大させ、暴動と略奪を生じやすくさせていたのであろう。

(3)　権力と富のありか

①　中央権力の解体

運動の拡大過程を通じてみえてくるのは、楊奎松の指摘通り、この時期の武漢が無政府状態に見舞われていたこと、しかもその規模は上海や広東とは比較にならないものであったことである。筆者は、その最大の原因が、蕭耀南の死と呉佩孚の逃亡後、表の権力を引き継ぐ新たな中央政府が創出されなかったことにあると考える。

後世の歴史叙述は、呉佩孚の敗走後、武漢国民政府が武漢の政治権力を引き継いだように描いている。だが実際には、この政府は地域に対する権威をもたず、有効な行政組織も未整備の、党組織と軍のみで構成された政府であった。すなわち、この時期の武漢においては、表の権力機構が事実上解体する事態が生じていたのである。

武漢の党員たちは湖北省政府の建設をしばらく放置しており、その成立が実現したのは一九二七年二月のことであった。しかし四月に入ると、蔣介石に対抗するために新たに党の軍事委員会を組織して軍を統一することが謳われ、同時に政府建設をめぐる動きも慌ただしくなる。党員たちは、いったん成立した湖北省政府から蔣介石の影響力を排除することを理由に、省政府を改めてつくり直そうとした。そして四月一〇日の正式な成立に向けて省政府成立祝賀会を企画し、「我々の政府」と「敵の政府」の区別を強調した。省政府の成立祝賀会が終わると、今度は続けて武漢市政府の成立祝賀会を企画した[152]。

四月に入って相継いだ、政府の正統性を急いで人々に認めさせせようとするような動きは、南京国民政府との正統性争いに加え、おそらくは、武漢の政府がまともに機能せず、民心が離れつつあったことに対する党の危機感を示している。李漢俊が国民党湖北省党部で四月におこなった政治報告によれば、この時期には、「一般民衆」と「状況をよく理解していない党員」が、生活が苦しくなったのは国共両党のせいだと考え始めていた。また省党部は、やはり四月に腐敗官僚を処罰する条例を設けたが、そこで懲罰対象とされたものは、おそらくその時点で政府関係機関に蔓延していた行為であった。すなわち、収賄、金銭の持ち逃げ、公費の私蔵、各種祝い事にかこつけた金銭要求などである[153]。未曾有の経済危機のただ中にあって、政府関係者による私利追求行動もエスカレートしていたのであろう。

治安は悪化する一方であり、各県には無政府状態が蔓延していた。たとえば、漢口市党部が軍事委員会に宛てた公開書簡は、各県で誘拐や略奪をおこなっている土匪を、各地に駐在する軍によって掃討してほしいと請願するものであった（『漢口民国日報』）。武漢の警察組織も、ほとんど機能していなかった。湖北総工会の報告書は、武漢の警察の大半が「北洋軍閥が養成したごろつき」であり、「いつも土匪博徒と結び寺銭を取り、儲けを分け合っている。政府から繰り返し賭博を禁じたが、漢口の大智門三碼頭の球場一帯では毎日数十人を集め、夜通し気にかけるようすがない」とした（「湖北全省総工会上中執会報告」[154]）。前章でみたように、武漢の軍事政権は洪幇系組織と手を組み、治安維持機構を補完していた。政府の治安維持機構にヤクザ者が雇用されるのは普通のことであり、そうした人々は立場を利用して利益をうることを常態としていたのであろう。そしておそらく武漢国民政府は、蕭耀南時代からの治安維持機構をそのまま流用したはずである。それゆえ多くのヤクザ者が引き続き軍警組織に居座り、しかも彼らは新政府に権威なしとみて、その命令を軽んじていた可能性がある。

このような状態の警察組織に治安維持を期待することは難しかった。国民党武昌市党部の訴えによると、古来武漢の政治的中心地であった武昌城内ですら「しばしば暗殺が生じ」、同党部は省党部に対し、湖北省政府に戒厳令を出させるよう請願するほどであった[155]。

五月には、省党部と漢口市党部は、分散してしまった権力を集め直そうと苦心する。最大の問題は、反革命を裁く権力機関の無秩序な増殖であった。両党部の開催した討論会で、市党部の李国暄は状況を次のように述べた。「各所で反革命派を逮捕することがあまりに多い。同時に、反革命を裁く機関を設立することもまた多い。すでに逮捕した反革命派については、なお、これを法をもって裁くことができない。この種の現象は、裁判機関が多すぎ、権力が集中できないために生じている」[156]。北村稔が湖南の事例を取り上げて指摘したように、この時期、武漢経済圏全体で、各種団体が、反革命、反動、土豪劣紳などのレッテルを貼った人々を裁判にかけ、殺害してしまう事件が多発していた。県における革命の動向を伝えることを意図した『漢口民国日報』の「光明与黒暗之闘争」(光と闇の戦い)欄からいくつかの事例を拾うと、次のような具合である。監利では、党部や農民協会を破壊したという「劣紳」を、「審判土豪劣紳委員会」が裁判にかけ、銃殺した。天門では「劣紳」二人が銃殺され、「一般農民」はその遺体を天秤棒で滅多打ちにし、刃物で切り刻んだ。咸寧では、「農民」が「劣紳土豪」三〇人あまりを捕らえ、メーデー記念大会において四人を処刑した。蘄春では、武漢から同県に送還された「反動分子」と「劣紳」を、県党部が死刑と議決し、銃殺した。黄安では、農民協会が「反動勢力」三人を殴り殺した。北村によれば、武漢国民政府の党中央もこの問題に頭を悩ませ、司法部長徐謙の提案で、民衆団体による勝手な処刑を禁じる条例が定められた(五月九日)[157]。つまり権力が党組織や動員組織とともに拡散したことで、各団体を率いる頭目たちの中に、他者を恣意的に殺害する自由をえてしまった者が現れていたのである。

以上を要約すると、国共両党は党組織や動員組織の建設を優先し、行政組織の建設を軽んじたことで、新たな中央権力の創出に失敗していた。そしてハイパーインフレーションの発生と中央権力の消失という、経済的危機と政治的危機の二重苦に直面した武漢では、権力秩序が崩壊し、権力は社会へと分散した。また反革命などの言説が広がったことで、あるべき規範、守るべき道徳・規律などをめぐる言説も顧みられなくなり、分散した権力はなんら制約を受けないまま、単なる恣意的な暴力へと退行していったと考えられる。

② 不足する生活維持費

中央権力の創出に失敗している政府が失業者対策をおこなうことは、基本的には不可能であった。それでも武漢国民政府がいくらかの生活維持費を支出した事例は確認できる。

武漢紡織総工会の下部組織であった泰安工会（武漢紡織総工会泰安分会）の事例[158]では、四月六日の泰安紡績工場の「停工」以来、同工場の労働者二九四〇人あまりが無収入の状態となっていた。「罷工」ではなく「停工」という言葉が使われたのは、労働者たちが自発的なストライキ状態にあるのではなく、工場の操業停止によって受動的に失業状態に置かれているという事実に照準を合わせるための表現であったのだろう[159]。

この二九四〇人あまりの泰安紡績工場の労働者に対して、少なくとも一九二七年六月上旬までは武漢国民政府から生活維持費が支払われた。しかし同月下旬の分は支払われず、そのため同工場の労働者は工会を包囲して騒ぎ立てた。工会はやむなく労働者の代表大会を開き、武漢国民政府に対して次の要求をおこなうと決定した。すなわち、外交部を通じて日本総領事と交渉し、工場に操業を再開させるか、「停工条約」（ストライキにあたって提出された賃上げ要求などを意味するか）を履行させるよう要求すること、また泰安工場が賃金を支払うまで武漢国民政府がこれを立て替えること、である。

また泰安工会は、もしこうした措置が不可能であれば、武漢国民政府が「三カ月分の賃金を立て替え、労働者を解散させる」ことを請願した。要するに一九二七年六月の段階では、泰安工会を解散させようにも、当分の生活維持費

（＝解散費）を支給できなければ労働者たちは納得しなかったのである。かりに工会幹部が生活維持費を出さずして工会を解散すれば、彼らは二九四〇人の労働者の抗議に直面する危険があった。

しかし武漢国民政府自身も財政的に逼迫している以上、そのための財源は借金などでえるしかなかった。さきの泰安紡績工場労働者の生活維持費立替問題について、六月中旬の外交労資委員会の会議では、武漢国民政府外交部長を通じ、政府の借金で維持費を調達するよう政府に請願することが議決されていた[160]。泰安工会ひとつでもこのような状況であったので、他の労働者団体については、政府からの支援は実態としてほとんど存在しなかったとみてよいように思われる。

③　調停機関の機能不全

武漢経済圏の崩壊による商工業者の倒産のドミノ倒し現象と、それにともない解雇された（あるいは解雇されかかっていた）店員たちの救済問題――ならびに店員工会の起こすさまざまな暴力問題――は、一九二六年末にはすでに最大の懸案事項として湖北総工会に認識され、さまざまな調停が試みられていた。しかし事実上の無政府状態において、こうした調停を尊重しようという動機は社会の側にも失われていた。その結果、この時期の党員や関係者による調停努力は、ほとんど功を奏さなかった。

久保亭の整理[161]を参照しつつ、改めて当時の動きをまとめると、遅くとも一一月中旬には、武漢国民政府の軍、党、工会組織関係者（「総政治部」、「国民党部」、「湖北全省総工会」）は劉少奇を主任とする労資争議委員会（表3）を湖北総工会内に設けていた。同月下旬には、国民革命軍総司令部は、「糾察隊の横暴を憤慨し、ひいては国民党一派の施政に不満を抱くに至った」店主たちの動向を考慮し、武漢の有力商人の代表者（漢口総商会、武昌総商会）を含めた湖北労資問題解決臨時委員会（表4）の設立を決めた（一一月末に正式に成立）。また湖北総工会は経済闘争委員会（責任者劉少奇）を設け、労働者側の過剰要求や不適切なストライキをコントロールしようと試みた。

一二月三日、漢口総商会は、労資争議糾紛委員会における店員との交渉に先立ち、まず漢口市のすべての「商民」

表３　労資争議委員会

役職	姓名
主任	劉少奇
秘書	高冠獄、饒靖国
指導員	向忠発、劉貫之、丁覚群、陳英、洗一宇、泰怡君、黄慕蘭、徐如、項純山

出典：神戸商業会議所『対露支貿易時報号外第２輯—武漢地方に於ける国民革命軍の施政状況並に労働政策』1926年12月、48頁に基づき作成。

表４　湖北労資問題解決臨時委員会の構成

組織・団体名	組織・団体の性質	人数
湖北省党部	党組織	２人
漢口特別市党部	党組織	２人
湖北全省総工会	工会	２人
武昌総商会	商人団体	２人
漢口総商会	商人団体	２人
〔国民革命軍〕総政治部	軍	１人
衛戌司令部	軍	１人
湖北政務委員会	湖北省政府	１人

出典：表３に同じ。

の意見を集めたいとして、漢口市の商民大会の開催を呼びかけた。来会者は実に一万人以上に達し、そのすべてが工場主や店主であった。この会において論点のひとつとして挙がったものが、「労資紛争を解決するには、落ち着いて議論し、双方の生活を維持し、互いに失業しないようにする必要があるかどうか」であった(162)。店主たちが店員の行動に対していかに憤り、興奮状態にあったかが窺われる。

問題がとくに深刻化したのは、雇用契約の更新時期にあたる旧正月（一九二七年二月二日）と、四月ごろからであった。この時期の武漢商工業者は「店員・職人層の掲げる要求をある程度満たしうるだけの経済的余裕」を「ほとんど持っていなかった」と推察され（久保亨の整理）、湖北総工会は、市党部、商民協会とともに工商紛糾解決委員会を設けて調停を試みざるをえなかった。五月には湖北失業工人救済局を設立する試みもおこなわれたが、日本外務省の報告ではその成績は芳しくないものだった(163)。

五月半ばに起きた国民革命軍の二つのクーデター（夏斗寅の乱、馬日事変）が影響したか、『漢口民国日報』掲載の「湖北全省総工会与漢口商民協会関於労働条件的決議案」（湖北全省総工会と漢口商民協会の労働条件決議案）は、失業店員をめぐる問題に関して店主側の主張を大幅に盛り込んだ形で、次のように問題点を整理した(164)。

まず店員問題についてである。一、工会と店員は店主により多くの店員を雇用するよう無理強いしてはならない。二、店員に不正行為があった場合、あるいは店の正当な管理者に服さない場合、店主は店員工会に通知して解雇することができる。もし紛争が生じれば、商民協会と湖北総工会が解決する。三、平時における店員の解雇については、工商糾紛解決委員会の定めた条例により処理する。四、店が店員を新たに雇用するときには、店員総工会の職業紹介所からこれを紹介する。ただし、紹介した店員が、店の試用期間一週間を経て不合格と判断された場合には、解雇して別の紹介をおこなうことができる。紹介された店員に関し、店主は相当の保証人を求めることができる。ただし店の営業がとても成長しており、かつ店が店員を増やすことに同意しないとき、商民協会と湖北総工会は報告に基づいて審査し、判断する。

また同決議案は、閉店処理にあたって双方がしてはならないことを次のように述べた。閉店処理は商民協会と湖北総工会が調査してからおこなう、したがって問題が解決するまで、店主は荷物をよそに輸送し、夜逃げするなどしてはならない、店員は店の者を逮捕し店の財産を管理するなどしてはならない。さらに同決議案は、店員に対して次の項目をとくに戒めた。一、店員は商業を発展させるべきであり、勤務時間にサボタージュをしてはならない。二、店員と（店員工会の）支部は店の営業管理権に干渉してはならない。三、店員は勤務において店の正当な指揮と管理を受けなければならない。

右の項目から浮かび上がる当時の状況は次のようなものである。形式上まだ解雇されていない店員は、倒産すれの店に暴力を用いてでもとどまろうとし、すでに解雇された店員もまた、どうにかして店に潜り込もうとしていた。しかも店員の勤労意欲は当時著しく低下していた。工会幹部らが頻繁に開催する各種集会が営業を妨げたというのも一因ではあっただろうが[165]、そもそも経済が正常に回っていない状況において、勤勉に働かなければならない理由は完全に失われていた。ゆえに店にとどまるということは、そこから衣食住をうるという意義以外のものをもたなくなっていたのである。

④ 党、工会、各種団体

こうした状況における動員装置の、武漢における利用のされ方をみてみよう。ここでは、湖北総工会、各工会、糾察隊、党組織ならびに行政組織の四つと、これらのいずれにも所属できなかったとみられる最貧困層の人々の姿を検討する。

〈湖北総工会〉

湖北総工会の「主要人物」について、『赤禍の漢口』は反感を込め次のように観察している。「理屈に詰まればそれはそうでしょうが然し出来ませんと拒絶する」、「彼等は彼等の都合以外には何等《なんら》の考慮も妥協もない、……彼等の態度は傍若無人で交渉の際など帽子や外套も脱がず言い度《た》いことを云うて居るので全く無茶苦茶に見えるが、又自分等の同志と思えば極めて慇懃な態度を示す」[166]。執筆者の反感を割り引いて読む必要があるものの、この叙述からは、意見の異なる他者との論理的な議論に基づく駆け引きを重視せず、所属集団の内外で態度を変える、内向きの意識を基調とした人々の姿を透かしみることができる。

湖北総工会内部の、とりわけ戦闘的な傾向をもつ人々がもっとも勢いづいたのは、一九二七年四月であったように思われる。前章で触れたように、郭聘伯ら「工賊」の処刑を同総工会が脅迫的言辞を用いて国民党中央に要求したのは四月であり、ちょうどこれは反革命条例などが制定された時期にあたる。四・三事件が発生したのもこの時期であった。

当時の湖北総工会の振る舞いを、四・三事件後の唐生智とのやり取りを通じてみてみよう。事件後に日本海軍陸戦隊二〇〇人が日本租界警護のために上陸していたこともあり（四〇一頁傍注参照）、唐生智は日本軍との軍事衝突を恐れていた。そこで唐生智は、事件翌日に高尾を訪問し、「漢口事件に対し遺憾の意を表すると同時に軍隊をもって極力取締りに任ずるをもって人心の激昂を招くおそれあれば日本の陸戦隊を撤退されたき旨を乞うた」。しかし日本側は撤兵を拒否し、陸戦隊は租界に居座り続けた（『大阪朝日新聞』）。そのため唐生智は軍事衝突回避を最優先として日本人保護に奔走した。七日、唐生智は中国人街に住む日本人五人を自軍の兵に命じて日本租界まで護送させ、また糾察隊に包囲されていた泰安紡績工場から六八人の日本人を日本租界へ護送した（天津版『大公報』[167]）。

ところが湖北総工会の態度は唐生智と対照的であった。一一日着電の日本海軍省の電報によると、四・三事件発生当日、町で食事中であった日本海軍の兵士数人が殴打・拉致され、同総工会に監禁される事件が生じていた。これに対しても唐生智はすぐさま兵を派遣し、同総工会から日本兵を取りあげて日本側に返還しようとした。すると同総工会は、それは日本に要求を呑ませるための人質なのだから、そのまま日本に返してしまったら許さないと主張し（「総工会之《これ》に対し、日本側に有利なる条件を容《い》れしむる人質なれば、此儘《このまま》返さば承知せずと云えり」）、日本兵が収容されている唐生智の衛戍司令部を糾察隊に監視させ、ついに両者のあいだに衝突が発生したという（人質事件は七日に解決）(168)。

つまりこの時期の湖北総工会は、あたかも独自の軍事集団のように振る舞っていたのである。同総工会はその勢いをかり、国民党中央、国民革命軍、日本軍と、全方位に対して戦闘的かつ孤立的姿勢をみせていた。

〈各工会〉

一方、湖北総工会の呼びかけに応じて現れた各工会には、「流氓」（ごろつき）、「訟棍」（訴訟屋）、「無職の遊民」によって牛耳られているものが少なくなかったようである。その設立にあたっては、規定上は湖北総工会の審査と許可および市党部の許可が必要とされたが、『赤禍の漢口』によれば許可されないものなどひとつもなかったという(169)。増殖し続ける工会の全貌を把握できなくなった湖北総工会は、やがて工会を統一・改組する必要に迫られる。同総工会が一九二七年一月の第一次代表大会において採択した「組織問題決議案」は、武漢の工会が十分に統一されていないことを理由に、性質の似る各工会は合併して総工会のもとに統一すること、三〇〇人以内の「人数の少なすぎる」工会の設立は制限すること、組織法に合わない工会を改組することなどを指示した(170)。五月、湖北総工会は各工会に対し、次のような項目を含む調査を命じた。「労働者は工会の命令と指揮に従うか」、「労働者と分会に特別の行動（異外行動）があるか」、「各種会議への参加は自発的なものか、それとも強制されたものか」、「労働者同士で争う状況はあるか(171)」。

末端の工会において生じていた主要な問題に関しては、湖北総工会内部で混乱を抑えようと苦労を重ねていた劉少奇が、一九二六年一二月に同総工会宣伝部を通じて発行した三つの小冊子『工会代表会』、『工会経済問題』、『工会基本組織』を通じて窺うことができる。三つの小冊子は、それぞれ工会の権力問題、会費問題、組織問題を批判したものである。[172]

まず工会の権力問題について、劉少奇は、工会の権力は会議にあるのであって個人にはなく、会員はひとつの決定が議決される前に自由に意見を発表できると諭した（『工会代表会』緒言）。実際には、工会は個人独裁の場と化していたのである。

次に会費問題については、会員からむりに会費を徴収し、会員の反感を買ってはならないとした。また婉曲な表現で、工会の会費で贅沢や賭博や飲酒をするな、それは内部紛争の原因になると戒めた（『工会経済問題』緒言）。さらに「ゆすりと恐喝（勒索及敲詐）」という項目を立て、「勝手に規則を設定して工会の名で会員や部外者からむりやり物を取るのはゆすりである。たしかな経緯も理由もなく、力にまかせて部外者から金銭を取り、物を騙し取るのは恐喝である」とした（『工会経済問題』本文）。つまり現実には、工会幹部が糾察隊を用いて内外から金品を巻き上げ、私的に浪費する状況が蔓延していたのである。

工会幹部が会費を吸い上げる方法は、まず労働運動によって配下の労働者全員の賃金を上げさせ、増加分を工会の会費や寄付として納付させるというものであった。しかも賃上げの実現した労働者は雇用主からは解雇対象とみなされるため、かえって失業を心配しなければならなかった。そこで外国人に雇われるサービス業労働者の中には、雇い主に「工会費の負担」だけを頼み、それ以外は現在のままの待遇でよいから雇い続けてほしいと懇願する者すらいた。[173] また糾察隊を用いて工会所属の会員から会費を脅し取る手法は、湖北総工会自身の糾察隊に関する決議案で正式に禁止命令が明文化されたほどであった。[174]

最後の工会組織の問題は、要約すると、大多数の工会には執行委員会しかなく、その下部に会員と指導者を結びつけるべき支部や小組が存在しない、だから上の決定が末端まで貫徹されてないということである（『工会基本組織』緒言）。これはすでにみた碼頭工会に関する問題においても指摘されていた現象である。

これら三点の特徴から浮かび上がる当時の工会の姿は、上からの監視が行き届かない各工会の内部で幹部が個人独裁をおこない、糾察隊を用いて社会の上からも下からも富を吸い上げ、私的に浪費しているというものである。この場合、糾察隊員は工会幹部が選定したヤクザ者であることも多かったようである。日本の文献においては、糾察隊員には「腕節の強い一癖あるようなの」が選ばれ、一般人からは無頼漢の集団のようにみられていたことが指摘されている。一方李立三もまた、設立当初の糾察隊の規律性と組織性は非常にまずいものであり、改組が必要だったことに言及している。満鉄総裁を務めた経歴をもつ山本条太郎の記すところでは、李立三は「糾察隊の直属千余名のものの指導者は毎夜集めて訓練をして居るから無茶な事はせない筈であるが、他のものは向後取締る」とも述べたといわれる[175]。「直属」とは湖北総工会に直属する糾察隊のことであろう。李立三をはじめ、中央の党員たちは、それ以外の工会所属の糾察隊の行動を制御できずにいたのである。

劉少奇がこの約一〇年後に当時の労働運動を振り返った文章には、彼の苦悩がありありとにじみ出ている。労働者たちは恣意的に人を逮捕して法廷や監獄を設け、汽船や汽車を捜査しては交通網を遮断し、工場や店舗を没収した。そのため市民、兵士、農民の恨みを買い、しかも人々は労働者の振る舞いはすべて中共の指示によるものと考え、中共に改善を求めた。しかし中共にも有効な打開策はみつからなかった。劉少奇が救いを求め、武漢に来たコミンテルンのA・ロゾフスキー（Alexander Lozovsky，中国名：羅佐夫斯基）に教えを請うても、ロゾフスキーは答えられなかった。また劉少奇が上海で出会ったアメリカ共産党員E・ブラウダー（Earl Russel Browder，中国名：白労徳）に解決法を問うても、ブラウダーは、アメリカの労働運動でそのような例をみたことがないと答えた。そこで劉少奇は、「私はようやく、これが中国労働運動における特有の問題だと知ったのだった[176]」。

〈糾察隊〉

以上の各工会に所属する労働者軍として、広東と同様武漢にも糾察隊が設立された。湖北総工会の説明によれば、その本来の任務は、労働者の保護、労働者の模範となることなどとされた（『赤禍の漢口』）。だがこの時期の糾察隊の存在意義が、広東の場合と同様に軍隊としてのものであったことは、総工会代表大会の議事日程に閲兵ならぬ閲糾察隊が組み込まれていたこと（『漢口民国日報』）、糾察隊員が「革命軍とほぼ同様の制服」あるいは「紺木綿の制服」を着用し、白地に赤で「糾」と書かれた腕章をつけ、棍棒を携え、四、五人で一隊を構成し（『武漢地方に於ける国民革命軍の施政状況並に労働政策』、『赤禍の漢口』）、「兵士」と「職工」を半々にした姿をしていたこと（『南京漢口事件真相』）、などから窺える[177]（図2）。糾察隊の総数はおよそ三〇〇〇人前後とみるのが当時の人々の見解であったようだが[178]、次々と結成される工会の実態を湖北総工会も把握していなかった状況を思えば、糾察隊もまた恣意的に結成されたのであろうし、隊員の数は流動的であっただろう。

図2　武漢国民政府時期の祝賀デモとみられる写真。「漢口」、「××工会」と書かれた旗と青天白日満地紅旗を掲げ、根棒をもつ糾察隊と思われる人々
Photograph of “Celebration”
Ref: CWM/LMS/China/Photographs, Box 5, file 23, no.5 of sheet 23/7
所蔵：Council for World Mission Archive, SOAS, University of London.

上海の済安会のような生活維持費を支給する機関が存在せず、かつその上位組織と位置づけられた湖北総工会が軍事集団のように振る舞っていた以上、武漢の糾察隊が軍閥の傭兵と同じ社会的機能を帯びたのは自然なことであった。すなわち、糾察隊は大量の失業者を吸収し、糾察隊員は傭兵と同じく略奪行為を通じて生計を維持するようになった。たとえばある日本飲食店は、仕入れた牛肉を帰路で糾察隊に奪われた。糾察隊は奪った牛肉を転売したり、日本人をまねてすき焼きにし食べてしまったという[179]。

武漢店員総工会の報告からは、総工会が糾察隊を組織する以前から各業種の店員工会にすでに多くの糾察隊が存在しており、武漢店員総工会がこれらの糾察隊をまったく制御できずにいたことが窺われる。糾察隊が工会幹部に干渉することもあれば、工会幹部が糾察隊を用いて意見の違う者を抑圧することもあった。糾察隊の名を騙る偽物もいれば、糾察隊の服を着て外で詐欺と恫喝を働く者もいた(180)。このような糾察隊が町中にあふれたために、武漢店員総工会は最終的には糾察隊を解散し、再組織する羽目に陥った(180)。

漢陽では、漢陽県商会会長であった周文軒の所有する綿花圧搾機製造工場で、二月四日、工場の人々が「漢陽機廠工人糾察隊」に監禁され、飲食を禁じられる事件が生じた。このとき漢陽の機械工場主の団体と思われる「漢陽機器連合会」が救いを求めた電報は、「土匪同然の糾察隊」が工場を包囲し、生後数カ月の赤ん坊に授乳することすら許そうとしないと訴えた（最終的に工場が糾察隊に金銭を払うことで決着）(181)。

周文軒は地域で突出した資産家であったのかもしれないが、おそらく他の店主たちも大なり小なり糾察隊から同種の攻撃を受けていたのであろう。湖北労資問題解決臨時委員会においてもっとも多かった店主の意見は、糾察隊への非難とその撤廃要求であった(182)。軍警の名を騙って詐欺や恫喝を働くことは、実は広東と同様、武漢においても「ごろつき」の常套手段であり(183)、しかも糾察隊を騙ることは容易であった。糾察隊には平服を着て赤字に糾察と書いた三角旗をもつだけの便衣隊も存在し（『赤禍の漢口』）、店先についたときに糾察隊の旗を取り出しさえすればよかったからである（『漢口民国日報』(184)）。

こうした状況に対し、湖北総工会は四月にははっきりと糾察隊の規律引き締めに動いていた。同月二〇日、湖北総工会は「糾察訓練班」を実施し、開会式において陳公博は、「過去、きみたちは、とてもとても多くの幼稚病（很多很多的幼稚病）をもっていた」と、「幼稚さ」を是正する必要を強調した。三〇日には、騒動を起こして工場主から三倍の賃金を搾取したとして、開明公司の糾察隊を規律違反の廉《かど》で処罰している(185)。

しかし状況が改善しないまま、五月の反共クーデターの発生に至り、湖北総工会は六月にはついに糾察隊解散命令を出す。しかし武漢においても糾察隊は無職の者たちの生計維持手段と化しており、実際に解散させることは容易ではなかった。七月の段階において、湖北総工会は国民党中央党部工人部に対し、糾察隊を解散させるための「七月分の経費」二万四〇〇〇元あまりに対する補助を求めていた[186]。

〈党組織と行政組織〉

各党組織や行政組織の成員も、工会と同様、政府の名において他者の財産を没収する行為を繰り返した。偽物党員が党組織の名を騙っておこなう詐欺もあれば、本物の党員による真性の党組織を通じた収奪行為もあり、漢口市内でも県でも、さまざまな党組織、権力機構、団体が紛争を起こしていた[187]。

ここでは漢口市末端の権力機構を通じた搾取事例を、一九二七年四月一七日付『漢口民国日報』に掲載された「工賊」周従彦の裁判[188]からみてみよう。周従彦は漢口の資産家であり、裁く側は、「労働者からの搾取、工会の破壊、帝国主義との結託」を理由に、周従彦から残らず資産を取り上げようとした。公安局長が周従彦に対し、罰として道路建設費三〇万元を拠出せよ、このことを承認するかと詰め寄ると、周従彦は承認しますと答えつつ、「しかし私の財産は三〇万にもなりません」と弁明している。すると公安局長は、おまえの財産はどのくらいあると問いただし、周従彦は、不動産に始まり外国人に貸した金を「串」単位まで答えている。隠し財産があると思われれば身の危険があったのだろう。公安局長が「今後おまえにまだ財産があると調査でわかったらどうする」と追い打ちをかけると、周従彦は「どうぞ局長が処理なさって下さい」と答えている。裁判の出席者リスト筆頭には漢口市工務処の名があり、次に市政委員会、市政工会、商民協会、総商会、市党部などの名が並んでいる。漢口市工務処は、漢口市の再開発などを計画していた[189]。となると、この裁判の真の目的は漢口市の道路建設費捻出にあり、市の権力者たちが一丸となって周従彦から財産を奪おうとしていたように思われる。そしてこの道路建設計画は、建築業者だけでも五万三五〇〇人が失業中とされていた当時の状況に鑑みるに、失業者対策としての公共事業であったのではないかと思われるのである。

同年五月一〇日、武漢国民政府は「処分逆産条例」を制定し、恣意的な没収行為が随所でおこなわれている現状を追認した。逆産とは政府に反逆する者（逆賊）の財産を意味し、「処分逆産条例」は反逆者の財産を個別の団体や個人が告発してよいとするものであった。ただし没収の実行およびその管理と分配は党がおこなうとされた。この条例の目的はこの種の没収行為を奨励することにはなく、むしろ、没収した財産は党が管理するというメッセージを発し、没収行為を党が制御することにあったものと思われる[190]。

しかし結果は逆効果であった。没収行為を政府が認める形となったことで、事実としては没収行為はエスカレートした。たとえば同月一四日付『大阪毎日新聞』は、武漢の資産家の財産が同条例制定後に次々没収され、武漢国民政府審判庁長であった漢口の弁護士孔子才（国民党員）すら逮捕され、身代金一〇万元を要求されていると報じた[191]。「処分逆産条例」公布から二日後の一二日、またもや漢陽の周文軒の綿花圧搾機製造工場で事件が起きる。今度は工場が包囲されるのではなく、工場そのものが没収されたのである。県党部は、このとき「〔漢陽〕商民協会や武漢機器業漢陽分会などの団体の請求に基づいて」、周文軒の「罪状」を告発した[192]。このような県党部の動きは現場の勝手な判断でおこなわれたようであり、周文軒事件を知った汪精衛は怒り、周文軒への処分を取り消すよう求めたといわれる。周文軒はもともと北伐の熱心な支援者であったといわれ、国民革命軍の軍事費を支えた功績を国民党に認められて国民党漢陽県党部委員に任じられていた。しかし汪精衛の処分取消要求に対しては、漢陽県党部、漢陽県商民協会、漢陽県長が抵抗したという。最終的に、党中央は漢陽県党部を解散させることで事件を処理した[193]。

栃木利夫、坂野良吉の共著『中国国民革命』が述べるように、この事件の真相は不明である。同書は、工場に営業を再開させようとする焦りが工場没収という行動に結びついた可能性もあると解釈しているが、この種の焦りは武漢国民政府中央のものではあっても、県党部のような末端の党組織にまで共有されていたかは疑わしい[194]。

北村稔は、周文軒事件は武漢で常態化していたさまざまな没収行為のひとつに過ぎなかったとする[195]。おそらくその通りであろう。ただし周文軒事件に関しては、漢陽県党部が主導し、漢陽県商民協会、漢陽県長が顔を並べている以上、やはり地域の権力者らがなんらかの目的のため、地元の資産家から財産を奪おうとする事件であった可能性がある。

胡礼賢の友人の汪は、ごく身近な人々の中に党のスパイが潜んでいると警戒していた。汪は自分の雇っている雑役夫が来た途端、胡礼賢を黙らせ、雑役夫が去ってからようやく、「今共産党のスパイはとても多い。ここの雑役夫にもスパイがいるかどうかわかったものじゃない。きみがもしひと言でもいい間違えれば、すぐにスパイに聞かれて報告される。それが党内でのいい業績になるんだろう。でなければ、彼らの何人かは適当に人を捕まえ、問答無用で死刑にするか、帽子をかぶせて市内を引き回す。全部彼らの意のままだ。政府内で彼らの直接行動の権利を黙認しているから、誰も反抗できないのだ」と説明した[196]。

ここで「共産党のスパイ」とされる者が、具体的にどのような人々を指すのかは不明である。この文章自体、国民党が中共を批難するためのプロパガンダの性格を備えており、あらゆる罪は「共産党」に帰せられている。当時の実際の状況に照らすならば、党加入者の多くは国民党員であっただろう。しかし、密告によって党内でよい業績をうるという過程が、王占元時代の軍法処処長程漢卿のスパイによる業績追求行動と酷似する点は注目に値する。前章でみたように、程漢卿は部下から「報告」のあった人物を標的として財産を巻き上げる一方、「報告」のノルマを達成しない部下を解雇対象としたため、部下たちはときに無実の人間に対して罪を捏造したといわれる。同様に、「反動」や「反革命」などのレッテルは、党、政府、工会などさまざまなレベルにおいて、同種の「報告」材料として利用されたと考えられる。

〈最貧困層、農民、女性、子ども〉

以上の各種形態を通じて集められた富にアクセスできない無力な人々、すなわち最貧困層の人々、農民、女性、子どもたちは、もっとも素朴な略奪をおこなう傾向があった。

一九二七年三月ごろには、租界の植木や竹垣が持ち去られる事件が急増した。日本人居留民たちは、外国人の敷地内にある立木や竹垣は奪ってよいと農民協会が宣伝したせいだと考えたようである[197]。ただし高尾が同月二一日に、当時外交部長であった陳友仁に事情を問い質すと、返答は次のようなものであった。このような事件が頻発したことは誠に遺憾である、現在の状況ではとくに日本人に対して「危害乱暴等のあるべき理由」はない、自分が想像するに、立木伐採や垣根破壊などの行為はとくに深い背景があるのではなくて、「付近住民の無智なるもの」が多勢を恃んで薪、柴用に取っていくのである、と。[198]

二月二八日に発生した三宜洋行襲撃事件は、このような略奪事件が拡大するひとつの契機となった。事件の発端は、地元の農民とおぼしき人々、女性、子どもが、敷地内の立木を抜採して持ち去ろうとしたことであった。店の者がこれを制止しようとすると、かえってほかの者も群がってきて、群衆は「畳、建具を剝がし、床板、窓硝子、窓枠までも取去り」、まだ使用中で熱いはずのストーブをも担いでもち去ったという。[199]

三月には類似の事件が相次いだ。二日、三喜農園の樹木を第七区農民協会が伐採しようとし、三月上旬、共楽花園で竹垣、植木、鉢植え、野菜が「附近の農民、苦力、婦女子等数百名」に奪い取られた。二一日、大倉洋行住宅の竹垣が三、四人の者にもち去られ、さらに群がってきた多数の「細民」が日本総領事館と警察に追い払われた。二七日、港湾労働者二〇〇～三〇〇人が「細民婦女子」約二〇〇～三〇〇人と「合同して」、三井洋行の貯炭場の竹垣を破壊、略奪した。同日、「細民」数百名が四季花園の植木、鉢植え、立木を狙った。四季花園はいったんこれを防いだものの、三〇日正午に再び「細民」数十名の襲撃と略奪を受け、その約二時間後にはさらに「群衆」約二〇〇人が温室を破壊しようとした。[200]

3、運動収束――国民革命軍の反共クーデターと軍の略奪

武漢労働者の逸脱行為を軌道修正しようとする党員の努力は功を奏さないまま、五月、国民革命軍の二つの反共クーデター、夏斗寅の乱と馬日事変が生じる。これらのクーデターと、運動の「行き過ぎ」をすでに抑制し始めていた武漢国民政府の微妙な態度によって、人々は風向きの変化を察知したようである。六月には、ある反物屋の店主が、

茶の注ぎ方が遅いという理由で店員にビンタを食らわせ足蹴にし、「今は以前とは違うんだ、我々店主がおまえたちにやらせようとすることは、なんであれやらなくちゃいけないんだ」といきり立つ姿が報告された[201]。

七月一五日、武漢国民政府にはついに中共を追い出す「分共」をおこなう。その後、武漢国民政府は、武漢の労働運動が「過激」で「幼稚」となったのは中共が工会を操作したためであるとして、すべての責任を中共に負わせ、規律の引き締めに着手した[202]。武漢近郊の各県に展開していた国民革命軍の兵士は、このような政府の態度を確認するや、早くも数日後には工会を占拠し家財を没収し始めた[203]。武漢ではとくに何鍵の三五軍が、泥木総工会、魚担工会、漢陽碼頭総工会の分会、人力車夫工会の分会など、さまざまな労働者団体の工会を占拠し、その財物を貪り始める[204]。武漢でもっとも勢いを誇った武漢店員総工会もまた、国民革命軍の第四集団軍の兵士に事務所を占拠された[205]。

かくして熱狂は完全に冷却され、武漢社会は再び無関心の相に移った。在漢口総領事代理田中正一は、「清党」時期に入ったころの武漢労働者の態度について、「失業に依る生活の圧迫を虞《おそ》れ就職を欲し其《そ》の態度も甚だ従順となれり」と報告した。一九二八年五月三日には日本の第二次山東出兵がいわゆる済南事件*を引き起こしていたが、西川喜一から大阪商工会議所に宛てられた情勢分析（『大阪時事新報』掲載）も、武漢の人々の同事件に対する反応は冷めているとした。武漢民衆は「共産党没落後其《その》組織と煽動者を失って一切の社会的、政治的問題に対して極めて冷淡」な態度へと変じており、事件に対して「何等《なんら》具体的発現〔発言の誤記か〕」をしなかったという。また武漢の「知識階級」は「其《その》真相を想察して別に何等《なんら》議論を闘わす等のこと絶えてなく」、「中流以下」の人々は「新聞の逆宣伝に祟られて激烈な議論を弄する輩を散見する」けれども、「最下層の多数労働者」は「只管《ひたすら》失職せんことを怖れ非常に緊張

＊済南事件：一九二八年五月三日に発生。中国側は済南惨案、五・三惨案などと呼ぶ。田中義一内閣によって日本人居留民保護を口実に実施された三度の山東出兵のうち、第二次出兵の過程で起きた事件。日中両軍の衝突に発展した。中共の歴史叙述は一万人以上の中国の軍民が殺傷されたと主張する。「山東出兵」『日本外交史辞典』三五七頁。「済南惨案」『民国史大辞典』二四三頁。

し其能率《その》の如きも却って平素に勝る」という状況であったという。(206)

この現象は、前年九月時点における田中の観測を裏切るものであった。田中は、「分共」後に武漢国民政府が着手した工会改組は、中共の「過激分子」が「根深く各工会に潜入」している以上、容易には進まないだろうと予測していた。(207) だが、この報告の時点において改組がおこなわれていた四〇ほどの工会には、運動にもっとも積極的であった団体、すなわち「碼頭工会」、「店員工会」などが含まれており、これらの団体の態度はすでに「只管《ひたすら》形勢を観望」するものに変わっていた。むろん分共後の政府はこれらの団体を集中的に改組したのであろうが、それにしても、その態度は劇的に反転していたのである。

武漢国民政府中枢で「労働運動」の大混乱を経験した国民党左派の人々は、中共や労働者に深く幻滅した。その代表的人物が汪精衛である。朱其華は、汪精衛の態度がこの時期急速に変わったとする。「少し変ったのではなく、大いに変ったのだ」と朱其華は強調する。汪精衛は「工人糾察隊があるのに、さらにナントカ労働童子隊まである。子供に何がわかる？〔中共は〕青年を利用するだけでは足りず、子供、婦女まで利用しようとしている。ふん！」と憤ったという。(208)

（1）　湖北省総工会編『湖北工人運動史』四九、一一九頁。

（2）　「国民党員中の急進派の人物や、社会主義者等の煽動又は支援に依って、漸次待遇改善を叫び、労働組合の承認を要求し、動もすれば資本家打破を叫ぶようになったのである」。「〔一九二一年一二月の人力車夫ストライキ後〕武漢の労働者に罷業問題の芽生えて来た矢先、〔民国〕十一年三月香港の海員罷業の捷報が伝わった為、賃金値上、待遇改善、労働組合承認を目的とする同盟罷業の風潮は、急転直下一般と騒擾を極め……」。在漢口総領事高尾亨から外務大臣幣原喜重郎宛、公信第二一四号の付属書、吉竹書記生編纂「漢口概観」、『各国事情関係雑纂／支那ノ部／漢口』第二巻の「5．漢口概観送付ノ件４」、第一－二画像。

（3）　一九二〇年一二月の粤漢鉄道ストライキから一九二三の二七事件まで、内陸地域では一六回の鉄道ストライキが生じていた。高綱博文が木村郁二郎『中国労働運動史年表』に基づき作成した鉄道ストライキ表を参照。高綱博文「『二・七』事件の基礎的考察」三九頁。

（4）南満州鉄道株式会社庶務部調査課（中澤博則編）『支那に於ける労働争議調（一）』八三－八七頁。

（5）同右、九〇頁。

（6）『武漢工人運動史』は、武漢工団連合会、江岸京漢鉄路工人倶楽部南段総部、漢陽鋼鉄廠工会、揚子機器廠工人倶楽部、漢口既済水電工会、丹水池煤油工人倶楽部、漢口租界人力車夫工会、武漢輪船工会の名を挙げる。武漢市総工会工運史研究室編『武漢工人運動史』四七頁。

（7）「粤漢路罷工風潮之拡大」長沙版『大公報』一九二二年九月一四日（『武漢民国初期史料』五八一頁）。

（8）南満州鉄道株式会社庶務部調査課（中澤博則編）『支那に於ける労働争議調（一）』九四頁。

（9）在漢口総領事瀬川浅之進から外務大臣内田康哉宛、公信第二七七号「粤漢鉄道従業職工同盟罷業ニ関スル件」（一九二二年九月一二日）、外務省記録『外国ニ於ケル同盟罷業雑纂／支那之部』第一巻の「12．粤漢鉄道従業職工同盟罷業ニ関スル件　附長沙織布工人罷業」、JACAR. Ref. B12081536200、第四画像。

（10）「漢口花廠工潮詳誌」『申報』一九二三年一月一六日。湖北工団連合会・京漢鉄路総工会連合辦事処編輯「二七工仇」『近代史資料』総四号、五六頁。企業名は次を参照。漢口租界志編纂委員会編（袁継成主編）『漢口租界志』武漢：武漢出版社、二〇〇三年、一二九－一三〇、一三二頁。

（11）以下、漢口花廠工会に関する瀬川報告は次の史料に基づく。在漢口総領事瀬川浅之進から外務大臣内田康哉宛、公信第一□（四?）号「英国人経営棉花圧搾工場職工ノ同盟罷工ニ関シ報告ノ件」（一九二三年一月一一日）の付属書「隆茂、礼華、平和洋行職工風潮　英国警察官トノ衝突　英国義勇隊ハ出動」、『外国ニ於ケル同盟罷業雑纂／支那之部』第一巻の「22．英国人経営綿花圧搾工場職工ノ同盟罷業ニ関スル件」、JACAR. Ref. B12081537200、第三－四画像。

（12）「漢口花廠工潮詳誌」『申報』一九二三年一月一六日。

（13）「漢口花廠工潮未易平息」『申報』一九二三年一月一七日。「漢口両大工潮解決前情形」『申報』同年一月二二日。「漢口両大工潮解決趨勢」『申報』同年一月二四日。なお、原文には人物名について誤記とみられるものも散見される。

（14）たとえば次の報道を参照。「漢口両大工潮解決前情」『申報』一九二三年一月二二日。

（15）在漢口総領事瀬川浅之進から外務大臣内田康哉宛、公信第四三一号「英米煙草会社職工罷工経過続報ノ件」（一九二二年一〇月三〇日）の付属書「英米煙草会社職工罷工経過続報」、『外国ニ於ケル同盟罷業雑纂／支那之部』第一巻の「18．英米煙草会社」、

JACAR, Ref. B12081536800、第六画像、および在漢口総領事瀬川浅之進から外務大臣内田康哉宛、公信第一三号「英米煙草会社職工ノ再罷工ニ関シ報告ノ件」（一九二三年一月一五日）の付属書「英米煙草会社職工ノ再罷工」、同上、第一三画像。瀬川報告は「英米煙草会社」とするが、『湖北工人運動史』は元英米煙草会社の「漢口英国香烟廠」とする。湖北省総工会編『湖北工人運動史』七九頁。

（16）武漢市総工会工運史研究室編『武漢工人運動史』六五－七四頁。張国燾『我的回憶』第一冊、二七四頁。

（17）包恵僧「包恵僧談二七罷工幾個問題（節録）」『二七大罷工資料選編』六二五頁。

（18）中共の言説については次を参照。湖北省総工会編『湖北工人運動史』九六－一〇〇頁。また国民党の言説については次を参照。中国労工運動史続編編纂委員会（馬超俊主任）『中国労工運動史（一）』第二編二三一頁。

（19）『大阪朝日新聞』は二七ストライキが次第に「上海方面より来た民党員」と「武漢の弁護士界の新人施洋」に牛耳られ、呉佩孚攻撃を目的とするようになったとする。一九二六年の満鉄の資料も、このストライキは北京大学系の思想家や「ロシア共産党系」と関わりをもち、他のストライキと異なって「多少政治的色彩を帯びていた」とした。「支那の排日妄動　三　排日妄動の第三期」『大阪朝日新聞』（朝刊）一九二三年八月四日。南満州鉄道株式会社庶務部調査課（高久肇編纂）『最近上海に於ける労働運動風潮』一一頁の「註」。

（20）湖北工団連合会・京漢鉄路総工会連合辦事処編輯「二七工仇」『近代史資料』総四号、五九頁。

（21）中共の通史『中国工人運動史』は、呉佩孚の鉄路総工会成立阻止の動機は、その背後に南方の革命党の画策があると疑ったことが原因であるとする。国民党の『中国労工運動史』は、中共が勢いに乗じて全国鉄路総工会を成立させようとしたことが軍閥の疑心を引き起こし、いらぬ弾圧を招いたとする。劉明逵ほか主編『中国工人運動史』第二巻、五三四頁。中国労工運動史続編編纂委員会（馬超俊主任）『中国労工運動史（一）』第二編二三一頁。

（22）在漢口総領事瀬川浅之進から外務大臣内田康哉宛、第一九号、一九二三年二月八日漢口発、『外国ニ於ケル同盟罷業雑纂／支那之部』第一巻の「20．京漢鉄道工夫同盟罷工ニ関スル件」、JACAR, Ref. B12081537000、第八画像。在天津総領事吉田茂から外務大臣内田康哉宛、公信第六四号（一九二三年二月一七日）の付属書、在漢口総領事瀬川浅之進「京漢鉄路罷業概略」、『外国ニ於ケル同盟罷業雑纂／支那之部』第一巻の「9．京漢鉄道江岸小工工廠職工同盟罷工ニ関スル件」、JACAR, Ref. B12081535900、第一六－一七画像。高綱博文「『二・七』事件の基礎的考察」三八頁。

（23）湖北工団連合会・京漢鉄路総工会連合辦事処編輯「二七工仇」『近代史資料』総四号、六三頁。中国労工運動史続編編纂委員会（馬超俊主任）『中国労工運動史（一）』第二編二三五－二三六頁。

（24）湖北工団連合会・京漢鉄路総工会連合辦事処編輯、同右、『近代史資料』総四号、六三頁。張国燾『我的回憶』第一冊、二六九頁（『二七大罷工資料選編』六五九頁にも「張国燾回憶二七罷工」として収録）。

（25）「京漢線従業員の罷業　各鉄道の従業員も呼応す」『大阪毎日新聞』（朝刊）一九二三年二月九日。張国燾、同右、二六九頁。

（26）呉佩孚の「労働者を保護する」という宣言は、北方地域および湖南・湖北地域で続々と工会が組織される契機となったという。張国燾、同右、二六二頁。呉佩孚のこうした態度は多くの先行研究によって指摘されている。たとえば、高綱博文「『二・七』事件の基礎的考察」三七頁。

（27）一九二二年八月二四日から二日間おこなわれた北京地域での京漢鉄道ストライキに対する、京漢鉄路管理局長趙継賢の発言を参照。「……〔鉄道労働者は〕大部分が永年勤続する者なれば、之に対して武圧的手段を取ることは寧ろ不当の策である。故に鉄路局としては須く穏便の策をとり先ず何より列車の運行を考慮せねばならぬ」。南満州鉄道株式会社庶務部調査課（中澤博則編）『支那に於ける労働争議調（一）』七九頁。

（28）在漢口総領事高尾亨から外務大臣幣原喜重郎宛、機密第一一〇号の付属書「武漢ニ於ケル国民思潮及民衆運動」、『国民思潮及民衆運動ニ関スル件』の「2．大正十四年／6」、第五画像。

（29）湖北工団連合会・京漢鉄路総工会連合辦事処編輯「二七工仇」『近代史資料』総四号、六九頁。

（30）施林及二七被難諸烈士追悼会「我們死者的栄哀」（編者推定一九二三年三月二二日）、『湖北革命歴史文件彙集（群団文件）一九二二－一九二四年』五七頁。張特立（張国燾の別名）「〝二七〟前後工会運動略史（節録）」『〝二七〟二周年紀年冊』一九二五年二月七日（『二七大罷工資料選編』六四九頁）。

（31）張国燾『我的回憶』第一冊、二七七頁。「団湖北区委関於武漢工廠最近的調査」（編者推定一九二四年七月から一二月の間）『湖北革命歴史文件彙集（群団文件）一九二二－一九二四年』二二一頁。

（32）一九二一年一〇月の粤漢鉄道ストライキと二二年八月の京漢鉄路局工務処の雑役労働者のストライキは、このような「労働運動」であったと考えてよいように思われる。粤漢鉄道ストライキは、物価騰貴に見合った賃上げを求めて解雇された労働者の解雇取消を掲げ、二一年一〇月六日から一二日まで鉄路当局に対しておこなわれた。蕭耀南らの調停により、ほぼ労働者側の要求を呑む形で処理されたという。また京漢鉄路局工務処のストライキは、江岸京漢鉄路工人倶楽部の活動を認めない京漢鉄道南段工務処のベルギー人処長と工務処修理廠長に対する抗議としておこなわれた。京漢鉄道北京工務処長が武漢を訪れ、楊徳甫と交渉し、解雇された者の解雇取消、罰金の取消、平等な増給、差別的待遇の廃止などで合意した。南満州鉄道株式会社庶務部調査課（中澤博則編）『支那に於ける労働争議調（二）』一七－一八頁。北京版『晨報』一九二二年八月一〇日掲載の京漢鉄路江岸工人倶楽部公式声明、『二七大罷工資料選編』八九－九〇頁。在漢口総領事瀬川浅之進から外務大臣内田康哉宛、公信第三二二号「京漢鉄道江岸小工廠職工同盟罷工ニ関スル報告ノ件」（一九二二年八月一〇日）、『外国ニ於ケル同盟罷業雑纂／支那之部』第一巻の「9．京漢鉄道江岸小工工廠職工同盟罷工ニ関スル件　自大正十一年八月」、JACAR. Ref. B12081535900、第三－五画像。

（33）「粤漢鉄路工人中天津出身者に対し、同郷、同省等の偏頗なる区別観念を脱し、殺傷を蒙れる工人に同情一致の行動をとり、局長、工人監督等の役使に応ぜざるやう警告し、若し之に応ぜざる者は其の姓名を擢発し全国各労働団体に通告して、絶交すること」。南満州鉄道株式会社庶務部調査課（中澤博則編）『支那に於ける労働争議調（二）』九二頁。

（34）中共の文献は各事件の概要を次のように説明する。①徐典事件：漢口の人力車夫徐典がイギリス租界の巡捕に殴り殺され、憤った漢口の人力車夫がストライキに入り、賠償を請求した事件。②泰安紗廠ストライキ：日系紡績工場の泰安紗廠で日本人監督が中国人女工を「からかい」、泰安紗廠の労働者がこれに憤ってストライキをおこなった事件。③英米煙草工場ストライキ：工場主が「理由なく」女工を解雇したことに女工が憤り、ストライキをおこなった事件。武漢市総工会工運史研究室編『武漢工人運動史』八六－九三頁。英米煙草工場の名称は次を参照。漢口租界志編纂委員会編（袁継成主編）『漢口租界志』一一三頁。

（35）共青団の報告では、一九二五年五月二三日ごろから、漢口のイギリス煙草会社工場、卵工場、中国のマッチ製造工場などでストライキが相次いでいた。その要因としては、イギリス煙草会社の機械導入による労働者解雇のほか、米の価格騰貴、銅貨の価値下落が指摘されている。林根（林育南の筆名）「団武昌地委臨時報告」（編者推定一九二五年六月九日）中央档案館・湖北省档案館編（翟学超ほか編輯）『湖北革命歴史文件彙集（群団文件）一九二五－一九二六年』甲二、武漢：湖北人民出版社、一九八七年印刷、七九頁。林報告の付属書によれば、この時期に銅貨の価値が下落した理由は、①低品質の銅貨流入による銅貨の価値下落、②時局不安定による商取引の停滞、③財政救済を目的とした五〇〇万元の官票増刷を市場が不安視、の三点である。②の時局不安定とは江浙戦争以来の内戦を指し、武漢にとってはとくに呉佩孚の動向を意味した。在漢口総領事林久治郎から外務大臣幣原喜重郎宛、公信第一一三号「銅元価値下落事情報告ノ件」（一九二五年六月九日）の付属書、外務省記録『支那貨幣関係雑件』、JACAR. Ref.B11090660100、第六画像。日刊支那事情社編（本多英三郎発行編輯）『長江流域の労働運動』二三頁。

（36）在漢口総領事高尾亨から外務大臣幣原喜重郎宛、機密第一一〇号の付属書「武漢ニ於ケル国民思潮及民衆運動」、『国民思潮及民衆運動ニ関スル件』の「2．大正十四年／6」、第二一、二六画像。

(37) 日刊支那事情社編（本多英三郎発行編輯）『長江流域の労働運動』二六－二七頁。

(38) 林根「団武昌地委臨時報告」『湖北革命歴史文件彙集（群団文件）一九二五－一九二六年』八〇－八一頁。

(39) 文書番号六七七、日清汽船会社社長近藤廉平から外務省通商局長坂田重次郎宛「揚子江沿岸各地排日状況ニ関シ日清汽船会社各支店及出張所ヨリノ報告書送附ノ件」（一九一五年六月四日）の付属書、一九一五年五月一四日付漢口支店報告「漢口排日暴動ノ件」、外務省編纂『日本外交文書』大正四年第二冊（大正期第八冊）、外務省、一九六六年、七六四頁。在漢口総領事高尾亨から外務大臣幣原喜重郎宛、機密第一一〇号の付属書「武漢ニ於ケル国民思潮及民衆運動」、『国民思潮及民衆運動ニ関スル件』の「2．大正十四年／6」、第一八、二〇画像。

(40) 在漢口総領事高尾亨から外務大臣幣原喜重郎宛、機密第一一〇号の付属書「武漢ニ於ケル国民思潮及民衆運動」、同右、第一五－一六画像。在漢口総領事林久治郎から外務大臣幣原喜重郎宛、機密第三五号「新聞通信ニ関スル調査報告ノ件」（一九二五年二月一三日）の付属書「武漢ニ於ケル新聞概況」、外務省記録『新聞雑誌ニ関スル調査雑件／支那ノ部』第三巻（自大正九年一月）、JACAR, Ref. B03040884100、第一画像。

(41) 文書番号七五〇、在漢口総領事瀬川浅之進から外務大臣加藤高明宛、公信第二一九号「漢口本邦品市況及日貨排斥ノ影響報告ノ件」（一九一五年七月一五日）の付属書「漢口ニ於ケル輸入本邦品市況並排貨ノ影響報告書」、『日本外交文書』大正四年第二冊、八八一頁。

(42) 在漢口総領事高尾亨から外務大臣幣原喜重郎宛、公信第二一四号の付属書、吉竹書記生編纂「漢口概観」、『各国事情関係雑纂／支那ノ部／漢口』第二巻の「5．漢口概観送付ノ件 4」、第七－八画像。在漢口総領事高尾亨から外務大臣幣原喜重郎宛、機密第一一〇号の付属書「武漢ニ於ケル国民思潮及民衆運動」、『国民思潮及民衆運動ニ関スル件』の「2．大正十四年／6」、第二二画像。

(43) 武漢市総工会工運史研究室編『武漢工人運動史』八七頁。湖北省総工会編『湖北工人運動史』一三一頁。武漢港史志編纂委員会編（鄭少斌主編）『武漢港史』北京：人民交通出版社、一九九四年、二一八頁。

(44) 以下、「上海事件及各地ニ於ケル騒擾事件概要」からの報告はすべて次の箇所に基づく。理財局国庫課「上海事件及各地ニ於ケル騒擾事件概要」（一九二五年七月一日調）、『昭和財政史資料』第三号第七〇冊の「上海事件及各地における騒擾事件概要」、JACAR, Ref. A08072195100、一一－一三頁（第七－八画像）。同報告は総領事報告や新聞資料などに基づいて作成された。

(45) "Mobs of Coolies Riot and Smash Windows at Butterfield and Swire." *The Independent Herald*, June 11. *The Hankow Riot*

of June 11th, 1925, p. 9. 以下、『インディペンデント・ヘラルド』の記事に関しては、香港大学図書館所蔵の Hankow Club Library Collected Papers の第七七冊 *The Hankow Riot of June 11th, 1925* Hankow: 1925（出版者不明）を使用。本史料は、漢口のイギリス居留民が作成した『インディペンデント・ヘラルド』の切り抜き集とみられる。二〇一四年は香港大学図書館オンライン蔵書検索 DRAGON（URL：http://library.hku.hk/）で閲覧できたが、現在サイトへのアクセスができなくなっている。二〇一五年一〇月二四日最終確認。

（46）「漢口英租界之大惨殺案」『申報』一九二五年六月一六日。

（47）注（45）に同じ。

（48）「漢口英租界之大惨殺案」『申報』一九二五年六月一六日。

（49）『申報』所載の湖北交渉員胡鈞の電報および『インディペンデント・ヘラルド』は、ともに襲撃者を数千人と表現。「胡交渉員電告漢口惨案詳情」『申報』一九二五年六月一四日。"Six Dead in Riot." *The Independent Herald*, June 12, *The Hankow Riot of June 11th, 1925*, p.17.

（50）「漢口英租界之大惨殺案」『申報』一九二五年六月一六日。"Six Dead in Riot." *The Independent Herald*, June 12 and "Hankow Quiet Yesterday; No New Disturbance Marks Day after Riot; Two Seriously Wounded Coolies Die." *The Independent Herald*, June 13 in *The Hankow Riot of June 11th, 1925*, p. 17. 水谷国治に関しては、文書番号五一九、在漢口総領事林久治郎より外務大臣幣原喜重郎宛「漢口英租界ノ暴動ニヨリ邦人商店八軒ノ破壊並ビニ負傷者中一名死亡ノ件」（原題は第五五号）（一九二五年六月一二日）『日本外交文書』大正十四年第二冊上巻、四七五頁。中支被難者連合会編『南京漢口事件真相―揚子江流域邦人遭難実記』（以下『南京漢口事件真相』）岡田日栄堂、一九二七年、一一七－一一八頁。

（51）"Hankow Quiet Yesterday; No New Disturbance Marks Day after Riot; Tow Seriously Wounded Coolies Die." *The Independent Herald*, June 13, *The Hankow Riot of June 11th, 1925*, p. 17.

（52）"B. & S. Strikers Storm S.S. "Wuchang" Looting Steamer Crew's Food." *The Independent Herald*, June 12, *The Hankow Riot of June 11th, 1925*, p. 10.

（53）上海日本商業会議所「支那労働問題」（『上海ニ於ケル児童労働調査書』一二九頁）。

（54）小山のこの説明は中国の肉体労働者の全般的傾向として語られている。小山清次『支那労働者研究』一三一－一三二頁。。

（55）易江波『近代中国城市江湖社会糾紛解決』の結論部分。

(56) たとえば清末民初の漢口宝慶埠頭において、宝慶府出身者たちが故郷の記憶や宗教的要素に基づき同郷意識を強化し、競合する他の同郷団体と戦い、宝慶埠頭を勝ち取っていくさまを分析した次の研究を参照。梅莉「移民・社区・宗教―以近代漢口宝慶碼頭為中心」『湖北大学学報（哲学社会科学版）』二〇一四年三期、一―八頁。

(57) 武漢市碼頭工作委員会編『武漢碼改資料彙編（三）』出版地不詳：出版者不詳、一九五〇年、六六頁。

(58) "Assurances of Safety are Given through Imaginary Pressmens's Association.," *The Independent Herald*, June 16. *The Hankow Riot of June 11th, 1925*, p. 24.

(59) 若愚「漢口屠殺之真相（湖北通信）」『嚮導周報』第一二〇期、一九二五年七月二日。

(60) "Notorious Labor Agitator Shot upon Order of Tupan." *The Independent Herald*, June 17 and "Another Agitator Executed Locally." *The Independent Herald*, June 20, in *The Hankow Riot of June 11th, 1925*, p. 24, 26. 文書番号五七〇、在漢口林久治郎総領事より外務大臣幣原喜重郎宛「漢口英租界ニ於ケル騒擾事件ト赤化運動トノ関係ニツキ報告ノ件」（原題は機密第八六号「漢口ニ於ケル騒擾事件ト赤化運動トノ関係報告ノ件」）『日本外交文書』大正十四年第二冊上巻、五〇三頁。日刊支那事情社編（本多英三郎発行編輯）『長江流域の労働運動』三〇頁。

(61) "One more Rioter Dies; Mob Consisted of Hupeh Loafers and Coolies." *The Independent Herald*, June 14 and "Another Agitator Executed Locally." *The Independent Herald*, June 20, *The Hankow Riot of June 11th, 1925*, p. 19, 26.

(62) 在漢口総領事高尾亨から外務大臣幣原喜重郎宛、機密第一一〇号の付属書「武漢ニ於ケル国民思潮及民衆運動ニ関スル件」の「2．大正十四年／6」、第二二画像。

(63) 高尾総領事は、二七事件後の武漢は静穏であったとし、『支那に於ける共産運動』は、武漢では「五・三〇運動中に於いてすら、他地方の如き活動を見なかった」とする。漢口日本商業会議所によれば、漢口の「一般商界」は「多くは今次の風潮を一部過激分子の煽動に出たものとして至極冷静な態度」を持していたという。在漢口総領事高尾亨から外務大臣幣原喜重郎宛、機密第一一〇号の付属書「武漢ニ於ケル国民思潮及民衆運動」、同右、第六画像。日本外事協会編（豊島拡集）『支那に於ける共産運動』日本外事協会、一九三三年、一四九頁。漢口日本商業会議所「武漢の罷工事件」『大日本紡績連合会月報』第三九五号、一九二五年七月、九三頁。

(64) 栃木利夫・坂野良吉『中国国民革命―戦間期東アジアの地殻変動』（以下『中国国民革命』）法政大学出版局、一九九七年、第四章の2。湖北省総工会編『湖北工人運動史』一四五、一四九頁。

(65) 湖北省政府については、湖北省地方志編纂委員会編(曾憲林主編)『湖北省志・政党社団』二五頁。武漢国民政府については、皮明庥主編『武漢通史―民国巻(上)』第六巻、一三五-一三六頁。

(66) 楊玉清(当時国民党湖北省党部秘書)は、武漢国民政府中央の要職にあった者の平均年齢は約四〇歳、地方の要職にあった者は二〇歳前後、「若者の世界」であったとする。楊玉清「大革命時代的武漢所見所聞」(一九六二年五月)『武漢文史資料文庫』第一巻、三二四頁。

(67) 『国民革命軍北進ノ支那労働会ニ及ホセル影響』の「第一節 湖南湖北方面ニ於ケル労働運動/二、湖北省ニ於ケル状況」、第五画像、および「目次」、JACAR, Ref. B02130107900、第四画像。

(68) 在漢口総領事高尾亨から外務大臣幣原喜重郎宛「漢口四三事件」(一九二七年四月一五日)、外務省『外務省警察史』第四九巻、不二出版、二〇〇一年、二三一頁。楊奎松『国民党的〝連共〟与〝反共〟』一九七-一九八頁。

(69) 「国民党の農工擁護政策は……之れが為共産過激分子を跳梁跋扈せしめ各地の労働風潮を最も険悪に導き自縄自縛の破目に陥るの結果を誘致したることは否むべからず」。外務省亜細亜局第二課『最近支那関係諸問題摘要―時局問題調査書』(以下『最近支那関係諸問題摘要』)第三巻(第五十四議会用)(昭和二年十二月調)の「1、最近ニ於ケル武漢労働風潮ノ推移/第1章 武漢ニ於ケル労働問題/第1節 概説」、JACAR, Ref. B13081147700、第一画像。

(70) 「第二章 北伐軍占領区工人運動的迅猛発展 編者説明」『中国近代工人階級和工人運動』第六冊、四六頁。久保亨「国民革命期の武漢労働運動に関する覚書」四三頁。馮筱才『北伐前後的商民運動』一四七頁。朱其華著(藤井正夫訳)『一九二七年の回想―北伐戦争従軍記(以下『一九二七年の回想』)』藤井正夫(個人出版)、一九九一年、五七頁(原著:朱其華『一九二七年底回憶』上海(?):上海新新出版社、一九三三年、一一七頁)。

(71) 中国人有識者との意見交換などに基づくという高久肇の分析。南満州鉄道株式会社上海事務所(高久肇著)『上海満鉄調査資料第三編―国民革命の現勢其一 国共両党の提携より分裂まで』上海:満鉄上海事務所研究室、一九二七-一九三〇年、一一八頁。『銭業月報』の文章も、「労働者のストライキについていえば、武漢方面では、労働者は賃上げ要求のほかに、どうやらほかの目的もあるようだ」としている。謙益「工潮問題評議」『銭業月報』第七巻第二期、一九二七年、一一頁。

(72) 上海内外棉支店『赤禍の漢口』三頁。

(73) 市工商連・民建文史組(楊心煥の原稿を整理・加筆)「湖北官銭局発行官銭票概略」(一九六一年一〇月)中国人民政治協商会議武漢市委員会文史資料研究委員会編『武漢文史資彙編専輯―武漢工商経済史料』第二輯、出版地不詳:中国人民政治協商会議武漢市委員会文史資料研究委員会、一九八四年、一三一頁。
(74) 西川喜一「官票の暴落と経済界の混乱（漢口）」（一九二六年四月二五日）商工省商務局貿易課編『貿易通信員報告集―支那ノ部』第一輯（以下『貿易通信員報告集』第一輯）、商工省商務局貿易課、一九二六年、六九頁。
(75) このとき呉佩孚は、各種徴税に加え、湖北官銭局の財産を担保に「武漢商会」から銀洋二〇〇万元を借り入れ、また全省徴収局報験所や電話局を抵当にし、銀行から銀洋四〇〇万元を借り入れ、さらに軍票（軍需滙兌券）三〇〇〇万元を発行するなどしたという。陳昆満主編『湖北近代革命史』武漢：湖北人民出版社、二〇〇六年、二四一頁。日知「呉佩孚再起後的湖北（武昌通信一二月二九日）」『嚮導周報』第一四一期、一九二六年一月七日。
(76) 盧蔚乾は、当時蕭耀南は直隷派との関係を切ろうとしており、呉佩孚との関係は悪化していたこと、呉佩孚は湖北入り後、蕭耀南に相談することなく勝手に振る舞い、蕭耀南を憔悴させたことを指摘する。また蕭耀南の甥である李懋東によれば、蕭耀南は地域の人々の批判に耐えきれず、湖北省議会と各団体を率いて呉佩孚に陳情し、呉佩孚の軍費調達行動を抑制したため、呉佩孚の恨みを買ったという。盧蔚乾「王占元、蕭耀南把持下的湖北政局」（一九六五年三月）『武漢文史資料文庫』第一巻、一二九頁。李懋東口述（呂烺芬整理）「蕭耀南的一生」（一九六四年）『武漢文史資料文庫』第七巻、一三一－一三二頁。
(77) 西川喜一「官票の暴落と経済界の混乱（漢口）」『貿易通信員報告集』第一輯、六九頁。
(78) 西川喜一、同右。「宜昌官商維持官票」『申報』一九二六年三月二〇日。
(79) 「中央商民部報告：向漢口市総商会調査」（一九二七年□月二三日）、国民党档案、類四八四／二五一（『武漢国民政府史料』三八〇頁）。
(80) 西川喜一「官票の暴落と経済界の混乱（漢口）」『貿易通信員報告集』第一輯、七〇頁。
(81) 「幸いにも金融界の準備が十分であったので〔金融危機は〕すぐに緩和された。しかし各業者が官票の下落から受けた損失は甚大であり、そのうえ近隣各省はまことに安定しなかった」。何雅忱「漢埠近年金融之恐慌及金融界之応付情形」（一九二六年一〇月）『銀行雑誌』第三巻第二四号（一九二六年？　史料集に記載なし）（『武漢民国初期史料』五二七頁）。
(82) 西川喜一「官票の暴落と経済界の混乱（漢口）」『貿易通信員報告集』第一輯、七〇頁。
(83) 「武漢金融之危機」天津版『大公報』一九二六年一一月二五日。
(84) 『赤禍の漢口』は、武漢国民政府の徴税が呉佩孚より激しいと非難する。天津版『大公報』の報道によると、武漢国民政府財政部長宋子文は、一九二六年一二月三〇日の省市党部執行監察連合会で財政状況を報告した際、「しかし軍事期間にあっては、各種雑税を取り消すことはできない。許して頂きたい」と発言している。上海内外棉支店『赤禍の漢口』二二頁。「漢口短簡　宣布財政状況」天津版『大公報』一九二七年一月五日。

(85) 「集中現金条例」を扱った先行研究として次を参照。北村稔『第一次国共合作の研究』一七二－一七四頁。坂野良吉『中国国民革命政治過程の研究』校倉書房、二〇〇四年、三三〇－三三二頁。馮筱才「自殺抑他殺──一九二七年武漢国民政府集中現金条例的頒布与実施」(以下「自殺抑他殺」)『近代史研究』二〇〇三年第四期、一四〇－一七五頁。

(86) 南満州鉄道株式会社庶務部調査課(竹内元平著)『満鉄調査資料第一〇八編──最近支那財政概説』(以下『最近支那財政概説』)大連：南満州鉄道株式会社庶務部調査課、一九二九年、三三二－三三三頁。

(87) 南満州鉄道株式会社庶務部調査課(竹内元平著)、同右、三三三頁。「中央商民部報告：向漢口市総商会調査」、国民党档案、類四八四／二五一(『武漢国民政府史料』三八〇頁)。蔣永敬『鮑羅廷与武漢政権』台北：中国学術著作奨助委員会、一九六三年、二二三頁。

(88) 久保亨「国民革命期の武漢労働運動に関する覚書」四五頁。

(89) 『東京朝日新聞』のコラム「経済問題解説」によれば、当時の武漢市場には、中央銀行一八〇〇万元、中国銀行三二〇〇万元、交通銀行八六〇万元、国庫券一四〇〇万元、計七二六〇万元の不換紙幣と国庫券があふれ、紙幣一元は二角、国庫券一元が二角であった。「いよいよ開業した支那の中央銀行　目標は財源ねん出か」『東京朝日新聞』(朝刊)一九二八年一一月九日。

(90) 南満州鉄道株式会社庶務部調査課(竹内元平著)『最近支那財政概説』三三四頁。

(91) 坂野良吉『中国国民革命政治過程の研究』三四〇頁。

(92) 「武漢工人失業調査」『漢口民国日報』一九二七年五月一八日。

(93) 張紅衛「武漢国民政府時期工人失業問題研究」修士論文(武漢理工大学に提出)、二〇一〇年一一月、七－一七頁。外務省亜細亜局第二課『最近支那関係諸問題摘要』第三巻の「1、最近ニ於ケル武漢労働風潮ノ推移／第1章　武漢ニ於ケル労働問題／第5節　失業救済問題」、JACAR. Ref. B13081148100、第一画像。

(94) 「[政府がイギリス租界を回収してから]港湾労働者の失業者は一万人あまり、花廠労働者の失業者は五〇〇〇人近く、洋務工友の失業者は三〇〇〇人あまり、合計で二万人を下回りません……しかし当会は無産階級の組合であり、経常費はまだ異常に緊迫しており、こうした特別救済に対しては実のところ対処に役立つ力がありません」。「省総工会設法救済碼頭失業工友」『漢口民国日報』一九二七年一月一八日。

(95) 李立三「李立三関於武漢工人状況的報告」（一九二七年五月末）A・B・巴倉林著（鄭厚安ほか訳）『中国大革命武漢時期見聞記―一九二五‐一九二七年中国大革命札記』（以下『中国大革命武漢時期見聞記』）北京：中国社会科学出版社、一九八五年、二一一頁（『武漢国民政府史料』一三三頁にも『中国大革命武漢時期見聞記』からの転載あり）。

(96) 後藤朝太郎『支那行脚記』万里閣、一九二七年、一二三頁。胡礼賢「両湖与江西的赤禍」『中央半月刊』第三期、一九二七年七月一五日（蔣永敬編『中国現代史史料選　北伐時期的政治史料―一九二七年的中国』（以下『北伐時期的政治史料』）台北：正中書局、一九八一年、三一〇頁）。

(97) 太田宇之助「国民政府の実質とその将来（四）」『東京朝日新聞』（朝刊）一九二七年二月二六日。「漢口碼頭工友月捐取消」『漢口民国日報』一九二七年一月一六日。「省総工会設法救済碼頭失業工友」『漢口民国日報』同年一月一八日。

(98) 馬鶴岑「武漢工人運動及其意義」『中央副刊』第三〇号、一九二七年四月二三日。

(99) 辛遽「揚子江辺的貧民村」『中央副刊』第一五号、一九二七年四月五日。張振鵬「我也談談漢口的事情」（三月三一日）『中央副刊』第一六号、同年四月六日。

(100) 外務省亜細亜局第二課『最近支那関係諸問題摘要』第三巻の「1、最近ニ於ケル武漢労働風潮ノ推移／第2章　邦人工場ニ於ケル労働風潮／第1節　概説」、JACAR, Ref. B13081148200、第一画像。「武漢工人失業調査（続）」『漢口民国日報』一九二七年五月一九日。「四三惨案救済会之急進」『漢口民国日報』同年四月一七日。馮筱才「自殺抑他殺」一五六頁。

(101) 冷観（胡政之の筆名）「南行視察記（一）武漢社会状況」天津版『大公報』一九二七年三月六日。高山謙介（佐々木到一の筆名）『武漢乎南京乎』行地社、一九二七年、三六頁。胡政之の筆名に関しては、熊尚厚「胡政之」中国社会科学院近代史研究所『民国人物伝』第一一巻、北京：中華書局、二〇〇二年、四三三頁。

(102) 呉一狗事件については、『辛亥革命在湖北史料選輯』所収の『時報』と『民立報』の記事を参照。武漢大学歴史系中国近代史教研室編『辛亥革命在湖北史料選輯』武漢：湖北人民出版社、一九八一年、四一〇‐四一三頁。その後起きた主要な衝突事件は、①一九一五年の日本租界襲撃事件（人力車夫が暴徒を指示したリーダーとして逮捕された）、②一九一七年七月の港湾労働者による日本租界襲撃事件、③六・一一事件、の計三件である。それぞれ、①文書番号七六四、在漢口総領事瀬川浅之進から外務大臣加藤高明宛「漢口暴動参加ノ中国人ノ処罰方ニ関スル件」（原題は公信第二四二号「漢口暴動参加支那人処罰方ニ関スル件」）一九一五年八月九日、『日本外交文書』大正四年第二冊、九二七‐九二八頁、②中国労工運動史続編編纂委員会（馬超俊主任）『中国労工運動史（一）』第一編九七頁、③本章の第二節。①の原史料は、外務省記録『支那人日本品「ボイコット」一件　日支交渉

前後』第二巻（大正四年）の「分割5」、JACAR, Ref. B11090249500, 第二七－二八画像。
(103) 張国燾『我的回憶』第二冊、五六〇頁。
(104) 楊春波（当時、宣伝隊員）「漢口〝一・三〟惨案与収回英租界的闘争」（一九八三年五月）『武漢文史資料文庫』第五巻、五五五頁。「全省工人代表大会対発展碼頭工会決議」『漢口民国日報』一九二七年一月一三日。また次の論文は、英米の英字新聞による一・三事件の報道を紹介。李良明「収回漢口英租界原因之再認識」『中共党史研究』二〇〇二年四期、四四－四五頁。
(105) 馮筱才「自殺抑他殺」一六三頁。
(106) 郭任遠「馬克思主義是科学的嗎？」『中央半月刊』第四期、一九二七年八月、四五－四六頁。
(107) 「湖北全省総工会対於〝漢口総商会労資問題意見書〟之解答」（一九二六年）、国民党漢口档案、漢一二七〇四（『武漢国民政府史料』三六五頁）。
(108) 朱其華『一九二七年の回想』五六－五七頁。
(109) 張国燾『我的回憶』第二冊、五五七頁。
(110) 王奇生『革命与反革命』一〇七－一〇八、一一五－一一六、一一九頁。南満州鉄道株式会社上海事務所（高久肇著）『上海満鉄調査資料第一編―国民革命の現勢其二　国民政府』上海：満鉄上海事務所研究室、一九三〇年、二四三頁。
(111) 「三鎮公安局第二次政治工作会議決請総政治召集各団体組織粛清反革命委員会並議決其他要二十五条」『漢口民国日報』一九二七年四月一日。「大規模粛清反革命運動」『漢口民国日報』同年四月二日。「市党部呈請通緝劉文島」『漢口民国日報』同年五月七日。「劉文島」東亜問題調査会編『最新支那要人伝』朝日出版社、一九三一年、二一四頁。
(112) 「漢口市党部執委会紀」『漢口民国日報』一九二七年四月一四日。
(113) たとえば、広東機器工会派とつながりの深かったとみられる漢陽兵工廠の「反動分子」欧陽西や陶元盛が、「打倒総工会」、「歓迎蔣総司令」などのスローガンを工場内に貼り付けたとして、漢陽兵工廠特別党部らに捕えられた。「兵工廠捕獲反動分子」『漢口民国日報』一九二七年四月二一日。
(114) 「漢婦協懲辦反動派」『漢口民国日報』一九二七年四月四日。
(115) 陳佑慎『持駁殻槍的伝教者　鄧演達与国民革命軍政工制度』台北：時英出版社、二〇〇九年、一八七－一八九頁。国民党中央の訓令は陳佑慎より再引用。原史料は「中央執行委員会対於各級党部之訓令」（一九二七年六月一日）、国民党五部档案、部六二九〇。

（116）『国民革命軍北進ノ支那労働会ニ及ホセル影響』の「第二節　漢口ニ於ケル労働運動／一、一般状態」、JACAR, Ref. B02130108200、第二画像。
（117）在長沙総領事糟谷廉二から外務大臣幣原喜重郎宛、公信第六〇号「労農運動状況ニ関スル件」（一九二七年二月二六日）、外務省記録『各国ニ於ケル労働並労働運動関係雑件／中国ノ部』の「1．一般　分割1」、JACAR, Ref. B04012929400、第一六画像。
（118）日本租界のサービス業労働者の動向に関する同報告からの引用は次の箇所に基づく。『国民革命軍北進ノ支那労働会ニ及ホセル影響』の「第二節　漢口ニ於ケル労働運動／二、邦人使用支那人ノ罷業」、JACAR, Ref. B02130108300、第一‐四画像。
（119）顧孟余「糾正幾種錯誤的思想　什麼是『利益』？」（一九二七年七月一五日）中宣部編印『中国国民党党務文件論説集要』一九二七年（『北伐時期的政治史料』五五〇頁）。中支被難者連合会編『南京漢口事件真相』一〇七頁。
（120）中支被難者連合会編、同右、一一一頁。上海内外棉支店『赤禍の漢口』五頁。
（121）川本洋行事件については、『赤禍の漢口』と『南京漢口事件真相』に基づき事実関係を整理した。『赤禍の漢口』においては単に「洋務工会」の事件として紹介されているが、記述内容からみて川本洋行事件を指すと判断した。中支被難者連合会編、同右、一〇九‐一一〇頁。上海内外棉支店、同右、五頁。
（122）在漢口総領事高尾亨から外務大臣幣原喜重郎宛電報要旨「糾察隊員我総領事館ニ侵入暴行ノ件」（一九二七年三月一二日）および在漢口総領事高尾亨から外務大臣幣原喜重郎宛「摘録　漢口四三事件」『外務省警察史』第四九巻、二三〇、二三二頁。
（123）中支被難者連合会編『南京漢口事件真相』一二三頁。宝妻寿作については、漢口租界志編纂委員会編（袁継成主編）『漢口租界志』二四五頁参照。
（124）藤井事務官「広東国民革命軍ノ北進ノ支那労働界ニ及ホセル影響」（一九二六年一一月調）、『各国ニ於ケル労働並労働運動関係雑件／中国ノ部』、JACAR, Ref. B04012929800、第一五‐一六画像。
（125）「武漢店員総工会報告」（一九二七年六月）、国民党五部档案、部一一三七五（『武漢国民政府史料』一四〇頁）。
（126）「国民運動進行計画決議案」『中国共産党党報』第一号、一九二三年一一月三〇日（中央档案館編『中共中央文件選集（一九二一‐一九二五）』第一冊、北京：中共中央党校出版社、一九八九年、二〇一頁）および本書一四八頁。
（127）「武漢店員総工会報告」、国民党五部档案、部一一三七五（『武漢国民政府史料』一四二頁）。在漢口総領事桑島主計から外務大臣田中義一宛、公信第一二二号「商民協会設立運動ニ関シ報告ノ件」（一九二九年二月一三日）、『各国ニ於ケル協会及文化団体関係雑件／中国ノ部』の「27．漢口商民協会」、JACAR, Ref. B04012393600、第二画像。

(128) 楊奎松『国民党的〝連共〟与〝反共〟』一八六頁。「武漢店員総工会報告」、国民党五部档案、部一一三七五（『武漢国民政府史料』一三六頁）。
(129) 肖抱真「関於武漢店員総工会的回憶」湖北省総工会工運史研究室編『湖北工運史研究資料』第五輯、出版地不詳：出版社不詳、一九八七年三月、一〇四－一〇五頁。
(130) 「武漢店員総工会報告」、国民党五部档案、部一一三七五（『武漢国民政府史料』一四〇頁）。ただし湖南の労働運動に関する報告にも、失業店員数は「約四千名に達すと称せられ」ているとある。四〇〇〇とは正確な数字ではなく、当時の失業店員を示す感覚的な数字であったと考えられる。在長沙総領事糟谷廉二から外務大臣幣原喜重郎宛、公信第六〇号「労農運動状況ニ関スル件」（一九二七年二月二六日）、『各国ニ於ケル労働並労働運動関係雑件／中国ノ部』の「1．一般　分割1」、第一七画像。
(131) 武漢地方志編纂委員会主編（張世采ほか主編）『武漢市志・金融志』三八頁。
(132) 『国民革命軍北進ノ支那労働会ニ及ホセル影響』の「第一節　湖南湖北方面ニ於ケル労働運動／二、湖北省ニ於ケル状況」、第六画像。
(133) 李立三「李立三関於武漢工人状況的報告」『中国大革命武漢時期見聞記』二一〇頁。「武漢店員総工会報告」、国民党五部档案、部一一三七五（『武漢国民政府史料』一三六頁）。
(134) 朱其華『一九二七年の回想』五七頁。馮筱才『北伐前後的商民運動』一四八頁。
(135) 金子肇「武漢における商民運動と国共合作─商民協会の動向を中心に」『下関市立大学論集』第三四巻第一号、一九九〇年、一一七頁。在長沙総領事糟谷廉二から外務大臣幣原喜重郎宛、公信第六〇号「労農運動状況ニ関スル件」、『各国ニ於ケル労働並労働運動関係雑件／中国ノ部』の「1．一般　分割1」、第一七画像。
(136) 「武漢店員総工会整飭工会紀律宣言」『漢口民国日報』一九二七年二月八日、「総工会厳粛工会紀律」『漢口民国日報』同年二月九日（『中国近代工人階級和工人運動』第六冊、一六二－一六三頁。タイトルはそれぞれ「武漢店員総工会整飭紀律的六条規定」、「湖北省総工会厳整紀律的二一条規定」と変更されている）。
(137) 蔣永敬『鮑羅廷与武漢政権』二三八頁。
(138) 黎霞『負荷人生』一一二頁。「全省工人代表大会対於発展碼頭工会之決議（続）」『漢口民国日報』一九二七年一月一一日。「碼頭総工会会議」『漢口民国日報』同年二月九日。
(139) 一九二七年一月一九日、イギリス租界の三、四、五碼頭を使用する乾元会社の工場管理者（管廠）宋西山が、出勤した「苦力」にストライキを強いる事件が生じた。おそらく、提供できる仕事がなくなったため、ストライキという体裁で「苦力」を休業させようとしたのであろう。これに対して碼頭総工会は、「工友を欺いた」として、糾察隊に宋西山を碼頭総工会まで連行させ、罰金八〇串を払わせた。「碼頭総工会処罰工賊」『漢口民国日報』一九二七年一月一九日。

(140) 中支被難者連合会編『南京漢口事件真相』一二四頁。後藤朝太郎『支那行脚記』一三一頁。後藤富賀美については、漢口租界志編纂委員会編（袁継成主編）『漢口租界志』二四五頁参照。

(141) 以下、同決議案に関しては次の記事に基づく。「全省工人代表大会対於発展碼頭工会之決議（続）」『漢口民国日報』一九二七年一月一〇、一一日。

(142) 「碼頭総工会厳辦舞弊特派員」『漢口民国日報』一九二七年五月一三日。

(143) 「武漢碼頭総工会啓事」『漢口民国日報』一九二七年一月二三日。

(144) 「漢口設立碼頭工人寄宿舎」『漢口民国日報』一九二七年一月六日。「碼頭総工会謀旅客便利」『漢口民国日報』同年二月八日。

(145) 中支被難者連合会編『南京漢口事件真相』一二一‐一二二頁。

(146) 宇高寧『支那労働問題』三五七頁。

(147) 日清汽船株式会社『大正十五年―昭和二年三月迄　揚子江航運に及ぼせる障害』日清汽船株式会社、一九二七年、三頁。

(148) 「中国共産党為漢寧妥協告民衆書」（一九二七年八月一四日）『前鋒周刊』第二期、一九二七年九月二〇日（中央档案館編『中共中央文件選集（一九二七）』第三冊、北京：中共中央党校出版社、一九八九年、三一九‐三二〇頁）。

(149) 中支被難者連合会編『南京漢口事件真相』一〇九、一三五頁。後藤朝太郎『支那行脚記』一三〇頁。

(150) 中支被難者連合会編、同右、九一頁。在漢口総領事高尾亨から外務大臣幣原喜重郎宛「摘録　漢口四三事件」『外務省警察史』第四九巻、二三九頁。

(151) 中支被難者連合会編、同右、九六‐九七頁。

(152) 「漢口各界籌備慶祝国民政府省政府成立」『漢口民国日報』一九二七年四月三日。「省党部之緊急通告」『漢口民国日報』同年四月四日。「武漢各界慶祝省政府成立」『漢口民国日報』同年四月六日。「漢口各界籌備慶祝武漢市政府成立」『漢口民国日報』同年四月二四日。

(153) 「李漢俊在省党部之政治報告（続前）」『漢口民国日報』一九二七年四月一七日。「懲治貪官汚吏条例」『漢口民国日報』同年四月二四日。

(154)「漢市党部注意各地治安」『漢口民国日報』一九二七年五月一六日。湖北全省総工会から国民党中央党部宛「湖北全省総工会上中執会報告」(一九二七年六月九日文到)の付属書「報告六月七日本鎮情況」(六月七日)、国民党漢口档案、漢一三〇八〇。

(155)「武昌市党部請宣布戒厳」『漢口民国日報』一九二七年四月三〇日。

(156)「統一審判反革命機関」『漢口民国日報』一九二七年五月七日。

(157)北村稔『第一次国共合作の研究』一八二－一八四、一八六－一八七頁。「光明与黒暗之闘争」『漢口民国日報』一九二七年四月二二、二九、三〇日、五月七日。

(158)泰安工会のこの事例は次の資料に基づく。武漢紡織総工会泰安分会から国民党中央政治委員会宛「武漢紡織総工会泰安分会常委上中政会文」(一九二七年七月三日)、国民党漢口档案、漢七二六八・五。

(159)国民政府外交労資委員会第九次会議においては、ストライキを指す「罷工」よりも工場の操業停止を指す「停廠」のほうが「事実に合う」とされ、第八次会議の決議で使用する表現が訂正された。外交労資委員会主席陳公博から(武漢国民政府)労工部宛「外交労資委員会致労工部函」(一九二七年六月一七日送稿)の付属書「国民政府外交労資委員会第九次会議録」(六月一五日)、国民党五部档案、部六〇三二。

(160)同右。

(161)久保亭「国民革命期の武漢労働運動に関する覚書」四四－四五頁。

(162)「漢商会会商民大会」『申報』一九二六年一二月九日。

(163)久保亭「国民革命期の武漢労働運動に関する覚書」四五頁。外務省亜細亜局第二課『最近支那関係諸問題摘要』第三巻の「1、最近ニ於ケル武漢労働風潮ノ推移／第1章　武漢ニ於ケル労働問題／第5節　失業救済問題」、第二画像。

(164)「湖北全省総工会与漢口商民協会関於労働条件的決議案」(五月二二日)『漢口民国日報』一九二七年五月二四、二五、二七、二八日(『武漢国民政府史料』一三一頁)。

(165)武漢店員総工会は各工会の恣意的な集会を制限しようとしていた。たとえば、工会が労働者に大会参加を求めるのは「一年に二日まで」などの指示を参照。「湖北全省総工会与漢口商民協会関於労働条件的決議案」の「停工参加大会問題」(『武漢国民政府史料』一三二頁)。

(166)上海内外棉支店『赤禍の漢口』三頁。

(167)「漢口力保日僑」天津版『大公報』一九二七年四月一〇日。「暴民襲来して掠奪暴行を恣にす」『大阪朝日新聞』(夕刊)

一九二七年四月五日。
(168)『南京漢口事件真相』所載の日本海軍省の電報（四月一一日着）、ならびに同書の記述を参照。中支被難者連合会編『南京漢口事件真相』一〇三‐一〇四頁。
(169)冷観「南行視察記（一）武漢社会状況」天津版『大公報』一九二七年三月六日。上海内外棉支店『赤禍の漢口』二頁。
(170)湖北全省総工会執行委員会編輯「湖北全省総工会第一次代表大会宣言及決議案」（一九二七年一月二一日）における「組織問題決議案」編者不詳『第一次国内革命戦争時期的工人運動』北京：人民出版社、一九五四年（一九八〇年第四次印刷）、四〇七‐四〇八頁。
(171)「総工会加緊各工会組織工作」『漢口民国日報』一九二七年五月九日。
(172)『工会代表会』（一九二六年一二月二六日）、『工会経済問題』（同年一二月二七日）、『工会基本組織』（同年一二月二八日）（中華全国総工会中国工人運動史研究室編『中国工運史料』一九八一年三期（総一六期）、六一‐八一頁）。『劉少奇論工人運動』および『中国近代工人階級和工人運動』第六冊にはそれぞれの序文のみ「工会工作中的三個問題」と題して収録されている。劉少奇「工会工作中的三個問題」（中共中央文献研究室・中華全国総工会編『劉少奇論工人運動』北京：中央文献出版社、一九八八年、二七‐三二頁および『中国近代工人階級和工人運動』第六冊、一一九‐一二三頁）。
(173)上海内外棉支店『赤禍の漢口』一〇頁。
(174)「湖北全省総工会第一次代表大会宣言及決議案」『第一次国内革命戦争時期的工人運動』四二一頁。
(175)上海内外棉支店『赤禍の漢口』四頁。李立三「李立三関於武漢工人状況的報告」（A・B・巴倉林『中国大革命武漢時期見聞記』二一三頁）。山本条太郎『支那の動き（動乱の重大性とその現状）』外交時報社、一九二七年、四〇頁。
(176)劉少奇から洛甫（張聞天）宛「関於大革命歴史教訓中的一個問題」（一九三七年二月二〇日）『劉少奇論工人運動』二一三‐二一四、二一七頁。『中国近代工人階級和工人運動』第六冊、一一六‐一一九頁にも摘録あり。
(177)「総工会代表大会経過概要」『漢口民国日報』一九二七年一月二八日。神戸商業会議所『武漢地方に於ける国民革命軍の施政状況並に労働政策』三二頁。中支被難者連合会編『南京漢口事件真相』一〇六頁。上海内外棉支店『赤禍の漢口』四頁。
(178)李立三「李立三関於武漢工人状況的報告」『中国大革命武漢時期見聞記』二一三頁。神戸商業会議所『対露支貿易時報号外第二輯―武漢地方に於ける国民革命軍の施政状況並に労働政策』（以下『武漢地方に於ける国民革命軍の施政状況並に労働政策』）一九二六年一二月、三二頁。上海内外棉支店『赤禍の漢口』四頁。なお『武漢地方に於ける国民革命軍の施政状況並に労働政策』

の内容の一部には、漢口日本商業会議所『武漢地方ノ労働風潮』第一－一一号、漢口日本商業会議所、一九二六－一九二七年と重複する箇所が確認でき、情報源は漢口日本商業会議所の調査報告と思われる。

(179) 武漢の糾察隊が失業者を多く含んでいたことは、すでに坂野良吉が指摘している。坂野良吉『中国国民革命政治過程の研究』一九九頁。すき焼きの事例は次を参照。中支被難者連合会編『南京漢口事件真相』一〇八頁。

(180) 「武漢店員総工会報告」国民党五部档案、部一一三七五(『武漢国民政府史料』一四五頁)。

(181) 工場包囲事件については、国民党漢口档案と、同史料を用いた楊奎松の記述を参照。「漢陽機器連合会致張主席電」(一九二七年二月四日)、国民党漢口档案、漢一一三四九。楊奎松『国民党的〝連共〟与〝反共〟』一九八頁。

(182) 神戸商業会議所『武漢地方に於ける国民革命軍の施政状況並に労働政策』四九頁。

(183) 漢口の木作坊の者が、警察を騙るごろつきにゆすられると警務公所に訴えた事例を参照。「巡憲批仰密拿厳辦」『漢口中西報』一九一〇年三月一四日。

(184) 上海内外棉支店『赤禍の漢口』四頁。「武漢店員総工会整飭工会紀律宣言」『漢口民国日報』一九二七年二月八日。

(185) 「全省総工会糾察訓練班開学紀」『漢口民国日報』一九二七年四月二二日。「省工会懲辦不法糾察」『漢口民国日報』同年四月三〇日。

(186) 「湖北全省総工会解散糾察隊的布告」(六月二八日)北京版『晨報』一九二七年七月一一日(中国人民大学中共党史系編『中国工人運動史教学参考資料(二)』北京:中国人民大学中共党史系、一九八六年、二六一頁)。湖北全省総工会執行委員長向忠発から国民党中央党部工人部宛「湖北全省総工会致中央工人部函」(一九二七年七月一六日)、国民党五部档案、部五二一〇。

(187) 一九二七年五月一日の国民党湖北省党部執行委員会第三一次常務委員会においては、各県党部、人民団体、県長、公安局長が騒動を起こす問題が議題にあがった。「省党部工作之積極」『漢口民国日報』一九二七年五月四日。党を騙る偽物については、五月一二日付の漢口市党部布告を参照。「漢市党部厳禁借党招謡」『漢口民国日報』同年五月一三日。

(188) 「各団体会審工賊周従彦」『漢口民国日報』一九二七年四月一七日。

(189) 「漢口市工務局工務行政計画」『漢口民国日報』一九二七年二月八日。

(190) 「処分逆産条例」をめぐっては北村稔の分析を参照。北村は同条例の公布を「事態の追認」とする。北村稔『第一次国共合作の研究』一七九頁。

(191) 「極点に達した武漢派の恐怖政策　資産家続々逮捕さる」『大阪朝日新聞』(朝刊)一九二七年五月一四日。

(192)「漢陽県党部宣布周文軒周仲宣罪状」『漢口民国日報』一九二七年五月一八日。

(193)「周文軒」武漢地方志編纂委員会編（馮天瑜主編）『武漢市志・人物志』一一五－一一六頁。坂野良吉『中国国民革命政治過程の研究』三四二－三四三頁。蔣永敬『鮑羅廷与武漢政権』二四六－二五五頁。

(194) 栃木利夫・坂野良吉『中国国民革命』二八九頁。

(195) 北村稔『第一次国共合作の研究』一八〇頁。

(196) 胡礼賢「両湖与江西的赤禍」『中央半月刊』（『北伐時期的政治史料』三一二頁）。

(197)「何でも農民協会か何かで、外国人の境内にあろうが富豪の邸宅にあろうが、立樹などは皆なお前達に授かったものだ、当然奪取して構わないと言ったようなことを吹き込むだ《ママ》」。中支被難者連合会編『南京漢口事件真相』二一〇－二一一頁。

(198) 在漢口総領事高尾亨から外務大臣幣原喜重郎宛、公信第二□（四？）六号「租界外居住邦人保護方ニ関スル件」（一九二七年三月二六日）、外務省記録『支那内乱関係一件／国民軍ノ北伐関係／在留民ノ保護、引揚、避難及被害関係附利通号乗組船員保護並同船抑留事』第五巻の「1．漢口総領事館管内在留民関係／1」、JACAR, Ref. B02031873900、第三画像。

(199)『南京漢口事件真相』は三宜洋行襲撃事件の発生を三月とするが、高尾報告は二月二八日とする。ここでは後者を取る。なお『外務省警察史』所収の高尾報告摘録には「三宜洋行」とある。中支被難者連合会編『南京漢口事件真相』一一八－一一九頁。在漢口総領事高尾亨から外務大臣幣原喜重郎宛「摘録　漢口四三事件」『外務省警察史』第四九巻、二三三頁。

(200) 在漢口総領事高尾亨から外務大臣幣原喜重郎宛、同右、『外務省警察史』第四九巻、二三二－二三三頁。

(201) 武漢店員総工会『毎日通訊』（一九二七年六月八日）、国民党漢口档案、漢一三二〇二（『武漢国民政府史料』三七四頁）。

(202) 外務省亜細亜局第二課『最近支那関係諸問題摘要』第三巻の「最近ニ於ケル武漢労働風潮ノ推移／第1章　武漢ニ於ケル労働問題／第2節　武漢政府ノ新労働政策」、JACAR, Ref.B13081147800、第三画像。

(203) たとえば孝感、雲夢、漢陽、蔡甸、宜昌、嘉魚などの県でこうした現象が起きているという次の訴えを参照。国民党中央部工人部部長陳公博から国民党中央執行委員会宛「中央工人部上中執会呈」（一九二七年七月一九日）の付属書、中国国民党湖北省・漢口特別市執行委員会工人部工人運動委員会報告書（七月一八日）、国民党五部档案、部六三七二。

(204) 国民党中央党部工人部幹事周秉逵から同部部長陳公博宛「中央工人部幹事周秉逵報告」（一九二七年七月一六日）、国民党五部档案、部八一二七。

(205) 国民党中央党部工人部部長陳公博から国民党中央執行委員会宛「中央工人部上中執会呈」（一九二七年七月二〇日送稿）の付

属書、武漢店員総工会「呈称該会被軍隊占駐」（七月一八日）、国民党五部档案、部八一二八。
(206) 在漢口総領事代理田中正一から外務大臣田中義一宛、第五一〇号、一九二八年八月二四日漢口発（原文に年度の記載なし）、『各国ニ於ケル労働並労働運動関係雑件／中国ノ部』の「1．一般　分割1」、JACAR, Ref. B04012929400、第一三画像。「支那時局影響」『大阪時事新報』（朝刊）一九二八年六月一日。
(207) 在漢口総領事代理田中正一から外務大臣田中義一宛、公信第五五九号「武漢ニ於ケル工会改組ニ関スル件」（一九二七年九月一日）、外務省記録『各国ニ於ケル労働団体並同組合関係雑件』第一巻（自昭和二年一月至三年十二月）の「30．武漢工会関係」、JACAR, Ref. B04012895200、第一七画像。
(208) 朱其華『一九二七年の回想』二三九頁。ただし訳文の表現を原書を参照して一部改めた。また汪精衛については次も参照。楊玉清「大革命時代在武漢的汪精衛」（一九八三年五月）『武漢文史資料文庫』第一巻、三四一－三五一頁。このほか、陳友仁、孫科も民衆運動に深く幻滅したという。坂野良吉『中国国民革命政治過程の研究』三三八頁。

終章

本章では、第二〜七章における事例検討を通じてあきらかになった一九二〇年代の「中国労働運動」という社会現象の実態について、その共通点と相違点をまとめる。共通点については、まずその社会的基盤と思想的基盤を要約し、ついでこの「労働運動」の発生メカニズム、拡大メカニズム、収束メカニズムを整理する。そして最後に、この社会現象の本質に対する考察を、「孤立した集団」をめぐる議論に立ち戻りつつ本書の結論としてまとめ、あわせてその政治的含意および一九四九年以降の中国に対する展望を、筆者なりに示しておきたい。

1 三地域の共通点

1、社会的基盤

(1)「労兵匪」を生む流動人口層

一九二一年に中共が設立され、一九二四年の第一次国共合作によって中共と国民党の協力体制ができあがると、国共両党は中国の主要都市に党組織および労働者動員組織を設置し、動員工作を強化した。本書が対象とした広東、上海、武漢の三地域は北京政府の統制が及びにくい地域でもあったため、党員たちの活動はとくに活発であった。そして各地域における動員の「成功体験」は相互に共有され、他地域でもその応用が試みられた。

しかし、こうして展開された国共両党の動員工作に活発に応じたのは、主に流動人口層に属する人々であった。本書の検討に基づく限り、三地域の人口動態には共通点を見出せる。アヘン戦争ないしはアロー戦争後に租界が設置されたことで、開港都市としての急激な経済成長を開始し、その経済力が流動人口を大量に引き寄せていたのである。

この場合注意すべき点は、農村から開港都市へと流れ込んだ流動人口には、自然災害や兵乱から逃れるため一時的に都市へと出てきた難民層と、農村に居場所がないため都市へと出てきた無職の者たちとの違いがあったことである。前者はやがて農村へ帰っていく人々であったが、後者は、たとえ定期的に農村へ帰ることがあったとしても、相対的には農村社会との絆が希薄になりつつあったと推測される人々である。国共両党の動員にもっとも積極的な反応をみせたのは後者の類型であったと考えられ、それは都市においては定職をもたない者や失業者などとして現れた。

彼らによって組織された糾察隊が、限りなく傭兵や匪賊に近い振る舞いをみせていたことは、本書で仔細に検討した通りである。小山清次は、中国においては「労兵匪三者はつねに有無相通」じ、たとえば「地方官憲」が軍費節約のために軍隊を解散するとなれば、軍隊を解雇された兵士たちは、労働者になるか土匪になるかのどちらかを選択したとする。そしてその選択は地域の経済状態に左右された。地域に就職口があれば労働者となるが、それが叶わなければ「彼らは求職につき一応その頭脳を悩ましたる上、さして逡巡することなく、間もなく土匪と化する」[1]。したがって、開港都市の租界付近に集結した労働人口は、地域の経済活動に組み込まれている限りにおいては労働者として振る舞うことが予想されるものの、そこから弾き出されるや、たちどころに土匪として振る舞い出す可能性を秘めた人々であった。つまり、労働者、傭兵、匪賊の狭間を行き来する人々から構成された流動的な余剰人口が、本書が対象とした「中国労働運動」の重要な社会的基盤となっていたのである。

また、少なくとも本書の検討に基づく限りでは、「労兵匪」の狭間にある流動人口の大半は若年・壮年の独身男性によって占められていたと推測することができる。六・一一事件のような外国人襲撃事件や、国共両党の画策した大型ストライキにおけるもっとも攻撃的な群衆の中に見え隠れしていたのは、このような独身男性失業者であり、潜在的匪賊であると同時に潜在的傭兵でもある人々であった。

(2) 「親分‐子分関係」

「労兵匪」という現象が発生する根本的原因は、地域における資源不足であり、地域の経済的キャパシティを上回る圧倒的な余剰人口である。資源も仕事もわずかであるからこそ無職の者が増え、生産活動に参与できない者が兵士や匪賊となる。労働者となるためには、他者から資源と仕事を勝ち取らねばならない。こうして男性の余剰人口層に、資源や縄張りを確保し、また外部から奪い取るための、無数の小集団が生まれる。

このような集団をコントロールする際、最大の問題となるのは、成員の「裏切り」をいかにして防ぐかということであっただろう。上海の二月ストライキを計画した滬西工友倶楽部の幹部層に「裏切り」が生じ、顧正紅賠償金問題では、抜け駆けをして賠償金を受け取ろうとした者への過敏ともいえる制裁がおこなわれた。これらが暗に示すものは、当時において「裏切り」はさほど珍しい現象ではなかった可能性があるということである。二月ストライキの際、糾察隊の一種「義勇隊」が血をすする儀式をおこない、「総隊長の言葉を聞く、もしいつわりの心があれば、天の雷に打たれて死ぬであろう」と誓い合ったことも、「裏切り」防止措置のわかりやすい一例である。総隊長という「親分」に生命をかけて服従する、裏切れば死が待つ、という縛りを成員にかける必要があったのである。

本書に登場したもっとも戦闘的な集団、すなわち海員集団、広東人機械工集団、港湾労働者集団は、ヤクザ的社会や秘密結社的ネットワークと重なりつつ、いずれも強固な「親分‐子分関係」を結集軸としていた。しかし港湾労働者集団などは、本来余剰人口からなる流れ者の中に生まれた集団である。一地域に定住し根をもつ人々の集団に比べ、「裏切り」に対するハードルは低かったはずである。小山清次が述べる中国の肉体労働者たちの絶対服従ぶりと彼ら自身の発言権の欠如などは、[2] そうした「裏切りやすさ」を防止する必要があったからこそ、強固な「親分‐子分関係」が発達したことを示していると理解できる。

だが、「親分」を中心に団結する集団とは独裁的団体でもある。「親分」が「子分」に完全なる忠誠を求めるということは、相手に強い同調要求を発することでもあり、各人の個性や集団内の多様性は、不確実性の源泉である以上忌避されたであろう。肉体労働者ほどではないとしても、「子分」の立場にある紡績工場労働者についても、主体性の欠如が観察されている。たとえば「雷同性に富んでいること」、「主旨も理由もないに拘わらず少し有力な職工が或る行為を執ると直ちにそれに雷同する」(『大阪毎日新聞』)、「支那職工は何時《いつ》でも極めて柔順」(日本綿花社長であった喜多又蔵の発言)[3] といった表現などである。内藤順太郎は、中国の労働者組織は秘密結社の延長線につくられたものであるため「極端な専制的組織」であるといい切り、たしかに「首領」は「衆望」によって決定されるものの、ひとたび「首領」となった人物の命令に対しては成員は従わなくてはならず、ストライキの実行も収束も、すべては「首領」のメンツが立つかどうかで決定されたとする。[4]

本書が検討した三地域の動員過程において繰り返し現れていたのは、このような人間関係を通じて「子分」を動員する「親分」たちの姿であった。一方、「親分」に追随する「子分」たちの本音は、「親分」の言動の陰に隠され、窺い知ることができない場合が多い。

つけ加えておくならば、このような強力な「親分‐子分関係」の発生は、おそらく中国という特殊な一地域に限定されるものではなく、社会的不確実性の高い社会領域であれば国を問わず生じる普遍的現象であっただろう。[5] 時代的にも、流動化した社会が「親分‐子分関係」を生産する現象は、特定の時代にただ一度きり出現するものではないように思われる。[6]「親分‐子分関係」は、ある時代の秩序がなんらかの理由で崩壊し、社会が流動化した中で人々が個人単位でのサバイバルを余儀なくされる、そのような歴史の節目ごとに繰り返し現れる、もっともプリミティブな人間関係であるといえるのではないだろうか。

(3) 「親分‐子分関係」に基礎づけられた集団

① 心理学的傾向

国共両党は、「親分‐子分関係」によって運営される労働者集団を動員し、「ストライキ」を展開していった。このような集団のもっとも積極的な参加者に少なからず垣間見えていたものが、ドイツの社会心理学者フロムがいうところの権威主義的態度であった。動員が「成功」し続け、熱狂の持続した広東においては、たとえば沙面罷工委員会幹部の態度などに、外国人に対する数々の禁止事項を羅列し、支配的に振る舞い始める兆候がみられた。動員の「失敗」が続いた武漢においても、「成功」の時期には、肉体労働者たちの行動は支配の相へ移行し、湖北総工会自身がその「傲慢さ」を戒めねばならないほどであった。

フロムは、政治的、経済的秩序が大きく動揺した一九三〇年代の「ドイツやその他ヨーロッパ諸国の、下層中産階級の大部分」に対する観察を通じ、「権威主義的性格」を次のように記述した。まず「権威」には二種類のものが存在する。ひとつは教師と生徒の関係のように一方が他方を「助ける」、いわば良性の「権威」(理性的権威)であり、もうひとつは、奴隷所有者と奴隷の関係のように一方が他方を「搾取する」、すなわち悪性の「権威」(禁止的権威)である。この悪性の「権威」の論理に支配された人々にとって、「すべての存在は二つにわかれる。力をもつものと、もたないものと」。そして「力は、その力が守ろうとする価値のゆえにではなく、それが力であるという理由によって、かれを夢中にする」。「無力な人間や制度は自動的にかれの軽蔑をよびおこす。無力な人間をみると、かれを攻撃し、支配し、絶滅したくなる」[7]。

フロムの議論を参照する限り、この種の人間関係は、相手と自分の完全なる一体化を求める同調要求を発する。この関係における強者の態度は、相手の個性を尊重せず、相手の存在価値はみずからの従順な道具である限りにおいてのみ認めるという独裁的なものとなる。上か下か、命令か服従か、忠誠か反逆かといった、上下関係、「敵‐味方」思考を基礎とした人間関係が主流になるというのである。より本質的には、ありのままの相手を信用することができず、相互不信を根底にもつ人間関係だといえよう。ここで述べられている人間関係の諸相は、本書が「親分‐子分関係」と呼んだものと大きく重なる。

むろんフロムの議論には、彼自身が置かれていたドイツ特有の文脈が影響しているだろう。しかし政治的、経済的秩序が大きく動揺し、すべてが流動化した状況において、人々が生存を確保するために権威者、すなわち頼りがいのある「親分」の庇護を求めること、そのようにして群がってくる「子分」に対し、「親分」のほうでは絶対的忠誠を求めること、しかしその反動とでもいうべきか、ひとたび自分よりも下位の者を目にするや、服従的であった人々はみずからが支配者であるかのように振る舞い始めること、こうした点は、少なくとも本書が対象としたいくつかの労働者集団の振る舞いにおいては、かなりの程度当てはまる。熱狂と無関心の往復現象の根底にある要素として、悪性の「権威」をめぐるフロムの議論は、おそらくもっと考慮されてよいものであろう。

② 集団の戦闘性と凝集性

前述のように上位者に対する下位者の絶対服従を調達することが重視される集団においては、外部世界に対して開かれた精神が形成されることは困難であり、集団の成員の意識は、「親分」の意向と集団内における他者の評判にのみ向かいがちとなる。小集団の内部が一種の思想統制の状態にあったことは、たとえば二月ストライキの際、ストライキに動員された同興紗廠の男工たちが、集団の仲間がいる場所では集団の総意に従い、個別に事務室に呼ばれると一八〇度異なる意思表示をした点からもみて取れる。

その結果、「親分‐子分関係」に基礎づけられた集団には、外部世界に対する精神的閉鎖性が顕著となる。これはすでに仁井田陞が北京の商工業ギルドに見出していた特徴であるが、本書においてそれはカーとシーゲルが「強烈なグループ意識」と述べたものとして現れている。「強烈なグループ意識」をもつ集団として、カーとシーゲルが欧米の事例を用いて示した労働者集団の分類結果と、本書で検討した事例はよく一致する。すなわち一九二〇年代の中国においても、「強烈なグループ意識」は海運業関係の労働者団体と港湾労働者団体に強く確認され（炭坑労働者は本書では扱っていないが、安源炭坑ストライキの事例を考慮すればやはりグループ意識は強いものと思われる）、租界サービス業労働者の集団には確認されない。

ではこの「強烈なグループ意識」の正体とは何か。広東や武漢の事例に基づくと、このような集団の本質は、逆説的ではあるが、成員がみずからの生存空間を確保するため、みずからの所属集団に命を捧げて戦う戦闘集団である。戦闘集団であるがゆえに結束力は非常に強く、その凝集性もきわめて高い。それはときに「権威者の命令に応じてその生命および家族を犠牲」（宇高寧の表現）にするほどであり、所属集団の利益および「親分－子分関係」が何よりも優先される(8)。

しかし戦闘集団である以上は、民主主義的社会との相性はあまりよくはない。このような集団における一般成員の立場は軍隊における兵士と同じであり、上官の命令は絶対である。このことが成員の精神的閉鎖性を生むのであり、それゆえこのような集団の成員は、命令し、されることには慣れていても、意見の異なる外部世界の他者と話し合い、未知の妥協点を探る作業は、本来的に苦手である。

さらに、精神的閉鎖性をもつ集団の成員は、特定の状況に「怒り」をもつとそれが急速に過熱すると考えられる。民主主義理論研究者であるC・サンスティィーンは、個人でいるよりも集団でいるほうが、集団内部で特定の事物に対する怒りを共有・増幅するために、怒りのレベルが増大すると指摘した。すなわち、「他と不和を生じている集団の構成員たちは、集団の内部だけで会話する傾向があり、それによって自分たちの怒りを煽り増幅させ、関連するさまざまなできごとについて凝り固まった見方をするようになる(9)」。

『申報』が報道した香港海員ストライキ開始前夜の海員工頭の熱狂ぶりをいま一度思い起こせば、サンスティィーンのこの指摘は、まさに香港海員ストライキについて妥当するといえる。そして海員の振る舞いは、労働運動というものは理性的な話し合いで解決できると考えた広東省長陳炯明の予測を裏切る「強硬さ」をみせるようになった。その後広東に登場したのは、革命を進めようとする広東国民政府であり、この政府のあり方は、もともと械闘の文化が色濃く、戦闘的集団が数多く存在した広東の、相互対立の側面に火を着けたように思われる。省港ストライキ時、争う労働者集団を調停しようとする関係者の試みはすべて水泡に帰すことになった。

一方、租界サービス業労働者の戦闘性や凝集性の低さは、彼らが他の労働者集団と比べ恵まれた地位にあり、戦闘集団を形成する必要がなかったこと[10]、またその結果として「親分 - 子分関係」が相対的に希薄であったことなどから説明がつく。むろん彼らも請負業者によって支配され、相互に対立してはいた[11]。にもかかわらず、港湾労働者などにみられる強固な「親分 - 子分関係」は形成されなかったようである。小山は、「一度ボーイ社会に入り其の仕事を習得せば、他に転業する事無く、遂に外国人の使用人として一生を終るもの尠《すくな》からざるが如く」と記し[12]、また大阪市商工課の資料は、肉体労働者中、「外国商館」の「雑役」が「最も将来ある労働者である」とした。ボーイたちは外国人雇用主の言語と文化に通ずることが求められ、それは長い時間をかけてようやく習得が可能となる一種の技術として機能した[13]。それゆえいったん租界サービス業に習熟し、外国人の雇い主をえた者は、「親分 - 子分関係」で結びつけられた肉体労働者的組織の世話になる必要がなく、そのような組織の頭目の顔色を窺う必要もなかったのであろう。

だが租界サービス業労働者は、外部からのストライキ要請を拒絶する力をもたなかった。強固な「親分 - 子分関係」をもたない代わりに、水平的連帯ももたなかったのである。それゆえ彼らは、たとえば沙面の租界サービス業労働者が他の集団に動員された事例などに表れているように、外部からのストライキ要請に抵抗できなかったのである。

2、思想的基盤

(1) ゼロサムゲームの「正義」

「労兵匪」の好む「正義」の形態について、小山は匪賊の側に焦点を当てた文章で次のように述べている。「『殺富済貧』は実に彼等匪軍の標語たるなり……宋末〔末の誤記〕支那全土に亘る土匪横行の縮図たる水滸伝に現れたる叙上の精神は、現時の支那各地匪賊に依り其の鉄則として継承支持され、常に彼らの標語たるなり」[14]。すなわち匪賊の

「正義」にははじめから暴力や殺戮が正当なるものとして織り込まれており、富者を殺し貧者を救えばそれで十分「正義」であるという感覚が根底にあるという。この種の「正義」は、一方において「敵」との暴力的闘争とその殺害を正当化し、他方において「敵」からの富の略奪を正当化する感覚から成り立つ。そしてその実践は実践者に対して二つの効用をもたらす。第一に、「敵」との闘争とその殺害などを通じて自身を英雄と同一視することが可能となり、第二に、「敵」からの富の略奪を通じて経済的利益をうることが可能となる。

本書の検討した事例のいくつかは、匪賊の「殺富済貧」とルーツを同じくする「正義」の形態を示している。広東の「労働運動」においては、それは省港ストライキの「仇貨」没収に表れていた。「殺富済貧」の「敵」の殺害を正当化する感覚は、後述する広東国民政府の態度によって抑制されたとみられるものの、「スト破り」に対してはテロリズムがおこなわれた。また「敵」の財産（＝仇貨）はいくらでも奪ってよいという感覚は維持され、糾察隊は実際にそのように行動していた。

上海の「労働運動」における「殺富済貧」と同根の言説は、二月ストライキにおいて党がもたらした「養成工」をめぐる言説に見出せる。この言説は、「殺富済貧」における「敵」の殺害を正当化する感覚を、あまり抑制するものではなかった。その結果、豊田紡績工場襲撃事件などにおいて死者が発生することになったのである。二月ストライキの指導者は、紡績工場労働者としての経歴は長くはなく、むしろ傭兵としての経歴が長かった陶静軒であり、「殺富済貧」的な発想にもっとも慣れ親しんでいたと推測される社会層の人物であった。棍棒を所持し、就業中の労働者や職員に殴りかかり、路上で日本人職員を銃撃した襲撃者たちも、やはり「殺富済貧」の言説の変形版と思われる「打倒東洋人」、「義気」などのスローガンに強く反応する人々であった。一方で、二月ストライキはその指導者らに利益を与えるものであった。雇用をめぐる競争相手たる女工を追い出し、みずからの雇用を確保するという、男工の工頭の私的利益の追求が、このストライキの裏にひそんでいた。

武漢の六・一一事件は、「殺富済貧」における「敵」の殺害を正当化する感覚がそのまま剝き出しになったケースである。上海などから伝えられた反帝国主義の言説に接した港湾労働者は、外国人を殺すことが「正義」であると認識し、しかもそれをみずからのメンツに関わる問題として捉えた。この場合、「敵」の殺害を通じてみずからの英雄性を実感するという感覚のみが強く引き出されたのである。六・一一事件における港湾労働者の振る舞いは、賃金の問題などはどうやら二の次のようだという印象をイギリス人に与えもした。武漢国民政府時代の一・三事件の際にも、張国燾は、租界を襲撃した労働者には「鏟富済貧」（「殺富済貧」とほぼ同義）の観念があったと述べていた。彼らにとっての反帝国主義運動の重要性は、しばしばナショナリズム的言説がそう主張したがるような、長年蓄積された外国人に対する怒りの感情の爆発というよりは（まったくそれがなかったとはいえないにせよ）、むしろ、「やつら」によって傷つけられた「我々」のメンツを、みずからの英雄的行為によって回復するという、自身の「敵‐味方」思考に沿って展開可能な物語性にこそあったと考えられる。

この場合、この物語を成立させるための悪役が誰であるかは、実はあまり重要ではなかった。後藤朝太郎が、武漢国民政府時代の「帝国主義打倒の気分」や「租界回収の熱」について、「特に日本人がにくいと云うわけではなく、外人を排斥さえすればよい……唯《ただ》一概に外人を放逐するという雷同的気分」と表現したものは、こうした状況を捉えたものと理解できよう(15)。この種の熱狂が普遍的な信念や価値体系によって支えられておらず、個別具体的な「敵」に対する憎悪や怒り、あるいは英雄的行為を披露して周囲の評判をえたいと望む心情など、不安定で移ろいやすい感情的要素を主体としていた以上、「敵」の設定自体が状況に応じて変化し、運動に一貫性が欠けることは避けられなかった。

またこの種の「正義」の言説には、経済建設に関する思想が決定的に欠落している。新たな富を自力で生み出す可能性についてはまったく展望がなく、富が不足しているのは誰かがそれを独占しているからであって、「我々は奪われているのだから奪い返す」という「敵‐味方」思考に基づくゼロサムゲームの発想を根底にもつ。そのことがもっともわかりやすい形で表れていたのは、省港ストライキの時期に市場のパイを奪い合っていた労働者たちの紛争である。この紛争においては、相手を完全につぶすことで市場を占拠しようとする発想に基づき、茶館業者や港湾労働者のあいだに相互襲撃が繰り返されている。また、妥協や交渉のための努力を軽蔑する、あるいは交渉に意味を見出そうとしない態度は、一九二二年の香港海員ストライキ、一九二四年の沙面ストライキ、一九二五年の省港ストライキのすべての段階において、積極的団体の態度に見出される。

(2) 男性たちの「正義」

とはいえこの場合の「正義」とは、多くの場合、若年・壮年の男性たちの発想を基盤とした「正義」であった。本書に登場する労働者集団はほぼ純粋な男性共同体であり、女性の姿はあまりみあたらない。

たとえば一九二〇年以前の広東人機械工は妻子と同居していなかったといわれ、日常生活における夫婦間の接触は僅少であった(16)。海員集団にも女性の姿はみあたらず、しかもこの集団は、外部世界からもっとも隔絶された純度の高い男性集団である。中国に限らず、一般的にいって、海員の職場兼住居である船舶は社会的な生産活動と個人的な生活の場とを完全に包含し、とくに遠洋航海をおこなう船舶では、あらゆる問題は船内コミュニティで処理される。海員は「その人間生活を挙げて、家庭および社会から離れて孤立」しており(17)、長い海員生活を経て海員がうる能力とは、限られた空間内でいかに他の男性たちと協調するかであった。同じく港湾労働者の集団もほぼ男性で構成されており、多くは独身男性であったことが確認できる(18)。

武漢国民政府時代の武漢店員総工会の場合には、その二%を女性が占めたが、この二%はすべて児童労働者か中年・高齢の寡婦であった(19)。広東総工会を構成した茶居工会も純度の高い広東人男性集団であった(20)。広東の漢方製薬ギルド集団である丸散工会（茶居工会とともに広東総工会を組織）においては、二四%が女性であったが、彼女たちはいわばギルドの非正規雇用の労働者であった(21)。

本書にわずかに登場した女性たちは、「異物」として扱われた人々である。香港海員ストライキでは、ストライキに非協力的であった陳炳生の妻が射殺された。上海の二月ストライキにおいては、男工から仕事を奪い取った存在として憎しみの目を向けられつつ（この憎しみは虐待された女工への「同情」というパフォーマンスに覆われてはいたが）、ストライキに動員される女工たちの姿があった。むろん、ホーニッグの女工研究などが示すように、女性たち自身の主体的な運動や抗議活動が存在しなかったわけではない。ただし動員と熱狂という本書の問題意識に沿う「労働運動」の中には、女性の姿は非常に少なく、武漢の六・一一事件のように、圧倒的に多くの男性たちが見出せる。

さきに小山の言葉から引用したように、「労兵匪」の狭間にある男性たちが抱く「正義」は、しばしば水滸伝的な「正義」だといわれる。しかしその本質をより突き詰めて考えると、それは余剰人口層に属する男性たちが、暴力によって資源を確保し、みずからの生命を維持することを、「正しい」とみなす心理の産物であったといえるだろう。

省港ストライキならびに武漢国民政府統治下の労働運動においては、ストライキ委員会、工会、糾察隊といった組織が、「労兵匪」の境界線にあるこのような人々によって、生活維持費調達の手段として利用されていた。それゆえ党はストライキの解除を宣言した後も、工会や糾察隊に所属するストライキ労働者に「解散費」を要求され、実際のストライキ解除に乗り出せずにいた。「解散費」なしに無理にストライキを解除すれば、ストライキ労働者が暴動を起こすか、敵の兵士として寝返る可能性があった。

だが、経済学的にみれば、このような水滸伝的な「正義」が実践されればされるほど、地域の経済活動は打撃を受けていく。生産活動に参与できない社会層が、生産活動をおこなう社会層に群がり、富を暴力的に収奪し、次の生産活動をおこなうべき基盤までをも破壊していくことになるからである。それゆえ宇高寧は、無職の遊民層から転じる傭兵こそ中国の「致命症」であり、このような人々は「不生産的」で「終日経済的に破産」しているので、中国産業の大部分はこの社会層から甚大な打撃を受けていると述べたのである。

(3) 知識人の役割――新しい「正義」の伝達

以上のことから、本書の対象とする「中国労働運動」の思想的基盤は、男性余剰人口層の抱く水滸伝的（英雄的、匪賊的）な「正義」と、経済的資源の不足する世界におけるゼロサムゲームの発想との融合体であると考えられる。

そこにおいて党員たちの宣伝工作が果たした役割は次のようにまとめられる。ホブズボームの匪賊研究は、匪賊と呼ばれる社会集団がどれほど既存の社会秩序を攪乱する能力を備えていても、新しい社会像をイメージする能力や構築した新制度を維持・運営する能力は欠落していると述べる[22]。したがって、いわゆる革命家が匪賊に未来像を提示し、そのための手段として匪賊を利用したときにはじめて、いわゆる革命が起きることになる。この点はすでに小山が一九一九年の時点で十分に認識していたことであった。小山は、「野心ある政治家」と匪賊の接触が政治体制打倒のうねりを生み出す現象を革命と呼び、「這《こ》の現象は近代特有のものに非ずして、支那歴代革命の先駆を為せる」とした[23]。革命家であれ、「野心ある政治家」であれ、新しい秩序をつくろうとする者には、ある程度の未来像を描く能力が必要となる。それはすなわち知識人としての能力である。国共両党の党員は、この意味において知識人に相当する役割を果たしたことになる。一九二〇年代に彼らが盛んにおこなったプロパガンダは、新たな「正義」を人々に伝える歴史的役割を担っていた。

しかし党員にとって悩ましかったことは、これらの言説は、決して労働者たちに正確に理解されたのではなく、労働者――というよりは「労兵匪」層というべきであるが――の慣れ親しんだ「敵 - 味方」思考の枠組みに引き戻されやすかったことである。すなわち労働者たちにとっての当面の「敵」が「帝国主義」や「資本家」の手先だということになってしまい、この場合の当面の「敵」とは、広東の労働同徳総工会と粤港起落貨総工会の事例が示すように、彼らの「兄弟」であるはずの労働者集団であることもしばしばであった。

しかも、そうではありながら、党員の宣伝工作はなんら変化をもたらさなかったわけではなかった。新しくもちこまれた「敵」を示す言葉は、従来の具体的な言葉よりもはるかに抽象的であった。それゆえ、とくに武漢においてそうであったように、「敵」として認識・非難しうる対象の範囲は、たしかに拡大したのである。

3、発生メカニズム――積極的参加者と消極的参加者

三地域に共通してみられる「労働運動」発生のメカニズムは、社会において居場所を失いかけているか、あるいは周縁的立場にある人々の中から、積極的参加者が現れて党と協力関係を結び、消極的参加者を脅迫などの手段で運動に動員するというものであった。

本書の事例検討において見出される初期の積極的参加者は、学生および失業工頭であった。学生の動員は、上海の二月ストライキの成功以降、動員を勢いづける有効な手段として、党によって意識的に選択されるようになっていた。失業工頭の動員は広東、上海の双方で確認できるが、武漢のケースでは、少なくとも筆者の検討した史料からは、党に協力していた工頭が失業の危機に直面していた明確な証拠は見出せない。ただし「親分 - 子分関係」を解体しようとする鉄路局からの圧力が、工頭たちに連合を組む必要性を感じさせていたとは考えられる。

また省港ストライキ時期においては、香港の周縁的立場にある飲食業者たちが、中華全国総工会の盛り上がりなどにみずからの社会的地位上昇の可能性を期待するようになり、上層社会へ這い上がろうとして積極的参加者に転じたのである。

一方、三地域に共通する消極的参加者として見出されるのは、雇用を失っていない人々や現在の待遇に不満をもたない人々である。ストライキを支持しないこのような人々に対して、党や積極的参加者は「スト破り」などのレッテルを貼りつけ、脅迫、拉致、拷問などをおこないストライキへの参加を強制した。またストライキを妨害していると目された有力な工頭は、広東においても上海においても殺害対象とされた。

中小商工業団体の店員たちには、時間の経過とともに消極的参加者から積極的参加者に転じる現象が確認された。この現象はとくに、長期化したストライキが旧正月をまたいだ広東と武漢で顕著であった。旧正月が転換点となった理由は、中小商工業団体に雇われる店員の契約が一年契約であり、旧正月がその更新時期であったからであった。ストライキの進展によって地域の経済活動が打撃を受け、その煽りで商売が振るわなくなった店主は、店員を解雇して

経営改善を図ろうとしたのである。それゆえ、とくに旧正月以降、店員が群れをなして工会に参加し、工会を基盤に店主に対して各種要求をおこなうようになり、運動の熱狂的拡大に貢献する社会層へと変じたのであった。

4、拡大メカニズム——地域の経済破壊と失業者の再生産

広東、上海、武漢の三地域の経済は、租界や外国企業との相互関係の中で成長したものであった。したがって、租界の回収、外国製品の放逐などと結びつけて党がおこなった大型ストライキは、この三地域のいずれにおいても地域経済を破壊する方向に作用した。

第一次国共合作時に労働運動が急激に発展したとされる背景には、暴力的強制をともなうストライキによって地域の経済活動が損傷を受け、市場が縮小し、失業者が発生するというメカニズムが存在していたことを考慮すべきであろう。このメカニズムは三地域のすべてにおいて確認できる。党の計画したストライキは地域の経済を破壊し、破壊された経済活動の影響を受けた小集団から弾き出された失業者を吸収して拡大し、拡大したことによってさらに広範囲の経済活動を破壊するという悪循環を繰り返していたのである。

このようにしてストライキが拡大していくと、次に問題となるのは、ふくらむ一方の失業者（＝ストライキ労働者）の生活維持費をいかにして調達するかということであった。生活維持費は、基本的には、ストライキ関係の組織が収奪に近い形でそれぞれの地域社会から確保することが多かった。ただしその収奪の形態については地域差がみられた。広東においては、広東国民政府がストライキ労働者の生活維持費調達のために課した各種税金のほか、糾察隊員として「仇貨」を没収することが生活維持費調達の有効な手段となっていたとみられる。帝国主義者の物品という限定条件がついていたとはいえ、仇貨であるというレッテルを貼りさえすれば、基本的にはいかなる補償も考慮することなく相手の物品を取り上げてしまうことができた。

上海においては、生活維持費の調達は、ストライキ委員会や工会が各社会集団に生活維持費の拠出を要求するとい

う形でおこなわれた。広東に比べてその生活維持費調達方法は比較的制度化されたものであり、ストライキ労働者も相対的には匪賊的行動に走らずに耐える者が多かったようにみえる。しかし上海ストライキの最終段階においては、耐えきれなくなった港湾労働者が暴動を起こし、自力での食糧調達すなわち略奪をおこなっている。

武漢国民政府時代の武漢は、広東や上海とはやや異なり、武漢市場そのものがハイパーインフレーションに相当する金融危機に襲われていた。混乱を収拾すべき政府も事実上の機能不全に陥っていた。そのため武漢市場を生活の場としていた人々の大半が突如失業者となり、この時期の武漢では社会秩序の解体が急激に進行していたと考えられる。この状況はナチス出現前夜にハイパーインフレーションに苦しんでいたドイツを彷彿とさせる。

この時期武漢に拡大した「労働運動」とは、実際には、ハイパーインフレーションによって武漢市場からみるみる失われていく物資をめぐる、剝き出しの奪い合いであったと考えられる。そして力のある団体に所属できない者は乞食となる一方、暴力装置を備えた工会を牛耳る工会幹部は私財を貯め込むという状況が出現していたのである。

5、収束メカニズム――軍警の弾圧

広東、上海、武漢のすべての地域において、ストライキないしは労働運動と呼ばれたものは、その動員対象が拡大すればするほど、交渉や話し合いで動員を解除することが困難になった。運動が求心性を欠き、全体的な目的が不明瞭かつ流動的になり、誰かと何かを交渉すれば問題が解決するというような構造が、運動から失われてしまったからである。

武漢の事例はその究極の形態といえる。広東の場合はかろうじて求心性は保たれていたが、そもそも政府内部において、外交関係者、軍事指導者、革命を目指す党員など、おのおの目的自体が嚙み合っていなかった。外交関係者は列強に向かって主権回復を唱え、軍事指導者は糾察隊を他の軍閥を打倒するための軍閥戦争に転用し、党員たちは国民党右派、左派、中共などの派閥に分かれ、民衆に対する指導権を争った。他方社会の側でも、労働者たちは集団間の勢力争いに党や政府の権威を利用しようとし、党中央や政府指導者を困惑させた。運動がもっともまとまっていた上海においては、少なくとも一九二五年七月以降の中共の最大の目的は奉天軍閥打倒であるとされた(24)。だが工会幹部よりも下のレベルにおいては、人々の目的はやはりバラバラで噛み合っていなかったようにみえる。

このような状態で過熱した運動が、再び無関心の相にシフトするメカニズムは、多くの場合軍警による暴力的弾圧などの外部からの衝撃であった。この傾向は、広東、上海、武漢の三地域に共通する。

2 三地域の相違点

しかし三地域のあいだには地域的な相違点も認められる。これらの相違点は、その地域に形成された経済圏の安定度と地域政権の性質の違いによってもたらされたと考えられる。

三地域の事例が示すところでは、混乱がもっとも少なかったのは上海であった。上海はもっとも安定した経済圏をもち、上海を統治する軍事政権の支配も比較的安定していた。一九二四年に江浙戦争が発生し、上海に対する軍閥の支配力が動揺したところに生じたものが上海の五・三〇運動と上海ストライキであったが、この熱狂的運動は翌年軍閥が上海に対する支配を再び強化するとすぐに沈静化された。その後孫伝芳軍が上海に進駐し、軍事的には不安定な状態が続いたが、にもかかわらず労働運動の弾圧という点においては孫伝芳の方針とそれ以前の軍閥政権の方針は一致していた。一九二七年四月に孫伝芳軍を追い出して上海を支配した蔣介石率いる国民党軍も、同じく中共指導下の労働運動を弾圧する方針を取った。すなわち上海を支配した軍事政権の方針は、基本的にはストライキに対してそれほどの支持を与えるものではなかった。また一九二五年八月の上海ストライキ収束以来、孫伝芳であれ蔣介石であれ、運動を取り締まる方針は一貫しており、それ以上の熱狂的運動が上海に展開する政治的・軍事的余地を与えなかったのである。

ただし上海ストライキの参加者が、日系紡績工場ストライキに対する上海総工会の処置を、一種の合図とみていたことは間違いない。李立三が日系紡績工場ストライキの解除を決定するや、他のストライキも一斉に収束していったのである。それはまさに毛沢東の姿勢ひとつで文革の風向きが変わったのと、同じ性質をもつ社会的反応といえよう。その意味においては、上海ストライキにおける上海総工会は、運動への積極的参加者に対し後ろ盾を与え、消極的参加者を畏怖し沈黙させる、一種の権力機関として機能していた。

広東の状況は上海よりも混乱していた。広東は、軍事政権の相継ぐ交代のためにつねに戦火にさらされ、香港ドル経済圏と連動する広州の金融市場も、軍事政権による紙幣乱発などにより、不安定であった。しかし広東国民政府統治下ではある程度の政治的安定が達成され、政府の権力は、武漢国民政府と比べれば、それなりの権威に裏打ちされた形で行使されていた。また他地域と比較した場合、広東国民政府時代の「労働運動」が武漢ほどの無秩序に陥らなかったより重要な要因として、「スト破り」を処刑しようとする省港罷工委員会の動きを、広東国民政府を支える治安維持機構（広東検察庁や広州市公安局）が抑制していたことが注目される。これらの治安維持機構では中共に対抗する反共勢力が重職を占め、そのことが結果的に、同政府内部に勢力均衡が保たれ、かつ権力が民間団体に拡散しないよう防ぐ役割を果たしたのである。

たとえば省港罷工委員会は、海員を復業させようとした林和記という海員工頭を、法と制度を迂回して銃殺刑に処そうとした。省港罷工委員会は広東国民政府と広東検察庁長盧興源に宛て、林和記の処刑を要求する公開書簡（一九二五年七月二〇日付『広州民国日報』に掲載）を発し、重大なスト破りは死刑にすべきであると訴えた。これに対し盧興源は、自分には「法律を尊重し、人権を保障する義務」があると述べ、また「スト破りは死に値するような罪ではない」と抗議したといわれる。林和記の処刑はついに実現しなかった。同委員会はこれを不服とし、「特別法廷」を設けて林和記を処刑するよう政府に要求する「特別法廷運動」を展開したが、この運動もまた成功しなかった。(25)

三地域中、状況がもっとも混乱したのは武漢である。たとえば橘樸は武漢の状況について、「労働者の威張り方はたしかに度に過ぎた模様で、上海総工会の執行委員長すらこれを批評して、『上海労働者は厳格な訓練と組織とを持つものであるから漢口のように幼稚な馬鹿騒ぎはしない』といったほどである」とした(26)。また武漢国民政府の中枢にいた汪精衛は、「省港ストライキ委員会は反動に対しても処罰するだけで銃殺などにはしなかった。現在はひどすぎる。県党部はみな人を殺せる」と述べたという(27)。

武漢が上海や広東と大きく異なっていたのは、さきにも述べた武漢市場の破綻という経済的危機と軍事政権の交代が同時に訪れたことであった。第六章で概観したように、武漢の経済秩序は、もともと武漢商人と軍事政権の連携作業の中で危うい均衡を保ってきた。しかし一九二六年に危機的状況に陥った武漢金融市場の建て直しを担った次の政権は、革命戦争の遂行を掲げた若い革命家たちの軍事政権であった。この新政府は行政組織よりも党組織、動員組織、軍事組織の建設を優先し、武漢市場の構造に詳しい専門家の意見を反映させる仕組みを欠いていたとみられる。しかも武漢国民政府は、北伐戦争のための軍費を、疲弊しきった武漢社会に要求し続けたのであった。

これ以前の時期における武漢の党員は、蕭耀南の取り締まりのため、広東や上海のようには、工頭集団を獲得することができずにいた。一九二六年末にようやくこの制限が取り払われ、党が動員をおこなった結果、群がってきたのはなんらかの意味において秩序性をもった行動を取る集団ではなく、武漢経済圏の大混乱によって生じた膨大な失業者を主体とする、極限までバラバラに解体された人々であった。さらにはここに大量の兵士も加わっていたとみられる。根無し草たちのおこなう「運動」は、自身が社会に有機的に組み込まれていないがゆえに、奪えるところから奪うといった一方的な収奪に変じやすかった。きわめて偏った表現によってではあるが、『南京漢口事件真相』が当時の雰囲気を「結局殴り得だ、殺し得だ、奪い取っただけが得だという考えを助長した」と説明したのは、こうした心理現象の一面を捉えたものと理解するべきであろう(28)。

この混乱をさらに深めたものが、軍閥政権倒壊後、新たな政府が事実上構築されず、権力が民間団体に拡散してしまったことであった。蕭耀南の死と呉佩孚の逃亡後、形式からみると表の権力は武漢国民政府に引き継がれたが、この「政府」は中央権力の創出に失敗していた。それゆえ広東と異なり、湖北総工会の要求する恣意的な「工賊」の処刑がまかり通り、武漢の治安維持機構も事実上機能不全に陥った。関連史料において、武漢国民政府時代の治安維持機構がまともに機能していた形跡がなく、また中共の史料に、治安維持機構から党の動員工作が妨害を受けているといった記述もみあたらない。

武漢国民政府の治安維持機構は、広東におけるそれのように中共勢力に対する対抗勢力として機能しなかったばかりでなく、おそらくその成員は機に乗じて「反革命」や「反動」などとレッテルを貼った人々から搾取をおこなっていた。湖北総工会の恣意的な権力行使に対抗しうるブレーキ装置は、武漢国民政府内部にまったく存在しなかったのである。このような状況において、社会の側でもまた、各工会や党部が同様に権力を握り、「工賊」や「反革命」などと目した人々を恣意的に処刑したり、そのような人々の財産を没収したりする無政府状態が出現した。

この状況をウェーバー的な用語を用いて要約すれば、このときの武漢国民政府は、権威をもたず暴力を独占することにも失敗している、政府としての体をなさない政府であった。既存の政治秩序の崩壊とともに権力が社会の中に拡散した結果、権力が単なる暴力に退化する現象が生じたと考えられる。権威に支えられた権力が存在しない状態で、苛酷な経済的危機に直面した人間社会に生じるのは、「万人の万人に対する闘争」であり、粗暴な暴力への対抗手段は同様の暴力による反撃のみとなる。武漢の「労働運動」がきわめて暴力的な戦争にも似た様相を帯びた理由は、政府の機能不全が最大の原因であったと考えられる。

3　結論――政治的含意と現代中国への展望

1、一九二〇年代の「中国労働運動」の本質について

本書における主な結論は次の通りとなる。まずコーンハウザーの議論から導き出される中間団体の二つの定義（一、他の集団やより上位の社会から孤立していないこと、二、内部に多様性が存在すること）に照らすと、一九二〇年代の「中国労働運動」を推進した諸集団は、他の集団や上位社会から孤立しており、また団体内部に思想の多様性が存在しないため、中間団体とはみなせない。たしかにこれらの集団にも政府と結びつこうとする動きは存在したが、それはあくまで集団の個別の利益を確保するという目的に適う範疇にとどまる。それを踏み越えた政府や党からの要請（たとえば労働同徳総工会に対する全ストライキ労働者のための生活維持費拠出要請など）は、このような集団から無視された。したがってこれらの諸集団は「孤立した集団」とみなすべきものである。また「孤立した集団」が相互に争う世界は、コーンハウザーの定義では「原子化した社会」に含まれる。

しかし一方で本書の事例は、経済的資源の不足という要素をあわせて考える必要を示唆している。通常の大衆社会論は、先進国における産業革命発生後の都市社会を対象とするためか、経済的要素が人間心理にもたらす影響を重視しない傾向がある。しかしアレントはこの問題を次のように表現している。「必然性〔訳者の志水速雄は「貧窮」のい い換えであると注を入れている〕から解放されている人びとのあいだで起る暴力」は「人間が必然性と対決するときに用いる根源的暴力」ほどには恐ろしくなく、またその性質も同じではない、と。[29]

港湾労働者のような肉体労働者の世界は、まさにアレントのいう欠乏ゆえの「根源的暴力」によって特徴づけられていたようにみえる。有力な「親分」が率いる集団にもぐりこみ、限られた経済的資源をどうにか獲得しようと機会を窺う中国の余剰人口層においては、暴力的紛争はつきものであった[30]。

ただしこのことは、この社会の成員が理想をもたない経済人《ホモ・エコノミクス》であるということを意味しない。匪賊の行為にすら「正義」が必要とされる点において、「原子化した社会」の成員もまた、理念的には公正な政治を求めている。しかしこの「正義」は彼ら自身の利益を侵害するものであってはならず、「正義」の主人公はあくまで自分たちでなければ

ならないという前提がある。それゆえ「原子化した社会」の成員の「正義」の実践は、どこまでいっても自分とは異なる他者と衝突し合うばかりであり、そこから生まれる政治は、権力を握った者が他を支配するといった独裁的なものに転じてしまう。橘樸の考察が指摘するように、理念において公的な装いをもった組織が、実際の運営において専制権力に頼る傾向は、中国社会において繰り返し出現する克服しがたい伝統的傾向であった(31)。

以上の定義を踏まえると、一九二〇年代に国共両党の動員によって生じた「中国労働運動」は、「孤立した集団」からなる「原子化した社会」においておこなわれた、「親分－子分関係」を軸とする資源の奪い合いをその本質とすると考えられる。

2、欠乏の論理と権力秩序

この結論からさらに一歩進め、経済的資源の不足する社会における「孤立した集団」から、いかなる権力秩序が生まれてくるか、本書に登場した企業体の振る舞いから考察しておきたい。

本書においては、外見上なんらかの企業体に所属している人々にも欠乏の状態が認められた。商店の店員たちは給料の不足分を私的商売で補い、港湾労働者のヤクザ的請負業者団体の最下層に位置する無給の成員は、現場の労働者からピンハネをして生活維持費をえていた。こうした事例は、この社会に形成される企業体の多くが、正規の給料では不足する生活維持費を、成員が地位を利用して自分よりも下位の人々から私的に搾取することをそもそもの前提とみなして成り立っていた可能性を示している。

ゆえに、人並みの生活を送りたければ、所属団体内部の階層序列を少しでも上に這い上がり、団体内の中央権力に接近し、手にした権力で他者から富を奪うことを常識とする感覚が、社会の末端まで行き渡っていた。「孤立した集団」を運営する権力秩序は、欠乏の論理とでもいうべきものに支配されていたのである。

だが、上位者から富を搾取されても、最低限の生活が下位者に対して保障されているのならば、おそらく問題はまだそれほど大きくはなかった。問題は、このような企業体の一般成員の立場そのものが、不安定で流動的であることだった。広東や武漢の中小商工業団体の事例からは、人々の立場は一年契約の社員と同じく不安定なものであったことがわかる。そのため、省港ストライキ時に旧正月をはさんで解雇の危機に直面した店員たちは、店主層と死者を出すほどの武力衝突を起こすようになったのだと考えられる。

このような社会の上に構築される最大の権力機構すなわち政府も、同様に欠乏の論理で動いていたようにみえる。岡本隆司によれば、中国の歴代王朝の財政構造は、民間社会のすべてを把握することができず、つねに「ひと握りの支配階層」のみを相手にするため、満足な税収を安定的に獲得することの難しい構造になっていた。ゆえに歴代王朝は、軍人と官僚を養い自身の権力を維持することのみに特化し、しかもそのような上層階級にさえ、満足な生活を維持できるかどうかといった水準の給料しか与えなかったという。その結果軍人と官僚は、みずからの権力を行使し「給与のピンハネ、公金の横領、賄賂・供応の接受」などを通じて臨時収入をうることを通常とし、「われわれからみれば、不正汚職にほかならぬ慣習」が一般的にならざるをえなかった。それらはすべて、費用をぎりぎりにまで切り詰めた「小さな政府」の弊害であった[32]。すなわち中国においては、権力を支えるサブリーダー層も不安定で欠乏していたのである。それゆえ「衣食住足りて礼節を知る」という問題は、中国においては、実は単なる対人マナーの範囲にとどまらない、政治制度の構築と運営にまで関わる重大な社会的政治的問題であった。

「小さな政府」――むしろここでは、サブリーダー層を満足に養うこともできずに慢性的機能不全を起こしている「小さすぎる政府」とすらいってよいかもしれない――のもたらす政治的弊害は、権力が剝き出しの暴力との境界を曖昧にするという点にある。権力者が欠乏していれば、彼がその権力を振るって私的利益の追求に熱中するリスクが高まるのは自然なことである。権力層がこのような欠乏の論理に支配されている以上、そこから生まれる統治システムは、強者が弱者から奪うことを前提としてデザインされることになる。

3、運動内に再生産される搾取構造

本来であれば、国共両党の「労働運動」は、前項のような搾取的秩序を改善するための試みという側面も備えていたはずであった。しかし彼らの動員に積極的に応じたのは、多くの場合、地域のヤクザ的世界と深く関わる小集団の頭目たちであった。それゆえ党の計画する運動は、まずその地域の下層労働者を取りまとめるもっともプリミティブな組織すなわちヤクザ型の組織に活躍の場を開く傾向があった。

党の建設した下級党組織や工会組織などは、ひとたびこうした人々に指導権を握られると、またたくまに私物化される運命にあった。またそのような人々によって推進される運動も、たとえば工会を設立し、工会幹部として会員から会費を吸い上げるといった、搾取的なものに転化せざるをえなかった。制度化されるはずであった利益配分機構は人的ネットワークによる利益配分の論理に呑み込まれ、人的ネットワークにアクセスできる者とできない者——要するに「コネ」をもつかもたないか——とのあいだに、著しい富の偏りをもたらすことになったとみられる。

したがってこの種の運動は、それが資源の欠乏という条件下で発生した場合、「殺富済貧」の理念を演じる余地もないほど、社会の末端においても弱肉強食的な光景を展開するものであった。貧しい者に富を再配分する作用がまったくなかったとはいえないが、おそらくこのような再配分は一時的に実現するのみで、制度化されることはなかった。省港ストライキにおける「スト破り」の動向、上海ストライキにおける港湾労働者の暴動、また武漢の「細民」たちの直接的な略奪が示しているように、この種の運動においてもっとも不利益を蒙り、場合によっては餓死の危険にすらさらされたのは、社会の末端の極貧層であった。工会幹部の地位を手にした者は肥える一方、工会の権力などにアクセスできない人々は飢餓の中に放り出されたまま顧みられないという構図が、ここに現れているのである。

仮に政府主導でこのような特徴をもつ「運動」が繰り返されていけば、長期的には、きわめて搾取的な独裁体制に道を開く可能性がある。というのも、この「運動」の延長線に現れる権力機構は、公的なる政治の概念を欠き、「敵」との対話を好まず、むしろ「敵」を実力で排除することを好み、その欠乏の度合いによっては「敵」から搾取をおこなうとする人々によって、運営されることになるからである。

4、毛沢東時代の中国へ

本書の知見は、一九四九年以降の中国に対し、どのような展望を開くであろうか。筆者は、毛沢東時代の中国において観察された各種動員政策——いずれも不条理に命を落とす大量の犠牲者をともなった——の原型が、本書で検討した事例に、すでに姿を現していると考える。

国民党はのちに近代化を志向する執政党となったがゆえに、相対的にはこのような動員技術を封印し、社会の「原子化」を克服しようとする方向へ向かったようにみえる。これに対し、農村でのゲリラ戦争に移行した中共は、国民党や日本軍の支配領域を混乱させることに重点を置いたために、むしろ社会をいっそう「原子化」させ、そこから生ずる熱狂を既存の秩序破壊のために積極的に利用し、動員技術をより洗練させる方向へ向かったように思われる[33]。初発においては「双子の政党」であった両党は、一九三〇年代から四〇年代にかけてこのように袂を分かち、周知のようにやがて国共内戦によって国民党が敗北する。勝利した中共は中華人民共和国を建国し、一九七六年の毛沢東の死去まで、中国大陸は大動員時代とでも呼ぶべき時代を迎えていくのである。

（1）小山清次『支那労働者研究』四三三頁。

（2）小山によれば、肉体労働者のストライキは「其の威力最も大」であり、各幇がストライキを決定・実行する素早さは「驚嘆に値する」。ストライキの決定方法は、二、三の有力者が茶館などで会合をもって決め、ストライキの実行が決まると「極めて迅速、かつ、秘密に幇に属する全苦力にその最高会議の決定を通告し、いわゆる苦力はこの場合に臨み何ら反対的態度を取るがごとき事なく、これに服従するものにして、少くもこの場合、頭目は絶対権を有する」。小山清次、同右、一七四、一八五-一八六頁。

（3）堅田生「支那紡績労働の現状（上）」『大阪毎日新聞』（朝刊）一九二三年八月一九日。喜多又蔵「騒擾と対支貿易及び企業の将来（上）」『大阪朝日新聞』（朝刊）一九二五年六月二八日。

(4) 内藤隈南『在支那紡績争議』六五頁。

(5) 一九〇七年に福岡県若松の港湾労働者集団「玉井組」の親方の息子として生まれた火野葦平は、小説『魔の河』において、若松の港湾労働者を「工場労働者などとまるでちがい、一種のヤクザ」と表現している。火野葦平『魔の河』光文社、一九五七年、二三三頁。火野葦平の経歴については、『現代日本文学大系75 石川達三・火野葦平集』筑摩書房、一九七二年の「火野葦平年譜」を参照。また次の二つの研究は、日本の炭鉱労働者、港湾労働者、土建業者、露天商などの集団とヤクザ的社会との関係を分析している。いずれも社会的不確実性の高い産業に発生する「親分‐子分関係」を記述したものとみなせる。大島藤太郎『封建的労働組織の研究—交通・通信業における』御茶の水書房、一九六一年。岩井弘融『病理集団の構造—親分乾分集団研究』誠信書房、一九六三年。

(6) 増淵龍夫は、春秋戦国時代から漢代にかけて「遊侠」「遊民」のあいだに形成された人的結合を「任侠的紐帯」と表現し、その社会的機能について、「安んじて依拠し得るような客観的秩序の欠如を物語る戦国以降の固有な社会的条件」のもとでは「具体的な人と人とのつながりを求める以外には自己を守る秩序はない」からであると説明した。増淵龍夫「戦国秦漢社会の構造とその性格」(一九五一年稿)『新版 中国古代の社会と国家』岩波書店、一九九六年、八八‐八九頁。

(7) フロム『自由からの逃走』の第五章「逃避のメカニズム」、とくに一八二‐一八三、一八六頁。

(8) 宇高寧『支那労働問題』一一五頁。

(9) 本書が熱狂と捉えているものをサンスティーンは「集団極化」と表現し、それ自体は必ずしも悪い結果のみをもたらすものではないとしている。ただし人々が話し合うこと(deliberative, 熟議)がむしろ民主主義を損なう事例として次のようにも述べる。「孤立集団」が仲間内でのみコミュニケーションを繰り返し、外部とのコミュニケーションをまったく欠落させている場合、「集団極化」が発生する、と。サンスティーン、キャス(那須耕介編・監訳)『熟議が壊れるとき—民主政と憲法解釈の統治理論』勁草書房、二〇一二年、四二‐四五、七三頁。

(10) 戦闘集団であるか否かが集団の凝集性に影響することを論じたものとして、ギルド組織の本質は「闘争機関」であるという橘の指摘や、散漫な集団は共通の敵と遭遇すれば一気に凝集性を高めたであろうと述べる仁井田の見解を参照。橘樸『支那思想研究』日本評論社、一九三六年、二七七頁。仁井田陞『中国の社会とギルド』二一九頁。

(11) たとえば上海の「女中奉公」について、林癸未夫は、「下婢」は江蘇省の蘇州、揚州、あるいは安徽省南西部の長江沿岸に位置する安慶から、請負業者が連れてくるとした。また梁国志によれば、一九二四年以前の沙面の租界サービス業労働者は「小さな団体」に分散し、加盟者の名すら秘密にし、相互に対立していたという。林癸未夫『強者にも弱者にも』警鐘社書店、一九二二年、二六五頁。梁国志「広州沙面洋務工人的概況及罷工経過」『広東文資資料存稿選編』第三巻、三六六頁。

(12) 小山清次『支那労働者研究』三四頁。

(13) 大阪市商工課編『上海に於ける労働者』一一頁。

(14) 小山清次『支那労働者研究』四三四頁。

(15) 後藤朝太郎『支那行脚記』一三一-一三三頁。

(16) 主に造船工場の労働者の妻子に関する記述の中であるが、『新青年』に発表された「香港罷工紀略」には、「以前、各労働者の妻子は香港に住んでいた」と記している。「香港罷工紀略」『新青年』第七巻六号、一九二〇年五月一日。

(17) 日本海事振興会船員問題小委員会「船員の特異性」『海運』第三八号、一九四七年、一四-一五頁。

(18) 後藤朝太郎はこのような人々を「多く独身もの」で「流浪者」に近いとした。下田将美は中国の「苦力」の「悪習慣」のひとつに「多妻主義」を挙げているが、この場合の「多妻主義」とは、貧しい労働者が特定の女性と安定した家庭を築くことができず、そうであるがゆえに独身者として複数の女性と関係をもつ状況を指したものと思われる。後藤朝太郎『支那游記』七一五頁。下田将美「支那労働者」『時事新報』(朝刊、夕刊の別不明)一九一九年一〇月一五日(神戸ＮＣＣ)。

(19) 「武漢店員総工会報告」、国民党五部档案、部一一三七五(『武漢国民政府史料』一四〇頁)。

(20) 辛亥革命以前、公共の場において男女は席を同じくしてはならないという観念から、茶居には女性従業員は存在しなかった。張亦菴「茶居話旧(上)」『新都周刊』一九四三年第二〇・二一期、三六四頁。

(21) 本書の第二章七三頁の傍注参照。

(22) 「彼らの機能は道を切り拓くことであって、道を発見することではない」。ホブズボーム『匪賊の社会史』二二頁。

(23) 小山清次『支那労働者研究』四三四頁。

(24) 江田憲治「上海五・三〇運動と労働運動」九八(三二六)頁。

(25) 鄧中夏「一年来省港罷工的経過」(『省港大罷工資料』六〇頁)。「罷工委員会対刑人事之解釈」『広州民国日報』一九二五年七月二〇日。「罷工委員会請組織特別法廷」『広州民国日報』同年七月八日。

(26) 朴庵(橘樸の筆名)「想像の翼に乗りて」『新天地』第七年六月号、一九二七年、二七頁。

(27) 北村稔『第一次国共合作の研究』一八七頁より再引用。

(28) 中支被難者連合会編『南京漢口事件真相』一一九頁。
(29) アレント、ハンナ（志水速雄訳）『革命について』ちくま学芸文庫、一九九五年、一六九頁。
(30) この光景は、中国において既存の秩序が崩壊するたびに繰り返されてきたものではないだろうか。増淵は乱世に形成される秩序について、「みずからの経済的基盤をもたない遊民」に焦点を当て、次のように書く。「〔遊民の〕寄食者的性格は、当然そこに主家に対する経済的隷属関係をともな」い、「かれらの秩序世界をおびやかす外界の力に対しては、暴力をもってのぞ」むことが当然の関係となる、と。増淵龍夫「戦国秦漢社会の構造とその性格」八七頁および「漢代における民間秩序の構造と任侠的習俗」（一九五一年稿）一一四頁（いずれも『新版　中国古代の社会と国家』）。
(31) 橘樸は、中国のギルド組織の結合原理を、「組織においてデモクラチックであり、その運営において著しく専制的」と要約した。橘樸『支那思想研究』二七六頁。
(32) 岡本隆司『近代中国史』ちくま新書、二〇一三年の「Ⅱ　アクター——社会の編成」。
(33) 国民党が一九三〇～四〇年代に実施した行政制度改革は、その成否はともかくも、こうした努力の一例として理解できるように思われる。たとえば、山本真「一九三〇～四〇年代、福建省における国民政府の統治と地域社会」『社会経済史学』第七四巻第二号、二〇〇八年七月、一〇九（三）‐一二九（二三）頁。一方、同時期に華北農村において根拠地を建設した中共の手法については、丸田孝志は「様々な社会関係に亀裂を入れながら、権力を浸透させていく動員手法を採用していた」と総括する。丸田孝志『革命の儀礼』三〇三頁。

参考文献

Ⅰ、引用史料

中国語（以下、中国語文献は著者名のピンイン順。ただし巻数のついているものは巻数順）

【中国国民党未公刊档案資料】

国民党漢口档案（台湾中国国民党文化伝播委員会党史館所蔵）／国民党五部档案（同上）

【中国共産党報告集】

広東省档案館・中共広東省委党史研究委員会辦公室編『広東区党、団研究史料（一九二一－一九二六）』広州：広東人民出版社、一九八三年

中央档案館・広東省市档案館『広東革命歴史文件彙集』甲一～甲六、広州：広東人民出版社、一九八三～一九八七年印刷

中央档案館・上海市档案館編『上海革命歴史文件彙集』甲一、甲一〇、乙一、常熟：中央档案館・上海市档案館、一九八五、一九八九、一九九〇年印刷

中央档案館・湖北省档案館（翟学超ほか編輯）『湖北革命歴史文件彙集』甲一、甲二、武漢：湖北人民出版社、一九八三、一九八七年印刷

【新聞・雑誌・政府公報】（ ）内は発行地

『大公報』（天津、長沙）／『東方雑誌』（上海）／『共産党』（上海）／『工人之路』（広州）／『広東省政府公報』（広州）／『広州民国日報』（広州）／『広州市市政公報』（広州）／『漢口民国日報』（漢口）／『漢口商業月刊』（漢口）／『漢口新聞報』（漢口）／『漢口中西報』（漢口）／『互助雑誌』（広州）／『華字日報』（香港）／『民国日報』（上海）／『農工旬刊』（広州）／『銭業月報』（上海）／『社会月刊』（上海）／『申報』（上海）／『嚮導周報』（広州）／『新都周刊』（上海）／『新青年』（上海）／『中央半月刊』（南京）／『中央副刊』（武漢）

【資料集】

蔡和森著（編者不詳）『蔡和森的十二篇文章』北京：人民出版社、一九八〇年

鄧中夏著（編者不詳）『鄧中夏文集』北京：人民出版社、一九八三年

葛懋春ほか編『無政府主義思想資料選』上冊、北京：北京大学出版社、一九八四年

広東省档案館編（王美嘉編輯）『民国時期広東省政府档案史料選編』第一巻、出版地不詳：広東省档案館、一九八七年印刷

広東省社会科学院歴史研究所ほか合編『孫中山全集』全一一巻、北京：中華書局出版、一九八一〜一九八七年

広東哲学社会科学研究所歴史研究室編『省港大罷工資料』広州：広東人民出版社、一九八〇年

湖北省総工会工運史研究室編『湖北工運史研究資料』第一〜五輯、出版地不詳：出版者不詳、一九八四〜一九八七年

湖南省総工会編『湖南労工会研究論文及史料』長沙：湖南人民出版社、一九八六年

蔣永敬編『中国現代史史料選　北伐時期的政治史料―一九二七年的中国』台北：正中書局、一九八一年

李文海編『民国時期社会調査叢編　城市（労工）生活巻』上、福州：福建教育出版社、二〇〇五年

劉明逵ほか主編『中国近代工人階級和工人運動』全一四冊、北京：中共中央党校出版社、二〇〇二年

栄孟源主編『中国国民党歴次代表大会及中央全会資料』上冊、北京：光明日報出版社、一九八五年

上海社会科学院歴史研究所編『五卅運動史料』第一巻、上海：上海人民出版社、一九八一年

上海市档案館編『上海工人三次武装起義』上海：上海人民出版社、一九八三年

上海市档案館編『五卅運動』第一〜二輯、上海：上海人民出版社、一九九一年

譚平山文集編輯組編『譚平山文集』北京：人民出版社、一九八六年
武漢大学歴史系中国近代史教研室編『辛亥革命在湖北史料選輯』武漢：湖北人民出版社、一九八一年
武漢地方志編纂委員会辦公室編（田子渝主編）『武漢国民政府史料』武漢：武漢出版社、二〇〇五年
武漢地方志編纂委員会辦公室編（徐凱希ほか執行主編）『武漢民国初期史料 一九一二－一九二六』武漢：武漢出版社、二〇一二年
武漢市碼頭工作委員会編『武漢碼改資料彙編（三）』出版地不詳：出版者不詳、一九五〇年
楊匏安著（編者不詳）『楊匏安文集』北京：中央文献出版社、一九九六年
惲代英（張羽ほか編注）『惲代英―来鴻去燕録』北京：北京出版社、一九八一年
徐雪均ほか編訳（張仲礼校訂）『上海近代社会経済発展概況（一八八二～一九三一）―《海関十年報告》訳編』上海：上海社会科学院出版社、一九八五年
中国第二歴史档案館編『中国国民党第一、二次全国代表大会会議史料』上下、南京：江蘇古籍出版社、一九八六年
中共広東省委党史研究委員会辦公室ほか編『蘇兆徴研究史料』広州：広東人民出版社、一九八五年
中共広東省委党史資料徴集委員会ほか編『広東党史資料』第一輯～、広州：広東人民出版社、一九八三年～
中共広東省委党史資料徴集委員会ほか編『譚平山研究史料』広州：広東人民出版社、一九八九年
中共恵州市委党史辦公室ほか編『劉爾崧研究史料』広州：広東人民出版社、一九八九年
中共湖北省委組織部ほか編（中国共産党湖北省組織史資料編輯組・組長胡沢忠）『中国共産党湖北省組織史資料―一九二〇・秋～一九八七・一二』武漢：湖北人民出版社、一九九一年
中国科学院ほか編『近代史資料』総四号（一九五五年第一期）、一九五五年
中共武漢市委組織部ほか編『中国共産党湖北省武漢市組織史資料―一九二〇～一九八七』上、武漢：武漢出版社、一九九一年
中共中央党史資料徴集委員会編『共産主義小組』上、北京：中共党史資料出版社、一九八七年
中共中央党史資料徴集委員会『中共党史資料』第一輯～、北京：中共中央党校出版社、一九八二年～
中共中央党史資料徴集委員会・中央档案館編『八七会議』北京：中共党史資料出版社、一九八六年
中共中央文献研究室・中華全国総工会編『劉少奇論工人運動』北京：中央文献出版社、一九八八年
中共中央組織部ほか編『中国共産党組織史資料―党的創建和大革命時期（一九二一・七－一九二七・七）』第一巻、北京：中共党史出

版社、二〇〇〇年
中国人民大学中共党史系編『中国工人運動史教学参考資料（一）』北京：中国人民大学中共党史系、一九八六年
中国社会科学院現代史研究室ほか選編『〝一大〟前後』北京：人民出版社、一九八五年二版（一九八五年二次印刷）
中華全国総工会工運史研究室ほか編『二七大罷工資料選編』北京：工人出版社、一九八三年
中華全国総工会中国工人運動史研究室編『中国工会歴次代表大会文献』第一巻、北京：工人出版社、一九八四年
中華全国総工会ほか編『中国工運史料』北京：工人出版社、一九六〇年〜
中央档案館編『中共党史資料叢書　広州起義（資料選輯）』北京：中共中央党校出版社、一九八二年
――――編『中共中央文件選集』全一八冊、北京：中共中央党校出版社、一九八九〜一九九二年
編者不詳『党史資料叢刊』一九八四年第一輯、上海：上海人民出版社、一九八四年
編者不詳『第一次国内革命戦争時期的工人運動』北京：人民出版社、一九五四年（一九八〇年第四次印刷）
編者不詳『紅旗飄飄』第八集、北京：中国青年出版社、一九五八年七月

【回想録・見聞記】

白崇禧口述（賈廷詩ほか訪問兼記録、郭廷以校閲）『白崇禧先生訪問紀録』上冊、台北：中央研究院近代史研究所、一九八九年
包恵僧『包恵僧回憶録』北京：人民出版社、一九八三年
陳炳生口述「中華海員工会与香港海員大罷工回憶」『档案与史学』一九九五年二期
菲茨傑拉爾徳『為甚麼去中国―一九二三―一九五〇年在中国的回憶』済南：山東画報出版社、二〇〇四年
広東人民出版社編輯『怒涛（省港大罷工回憶録）』広州：広東人民出版社、一九六〇年
黄平『往事回憶』北京：人民出版社、一九八一年
李少陵『駢廬雑憶』台北：黄玉琪（個人出版）、一九六三年
羅章龍『亢齋文存・羅章龍回憶録』（テキサス）：渓流出版社、二〇〇五年
馬超俊口述『馬超俊先生訪問紀録』台北：中央研究院近代史研究所、一九九二年
銭生可編『上海黒幕彙編』第四冊、上海：海上偵探研究社、一九三三年二月

呉渭池口述「初期出海的中国海員」『田野与文献―華南研究資料中心通訊』第四五期、二〇〇六年一〇月
張国燾『我的回憶』第一、二冊、香港：明報月刊出版社、一九七一、一九七三年
朱其華著（藤井正夫訳）『一九二七年の回想―北伐戦争従軍記』藤井正夫（個人出版）、一九九一年（原書：朱其華『一九二七年底回憶』上海（？）：上海新新出版社、一九三三年）
A・B・巴倉林著（鄭厚安ほか訳）『中国大革命武漢時期見聞記―一九二五―一九二七年中国大革命札記』北京：中国社会科学出版社、一九八五年

【文史資料】

広東省政協学習和文史資料委員会編『広東文史資料存稿選編』第三巻、広州：広東人民出版社、二〇〇五年
広州市政協学習和文史資料委員会編『広州文史資料存稿選編』第三輯、北京：中国文史出版社、二〇〇八年
陸堅心ほか編『二〇世紀上海文史資料文庫』第一巻、上海：上海書店出版社、一九九九年
上海市文史館文史資料工作委員会ほか編『上海地方史資料』第一巻、上海：上海社会科学院出版社、一九八二年
政協武漢市委員会文史学習委員会編（高金華ほか主編）『武漢文史資料文庫』全八巻、武漢：武漢出版社、一九九九年
政治協商会議武漢市委員会文史資料研究委員会、一九八四年
中国民主建国会広州市委員会ほか合編『広州文史資料』第三六輯、広州：広東人民出版社、一九八六年
中国人民政治協商会議広東省広州市委員会文史資料研究委員会編『広州文史資料（選輯）』第二一、四四輯、広州：広東人民出版社、一九八〇、一九九二年
中国人民政治協商会議広東省委員会文史資料研究委員会編『広東文史資料』第三〇、四二輯、広州：広東人民出版社、一九八一、一九八四年
中国人民政治協商会議全国委員会文史資料研究委員会編（劉念智著）『実業家劉鴻生伝略―回憶我的父親』北京：文史資料出版社、一九八二年
中国人民政治協商会議全国委員会文史資料研究委員会編『革命史資料』一、北京：文史資料出版社、一九八〇年
中国人民政治協商会議上海市委員会文史資料工作委員会編『上海文史資料選輯』第五四輯、上海：上海人民出版社、一九八六年

中国人民政治協商会議武漢市委員会文史資料研究委員会編『武漢文史資料』武漢：武漢市政協文史資料研究委員会、一九八〇年〜
――『武漢文史資彙編専輯―武漢工商経済史料』第二輯、出版地不詳：中国人民政治協商会議武漢市委員会文史資料研究委員会、一九八四年
中国人民政治協商会議浙江省委員会文史資料研究委員会編『浙江文史資料選輯』第三九輯、杭州：浙江人民出版社、一九八九年

【同時代の概説書、研究書（プロパガンダ文献含む）】

陳達『中国労工問題』上海：商務印書館、一九二九年
何徳明編著『中国労工問題』長沙：商務印書館、一九三七年（一九三八年三版）
馬超俊『中国労工問題』上海：民智書局、一九二七年九月四版
――『中国労工運動史』重慶：商務印書館、一九四二年
瞿秋白『中国職工運動的問題』（モスクワ）：中央出版局、一九二九年
全漢昇『中国行会制度史』台北：食貨出版社、一九七八年（初版一九三五年）
唐海編著『中国労工問題』上海：光華書局、一九二六年（一九二七年再版）
徐煥斗編輯『漢口小志』上、漢口：盤銘印務局印刷、一九一五年
中国国民党中央民衆運動指導委員会編（王秀水編）『上海工人運動史』（上海？）：国民党中央民衆運動指導委員会、一九三五年

日本語

【官公庁、市役所等の調査報告】　※編者名は部署名のみ表示

〈大阪市〉

産業部調査課編『広東貿易概況―民国一五年』大阪市産業部調査課、一九二八年／商工課編『支那貿易叢書第二輯―上海に於ける労働者』大阪市商工課、一九二四年

〈大蔵省〉

理財局国庫課『昭和財政史資料』第三号第七〇冊（刊行年表記なし）

〈外務省〉

『海員関係雑件』第七ノ二巻（自大正元年至拾年）／『海員関係雑件』第八ノ二巻（自大正十二年一月）／『外国ニ於ケル同盟罷業雑纂／支那之部』第一巻（自大正十一年九月）／『外国ニ於ケル同盟罷業雑纂／香港之部』（自大正十一年）／『各国事情関係雑纂／支那ノ部／漢口』二巻／『各国ニ於ケル協会及文化団体関係雑件／中国ノ部』／『各国ニ於ケル兵器弾薬及需品製造関係雑件』第一巻（自明治三十七年六月）／『各国ニ於ケル労働団体並同組合関係雑件』第一巻（自昭和二年一月至三年十二月）／『各国ニ於ケル労働並労働運動関係雑件／中国ノ部』／『器械関係雑件』第三巻（自明治四十一年至大正三年）／『国民思潮及民衆運動ニ関スル件』（自大正十一年四月）／『支那内乱関係一件／国民軍ノ北伐関係／在留民ノ保護、引揚、避難及被害関係附利通号乗組船員保護並同船抑留事』第五巻／『支那貨幣関係雑件』（自大正九年）／『支那経済関係雑件』（自大正十年十一月）／『支那地方税関係雑件／広東不法課税』第一巻（自大正十五年九月至十一月二十日）／『支那ニ於ケル政党及結社ノ状況調査一件』第七巻／『新聞雑誌ニ関スル調査雑件／支那ノ部』第三巻（自大正九年一月）／『大正十四年支那暴動一件／五・三十事件』第一巻（自大正十四年二月至六月三十日）／『大正十四年支那暴動一件／五・三十事件／南部支那ノ部』第二巻（自大正十四年六月）／『在内外協会関係雑件／在外ノ部』第三巻（自大正十一年二月）／亜細亜局第二課『最近支那関係諸問題摘要―時局問題調査書』第三巻（第五十四議会用）（昭和二年十二月調）／亜細亜局第二課『国民革命軍北進ノ支那労働会ニ及ホセル影響』（昭和元年十二月末調）

〈商工省〉

商務局貿易課編『貿易通信員報告集　支那ノ部』第一輯、商工省商務局貿易課、一九二六年

〈台湾総督府〉

官房調査課『内外情報』／井出季和太『南支那及南洋調査第一四九輯　支那の国民革命と国民政府』第二編、台北：台湾総督府官房調査課、一九二八年

〈鉄道省〉

鉄道大臣官房外国鉄道調査課編『支那之鉄道』鉄道大臣官房外国鉄道調査課、一九二三年

〈内閣情報部〉

『各種情報資料・参情報』（自大正十三年五月五日）

〈内務省〉

社会局編『労働保護資料第一七輯　上海ニ於ケル児童労働調査書　附支那労働問題』社会局第一部、一九二五年

【企業等の調査報告】　※編者名は部署名のみ表示

〈協調会〉
岡得太郎『海員労働事情一斑』協調会、一九二二年

〈内外綿（棉）株式会社〉
上海内外棉支店『赤禍の漢口』上海内外棉支店、一九二六年

〈日清汽船会社〉
『大正十五年‐昭和二年三月迄―揚子江航運に及ぼせる障害』日清汽船株式会社、一九二七年

〈福大公司〉
企画課編（長野政来監修）『南支経済叢書』第二巻、台北：福大公司企画課、一九三九年

〈南満州鉄道株式会社〉
上海事務所（高久肇著）『上海満鉄調査資料第一編―国民革命の現勢其二　国民政府』上海：満鉄上海事務所研究室、凡例一九二七年五月／上海事務所（高久肇著）『上海満鉄調査資料第三編―国民革命の現勢其一　国共両党の提携より分裂まで』上海：満鉄上海事務所研究室、凡例一九二七年八月／庶務部調査課（高久肇編纂）『満鉄調査資料第四九編―上海事件に関する報告』大連：南満州鉄道株式会社、一九二五年／庶務部調査課（高久肇編纂）『満鉄調査資料第五二編―最近上海に於ける労働運動風潮』大連：南満州鉄道株式会社、一九二六年／庶務部調査課（高久編修）『満鉄調査資料第八四編―一九二五年一九二六年広東対英経済絶交運動』大連：南満州鉄道株式会社、一九二八年／庶務部調査課（竹内元平著）『満鉄調査資料第一〇八編―最近支那財政概説』大連：南満州鉄道株式会社、一九二九年／庶務部調査課（中澤博則編）『調査報告書第二〇巻―支那に於ける労働争議調（一）』大連：南満州鉄道株式会社庶務部調査課、一九二五年／庶務部調査課編（福山醇蔵）『調査資料第二八編―最近漢口港の港勢』大連：南満州鉄道株式会社庶務部調査課、一九二四年／総務部資料課『中国労働運動状況』出版地不詳：南満州鉄道株式会社、一九三四年／駱伝華著（総務部人事課、堀義雄訳）『中国労働運動』大連：南満州鉄道株式会社、一九三一年

〈横浜正金銀行〉

川村小三郎『行報第一三〇号―漢口ニ於ケル銭荘並ニ荘票』横浜正金銀行、一九一八年一二月一二日／『調査報告第五号―漢口ニ於ケル通貨』横浜正金銀行、一九一九年一月五日／高田逸喜『香港海員罷工同盟』（手稿）、一九二二年（神奈川県立歴史博物館所蔵）

〈各商業会議所〉

漢口日本商業会議所『武漢地方ノ労働風潮』漢口日本商業会議所、一九二六―一九二七年／神戸商業会議所『対露支貿易時報号外第二輯―武漢地方に於ける国民革命軍の施政状況並に労働政策』一九二六年一二月／上海日本商業会議所編『五卅事件調査書―邦人紡績罷業事件と五卅事件及各地の動揺』第一、二輯、上海：上海日本商業会議所、一九二五年九月三〇日、一一月三〇日

【新聞・雑誌】

（　）内は発行地。タイトルで識別できるものは省略

『大阪朝日新聞』／『大阪時事新報』／『大阪毎日新聞』／『神戸新聞』／『時事新報』（東京）／『新天地』（大連）／『台湾日日新報』（台北）／『中外商業新報』（東京）／『東京朝日新聞』／『東京日日新聞』／『福岡日日新聞』／『満州日日新聞』（大連）／『海運』（神戸）／『大日本紡績連合会月報』（大阪）

【公刊資料集】

外務省編纂『日本外交文書』大正四年、一四年、外務省、一九六六、一九八三年

外務省『外務省警察史』第四九巻、不二出版、二〇〇一年

復刻版『北京満鉄月報』全一二巻、龍渓書舎、一九七八年

【回想録・見聞記】

稲葉勝三口述「在華紡勤務二七年の回顧―稲葉勝三氏（豊田紡織廠）インタビュー」『近代中国研究彙報』第三三号、二〇一一年三月

荒川安二口述「在華紡勤務一六年の回顧―荒川安二（内外綿）インタビュー」『近代中国研究彙報』第三四号、二〇一二年

後藤朝太郎『支那遊記』春陽堂、一九二七年

――『支那行脚記』万里閣、一九二七年

高山謙介（佐々木到一の筆名）『武漢乎南京乎』行地社、一九二七年

中支被難者連合会編『南京漢口事件真相―揚子江流域邦人遭難実記』岡田日栄堂、一九二七年

【同時代の概説書、研究書】

安東不二雄『支那漫遊実記』博文館、一八九二年
宇高寧『支那労働問題』上海：国際文化研究会、一九二五年
大塚令三『支那共産党史』上巻、生活社、一九四〇年
小山清次『支那労働者研究』東亜実進社、一九一九年
末光高義『支那の労働運動』大連：南満州警察協会、一九三〇年
――『支那の秘密結社と慈善結社』大連：満州評論社、一九三二年
関一『鉄道講義要領（九版）』同分館、一九一一年
橘樸『支那社会研究』日本評論社、一九三六年
――『支那思想研究』日本評論社、一九三六年
東亜同文会（代表恒屋盛服）『支那経済全書』第二輯、東亜同文会、一九〇七年
内藤隈南（内藤順太郎）『在支那紡績争議』東亜社出版部、一九二五年
長野朗『世界の脅威　支那労働者及労働運動』北京：燕塵社、一九二五年
――『支那労働運動の現状』東亜研究会、一九二六年
――『支那の労働運動』行地社出版部、一九二七年
西川喜一『中部支那労働者の現状と全国労働争議』上海：日本堂書房、一九二四年
――『支那経済綜覧第五巻　長江航運と流域の富源』上海：日本堂書店、一九二五年
西島良爾『最近支那事情』宝文館、一九一一年
日刊支那事情社編（本多英三郎発行編輯）『長江流域の労働運動』日刊支那事情社、一九二七年
日本外事協会編（豊島拡集）『支那に於ける共産運動』日本外事協会、一九三三年
林癸未夫『強者にも弱者にも』警鐘社書店、一九二二年

水野幸吉『漢口—中央支那事情』富山房、一九〇七年
宮脇賢之介『現代支那社会労働運動研究』平凡社、一九三二年
山中峰雄『支那通覧』八尾書店、一八九四年
山本条太郎『支那の動き（動乱の重大性とその現状）』外交時報社、一九二七年

英　語

【同時代の概説書、研究書】

Lowe Chuan-hua, *Facing Labor Issues in China*, London: G. Allen & Unwin, 1934.（駱伝華『今日中国労工運動』上海：青年協会書局、一九三四年）
Pot, F. L. Hawks, *A Short History of Shanghai, Being an Account of the Growth and Development of the International Settlement*, Shanghai: Kelly & Walsh, 1928.（邦訳：ポット著（土方定一ほか訳）『上海史』生活社、一九四〇年）

【公刊資料集】

The Hankow Riot of June 11th, 1925.（出版者不詳、香港大学所蔵 Hankow Club Library Collected Papers 第七七冊）
Trotter, Ann, ed. *British Documents on Foreign Affairs: Reports and Papers from the Foreign Office Confidential Print, Parts II, Series E, Asia 1914-1939*, Volume 27, Bethesda: University Publication of America, 1994.

Ⅱ、引用文献

中国語

【地方志・地域史等】

〈広　東〉

蔡俊桃編『愛国教育叢書—省港大罷工』北京：中国国際広播出版社、一九九六年

程浩編『広州港史（近代部分）』北京：海洋出版社、一九八五年
東莞市地方志編纂委員会編（李燦林主編）『東莞市志』広州：広東人民出版社、一九九五年
仏山市地方志編纂委員会辦公室編『仏山史話』広州：中山大学出版社、一九九〇年
仏山市順徳区档案局編著（徐国芳主筆）『中国共産党順徳地方史（新民主主義革命時期）』仏山：仏山市順徳区帝国印刷有限公司、二〇〇七年
広東省地方史志編纂委員会『広東省志』広州：広東人民出版社、一九九三年〜二〇〇七年
広州工人運動史研究委員会辦公室編『広州工人運動大事記』広州：広州工人運動史研究委員会辦公室、一九九五年
広州青年運動史研究委員会編『広州青年風雲録』広州：広東人民出版社、一九八八年
広州市地方志編纂委員会編『広州市志』広州：広州出版社、一九九五年〜二〇〇〇年
李伯元ほか『広東機器工人奮闘史』台北：中国労工福利出版社、一九五五年
盧権ほか『省港大罷工史』広州：広東人民出版社、一九九七年
任振池ほか主編『省港大罷工研究―紀念省港大罷工六十五周年論文集』広州：中山大学出版社、一九九一年
順徳市地方志編纂委員会（招汝基主編）『順徳県志』北京：中華書局、一九九六年
曾慶榴『広州国民政府』広州：広東人民出版社、一九九六年
中共仏山市順徳区委組織部ほか『中共順徳90年大事記』出版地不詳：出版社不詳、前言二〇一一年
中共広州市委党史研究室ほか編『広州英烈伝』広州：広東人民出版社、一九九一年
中共汕頭市委組織部ほか（許文彦ほか編著）『新民主主義革命時期潮汕党史選編』出版地不詳：出版者不詳、二〇一二年ネット版
中共順徳県委党史研究室（胡滔主編）『中共順徳党史大事記（民主革命時期）』出版地不詳：出版者不詳、前言一九九一年
中共新会市委党史辦公室『中共新会党史（新民主主義革命時期）』北京：中共党史出版社、一九九六年ネット版
中華人民共和国江門海関編『江門海関志　一九〇四 - 一九九〇』出版地不詳：中華人民共和国江門海関、一九九六年
中山市人民政府地方志辦公室編（馮栄球主編）『中山市人物志』広州：広東人民出版社、二〇一二年ネット版
周文港主編『工在家国―香港洋務工会九十年史』香港：和平図書有限公司、二〇一一年
周奕『香港工運史』香港：利訊出版社、二〇〇九年

新会県志地方史志編纂委員会編『新会県志』広州：広東人民出版社、一九九五年ネット版
〈上　海〉
上海紡織工人運動史編写組編（譚抗美主編）『上海紡織工人運動史』北京：中共党史出版社、一九九一年
上海港史話編写組『上海港史話』上海：上海人民出版社、一九七九年
上海工運志編纂委員会編（李家斉主編）『上海工運志』上海：上海社会科学院出版社、一九九七年
上海社会科学院経済研究所城市経済組編『上海棚戸区的変遷』上海：上海人民出版社、一九六二年
上海市公安局公安史志編纂委員会編『上海公安志』上海：上海社会学院出版社、一九九七年
上海通志編纂委員会編『上海通志』全一〇冊、上海：上海人民出版社ほか、二〇〇五年
上海外事志編輯室編『上海外事志』上海：上海社会科学院出版社、一九九九年
商務印書館職工運動史編写組『上海商務印書館職工運動史』北京：中共党史出版社、一九九一年
沈以行ほか編『上海工人運動史』上巻、瀋陽：遼寧人民出版社、一九九一年
宋鑽友ほか著『上海工人生活研究（一八四三－一九四九）』上海：上海辞書出版社、二〇一一年
蘇良智主編『中共建党与上海社会』上海：上海人民出版社、二〇一一年
唐振常『上海史』上海：上海人民出版社、一九八九年
熊月之主編『上海通史』全一五巻、上海：上海人民出版社、一九九九年
張義漁ほか編『上海英烈伝』第一巻、上海：百家出版社、一九八七年
張仲礼主編『近代上海城市研究』上海：上海人民出版社、一九九〇年
中共上海党史資料徴集委員会主編（許玉芳ほか編著）『上海工人三次武装起義研究』上海：知識出版社、一九八七年
中共上海海運管理局委員会党史資料徴集委員会ほか（上海海員工人運動史写組・李徳倉組長）『上海海員工人運動史』北京：中共党史出版社、一九九一年
周尚文ほか『上海工人三次武装起義史』上海：上海人民出版社、一九八七年
〈湖　北〉
鄂州地方志編纂委員会編（朱志軍総纂）『鄂州市志』北京：中華書局、二〇〇〇年

馮天瑜ほか主編『武漢現代化進程研究』武漢：武漢大学出版社、二〇〇二年
公安県志編纂委員会『公安県志』上海：漢語大詞典出版社、一九九〇年
漢口租界志編纂委員会編（袁継成主編）『漢口租界志』武漢：武漢出版社、二〇〇三年
紅安県県志編纂委員会編（唐健主編）『紅安県志』上海：上海人民出版社、一九九二年
湖北省安陸市地方志編纂委員会編（張昕主編）『安陸県志』武漢：武漢出版社、一九九三年
湖北省大冶県地方志編纂委員会編纂『大冶県志』武漢：湖北科学技術出版社、一九九〇年
湖北省地方志編纂委員会編『湖北省志』武漢：湖北人民出版社、一九九〇～二〇〇二年
湖北省嘉魚県地方志編纂委員会編纂『嘉魚県志』武漢：湖北科学技術出版社、一九九三年
湖北省江陵県県志編纂委員会編纂『江陵県志』武漢：湖北人民出版社、一九九〇年
湖北省麻城市地方志編纂委員会（厳儀周主編）『麻城県志』北京：紅旗出版社、一九九三年
湖北省随州市地方志編纂委員会編纂『随州志』北京：中国城市経済社会出版社、一九八八年
湖北省天門市地方志編纂委員会編纂（胡治洪責任編輯）『天門県志』武漢：湖北人民出版社、一九八九年
湖北省咸寧市地方志編纂委員会編『咸寧市志』北京：中国城市経済社会出版社、一九九二年
湖北省孝感市地方志編纂委員会（黄楚芳主編）『孝感市志』新華出版社、一九九二年
湖北省応城市地方志編纂委員会（甘永椿主編）『応城県志』北京：中国城市出版社、一九九二年
湖北省総工会編『湖北工人運動史―一八六三－一九四九』武漢：湖北人民出版社、一九九六年
黄陂県県志編纂委員会（陳煕総纂）『黄陂県志』武漢：武漢大学出版社、一九九二年
黄岡県志編纂委員会『黄岡県志』武漢：武漢大学出版社、一九九〇年
蔣永敬『鮑羅廷与武漢政権』台北：中国学術著作奨助委員会、一九六三年
黎霞『負荷人生―民国時期武漢碼頭工人研究』武漢：湖北人民出版社、二〇〇八年
皮明庥主編『近代武漢城市史』北京：中国社会科学出版社、一九九三年
皮明庥主編『武漢通史　中華民国巻（上）』第六巻、武漢：武漢出版社、二〇〇六年
石首市地方志編纂委員会編纂（平植義主編）『石首県志』北京：紅旗出版社、一九九〇年

蘇雲峰『中国現代化的区域研究―湖北省（一八六〇～一九一六）』台北：中央研究院近代史研究所、一九八七年
武漢地方志編纂委員会主編『武漢市志』全二八巻、武漢：武漢大学出版社、一九八九年～二〇〇〇年
武漢港史志編纂委員会編（鄭少斌主編）『武漢港史』北京：人民交通出版社、一九九四年
武漢市武昌区地方志編纂委員会編（朱向梅編纂）『武昌区志』武漢：武漢出版社、二〇〇八年ネット版
武漢市総工会工運史研究室編『武漢工人運動史』瀋陽：遼寧人民出版社、一九八七年
蕭志華ほか主編『武漢掌故』武漢：武漢出版社、一九九四年
仙桃市地方志編纂委員会編纂（曽定邦総編纂）『沔陽県志』武昌：華中師範大学出版社、一九八九年
易江波『近代中国城市江湖社会糾紛解決―聚焦於漢口碼頭的考察』北京：中国政法大学出版社、二〇一〇年

【概説書・研究書（プロパガンダ文献含む）】

〈中国近現代史・革命史・社会史全般〉

曾業英主編『五十年来的中国近代史研究』上海：上海書店出版社、二〇〇四年
曾慶榴ほか主編『中国革命史研究述論』香港：華星出版社、二〇〇〇年
戴仁（Drege, Jean-Pierre）編『法国当代中国学』北京：社会科学出版社、一九九八年
馮篠才『北伐前後的商民運動（一九二四－一九三〇）』台北：台湾商務印書館、二〇〇四年
馮自由『革命逸史』第三集、北京：中華書局、一九八一年（一九八七年第二次印刷）
傅道慧『五卅運動』上海：復旦大学出版社、一九八五年
来新夏ほか『北洋軍閥史』下、天津：南海大学出版社、二〇〇〇年
李雲漢主編『中国国民党党史論文選集』全五冊、台北：近代中国出版社、一九九四年
秦宝琦『洪門真史（修訂本）』福州：福建人民出版社、二〇〇四年
邵雍『秘密社会与中国社会』北京：商務印書館、二〇一〇年
邵循正著（李克珍編）『邵循正歴史論文集』北京：北京大学出版社、一九八五年
王健民『中国共産党史稿―上海時期』第一編、香港：中文図書供応社、一九七四～一九七五年

王奇生『革命与反革命―社会文化視野下的民国政治』北京：社会科学文献出版社、二〇一〇年
巫仁恕『従城市看中国的現代性』台北：中央研究院近代史研究所、二〇一〇年
楊奎松『国民党的〝連共〟与〝反共〟』北京：社会科学文献出版社、二〇〇八年
周建超『秘密社会与中国民主革命』福州：福建人民出版社、二〇〇二年
朱英『近代中国商人与社会』武漢：湖北教育出版社、二〇〇二年

〈中国労働運動史全般〉

梁玉魁『早期中国工人運動史』長春：吉林科学技術出版社、二〇〇〇年
劉明逵ほか編『中国工人運動史』全六巻、広州：広東人民出版社、一九九八年
宋超ほか合編『中国海員運動史話』北京：人民交通出版社、一九八五年
尚世昌『中国国民党与中国労工運動―以建党至清党為主要範囲』台北：幼獅文化事業、一九九二年
中国海員工会全国委員会『中国海員工人運動大事年譜』出版地不詳：中国海員工会全国委員会、一九八四年
中国労工運動史続編編纂委員会（馬超俊主任）『中国労工運動史（一）―民国七三年増訂版』台北：中国文化大学労工研究所理事会、一九八四年

〈人物伝〉

雷加『海員朱宝庭』北京：工人出版社、一九五七年
盧権ほか『蘇兆徴伝』上海：上海人民出版社、一九八六年
唐純良『李立三伝』哈爾浜：黒竜江人民出版社、一九八四年
朱慧夫『中国工運之父―馬超俊伝』台北：近代中国出版社、一九八八年

【論文】 ※主要なもののみ。また共著、資料集などに収録されたものを除く

曾成貴「中国国民党漢口執行部解析」『民国档案』二〇〇九年四期
陳達「我国南部的労工概況」『統計月報』一巻一〇号、一九二九年
陳芳国「武漢労資糾紛及工運『左』傾問題再論」『江漢論壇』一九九一年四期

陳劉潔貞・呉慧堅「共産運動在粤萌芽及向港拡展（一九二一－一九二三）」『広東党史』二〇〇九年三期
陳衛民「穆志英是婦女運動的先鋒嗎」『史林』一九九二年第三期
馮篠才「自殺抑他殺――一九二七年武漢国民政府集中現金条例的頒布与実施」『近代史研究』二〇〇三年第四期
蔣建農「大革命時期敵国民革命軍総政治部」『史学集刊』一九八八年三期
孔藴浩「〝二七〟罷工是我党単独領導的」『近代史研究』一九八四年二期
李達嘉「左右之間――容共改組後的国民党与広東商人、一九二四－一九二五」『中央研究院近代史研究所集刊』第七一期、二〇一一年三月
歴史系中国近・現代史教研室「二七前的武漢工人運動」『武漢師範学院学報（哲学社会科学版）』一九七八年一期
李雲漢「孫文主義学会及其主要文件」『中央研究院近代史研究所集刊』第四期（下）、一九七四年一二月
黎志剛「輪船招商局経営管理問題、一八七二－一九〇二」『中央研究院近代史研究所集刊』第一九期、一九九〇年
劉継増ほか「武漢政府時期工人運動中的左傾錯誤」『江漢論壇』一九八一年四期
劉麗「香港海員大罷工是国民党領導的」『近代史研究』一九八六年第二期
劉明憲「省港大罷工、封鎖及抵制英貨運動之研究」台北：中国文化大学史学研究所修士論文、一九九四年六月
馬俊亜「近代江南地区労働力市場層次与労働力循環」『中国経済史研究』二〇〇二年第三期
梅莉「移民・社区・宗教――以近代漢口宝慶碼頭為中心」『湖北大学学報（哲学社会科学版）』二〇一四年三期
秦宝琦・劉美珍「試論天地会」『清史研究集』第一輯、北京：中国人民大学出版社、一九八〇年
魏建猷「試論天地会的性質――兼与戴逸同志商榷」『文匯報』一九六〇年一二月二〇日
呉海勇「関於対国民党上海執行部的研究」『上海党史与党建』二〇一二年三月号
謝東江・謝燕章「英法租界里的中共党支部――広州沙面洋務支部」『広東党史』二〇一〇年三期
謝燕章「広東党組織的第一次反貪闘争」『紅広角』二〇一二年一一期
趙親「辛亥革命前後的中国工人運動」『歴史研究』一九五九年第二期
張紅衛「武漢国民政府時期工人失業問題研究」武漢：武漢理工大学修士論文、二〇一〇年一一月

日本語

【書籍】 ※主要なもののみ

阿南友亮『中国革命と軍隊―近代広東における党・軍・社会の関係』慶應義塾大学出版会、二〇一二年
アレント、ハンナ（志水速雄訳）『革命について』ちくま学芸文庫、一九九五年
石井知章『現代中国政治と労働社会―労働者集団と民主化のゆくえ』御茶の水書房、二〇一〇年
石川達三・火野葦平『現代日本文学大系75　石川達三・火野葦平集』筑摩書房、一九七二年
石川禎浩『中国共産党成立史』岩波書店、二〇〇一年
泉谷陽子『中国建国初期の政治と経済―大衆運動と社会主義体制』御茶の水書房、二〇〇七年
岩井弘融『病理集団の構造―親分乾分集団研究』誠信書房、一九六三年
岩間一弘『上海近代のホワイトカラー―揺れる新中間層の形成』研文出版、二〇一一年
上田耕一郎『上田耕一郎著作集』第一巻、新日本出版社、二〇一二年
大島藤太郎『封建的労働組織の研究―交通・通信業における』御茶の水書房、一九六一年
岡部利良『旧中国の紡績労働研究―旧中国の近代工業労働の分析』九州大学出版会、一九九二年
岡本隆司『近代中国史』ちくま新書、二〇一三年
オルテガ・イ・ガセット（神吉敬三訳）『大衆の反逆』ちくま学芸文庫、一九九五年
柏祐賢『柏祐賢著作集』第四巻、京都産業大学出版会、一九八六年
韓明謨（星明訳）『中国社会学史』行路社、二〇〇五年
菊池貴晴『中国民族運動の基本構造―対外ボイコット運動の研究』汲古書院、一九七四年
菊池敏夫・日本上海史研究会編『上海　職業さまざま』勉誠出版、二〇〇二年
岸本美緒『地域社会論再考　明清史論集2』研文出版、二〇一二年
北村稔『第一次国共合作の研究―現代中国を形成した二大勢力の出現』岩波書店、一九九八年
黒田明伸『中華帝国の構造と世界経済』名古屋大学出版会、一九九四年
小林英夫『アメリカ労働史論―ウィスコンシン学派の研究』関西大学出版部、一九八八年

――――『現代アメリカ労働史論』啓文社、一九八七年
コーンハウザー、W（辻村明訳）『大衆社会の政治』東京創元社、一九六一年
金野純『中国社会と大衆動員―毛沢東時代の政治権力と民衆』御茶の水書房、二〇〇八年
嵯峨隆編訳『中国アナキズム運動の回想』総和社、一九九二年
向山寛夫『中国労働運動の歴史的考察』向山寛夫（個人出版）、一九六五年
サンスティーン、キャス（那須耕介編・監訳）『熟議が壊れるとき―民主政と憲法解釈の統治理論』勁草書房、二〇一二年
ジョーンズ、G・ステッドマン（長谷川貴彦訳）『階級という言語―イングランド労働者階級の政治社会史 1832―1982』刀水書房、二〇一〇年
鈴江言一『中国解放闘争史』石崎書店、一九五三年
――――阪谷芳直校訂『中国革命の階級対立』全二巻（東洋文庫）、平凡社、一九七五年
孫江『近代中国の革命と秘密結社―中国革命の社会史的研究（一八九五～一九五五）』汲古書院、二〇〇七年
高橋孝助・古厩忠夫編『上海史―巨大都市の形成と人々の営み』東方書店、一九九五年（二〇〇三年五刷）
高橋伸夫『党と農民―中国農民革命の再検討』研文出版、二〇〇六年
――――編著『救国、動員、秩序―変革期中国の政治と社会』慶應義塾大学出版会、二〇一〇年
タロー、シドニー（大畑裕嗣監訳）『社会運動の力―集合行為の比較社会学』彩流社、二〇〇五年
中央大学人文科学研究所編『民国前期中国と東アジアの変動』中央大学出版部、一九九九年
――――編『民国後期中国国民党政権の研究』中央大学出版部、二〇〇五年
陳来幸『虞洽卿について』同朋舎出版、一九八三年
ディケーター、フランク（中川治子訳）『毛沢東の大飢饉―史上最も悲惨で破壊的な人災 1958―1962』草思社、二〇一一年
手島寛『中国労働運動通史』東陽書房、一九八五年
栃木利夫・坂野良吉『中国国民革命―戦間期東アジアの地殻変動』法政大学出版局、一九九七年
中村三登志『中国労働運動の歴史』亜紀書房、一九七八年
仁井田陞『中国の社会とギルド』岩波書店、一九五一年

日本経営史研究所編『全日本海員組合四十年史―海上労働運動七十年のあゆみ』全日本海員組合、一九八六年
二村一夫『足尾暴動の史的分析―鉱山労働者の社会史』東京大学出版会、一九八八年
ノイマン、シグマンド（岩永健吉郎ほか訳）『大衆国家と独裁―恒久の革命』みすず書房、一九六〇年
野口鐵郎編『結社が描く中国近現代』山川出版社、二〇〇五年
野澤豊編『中国国民革命史の研究』青木書店、一九七四年
野澤豊・田中正俊編『講座中国近現代史』四、五、東京大学出版会、一九七八年
旗田巍『中国村落と共同体理論』岩波書店、一九七三年
原朗『日清・日露戦争をどう見るか―近代日本と朝鮮半島・中国』ＮＨＫ出版、二〇一四年
坂野良吉『中国国民革命政治過程の研究』校倉書房、二〇〇四年
ビアンコ、ルシアン（坂野正高訳、坪井善明補訳）『中国革命の起源―一九一五－一九四九』東京大学出版会、一九八九年
火野葦平『魔の河』光文社、一九五七年
深町英夫『近代中国における政党・社会・国家―中国国民党の形成過程』中央大学出版部、一九九九年
フロム、エーリッヒ（日高六郎訳）『自由からの逃走』東京創元社、一九六五年新版
ホブズボーム、エリック（船山榮一訳）『匪賊の社会史』ちくま学芸文庫、二〇一一年
ホワイト、Ｗ（岡部慶三ほか訳）『組織のなかの人間―オーガニゼーション・マン』上下、東京創元社、一九五九年
増淵龍夫『新版　中国古代の社会と国家』岩波書店、一九九六年
丸田孝志『革命の儀礼―中国共産党根拠地の政治動員と民俗』汲古書院、二〇一三年
丸山真男『丸山真男集』第九巻、岩波書店、一九八六年
マンハイム、カール（福武直訳）『変革期における人間と社会―現代社会構造の研究』みすず書房、一九六二年
森時彦編『在華紡と中国社会』京都大学学術出版会、二〇〇五年
山岸俊男『信頼の構造―こころと社会の進化ゲーム』東京大学出版会、一九九八年
山口定・神野直彦編『二〇二五年　日本の構想』岩波書店、二〇〇〇年
山田辰雄『中国国民党左派の研究』慶應通信、一九八〇年

横山宏章『孫中山の革命と政治指導』研文出版、一九八三年
リン・チュン（渡辺雅男訳）『イギリスのニューレフト―カルチュラル・スタディーズの源流』彩流社、一九八九年

【論文・評論】　※共著収録のものを除く

芦沢知絵「在華紡の福利設備―内外綿上海工場の事例を手がかりとして」『中国研究論叢』第七号、二〇〇七年八月
江崎隆哉「中国青年軍人連合会と広州孫文主義学会の対立に関する一考察」『法学政治学論究』第二一号、一九九四年六月
――「第一次国共合作と西山会議派の形成」『法学政治学論究』第二四号、一九九五年三月
江田憲治「上海五・三〇運動と労働運動」『東洋史研究』一九八一年九月
衛藤瀋吉・岡部達味「中国革命における穏歩と急進」『中央公論』第八二巻第八・九合併号（通巻九五八号）、一九六七年七月号
金子肇「武漢における商民運動と国共合作―商民協会の動向を中心に」『下関市立大学論集』第三四巻第一号、一九九〇年
蒲豊彦「一九二〇年代広東の民団と農民自衛軍」『京都橘女子大学研究紀要』第一九号、一九九二年一二月
菊池敏夫「京漢鉄道二七惨案に関する一考察」『中国労働運動史研究』第六・七号合併号、一九七九年
木村郁二朗「馬超俊略年譜稿」『中国労働運動史研究』第八号、一九八〇年
久保亨「一九二〇年代末中国の『黄色工会』―『上海郵務工会』の事例分析」『中国労働運動史研究』一九七八年一月
――「国民革命期（一九二五年〜二七年）の武漢労働運動に関する覚書―店員・職人層の運動と中小ブルジョアジー」『中国労働運動史研究』第六・七合併号、一九七九年
久保田正雄「大衆社会論の前提概念―コントとマンハイムをめぐって」『政経論叢』三七巻五・六号、一九六九年
小島朋之「最近のアメリカの現代中国研究の動向―ＣＣＡＳについて」『アジア研究』第一九巻第三号、一九七二年一〇月
小島淑男「辛亥革命期における工党と農党」『歴史評論』第二五六号、一九七一年
小杉修二「上海工団連合会と上海の労働運動」『歴史学研究』第二巻第三九三号、一九七三年二月
佐藤明子「中国紡績業における『工頭制』の検討―『工頭』の役割を中心として」『中国労働運動史研究』第二号、一九七八年第一号
――「五・三〇運動における中国婦人」『史海』第二七号、一九八〇年
塩出浩和「広東商団事件―第三次広州政権と市民的自治の分裂」『東洋学報』第八一巻第二号、一九九九年九月

篠田徹「労働運動について考える」『労働調査』二〇〇九年一月
島一郎「一九一八〜二五年における中国労働運動の発展（一）（二）」『経済学論叢』第一四巻第五号、第一五巻第三・四号、一九六五年
高市恵之助「中国労働運動研究のすすめ」『中国研究月報』第三七四号、一九七九年四月
高綱博文「中国鉄道労働運動の発展とその構造―『二・七』事件の基礎的考察」『歴史評論』第三二八号、一九七七年八月
陳来幸「広東における商人集団の再編について―広州市商会を中心として」『東洋史研究』第六一巻第二号、二〇〇二年九月
中村隆秀「五・三〇事件と在華紡」『近代中国研究』第六輯、東京大学出版会、一九六四年
二村一夫「文献研究・日本労働運動史（戦前期）」労働問題文献研究会編『文献研究・日本の労働問題《増補版》』総合労働研究所、一九七一年
野村達朗「アメリカにおける『新労働史学』の誕生の背景『ニューレフト史学』とその変容を中心に」『人間文化』第一九号、二〇〇四年九月
久末亮一「香港ドル決済圏における銀号の役割―広州―香港間の輸出取引の決済を例に」『アジア経済』第四八巻第三号、二〇〇七年
広田寛治「広東労働運動の黎明と機械工」『中国近代史研究会通信』第六号、一九七七年九月
――「広東労働運動の諸潮流（上）―広東総工会の成立過程をめぐって」『中国労働運動史研究』第四号、一九七八年第三号
古厩忠夫「中国におけるブルジョア的潮流の労働運動について」『中国近代史研究会通信』第五号、一九七七年五月
古山隆志「一九二〇〜二二年香港労働者の闘い」『歴史評論』三二八号、一九七七年八月。
――「中華海員工業連合総会の成立（一九二一年三月）」『中国労働運動史研究』第四号（一九七八年第三号）
細井昌治「最近の中国革命史研究について」『歴史学研究』第一四四号、一九五〇年三月
三石善吉「商団事件と黄埔軍校―黄埔軍校の発展（その二）」『筑波法政』第八号、一九八五年三月
三宅明正「戦後期日本の労働史研究」『大原社会問題研究所雑誌』第五一〇号、二〇〇一年五月
山本真「一九三〇〜四〇年代、福建省における国民政府の統治と地域社会」『社会経済史学』第七四巻第二号、二〇〇八年七月

英　語

【書　籍】

Broady, Maurice, “The Social Adjustment of Chinese Immigrants in Liverpool,” *The Sociological Review*, Volume 3, Issue 1, July 1955, pp.65-75.

Chan Lau Kit-ching, *China, Britain and Hong Kong, 1895-1945*, Hong Kong: The Chinese University Press, 1990.

Chesneaux, Jean, *The Chinese Labor Movement 1919-1927*, Stanford: Stanford University Press, 1968.

Gutman, Herbert G., *Work, Culture, and Society in Industrializing America: Essays in American Working-class and Social History*, New York: Knopf: distributed by Random House, 1976.（一部邦訳：ガットマン、ハーバード・G著（大下尚一ほか訳）『金ぴか時代のアメリカ』平凡社、一九八六年）

Hershatter, Gail, *The Workers of Tianjin: 1900-1949*, Stanford: Stanford University Press, 1986.

Honig, Emily, *Sisters and Strangers: Women in the Shanghai Cotton Mills, 1919-1949*, Stanford: Stanford University Press, 1986.

———, *Creating Chinese Ethnicity: Subei People in Shanghai, 1850-1980*, New Haven: Yale University Press, 1992.

Marsh, Arthur and Victoria Ryan, *The Seamen: A History of the National Union of Seamen*, Oxford: Malthouse Press, 1989.

Martin, Brian G., *The Shanghai Green Gang: Politics and Organized Crime, 1919-1937*, Berkeley: University of California Press, 1996.

Ng Kwee Choo, *The Chinese in London*, London: Oxford University Press, 1968.

Perry, Elizabeth J., *Shanghai on Strike: The Politics of Chinese Labor*, Stanford: Stanford University Press, 1993.

———, *Anyuan: Mining China's Revolutionary Tradition*, Berkeley: University of California Press, 2013.

Shaffer, Lynda, *Mao and the Workers: the Hunan Labor Movement, 1920-1923*, Armonk: M.E. Sharpe. c1982.

Strand, David, *Rickshaw Beijing: City people and Politics in the 1920s*, Berkeley: University of California Press c1989.

Thompson, E. P, *The Making of the English Working Class*, London: Gollanc, 1963.（邦訳：エドワード・P・トムスン著（市橋秀夫ほか訳）『イングランド労働者階級の形成』青弓社、二〇〇三年）

Tsin Michael Tsang-woon, *Nation Governance and Modernity: Canton 1900-1927*, Stanford: Stanford University Press, 2000.

Chan Wai Kwan, *The Making of Hong Kong Society,: Three Studies of Class Formation in Early Hong Kong,* Oxford: Clarendon Press, 1991.

Wakeman, Frederic Jr., *Policing Shanghai 1927-1937*, Berkeley: University of California Press, 1995.

Waldron, Arthur, *From War to Nationalism: China's Turning Point, 1924-1925*. Cambridge: Cambridge University Press, 1995.

【論　文】

Celarent, Barbara, "Chinese Migrations, with Special Reference to Labor Conditions by Chen Da; Emigrant Communities in South China by Chen Da," *American Journal of Sociology*, Vol. 117, No. 3, November, 2011, pp. 1022-1027.

Chan Ming K., "Labor and Empire: The Chinese Labor Movement in the Canton Delta, 1895-1927," Ph. D. diss., Stanford University, 1975.

Dickson, Bruce J., "No 'Jasmine' for China," *Current History*, Vol.110, Issue 737, September, 2011, pp.211-216.

Edwards, P. K., "A Critique of the Kerr-Siegel Hypothesis of Strikes and the Isolated Mass: A Study of the Falsification of Sociological Knowledge," *The Sociological Review*, Vol. 25, Issue 3, August, 1977, pp.551-574.

Hammond, Edward Roy, III, "Organized labor in Shanghai, 1927-1937," Ph. D. diss., California University, 1978.

Jones, Douglas, "The Chinese in Britain: Origins and Development of a Community," *New Community*, 7-3, 1979, pp.397-401.

Kerr, Clark and Abraham Siegel, "The Interindustry Propensity to Strike: An International Comparison," Konrnhauser, Arthur et al., *Industrial Conflict*, New York: Mcgraw-Hill Book Company, Inc., 1954, pp.189-212.

Perry, Elizabeth J., "Reclaiming the Chinese Revolution," *The Journal of Asian Studies*, Vol.67, No.4, November, 2008, pp.1147-1164.

Roux, Alain, "Shanghai on Strike: The Politics of Chinese Labor. by Elizabeth J. Perry," *The Australian Journal of Chinese Affairs*, No.32, July, 1994, pp.226-228.

Ⅲ、工具書

中国語

何東ほか主編『中国革命史人物詞典』北京：北京出版社、一九九一年

空軍政治学校党史教研室編『中共党史名詞解釈』上冊、出版地不詳：出版者不詳、一九八一年

尚海ほか主編『民国史大辞典』北京：中国広播電視出版社、一九九一年

田子渝ほか主編『中国近代軍閥史詞典』北京：档案出版社、一九八九年

中共党史人物研究会編（胡華主編）『中共党史人物伝』一―五〇巻、西安：陝西人民出版社、一九八〇年－一九九一年

中国工運史辞典写組編（常凱主編）『中国工運史辞典』北京：労働人事出版社、一九九〇年

中国社会科学院近代史研究所（李新ほか主編）『民国人物伝』第一巻〜、北京：中華書局、一九七八年〜

日本語

岡本隆司・吉澤誠一郎編『近代中国研究入門』東京大学出版会、二〇一二年

外務省外交史料館日本外交史辞典編纂委員会『新版　日本外交史辞典』山川出版社、一九九二年

島田虔次ほか編『アジア歴史研究入門』第二巻、同朋舎、一九八三年

東亜問題調査会編『最新支那要人伝』朝日出版社、一九三一年

礪波護ほか編『中国歴史研究入門』名古屋大学出版会、二〇〇六年

フランク・B・ギブニー編『ブリタニカ国際大百科事典（三版）』第七巻、ＴＢＳブリタニカ、一九九五年

山田辰雄編『近代中国人名辞典』霞山会、一九九五年

英　語

Chan Ming K., *Historiography of the Chinese Labor Movements, 1895-1949: A Critical Survey and Bibliography of Selected Chinese Source Materials at the Hoover Institution*, Stanford: Hoover Institution Press, 1981.

Ⅳ、閲覧サイト（二〇一五年九月一三日現在有効なもののみ）

広東省人民政府地方志辦公室サイト「広東省情信息網」URL：http://www.gd-info.gov.cn/shtml/guangdong/

広州市人民政府地方志辦公室サイト「広州地情網」URL：http://www.gzsdfz.org.cn/

湖北省総工会サイト「湖北工会網」URL：http://www.hbzgh.org.cn/

汕頭市地方志辦公室サイト「汕頭地情網」URL：http://st.gd-info.gov.cn/shtml/st/index.shtml

上海市档案館サイト「上海档案信息網」URL：http://www.archives.sh.cn/

順徳区档案館サイト「順徳档案与史志」URL：http://da.shunde.gov.cn/

武漢地方志編纂委員会サイト「武漢市情網」URL：http://www.whfz.gov.cn/

小港李氏一族サイト「中国浙江寧波鎮海小港李氏乾坤亭」URL：http://xgls.vicp.net/xgls/index.asp

岳陽市委党史市志辦公室サイト「岳陽市情網」URL：http://www.yysqw.gov.cn/index.html

中共広州市委党史研究室サイト「広州党史」URL：http://www.zggzds.org.cn/

中山市人民政府地方辦公室サイト「中山市地情網」URL：http://www.gd-info.gov.cn/shtml/zs//index.shtml

あとがき

あなたは今、何の研究をしているのですか？　と聞かれ、しばらく「中国労働運動史です」と答えていた時期があった。すると相手はたいていの場合、これは珍妙な返答を聞いたとばかりに曖昧な笑みを浮かべ、筆者との二、三の噛み合わないやり取りのあと、会話を打ち切るのだった。

そもそも筆者自身、「中国労働運動」そのものに興味があったわけではなく、「中国労働運動」の中に垣間見えていた混乱の様相のほうに興味を引かれていたのだが、もともとゆっくりと回転する頭の構造と相まって、自身の関心の正体を見極め、それを研究対象に学術的に接続する回路を見出すまでには、長い道のりが必要であった。

とはいえ筆者自身の能力不足（と努力不足）に加え、「長い道のり」が必要であった外的要因としては、筆者の世代に課せられている時代的な制約を感じないでもない。近年如実に教養の危機ということが叫ばれるようになり、関連する議論を筆者もいくらか読むようになったが、そうした議論を読めば読むほど、かつて「教養」とされたものの重要な目的のひとつは、何かを体系づけて理解する知性の育成ということにあったらしいこと、しかしそのような知的訓練は、筆者の受けてきた教育課程にはほとんど見あたらないことを自覚せざるをえなかった。となれば、おそらく筆者だけでなく、同世代の「標準的な」人々ならば多かれ少なかれ誰もが直面している問題なのではないだろうかと想像するのだが、結局筆者は、そもそも知識の配列の仕方にはそれぞれの時代経験に裏打ちされたある種の体系、系統があるのだということに——そしてそれを知ることはとても切実な意味をもっており、だからこそ「おもしろい」のだということに——本当の意味で気づくまで、効率の悪い試行錯誤を繰り返し、むやみに長い時間を費やすことになってしまった。そうした中にあって、指導教授の高橋伸夫先生に読むべき古典を節目ごとに指導して頂くことができたことは、不幸中の幸いであった。

それにしても、自身の関心の方向性がなぜコーンハウザーなどの議論と接続することになったのか。その原因を考えてみると、筆者の個人的嗜好は当然のこととして、筆者をとりまく環境の問題も、意識せざるをえない。恥を承知で白状すれば、筆者は現実の日本政治と自己の日常との「意味ある連続性」を、あまり感じることができずにいた「無関心な人々」の一人であった（とはいえ、選挙には欠かさず行っていたが）。現実の政治にあまり興味がなかったなどとは、仮にも法学部政治学科の出身者としてあるまじき事態であるし、最大の問題はむろん筆者自身の不勉強にある。しかし、そのような過去の自分の姿は、我ながら興味深い社会心理学上の「サンプル」のひとつであるように思う。顧みれば、タテマエにおいては民主主義でありながら、ホンネにおいては庶民の政治への関与を嫌い、思考や価値観の多様性を嫌う日本社会の根深い構造の中にあって、学校で教えられる内容の多くは個人の切実な問題と実際の政治的・社会的問題をリンクさせる哲学性を欠いているとなれば（その種の哲学性を帯びるということは、政治を問い、現在の空気を疑うということであるから）、この種の「無関心さ」が克服されなかったとしても不思議はなかった。大学の政治哲学史や政治学基礎の内容などには心惹かれるものがありながら、現実の政治はなぜかくも無味乾燥に感じられてしまうのかという疑問は、学部生時代から心のどこかにあった。

このような政治への「無関心」ぶりは、それはそれで、丸山真男のいう「過政治化」に陥るよりは健全であったといえるかもしれない。ただ、それは同時に、個人とより大きな構造や他者との関係性を捉える視野の涵養が妨げられているということでもあった。筆者がコーンハウザーに診断を依頼すれば、彼は診断書を次のように書いたのではないだろうか。あなたもまた、精神的閉鎖性を生むという意味においての「原子化した社会」の住人である。ただし社会が無関心の相にシフトしている状況において人格形成の進行した人間なのだ、と。
むろんその場合、この「原子化」を日本において発生させている要因は、中国とはおのずと異なるものであろう。しかし近代中国に出現した「熱狂」の意味を、一九八〇年代生まれの日本人が本書のような仕方で問おうとしたこと自体が、E・H・カーがいうところの「現在と過去の対話」の、ひとつの日本的な在り方を示すのではないかと思う。

本書は二〇一四年に慶應義塾大学大学院法学研究科に提出した博士学位請求論文「一九二〇年代の中国労働運動の研究」を大幅に修正・加筆したものである。主査を務めて下さった高橋伸夫先生と、副査を務めて下さった山田辰雄先生、横手慎二先生に、まずは厚く御礼申し上げたい。本書のもととなった論考の初出は次に掲げる通りであるが、本書においてはほとんど原形をとどめていないものもある。またこれらの作品は「労働運動」と「動員」を混同しているが、本書においてはそれは明確に区別すべきものである。過去の論考における本書との見解の相違、また誤りなどは、本書に至るまでの通過点として、本書の刊行をもって破棄・更新されるべきものである。

・第三章
「広東糾察隊の再検討─一九二〇年代の中国労働運動史像の再構築に向けて」『アジア研究』第五七巻第二号、二〇一一年四月。
・第五章
「一九二五年上海的二月罷工─囲繞中国工運史与『政治化』的考察」台湾国史館『国史館館刊』二〇一四年六月、第四〇期。
・第六、七章
「『幇』と近代的労働者組織のあいだ─漢口の埠頭労働者による一九二七年イギリス租界襲撃事件をめぐって」『法

学政治学論究』第八〇号、二〇〇九年三月。
「二〇世紀初頭の中国都市における『民衆運動』の再検討─武漢を事例に」高橋伸夫編著『救国、動員、秩序─変革期中国の政治と社会』慶應義塾大学出版会、二〇一〇年。

このようにしてこれまでの歩みが形になった今でも、喜びよりも不安のほうが大きい。一省が欧州の一国に相当する中国を相手に、三地域を比較する作業は、やはり相当に無謀な作業であった（広東と武漢の比較をやりますと申し上げた筆者に、上海も扱うようご指導下さり、上海の先行研究の膨大さを思って気が遠くなりかけた筆者を、鞭打って励まして下さったのは高橋先生であった）。前述のように基礎教養の不足している言語道断の状態を、先人の研究の蓄積、先輩・後輩・友人の助言、インターネットの発達に助けられることによってなんとか補い、かろうじて本書を形ばかりは完成させる地点に漕ぎつけたものの、筆者の実感としては、関連史料を再読する作業などにもう少し時間が必要であった。

とはいえ望む作業をすべてやり終えようとすれば、本書刊行はいつのことになったか予想もつかない。分量も、学術書をめぐる近年の厳しい出版状況からみて、すでに十分ギリギリの線に達している。大きな不安を抱えつつも、まずは本書をもって一区切りとしたい。

本書が形になるまで、多くの方々のご支援を頂いた。大学院時代の恩師の一人、国分良成先生と、慶應義塾大学現代中国研究センターの先生方にはとくに御礼を申し上げたい。また第五章のもととなった原稿を台湾の『国史館館刊』に投稿するに当たっては、幸いにも川島真先生（東京大学）と張力先生（台湾中央研究院近代史研究所）のご厚意に助けて頂くことができた。中華民国史研究の質には厳しい彼の地の学術雑誌に、単なる一投稿者としてみずからの研究を問うた過程は、本当によい経験となった。

博士論文報告会においてコメンテーターを務めて下さった金野純先生（学習院女子大学）には、分量ばかり多く内容がもっとも錯綜した状態にある草稿を読んで頂き、もつれている論理を改めて整理して頂くという、大変申し訳ないことをした。さらに、ご多忙の中、貴重なお時間を割いて草稿にご意見を下さった小嶋華津子先生（慶應義塾大学）、蒲豊彦先生（京都橘大学）、久保亨先生（信州大学）、岩間一弘先生（慶應義塾大学）、細谷雄一先生（慶應義塾大学）に感謝申し上げる。

本書は慶應義塾学術出版基金（平成二六年度前期）の出版補助を受けた。本書の刊行が実現したのは同基金のおかげである。慶應義塾大学出版会の乗《よつのや》みどり氏には多大なご心配とご迷惑をおかけしてしまった。

最後に、いつもさまざまな面で助けて頂いている先輩・後輩・友人に、そしてなかなか道が開けずにいる不出来な娘を黙って見守ってくれている両親に、この場を借りて感謝したい。

衛藤　安奈

二〇一五年一〇月

さ行

た行

〈事項〉

な行

は行

ま行

さ行

た行

索　引

〈人名〉

衛藤安奈（えとう あんな）
中央大学、東海大学ほか非常勤講師。
1981年生まれ。慶應義塾大学大学院法学研究科後期博士課程修了、博士（法学）。
主要業績：『救国、動員、秩序—変革期中国の政治と社会』（共著、慶應義塾大学出版会、2010年）、「1925年上海的二月罷工—囲繞中国工運史与『政治化』的考察」台湾国史館『国史館館刊』（第40期、2014年6月）、ほか。

熱狂と動員
—— 一九二〇年代中国の労働運動

2015年12月15日　初版第1刷発行

著　者————衛藤安奈
発行者————坂上　弘
発行所————慶應義塾大学出版会株式会社
〒108-8346　東京都港区三田2-19-30
TEL〔編集部〕03-3451-0931
〔営業部〕03-3451-3584〈ご注文〉
〔　〃　〕03-3451-6926
FAX〔営業部〕03-3451-3122
振替 00190-8-155497
http://www.keio-up.co.jp/
装　丁————鈴木　衛
印刷・製本——株式会社加藤文明社
カバー印刷——株式会社太平印刷社
カバー写真提供——Council for World Mission Archive, SOAS, University of London
・Photograph of "Demonstration of the merchant's union"
Ref: CWM/LMS/China/Photographs, Box 5, file 23, no.4 of sheet 23/7
・Photograph of "Wall picture—subject 'oppression of farmers by militants' ", 23 May 1927
Ref: CWM/LMS/China/Photographs, Box 5, file 23, no.6 of sheet 23/3

Printed in Japan ISBN978-4-7664-2285-6

慶應義塾大学出版会

慶應義塾大学東アジア研究所 現代中国研究シリーズ

救国、動員、秩序

変革期中国の政治と社会

高橋伸夫編著　〈民〉から〈国民〉へ。統治の再編成はいかに行われたか？　清朝末期から中華人民共和国成立までにおける、革命正史には描かれなかった中国社会の変動と直面した困難をさぐる。　◎3,800円

中国革命と軍隊

近代広東における党・軍・社会の関係

阿南友亮著　中国革命の真の“主人公”は誰か？　軍隊という視角から近代中国の隠された風景を浮き彫りにし、従来の中国革命論に一石を投じる精緻な実証研究。　◎6,800円

表示価格は刊行時の本体価格（税別）です。